낯선 경험

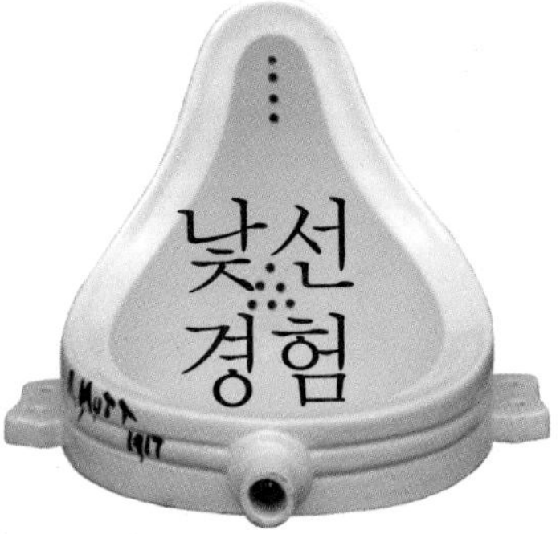

낯선 경험

아직도 새로운 그림 이야기

천단칭(陳丹青) 지음
강초아 옮김

일러두기

1. 이 책은 2015년 중국의 이상국(理想國) 출판사 기획으로 만들어진 천단칭의 인터넷 예술 강의 프로그램 〈부분(局部)〉을 바탕으로 한다. 이 프로그램은 저자 천단칭이 출연하여 직접 쓴 강의 원고를 천천히 읽는 동안, 언급되는 미술 작품이나 관련 사진 자료를 보여주는 방식으로 진행된다. 이 책에 실린 도판은 대부분 〈부분〉을 촬영하는 과정에서 저자와 제작진이 직접 찍거나 수집한 것이다.
〈부분〉 프로그램 보기 : http://v.baidu.com/show/12206.htm?fr=ala9&ty=26
2. 이 책에 등장하는 고유명사는 국립국어원의 외래어표기법을 따랐다.
3. 본문의 각주는 모두 옮긴이 주다.

세상에는 아름다운 예술이 많다

25년 전, 서울에 간 적이 있습니다. 거리의 청년들이 다들 패기 넘쳐 보였습니다. 뭐라 표현하기 힘든 집단적인 표정이었기 때문에, 저는 한국 청년들이 대단하게 느껴졌습니다. 그때 키 큰 청년 한 사람이 거리에서 악기를 연주하며 노래하는 모습을 보았는데, 당당한 표정이 마치 옛날의 강직한 조정 관료나 열사 같았습니다. 저는 아직도 그 청년의 모습을 기억합니다. 지금은 사십대가 되었겠군요.

이 책의 제목에는 두 가지 의미가 있습니다. 저는 따로 미술사를 공부한 적이 없고, 방송용 프로그램을 만든 적도 없습니다. 그런데 겁도 없이 〈부분局部〉이라는 제목으로 16회나 되는 미술 강의 프로그램을 만들었습니다. 〈부분〉을 제작하는 과정은 말 그대로 '낯선 경험'이었습니다. 이 책은 바로 그 〈부분〉 프로그램의 강연 원고를 바탕으로 합니다.

인간은 그림 감상을 좋아합니다. 그림을 보고 나서 이러니저러니 떠들기도 좋아합니다. 이것은 사실 꽤나 신기한 일입니다. 인간은 자기 눈앞에서 실시간으로 이야기를 해주는 것도 좋아하는데, 예술은 흥미진진하게 풀어낼 수 있는 이야기지요. 텔레비전은 비록 편평한 화면일 뿐이지만, 텔레비전을 보는 동안 화면 속의 사람이 우리 자신을 향해 이야기한다고 느낍니다.

저도 미술사 서적을 몇 권 읽었습니다만 지금은 다 잊어버렸습니다. 책 제목도 기억나지 않는군요. 1980년대에 뉴욕으로 건너간 뒤, 텔레비전에서 미국인이나 영국인이 강연하는 미술사 특집 프로그램도 몇 편 봤습니다. 강연자는 대개 차분하게 말하는 노인네들이었고, 강연 내용에 맞춰 여러 명작을 화면으로 보여주곤 했습니다. 서적으로 읽을 때보다 텔레비전 프로그램이 훨씬 재미있었지요. 그때부터 저는 미술이란 텔레비전에 나와 수천만의 시청자를 상대로 이야기할 수 있는 주제라고 생각하게 되었습니다. 그때는 인터넷이 없던 시절입니다. 그러니 지금과 같은 동영상 서비스도 없었습니다.

미술사 전문가는 지식이 깊고 논리적입니다. 하지만 그들은 직접 그림을 그려 본 적이 없습니다. 어떤 일에 대해 강의하는 것과 직접 그 일을 하는 것은 어쨌든 다르기 마련입니다. 미술사가의 훌륭한 강연이 결국은 '옷 위로 가려운 데 긁기' 같은 일이라고 말하려는 것이 아닙니다. 다만 직접 내 손으로 그림을 그렸던 경험이 예술에 대해 미묘하고 복잡하며, 그래서 더욱 구체적이고 진실한 감각을 불러일으킨다는 뜻입니다. 무엇보다도 그런 감각은 말로 표현하기 어렵습니다.

미술을 강의하려면 반드시 학문적 소양이 깊어야 한다고들 믿습니다. 맞는 말입니다. 미술사의 연대를 엄격하게 따지고, 지역별로 복잡한 문화적 차이를 고려해야 합니다. 그러나 전문 지식이란 전문가에게나 유용하지 '우리'에게는 가질 수도 없고 소용도 없는 것입니다. 여기서 '우리'란 예술을 사랑하는 사람을 가리킵니다. 그렇다면 우리들 예술을 사랑하는 사람은 무엇을 하면 될까요? 많이 보면 됩니다. 많이 보다 보면 어느새 기억이 자연스럽게 작품의 시대와 지역을 구분해줄 것입니다. 많이 보면 쉼 없이 새로운 시각과 안목이 생깁니다. 새로운 시각과 안목은 우리의 시야를 넓혀주고 예상하지 못했던 즐거움을 계속 안겨줍니다.

저는 지식이 부족한 대신 그림을 그린 경험이 있습니다. 저는 미술사론을 배운 적이 없지만 그림을 보는 안목을 가졌지요. 경험과 안목만으로 책을 쓰거나 학설을 세울 수는 없지만, 이야기를 풀어가는 데는 그것이 확실히 도움이 됩니다. 오랫동안 차곡차곡 쌓인 경험과 안목은 점점 구체적으로 영글고 잡다해집니다. 시간이 흐르면 경험과 안목이 기억으로 바뀝니다. 기억의 바다에서 보물을 건져올리는 것, 그것이 제가 이 책을 쓰면서 사용한 방법입니다.

요즘은 전보다 예술 작품을 감상하기 쉽습니다. 수많은 화첩과 영상이 있고, 인터넷에서도 회화 사진을 쉽게 찾을 수 있지요. 해외여행을 가는 사람도 늘었습니다. 그러니 예술을 사랑하는 사람이라면 뛰어난 화가에 대해 많이들 알고 있을 거라고 생각합니다. 하지만 제 30여 년의 경험에 비춰보면, 세상에는 정말 많은 화가가 있고 그들은 하나같이 훌륭합니다. 훌륭한 화가지만 미술사에서 소홀히 다뤄져서 대다수의 대중이 알지 못하는 화가들이 참 많습니다.

예를 들어보겠습니다. 많은 사람들이 인상파를 좋아하지만 요질힌 회가 바지유Bazille에게 관심을 갖는 사람은 많지 않습니다. 고흐Gogh를 모르는 사람은 없지만 그가 막 그림을 배우던 시기의 그림에는 그다지 주의를 기울이지 않습니다. 피렌체로 여행을 가더라도 산마르코 수도원에 있는 안젤리코Angelico의 벽화를 그냥 지나칠 가능성은 꽤 높습니다. 고대 그리스 조각을 경외하는 사람이라면 마땅히 터키 동부의 광야에서 발견된 거대한 페르가몬 제단의 석조를 보러 가야 합니다. 한국 독자 중에서 그림을 좋아하는 사람이라면 중국 문인화는 익히 보아 알고 있을 거라고 생각합니다. 문인화 외에 궁정화가 서양徐楊의 〈건륭남순도乾隆南巡圖〉도 꼭 한 번 보아주시기를 바랍니다. 1940년대 장자오허蔣兆和가 그린 〈유민도流民圖〉는 일본 침략 시기 중국의 비참한 모습을 묘사한 그림입니다. 비슷한 역사적 경험이 있는 한국 독자들이 이 그림을 본다면 더욱 느끼는 바가 많으리라 생각합니다. 하지만 중국 독자들 중에도 제가 만든 동영상 강의 프로그램을 보고서야 중국 미술사에 이런 중요한 그림들이 있었다는 것을 알게 된 사람이 많습니다.

예술을 강의한다는 것은 경험을 나누는 일입니다. 저는 되도록 누구나 다 아는 상식 수준의 세계 명화를 다루지 않으려 했습니다. 오히려 '두 번째로 중요한 작품', 전문가들이 보기에 가장 중요하지는 않았기 때문에 미술사에서 제대로 다뤄지지 않은 작품들을 주로 이야기하고자 했습니다. 그런 작품을 보면서 아름다움과 재미, 감동을 느낀 다음, 다시 귀에 딱지가 앉게 명성을 들어온 명화를 살펴보시기 바랍니다. 전보다 훨씬 더 안목 있게 감상할 수 있지 않을까요?

제 의도가 독자 여러분에게 전해졌는지 모르겠습니다. 부디 그러기를 바랍니다. 한국의 출판사가 이 책을 번역, 출간해주신다고 하니 기쁘고도 고마운 마음입니다. 만약 어느 한국 독자가 이 책을 펼쳐 읽어주신다면 먼저 감사 인사를 드리고 싶습니다. 25년 전, 제가 서울 어느 거리에서 만났을지도 모르는 당신에게.

2018년 1월 11일 이탈리아 여행 중에
천단칭

낯선 경[illegible]

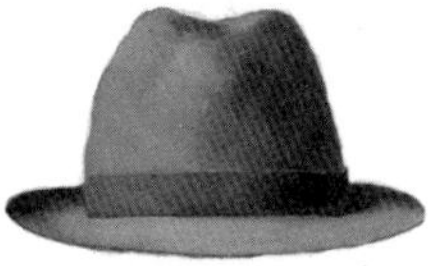

아직도

새로운

그림 이야기

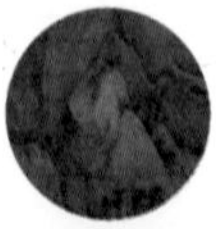

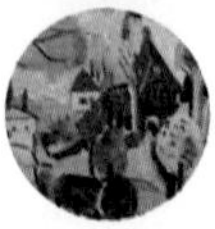

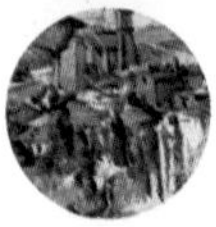

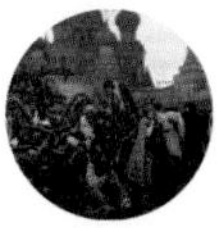
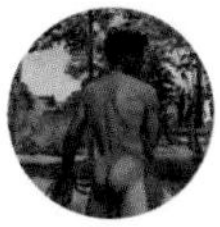
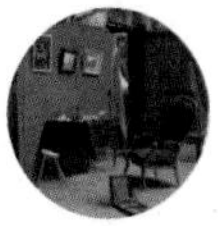
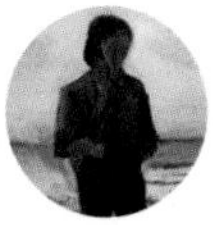

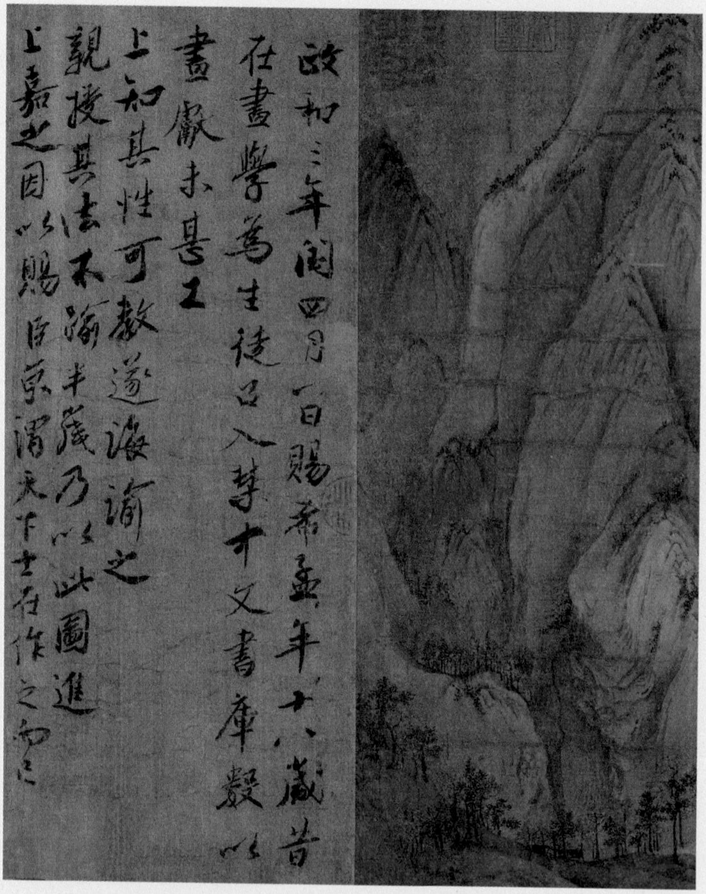

〈천리강산도(千里江山圖)〉의 발문은 채경(蔡京)*이 썼다. 나는 그중 "임금이 기뻐하며 신(臣)에게 하사하셨다(上嘉之, 因以賜臣)"라는 대목을 "임금이 기뻐하며 왕희맹(王希孟)에게 관직을 내렸다"라고 엉뚱하게 해석했다. 나중에 편집자 샤오저우(小周)가 친절하게 알려주었다. "천 선생님, '신(臣)'이라는 글자는 채경 자신을 가리키는 말이에요. 송(宋) 휘종(徽宗)이 이 그림을 그에게 하사했거든요." 이런, 나이가 예순이 넘은 무식한 '선생님'의 잘못을 지적하려면 얼마나 용기가 필요했을까? 이런 쉬운 내용은 틀리지 말았어야 했다. 게다가 17세기 에스파냐의 왕실 화가 벨라스케스가 예순이 지나서야 펠리페 4세에게 작위를 받은 것과 비교하면서, 왕희맹이 어린 나이에 관직을 얻었다고 언급했다. 잘난 체하다가 웃음거리가 되는 일의 본보기로서 책에도 오류를 남겨두어 계속 부끄럽게 생각해야겠다. 그러나 독자들은 올바른 뜻으로 해석하길 바란다. 송 휘종은 채경에게 정치도 다 맡겼는데 〈천리강산도〉까지 하사했다. 채경이 이 그림을 이렇게나 쉽게 얻었다는 사실을 알면 현대의 소장가들은 놀라서 쓰러질지도 모르겠다. 그러고 보면 옛사람들의 행동은 참 호방하지 않은가. 왕희맹의 열여덟 살이 그렇듯 말이다.

* 북송(北宋) 말기의 재상이자 서예가. 16년간 재상의 지위에 있으면서 정치에 관심이 없는 황제 휘종을 대신해 조정을 쥐락펴락하고 휘종의 사치를 조장하는 등 나라 재정을 궁핍하게 했다. 다음 황제인 흠종(欽宗) 때 나라를 어지럽힌 여섯 명의 간신 중 하나로 지목되어 실각되었다.

천리강산도

중국의 산수화는 굉장히 오래전에 시작되었습니다. 서양의 인물화, 풍경화보다 1천 년이나 앞섭니다. 6세기 수隋나라 때의 전자건展子虔[1]이나 7~8세기 당唐나라 때의 이사훈李思訓과 이소도李昭道[2] 부자父子를 보면 알 수 있지요. 그들은 각각 한 작품씩만 남겼지만, 매우 정교하고 뛰어난 그림들입니다. 저는 유화로 전자건의 〈유춘도遊春圖〉의 일부를 모사해보고서야 그의 회화 기법이 도저히 말로 다 할 수 없을 정도로 훌륭하다는 사실을 깨달았습니다. 타이베이 고궁박물원에 갈 때마다 이사훈의 〈강범누각도江帆樓閣圖〉를 유심히 관찰하는데, 작품 전체에 귀족적인 풍모가 가득합니다. 이사훈이 그린 대고산大孤山, 소고산小孤山 그림을 바탕으로 소동파가 지은 시가 있는데, 저도 젊었을 적에는 그 시를 다 외웠습니다. 안타깝게도 오늘날 소동파의 시만 전해지고, 이사훈의 그림은 사라졌습니다.

당나라가 멸망하고 다음 통일 왕조인 송나라[북송北宋]가 세워지기 전 약 50년간 907~960은 북방에서 다섯 왕조, 남방에서 열 나라가 난립하여 흥망을 거듭한 오대십국五代十國 시대입니다. 이 시기에 동원董源[3], 거연巨然[4], 형호荊浩[5], 관동關仝[6] 등

---

1. 수(隋), 북제(北齊), 북주(北周)까지 세 왕조를 위해 일한 화가. 인물화, 불교화를 잘 그렸다고 한다. 지금까지 전해지는 작품은 산수화인 〈유춘도(遊春圖)〉(베이징 고궁박물원 소장)로 원근 표현이 특히 뛰어나다.
2. 이사훈, 이소도 부자는 황실 종친으로 일가가 전부 그림을 잘 그렸다. 이사훈은 좌무위대장군(左武衛大將軍)으로 임명되기도 했다. 그는 산수(山水)와 수석(樹石)을 잘 그렸고, 청록색으로 채색한 산수화로 대표되는 북종화(北宗畵)의 시조로 일컬어진다. 이소도는 아버지의 화법을 이어받아 더욱 발전시켰으며, 해도(海圖)의 창시자로도 알려져 있다.
3. 오대 말부터 북송 초기까지 강남 지역에서 활동한 화가. 남송화(南宋畵)의 시조라고 일컬어진다.
4. 오대 말부터 북송 초기 승려이자 화가. 동원의 제자로, 소박한 산수화를 많이 그렸다.
5. 당나라 말기부터 오대 시기까지 활동한 화가. 오대의 난세가 시작되자 산속에 은거했다. 산수화를 잘 그렸고, 경서와 문장도 뛰어났다.
6. 오대 시기 후량(後梁)의 화가. 형호에게 그림을 배웠다. 스승의 뒤를 이어 수묵 산수화를 더욱 발전시켰다.

뛰어난 화가가 많이 배출되었습니다. 그로부터 600년 후인 명明 말기의 동기창董其昌[7]이 중국 산수화를 논할 때 주로 이들을 들먹이며 이러니저러니 회화의 이치를 따지게 됩니다. 북송 후기에 이르면 산수화는 더욱 발전하고 회화의 기법도 다양해지지요. 이런 중국 미술사에 대한 웬만한 지식은 스마트폰으로 검색하면 알 수 있으니 자세한 설명은 생략하겠습니다. 여기서는 북송 말기 휘종徽宗 연간의 그림 하나와 그것을 그린 사람에 대해 이야기하고자 합니다. 바로 왕희맹王希孟, 1096~1119의 12미터에 달하는 두루마리 그림 〈천리강산도千里江山圖〉입니다.

이 그림은 참으로 감사하게도 베이징 고궁박물원에 소장되어 있습니다. 2013년 일반에 공개했는데[8], 그때 머리를 유리벽에 딱 붙이다시피 하면서 하염없이 그 그림을 바라보았습니다. 중국 미술사 전문가들이 이 그림을 어떻게 평가하는지는 잘 모릅니다. 유화를 그리는 '비전문가'의 눈으로 볼 때, 〈천리강산도〉는 중국 산수화의 역사에서 의외의 사건이자 고립된 문헌입니다. 이 그림을 의외의 사건이라고 표현하는 것은 두루마리 산수화 가운데 이에 필적할 만한 작품이 없기 때문입니다. 고립된 문헌이라고 표현하는 것은 이 정도 규모의 두루마리 그림이 혹여 존재했는지는 모르지만, 현존하는 것은 〈천리강산도〉 하나뿐인 까닭입니다. 그림을 그린 왕희맹은 스물세 살에 요절했습니다. 그런 탓인지, 이후의 역사에서 중국화의 걸작에 대해 많은 문인들이 비평을 하고 심지어 한 작품에 대해 전문적으로 논한 책도 있는데, 누구나 감탄하는 〈천리강산도〉는 과문한 탓인지 아직 세세하게 해설한 전문적인 문헌이 있다는 이야기를 들은 바가 없습니다.

이 그림은 고독한 거인처럼 홀로 역사 위에 서 있습니다. 〈천리강산도〉는 앞

7. 명나라 말기의 관료이자 문인, 화가, 서예가. 당시 그림, 글씨, 문장 등에서 최고의 인물로 명성을 떨쳤다. 화풍(畵風)이나 화론(畵論)에서 이후의 문인화가들에게 결정적인 영향을 주었다.
8. 〈천리강산도〉는 평소에 일반 전시를 하지 않는다. 2009년, 2011년, 2013년에 특별 전시로 일반 공개를 했으며, 최근에는 2017년 10월에 전시를 했다.

선 시대인 수, 당, 오대의 산수화가 하나로 귀결된 결과물이며, 뒤따르는 원元, 명, 청清 세 왕조의 문인산수화와 백과사전 식으로 이어집니다. 왜 그럴까요?

지금 여기서 회화의 미학을 이야기하려는 것도, 미술사를 이야기하려는 것도 아닙니다. 〈천리강산도〉에 관심 있는 분은 지하철을 타고 베이징 고궁박물원에 가서 직접 그림을 보는 것이 가장 좋습니다. 저는 이 그림의 어느 한 부분에 대해서만 이야기할 생각이기 때문입니다. 바로 왕희맹이 이 그림을 그릴 때 겨우 열여덟 살이었다는 사실입니다.

우선 이 두루마리 끝부분에 쓰여 있는 내용을 살펴봅시다.

> 정화政和 3년1113년 윤사월 초하루에 하사하니 희맹의 나이 열여덟이다. 일찍이 화원의 학생으로 들어와 황궁의 문서고에서 일했다. 몇 차례 그림을 올렸으나 미치지 못했다. 임금께서 가르칠 만하다고 여기고 희맹에게 직접 그림 기법을 전수하셨다. 반년이 지나지 않아 이 그림을 바치니 임금께서 기뻐하시며 관직을 하사하셨다.[9]

뒤로 여덟아홉 자가 더 있지만 그 의미를 잘 모르니 더 읽지 않겠습니다. 앞부분의 몇 구절 역시 맞다고 장담할 수는 없습니다. 전문가들이 비웃을지도 모르지요. 그래도 대략적인 의미는 확실하다고 생각합니다. 소년 왕희맹이 그림을 배웠고, 황실 화원에 채용되어 몇 차례 작품을 진상했는데 아주 좋지는 않았습니다. 송 휘종이 왕희맹의 재능을 눈여겨보고 친히 가르쳤는데, 왕희맹은 반년이 되기 전에 이 대작을 그려내 휘종의 칭찬을 받았고, 휘종은 왕희맹에게 관직을 내렸다는 겁니다.

이런 사정은 디에고 벨라스케스Diego Velázquez가 스무 살에 에스파냐 궁정에

---

9. 저자가 '채경에게 그림을 하사했다'를 '왕희맹에게 관직을 내렸다'로 잘못 해석했다.

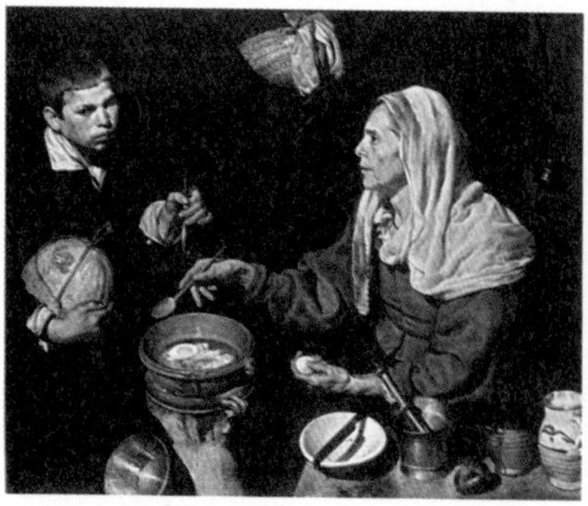

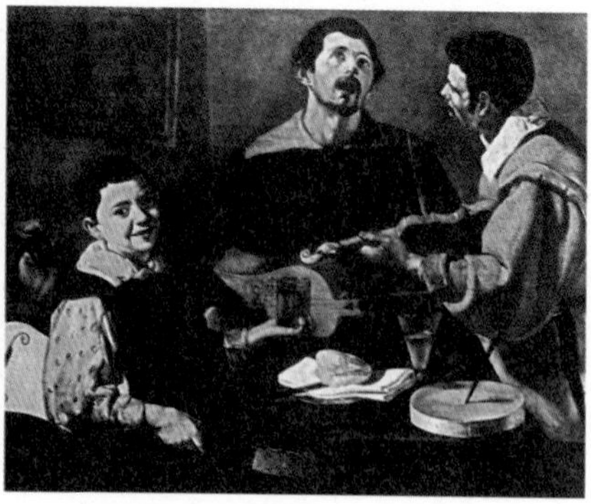

벨라스케스의 초기 작품

좌_ 〈달걀부침을 만드는 노파〉, 1618년, 스코틀랜드 국립미술관, 에든버러
우_ 〈세 음악가〉, 1618년, 게멜데 갤러리, 베를린

들어가 왕실 화가가 된 경력과 비슷한데, 벨라스케스가 왕희맹에는 못 미치지요. 벨라스케스는 펠리페 4세Felipe IV의 화가로 평생 일하고 예순 살이 다 되어서야 관직을 얻어 총관이 되었습니다. 그는 자신의 영예를 아주 대단하게 여겼습니다. 그래서 유명한 그림 〈시녀들Las Meninas〉에서 특별히 직책 표식이 달린 윗옷을 입고 허리에는 총관의 열쇠를 차고 있는 모습으로 자신을 그렸습니다. 두 사람의 나이를 따져보면 벨라스케스는 왕희맹보다 500년 이상 늦게 태어났습니다. 만약 두 사람이 만난다면 소년 시절에 왕궁에 들어간 이야기를 나눌 수 있을 겁니다. 왕궁에 들어간 나이도 왕희맹이 벨라스케스보다 2년 앞섭니다. 하지만 벨라스케스가 열여덟 살에 그린 그림 역시 아주 놀랍습니다. 이 기회를 빌어 그의 작품도 살펴보기로 하지요.

열여덟 살이란 어떤 나이일까요? 오늘날에는 이미 성인[10]입니다. 담배를 피우고, 술을 사고, 차를 몰고, 집을 떠나 독립해 혼자 살 수도 있습니다. 많은 나라

---

10. 중국에서는 만 18세부터 법률적으로 성인이다.

에서 열여덟 살을 결혼할 수 있는 법정 연령으로 정하고 있습니다. 중국에서는 대학 입시를 치러야 하는 나이지요. 하지만 시골에서는 수많은 열여덟 살의 청소년들이 사회에 나와 일을 하고 가족을 부양하는 데 힘을 보탭니다. 하지만 모든 어른들은 열여덟 살을 이야기할 때 한 가지 생각을 할 겁니다. 바로 '넌 아직 어려'라는 거지요. 저도 고등학생, 대학생을 보면 아무렇지 않게 "저 아이들"이라고 말합니다. 그렇게 부르는 게 문제가 있다고는 생각하지만요.

현대인은 모든 영역에서 어른과 아이를 구분하지만 기나긴 '고대'[11]의 역사에서 인류가 아이에 대해 갖는 개념은 완전히 달랐습니다. 그때의 어른들은 아이를 데리고 거의 모든 일을 했습니다. 어른과 아이를 구분하지 않았던 겁니다. 열여덟 살의 고대인들은 이미 자식을 둔 아버지, 어머니이기도 했고요. 현대에도 그런 경우가 있습니다. 문화대혁명 시기1966~1976에 장시江西 성의 오지 마을에서 노동을 한 적이 있습니다. 그 마을의 십대들은 다들 남편과 아내가 있었고, 일찌감치 노동을 하고 있었지요. 미국의 시골에서는 많은 아이들이 마치 형제간에 그러듯 부모를 직접 이름으로 부릅니다. 어른과 아이의 이런 관계는 사실 인류의 오랜 전통인 것입니다.

전쟁은 더 말할 것도 없지요. 고대의 병사들은 대부분 '아이'였습니다. 한漢나라 때의 명장 곽거병霍去病이 흉노를 평정할 때 이십대 초반이었으니 십대에 이미 노련한 살인자였을 겁니다. 청나라 때 태평천국의 난을 진압하면서 수많은 사람을 죽인 우두머리 두 명을 붙잡고 보니 스물도 안 되었다고 합니다. 그 두 사람은 죽음이 뭔지도 모르고 죽음을 두려워하지도 않아서 목이 떨어지기 직전까지 땅바닥에 앉아 웃고 떠들며 먹고 마셨다고 하지요.

고대에는 지금과 같은 일반 학교가 없었습니다. 미술대학이라는 것도 물론

---

11. 중국에서는 1840년 아편전쟁 이전의 역사를 '고대'로 본다

없었지요. 그때는 열두서너 살에 누군가의 문하에 들어가 기예를 배웠고, 뛰어난 사람은 열대여섯이면 어엿한 한 사람의 화가로서 일을 받곤 했습니다. 미술사, 공예사의 수많은 걸작은 젊은이들 손에서 나왔습니다. 물론 선생님이 도와주고 이끌어주었지요. 특히 엄격한 기준으로 제자를 들이는 공예 부문은 어린아이들만 받습니다. 열네 살만 넘어도 입문하지 못합니다. 나이를 먹으면 마음이 단순하지 못하기 때문입니다. 예배당에서 소년 성가대의 노래를 들은 적이 있나요? 그렇게 온 마음을 다한 집중, 정밀함과 신성함은 어린아이이기에 가질 수 있습니다. 열여덟이 지나면 그런 순수한 집중 대신 지성과 이성이 자라납니다. 꽃이 지는 대신 열매를 맺게 되는 것과 같은 이치지요.

그러니 열여덟 살을 쉽게 생각해서는 안 됩니다. 게다가 그 열여덟 살이 천재라면, 아주 무서운 일이 벌어지는 겁니다.

회화, 음악, 문학 등 모든 분야에서 우연히 이와 같은 천재가 태어납니다. 조조曹操의 아들로 잘 알려진 조식曹植, 일곱 살 때 이미 시를 지었다는 당나라 시인 이하李賀 같은 천재 소년들이 아무렇게나 읊은 시가 얼마나 많은 사람을 놀라게 했습니까? 프랑스의 시인 랭보Rimbaud 역시 마찬가지입니다. 그는 열아홉 살 이후로는 시를 쓰지 않았지요. 음악계에서는 모차르트Mozart, 생상스Saint-saëns 같은 천재들이 몸이 다 자라기도 전에 사중주나 교향곡을 썼습니다. 미켈란젤로Michelangelo는요? 그가 〈피에타Pietà〉를 조각했을 때는 스물세 살이었고, 〈다비드David〉를 조각했을 때는 스물여섯 살이었습니다. 그가 열대여섯 살 때 만든 작품을 보면 이십대에 이런 걸작을 만들었다고 해서 전혀 놀랄 일이 아님을 알게 될 겁니다. 프랑스의 낭만주의 화가 들라크루아Delacroix는 스물셋에 〈단테의 조각배〉를 그렸고, 피카소Picasso는 스무 살 전후가 그의 영감이 가장 뛰어난 시절이었습니다. 제가 미술대학에서 마주치는 열여덟 살 청소년들은 고등학교 2학년 학생들입니다. 그들은 다들 자기 자신이 보잘것없다고 생각하겠지요. 그러나 왕희맹을 보십시오. 당시 그가 얼마나 자신감 있었습니까?

이제야 다시 왕희맹 이야기로 돌아왔군요. 하지만 안타깝게도 위에 나온 발문 외에 왕희맹에 대한 사료는 전무하다시피 합니다. 그는 재능이 뛰어났습니다. 그것은 의심할 바가 없지요. 하지만 열여덟 살에 이런 훌륭한 그림을 그려내다니요? 믿고 말고는 여러분 뜻에 맡기겠습니다.

회화란 손으로 그리는 것이기에 손 기술이 제일 중요합니다. 손 기술 위에는 안목이 있습니다. 안목이란 첫째로 관찰하는 눈이고, 둘째로 그림을 그리는 동시에 자신의 솜씨를 판단하는 눈입니다. 후자의 안목은 기예의 범주에 들어가지만, 연륜을 포함하는 것이라 황궁의 화가라면 이런 안목을 가진 뛰어난 사람이 흔하지요. 그렇다면 전자는 어떨까요? 이것이야말로 타고난 재능이 달린 문제입니다. 똑같은 경치라도 천재가 보고 그린 것과 범재가 보고 그린 것은 품격과 경지가 다릅니다. 몇 년 전 타이베이 미술관에서 일제강점기에 타이완 화가가 그린 커다란 수채 풍경화를 본 적이 있습니다. 나뭇잎 하나, 풀잎 하나, 원경에서 근경까지, 큰 것에서 작은 것까지 모든 것을 그려낸 그림이었습니다. 얼마나 아름다웠는지 모릅니다. 전혀 난삽하거나 복잡해 보이지 않았고, 오히려 생기가 넘쳐 자연의 균형감이 화면에 가득했지요. 정말로 자연 그 자체와 비교할 만한 그림이었습니다. 나중에 확인해보니 작가는 당시 열여덟 살이더군요.

열여덟 살의 감각기관은 최신 컴퓨터에 비유할 수 있습니다. 검색, 다운로드, 반응 속도 등 모든 기능에서 뛰어납니다. 어린아이가 바라본 세상을 유의 깊게 살펴보기 바랍니다. 어른들의 시선이 미치지 못하는 사소한 것까지 어린아이는 온몸이 카메라 렌즈라도 된 것마냥 흡수합니다. 젊은 화가는 이처럼 감성이 왕성하기 때문에 기예만 갖추면 되는 것입니다. 소년기에는 자신의 사상, 그림에 담은 의도, 은유의 경지 같은 것을 가질 수 없습니다. 그것은 세월을 다듬어 우러나는 맛과 품격이며, 문화적인 추구와 단련을 통해 만들어지기 때문입니다.

그런 것이 없는 대신, 소년 소녀들은 그저 자신의 생명력과 감각을 사용해 그리기만 하면 됩니다.

수당 시대의 회화는 동진東晉의 고개지顧愷之 그림에서 산수화의 맹아를 찾을 수 있습니다. 말하자면 중국 산수화의 어린 시절인 셈이지요. 초기 르네상스 회화가 수당 시대의 회화와 전체적으로 비슷합니다. 소년다운 치기, 고상함, 총기, 용맹한 기개가 가득합니다.

오대와 북송 시대의 산수화는 양식이 확대되어 기세가 웅혼하고 먹의 사용도 원숙합니다. 소년이 점점 자라 어른이 된 것에 비유할 수 있겠군요. 그러나 궁정 화단에서는 여전히 청록산수青綠山水에 열중했습니다. 청록산수의 연원과 화맥은 수당 시대부터 면면히 수백 년간 이어졌습니다. 그러다 돌연 열여덟의 왕희맹을 만나 다시 한 번 소년다운 면모를 잠시 꽃피웁니다. 사람의 의표를 찌르고 전혀 예상하지 못한 휘황찬란한 광채를 뿜어낸 것이지요.

지금 이 두루마리 그림은 오랜 세월이 흘러 흐려지고 탁해졌습니다. 초췌한 모습이지만 1천여 년 전 막 그림을 완성했을 때를 상상해보세요. 눈부시게 빛나는 금빛, 푸른빛이 그야말로 기적 같지 않았을까요? 송 휘종이 기꺼워한 것도 무리가 아닙니다. 휘종은 그 자신부터가 훌륭한 화가였으니까요. 그는 자신이 〈천리강산도〉 같은 그림은 그려내지 못할 것을 알았을 겁니다.

〈천리강산도〉가 지닌 '야심'은 수당 시대 전자건과 이사훈을 뛰어넘습니다. 왕희맹이 좇은 것은 전경全景입니다. 황실의 그림이란 반듯한 짜임새, 세밀함, 진짜 같은 모습[핍진성逼眞性]을 중요시합니다. 이를 통해 공덕을 칭송하는 것이 바로 궁중 산수화의 목적이기 때문입니다. 또 다른 이유로는, 제 생각입니다만, 왕희맹이 너무 젊었기 때문에 그랬다고 생각합니다. 중년의 화가는 이와 같이 광활한 화면을 화폭에 담아내지 못합니다. 하지만 열여덟의 눈과 가슴은 마치 갓 동이 튼 이른 아침과 같아서 먼 곳의 고산준봉까지 다 눈[目] 속에 들어차기 마련이고,

그 풍경을 하나하나 빠짐없이 화폭에 옮기게 되는 것입니다.

〈천리강산도〉는 얼마나 광활하고 드넓습니까? 게다가 아주 구체적으로 광활합니다. 이 그림을 100개 부분으로 나누어 살펴보면, 각 부분이 모두 한 폭의 그림과 같음을 알게 될 것입니다. 수당과 오대 시대, 북송의 대가들까지 포함해서 살펴보더라도 따로 하나의 구도를 완성하는 풍경이 이처럼 많이 담긴 그림이 없습니다. 또한 따로 하나의 부분에 담긴 경치가 이렇게 다양하고도 상세한 그림이 없습니다. 나이를 먹고 원숙해진 대가는 빼는 것을 좋아합니다. 이른바 취사선택과 개괄의 묘妙라는 것입니다. 열여덟 살의 한창때인 왕희맹은 오히려 더하는 데 열을 올립니다. 열여덟의 소년이어야 이처럼 강한 의지와 세심함을 가질 수 있을 겁니다. 그러나 이렇게 많은 것을 더하는 기법을 쓰고도 〈천리강산도〉는 전혀 난삽하지 않습니다. 번잡하거나 불필요한 부분도 없습니다. 그림 전체에 고상한 귀티가 흐르고 수려한 아름다움이 보는 이를 압도합니다. 이것이 바로 왕희맹의 타고난 재능입니다. 그는 중국 산수화의 황금시대에 태어났고 그 시대에 마침 열여덟이었습니다. 그는 열여덟에 송 휘종의 가르침을 받았습니다. 제 생각으로는 왕희맹 자신도 이처럼 위대한 그림을 그려낼 줄은 몰랐을 겁니다. 열여덟 살이 하는 일은 대부분 그 자신도 잘 모르는 경우가 많지요. 그리고 몰라서 다행이기도 합니다. 서양 사람들 말처럼, 신께서 그를 움직여 이런 일을 하도록 만드셨는지도 모르겠습니다.

왕희맹과 함께 12세기 초반 북송 황실의 화원에 속해 있던 장택단張擇端[12]은 유명한 〈청명상하도淸明上河圖, 청명 날 강에 가다〉를 그렸습니다. 5미터가 넘는 길이지만 〈천리강산도〉의 절반에도 못 미칩니다. 〈청명상하도〉가 세속의 번화한 서사시라

---

12. 북송 말기, 남송 초기의 화가. 풍속화가 특기이며 대표작 〈청명상하도〉는 북송의 도성인 변경(汴京)의 청명절을 그린 두루마리 그림으로 당시의 사회, 경제 등을 알려주는 자료로서 가치가 높다.

면 〈천리강산도〉는 아름다운 강산에 대한 송가입니다. 이 두 위대한 작품이 북송 말년을 중국 회화사 최고의 시대로 만들었습니다. 그림을 보면 곧 다가올 망국의 징조가 느껴지지 않습니다. 얼마 후 금金나라의 침입으로 휘종과 황실은 포로가 되어 북방으로 끌려갔습니다. 당시 왕희맹이 아직 살아 있었는지는 알 수 없습니다. 왕희맹의 작품 중 현존하는 것은 딱 하나 〈천리강산도〉뿐이며, 화가의 진품이 분명합니다.

원나라 때의 화가 왕진붕王振鵬[13]은 〈강산승람도江山勝覽圖〉를 그렸는데, 몇 년 전 베이징에서 경매에 나왔을 때 약간의 논쟁이 있었으나 어쨌든 대단한 그림입니다. 6~7미터 길이에 수백 명의 인물이 그려져 있지요. 그러나 화품이나 격조를 논하자면 〈천리강산도〉에는 미치지 못한다고 하겠습니다.

여기까지 하겠습니다. 저의 해석이 억지스럽지 않았기를 바랍니다. 우리는 중국 고대의 화가를 상상할 때 흰 수염을 늘어뜨린 고고한 노인을 떠올리기 십상입니다. 명청 시대의 문인화는 중국 산수화에 노인의 이미지를 씌웠고, 청나라 말부터 중화민국 초기에 활동한 황빈훙黃賓虹, 치바이스齊白石, 장다첸張大千 등의 화가들은 그런 이미지를 더욱 강화했습니다. 그렇지만 저는 〈천리강산도〉에서 아리따운 소년을 봅니다. 분명히 보입니다. 그는 늙지 않습니다. 그는 꼭 열여덟 살이어야 합니다. 열여덟보다 적어도, 열여덟보다 많아도 절대로 〈천리강산도〉가 나올 수 없었을 것입니다. 왕희맹은 알고 있었을지도 모릅니다. 몇 년 뒤에 그 자신이 죽을 거라는 사실을 말이지요.

---

13. 원나라 인종(仁宗) 때 활동한 화가.

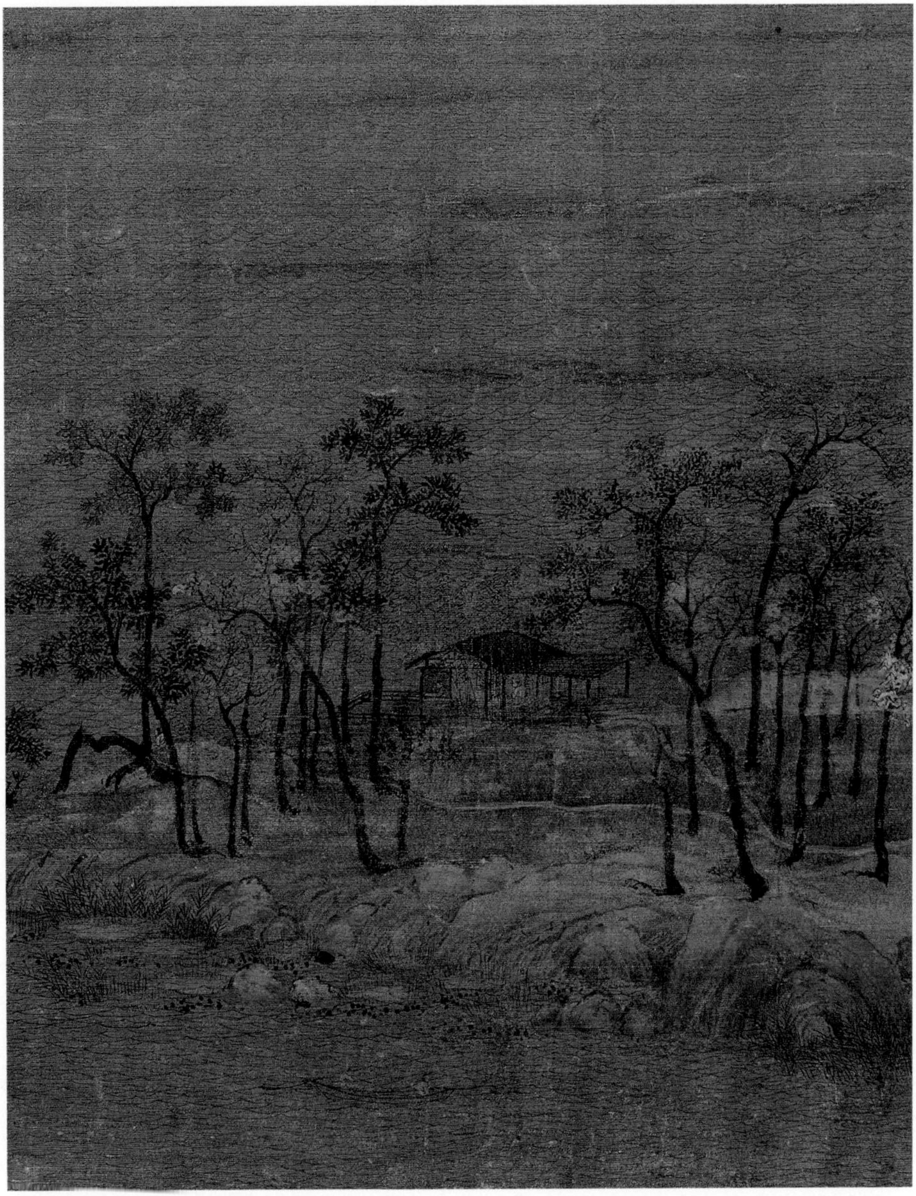

왕희맹, 〈천리강산도〉(부분), 두루마리, 1113년, 고궁박물원, 베이징

왕희맹, 〈천리강산도〉(부분)

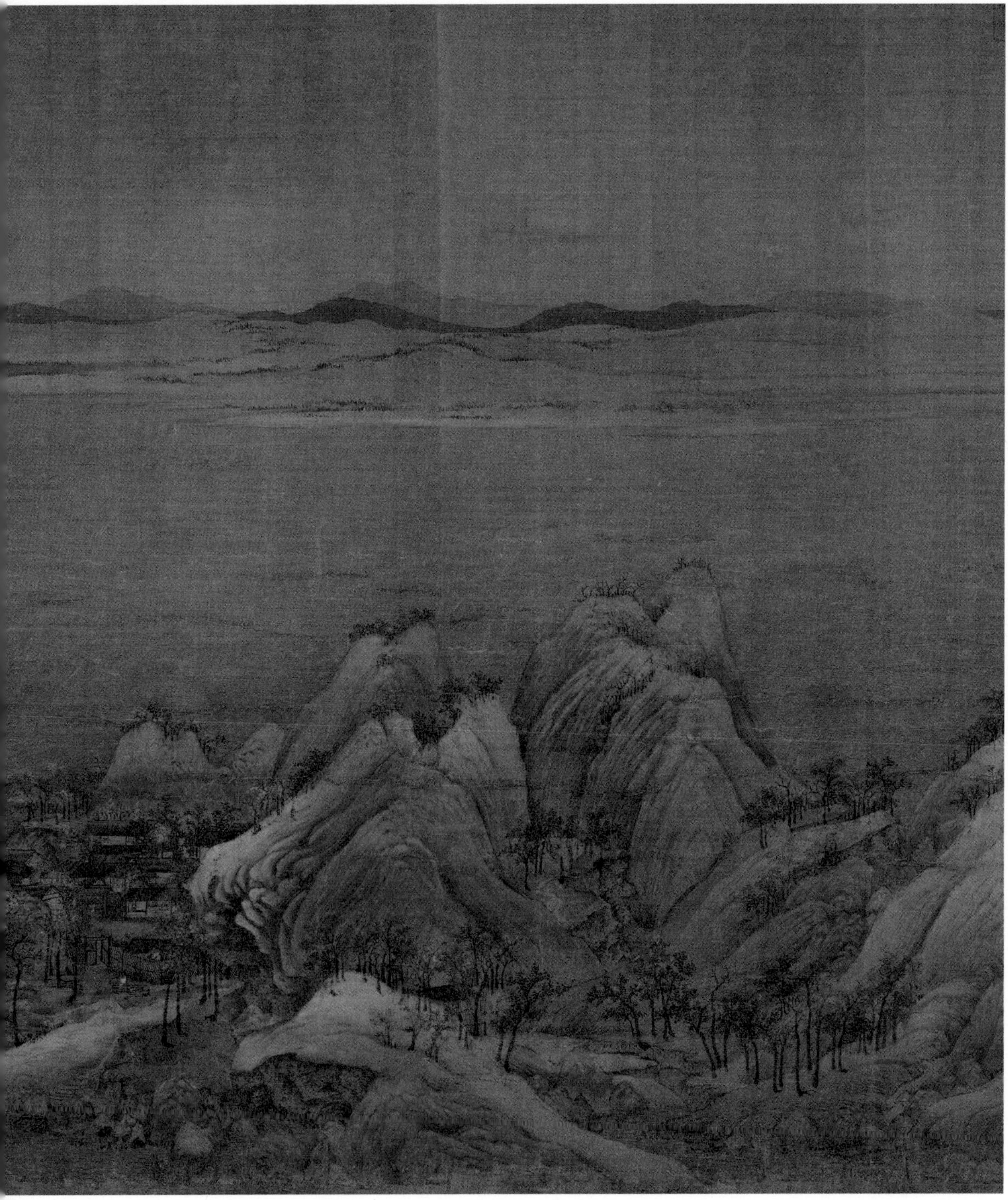

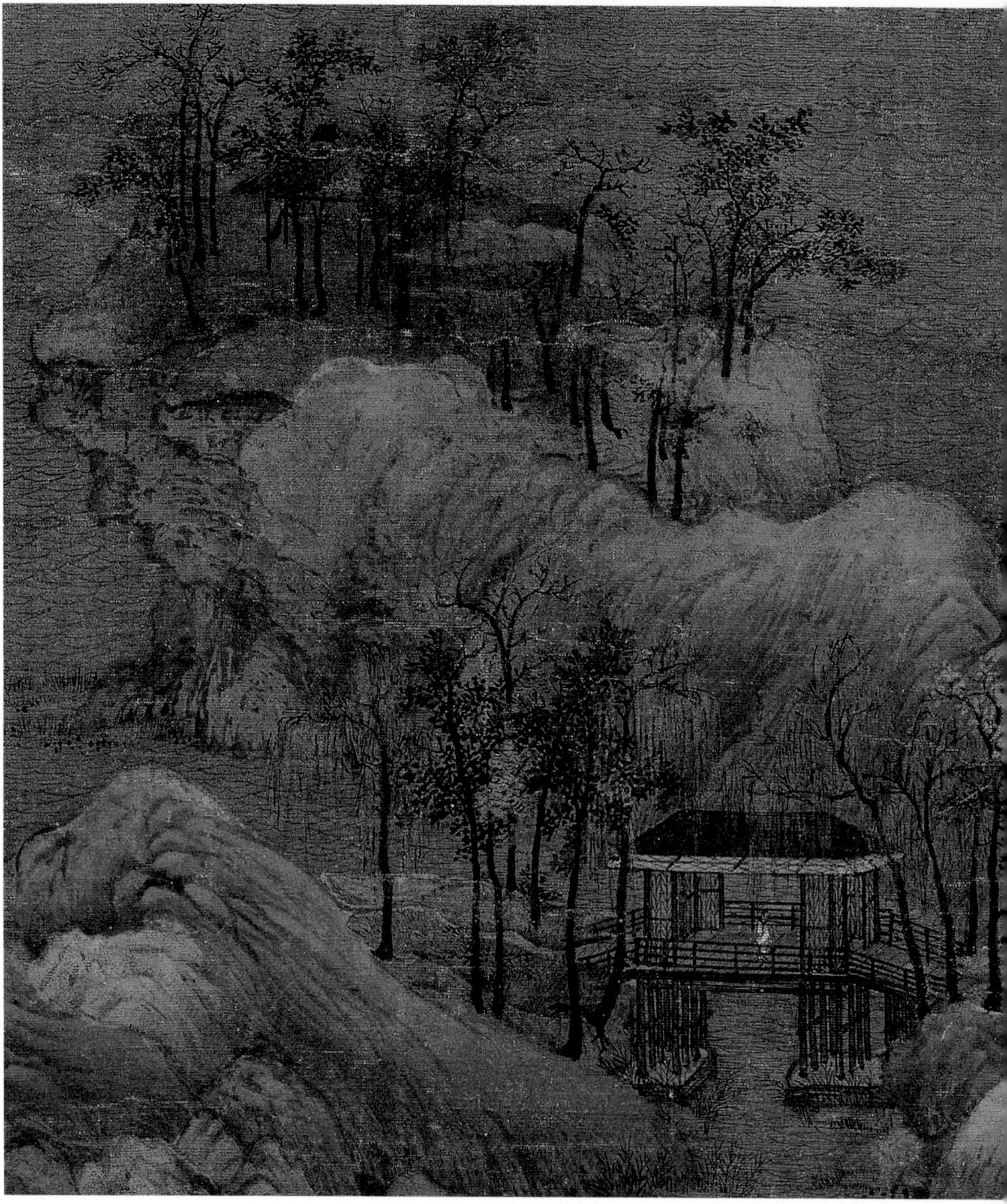

왕희맹, 〈천리강산도〉(부분)

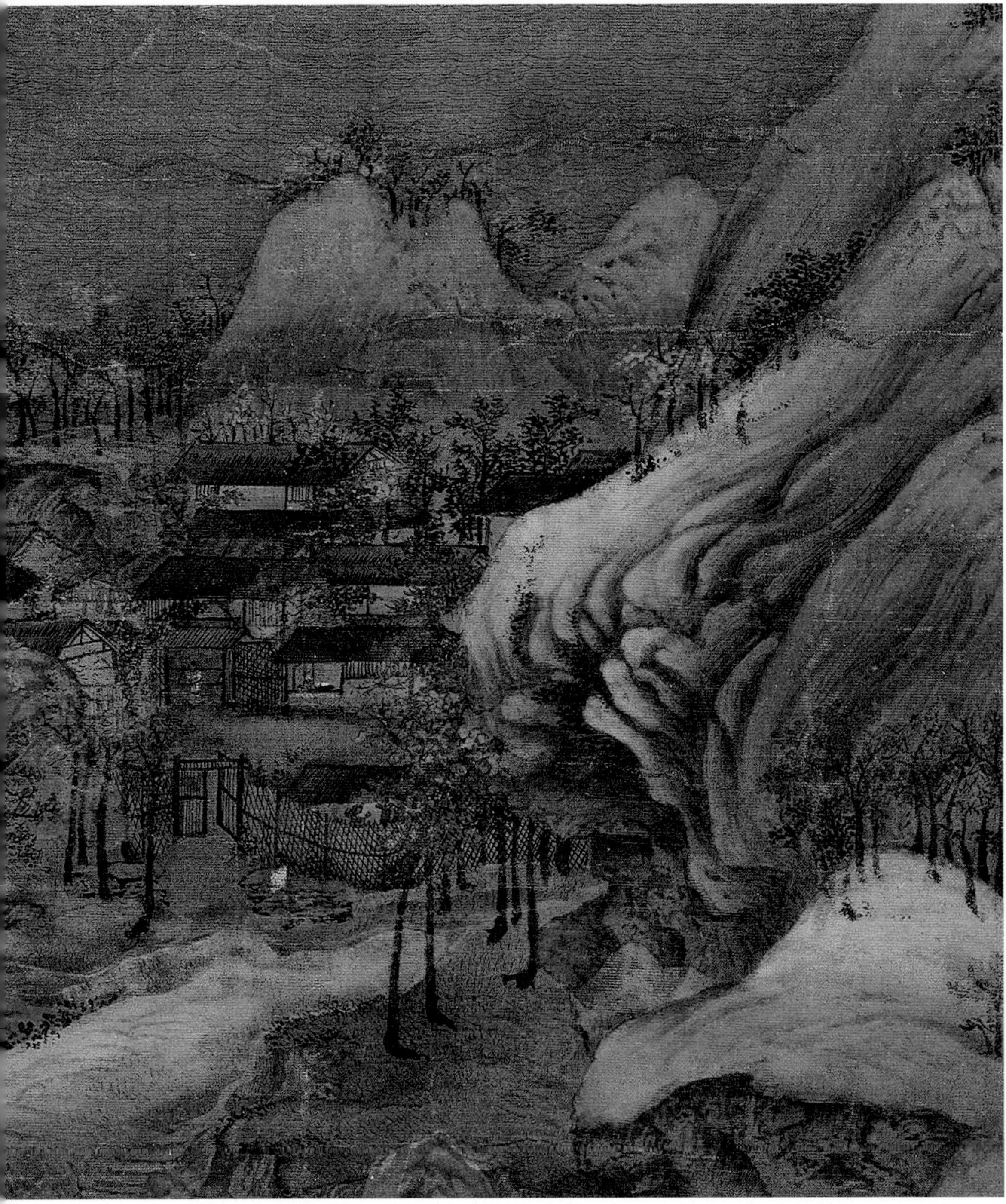

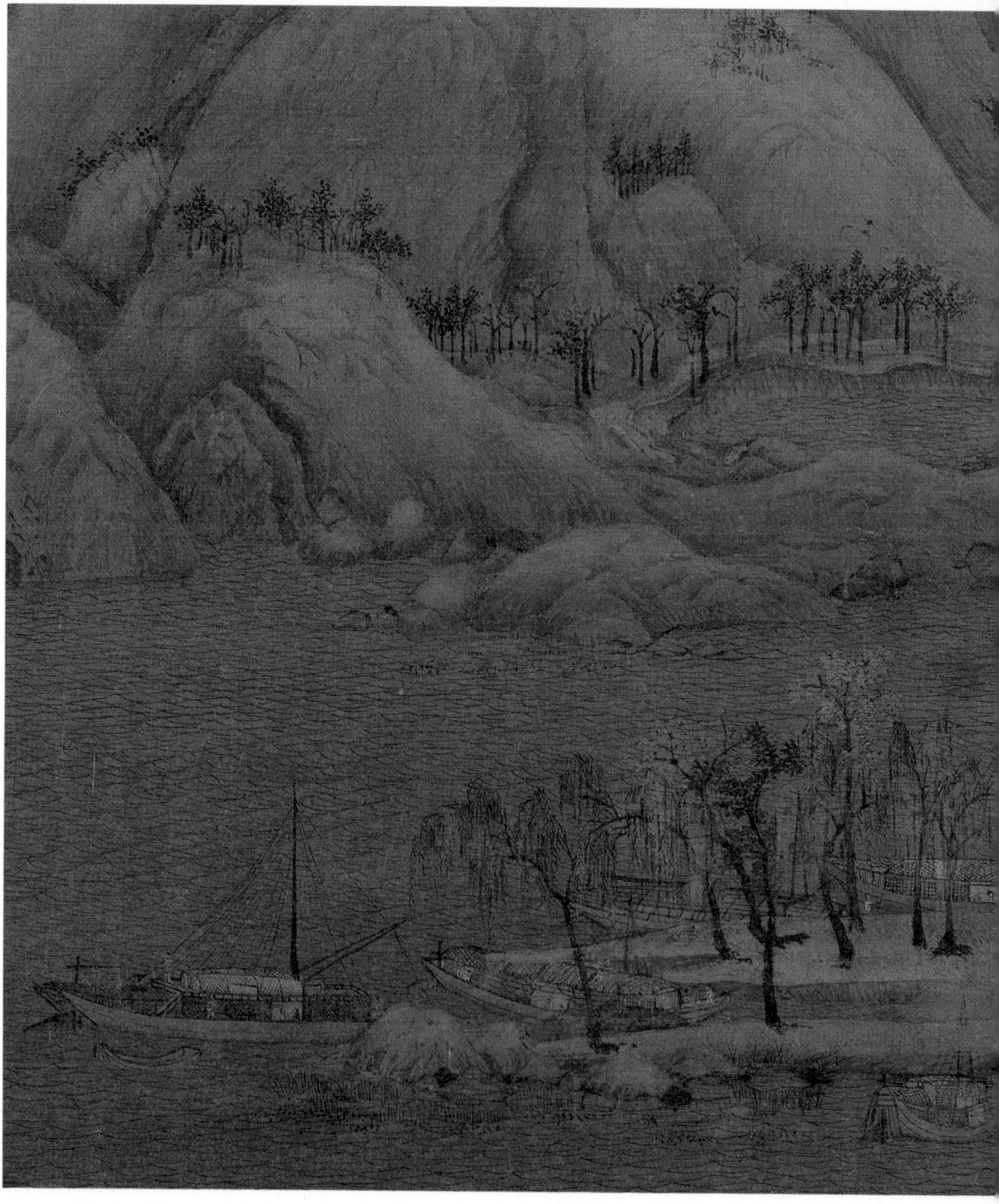

왕희맹, 〈천리강산도〉(부분)

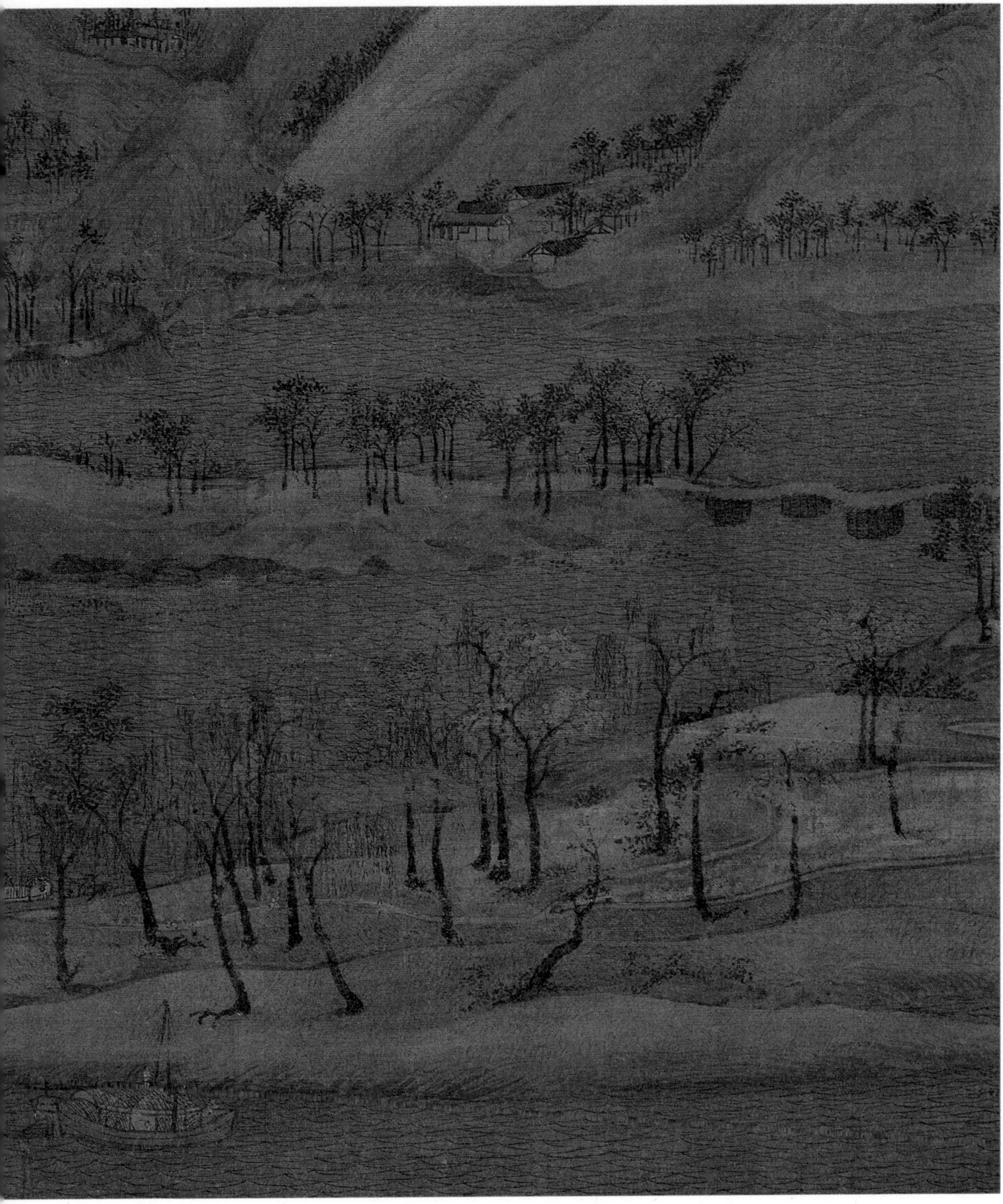

책을 편집하면서 〈천리강산도〉의 서로 다른 부분도들을 배치할 때마다 놀라지 않을 수 없었다. 어떻게 이토록 뛰어날 수 있을까. 어떻게? 내가 유리벽 너머로 진품을 뚫어져라 응시하던 때를 떠올려본다. 어떻게 해야 할지도 모르고 그저 보고 또 보았다. 이것이 고국의 강산인가? 아, 이것이 바로 우리의 강산이다!

왕희맹, 〈천리강산도〉(부분)

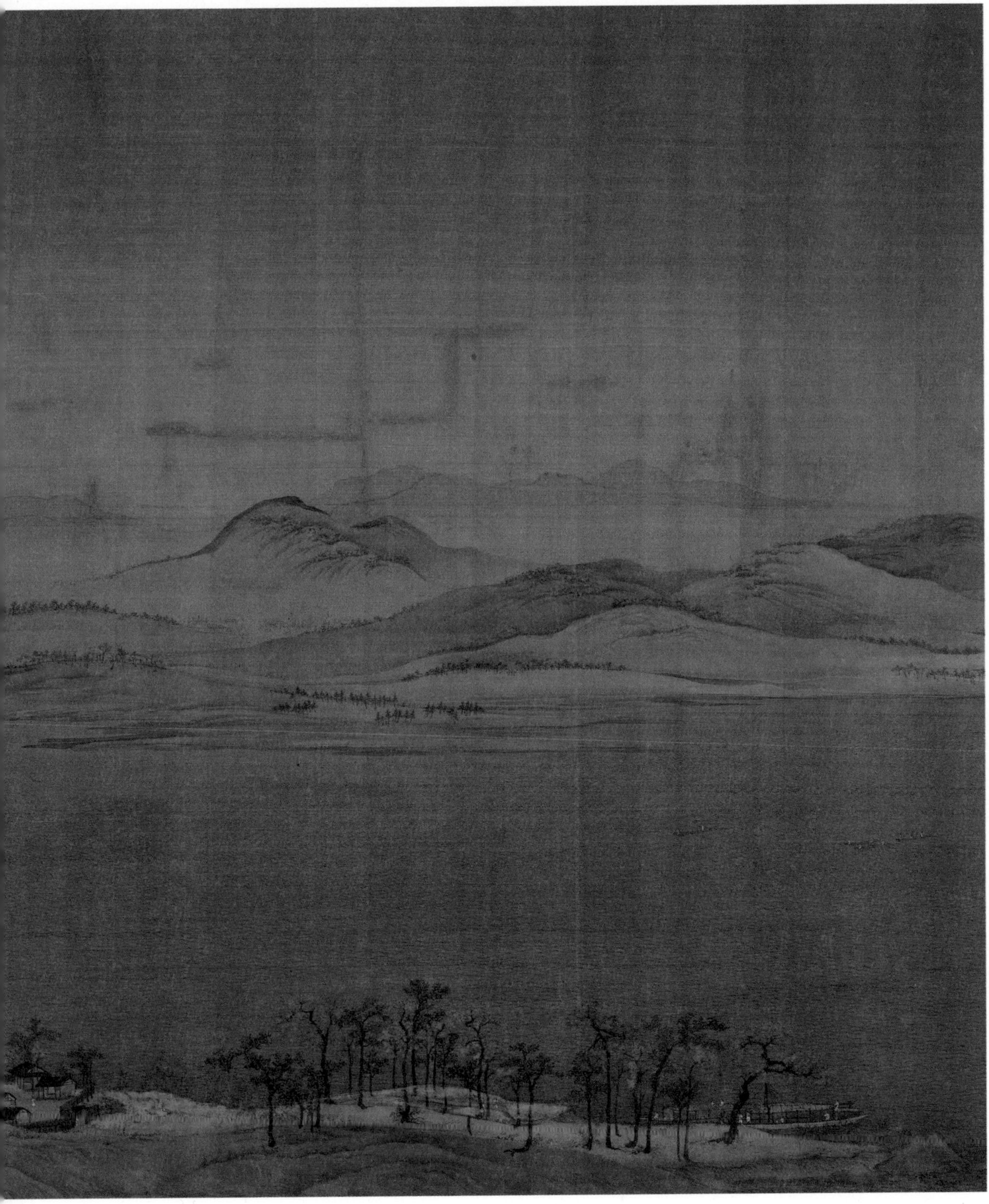

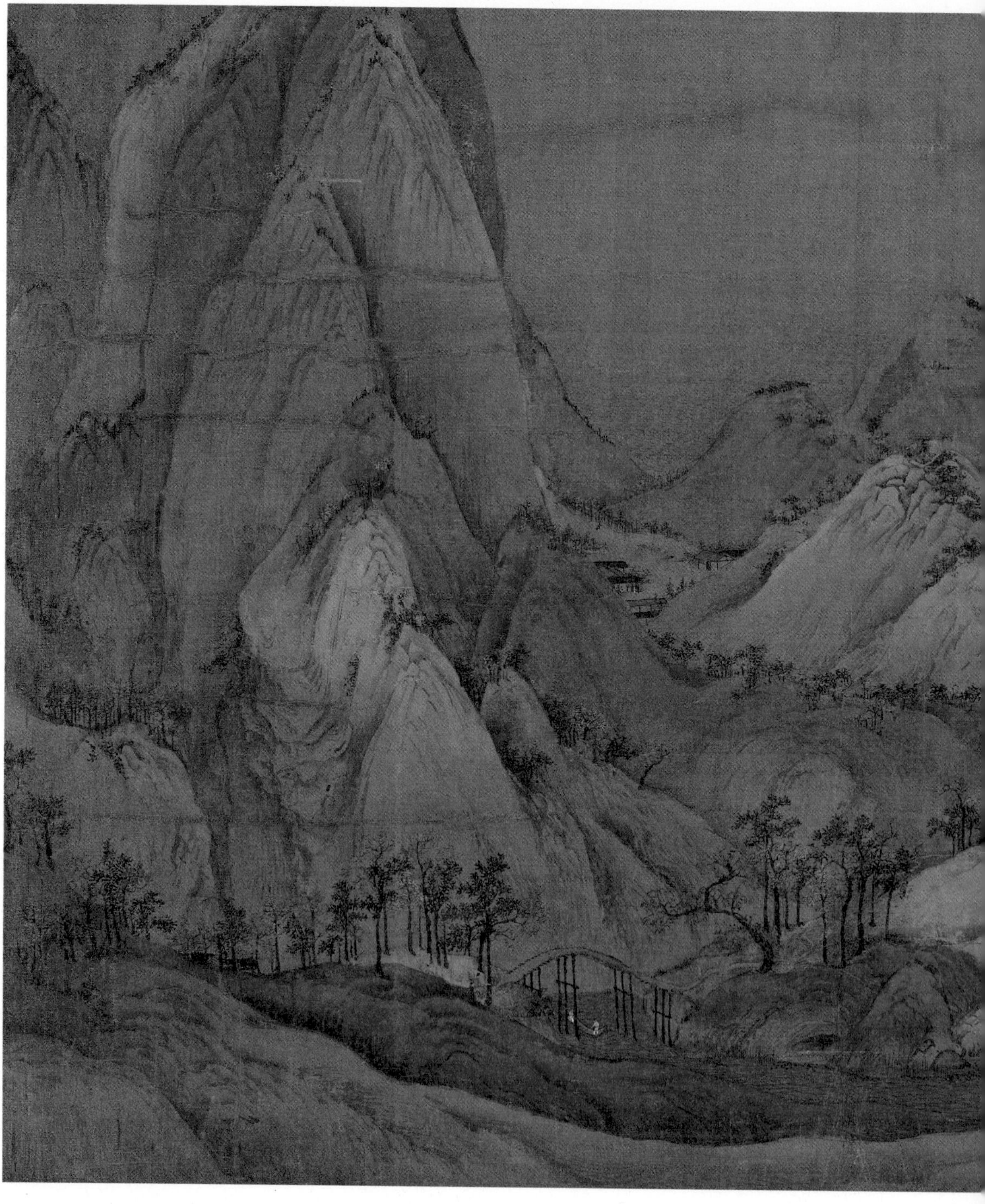

왕희맹, 〈천리강산도〉(부분)

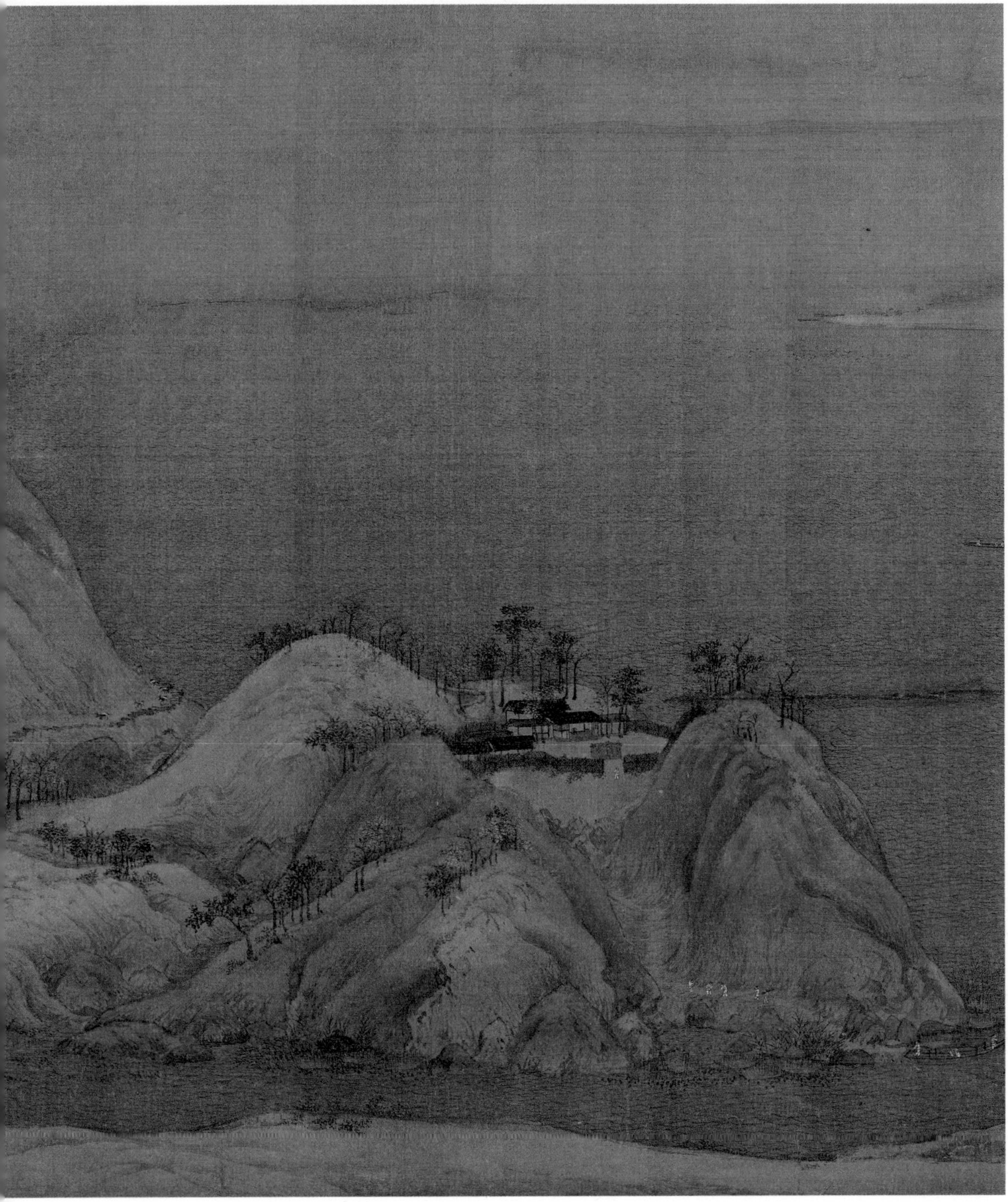

'하늘의 뜻'이라는 것은 확실히 있는 듯하다. 왕희맹과 그의 열여덟 살은 오로지 하늘의 뜻이었다. '하늘이 내린 인연'이라는 말도 틀린 말이 아니다. '천리강산도'와 '왕희맹'이라는 말이 얼마나 잘 어울리는가!

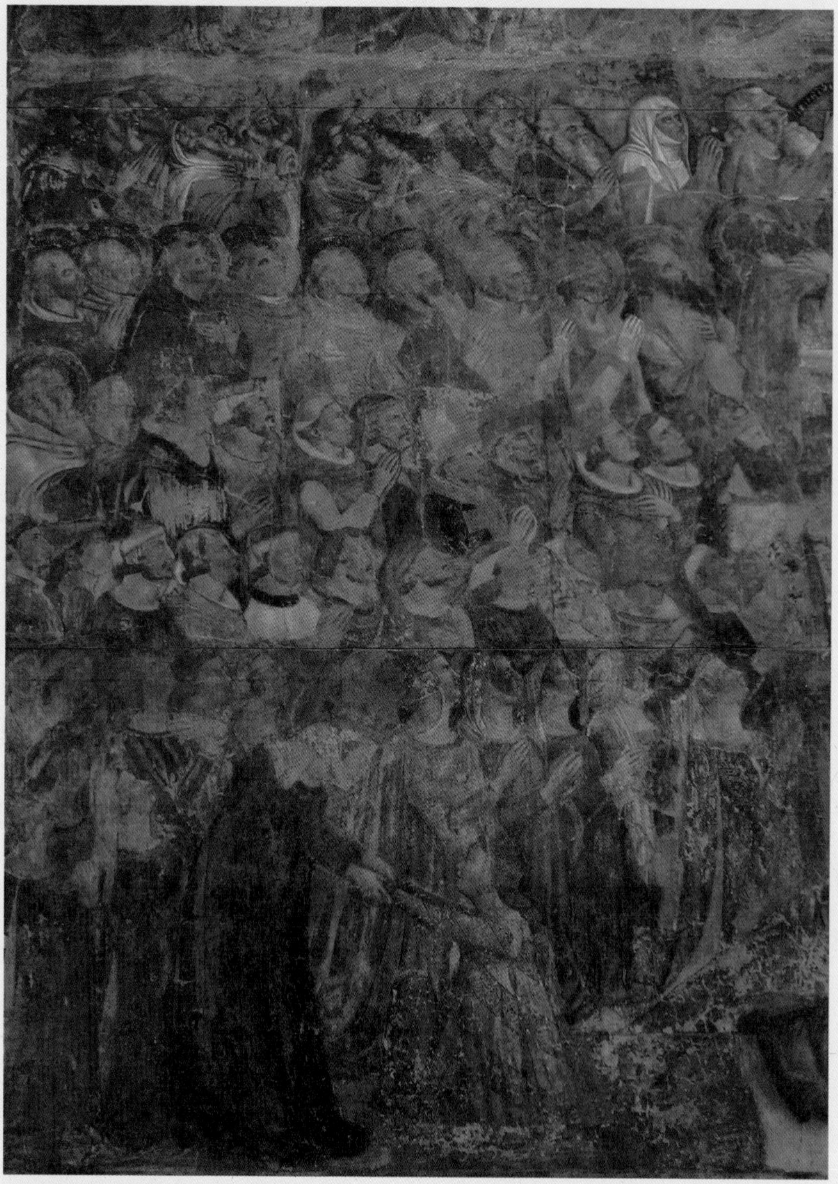

부팔마코, 〈지옥〉(부분), 1336~1341년, 캄포산토, 피사

아쉽게도 도록으로만 이 뛰어난 작품을 볼 수 있다. 부팔마코의 〈지옥〉 가운데서도 이 부분도는 두 손바닥을 붙인 정도의 크기밖에 되지 않는다. 이 그림을 실제 사람의 크기로 상상해보라. 저렇게 수많은 사람이 한쪽을 바라보며 모여 있는 모습을. 얼마나 장관이겠는가!

죽음의 승리

이탈리아에 있는 피사의 사탑은 다들 잘 아실 겁니다. 사탑의 옆에 납골당이 있는 것은 아시나요? 사실 저는 몰랐습니다. 2014년에 그 납골당에서 전에 한 번도 본 적이 없는 거대한 벽화를 마주쳤습니다. 저는 그 자리에서 바로 얼이 빠졌지요. 르네상스의 명작이라면 거지반 알고 있다고 자부했는데, 어째서 이토록 위대한 그림을 그때까지 전혀 몰랐던 걸까요?

이것이야말로 '무지無知'의 장점입니다.

익히 알고 있는 화가의 실제 작품 앞에 서는 일은 큰 기쁨입니다. 전혀 알지 못하던 화가의 작품을 우연히 보게 되는 것은 그보다 더 큰 기쁨입니다. 그런 놀라움과 기쁨은 저를 어린아이로 만듭니다. 앞에서 왕희맹에 대해 이야기했는데, 열여덟 살의 커다란 놀라움과 기쁨이 없었다면 그의 〈천리강산도〉도 없었을 것입니다.

여러분도 어린아이 같은 마음을 소중히 간직하시기 바랍니다. 아직 갖고 있다면 말입니다. 무신木心[1] 선생님이 이렇게 말씀하셨지요. "원기元氣라고 흔히 말하는 것은 사실은 어린아이 같은 기질이다." 동의하십니까? 동의하지 않으셔도 좋습니다. 동의하지 않는 분은 분명히 학식이 높고 성숙한 분일 겁니다.

2차 세계대전 때 피사는 연합군의 폭격을 받아 크게 파괴되었습니다. 전쟁이 끝난 후 거대한 회랑이 복원되었지요. 2008년, 저는 피렌체에 있는 메디치 가의 궁전 고해실에서 베노초 고촐리Benozzo Gozzoli가 그린 〈동방박사의 행렬〉1459~1461

1. 시인이자 화가로 천단칭에게 큰 영향을 끼친 스승이다(1927~2011).

년작을 보며 얼마나 감탄을 거듭했는지 모릅니다. 몰래 사진도 몇 장 찍었습니다. 고촐리는 15세기 이탈리아의 거장입니다. 나중에 도록을 통해 그의 많은 그림이 피사의 납골당에 있다는 것을 알게 되었지요. 그래서 2014년에 특별히 그의 그림을 보려고 찾아간 것입니다. 세상에, 정말로 거기에 그림들이 있었습니다. 높다란 벽 위에 연이어 그려져 있었습니다. 그림 하나의 크기가 3~4제곱미터 정도인데, 비록 많이 훼손되고 얼룩져서 색채를 분명히 볼 수는 없었지만 그래도 장관이었습니다.

한 폭 한 폭 벽화를 감상하며 회랑 한쪽의 거대한 측실로 들어갔습니다. 거기서 우연히 낯선 그림을 보게 되었는데 〈죽음의 승리〉라는 제목이었지요. 벽 귀퉁이에 더 커다란 벽화도 있었는데, 그건 제목이 〈지옥〉이었습니다. 거기 서서 그림을 보는데 모골이 송연했습니다.

얼른 설명문을 찾아보니 화가의 이름은 부오나미코 부팔마코Buonamico Buffalmacco, 1290~1340라고 합니다. 르네상스 초기의 화가로 14세기 전반기에 활동했습니다. 그때는 회화사에서 가장 중요한 작가로 꼽히며, 르네상스 미술을 꽃미운 조토 디 본도네Giotto di Bondone가 아직 살아 있었지요. 이 그림의 제작 시기는 아주 확실한데, 1336~1341년이라고 합니다. 고촐리보다 100여 년 앞서고, 중국 역사로 따지면 명나라 초기에 해당합니다.

명 왕조에 들어서면 중국 회화의 가장 빛나는 시대는 이미 지나간 뒤입니다. 그러나 서양에서 14세기 초반은 르네상스가 시작되는, 하늘이 밝아지는 이른 아침이지요. 서양 사람들에게 13~14세기 회화란 우리가 한나라나 위진魏晉, 수당隋唐 시대의 그림을 이야기하듯 '몹시 오래전'이라는 느낌입니다.

잠깐 샛길로 빠져서, 제가 갖고 있는 '편견'을 하나 말씀드리겠습니다. 저는 유럽에서 진정으로 위대한 그림은 유화가 아니라 습식 벽화프레스코화라고 생각합니다. 그러면 중국 미술에서는 무엇이냐고요? 우아함과 심오함으로는 문인화文人畵

가 최고입니다. 고상함과 위대함으로는 위진 시대, 당송唐宋 시대의 공필중채화 工筆重彩畵[2]가 으뜸입니다. 가장 좋은 예가 바로 왕희맹이지요. 하지만 현재 전해지는 위진 시대, 수당 시대의 그림은 몇 점인지 다 셀 수 있을 정도로 적습니다. 그에 비해 이탈리아의 습식 벽화는 부지기수지요. 대다수는 성당의 벽면에 그렸는데, 지금은 바짝 마른 데다 세월이 더해져 그린 당시보다 더 보기 좋고 멋집니다.

역사가 짧은 것은 짧은 대로 장점이 있고, 절정이 늦게 도래하는 것은 그렇게 된 이유가 있습니다. 서양 회화는 중국 회화보다 역사가 짧고 절정기가 늦게 시작되었지만, 오랫동안 보존되는 안료 덕분에 오히려 세월의 도움을 받았습니다.

14~15세기의 200년간, 이탈리아에는 많은 벽화가가 등장합니다. 조토는 아주 오래된 조상님이자 선구자고, 그의 뒤를 이어 프라 안젤리코Fra Angelico, 마사초Masaccio, 피에로 델라 프란체스카Piero della Francesca, 필리피노 리피Filippino Lippi, 도메니코 기를란다요Domenico Ghirlandaio 그리고 고촐리까지 많은 화가가 있습니다. 이들은 토스카나 지역 수많은 성당의 벽화 작업을 도맡았습니다. 르네상스 3대 거장으로 불리며, 우리들이 자주 언급하게 될 미켈란젤로, 레오나르도 다빈치 Leonardo da Vinci, 라파엘로Raffaello는 그 이후에 등장합니다. 말하자면 그들은 지금 중국의 바링허우80後[3]라고 할 수 있지요.

그런데 문제가 있습니다. 훌륭한 유화 작품은 미술관에 걸어둘 수 있고, 인쇄하여 도록을 만들면 보기도 좋고 쉽게 전파할 수 있습니다. 그렇게 해서 지금 우리가 매일 유화 작품을 칭찬할 수 있는 거지요. 반면 습식 벽화는 너무 큽니다. 축소해서 도록에 실으면 그림의 의미가 다 사라지고 맙니다. 게다가 중요한 벽화들은 도시 하나하나, 성당 한 곳 한 곳을 찾아가 감상해야 합니다. 부팔

---

2. 세밀하게 묘사하고 진하게 채색한 그림.
3. 중국에서 1980년대에 태어난 세대를 일컫는 말.

마코의 이 벽화는 원래 어느 성당에 있었던 걸까요? 알 수 없습니다. 성당이 폭격을 맞았기 때문입니다. 이탈리아 사람들이 겨우겨우 이 벽화를 복원했습니다. 폭격을 이야기하니, 다빈치의 유명한 〈최후의 만찬〉1498년도 원래는 성당에 있었는데, 2차 세계대전 때 그 성당이 폭격에 무너졌던 일이 생각나는군요. 다행히 폭탄조차 다빈치의 명성을 알고 있었는지 〈최후의 만찬〉이 그려진 벽은 피해갔습니다. 〈최후의 만찬〉이 그려진 벽이 홀로 폐허 속에 서 있는 흑백사진을 본 기억이 나는군요. 다빈치의 〈최후의 만찬〉을 직접 보았을 때 저는 그다지 감흥이 없었습니다. 오히려 지금도 산마르코 대성당의 매표소에 걸려 있는 기를란다요의 〈최후의 만찬〉1486년이 얼마나 아름다웠는지 말로 다 할 수 없을 정도입니다. 그 밖에 적어도 스무 명 이상의 화가들이 〈최후의 만찬〉을 그렸는데 저마다 좋은 점이 있답니다.

그래서 드리는 말씀이지만, 미술사란 사실 매우 속물적이라서 권력과 재물에 약합니다. 미술사의 속물적 면모에 대해서는 나중에 다시 이야기하기로 하겠습니다.

그러면 〈죽음의 승리〉를 함께 살펴보겠습니다. 그림 왼쪽에는 관과 시체 더미가 그려 있습니다. 오른쪽에는 잔뜩 꾸미고 악기를 연주하는 귀족 남녀들이 보입니다. 물론 비상하는 천사들도 빠질 수 없겠지요. 몇십 년 후 흑사병이 유럽을 덮치는데, 전염병이 지나간 뒤 사람들은 주검 옆에서 악기를 연주하고 연회를 여는 이 그림을 보고 대단하게 여겼다고 합니다. 《데카메론》을 쓴 보카치오Boccaccio도 이 그림에서 영감을 받아 화가 부팔마코에 대한 이야기를 많이 썼습니다. 부팔마코는 이름 높은 장난꾸러기였다고 합니다. 못된 장난을 꾸미는 걸 잘했다지요.

이제 〈지옥〉을 살펴봅시다. 한 무리의 성도들이 보입니다. 심판관들과 공포에 떠는 사람들도 보입니다. 하느님도 있고, 군인도 있습니다. 잘린 머리도 있고 곧

잘릴 머리도 있습니다. 그 밖에 지옥의 참혹한 모습이 잔뜩 보입니다. 부글부글 끓는 기름 솥에 빠진 사람, 독사들이 몸에 휘감겨 있는 사람 등등. 옛사람들이 이 그림을 보면 분명 간담이 서늘했을 것 같군요.

여기서 말하고 싶은 핵심은, 초기 작품에 관심을 가지라는 것입니다.

독일 철학자 오스발트 슈펭글러Oswald Spengler는 《서구의 몰락Der Untergang des Abendlandes》에서 이렇게 말했습니다.

"모든 문명은 자신의 사계절과 흥망성쇠를 겪는다. 모든 예술의 시대 구분도 길면 몇백 년, 짧으면 몇십 년이지만 각각 소년기, 장년기, 노년기를 거친다. 나는 수많은 그림을 보았지만 갈수록 초기 작품에 끌린다. 왜 그럴까?"

초기 작품에서는 엇갈리는 두 시대의 역사적 임무를 모두 만날 수 있습니다. 아니, 역사의 임무가 아니라 역사의 기회일지도 모릅니다. 무슨 기회일까요? 간단히 말하면 주제와 도구입니다. 모든 시대의 시작은 다 비슷합니다. 새로운 주제가 등장하고, 새로운 형식을 추구하지요. 그렇게 해서 창의성을 갖습니다. 동시에 새로운 도구가 등장합니다. 예를 들면 습식 벽화가 그렇지요. 새로운 도구와 새로운 주제는 서로 원인과 결과를 이루는데, 이런 관계에 대해서는 나중에 더 자세히 이야기하겠습니다.

각 시대의 예술은 천천히 성숙해 뿌리를 내립니다. 인간의 삶에 비유하면 시간이 흐르면서 몸이 성장하고 성격이 형성되는 것과 꼭 같은 이치입니다. 그래서 각 시대의 초기 작품은 대개 간단하지만 역동적이며 생기가 넘칩니다. 유치한 면도 있지만 순진하고, 거칠고 조악하기 십상이지만 힘찬 매력이 있습니다. 즉 정기가 가득합니다.

부팔마코의 그림을 어떻게 표현하면 좋을까요? 둔황敦煌의 벽화와 비교해보지요. 둔황의 벽화는 위진 시대에서 당송을 거쳐 요금遼金 시대까지 이어집니다. 가장 마지막 시기의 벽화는 명나라, 청나라 때 제작된 것도 있습니다. 전체적으로 보아 1천 년이 넘는 긴 시간입니다. 당송 시대의 둔황은 누구나 인정하는 절정기입니다. 가장 힘이 넘치고 매혹적이며 둔황만의 특징을 십분 느낄 수 있습니다. 반면 북위 시대인 400년 전후는 둔황의 초기 시절입니다. 저는 1979년 둔황에 가서 연구 활동을 한 적이 있습니다. 중국의 미대생들이 앞다퉈 유명한 〈사신사호도舍身飼虎圖, 몸을 희생해 호랑이를 먹이다〉를 모사模寫할 때, 저도 함께 모사를 했습니다. 둔황의 벽화에 어찌나 마음을 빼앗겼던지, 유화를 포기하려는 생각도 했답니다.

다들 기회가 있다면 뤄양洛陽의 용문龍門 석굴, 다퉁大同의 운강雲岡 석굴에 가 보기를 권합니다. 용문 석굴은 성당 시대에 그린 것이고, 운강 석굴은 북위 시대에 그린 것입니다. 두 벽화에는 200~300년의 세월 차가 있지요. 단순하고 웅대한 기백으로 따지면 운강 석굴이 앞섭니다. 문화대혁명 때 프랑스 대통령이 이곳을 방문했는데, 그 사람이 퐁피두Pompidou 대통령인지는 기억이 확실치 않군요. 저우언라이周恩來가 프랑스 대통령에게 어디에 가보고 싶냐고 물으니 그가 다름 아닌 운강 석굴에 가고 싶다고 대답했습니다. 프랑스 사람이지만 중국을 좋아하고 또 잘 알았던 대통령이지요. 또 다른 프랑스 대통령이 있는데, 역시 이름은 기억나지 않습니다. 그는 시안西安에 가서 진시황릉의 병마용을 보았습니다. 하지만 병마용갱을 보고는 너무 놀라서 들어가자마자 도로 나왔다고 합니다.

위대한 그림이나 조각을 보면 놀라움과 두려움을 동시에 느끼게 됩니다. 미국의 어느 추상화가는 피카소의 〈게르니카Guernica〉를 보고 너무 놀라서 당장 되돌아 나왔다는 경험을 이야기한 적이 있습니다. 바깥에서 한참 마음을 다스리고서야 다시 들어가 천천히 감상할 수 있었답니다. 2013년에 저도 마드리드의 소피아 미술관에 가서 〈게르니카〉를 볼 수 있었습니다. 그러나 솔직히 실망스러웠습니다. 그림 앞에 몇 분 서 있다가 곧 자리를 떴습니다. 지금 생각해보면, 일찍이 운강 석굴을 봤기 때문이 아닐까 합니다. 호방하고 거칠며 힘이 넘치는 북위의 벽화에 비하면 피카소의 그 정도 그림으로는 저를 놀라게 할 수 없습니다. 피카소도 운강 석굴을 봤다면 화등잔만 하게 눈을 뜨고 반나절은 넋이 나갔을 겁니다.

그런데 부팔마코는 저를 겁먹게 했습니다. 맹렬한 생명력, 거리낌 없는 제멋대로의 상상력, 신기한 감각 그리고 신묘한 잔혹함을 느꼈습니다. 그의 그림은 북위 시대의 벽화와 비슷합니다. 부팔마코가 그린 그림은 미켈란젤로의 완벽한 조형미와 뛰어난 해부학적 지식에 현저히 못 미칩니다. 북위 사람들이 그린 얼굴 같지 않은 얼굴, 양쪽 길이가 다른 다리를 당송 시대의 정교한 그림에 어떻게 비할 수 있겠습니까? 북위 사람들은 그림을 그릴 줄도, 그림에 대해서도 잘 몰랐습니다. 그들은 자신들이 무엇을 하고 있는지도 몰랐을 겁니다.

예술에서 가장 중요한 것은 지식이나 숙련도가 아니라 직관과 본능이며, 소란스러운 난리법석이자 참신한 감수성입니다. 바른대로 말하자면, 예술에서 가장 중요한 것은 고귀한 '무지無知'입니다.

부팔마코가 활동한 때는 르네상스 초기입니다. 조토보다 아주 조금 늦을 뿐입니다. 그렇다면 왕희맹은 어떨까요? 그는 중국 궁정회화의 전성기에 활동했습니다. 그래서 그의 나이에 주목했습니다. 열여덟이라는 인생의 초기에 〈천리강산도〉를 그렸다는 거지요.

그러나 우리는 전 세계의 많은 초기 작품을 소홀히 여깁니다. 대부분 전성기나 절정기의 작품, 그 작가의 가장 유명한 작품에 관심을 가지지요. 사실 예술은 어느 시대 어느 시기나 그 나름의 장점을 갖습니다. 후기는 후기의 장점이, 중기는 중기의 장점이 있습니다. 우리는 앞으로 이런 작품들을 천천히 살펴보고, 찬찬히 이야기 나눌 것입니다. 하지만 여러분이 위대한 회화 작품을 실제 크기로 보지 못하는 것은 정말 안타깝습니다.

저는 이 책을 통해 여러분과 함께 그림을 보고자 합니다. 그러나 자세히 해설을 하시는 않을 생각입니다. 저 자신부터가 그림을 볼 때 누가 이러니저러니 설명하는 것을 싫어하기 때문입니다. 왜냐고요? 저도 눈이 있기 때문이지요! 저 역

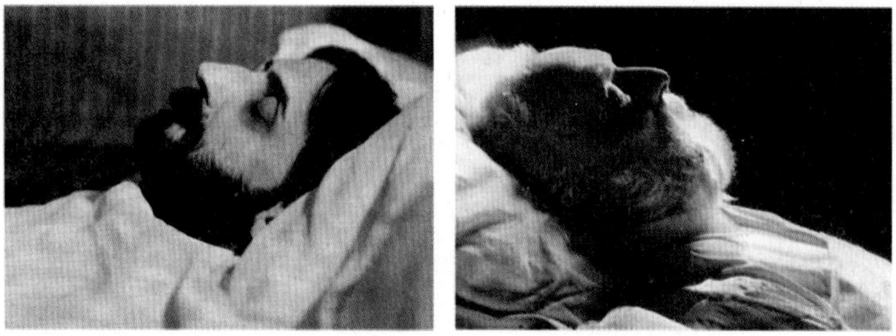

좌_ 만 레이(Man Ray)가 찍은 마르셀 프루스트(Marcel Proust) 사망 시의 사진, 1922년
우_ 펠릭스 나다르(Félix Nadar)가 찍은 빅토르 위고(Victor Hugo) 사망 시의 사진, 1885년

시 유명한 미술사학자 곰브리치Gombrich의 말에 동의합니다. 그는 심미안이란 이끌어주고 또 배워야 하는 것이라고 말했습니다. 그러나 저는 작품을 설명하는 전문 안내인도 아니고, 미대 교수도 아닙니다.[4] 르네상스의 화가, 둔황의 화가, 그들은 어디에서 수업을 들었을까요? 학교를 다녔을까요? 이탈리아의 어느 산성山城은 젊은 시절의 미켈란젤로가 특별히 들렀던 곳입니다. 그는 산을 타고 올라 성당에 들어갔습니다. 오로지 선배 화가의 벽화를 보기 위해서였습니다. 미켈란젤로가 강의를 들으려고 갔을까요? 그는 실제 그림을 보기 위해서 간 것입니다. 물론 누구나 가서 본다고 그 예술의 정수를 얻을 수 있는 것은 아니지요. 다시 말하지만, 그는 미켈란젤로였습니다.

마지막으로 한 가지 재미있는 현상에 대해 이야기하겠습니다. 부팔마코는 도살 행위, 시체, 관, 지옥을 그렸습니다. 이것은 서양 예술에서 참으로 오래전부터 반복적으로 나타나는 '죽음'이라는 주제입니다. 프랑스의 유명한 평론가 롤랑 바르트Roland Barthes는 아주 인상적인 명언을 남겼습니다. "시체는 시체로서 살아 숨 쉰다." 중국 사람들도 귀신을 그립니다. 귀신 그림의 전문가도 있지요. 청나

---

4. 저자는 중앙미술학원의 교수로 재직하다가 대학의 미술교육에 불만을 품고 사직서를 던졌다.

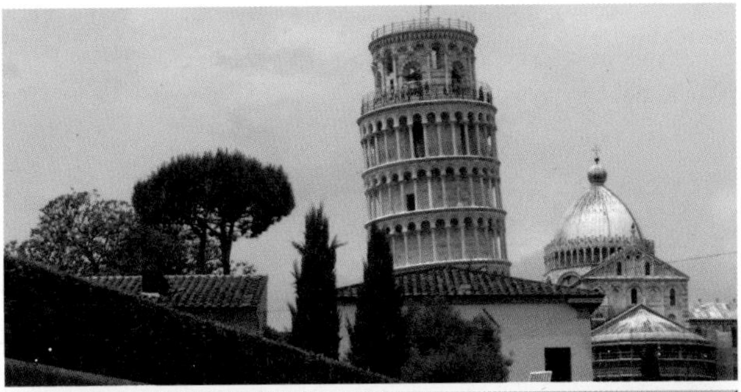

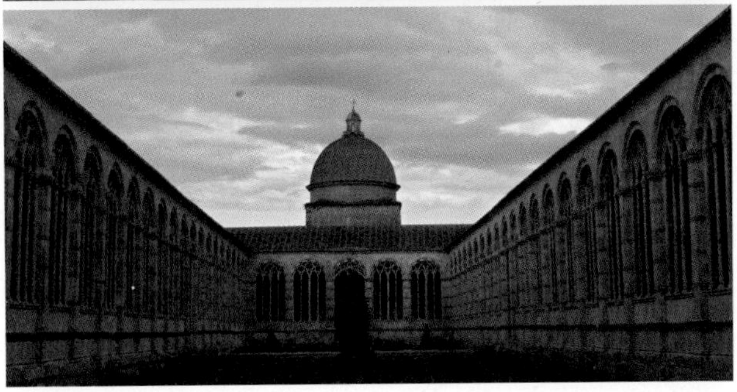

상_ 피사의 사탑
하_ 그 옆의 납골당
나는 정오에 피사에 도착했다. 날씨가 아주 좋았다. 황혼 녘에 납골당을 나오는데, 모르는 사이 한바탕 비가 내렸다가 그친 뒤였다.

라 때의 나빙羅聘 같은 화가가 바로 그런 사람입니다. 그러나 둔황의 이름 모를 화가가 그린 지옥과 귀신이 가장 생생합니다. 저는 둔황의 아주 비좁은 동굴에서 모사를 한 적이 있습니다. 귀신이 동굴 벽에 가득하고, 그들은 살아 있는 사람을 마구 뒤쫓아 달립니다. 저는 그림을 모사하면서 겁에 질려 오금이 저렸습니다. 하지만 나빙의 그림은 아무리 많이 보아도 전혀 무섭지 않습니다.

그렇다면 중국 사람들은 왜 관이나 시체를 그리지 않을까요? 다들 생각해보기 바랍니다. 언젠가 사진에 대해 이야기할 때가 있을지 모르겠습니다. 유럽 사람들이 찍은 시체 사진을 여러분들에게 보여주고 싶군요. 하지만 시체 사진을 보고 싶지 않다고 한다면 포기하겠습니다. 그것이 중국의 문화니까요. 중국의 회화 전통은 〈친리깅신도〉이지 〈죽음의 승리〉가 아닙니다.

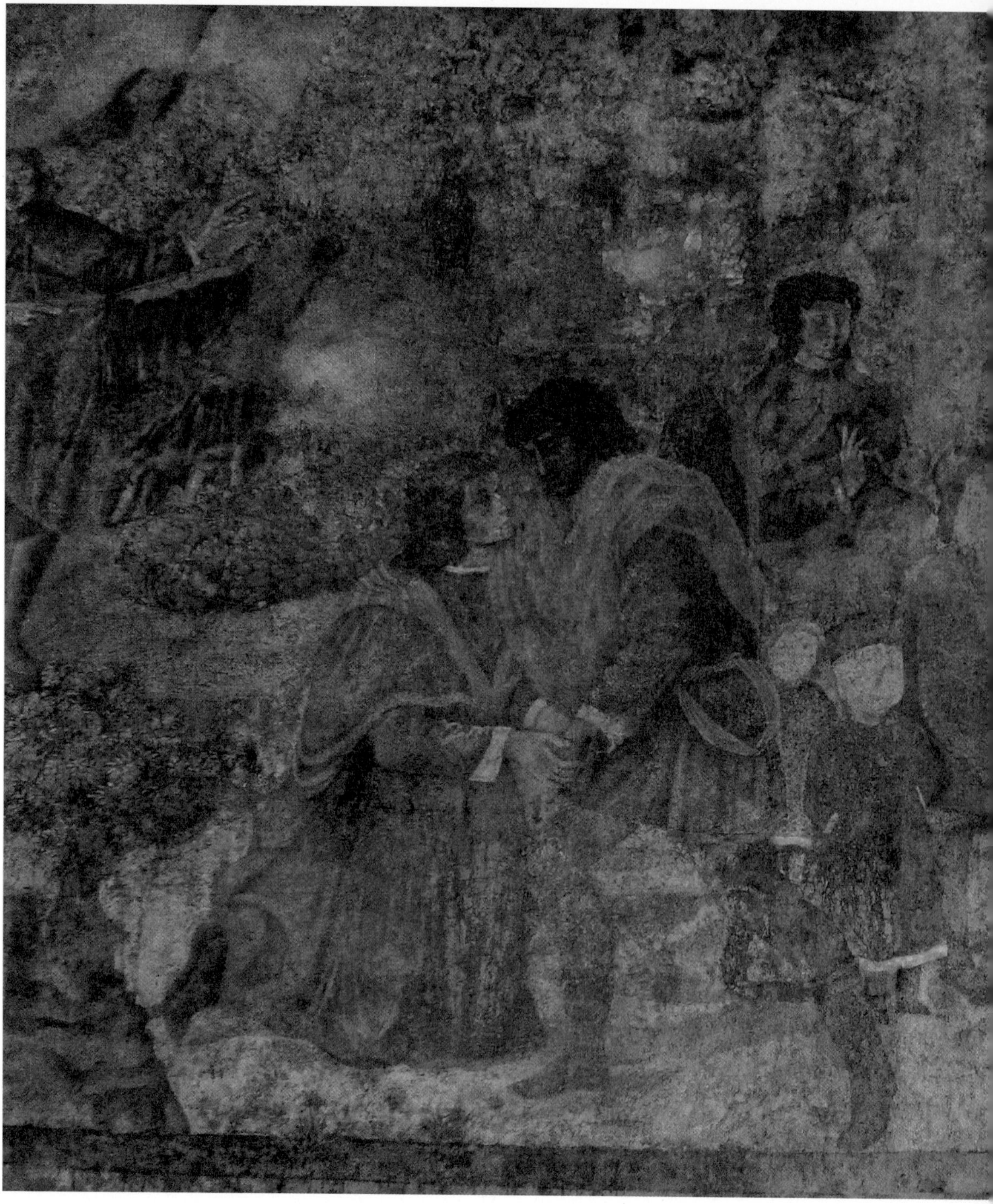

고촐리, 납골당의 벽화 부분, 캄포산토, 피사

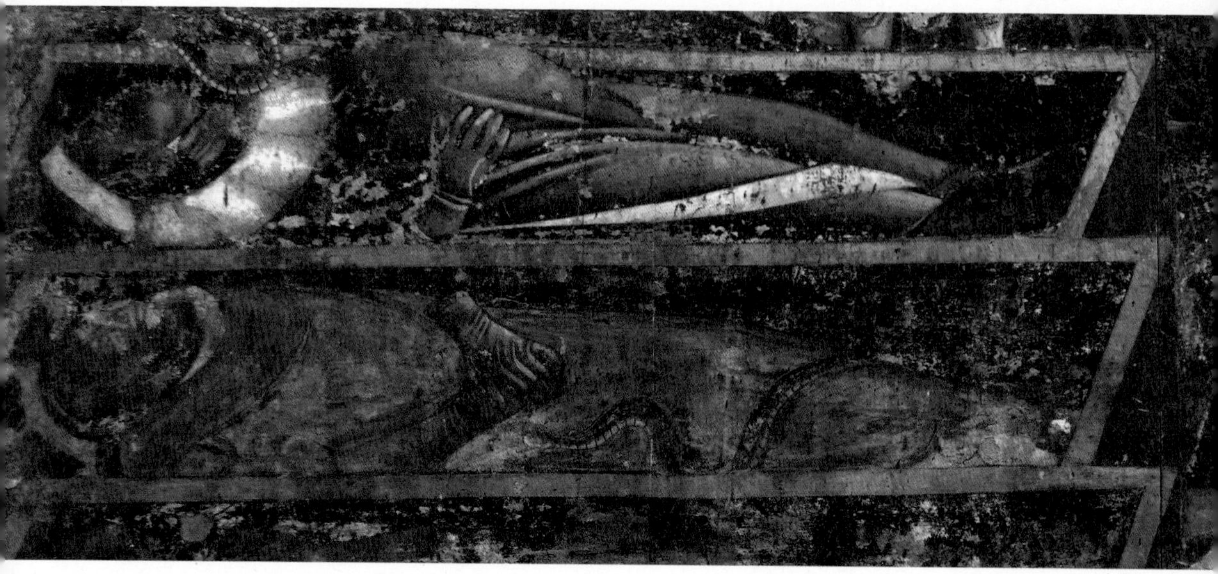

에스파냐의 중세 성당에서 거대한 벽화를 본 적이 있다. 12세기(중국의 원 왕조 즈음)에 그려진 것이었다. 그림 전체에 인물은 거의 없다시피 하고, 10여 개의 커다란 관과 몇몇 귀신들이 그려 있다. 그림의 구도는 입체파와 비슷했다. 가로로 그은 직선이 교차하며 배열되어 있고, 성당의 10여 미터나 되는 벽면을 관통한다. 멋진 그림이었다. 부팔마코가 그린 세 개의 관은 형식이나 기법에서 중세의 것에 가깝다. 당시 투시법이 발달하기 전이라 화면의 기세가 오히려 더욱 강렬해졌고, 그림의 효과도 더욱 힘이 있다.

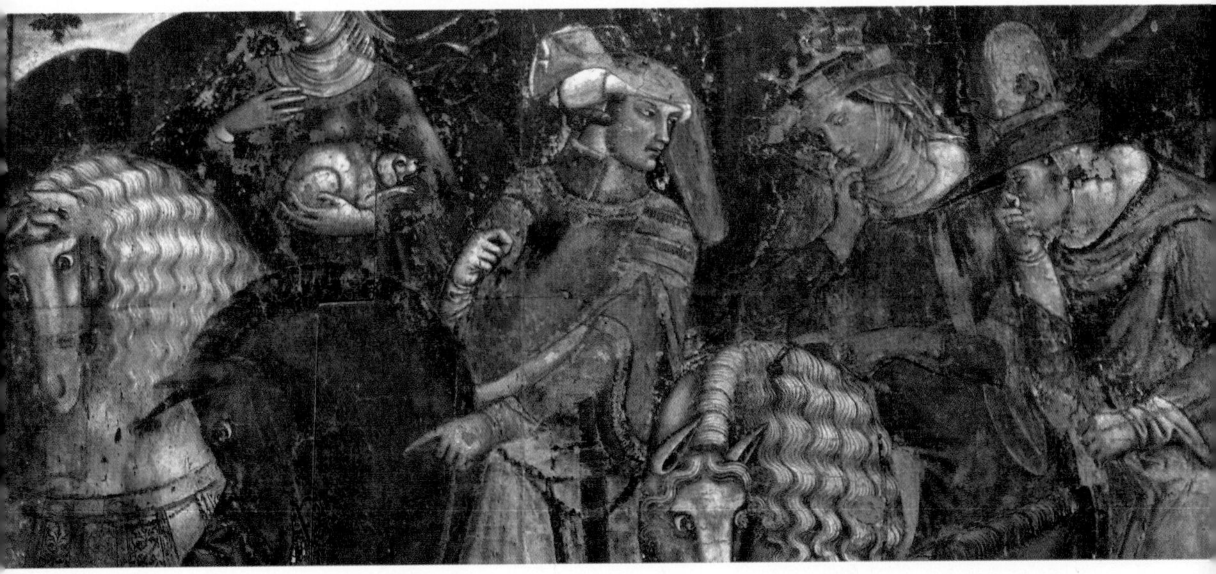

부팔마코, 〈죽음의 승리〉(부분), 1355년, 캄포산토, 피사

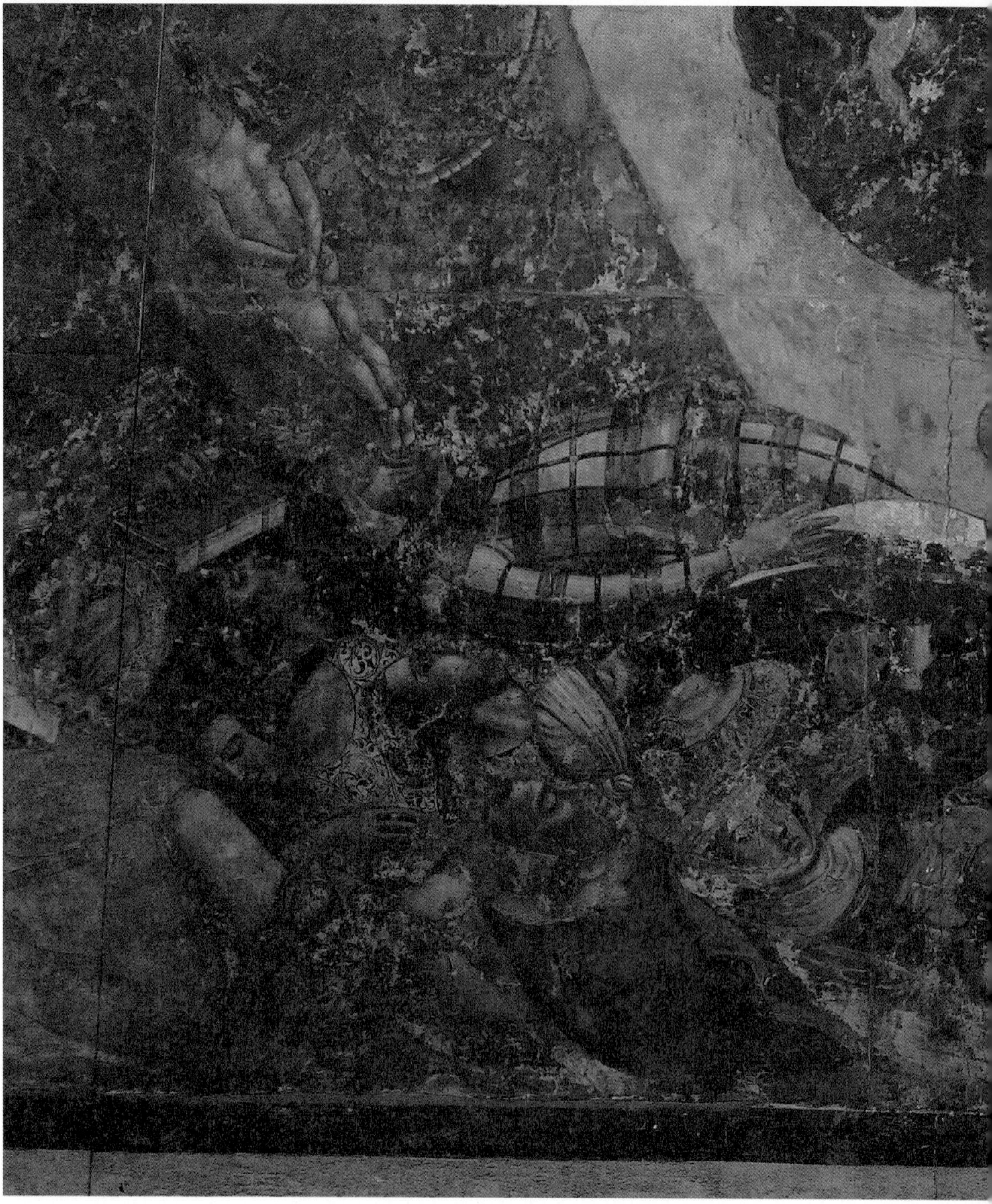

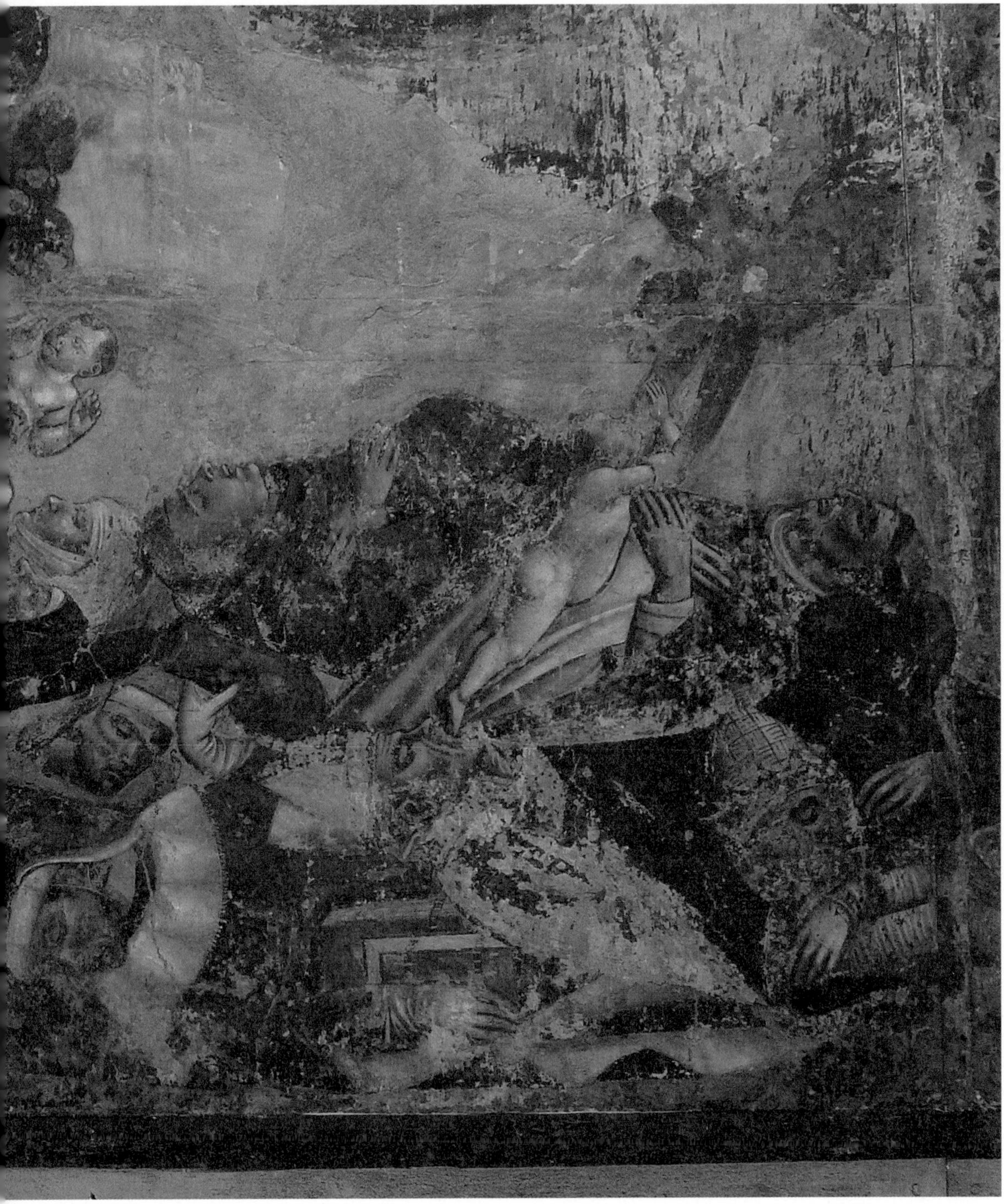

부팔마코, 〈죽음의 승리〉(부분)

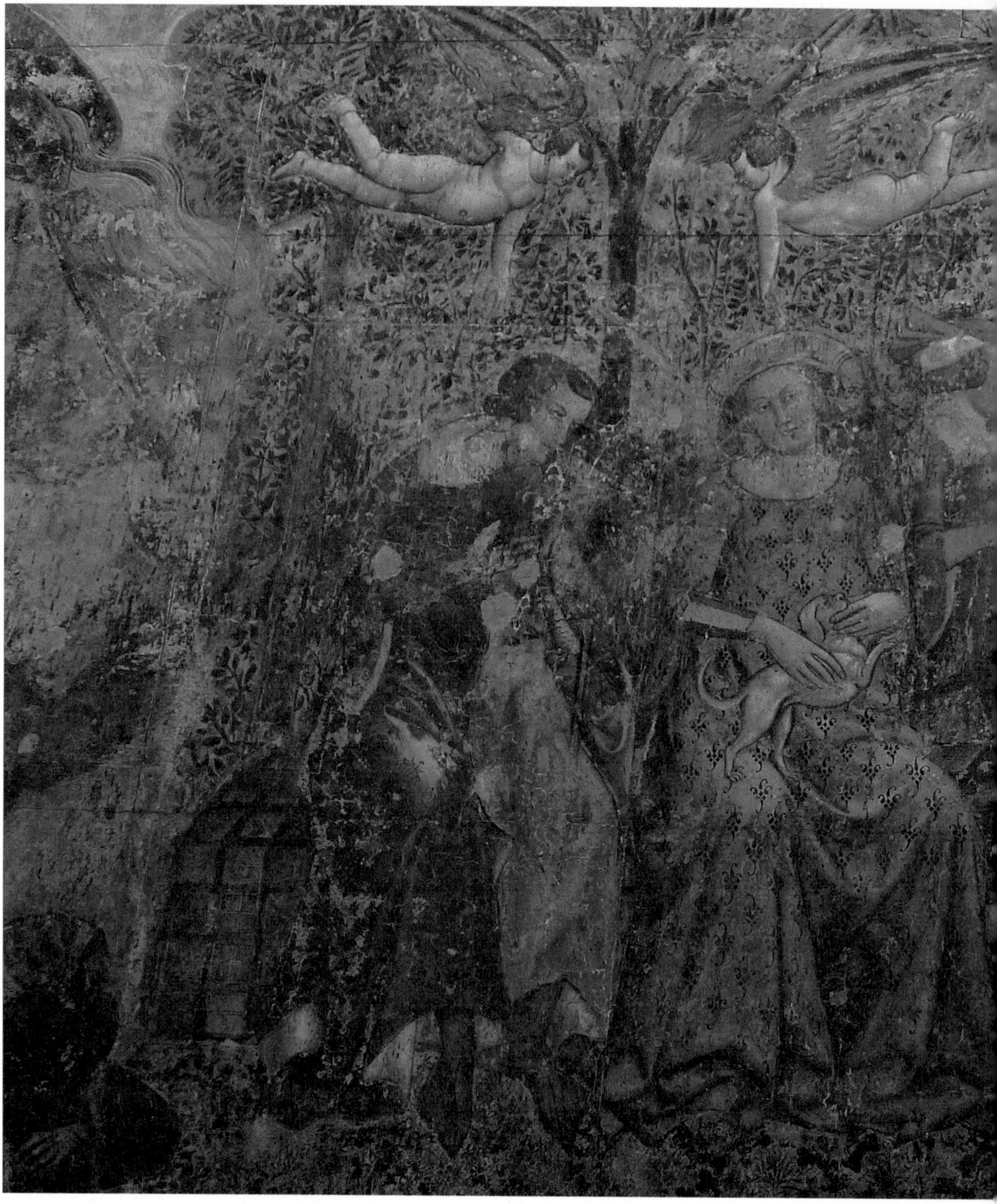

부팔마코가 그린 시체 더미 오른쪽으로 이런 장면이 보인다. 어쩌면 약 100년 후 보티첼리(Botticelli)가 그릴 아름다운 그림 〈봄〉을 예견한 것인지도 모른다. 향기로운 풀과 천사, 나무, 아름다운 여자 들이 조화를 이룬다. 300~400년이 지나면 마네(Manet)와 모네(Monet)가 〈풀밭 위의 점심 식사〉를 그린다. 여기서도 르네상스 시기 사람들의 쾌락과 예지를 엿볼 수 있다.

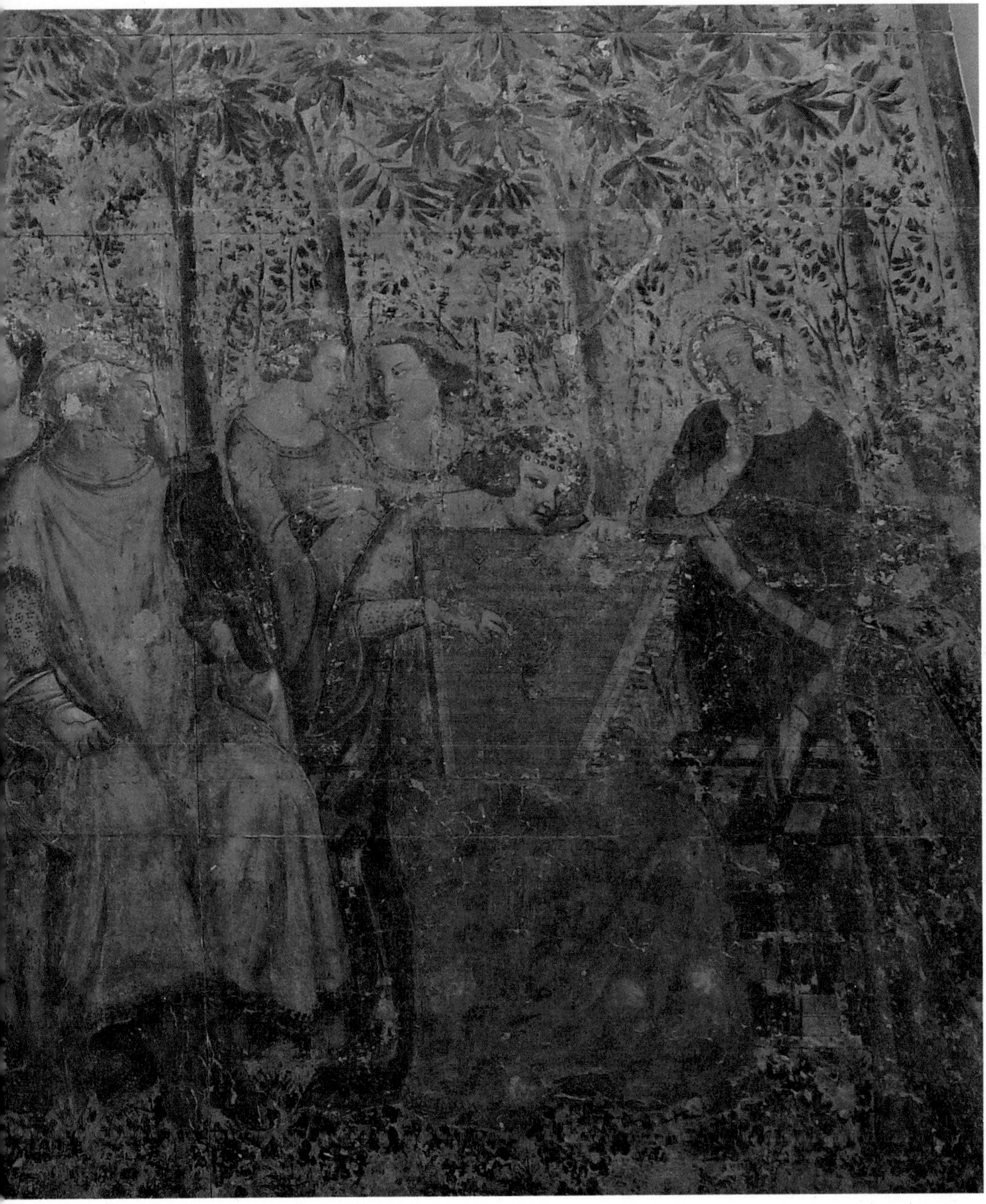

부팔마코, 〈죽음의 승리〉(부분)

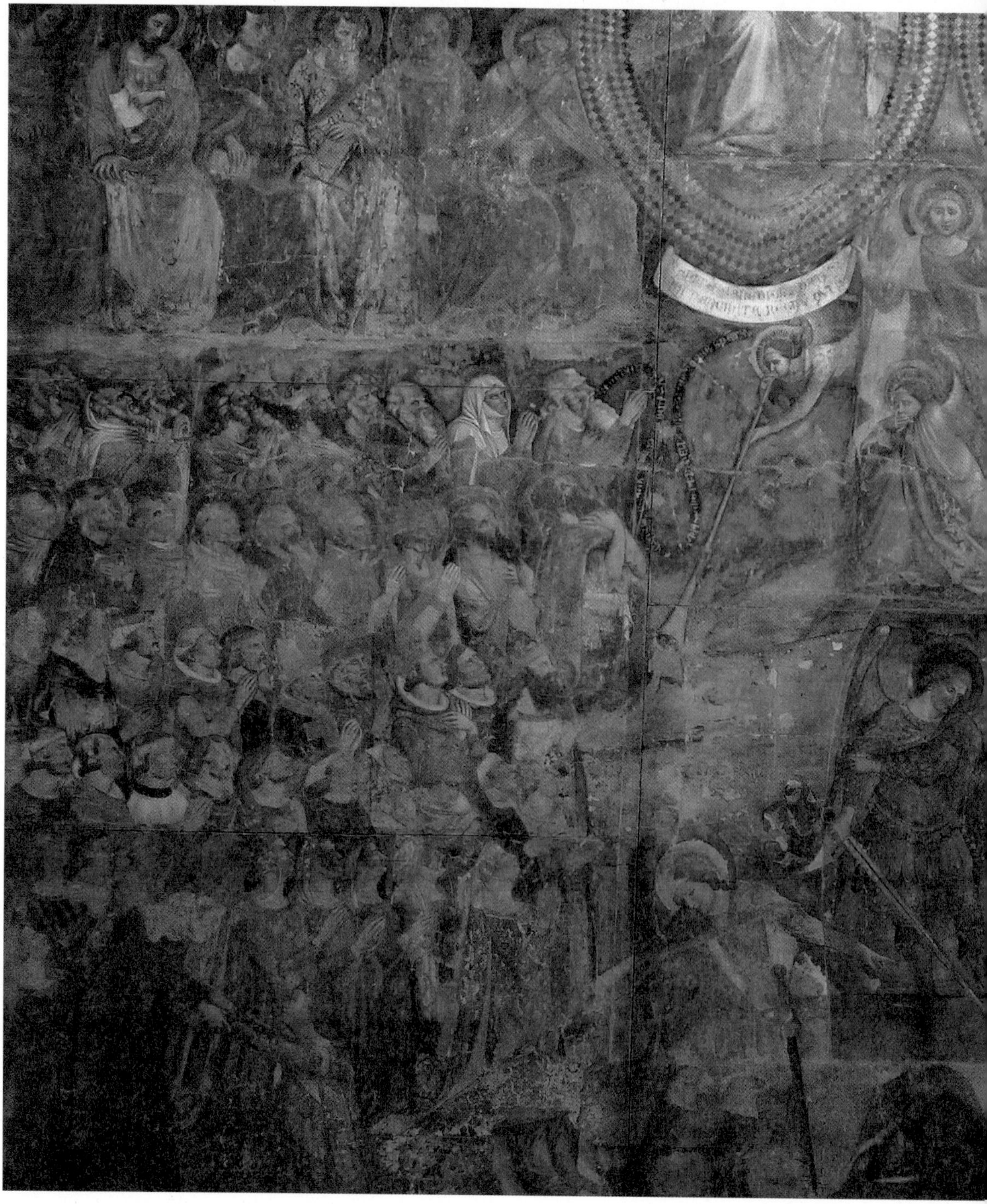

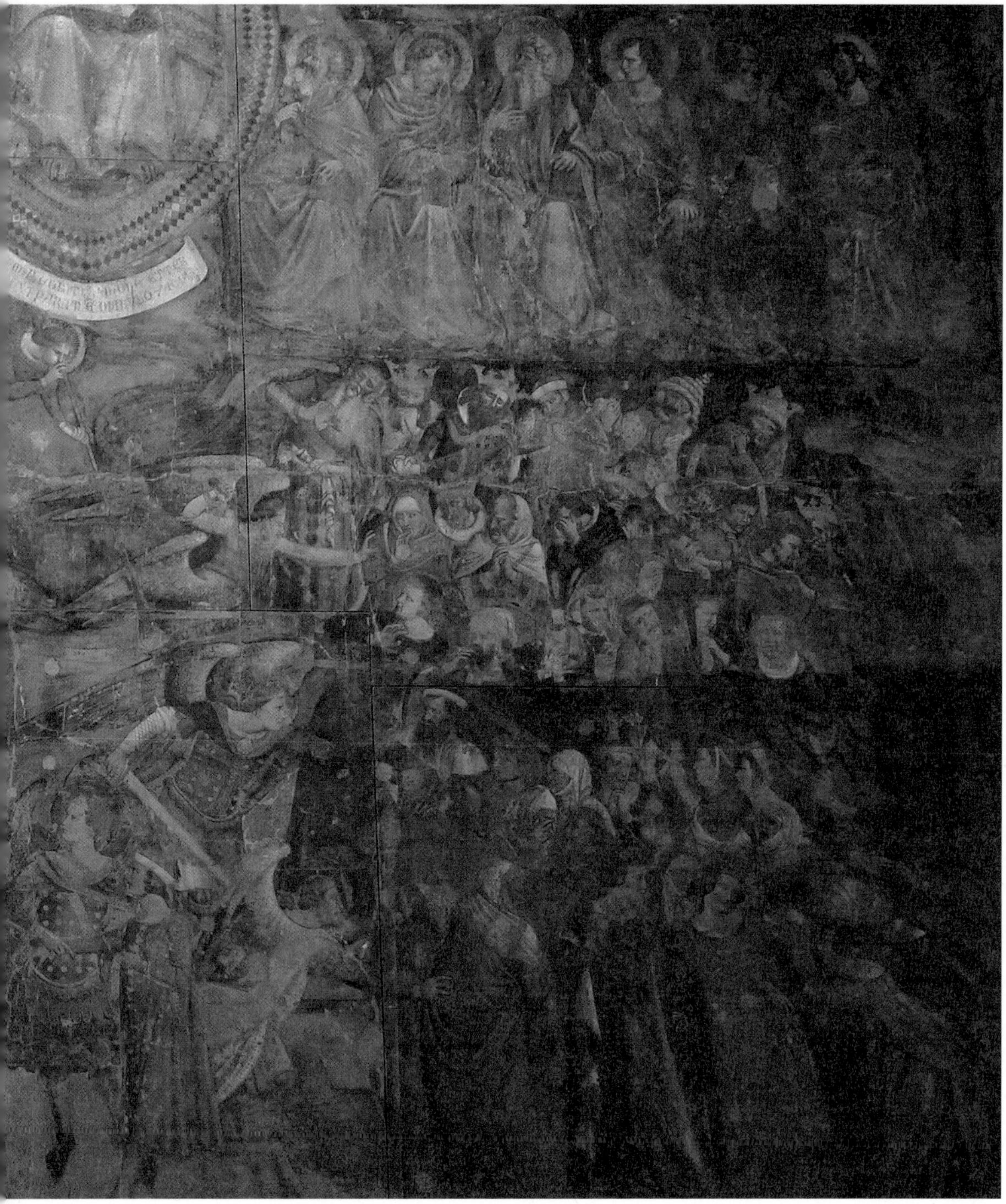

부팔마코, 〈지옥〉(부분)

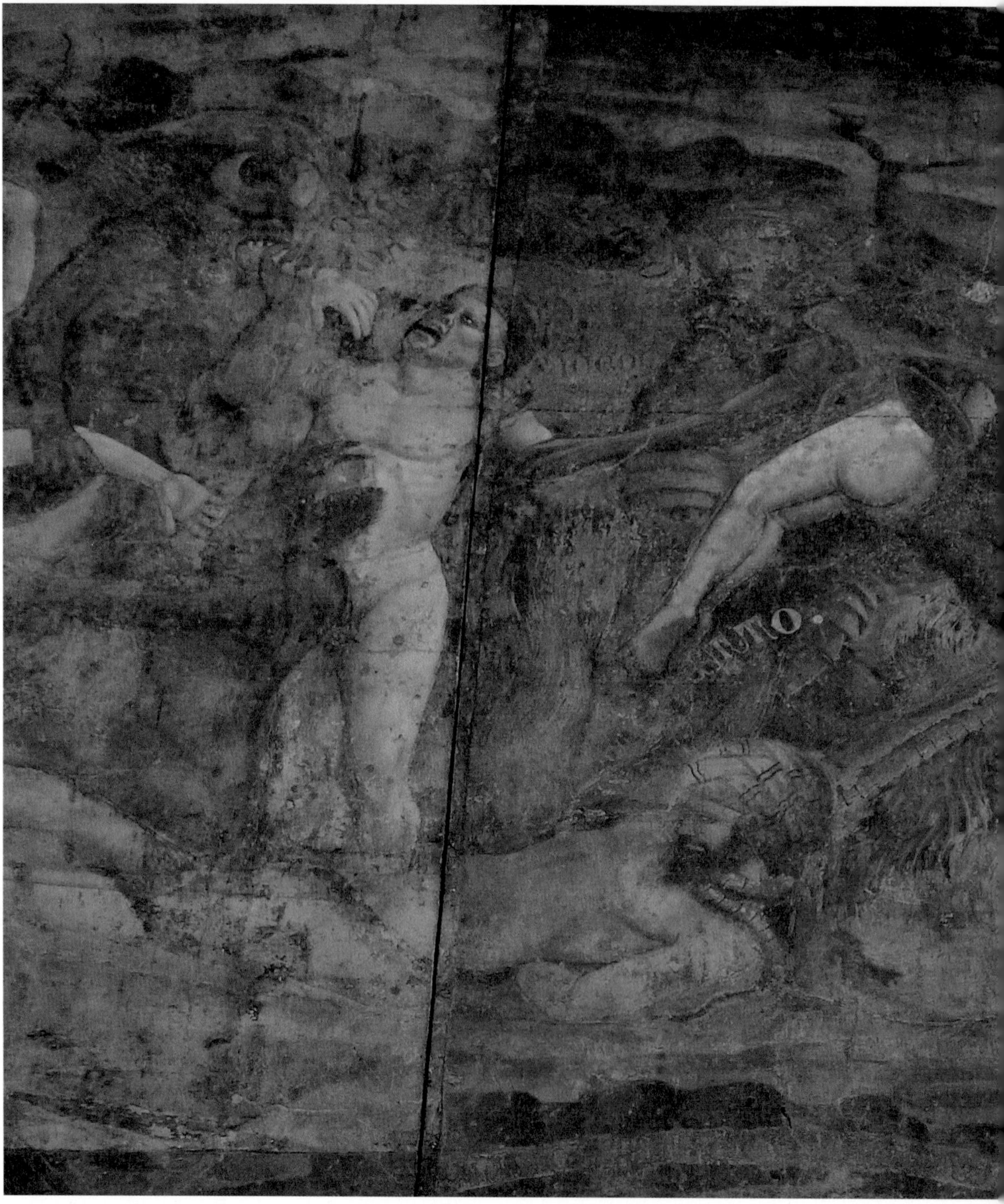

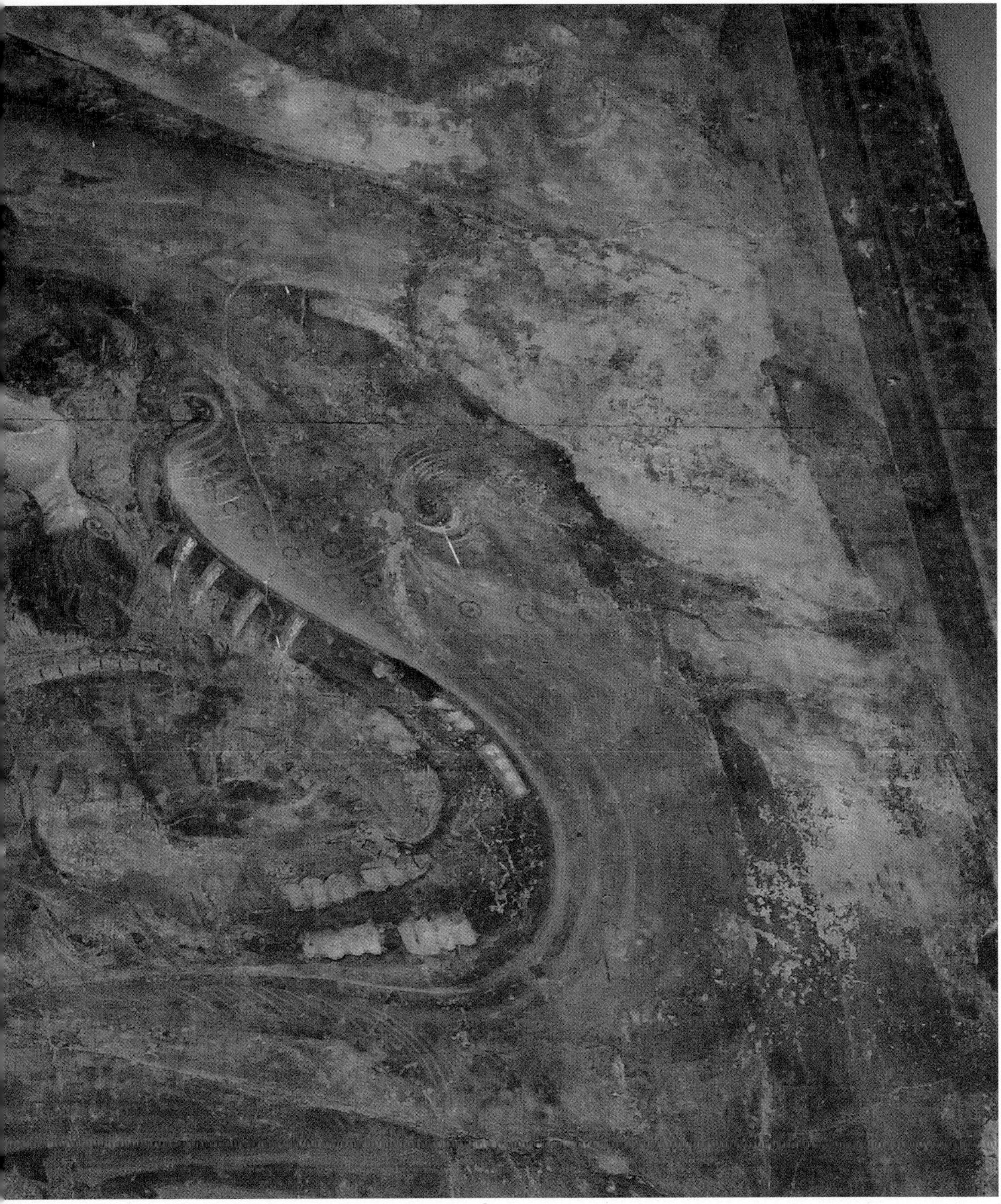

부팔마코, 〈지옥〉(부분)

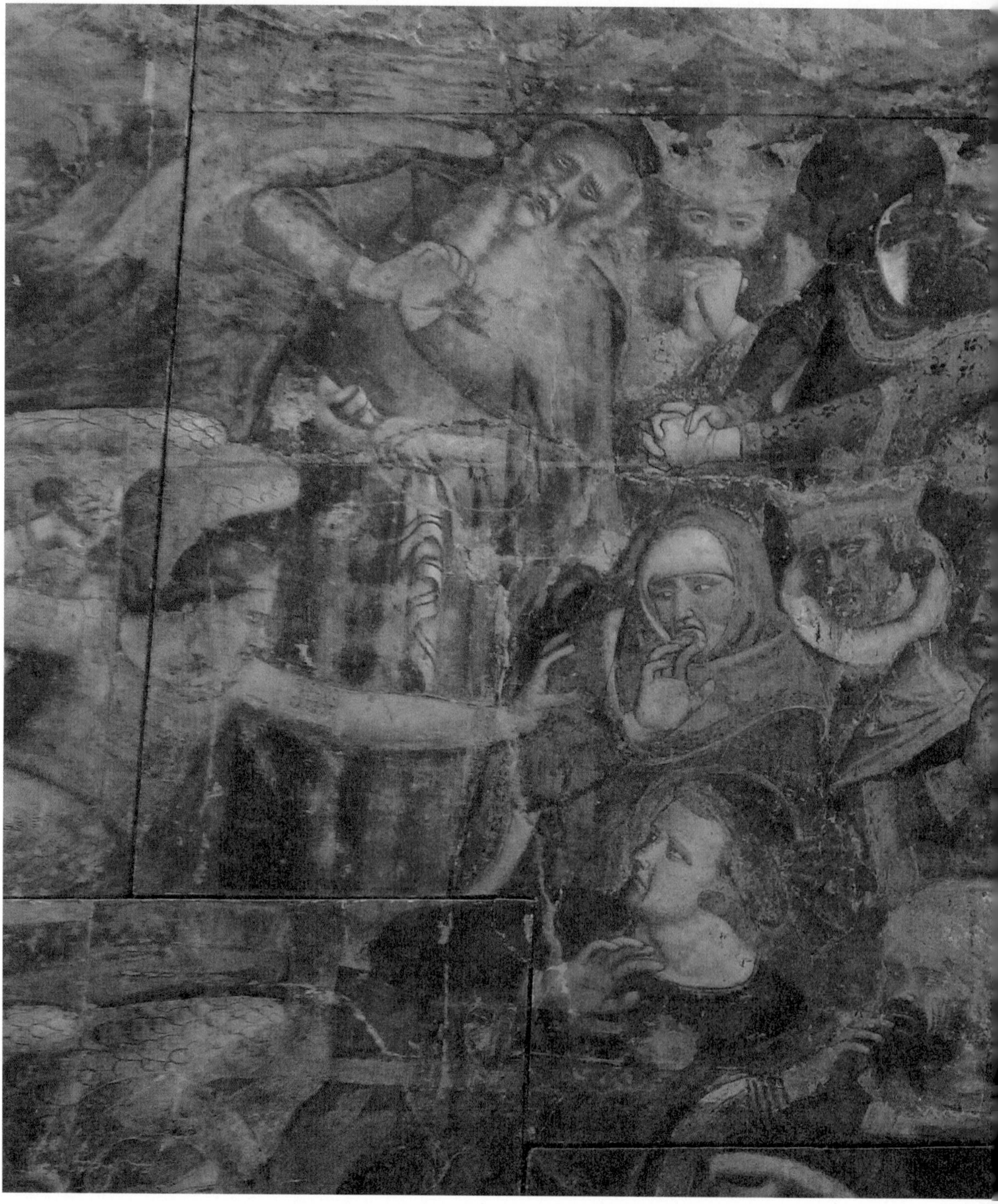

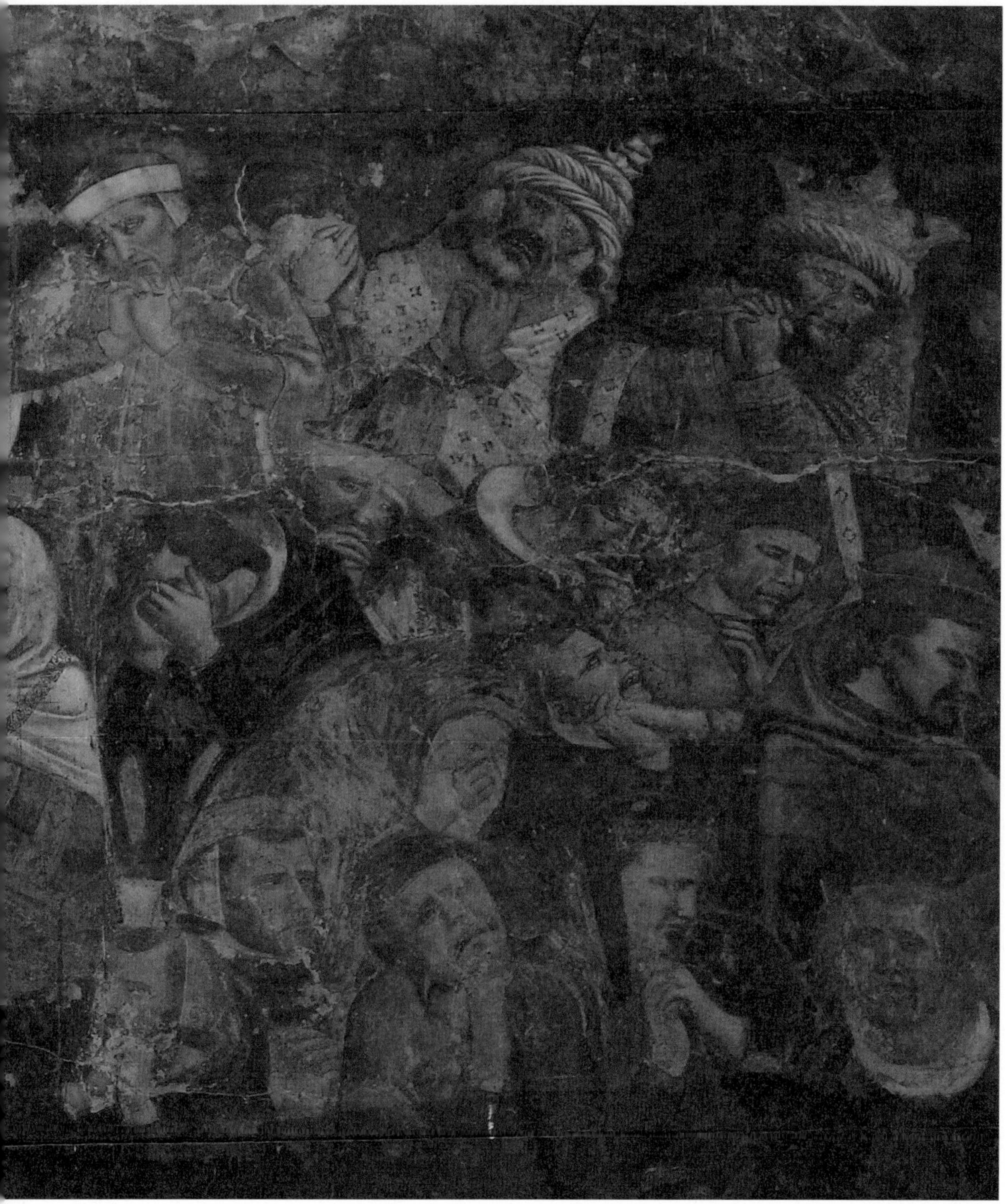

부팔마코, 〈지옥〉(부분)

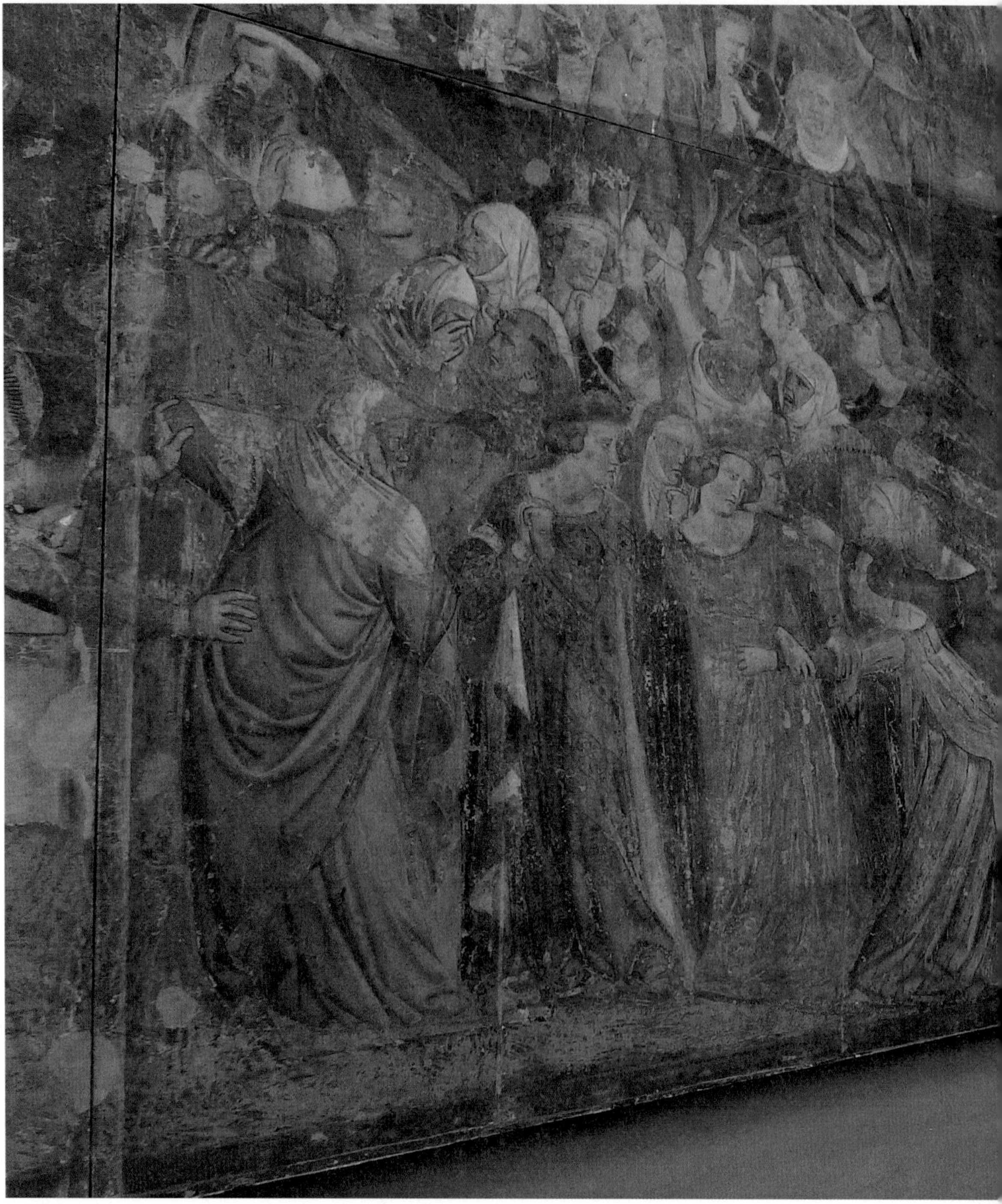

중국과 서양의 회화는 확실히 다른 점이 많다. 그런데 상상해낸 지옥의 모습은 상당히 비슷하다. 불꽃, 괴수, 독사와 전갈이 있다. 그림 오른쪽에 있는 뱀들을 보라! 내가 저장성(浙江省) 우전(烏鎭)에 있는 무신(木心) 미술관에서 일할 때의 일이다. 어느 날 날씨가 무척 좋아 외출하기로 마음을 먹었다. 그런데 파랗고 무늬가 아름다운 뱀이 숙소 앞 대리석 바닥을 꿈틀꿈틀 기어가고 있었다. 걸음을 멈추고 뱀을 자세히 관찰했다. 그러자 마치 수줍음을 타듯이 몸을 돌리더니 애교 있는 몸짓으로 기둥 사이 틈새로 쑥 들어가 사라져버렸다.

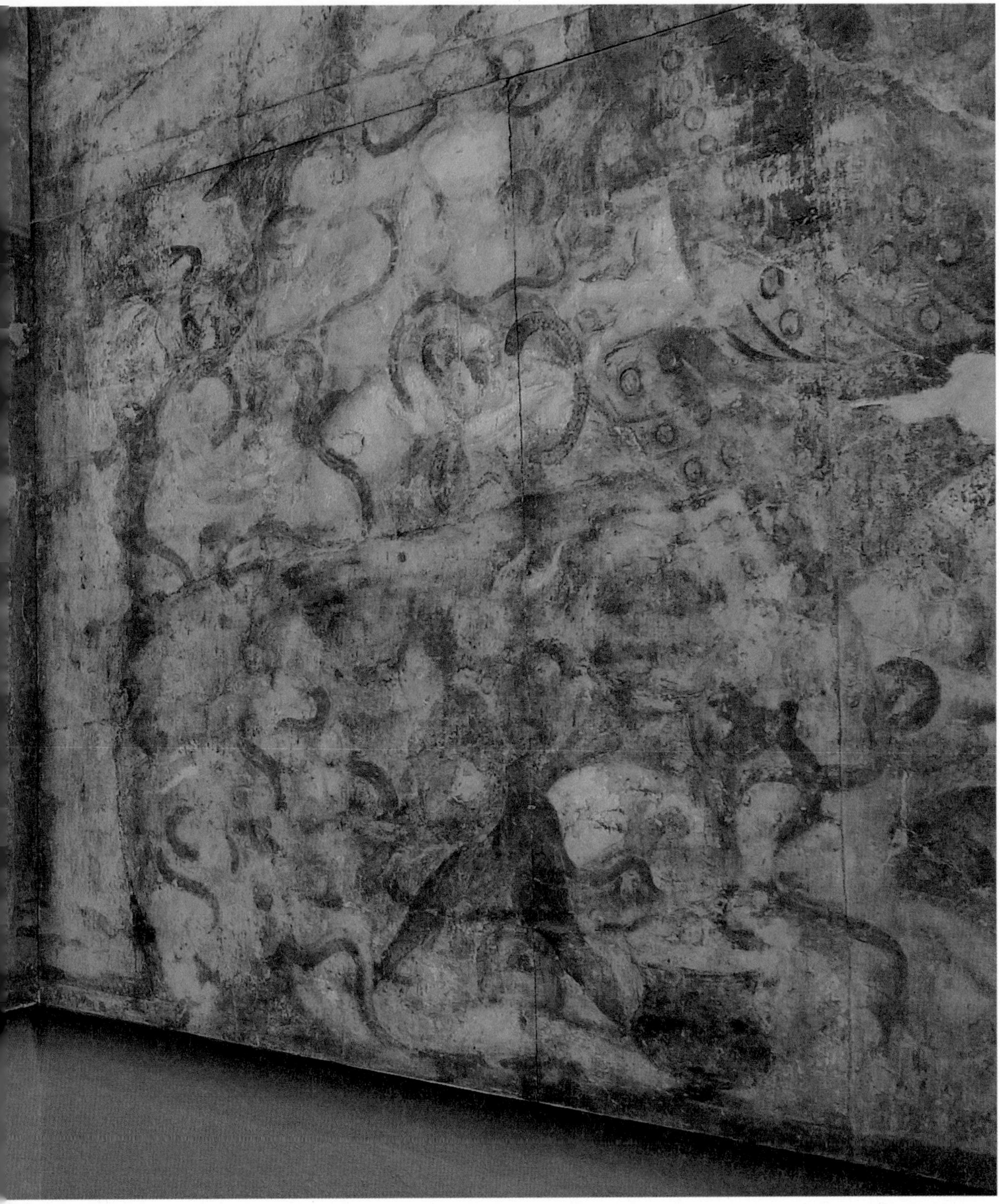

부팔마코, 〈지옥〉(부분)

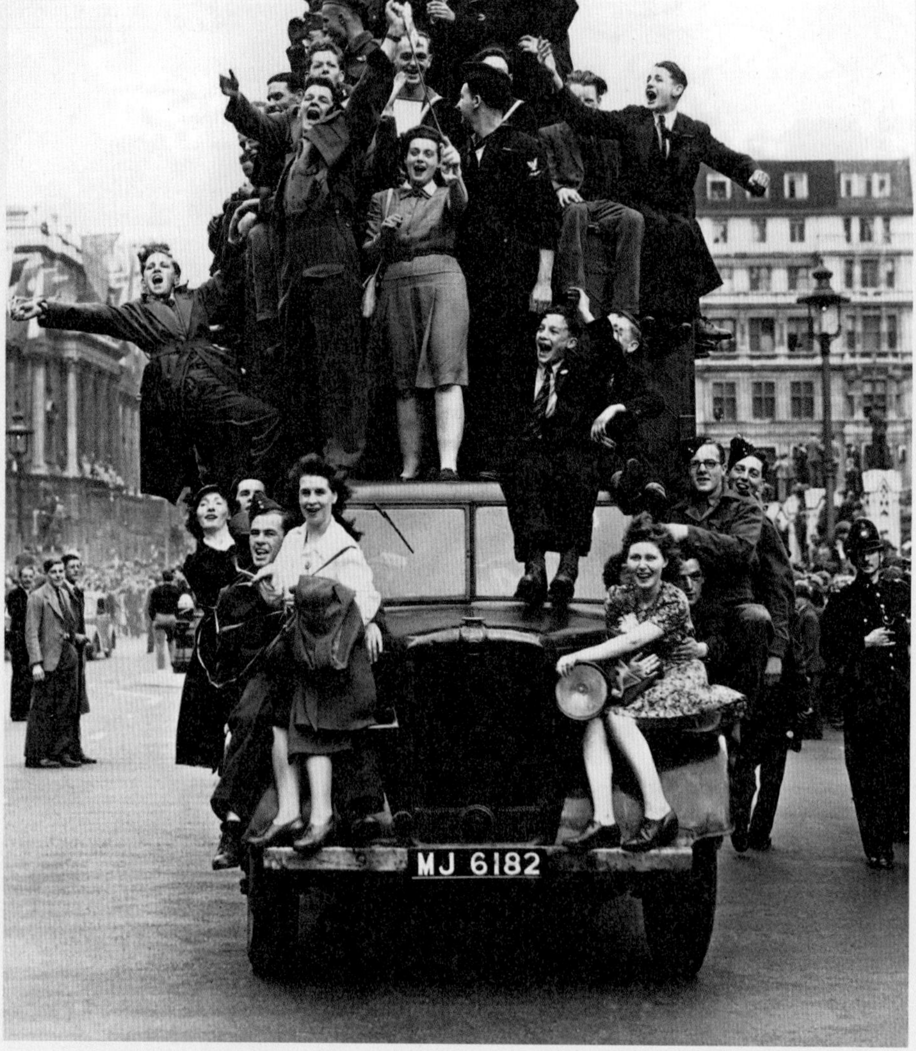

1945년 5월 8일, 런던, 2차 세계대전에서 승리하는 것을 기뻐하는 사람들

인민의 승리

앞에서 이탈리아의 600년 된 벽화 〈죽음의 승리〉를 살펴봤습니다. 70년 전에는 중일전쟁1937~1945에서 중국 인민이 승리했습니다.[1] 그러나 승리의 대가는 무엇일까요? 바로 수백만 인민의 죽음이었습니다.

1945년, 일본이 항복했습니다. 한 중국 화가가 〈아빠는 영원히 돌아오지 못합니다爸爸永不回來了〉라는 그림을 그렸습니다. 화면에는 여자아이가 무릎을 꿇고 하늘을 올려다보는 모습이 담겨 있습니다. 의미가 명확하지요. 그 아이의 아버지가 항전 중에 돌아가신 겁니다.

당시 중국 전역은 미친 듯한 환희로 들끓었습니다. 그림 주제가 도처에 널려 있었습니다. 그때부터 지금까지 정부가 주도하는 대형 역사화는 여전히 중일전쟁을 다룹니다. 앞에서 죽음은 중국의 전통이 아니라고 했는데, 중국의 화가들이 어느새 서양 사람들의 방식을 배워 살육과 전쟁, 시체, 승리를 그려댑니다. 하지만 여러분, 생각해보십시오. 중일전쟁을 직접 겪은 이 화가는 반대로 아버지를 잃은 소녀를 그렸습니다. 왜 그럴까요? 복수도 좋고 승리도 좋지만 전쟁의 진짜 모습은 수많은 가족이 깨지고 부서지는 것이기 때문입니다.

〈아빠는 영원히 돌아오지 못합니다〉라는 그림은 국가주의와 민족의식에서 출발한 것이 아닙니다. 그저 한 인간의 입장을 곧이곧대로 말하고 있습니다. 화가는 연민을 이야기합니다. 국가, 민족, 이런 것들은 현대 중국에서 중요한 개념입니다. 동정심이나 측은지심이 가장 중요한 미덕은 아니지요. 그래서 승전 후 70

1. 이 글은 2015년에 썼다.

년이 지나는 동안 이 그림은 잊혀졌습니다. 아무도 이 그림의 존재를 기억해주지 않았습니다. 저 역시 최근 출판된 화가의 전기에서 비로소 이 그림을 보았습니다.

이 화가의 이름은 장자오허蔣兆和, 중국 중앙미술학원[2]의 교수로, 1986년에 돌아가셨습니다. 저는 장자오허가 중국에서 가장 위대한 인도주의 화가이자 가장 걸출한 인물화가라고 생각합니다. 그의 가장 중요한 대작은 전쟁 시기에 그린 〈유민도流民圖〉입니다. 이 그림은 역사에서 완전히 잊히다시피 했고, 심지어 불타 없어질 위기에서 겨우 살아남기도 했습니다. 장자오허의 '정치적 명예'는 1980년대에 와서야 겨우 회복되었습니다. 1993년 톈진인민미술출판사는 《장자오허 작품 전집》을 출간했는데, 그 책에 〈아빠는 영원히 돌아오지 못합니다〉가 처음 실렸습니다. 책 출간과 함께 장자오허의 탄생 90주년을 기념하는 전시도 열렸지요. 2014년 가을에는 중국 국가박물관에서 그의 탄생 110주년을 기념하는 화전을 열어 요행히 살아남은 〈유민도〉를 전시했습니다. 1980~1990년대에 태어난 젊은이들 가운데 이 전시를 본 사람이 있는지 모르겠군요.

대부분의 젊은이는 비참하고 고통스러운 이야기를 싫어합니다. 2012년에 중국의 펑샤오강馮小剛 감독이 만든 영화 〈1942〉는 내내 이재민과 유랑민이 나와 배고픔과 슬픔을 이야기합니다. 쉼 없이 사람들이 죽어나가는데, 마치 짐승처럼 비참하게 죽습니다. "들판에 굶어죽은 자가 가득하다野有餓殍"는 말이 실제로 묘사되는 것이지요. 이 영화의 흥행 성적은 처참할 정도였습니다. 펑샤오강 감독은 아무렇지 않은 척 목에 힘을 주었지만, 내심 상처를 받았다고 합니다. 제가 아는 젊은이들에게 '왜 그 영화를 보지 않느냐'고 물어봤습니다. 그들은 담담하게 대답하더군요. '그런 이야기는 보기 싫다'고요. 어쩌면 그들의 말이 맞을지도

---

2. 베이징에 있는 중국 최고 권위의 미술 전문 명문 대학.

모릅니다. 1980년대 이후에 태어난 세대의 아버지 중에는 전쟁에서 돌아가신 분들이 없을 겁니다. 이와는 다른 이유에서 그들의 아버지, 어머니들도 비참하고 고통스러운 이야기를 꺼내고 싶어 하지 않습니다. 앞에서도 얘기했듯이 중국의 전통은 '천리강산'이지 '죽음'이 아니니까요.

장자오허 선생은 평생 장엄하고 화려한 강산을 그리지 않았습니다. 그는 인간을 그리는 것만 좋아했지요. 게다가 마음도 붓끝도 여려서 고통받는 불쌍한 사람들만 전문적으로 그렸습니다. 장자오허 선생 자신도 아주 불쌍한 사람입니다. 어려서 부모를 잃고 열몇 살 되던 해부터 쓰촨四川 성을 떠나 세상을 떠돌았는데 세상의 모진 풍파를 다 겪었지요. 쉬베이훙徐悲鴻[3] 선생의 어린 시절과 비슷합니다. 그래서 쉬베이훙 선생이 장자오허를 보살펴주고 도왔던 것이겠지요. 쉬베이훙 선생의 예술은 딱 네 글자로 압축할 수 있습니다. 비천민인悲天憫人, '난국을 탄식하고 고통받는 백성을 불쌍히 여기다'라는 뜻의 고사성어입니다.

불쌍한 사람은 많습니다. 과거에도 많았고 지금도 많습니다. 당신이 사람을 연민하려고 늘 불쌍한 일만 생각한다면, 그것 또한 불쌍한 일일 겁니다. 그러나 프랑스의 계몽사상가 몽테스키외Montesquieu는 "인간은 고난 속에서 더욱 인간답다"고 했습니다. 여러분은 이 말에 동의하나요? 위대한 예술 작품 가운데 행복을 묘사한 작품은 극히 적고, 고난을 묘사한 작품은 수없이 많습니다. 또한 행복을 묘사한 그림을 보며 자신도 금세 행복해지는 경우는 별로 없지만, 고통을 묘사한 그림을 볼 때는, 그 장면이 진정에서 우러난 것이라면 당신이 그와 같은 고통을 예전에 겪은 적이 없을지라도 감동을 받기 마련입니다.

왜 그럴까요?

송아지는 표범에게 먹히고, 양은 늑대에게 물려갑니다. 소와 양은 단편소설

---

3. 중국 현실주의 화가이자 미술 교육가(1895~1953).

을 쓰거나 그림을 그리지 못합니다. 그 상처와 고통을 기록으로 남겨서 반복 또 반복해 말하고 날마다 해마다 보여주지 못합니다. 세상에 수많은 존재가 있지만, 오직 인간만이 이런 일을 합니다. 그러나 짐승의 감정도 인간과 똑같습니다. 암수 한 쌍 중 한쪽이 죽으면 남은 한쪽은 아무것도 먹지 않다가 죽음에 이르기도 합니다. 짐승은 말을 할 수 없기 때문에 조용히 슬픔에 잠겨 죽어갑니다. 반면 인류는 상처와 고통을 단지 기록하는 데 그치지 않고, 겪은 적이 없는 재난을 상상하고 하소연하는 능력까지 타고났습니다. 장자오허 선생은 가족이 일본군에 살해된 적이 없습니다. 그림 속의 소녀 역시 아버지를 여의지 않았지요. 그 아이는 장자오허 선생의 조카딸인데, 화가가 그림의 모델로 선택한 아이일 뿐입니다. 중일전쟁이 발발했을 때, 장자오허 선생은 유랑민이 되어 떠돈 적이 없습니다. 그는 자기 작업실을 가지고 있었고, 그림을 그릴 수 있었습니다. 그러나 장자오허 선생은 일본의 중국 침략이 시작된 1931년 만주사변, 중일전쟁 초기인 1937년 상하이 전투와 베이징 함락 등으로 고향을 잃고 떠도는 유랑민의 삶을 목격했습니다. 화가의 마음은 불안했습니다. 그는 〈유민도〉를 그리지 않을 수 없었던 겁니다.

지금 저는 '전쟁 승리 70주년'이라는 명분으로 위대한 예술 작품 〈유민도〉를 기념하려 합니다. 또한 〈유민도〉를 핑계로 위대한 승리를 기념하려 합니다.

저의 미술대학 동기이며, 미술사가인 류시린劉曦林은 30여 년 전에 〈유민도〉를 주제로 대학 졸업논문을 썼습니다. 작년에는 제게 장자오허 선생에 대해 글을 한 편 써달라고 부탁하기도 했지요. 물론 흔쾌히 글을 써주었습니다. 가만히 생각해보면, 중국이 서양의 비참하고 장렬한 역사화를 흉내 낸 것은 100년도 되지 않았습니다. 르네상스부터 19세기까지 면면히 역사를 이어온 유럽의 종교화나 역사화와 비교하는 것은 어불성설입니다. 하지만 겨우 몇십 점에 불과한 중국의 역사화 중에서 쉬베이훙 선생의 〈나 이후에는奚我後〉, 〈전횡오백사田橫五百士, 전횡田横을 위해 자결한 5백 명의 선비들〉까지 포함해도 장자오허 선생의 〈유민도〉에 비견될 만한 작품은 없다고 생각합니다. 이 그림은 유일하게 서양의 명화와 어깨를 나란히 할 수 있는 중국의 역사화입니다. 물론 이는 저의 편견일 뿐이지만 다른 사람의 동의를 구할 생각은 없습니다.

아래 글은 제가 이 그림을 묘사한 내용입니다.

〈유민도〉가 묘사하는 비극성과 죽음의 감각은 《성경》의 한 단락을 묘사한 중세 후반기와 르네상스 시기의 종교 벽화에 견줄 만하다. 100명이 넘는 화면 속 등장인물은 서로 엉켜 있지만 각자의 위치에서 자태를 드러낸다. 이런 점은 유럽 회화와 비교해도 일류에 속한다. 화면 속 각 인물의 얼굴, 성별, 표정과 태도, 분위기는 고도로 '정확'하다. 아니, 정확하다기보다 응당 그러해야 할 모습으로 보인다. 벨라스케스의 〈난쟁이〉 연작과 어깨를 나란히 하고 렘브란트의 자화상에 비견될 아름다움이다. 그러나 〈유민도〉의 도덕적 힘과 심리적 깊이, 역사적 존재감은 재정 러시아의 두 화가 일리야 레핀Il'ya Efimovich Repin과 바실리 수리코프Vasily Ivanovich Surikov 그리고 독일의 화가 케테 콜비츠Käthe Kollwitz와 갈래를 같이한다. 가로로 긴 두루마리 형태의 그림 전체에 담긴 묵직하면서도 담담한 서술은 톨스토이의 《부활》이나 도스토옙스키의 펜 끝에서 태어난 모욕받고 상처 입은 사람들을 떠오르게 한다. 적에게 점령된 시기를 살던 예술가의 시대에 대한 강렬한 대답으로 논한다면, 〈유민도〉는 피카소의 〈게르니카〉를 훨씬 앞선다. 그러나 〈유민도〉의 정치적 상황은 〈게르니카〉에 비할 수 없이 위험하고 고생스러웠다.

〈유민도〉가 외국인에게 공개된 것은 1957년 옛 소련에서 열린 전시뿐입니다. 소련 화가들은 이 그림 앞에서 박수를 치고 경의를 표하며, 장자오허를 '중국의 렘브란트'라고 불렀습니다. 이 비유는 잘 맞습니다. 네덜란드의 화가 렘브란트Rembrandt는 바로크 전성기에 태어나 유럽의 수많은 위대한 화가들이 맹활약하던 시대를 살았습니다. 그러나 1943년의 중국 현대 미술은 이제 걸음마를 시작할 때였습니다. 그런데도 〈유민도〉가 탄생해 수많은 그림보다 뛰어난 위치를 점한다는 것을 생각하면, 그야말로 기적이라 할 수 있습니다.

지금 이 글에서 장자오허 선생의 일생과 예술 세계를 모두 설명하는 것은 불가능합니다. 그나마 할 수 있는 이야기는 이 그림에 대해서입니다.

1943년, 〈유민도〉는 완성된 후 황실 종묘인 태묘太廟에서 전시되었습니다. 당시 베이징은 일본군에 점령된 상태였는데, 베이징 시민들이 구름처럼 모여들어 그림을 관람할 정도로 장안을 뒤흔들었습니다. 그래서 전시 첫날, 곧바로 일본 헌병에 의해 전시회가 폐쇄되었지요. 1944년, 이 그림은 상하이의 피점령 지역에서 2주간 전시되었습니다. 반응은 엄청났습니다. 신문에 기사가 나고 평론도 실렸습니다. 일본 당국이 이를 빌미로 〈유민도〉를 압수했고, 그 후로 이 그림은 사라졌습니다. 이 대작을 그리기 전에 장자오허 선생은 베이징의 한 매국노 관리와 연이 닿았습니다. 그 관리는 장자오허 선생에게 〈유민도〉를 그리라고 격려하면서 자금을 지원하겠다고 나섰습니다. 하지만 그 약속이 이행되기도 전에 관리가 죽고 말았습니다. 자세한 사정을 여기서 다 설명할 수는 없습니다만, 어쨌든 그 관리와의 관계 때문에 장자오허 선생은 오랫동안 '역사적으로 문제가 있는 인물'로 여겨졌습니다.

1953년, 〈유민도〉는 신비롭게도 세상에 다시 나타납니다. 장자오허 선생에게 돌아온 〈유민도〉는 두루마리 중 일부가 소실되어 온전하지 못한 모습이었습니다. 1957년, 〈유민도〉는 소련에서 전시되었습니다. 1959년 혁명역사박물관[4]에서 〈유민도〉를 전시하려 했지만, 캉성康生[5]이 "사상적으로 얕다"고 지적하여 무산되

4. 지금의 국가박물관으로, 베이징 톈안먼 광장 동쪽에 있다.
5. 중국 공산당 부주석을 지낸 정치가로, 서예 등 중국 전통 예술에 조예가 깊었다.

었습니다. 문화대혁명 때 〈유민도〉는 "반공매국의 독초"라고 정의되어 불에 태워질 뻔했습니다. 문화대혁명이 끝난 뒤, 겨우 살아남은 〈유민도〉의 일부가 창고 한구석에서 발견되었습니다.

제가 처음 이 그림의 진본을 본 것은 인민미술출판사의 어두운 복도에서였습니다. 1979년, 중앙미술학원이 정부에 보고서를 올리고 문화부에서 비준하여 〈유민도〉에 대한 재평가가 이뤄졌습니다. 이때 〈유민도〉는 "현실주의적 애국주의 작품"이라고 평가받습니다.

〈유민도〉가 탄생한 지 36년이 흐른 뒤였습니다. 그사이 장자오허 선생은 온갖 고생을 다해 몸도 마음도 지칠 대로 지친 상태였지요. 만년에 장자오허 선생은 이 그림을 정부에 기증했습니다. 지금 〈유민도〉는 중국미술관에 소장되어 있습니다.

'반공매국의 독초'에서 '현실주의적 애국주의 작품'이 되기까지 비준을 요청하고 은혜를 내려달라고 빌고 작품의 성격을 결정짓는 등 수많은 과정이 필요했습니다. 여러분, 생각해보십시오. 고난을 겪은 민족이자 전쟁에서 승리한 나라가 〈유민도〉를 이렇게 대우한 것입니다. 피점령 시대에 태어난 이 작품을 적국이 어떻게 미워하고 혐오했는지는 더 말할 것도 없습니다. 하지만 전쟁에서 승리한 후, 조국에서도 〈유민도〉를 혐오했습니다. 권력의 의지는 이 그림이 국가 고위층의 독설 속에 먼지 쌓인 창고를 전전하도록 했습니다. 〈유민도〉 속 유랑 난민들의 혼이 장자오허 선생의 이 그림에 들어가는 바람에 난민들이 그랬던 것처럼 그림도 긴 세월 동안 죄를 뒤집어쓰고 오욕을 받으며 불에 태워질 위기까지 겪었던 것일까요?

이것이야말로 진정한 의미의 재난이 아닐까요? 그것도 쉽게 이길 수 없는 재난입니다. 우리는 일본에 대한 증오를 마음 깊이 새기고 있습니다. 그런 우리가 〈유민도〉를 기억하나요? 그림 속에 담긴 유랑민들을 기억하나요? 나는 정말 알고 싶습니다. 적어도, 오늘 중국 각지의 수많은 대학과 수많은 대학생 중 몇 명이나 이 그림에 대해 알까요? 또 몇 명이나 장자오허 선생을 알까요?

제가 중앙미술학원에서 공부할 때 장자오허 선생은 아직 건재하셨습니다만, 직접 뵌 적은 없습니다. 어려서부터 이 그림을 좋아하고 장자오허 선생을 존경했지만, 부끄럽게도 작년에 그분의 전기를 읽고서야 중국 공산당에 의해 '역사적으로 문제가 있는 인물'로 분류되었다는 사실을 알았습니다. 지금도 윗세대 화가 중에는 그를 매국노라고 오해하는 이들이 있을 정도입니다.

역사적으로 문제가 있다는 말은 도대체 무슨 뜻일까요? 제가 보기에는 장자오허 선생이 아니라 우리 중국인의 '역사'에 문제가 있습니다. 그것도 아주 큰 문제입니다.

다시 피카소의 〈게르니카〉를 살펴봅시다. 이 거대한 작품 역시 동포들의 고난 속에서 태어났습니다. 마찬가지로 2차 세계대전 시기에 그려졌지요. 〈게르니카〉도 피카소의 손을 떠나 뉴욕 현대미술관에 소장된 적이 있습니다. 프랑코 정권이 몰락한 뒤, 에스파냐 정부와 국왕은 여러 차례 〈게르니카〉를 반환하라고 요청했습니다. 1980년 미국은 특별히 뉴욕 현대미술관에서 성대한 피카소 회고전을 열고, 전시가 끝난 뒤 〈게르니카〉를 에스파냐에 반환했습니다. 재미삼아 이야기하자면, 그해는 중국의 유명 화가인 천이페이陳逸飛가 뉴욕에 막 도착했을 때입니다. 천이페이는 피카소 회고전을 보려는 사람들이 길게 줄을 선 것을 보고는 곧장 출입구의 경비원에게 "나는 중국에서 왔다"고 말했다고 합니다. 당시는 중국 화가가 미국에 가는 경우가 거의 없던 때라, 경비원은 그를 바로 들여보내주었다고 해요. 지금 〈게르니카〉는 국보처럼 융숭한 대접을 받으며 단독 전시실에 걸려 있습니다. 한동안 에스파냐 정부에서 특별히 〈게르니카〉를 위한 경비요원을 파견해 그림을 지키기도 했습니다.

그렇습니다. 피카소는 유명합니다. 게다가 피카소는 영광스러운 '공산당원'입니다. 그러니 어떻게 장자오허 선생과 피카소를 비교하겠습니까? 선생은 무려 '역사적으로 문제가 있는 인물'인데 말입니다. 그러나 전쟁의 재난을 다룬 두 그림, 〈유민도〉와 〈게르니카〉 중에서 나는 〈유민도〉를 더욱 아끼고 사랑합니다. 단지 중국인이라서가 아니라 〈유민도〉의 피눈물이, 진심이, 힘이 〈게르니카〉보다 뜨겁고 깊다고 생각하기 때문입니다.

여러분, 장자오허 선생의 사진을 봐주십시오. 자비로운 마음, 성실한 태도가 얼굴에 나타나 있습니다. 그리고 고통과 우울도 드러나 보입니다. 중일전쟁의 승리 후, 장자오허 선생은 자신의 조국에서 몇십 년이나 정신적인 난민으로 살아야 했습니다. 그의 후반생은 고개를 숙인 삶이었습니다. 다른 이유가 있었던 게 아닙니다. 그저 그가 〈유민도〉라는 그림을 그렸기 때문이었지요.

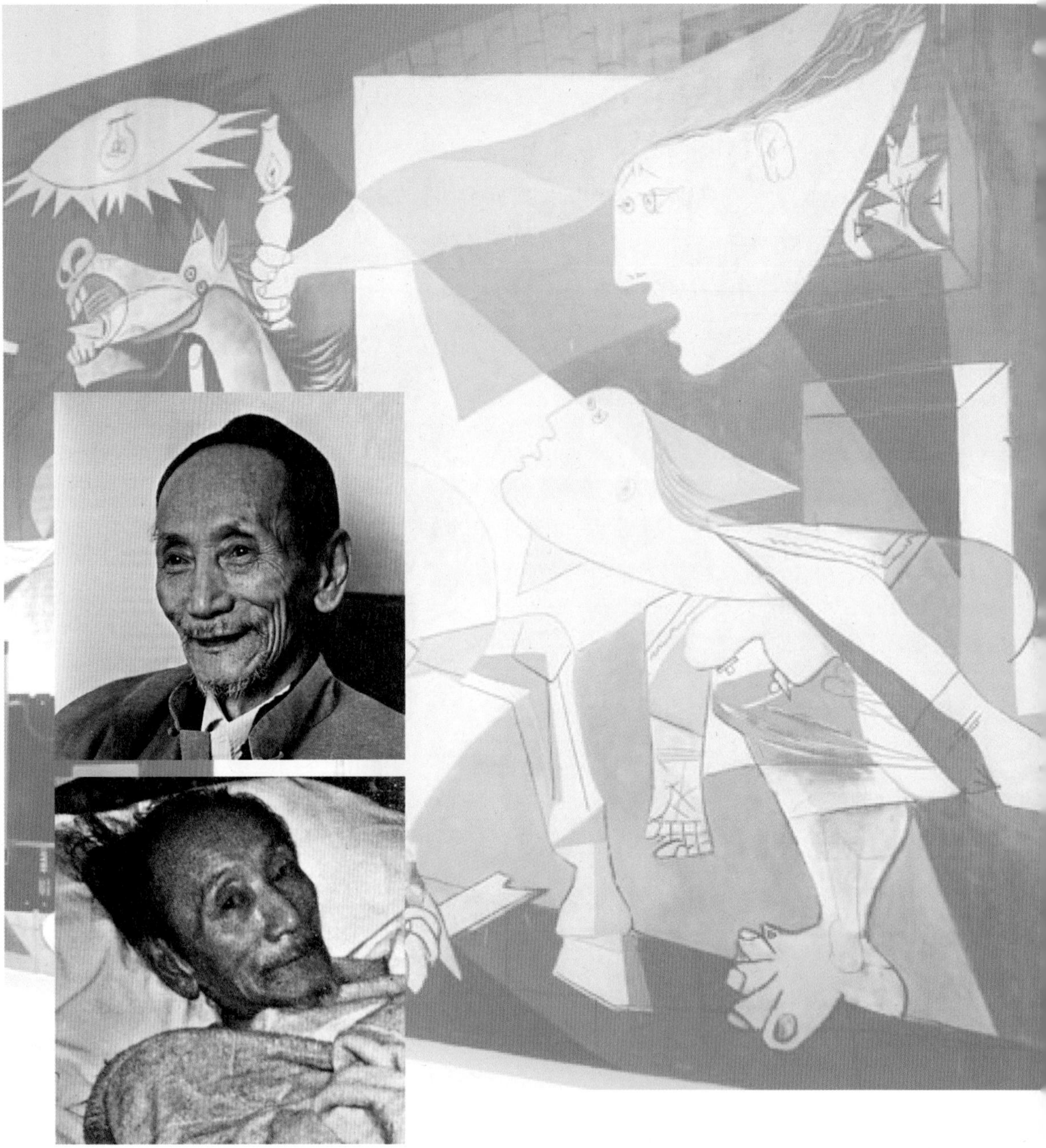

만년의 장자오허

배경의 그림이 마침 피카소의 〈게르니카〉 출력본이다.

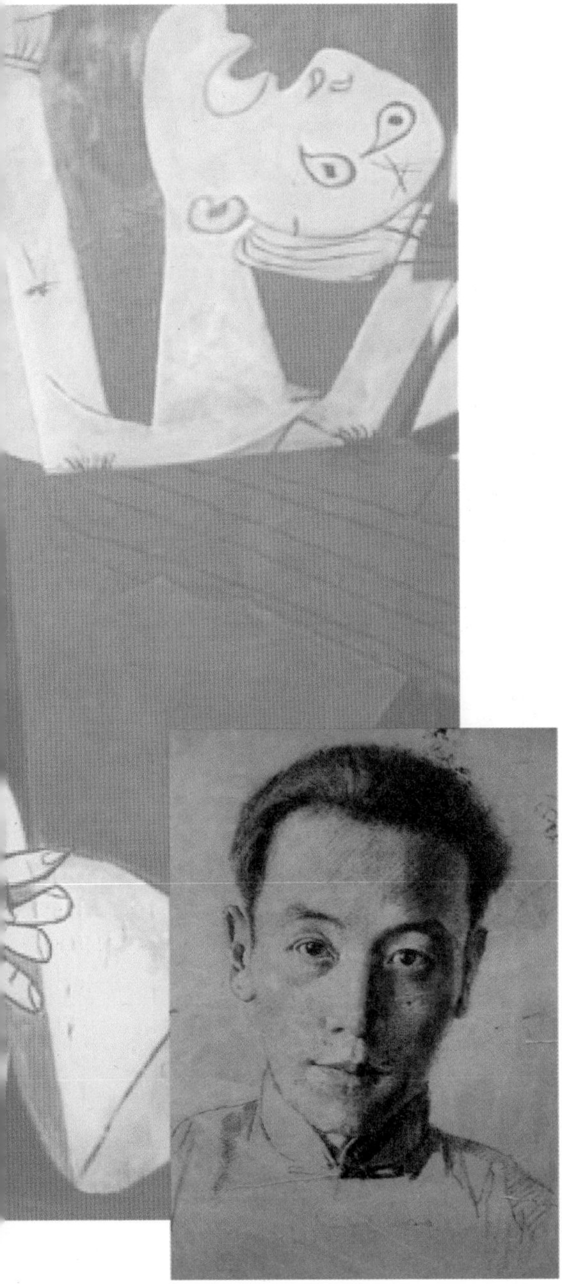

장자오허 자화상

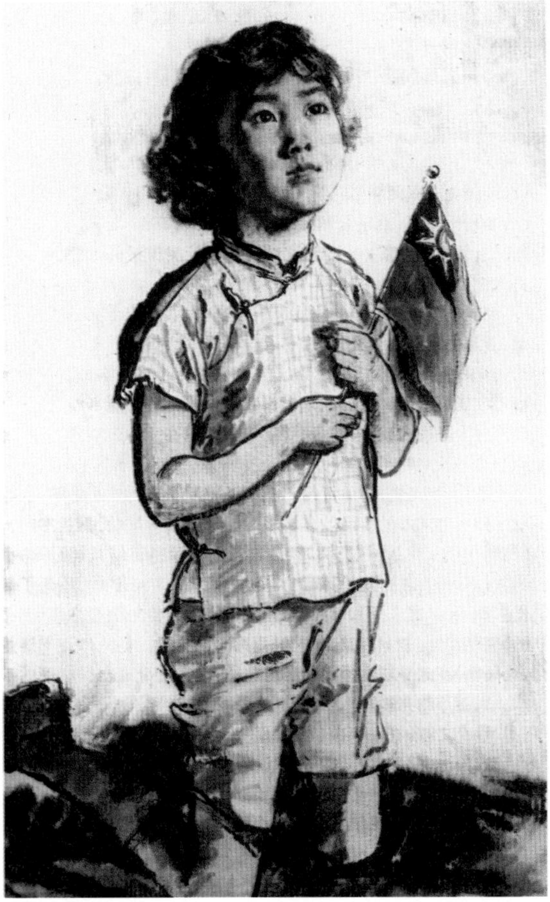

장자오허, 〈아빠는 영원히 돌아오지 못합니다〉, 1946년

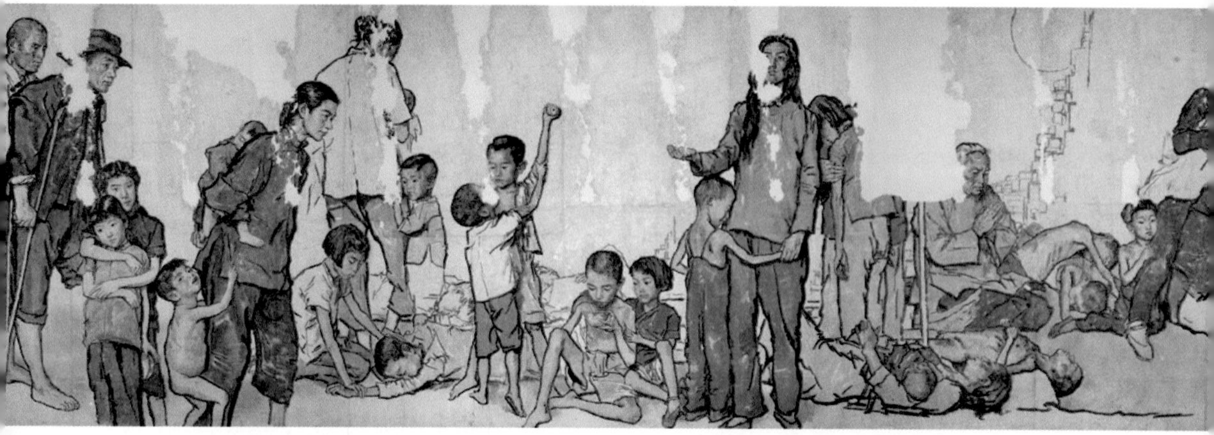

장자오허, 〈유민도〉(부분), 1943년, 중국미술관, 베이징

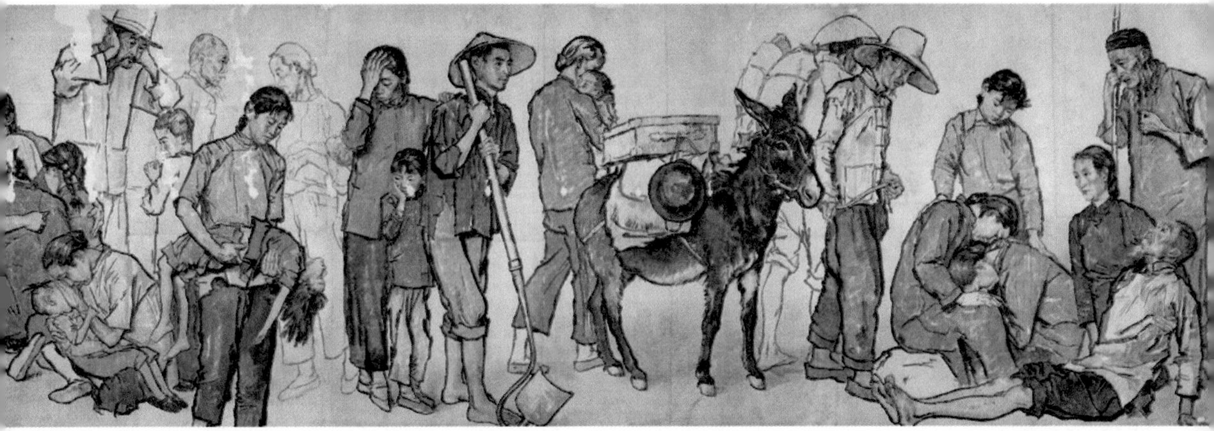

21세기로 접어든 뒤, 나는 중국미술관의 소장 작품전에서 다시 〈유민도〉를 볼 수 있었다. 그전에 본 것은 1978년, 나와 중앙미술학원의 동기생 몇 명이서 인민미술출판사의 복도에서 훼손된 상태의 〈유민도〉를 목격한 것이었다. 실제로 보니 훨씬 놀랍고 대단했다. 중앙미술학원의 중국화과 루천(盧沈) 교수가 역사박물관 창고 구석에서 거의 20년간 방치되어 있던 〈유민도〉를 찾아냈다. 사람에게 운명이 있듯 그림 또한 운명이 있다. 피점령 지역의 유랑민들이 고난을 겪었고, 성실한 사람인 장자오허도 고난을 겼었으며, 〈유민도〉 역시 그랬다. 10년의 재난을 이겨낸 뒤에 다시 어둑어둑한 복도에 걸려 온갖 풍상을 겪은 이 그림은 고난의 전당이라 불러도 될 정도다. 1978년은 장자오허 선생이 아직 세상에 계실 때였는데, 그를 만날 수 있었다면 당장 달려가 허리를 굽혔을 것이다.

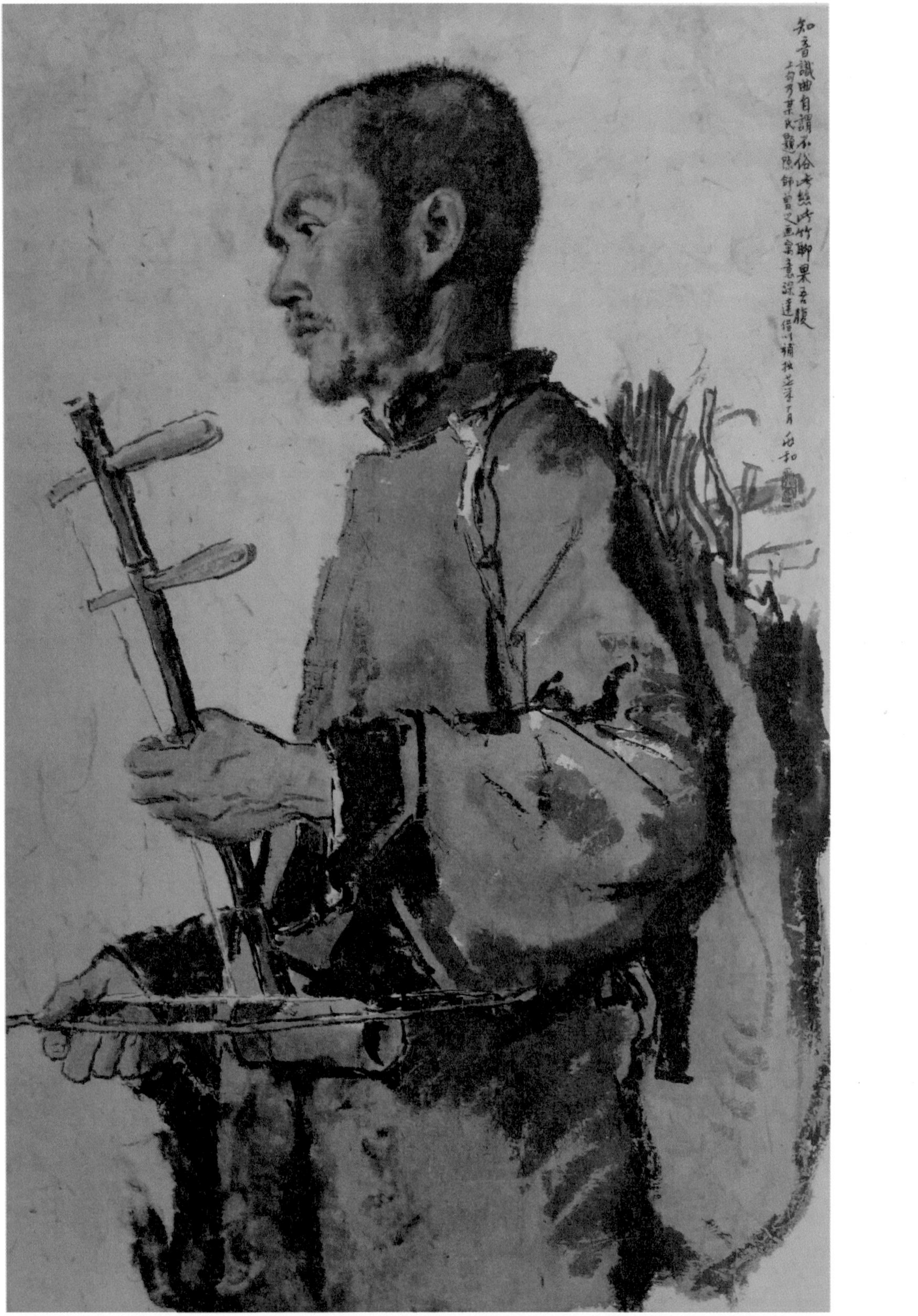

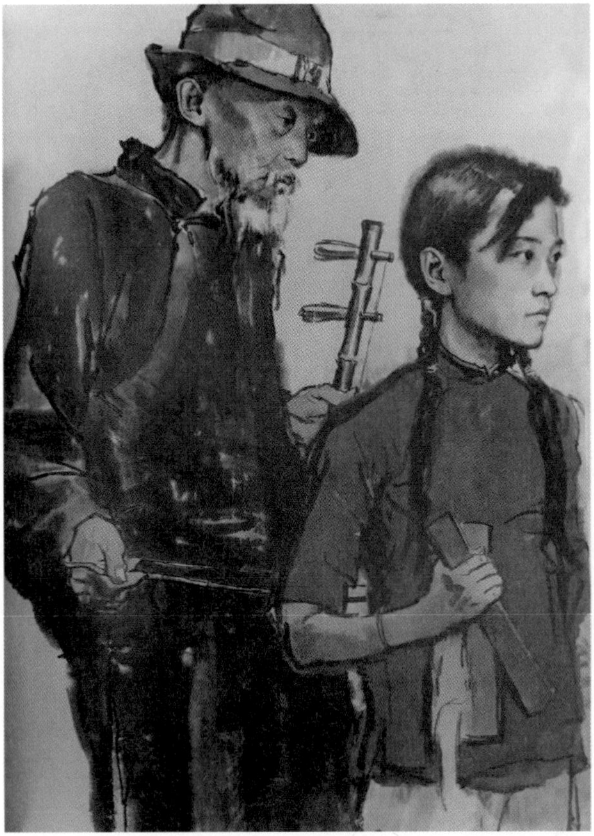

좌_ 장자오허, 〈친한 벗이 가락을 알아주다〉, 1938년
우_ 장자오허, 〈아버지가 금(琴)을 뜯는데 어찌하겠는가〉, 1939년

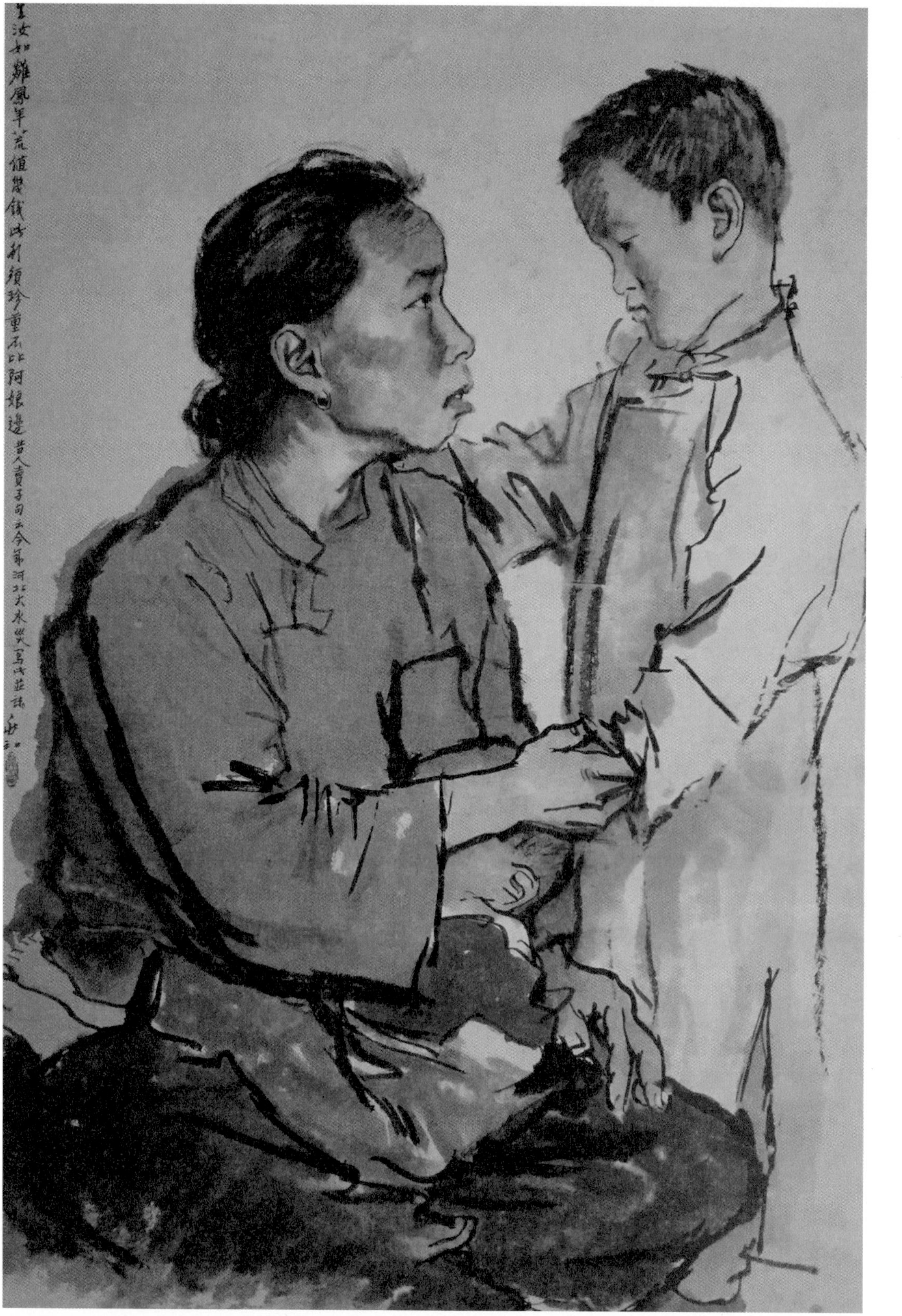
生汝如雛鳳年荒值幾錢此行須珍重不比阿娘邊
兆和

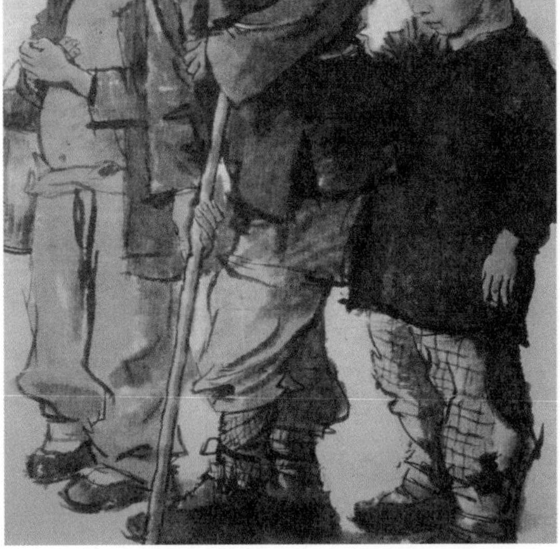

좌_ 장자오허, 〈아이를 팔다〉, 1939년
우_ 장자오허, 〈떠도는 아이〉, 1939년

지난 100년간 중국의 인물화에는 이러한 실력과 재능, 경지가 없었다. 나는 현대 중국 인물화의 전반적인 퇴보를 말하려는 것이 아니다. 하지만 진보도 없었고 향상도 없었다. 2014년 연말, 나는 일부러 장자오허 선생의 탄생 110주년 기념 회고전을 관람하지 않고 지나갔다. 요즘 톈안먼 동쪽에 있는 중국 국가박물관에 한번 들어가려면 번잡한 조사를 거쳐야 한다. 그래서 별로 가고 싶지 않았다. 110주년 전시에서 장자오허 선생의 유화 초상화가 공개되었는데, 나는 인터넷에 올라온 그림을 보았다. 아주 잘 그렸고, 정말이지 장자오허다웠다.

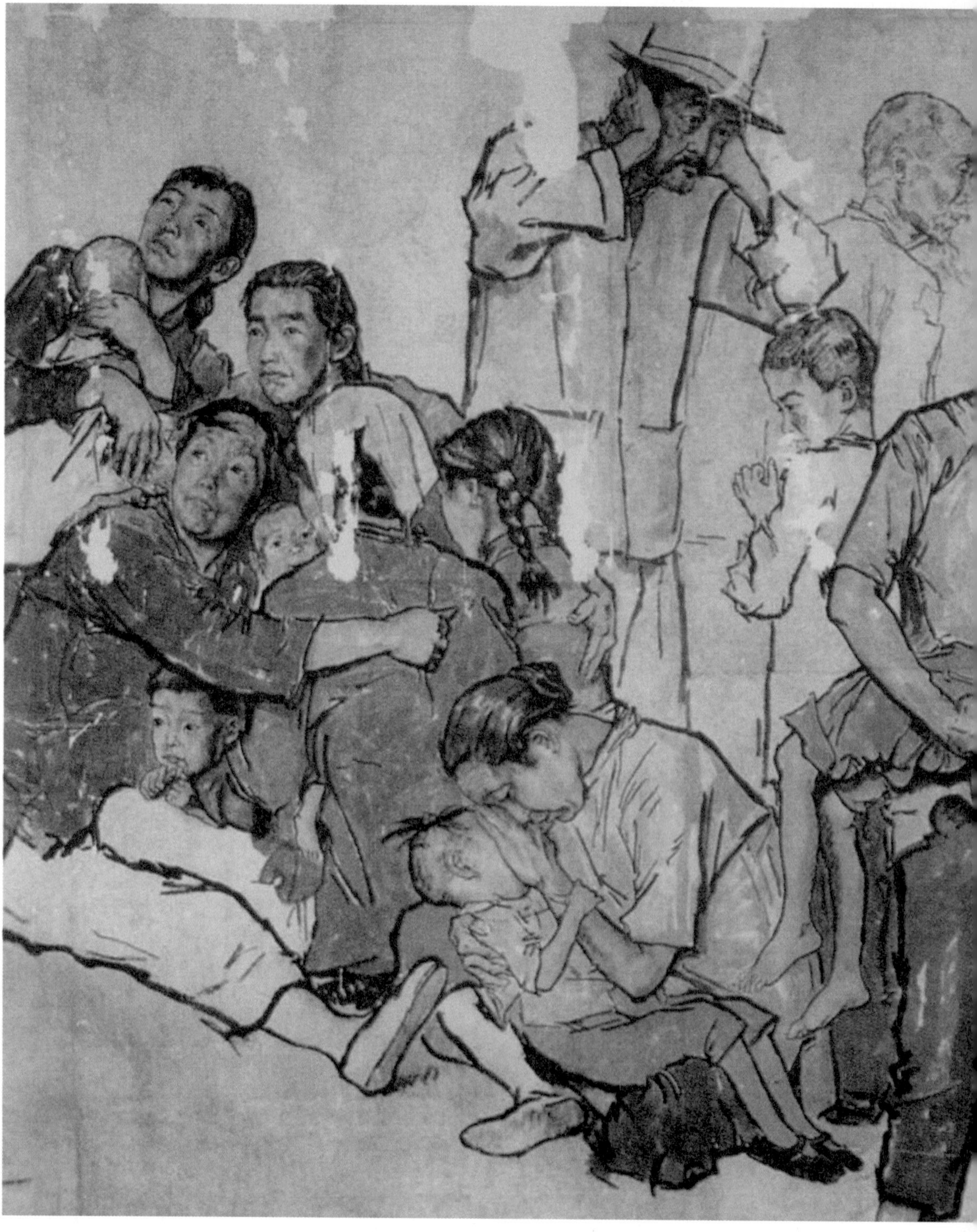

장자오허, 〈유민도〉(부분)

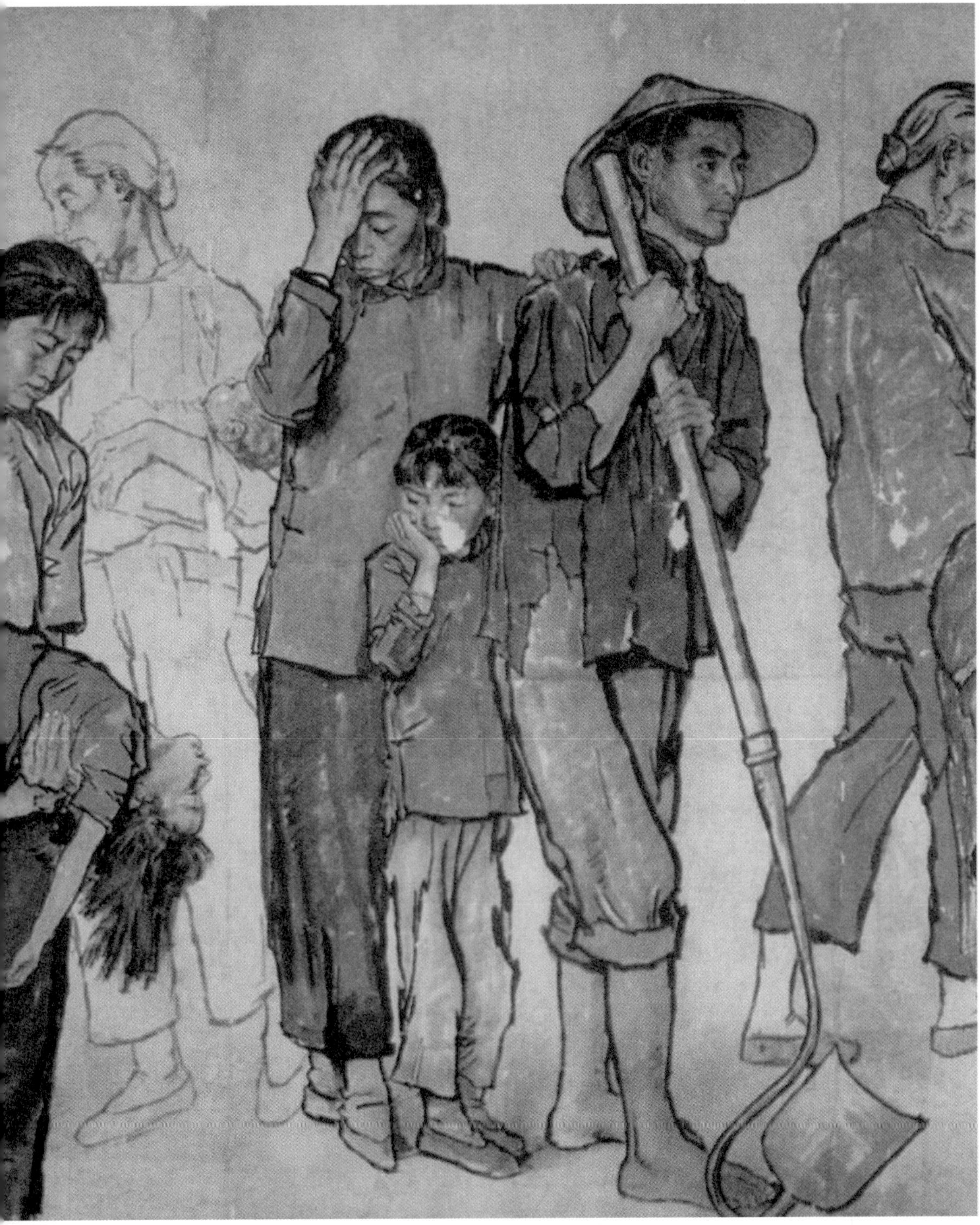

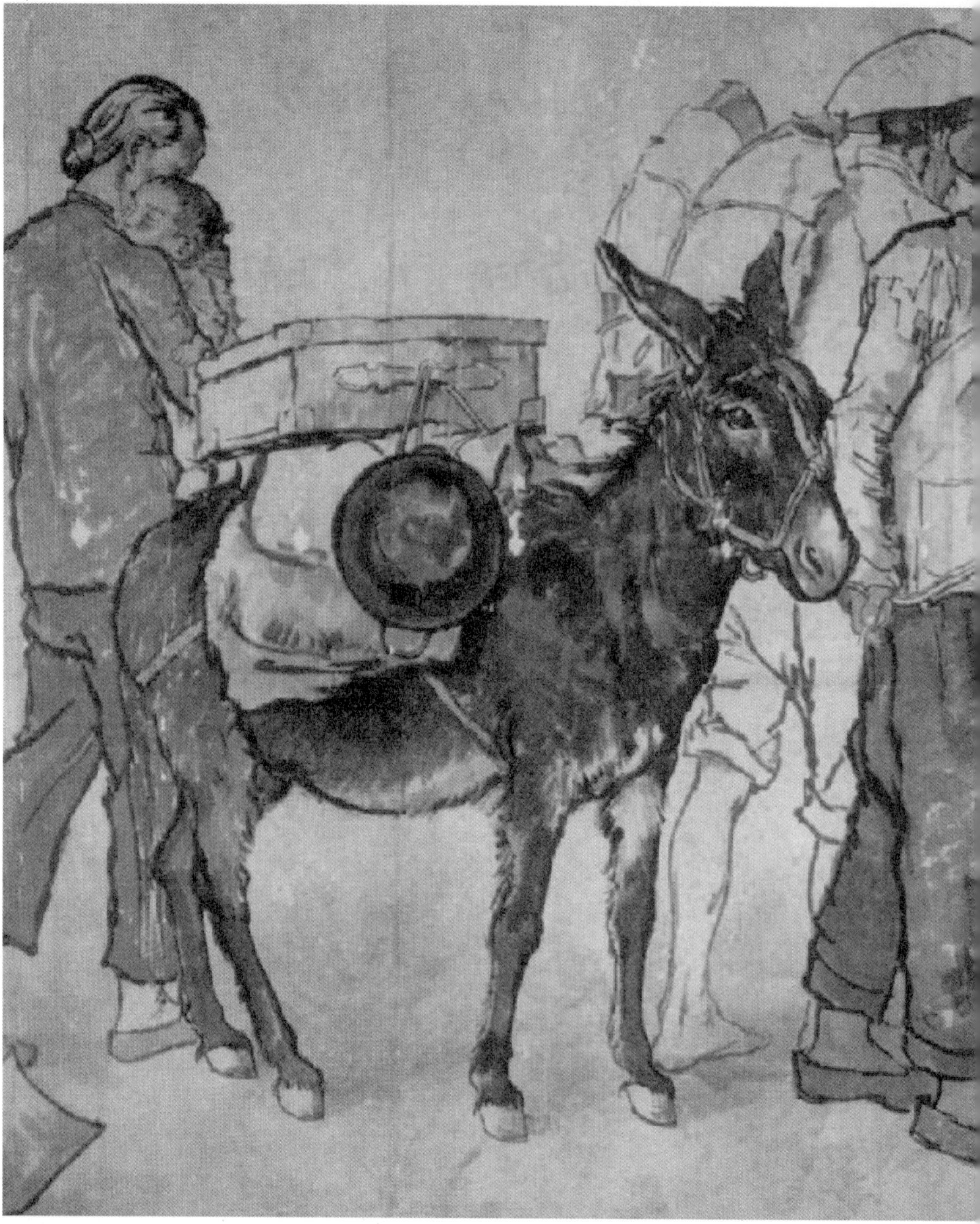

장자오허, 〈유민도〉(부분)

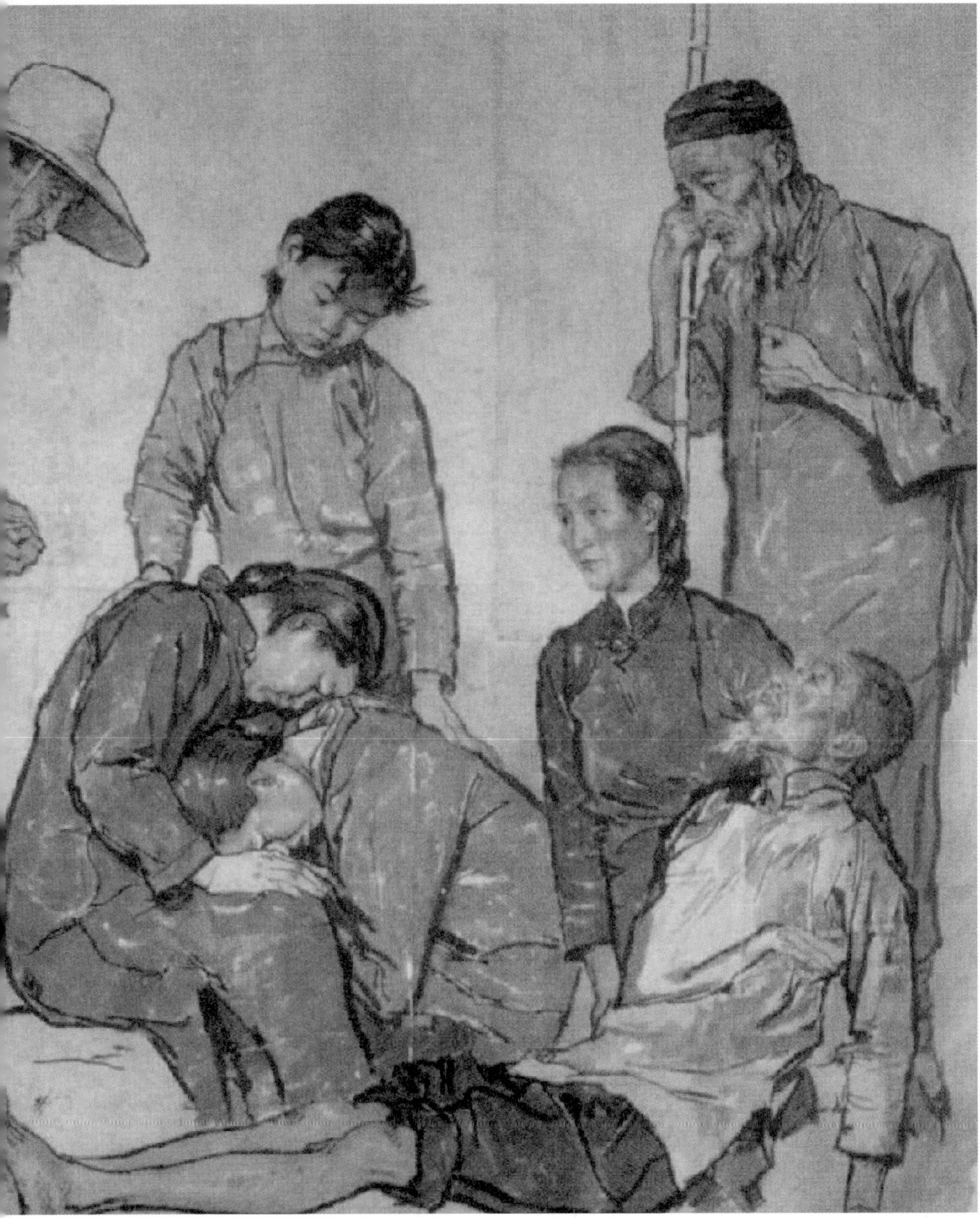

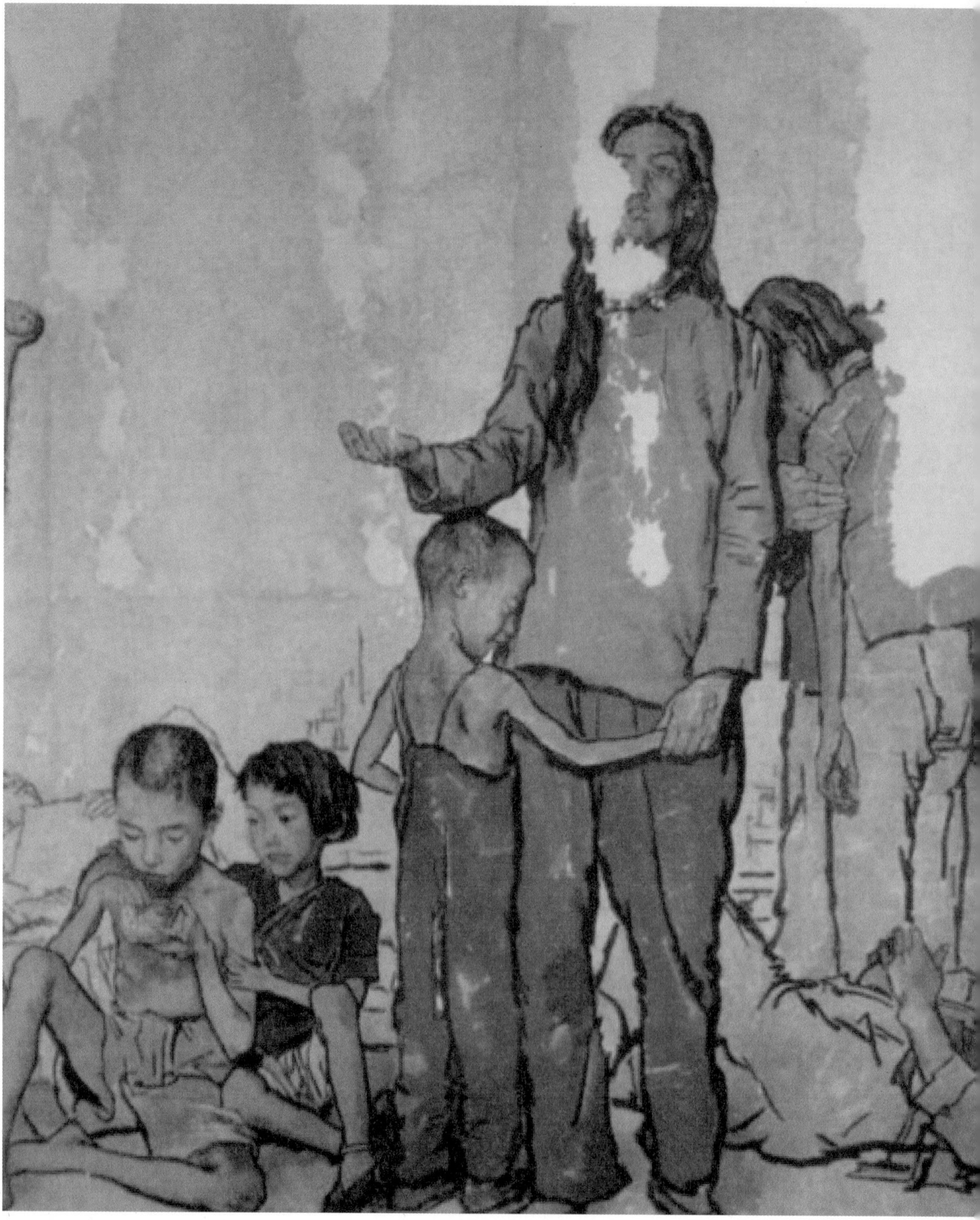

장자오허, 〈유민도〉(부분)

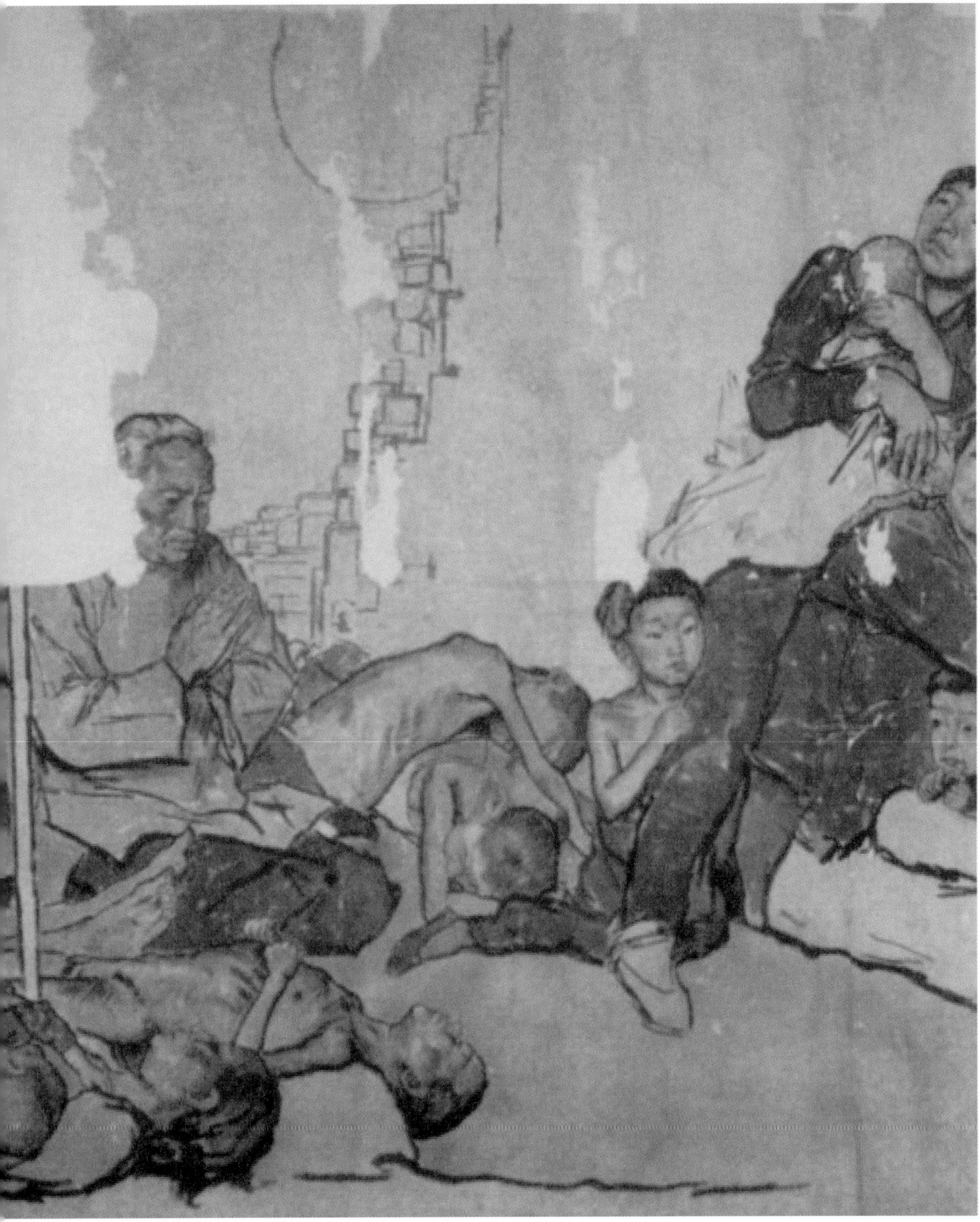

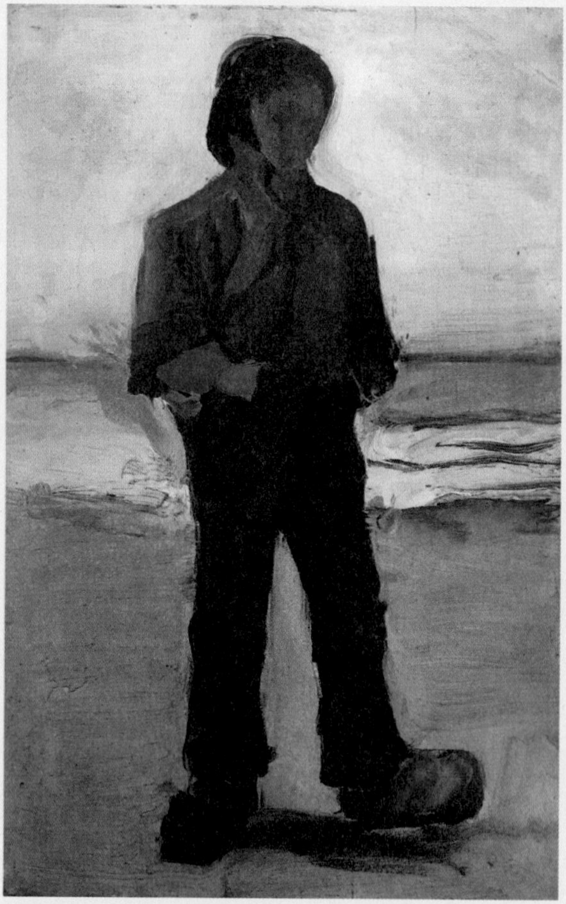

고흐, 〈해변의 어부〉, 1883년, 크뢸러 뮐러 미술관, 오터를로

습작품

지금까지 소개한 그림은 모두 거대한 주제를 가진 그림이었습니다. 이번에는 조금 작은 그림을 감상해볼까 합니다.

저는 1980년대에 뉴욕에서 이 작은 그림의 인쇄물을 손에 넣었습니다. 이 그림을 무척 좋아해서 액자에 넣어 벽에 걸어두었지요. 누구의 그림인지 알아보시겠습니까?

저는 벽에 거는 그림을 자주 바꿉니다. 하지만 이 그림은 제 방에 30년이나 걸려 있었습니다. 지금도 거기 있지요. 매번 이 그림을 볼 때마다 마음속으로 감탄을 거듭합니다. 어디가 어떻게 좋은지는 설명하기 어렵습니다. 자, 그림을 한번 살펴봅시다. 한 청년이 해변에 서 있군요. 얼굴에 눈, 코, 입도 그려져 있지 않습니다. 붓놀림 한 번으로 이목구비를 쓱 지워버린 모양새입니다. 분명히 화가가 얼굴을 그리다 망쳤기 때문에 이렇게 했을 겁니다. 윗도리, 바지, 신발도 다 비뚤비뚤하고 어그러지게 그려졌습니다. 하지만 그림 전체를 본다면 어떨까요? 나름의 멋과 맛이 있습니다. 1993년, 화가 류샤오둥劉小東이 뉴욕에 왔습니다. 그는 박물관에서 수많은 걸작을 볼 때 눈길만 한 번 주고는 휙 지나갔습니다. 류샤오둥은 그림을 볼 줄 아는 사람입니다. 우리 집 벽에서 이 그림을 봤을 때, 그는 한참을 가만히 서서 그림을 들여다봤습니다. 고통스러운 낯빛으로, 홀연히 목소리를 낮춰 중얼거리더군요.

"젠장! 너무 잘 그렸잖아!"

이 그림은 1883년에 그렸는데, 화가는 그림을 배운 지 채 몇 년도 되지 않았을 때였습니다. 그림을 보면 확실히 초보자 수준입니다. 그 사람은 그 뒤로 7년간 그림을 더 그렸고, 1890년에 사망했습니다. 세상을 떠난 뒤에야 그는 유명해졌지요. 지금은 누구나 다 아는 이름, 빈센트 반 고흐Vincent van Gogh, 1853~1890가 바로 그 사람입니다.

고흐는 일찍이 자기가 이름을 드날릴 거라는 상상을 한 적이 있습니다. 동생에게 보내는 편지에서 이렇게 오만하기 짝이 없는 말을 하기도 했지요.

"언젠가는 전 세계가 다 '고흐Gogh'의 발음을 알게 될 날이 올 거야."

그의 이름은 발음하기가 좀 어렵기 때문이었습니다.

암스테르담에는 반 고흐 미술관이 있습니다. 거기서 멀지 않은 곳에 암스테르담 국립박물관도 있는데, 렘브란트의 커다란 그림이 전시되어 있습니다. 이렇게 말하고 보니 가슴이 아프군요. 중국에서는 절대로 수도 베이징의 최중심부에 이만한 부지와 자본을 들여 한 화가의 미술관을 건립할 수 없을 테니까요. 반 고흐 미술관에 걸려 있는 고흐의 명화 중에 이런 그림이 있습니다. 꽃이 만발한 나무 한 그루와 그 뒤로 새파란 하늘이 펼쳐진 그림입니다. 그림 설명을 읽어보고서야 알게 된 것인데, 그 그림은 동생이 아이를 낳았을 때 선물한 것이라는군요. 이 마음씨 착한 미치광이 같으니라고! 나는 종종 고흐 이야기를 읽으며 눈물을 흘리곤 합니다.

고흐를 언급하면 많은 사람이 대개 해바라기나 붓꽃, 하늘에 태양이 몇 개나 떠 있는 그림, 귀가 잘린 자화상, 보리밭과 까마귀 같은 것을 말합니다. 고흐의 초기 작품 중 사람들이 관심을 가지는 그림은 〈감자 먹는 사람들〉 정도일 겁니다. 위대한 인물, 위대한 예술가들은 모두 역사에 의해 단순화됩니다. 그러니 앞서 이야기했듯, 초기 작품에 주의를 기울이시기 바랍니다. 모든 걸출한 작가의 초기 작품은 새로이 살펴볼 가치가 있습니다.

네덜란드의 시골 마을인 오터를로Otterlo, 숲으로 둘러싸인 이곳에 또 다른 고흐 미술관이 숨어 있습니다. 한 부유한 부인이 고흐의 초기작 200여 점을 사들여 이곳에 미술관을 만들었습니다. 바로 부인의 이름의 딴 크뢸러 밀러 미술관Kröller-Müller Museum입니다. 몇 년 전에 이 미술관에서 고흐 화집을 두 권 출간했습니다. 노란색 표지의 화집은 고흐가 파리에 간 뒤의 유화 작품을 수록했고, 파란색 표지의 화집은 그가 네덜란드에 있을 때의 작품을 실었습니다. 전부 네덜란드어로 되어 있어서 내용은 알아보지 못합니다. 하지만 고흐의 초기 소묘와 수채화를 볼 수 있는 귀한 자료입니다. 책에 실린 작품 중 약 70퍼센트는 전에 본 적도 없는 그림이었지요. 이 화집을 몇 권 더 사왔어야 했다고 늘 후회하곤 합니다. 좋아하는 소묘화가 있는 책장을 잘라내서 액자에 넣어 벽에 걸고 자주 바라보고 싶거든요.

고흐의 초기 소묘 작품은 그가 그린 유명한 그림들보다 훨씬 오래 감상할 수 있습니다. 아무리 쳐다봐도 싫증이 나지 않기 때문입니다. 왜 그럴까요? 정말로 어려운 문제입니다. 진정한 걸작은 어떠한 언어로도 형용할 수 없습니다. 화가 자신도 어떻게 그림이 나왔는지 모를 겁니다.

고흐는 역사상 가장 천진하고 우직한 화가일 것입니다. 우직한 사람이 그림을 막 배우면서 그린 그림은 더욱 천진하고 우직합니다. 저는 고흐의 일생에 대해서 수천수만 편의 글을 쓸 수도 있습니다만, 세상 사람들이 고흐에게 빠져드는 이유는 딱 한 마디로 정의합니다. 고흐가 어리석었기 때문입니다. 중국어로는 어리석을 감憨 자를 씁니다. '어리석음'을 쉽게 생각하지 마십시오. 저 자신도 그림을 그리는 화가로서 말씀드리건대, 기교를 부려 그리는 것은 생각보다 어렵지 않습니다. 천진하고 우직하게 그리는 것이야말로 진짜 어려운 일이지요. 기교는 노력해 갈고닦으면 얻을 수 있습니다. 어리석을 정도로 우직한 것은 타고난 천품天品입니다. 배우려 해도 배울 수가 없지요.

이제 그의 초기 작품들을 살펴보겠습니다.

서양화를 배울 때는 제일 먼저 소묘부터 시작합니다. 소묘 혹은 소묘에 수채

등으로 채색을 약간 더하기도 합니다. 그림의 소재도 대개 몇 가지로 압축됩니다. 인물상(전신상, 반신상, 군상 등등), 간단한 풍경, 정물(병이나 깡통, 과일, 꽃 등등)입니다. 오늘날 중국 미술대학의 입학시험도 이 몇 가지에 국한됩니다. 인물 소묘, 정물 수채화, 크로키죠.

통상적으로 서양화의 초기 습작은 두 가지 선택이 가능합니다. 하나는 방금 말한 몇 가지 소재를 성실하게 반복해서 그리는 것이고, 또 하나는 자신이 좋아하는 대가의 그림을 모사하는 것입니다. 이 역시 성실하게 모사해야 합니다.

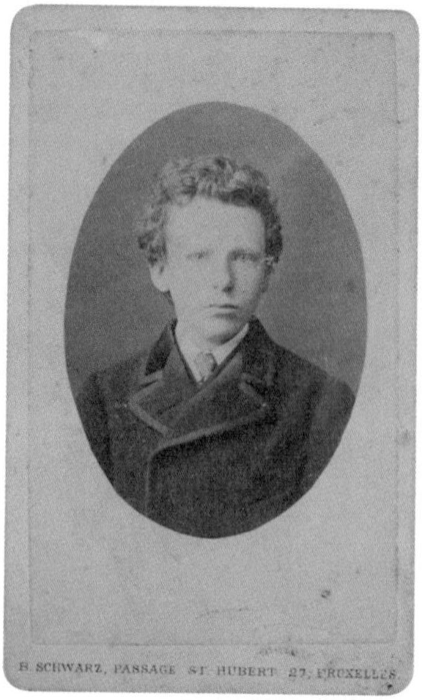

열세 살의 고흐, 1866년

고흐의 초기 그림은 전형적인 습작품입니다. 파리에 가기 전, 네덜란드 시골뜨기인 고흐는 프랑스 화가 장 프랑수아 밀레Jean-François Millet를 가장 숭배했습니다. 현재까지 밝혀진 바에 따르면 고흐의 가장 초기 모사작은 1881년에 밀레의 작품을 모사한 것입니다. 밀레는 고흐가 그림을 배우기 6년 전인 1875년에 세상을 떠났습니다. 밀레는 이렇게 말한 적이 있지요. "가장 아름다운 풍경은 노동하고 있는 사람이다." 밀레 자신도 농민의 아들이었으니 분명히 농사를 지은 적이 있을 것입니다. 고흐가 밭에 나가 씨앗을 뿌리며 농사를 지은 적이 있다는 기록은 없습니다. 그러나 고흐가 밀레의 말에 동의했다는 것은 확실합니다. 노동하는 사람이 가장 아름다우니까 가장 많이 화폭에 담았겠지요.

그 밖에도 고흐는 밀레의 신조를 따라 하루 종일, 아침부터 저녁까지 가난하고 비천한 사람들을 그렸습니다. 그가 그린 사람들 모두 그 자신처럼 우직해 보입니다. 저는 네덜란드나 독일의 서민들은 다들 이렇게 뭐라 꼬집어 말할 수 없는 우직한 데가 있다고 생각합니다. 20세기 초의 위대한 독일 사진가 아우구스트 잔더August Sander는 수많은 평범한 서민들의 초상을 촬영했습니다. 그의 사진 속 사람들은 하나같이 순박하고 어리숙해서 꼭 고흐의 초기 소묘 작품을 보는 듯합니다.

하지만 그리는 대상이 어리숙한 것과 화가의 화풍은 또 다른 차원의 문제입니다. 같은 인상파 화가인 에두아르 마네Édouard Manet, 에드가 드가Edgar Degas, 카미유 피사로Camille Pissarro 그리고 좀 더 앞선 시기의 프랑스 화가이자 18세기 궁정화가인 자크 루이 다비드Jacques-Louis David, 19세기 중엽의 사실주의 화가 귀스타브 쿠르베Gustave Courbet 등도 하층계급이나 가난한 사람들을 그렸습니다. 그러나 그들이 고흐와 마찬가지로 어리숙한 사람, 가난한 사람을 그렸더라도 결과물인 그림에는 화가 자신의 성격이 드러나는 법입니다. 고흐는 순박하고 우직한 가난한 사람들을 즐겨 그렸는데, 고흐도 그의 그림도 무척이나 어리숙했습니다.

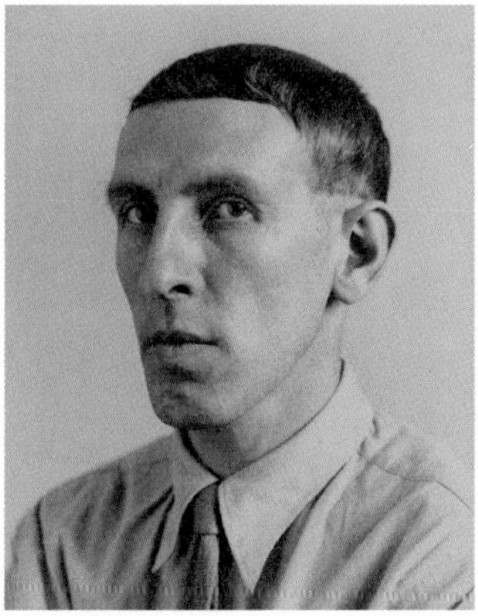

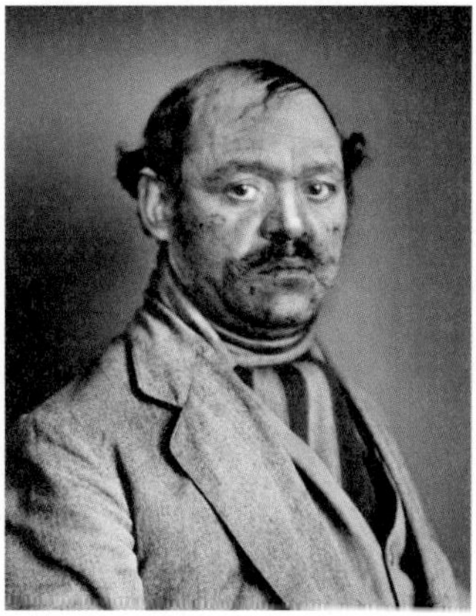

독일 사진가 아우구스트 잔더가 찍은 화가(**좌**_1928년)와 판매원(**우**_1924~1930년)

어리숙한 사람이 어리숙한 사람을 그리고 가난한 사람이 가난한 사람을 그리다 보니 고흐 특유의 분위기를 이루게 된 것입니다.

고흐가 귀족이나 부르주아를 그린 적이 있는지는 기억나지 않습니다. 그는 파리에 간 뒤에도 주변에서 마주치는 하층계급을 즐겨 그렸습니다. 창녀, 우체부, 가난한 의사, 카페의 종업원 등입니다. 그 외에 다양한 사람들을 그렸을지 모르지만, 고흐의 화폭에 들어가기만 하면 다들 어리숙하고 순박하게 변합니다. 고흐가 백만장자나 공작, 심지어 황제를 그렸더라도 아주 순박하고 어리숙한 사람으로 그려졌을 거라고 믿습니다.

어리숙함이란 종종 멍청함입니다. 후기 인상파를 대표하는 세 명의 화가는 다들 멍청하고 좀 바보스러운 사람들이었습니다. 폴 세잔Paul Cézanne과 폴 고갱Paul Gauguin은 각각 자신들의 멍청함을 그려냈습니다. 고흐는 어떨까요? 셋 중에 가장 늦게 화가의 길에 들어선 데다 시골에서 올라온 촌뜨기였기에 당연히 다른 두 사람보다 훨씬 멍청한 그림을 그렸지요. 그러나 제가 보기에는 이 위대하고 멍청한 화가가 그 누구보다 영리하고 세심했습니다. 고흐 그림 속의 노인과 여인, 농부, 어린 종업원을 보십시오. 저는 이 모습을 형용할 말을 찾을 수가 없습니다. 중국어에 '전신傳神'이라는 말이 있는데 매우 생생하다, 진짜 같다는 뜻입니다. 이런 말로나 어떻게 표현할 수 있지 않을까 싶군요. 혹은 노자의 말을 빌려 '대교약졸大巧若拙'이라고 해야 할 것입니다.

고흐의 풍경 소묘를 살펴보면, 얼마나 성실한지 모릅니다. 거의 아무런 기교도 요령도 없습니다. 그는 이렇게 무료한 풍경에도 금세 넋을 빼앗겨 쉬지 않고 반복해서 그렸습니다. 더욱 불가사의한 것은 그가 그린 군상입니다. 사람들이 무리 지어 들판을 걷거나 공장 옆을 지나갑니다. 혹은 멍하니 앉아 있습니다. 뭘 하는지 영 모르겠군요. 고흐가 구도 잡는 법을 몰랐다는 건 확실합니다. 그런데도 이렇게 아름다운 구도를 만들어냈습니다. 그림 속 인물들의 위치는 절대로 변경해서는 안 됩니다. 제가 좋아하는 〈해변의 어부〉를 다시 들여다봅시다. 바꿀 곳이 있나요? 여기서 더 그리면 훨씬 충실해질까요? 그리고 이 그림에 무슨 의미가 있나요? 아무런 의미도 없이, 그냥 한 청년이 해변에 서 있습니다. 두 손은 주머니에 찔러 넣고 서 있습니다. 하지만 바로 이런 것이 '그림'입니다.

저는 고흐가 네덜란드에서 그린 그림을 좋아합니다. 그의 습작품에서 나타나는 성실성, 미친 듯한 열정, 어리숙한 순박함 그리고 따라잡을 수 없는 타고난 재능을 좋아합니다. 제가 왜 그것들을 좋아하는지 설득할 생각도 없고, 설득할 수도 없습니다. 제가 보기에 대강이나마 고흐와 비교할 만한 화가는 딱 둘입니다. 한 사람은 독일의 여성 화가 케테 콜비츠이고, 또 한 사람은 중국 공산주의 혁명에 투신한 화가 왕스쿼王式廓입니다.

콜비츠는 루쉰魯迅이 좋아한 화가지요. 그녀는 초기 사회주의자, 좌파 화가입니다. 주로 목숨을 바쳐 혁명을 일으키는 빈곤 계층을 그렸습니다. 콜비츠의 기본 교양, 소묘하는 기교, 그림의 생동감은 고흐를 뛰어넘습니다. 콜비츠의 작품은 의도로 가득합니다. 그러나 고흐는 아무런 의도가 없습니다. 그는 그저 그림을 공부하고 있을 뿐이지요. 저는 고흐가 그림을 그릴 때 모든 것을 잊고 오로지 그림에만 몰두했다고 믿습니다. 멍청이, 바보, 미치광이들이 그런 것처럼, 머릿속에 그저 눈앞에 있는 도화지 하나밖에 없는 겁니다.

왕스쿼는 제가 가장 존경하는 중국의 소묘 화가입니다. 그의 명작인 〈혈의血衣〉는 매우 우직한 그림입니다만, 그래도 다소간 '선전'의 성질을 띠고 있습니다. 그런데 그가 〈혈의〉를 그리기 전에 소재 준비 삼아 그린 소묘 작품이 아주 훌륭합니다. 살아 숨 쉬는 사람을 앞에 두고 그 사람을 그릴 때, 혁명의 교조敎條는 잠시 뒤로 밀려나 있습니다. 저는 중앙미술학원 입학시험을 치를 때, 왕스쿼를 주제로 논문을 쓴 적도 있었지요.

콜비츠와 왕스쿼는 둘 다 좌파 화가지만 역사적 운명은 완전히 다릅니다. 콜비츠는 세상을 떠난 뒤, 한때 완전히 잊혔습니다. 서양 사람들이 편집한 세계미술사에서 콜비츠의 이름은 찾아볼 수 없었지요. 그러다 1990년대에 독일이 통일을 이루고 냉전이 종식되자 독일 사람들이 차차 콜비츠라는 여성 화가를 떠올리기 시작합니다. 지금 그녀는 초기 표현주의의 대가 중 한 사람으로 편입되었고, 그 덕분에 제가 뉴욕의 서점에서 콜비츠의 화집을 살 수 있었습니다. 왕스궈는 1960~1970년대에 무산계급의 위대한 화가로 떠받들어졌습니다. 지금까지도 중국 체제 내에 그의 위치가 공고합니다. 최근에도 커다란 화집이 출간되었지요. 그러나 젊은 화가들 중에서 왕스궈를 기억하고 그의 그림에 감탄하는 사람은 많지 않습니다. 왕스궈는 점점 잊히는 과정에 있는 것입니다.

앞에서 얘기한 장자오허 역시 고통받는 가난한 사람들을 묘사한 화가입니다. 그와 콜비츠의 공통점은 둘 다 어려운 현실을 안타까워하고 인민들의 삶을 불쌍히 여겼다는 것, 그리고 탁월한 회화 기법을 갖췄다는 것입니다. 고흐는 그렇지 못했습니다. 고흐가 일찍 세상을 떠나지 않고 아흔 살까지 살았더라도, 그리고 그때까지 죽을힘을 다해 노력했더라도, 끝까지 저 두 사람의 손이 가진 기술을 따라잡지 못했을 것입니다. 저는 장자오허와 콜비츠를 정말 좋아합니다. 그러나 집에 와서 벽에 걸린 고흐의 작은 그림을 볼 때면, 그리고 고흐의 화첩 속에 담긴 어리숙하고 더 없이 순박한 소묘들을 볼 때면, 저도 모르게 마음속에 이런 생각이 차오르는 것입니다.

'오, 젠장! 이거야말로 순수한 예술이지! 누구에게도 찾아볼 수 없는 재능이자 회화를 회화답게 만드는 게 바로 이거야!'

지난 30년간 중국의 미술대학 창고에는 수천 장의 입시생 그림, 다시 말해 처음 그림을 배우는 사람들의 습작품이 쌓여 있습니다. 그림들은 고흐가 그린 초기 습작품과 별다르지 않은 인물, 풍경, 정물을 담은 소묘입니다. 아주 진지하고 정밀하며, 세심하고 모범적인 작품들이죠. 몇몇 입시생의 회화 기법은 1881년의 고흐보다 훨씬 뛰어납니다. 고흐가 1881년부터 1883년까지 그린 습작품을 가져와 오늘날 중국의 미술대학 입학시험에 제출한다면, 절대 합격하지 못할 것입니다.

그러나 입시생들이 그린 '중국식' 소묘를 볼 때면 저는 그만 죽어버리고 싶습니다. 그리고 평생 그림을 그리지 못할 것 같은 기분에 사로잡힙니다. 중국 입시생들은 억지로 그립니다. 그건 막힌 길이고 재난이며, 끝이 보이지 않는 쓰레기 더미입니다. 반면 너덜너덜하고 낡아빠진 고흐의 초기 습작품은 위대한 예술이지요.

당신은 이렇게 말할지도 모릅니다. 그 사람은 고흐잖습니까! 유명하니까 그렇지요! 그건 틀에 박힌 생각입니다. 제 대답은 이렇습니다. 만약 고흐가 파리에 가기 전에 자살했다면, 죽어버렸다면? 단지 초기 습작품만을 남겼다면? 그는 그래도 여전히 누구도 대체할 수 없는 천재일 겁니다. 전 세계가 그를 알아보고, 또 존경할 겁니다.

왜냐고요? 어떻게 답을 해야 할지 모르겠군요.

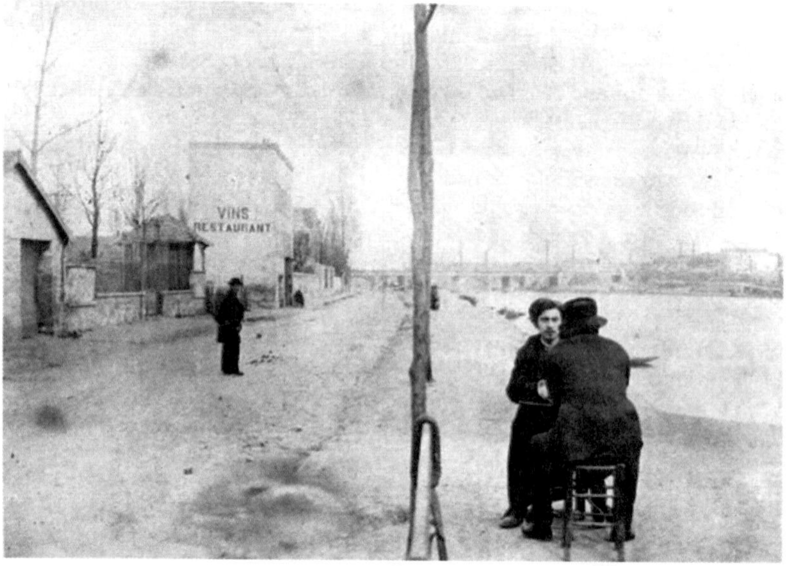

고흐(등을 보이고 있는 사람)와 그의 친구, 1886년

〈부분〉의 감독인 셰멍첸(謝夢茜)이 위의 사진을 찾아냈다. 의자에 반대로 앉아 앞 사람과 이야기를 나누는 뒷모습이 바로 고흐라고 한다. 세상에 고흐의 뒷모습이라니! 마치 그가 아직 살아서 어딘가에 있을 것만 같다. 아래 사진은 고흐의 화실이다. 고흐가 죽은 뒤 화실에 들어가 이 사진을 찍은 듯하다. 한 미국인의 최신 연구에 따르면, 고흐는 자살한 것이 아니다. (어디에서 읽은 내용인지는 잊었지만) 고흐가 총에 맞은 것은 마을의 개구쟁이들이 한 짓이며, 다른 원인 때문이라고 한다. 아르헨티나의 소설가이자 평론가인 보르헤스(Borges)는 네덜란드 사람들은 전설에 눈이 멀었으며, 고흐의 죽음에는 아마도 음모가 있을 것이라고 했다. 샛길로 빠진 것 같다. 고흐는 자살한 것일까, 아니면 음모가 있을까? 자살설은 '전설'을 만들고자 생긴다. 인간에게는 전설이 필요하다. 그러나 진정한 전설은 고흐의 품성과 재능이며, 여전히 그의 그림 속에 남아 있다고 생각한다.

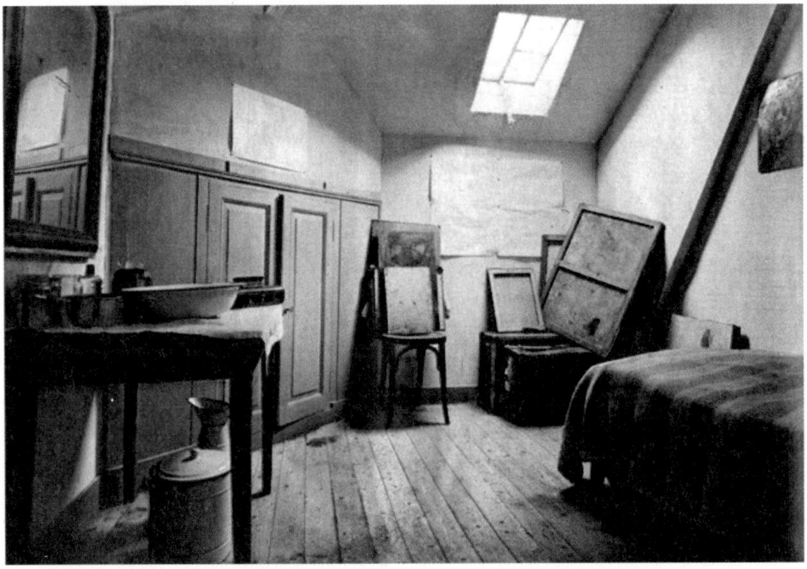

우아즈(Oise) 강변 고흐의 방

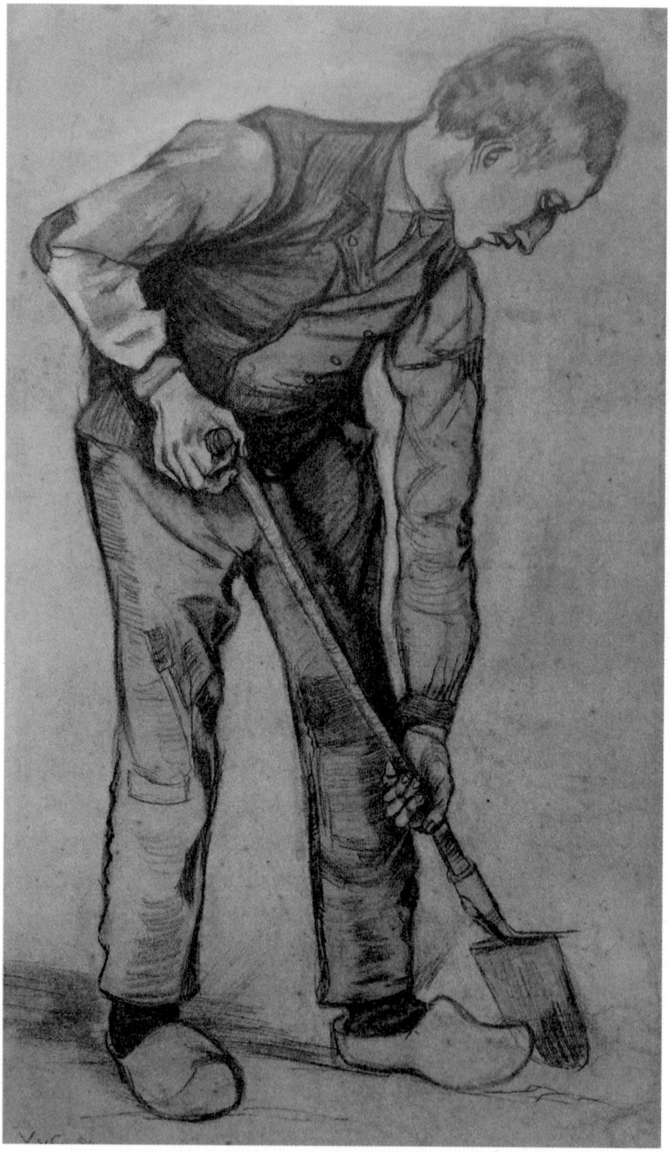

고흐, 〈땅 파는 사람〉, 1881년, 크뢸러 뮐러 미술관, 오테를로

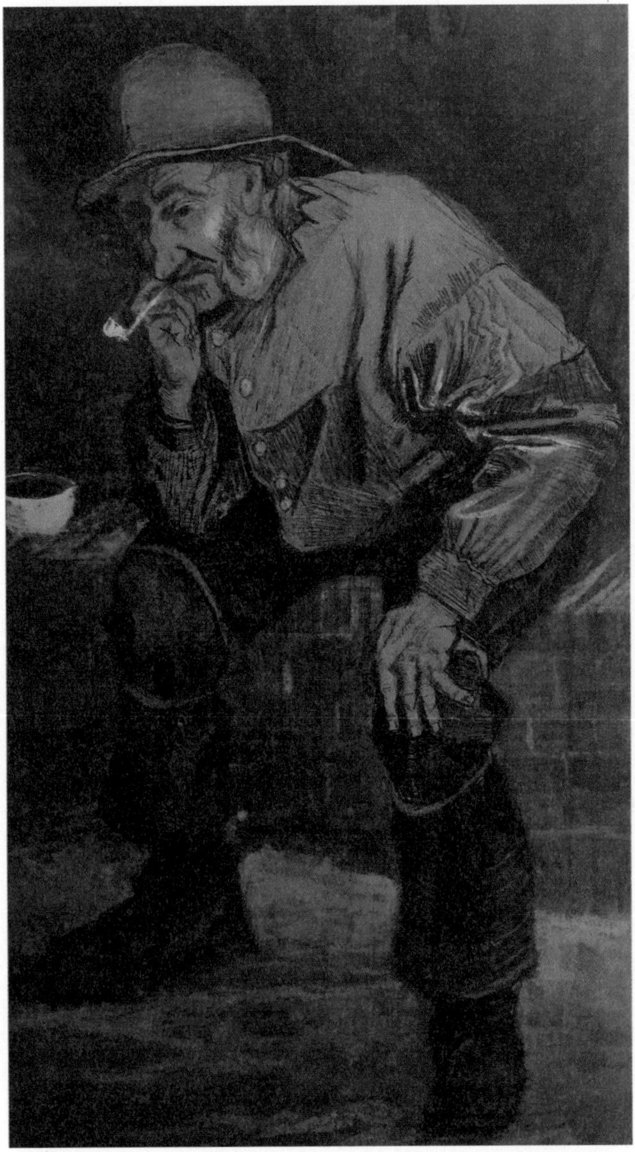

고흐, 〈담배 피우는 노인〉, 1883년, 크뢸러 뮐러 미술관, 오터를로

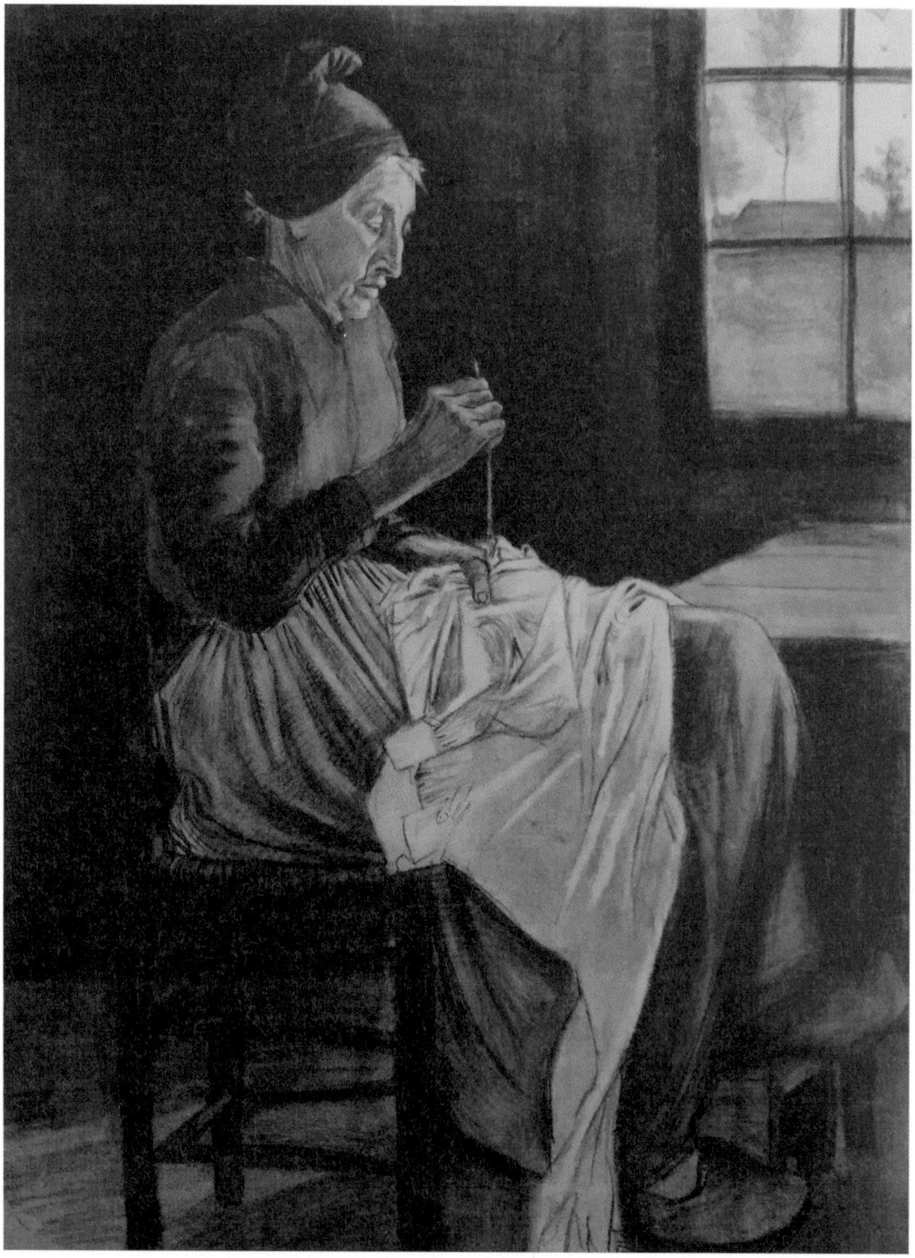

고흐, 〈바느질하는 여인〉, 1881년, 크뢸러 뮐러 미술관, 오터를로

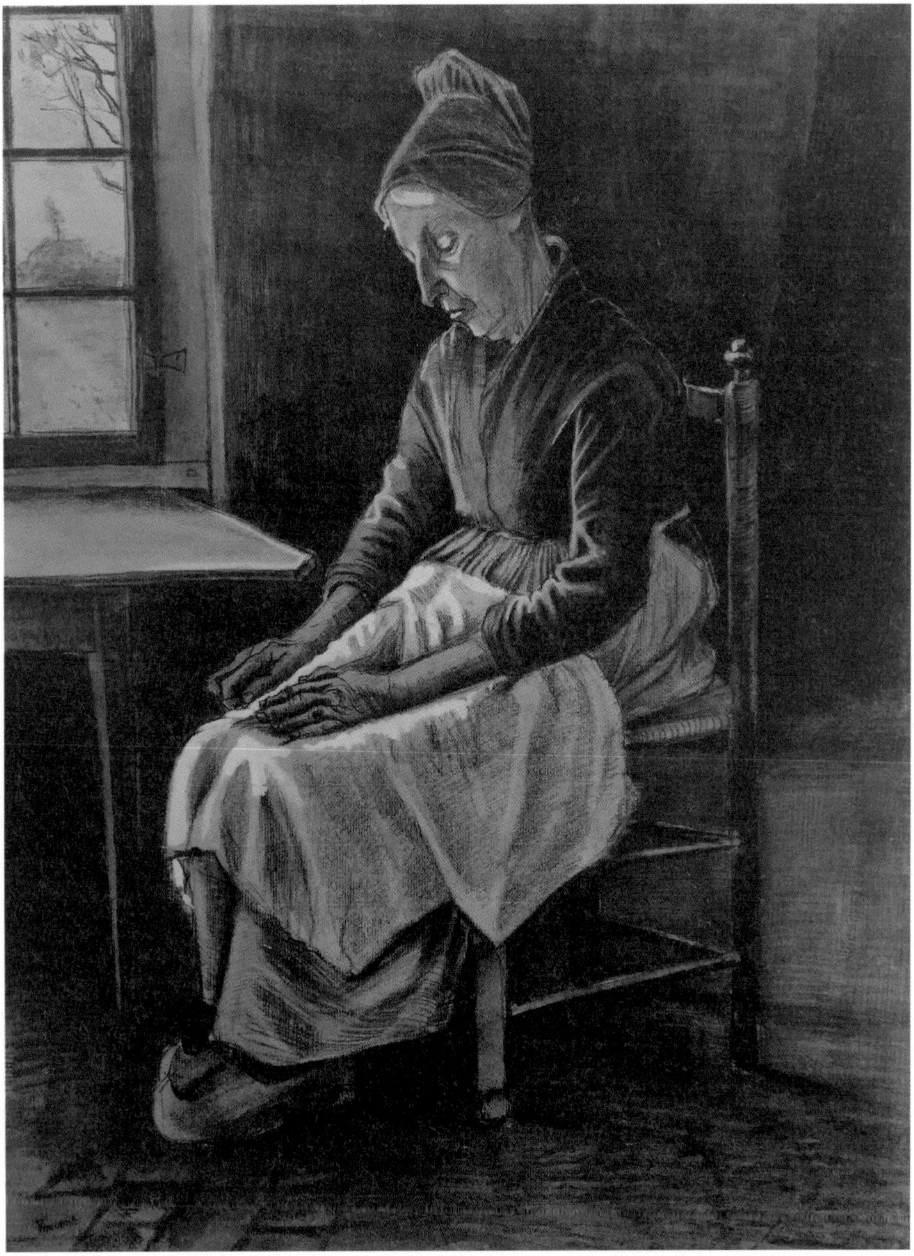

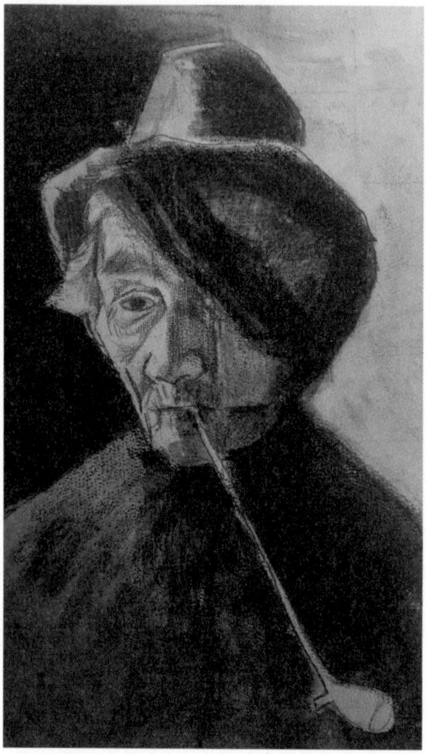

좌_ 고흐, 〈담배 피우는 남자〉, 1882년, 크뢸러 뮐러 미술관, 오터를로
우_ 고흐, 〈커피 가는 여인〉, 1882년, 크뢸러 뮐러 미술관, 오터를로

렘브란트와 고흐는 역사상 자화상을 가장 많이 그린 화가일 것이다. 르네상스 이후, 유럽 회화사에서 소묘에 천재적인 능력을 보인 화가 중 첫손에 꼽히는 이가 바로 렘브란트다. 나는 그의 소묘를 그의 유화보다 좋아한다. 그리고 고흐의 소묘가 유일하게, 또한 놀랍게도 렘브란트의 소묘를 뛰어넘는다고 생각한다. 그것도 그림을 배우기 시작한 지 3년 사이에 그린 소묘가 그렇다. 누구나 자신의 유치했던 청소년 시기를 벗어나려고 애쓰지 않는가. 화가라면 누구나 막 습작을 시작한 시기를 잊고 싶어 할 것이다. 파리에 간 이후의 고흐의 소묘, 특히 만년필로 그린 소묘는 독창적이고 또 다른 느낌을 자아낸다. 그러나 더는 초기 습작품과 같은 정성스러움, 마음 깊이 빠져 있는 듯한 매력은 보이지 않는다.

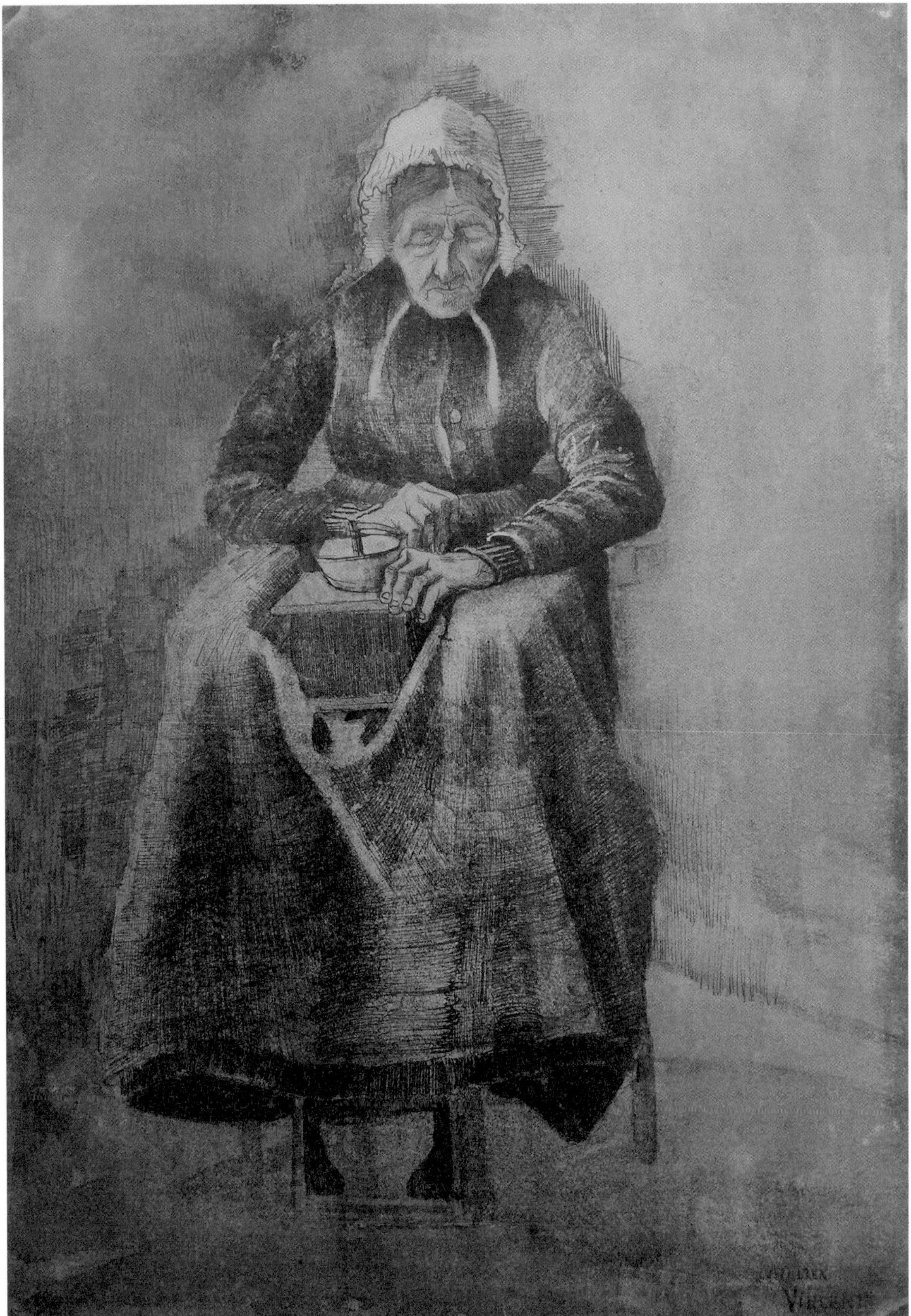

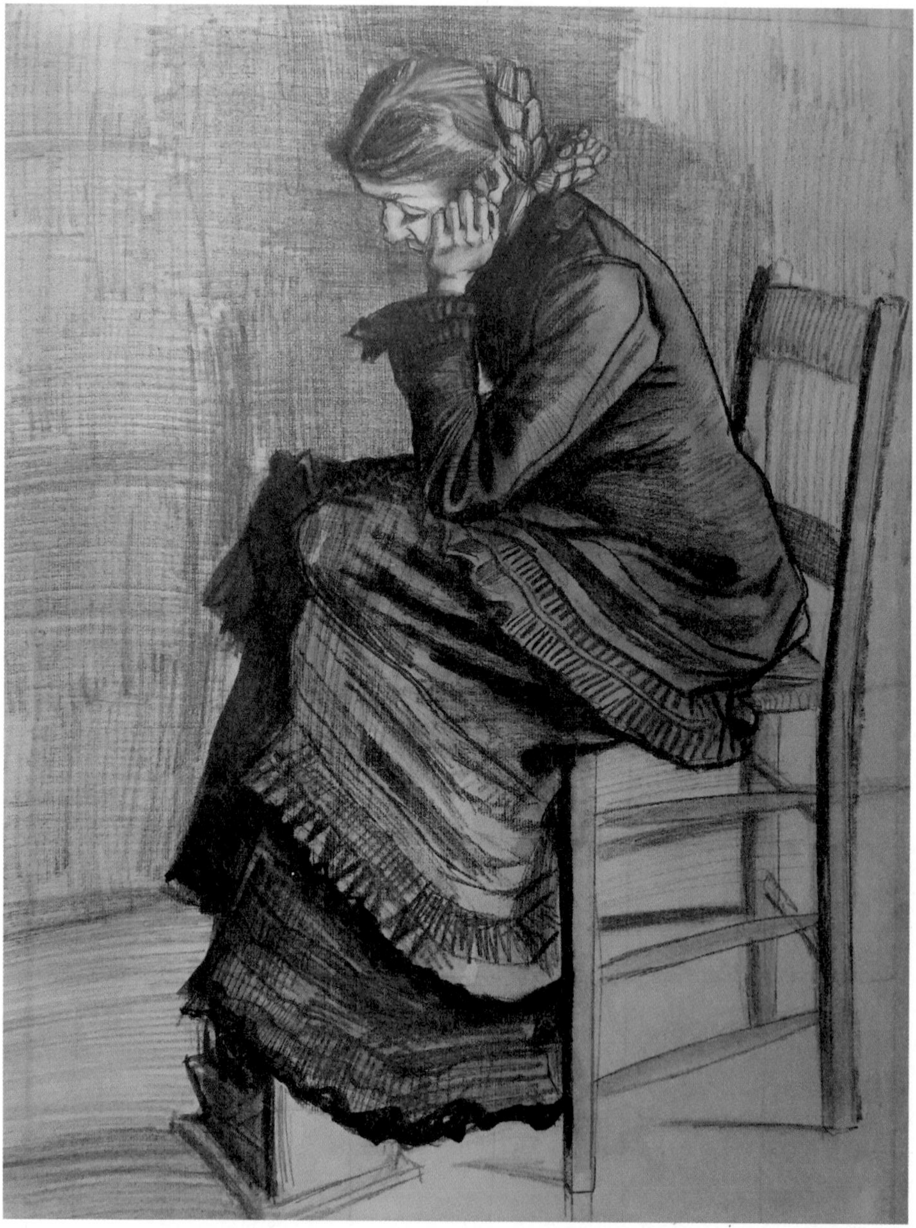

고흐, 〈앉아 있는 여인〉, 1882년, 크뢸러 뮐러 미술관, 오터를로

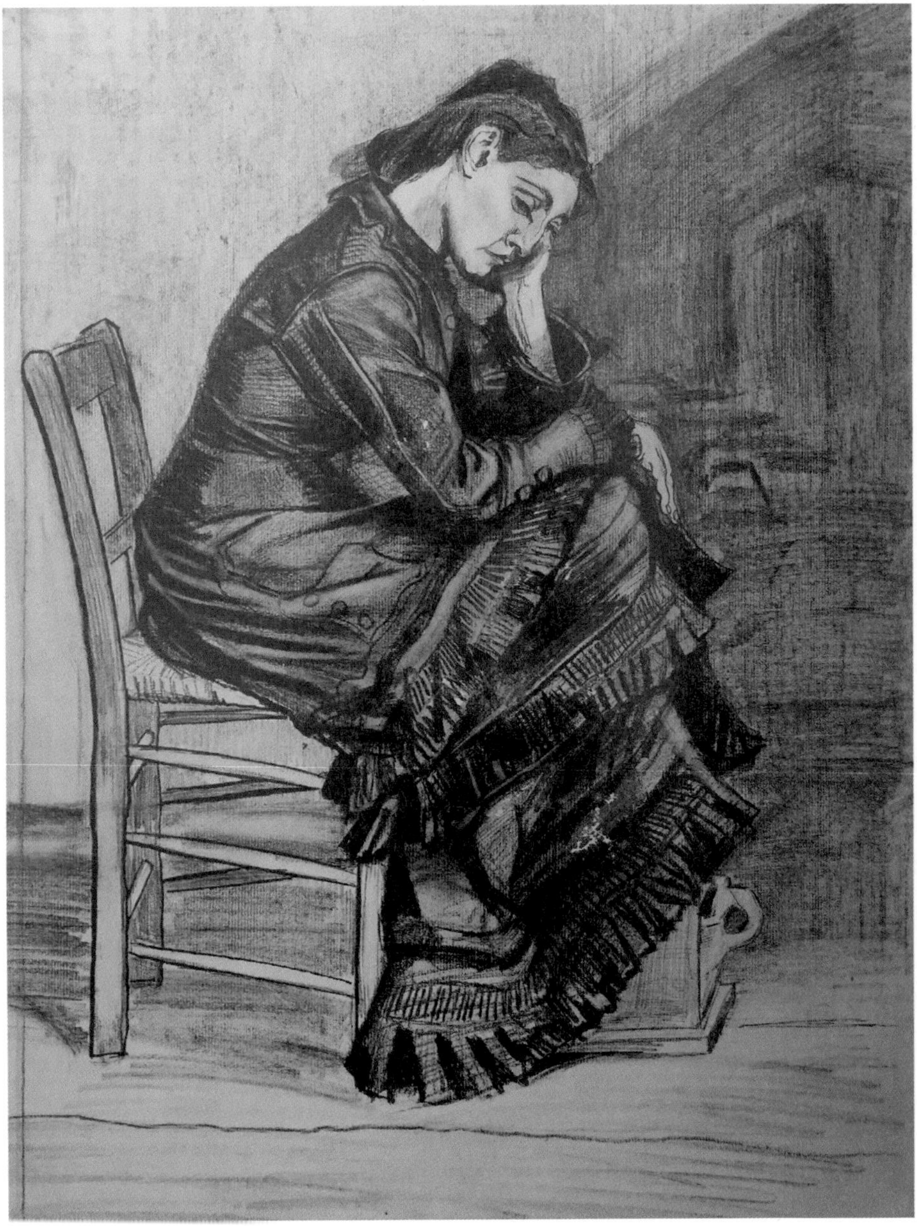

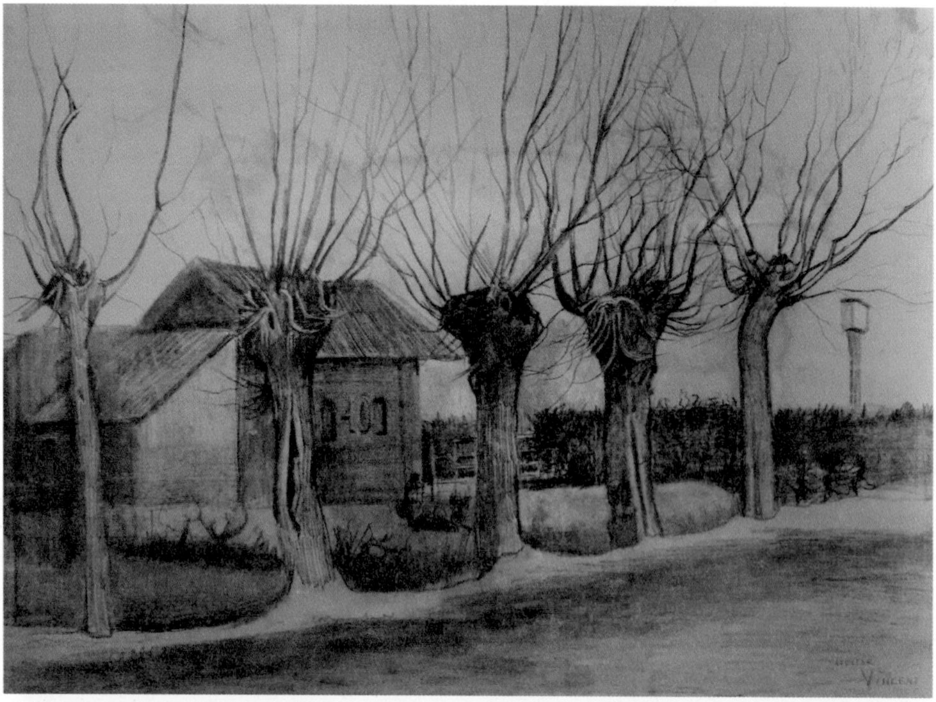

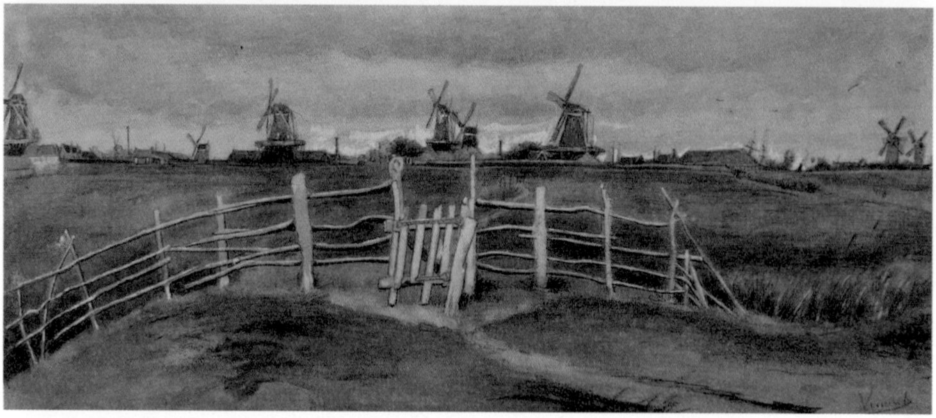

상_ 고흐, 〈길가의 가지 친 버드나무〉, 1881년, 크뢸러 뮐러 미술관, 오터를로
하_ 고흐, 〈도르드레흐트 근처의 풍차〉, 1881년, 크뢸러 뮐러 미술관, 오터를로

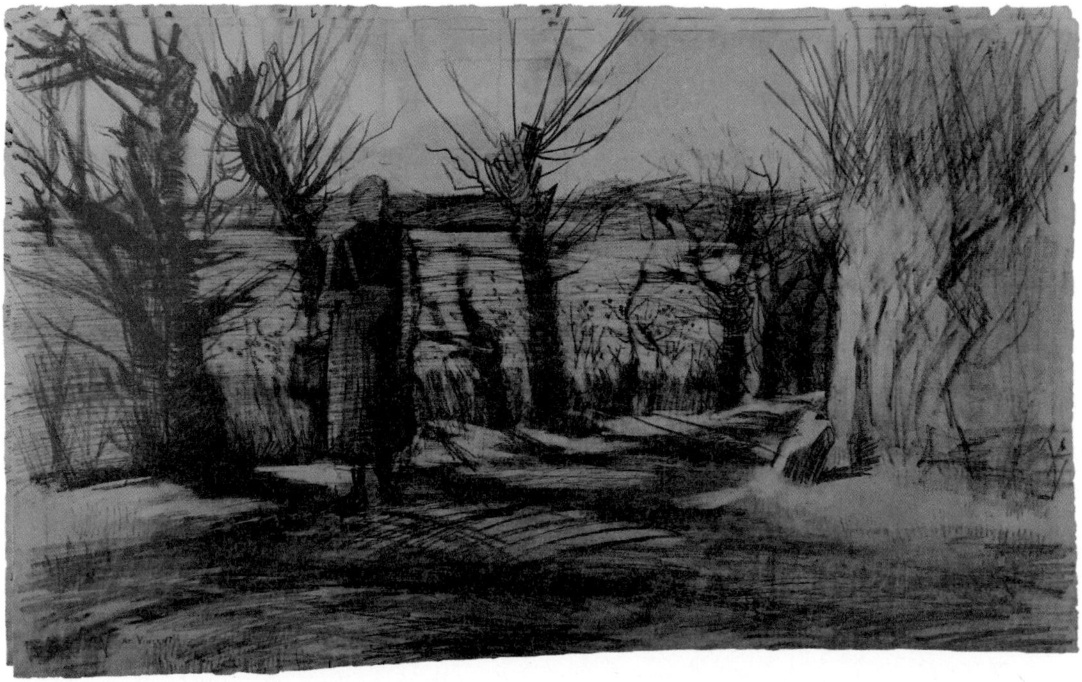

고흐, 〈길가의 여인〉, 1882년, 크뢸러 뮐러 미술관, 오터를로

이런 소묘를 보면 그저 감탄스러울 뿐이다. 감탄이 지나면 시간을 두고 다시 본다. 그러면 또 감탄한다. 고흐 생전의 이야기를 읽으면 또 다른 종류의 감탄을 한다. 인상파 화가들은 고흐를 싫어했다. 같은 길을 걷는 이들의 '질투'라기보다는 '동족 혐오'라고 해야 할 것이다. 인상파 화가들의 사이가 틀어지게 된 데는 여러 가지 원인이 있다고 하는데, 그중 하나가 바로 새로 나타난 후배의 존재다. 1886년 인상파의 마지막 단체 전시는 그들이 헤어지게 되는 결정적인 사건이라고들 한다. 인상파 기존 구성원들은 새로 온 고갱의 그림과 자신의 그림이 같이 걸리는 것을 거부했고, 결국 고갱이 퇴출되었다. 그들은 막 파리에 온 네덜란드 멍청이 고흐도 싫어했다. 왜 그랬는지는 알 수 없다. 관련 서적을 읽어봐도 다들 이 대목에 이르면 다른 일로 화제를 돌린다. 하지만 나는 이해할 수 있다. 같은 업계의 후배를 견제하고 이방인을 배척하며, 새로 등장한 사람들을 미워하는 경우를 나 역시 수없이 봐왔기 때문이다. 그런 심리와 행동에 대해 더 말할 필요가 있을까? 다만 중국의 '미워하는 사람들'에게 과연 모네와 르누아르와 같은 재능이 있는지, 또 '미움 받는 사람들'은 또 고흐와 같은 기인(奇人)인지가 문제일 것이다.

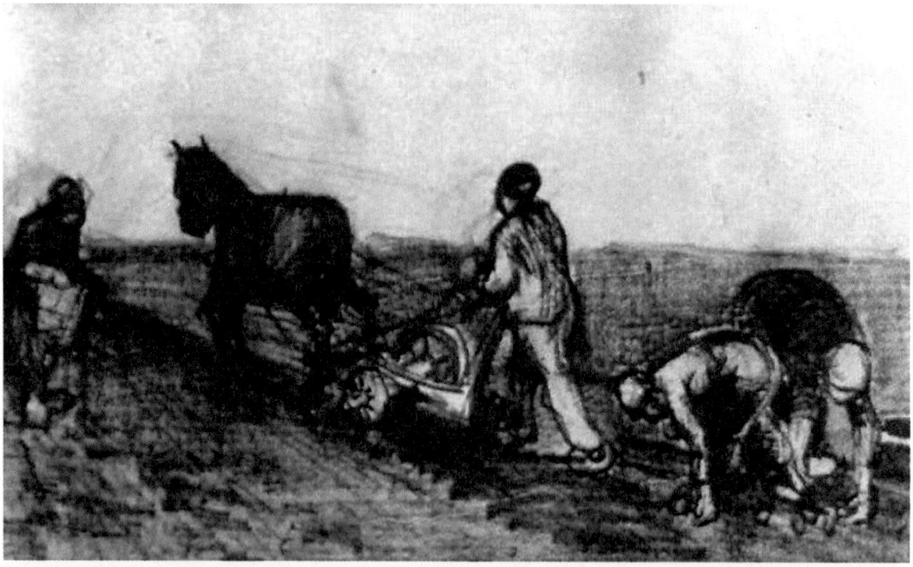

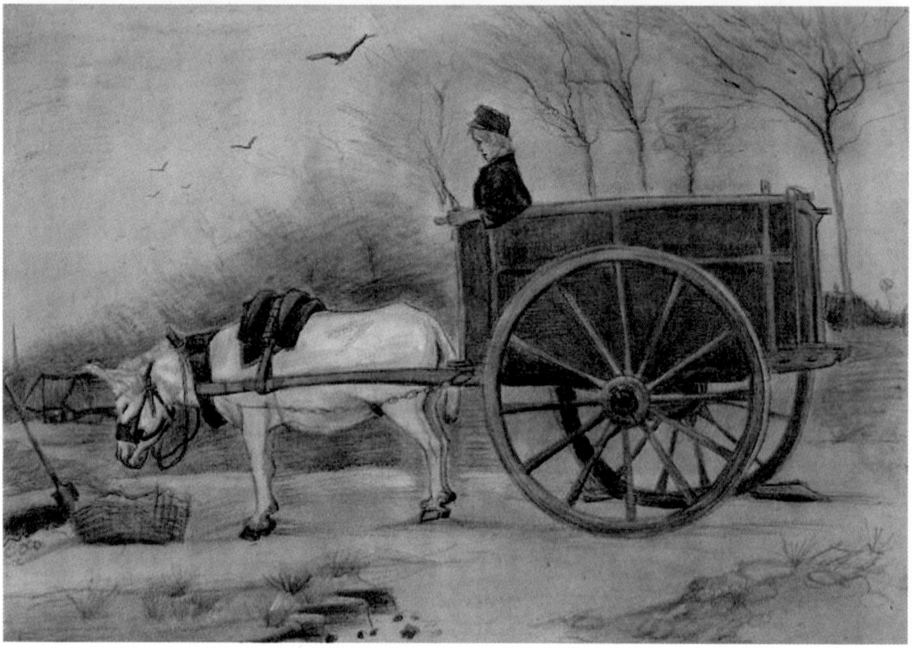

상_ 고흐, 〈쟁기질하는 남자〉, 1883년, 크뢸러 뮐러 미술관, 오터를로
하_ 고흐, 〈당나귀와 수레〉, 1881년, 반 고흐 미술관, 암스테르담

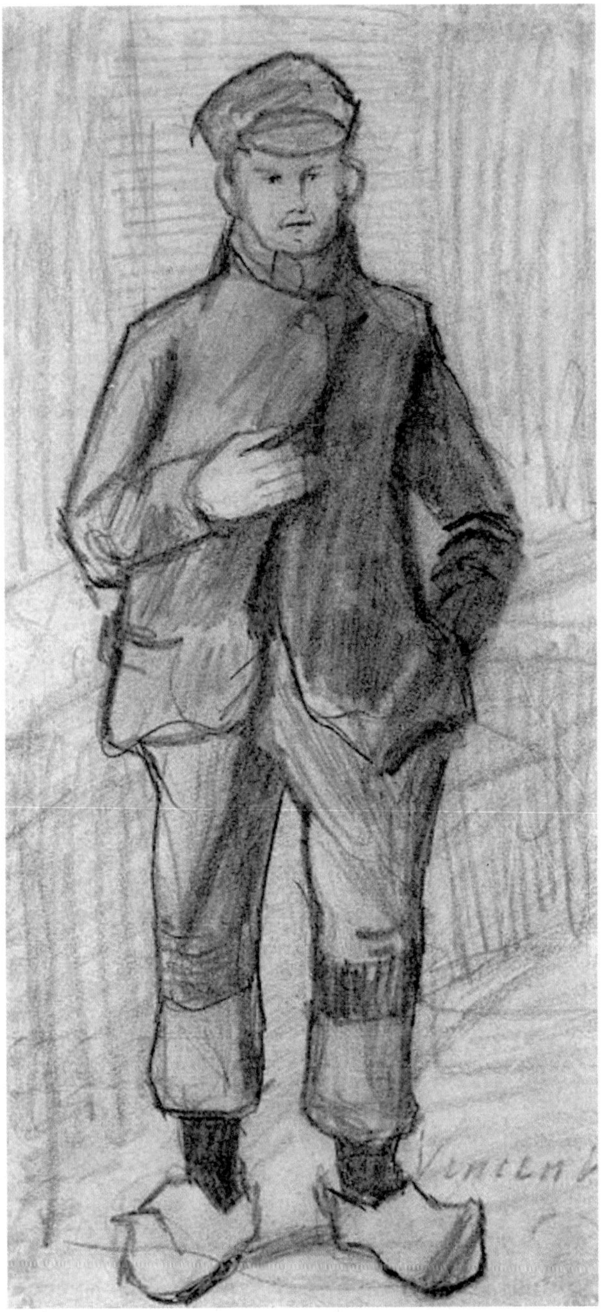

고흐, 〈모자를 쓰고 나막신을 신은 소년〉, 1881년, 반 고흐 미술관, 암스테르담

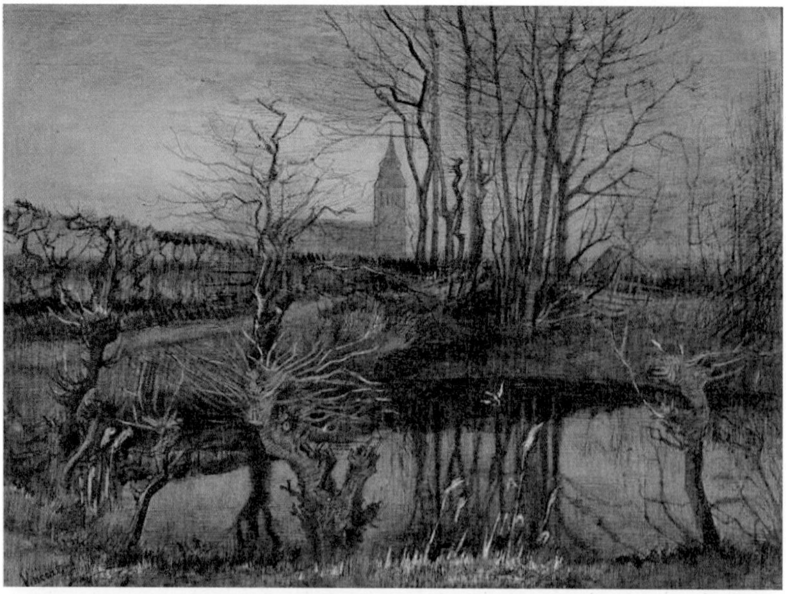

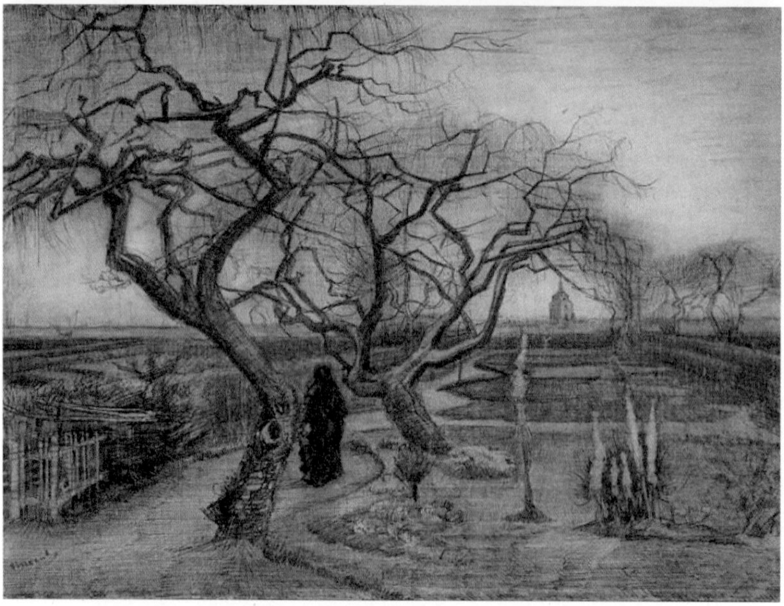

상_ 고흐, 〈물총새〉, 1884년, 반 고흐 미술관, 암스테르담
하_ 고흐, 〈겨울 정원〉, 1884년, 반 고흐 미술관, 암스테르담

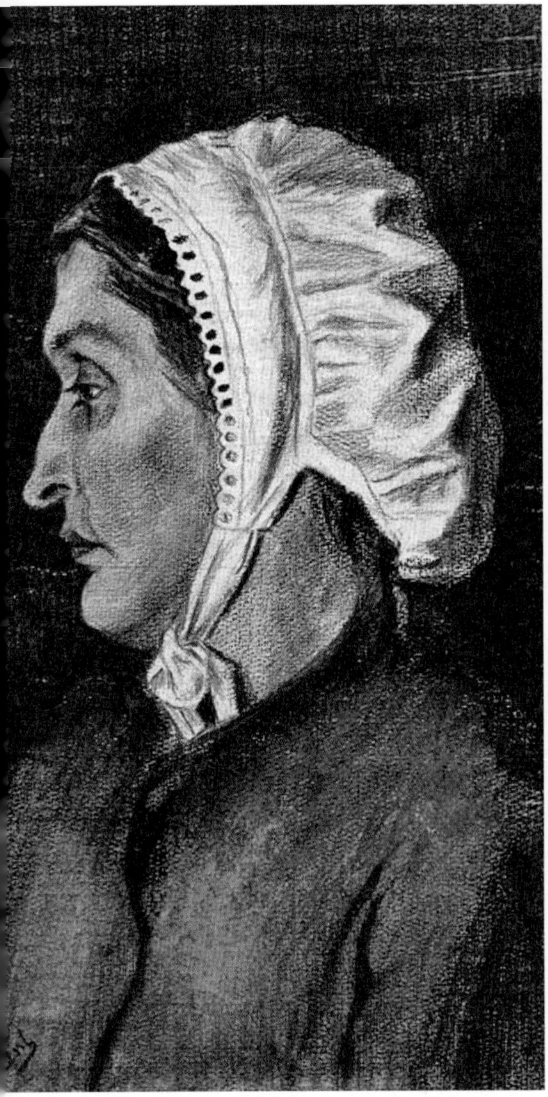

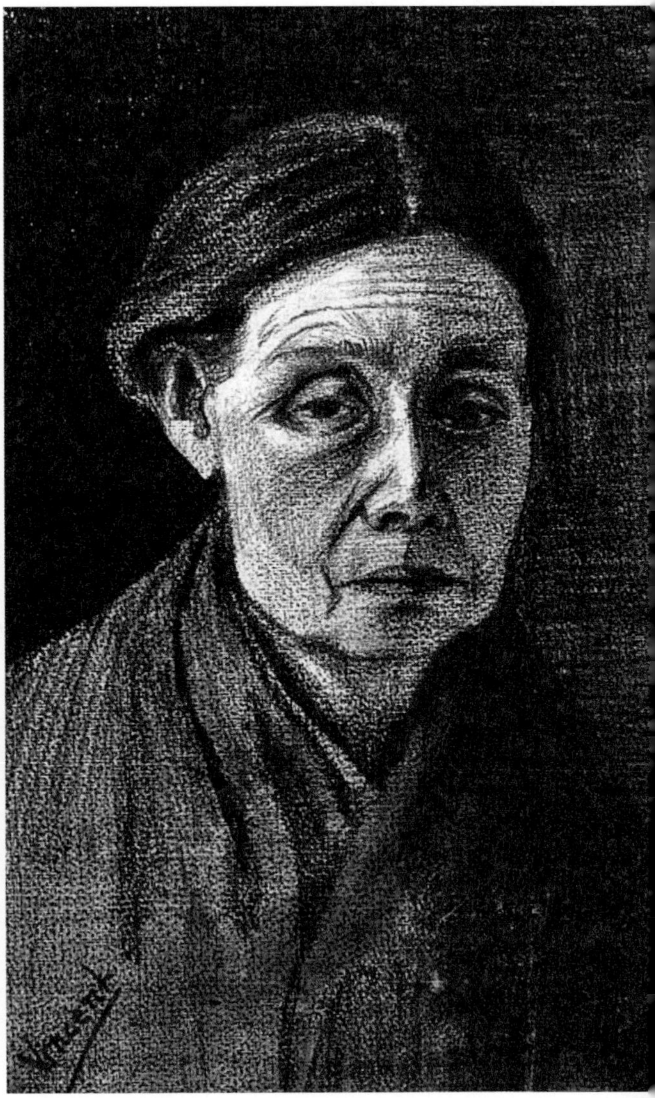

좌_ 고흐, 〈흰 모자를 쓴 시엔(Sien)〉, 1882~1883년, 반 고흐 미술관, 암스테르담
우_ 고흐, 〈여인의 얼굴〉, 1882~1883년, 반 고흐 미술관, 암스테르담

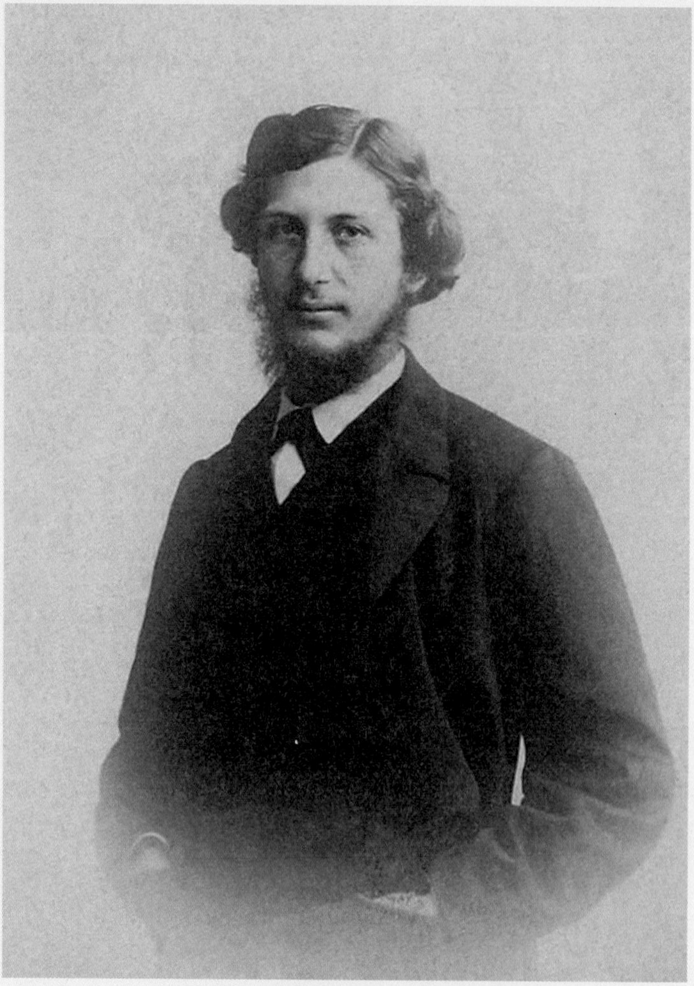

뒤에 나오는 그림 가운데 프랑스 화가 장 프레데리크 바지유가 자신의 화실을 그린 것이 있다. 그는 집안 형편이 좋은 편이라, 가난한 모네와 르누아르(Renoir)를 그의 화실에서 지낼 수 있게 해주었다. 또 그는 분할 지급하는 방식으로 르누아르의 그림을 사기도 했다. 1883년 마네가 죽었을 때 인상파 친구들은 경악하고 애통해했는데, 그 후로 점차 사이가 소원해졌다고 한다. 마네의 죽음 이전에 인상파 사람들이 다 같이 슬픔에 잠긴 사건이 한 번 더 있었는데, 그게 바로 1870년 바지유의 죽음이었다.

파리의 청년

프랑스 파리에 있는 루브르 박물관은 센 강 북쪽 강변에 있습니다. 강 건너 남쪽 강변은 오르세 미술관입니다. 귀스타브 쿠르베의 〈화가의 아틀리에〉와 〈오르낭의 장례〉, 밀레의 〈이삭 줍는 사람들〉과 〈만종〉, 마네의 〈풀밭 위의 점심 식사〉, 〈올랭피아L'Olympia〉가 전부 이 오르세 미술관에 있습니다.

이 그림들은 원래 루브르 박물관에 있었는데, 소장품이 늘어나면서 전시 공간이 부족해지자 1980년대에 오르세 미술관을 건립하고 옮겨왔습니다. 오르세 미술관은 폐쇄된 옛 기차역을 미술관으로 개조한 곳입니다.

저는 2001년에 처음으로 파리에 갔습니다. 그때 제가 오르세 미술관을 좋아하지 않는다는 것을 알았지요. 소장 작품의 분위기와 오르세 미술관이 서로 겉돌고 있었습니다. 아까 이야기한 그 작품들이 루브르 박물관에 걸려 있었을 때는 어떤 느낌이었을지 정말 궁금합니다. 안타깝게도 이제는 영원히 그 모습을 볼 수 없겠지요.

그림과 전시 공간은 아주 특별한 관계를 갖습니다. 그림이 마땅히 속해야 할 공간과 원래 속했던 공간은 제각기 의미가 있습니다. 가장 좋은 것은 이탈리아의 벽화처럼 화가가 교회의 요청을 받아 제작한 원래의 위치에 그대로 있는 것입니다. 그 위치를 벗어나면 같은 그림일지라도 의미가 크게 줄어듭니다. 심지어는 의미가 달라져서 더 이상 원래의 의미를 나타내지 못할 때도 있습니다.

마네의 〈피리 부는 소년〉과 벨라스케스가 그린 여러 궁정의 '난쟁이' 그림 중 한 작품이 베이징에 있는 중국미술관에 와서 전시된 적이 있습니다. 저도 그림을 보러 갔지요. 아이들이 무리 지어 그림을 둘러싸고 어떻게든 그림을 잘 보려고 애를 쓰더군요.

중국 사람들이 이 그림을 볼 수 있어 기쁘면서도 정작 저 자신은 감동을 받지 못했습니다. 여러분, 상상해보십시오. 17세기의 귀족이나 19세기 중엽의 프랑스 사람이 홀연히 중국 인민대회당人民大會堂[1] 앞에 나타나 이리저리 걸어다닌다면 어떤 느낌이 들까요?

1978년, 프랑스 바르비종Barbizon파[2] 화가들의 작품이 처음으로 중국에 와서 베이징과 상하이에서 전시된 적이 있습니다. 저는 그때 상하이의 한 빌딩에서 카미유 코로Camille Corot와 밀레의 그림을 처음으로 봤는데, 거의 혼이 빠졌다고 해야 할 겁니다. 그림이 어떤 공간에 놓여 있는지는 신경 쓰지 않았고, 또 그런 문제를 인식하지도 못했습니다. 그저 액자 속 그림을 뚫어져라 바라보았지요. 눈에다 새겨놓을 듯이 쳐다봤습니다. 그 후 해외에 나가서 시야가 넓어지자 그림을 담은 액자, 액자가 걸린 방, 그 방이 속한 건축물, 그 건축물이 위치한 거리와 도시를 발견할 수 있었습니다. 이처럼 모든 것의 모든 것이 모여서 이른바 '문화'를 구성합니다. 알맞은 문화에 둘러싸여 있을 때, 그림은 딱 좋은 상태가 됩니다. 마치 알맞은 눈이 알맞은 얼굴에 제대로 달려 있는 것 같다고나 할까요.

같은 이치로, 중국 수묵화가 서양에 가서 전시를 한다고 생각해봅시다. 미술관에서는 우아한 문인화의 분위기를 잘 드러낼 수 있도록 고민을 거듭하며 전시 환경을 만듭니다. 작품 주변을 어둡게 하고, 적절한 밝기의 조명을 하나씩 작품 위에 밝혀서 관람객이 잠시 지역이나 장소를 잊고 되도록 그림만을 마주 대할 수 있는 환경을 조성합니다.

중국 회화에만 이렇게 하는 것이 아닙니다. 미술관은 종종 중세기 작품, 중

---

1. 베이징 톈안먼 광장 서쪽에 위치한 건물.
2. 19세기 중반 파리 근교의 바르비종에 머물며 사실적인 풍경화를 주로 그린 화가들을 지칭한다. 대표적인 화가로 밀레, 코로(corot) 등이 있다.

동 작품, 인도 작품, 그리스나 로마 작품, 이스라엘 작품 등 다양하고 특별한 전시를 기획합니다. 그때마다 미술관에서는 그 전시를 위해 전문적인 공간 설계를 합니다. 그 시대, 그 지역의 문화적 분위기를 살릴 수 있도록 벽면 색깔과 조명, 작품 배치 등을 신중히 선택합니다.

딴 얘기가 길어졌군요. 제가 이야기하고 싶은 것은 어떤 예술이든 탄생하는 순간이 있고 성장하는 과정이 있으며, 자신만의 광채를 가진다는 것입니다. 그것을 '문화적 토양', '시대 분위기'라고 부릅니다. 작품의 광채는 무엇으로도 대체할 수 없고, 사라진 뒤에는 다시 돌아오지 않습니다.

오늘은 제가 아주 좋아하는 인상파 초기 작품을 소개하겠습니다. 이 그림[3]을 볼 때마다 인상파에 속한 젊은이들이 뿜어내는 '자신만의 광채'를 보는 듯합니다. 심지어 그들의 감정을 함께 나눌 수 있을 것만 같습니다. 화가라면 누구나 이와 같은 광채를 가진 적이 있지만, 그 빛은 짧게 스쳐 지나가고 다시 돌아오지 않지요. 아주 가끔, 극소수의 사람만이 그 빛을 그림 속에 담습니다. 진실하고 자연스럽게, 잘 그려서 담습니다.

이 그림을 그린 화가의 이름은 장 프레데리크 바지유Jean Frédéric Bazille, 1841~1870입니다. 작품의 제목은 지금도 잘 모릅니다. 모쪼록 저의 무신경함을 용서하시기 바랍니다. 이 그림은 오르세 미술관 2층 메인 전시실에 걸려 있습니다. 그곳을 장악하고 있는 최고 인기작은 바로 마네의 〈풀밭 위의 점심 식사〉로, 언제나 한 떼의 관람객들이 에워싸고 있습니다. 바지유의 그림은 전시실 출구 바로 옆 벽면에 걸려 있는데, 아무도 이 그림에는 주의를 기울이지 않더군요. 저는 이 그림의 사진을 몇 장 찍었습니다.

문화대혁명 때 저는 아직 젊은 나이였습니다. 빌려온 화집에서 이 그림을 처

3. 이 책의 125쪽, 132~133쪽 그림 〈바지유의 화실〉.

을 보고 얼마나 부러웠는지 모릅니다. 언젠가 나도 그림 속의 저 청년들처럼 사랑하는 친구들과 한데 모여서 그림을 그릴 수 있을까? 이젤과 피아노가 있고 벽에는 그림이 가득 걸린 화실을 가질 수 있을까? 아, 얼마나 멋있는 장면이란 말인가!

그 후 저는 오지 마을로 가서 강제 노동을 해야 했습니다.[4] 친구들과 함께 그림을 그리는 삶에 대한 '망상'은 어느새 '절망'으로 바뀌었습니다. 문화대혁명이 끝난 뒤, 저는 중앙미술학원에 합격했습니다. 꿈꾸던 대로 친구들과 이젤과 천창이 있는 화실에서 부대끼는 삶을 시작했습니다. 꿈이 이뤄진 것입니다. 좀 더 후에(아마도 1989년쯤일 겁니다) 여러 인상파 작품을 메트로폴리탄 미술관에서 전시했을 때 바지유의 이 그림을 실제로 보았습니다. 생각보다 크지 않은 그림이더군요. 색감이 정말 아름다웠습니다. 그 후 제 책《뉴욕 신변잡기紐約瑣記》에서도 이 그림에 대한 글을 쓴 적이 있습니다. 그 글에서 이렇게 이야기했지요.

"보라, 화면 속의 의기양양한 인상파 젊은이들을. 모든 것이 이제 막 시작된 순간, 그 순간이 무엇보다 소중하다."

인상파 중에서 큰형님인 마네, 드가, 세잔은 다들 부잣집 아들입니다. 인상파에서 어린 축에 속하는 화가는 클라우드 모네Claude Monet, 피에르 오귀스트 르누아르Pierre Auguste Renoir, 바지유지요. 1860년대 이들 세 사람은 당시 유명한 화가였던 샤를 글레르Charles Gleyre 밑에서 동문수학하던 사이입니다. 모네와 르누아르는 가난했지만, 바지유는 중산층 집안에서 태어난 도련님이었죠. 이들은 학교에서 배우는 살롱salon[5] 식 그림이 지겹고 낡았다고 생각했습니다. 그래서 얼마 지나지 않아 미술학교를 그만두고 독학을 하게 됩니다. 이들은 야외를 돌아다니

4. 문화대혁명 시기 중국에서는 지식인들을 농촌이나 공장에 보내 강제로 노동에 종사하게 하였다.
5. 프랑스 왕립 아카데미에서 개최하는 '살롱' 전시는 17~19세기 프랑스 미술계에서 가장 권위 있는 전람회였다. 살롱 입상 여부는 당시 화가들에게 성공과 실패를 가늠하는 절대적 기준이었고, 살롱 심사위원의 취향에 따라 당대 프랑스 미술의 화풍이 달라질 정도였다.

며 사생寫生을 했지요.

모네와 르누아르는 장수했습니다. 20세기 초까지 살았으니까요. 모네는 1차 세계대전이 끝난 뒤에도 살았습니다. 안타깝게도 바지유는 스물아홉 살까지밖에 살지 못했습니다. 1870년 프랑스와 프러시아 사이에 전쟁이 터지자 애국 청년 바지유는 곧장 붓을 내려놓고 입대합니다. 그러나 최전선을 정찰하는 부대에 배치되었다가 첫 전투에서 전사하고 맙니다.

바지유가 남긴 작품은 몇십 점에 불과하지만 한 점 한 점이 모두 훌륭합니다. 나이는 어리지만 노숙한 천재였습니다. 그래서 쿠르베와 마네의 단단한 조형미, 드가의 정확한 인물 표현, 르누아르의 풍부한 색채 변화, 모네의 빛을 포착하는 재능을 다 갖추고 있습니다. 거기에 다른 인상파 화가들이 갖지 못한 천부적인 재능도 있습니다. 바로 장면을 구성하는 능력입니다. 바지유는 여러 인물이 등장하는 군상의 구도를 잘 잡았습니다. 이 점은 인상파의 다른 친구들이 바지유에 미치지 못하는 부분이지요.

저는 늘 생각합니다. 바지유가 일찍 세상을 떠나지 않고 몇십 년 더 그림을 그렸다면 인상파의 스펙트럼이 훨씬 넓어졌을 거라고요.

후기 인상파의 세 멍청이 세잔, 고갱, 고흐를 빼고 우리가 잘 아는 인상파의 주요 구성원들은 시원하고 대범한 마네, 신경질적인 매력과 통찰력을 지닌 드가, 온후하고 소박한 피사로, 불규칙한 변화를 보여주는 모네, 곱고 사랑스러운 르누아르, 아기자기하고 화려한 알프레드 시슬레Alfred Sisley 등입니다. 이들과 비교할 때 바지유는 과학적이고 이성적인 자질을 갖췄으며, 기질은 조용하고 이지적이며 중성적입니다. 그는 인상파의 여러 화가들 중에서 가장 극단적이지 않은 인물입니다. 화풍 역시 시종일관 온화하지요.

바지유는 마네와 마찬가지로 그 시절 파리의 부르주아 계층의 생활을 묘사했습니다. 그러나 그의 그림 소재는 세상 사람들을 깜짝 놀라게 하는 것들이 아니었습니다.

그는 가족들이 휴가를 보내는 장면, 친구들이 숲속에서 목욕하는 장면, 자신의 화실, 친구들과 모여 있는 모습 등을 그렸습니다. 바지유는 회화사에 한 획을 긋겠다는 야심이라고는 없는 화가였습니다. 온화하고 내성적인 사람이었지요. 그도 햇빛을 묘사하는 것을 좋아했습니다. 그의 색채는 순도와 농도는 물론, 흑백 톤까지 균형 감각이 아주 뛰어납니다. 색채감이 뛰어나지만 모네나 르누아르처럼 과장되지 않았습니다. 형태의 정확성에서는 인상파 화가들 중 드가 외에는 바지유만 뛰어나다고 말할 수 있지요. 하지만 바지유의 정확성은 느낌표가 아니라 마침표라는 게 다른 점입니다.

바지유는 가족을 제외하고는 여성을 거의 그리지 않았습니다. 남성은 아주 멋지게 그렸지요. 19세기 중엽에도 동성애는 '곤란한 일'이었습니다. 하지만 바지유가 남자들을 바라보는 시선은 남성 나체의 매력을 충분히 형상화하면서도 아무런 억압감이 없습니다. 오히려 담백하고 명랑하며 적당합니다. 감추지도 않고, 그렇다고 드러내놓고 표방하지도 않습니다. 그의 시선은 햇빛처럼 맑고 투명해서 우정의 온도보다 조금 더 뜨거울 뿐입니다.

하버드 대학의 포그Fogg 미술관에 소장된 그림[6]을 살펴봅시다. 동성애 회화의 선구적인 작품이라고 볼 수 있을 겁니다. 화면에서 남성의 몸과 정오의 햇살이 어우러집니다. 그림 전체에 순진한 감정이 가득하죠. 젊은이들에게는 당연한 것일지도 모릅니다. 일말의 과장도 없지만 이상할 정도로 충만한 느낌이며, 명쾌하고 건강합니다.

하지만 제가 가장 좋아하는 바지유의 그림은 맨 처음에 말한 〈바지유의 화실〉입니다. 이 그림은 마치 이른 아침이거나 인생 중의 단 하루 같습니다. 우리

---

6. 이 책의 130쪽 그림 〈여름 풍경〉.

가 간직한 청춘의 기억이 이럴까요? 바로 어제처럼 생생합니다. 누구는 어디에 서 있고, 누구와 누구는 이야기를 나누고, 또 누구는 한쪽에서 혼자 놀고 있습니다. 창밖으로는 도시의 맑은 하늘이 보입니다. 모든 것이 더할 나위 없이 좋습니다. 딱 그런 기분입니다. 젊은이들이기에 가질 수 있는 자신감과 희망으로 가득하지요. 무신 선생님이 이런 말씀을 한 적이 있습니다.

"젊은이들은 희망으로 가득 찼지만 날씬하다네!"

정말 그렇습니다. 우리는 자신이 젊을 때에는 조금도 그렇게 느끼지 않지만요. 젊음을 귀하게 여기지 않고 매일매일 되는 대로 시간을 흘려보냅니다. 이 그림은 전형적인 파리의 집입니다. 천장은 높고 길쭉한 창이 나 있습니다. 옛날 식으로 나선형 계단이 있고요. 오래전에 이 그림 속의 누가 르누아르고, 모네인지 한 명 한 명 상세히 설명한 자료를 본 적이 있습니다. 지금은 다 잊어버려서 정확하게 얘기할 수가 없군요.

모두들 입을 모아 인상파는 가난한 화가들의 무리라고 말합니다. 하지만 이 그림에서 보면 다들 옷차림이 말쑥하고 체면을 잘 차린 젊은이들입니다. 파리에서 말하는 '가난'과 중국 베이징에서 말하는 '가난'은 서로 다른 것이지요. 그리고 그림 속 그들은 전부 수염을 기르고 있습니다. 저는 뉴욕에서 온 얼굴에 수염이 덥수룩한 남자에게 나이를 물어보면 겨우 열여덟아홉, 많아야 스물한둘이어서 깜짝 놀란 적이 많았습니다.

이 그림을 보면 바지유가 타고난 구도 조성, 장면 묘사의 재능을 이야기하지 않을 수 없습니다. 방 안 여기저기 앉거나 서 있는 사람들을 그려 넣는 구도는 무척 어렵습니다. 그런데 이 그림에서는 구도를 억지로 배치한 흔적이 보이지 않습니다. 원래 사람들이 다 저 자리에 있는 것처럼, 자연스럽게 그렸습니다. 각 인물을 그리는 데 적어도 하루에서 이틀은 걸렸을 겁니다. 한 사람씩 그리는 동안 모네나 르누아르가 거기 그 자리에서 꼼짝도 하지 않고 바지유가 다 그릴 때까지 기다렸을까요? 게다가 무엇을 먼저 그리고 무엇을 나중에 그렸는지 순서나 두 부분의 연결된 지점이 전혀 눈에 띄지 않습니다. 이런 구도는 정말 대단한 것입니다. 그림 속에서 키가 가장 크고 이젤 옆에 서 있는 젊은이가 바지유 본인입니다. 자기 자신의 옆모습을 어떻게 그렸을까요? 거울에 비춰 보면서? 그렇다면 거울은 또 어디에 있나요?

더 큰 문제점이 있습니다. 빛은 창문을 통해 들어오는데 그의 이젤과 캔버스는 창문에서 멀리 떨어져 입구 쪽에 놓여 있는 것 같군요. 그렇다면 분명히 꽤나 어두웠을 겁니다. 19세기 중엽은 아직 전등이 발명되기 전입니다. 사진기는 더욱 말할 것도 없지요. 그렇다면 바지유는 도대체 어떤 빛에 의지해서 그림을 그린 걸까요? 제가 추측하기로는 이 그림을 그리는 데 적어도 100시간 넘게 걸렸을 겁니다. 대략 한 달 정도의 시간이지요. 그런데 바지유는 어떻게 그림 속의 모든 것을 이렇게나 자연스럽고 진실하게, 믿을 만하게 그려냈을까요? 바지유 가족들이 정원에 앉아 있는 커다란 그림도 있습니다. 이 그림을 그리는 데는 더 오랜 시간이 걸렸을 테지요. 그러나 배경의 석양과 그 석양빛을 받은 인물들의 다양한 색채 변화는 도대체 어떻게 잡아낸 것일까요?

이 그림을 그릴 때의 바지유는 겨우 스무 살 언저리였습니다. 그 나이는, 지금 우리가 있는 시대에서는 바지유보다 훨씬 재능이 있더라도 젊은이들이 석사, 박사 그리고 박사후博士後 따위의 학위를 따느라 쓸데없는 논문 나부랭이를 쓰고 있을 때입니다. 저는 종종 학력이 높고 나이가 찬 청년들에게 이렇게 말합니다. "스물다섯 살이 넘어서도 학위를 받으려고 애를 쓰느라 자기 작품을 그려내지 못한다면 자네는 끝장이야." 믿기 어렵다면, 바지유를 보면 됩니다. 그는 젊은 나이에 죽었고, 인상파의 역사에서 그를 언급하는 경우는 많지 않습니다. 만약 그가 일흔, 혹은 여든까지 살았다면, 지금의 이런 그림은 전부 초기 작품으로 분류되었겠지요.

인상파와 같은 시기의 살롱 회화를 떠올려보십시오. 파리 귀족들의 연회, 중동의 이국적인 정취, 매끈한 살결의 여성 누드, 그도 아니라면 이미 몇백 년 동안 수없이 그려진 《성경》이나 그리스 · 로마신화 속에 나오는 이야기들이지요. 여러분도 동의할 수밖에 없을 것입니다. 그리고 놀라워하겠지요. 당시 파리의 '막나가는 젊은이'들의 그림은 얼마나 전위적이고 용감하며, 또 허심탄회한가요? 그들은 자기 자신을 그렸고, 자신들이 살던 시대의 이른 아침과 늦은 오후를 그렸습니다. 이런 젊은 녀석들 덕분에 이후의 미술사는 완전히 다른 길로 나아가게 됩니다.

인상파의 동료 화가들이 바지유의 화실 그림을 어떻게 생각했는지는 모르겠습니다. 저는 이 그림을 '인상파 녀석들'의 집단 기억이라고 여깁니다. 이 반역적 집단의 광채가 뜨겁게 표출되는 시 한 편이라는 생각도 듭니다. 저는 비장한 서사시 같은 그림도 좋아하고, 고흐와 콜비츠, 장자오허가 그린 고통받는 사람들의 그림도 좋아합니다. 저는 또한 바지유가 그린 것 같은 예술적이고 균형 잡힌, 건강하고 산뜻한 그림도 좋아합니다.

바지유는 이렇게나 훌륭한 젊은이인데 총에 맞아 전쟁터의 진흙탕에 쓰러졌습니다. 유럽은 인구가 적고 시민 제도가 있었기 때문인지 일찍부터 애국주의와 신성한 책임이라는 개념이 생겼습니다. 그래서 무수한 지식 청년들, 재능 있는 시인, 음악가, 화가, 과학자, 철학자, 교수 등등이 전쟁이 나면 입대해서 전선에 나갔지요. 몇 년 전 상트페테르부르크에 갔을 때 유명한 러시아 국립 레핀 Repin 미술대학교를 참관한 적이 있었습니다. 정문을 들어서면 학교를 세운 예카테리나 2세Ekaterina II의 조각상이 있는데 그 양옆으로 거대한 석비 두 개가 서 있는 것을 볼 수 있습니다. 비석에는 빽빽하게 레핀 미술대학 학생 가운데 참전했다가 순국한 학생들의 명단이 새겨 있었습니다. 그 이름들이 200명은 넘어 보였습니다.

중국에서 볼 때는 불가사의한 일입니다. 중화민국 시기의 문예인, 예술가 중 전쟁이나 정쟁으로 죽음에 이른 사람이 없는 아닙니다. 작곡가 장수張曙는 중일 전쟁 시기 구이린桂林에서 항일 음악 활동을 하다가 일본군 폭격으로 사망했고, 작가 러우스柔石는 공산당원으로 활동하다가 국민당 정권에 체포되어 죽었습니다. 그러나 중국에서 예술대학 학생들이 100여 명이나 열사가 되었다는 이야기는 들어본 적이 없습니다.

다시 바지유의 화실 그림을 살펴봅시다. 얼마나 명쾌하고 친절한 그림인가요? 전쟁과 죽음의 그림자와는 아주 멀어 보이는군요. 수많은 그림의 배후에 우리가 상상도 못할 이야기가 얼마나 많이 숨겨져 있는지 알 수 있습니다.

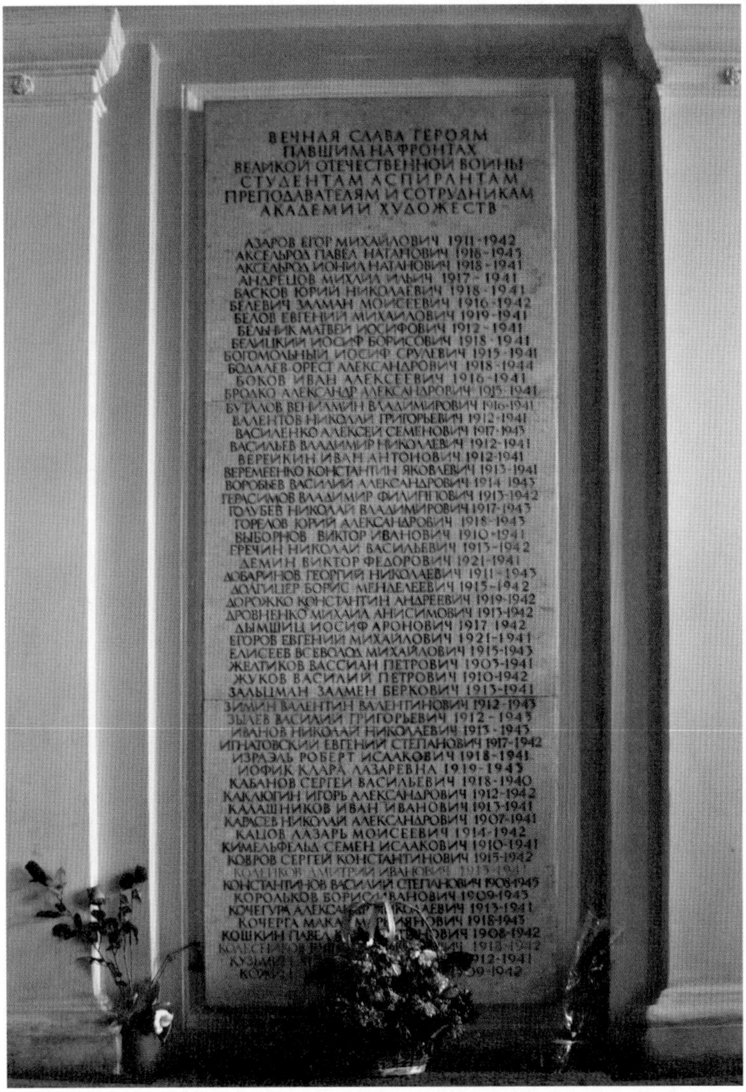

미술대학 정문에 전사한 학생들을 기리는 기념비를 세운 곳이 또 있을까? 2010년에 러시아 국립 레핀 미술대학을 방문했을 때, 비석 앞에 꽃다발이 놓여 있었다. 그해는 중국의 중일전쟁 승리 65주년이었다. 학교에서 해마다 꽃다발을 놓아두는 것일까? 어쩌면 유가족이 꽃을 두고 가는지도 모른다. 소박한 비석에는 오로지 이름만 새겨 있을 뿐이다. 내가 본 중국의 열사 기념비에는 죽은 이의 이름을 새긴 경우가 거의 없었다. 마찬가지로 비석 앞에 찾아오는 이들의 꽃다발이 놓인 경우도 거의 없었다. 아니, 전혀 없었다.

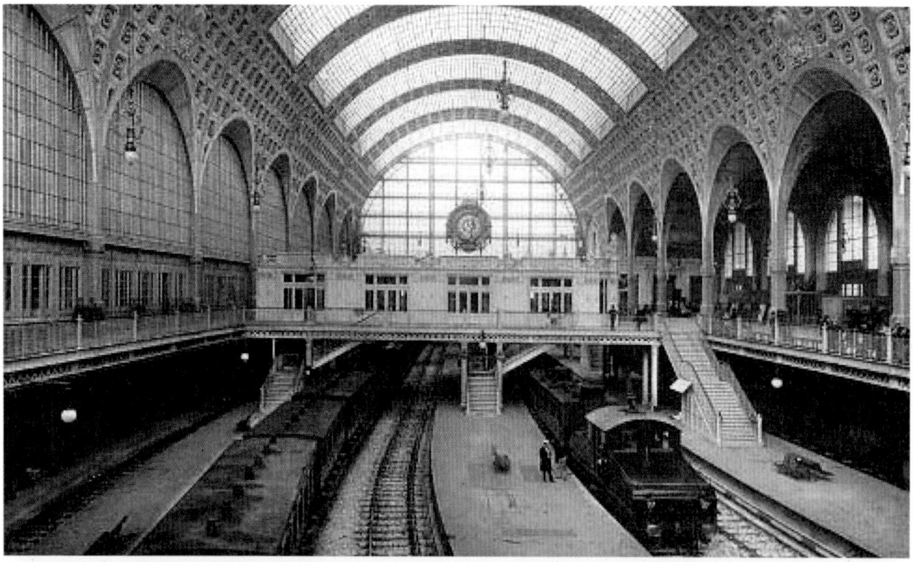

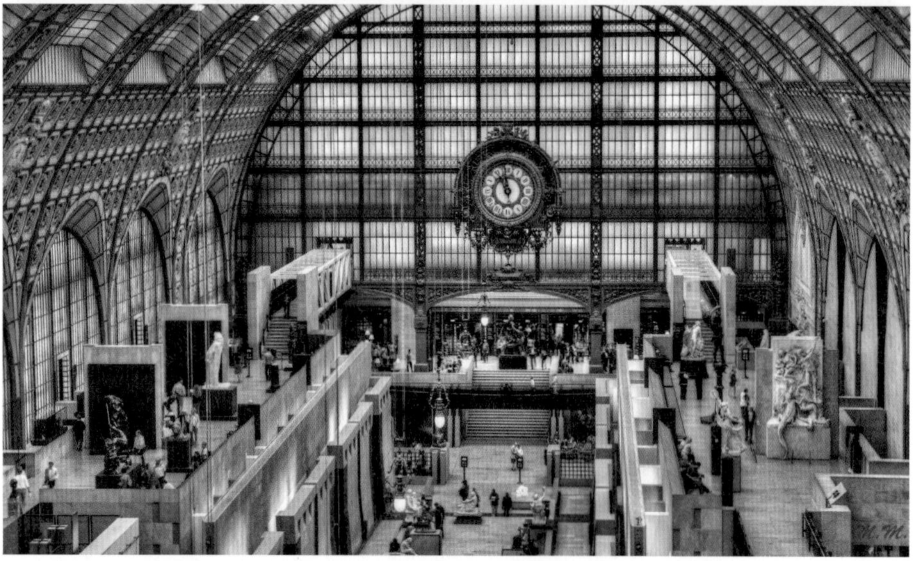

상_ 1900년의 오르세 기차역
하_ 오르세 미술관

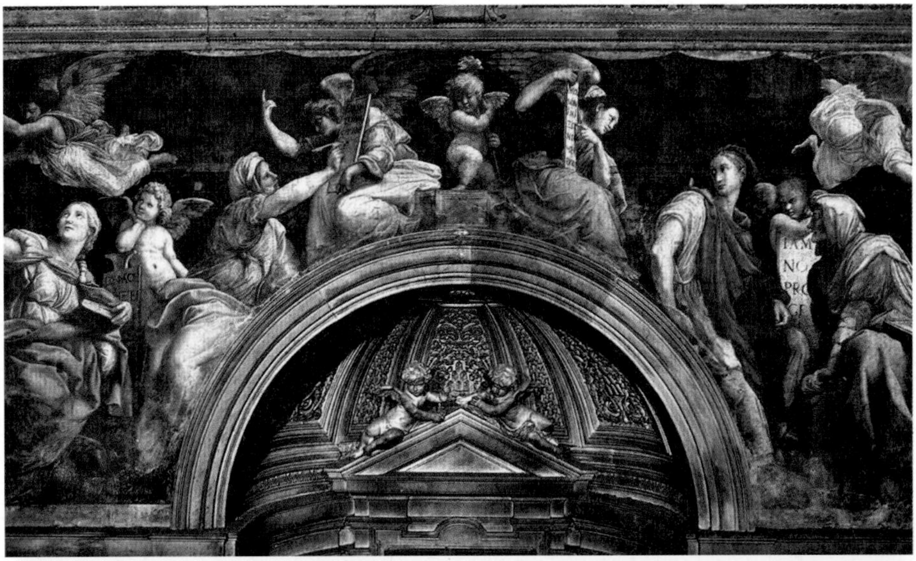

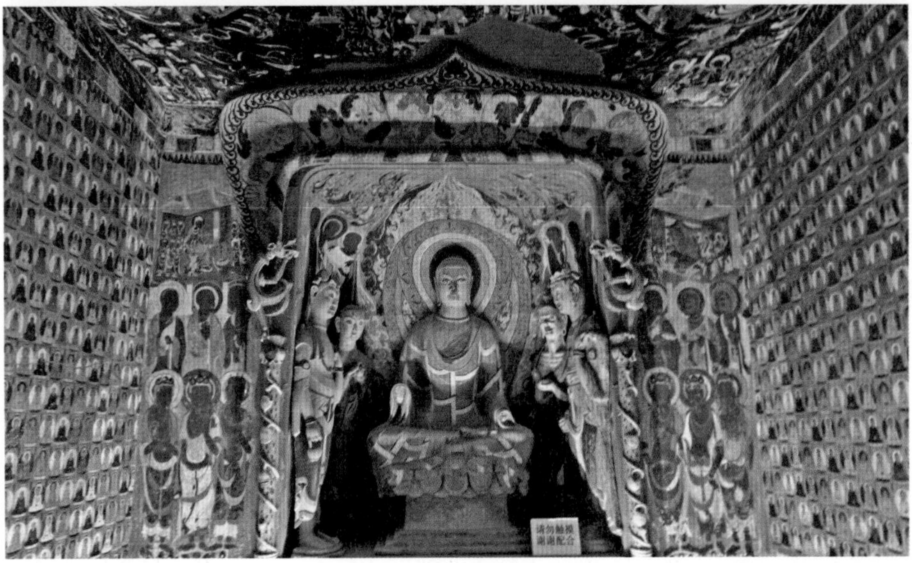

상_ 라파엘로, 〈여자 선지자들〉, 1514년, 산타마리아 델라 파체 성당, 로마
하_ 둔황 막고굴

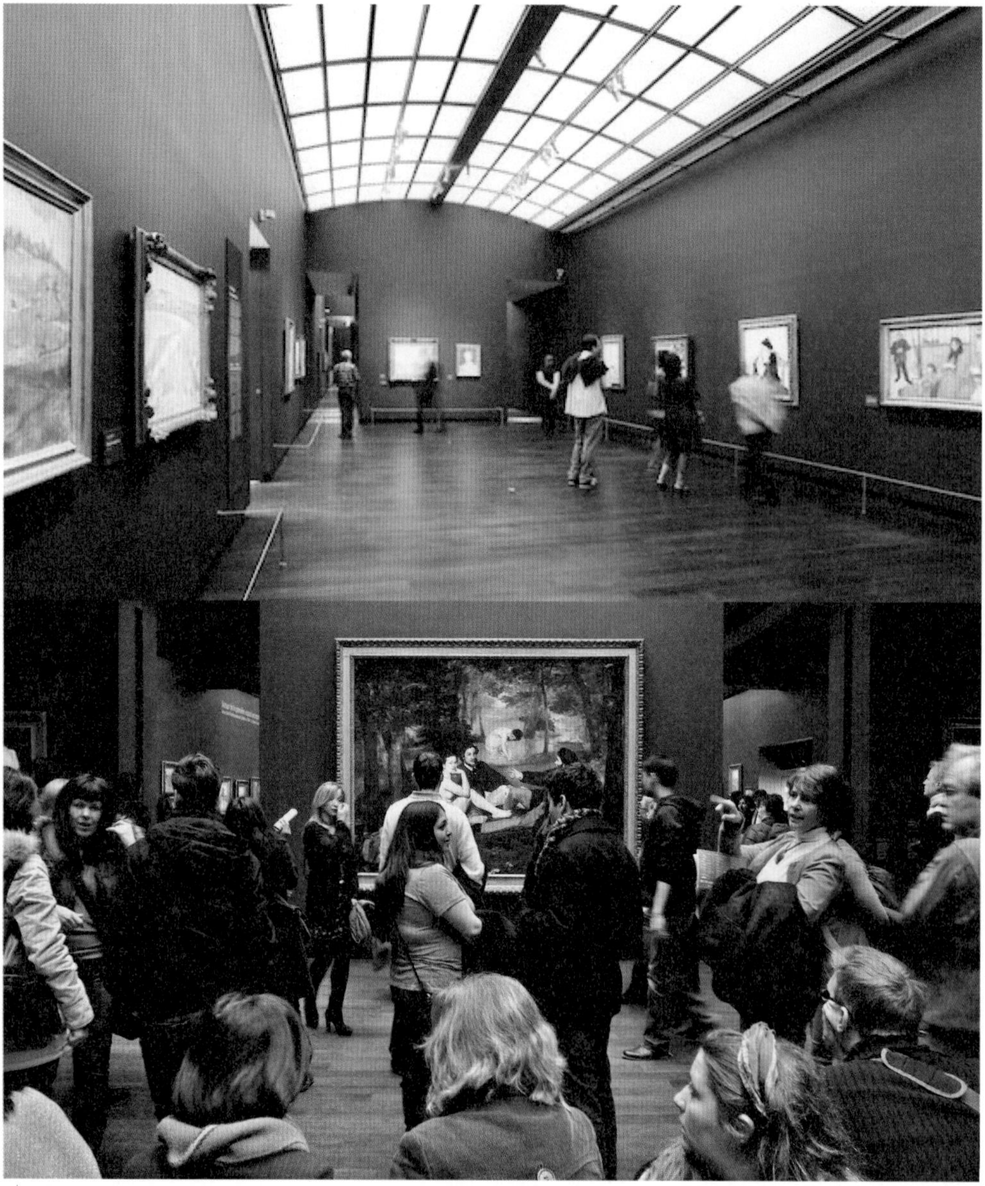

오르세 미술관

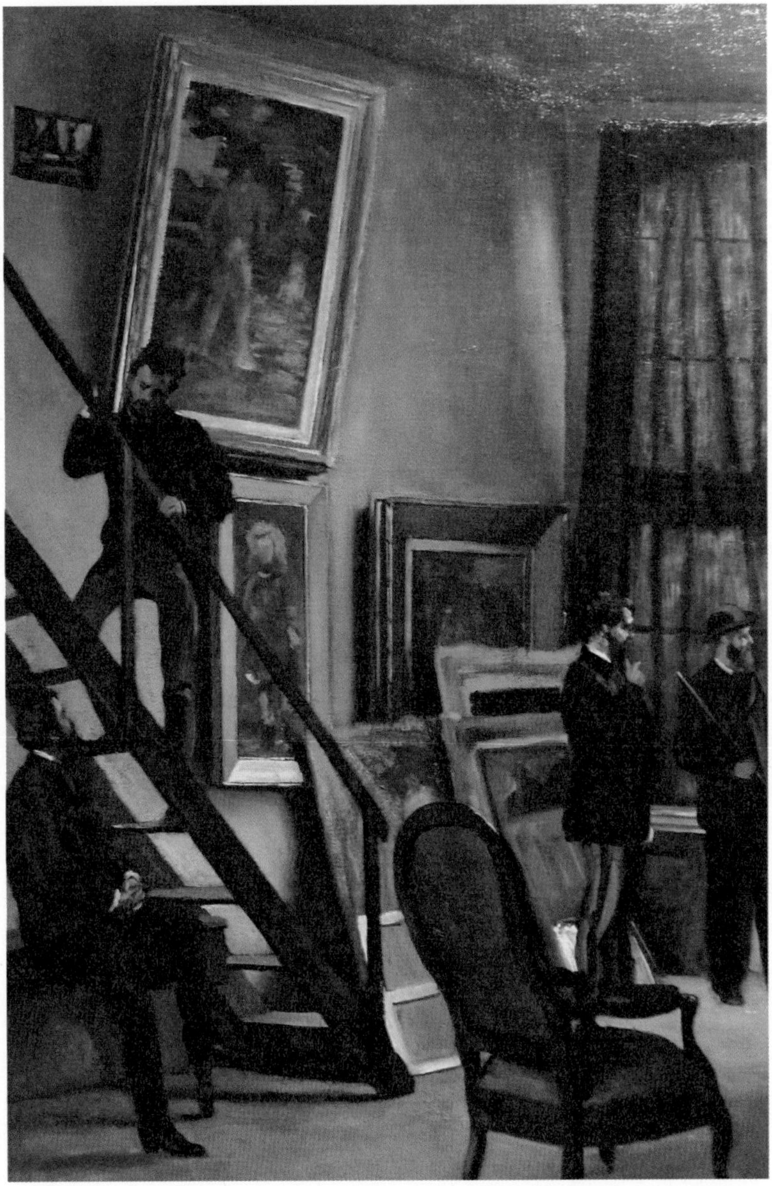

바지유, 〈바지유의 화실〉(부분), 1870년, 오르세 미술관, 파리

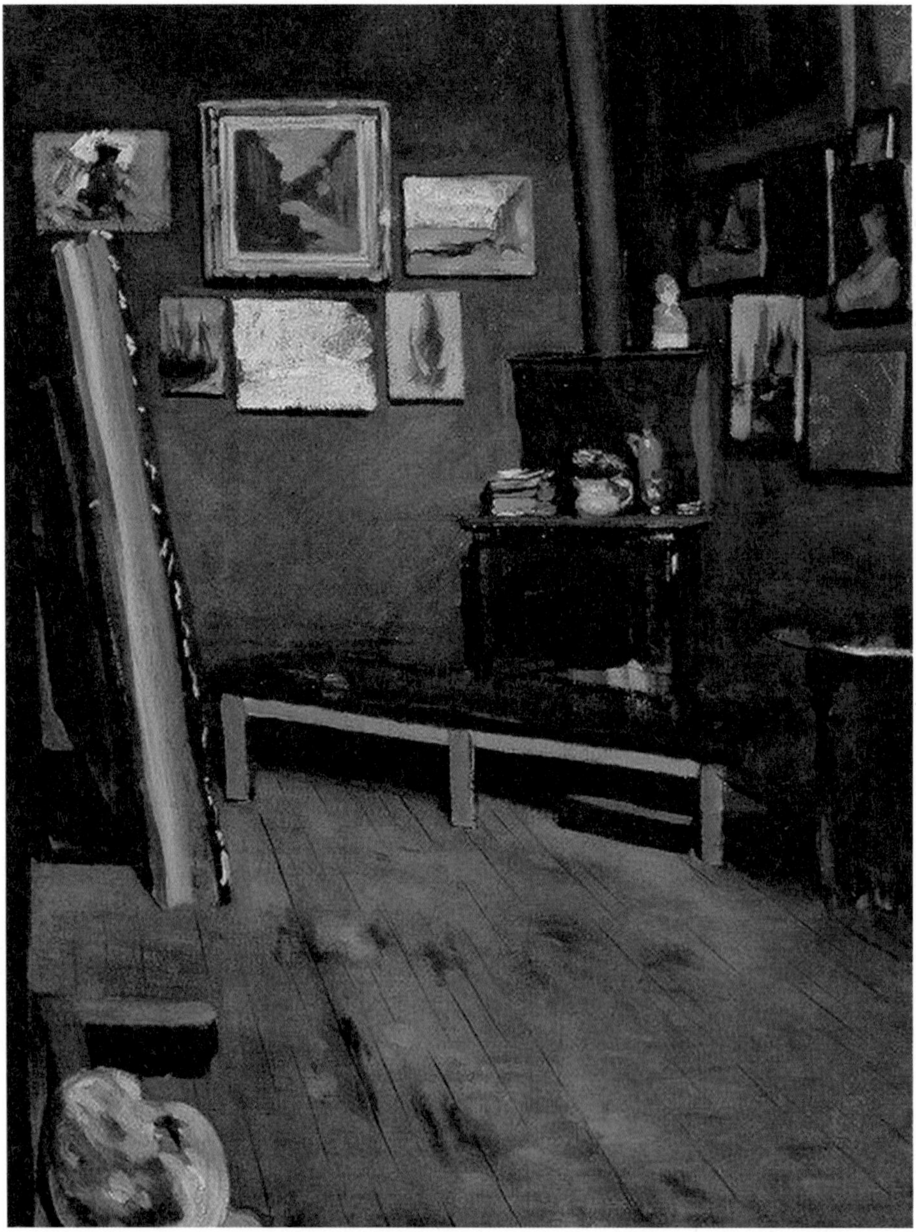

바지유, 〈비스콘티 가의 화실〉, 1867년, 버지니아 미술관, 리치몬드

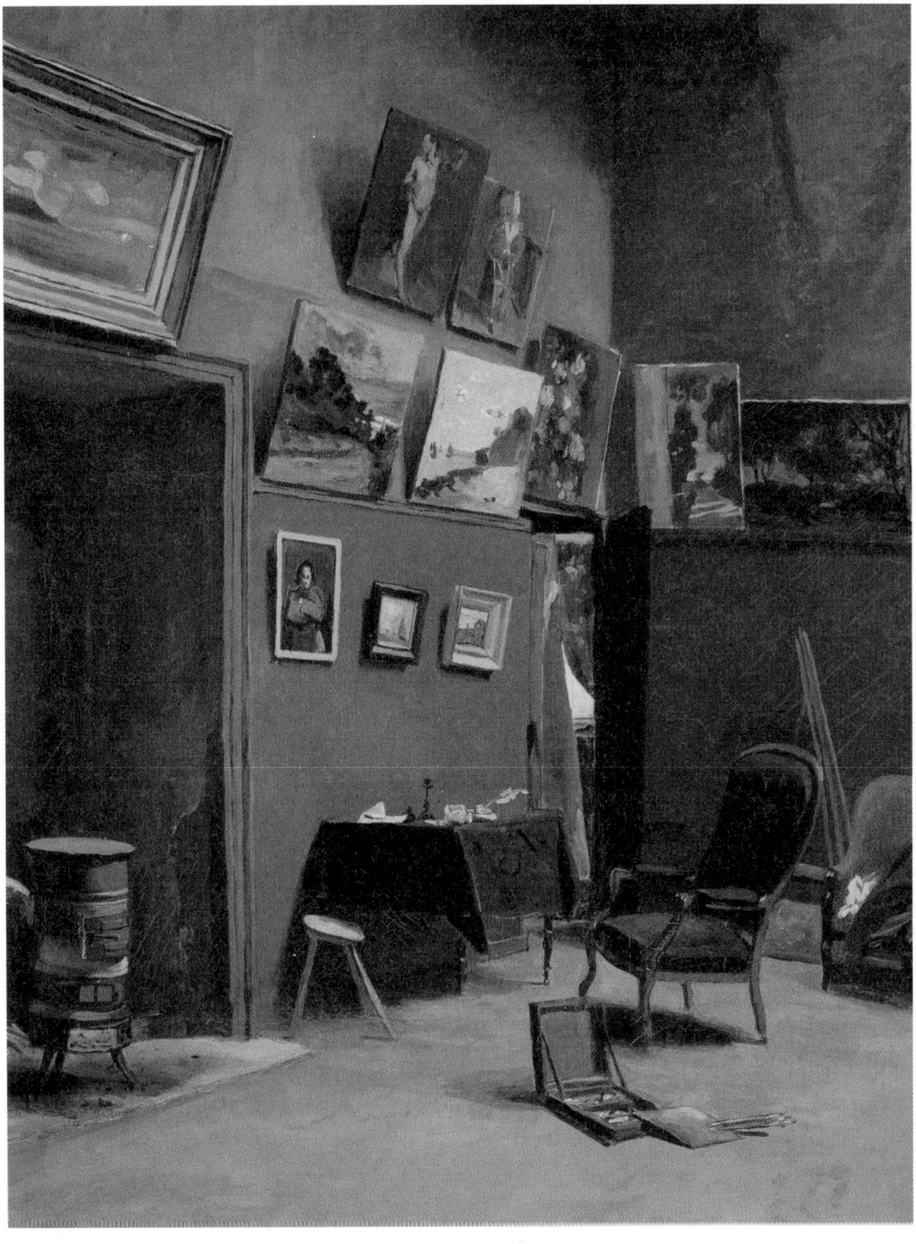

바지유, 〈푸르스텐베르그 가의 화실〉, 1865~1866년, 파브르 미술관, 몽펠리에

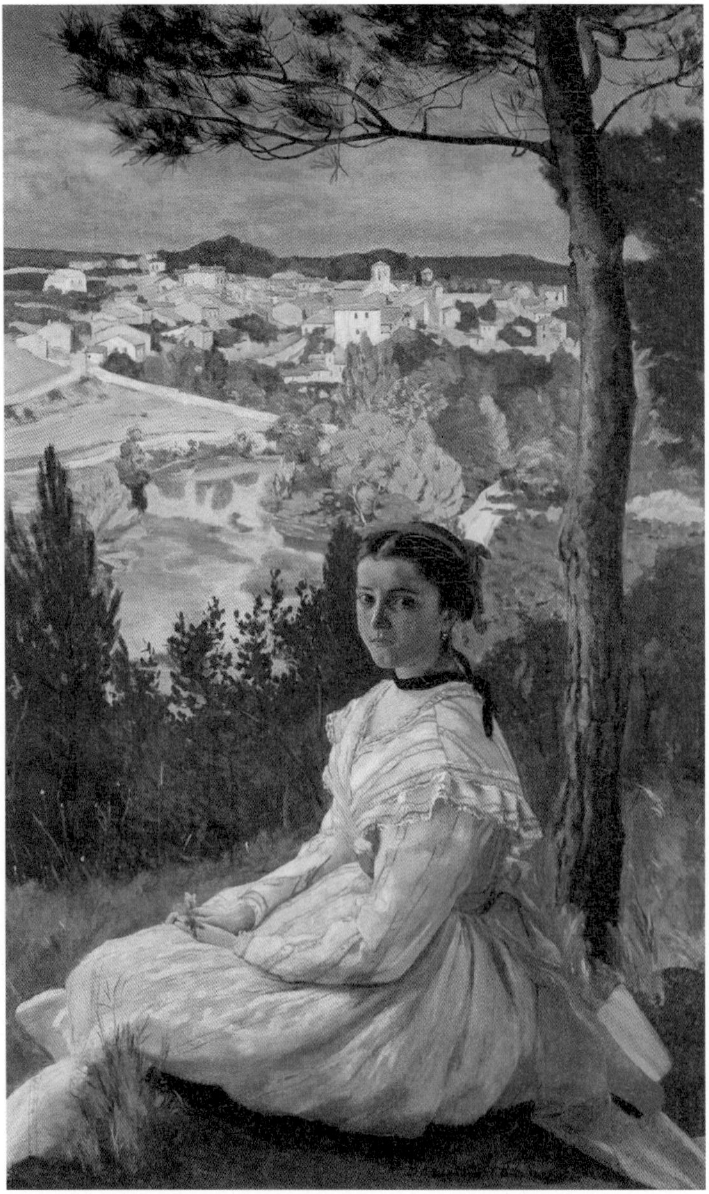

바지유, 〈마을 풍경〉, 1868년, 파브르 미술관, 몽펠리에

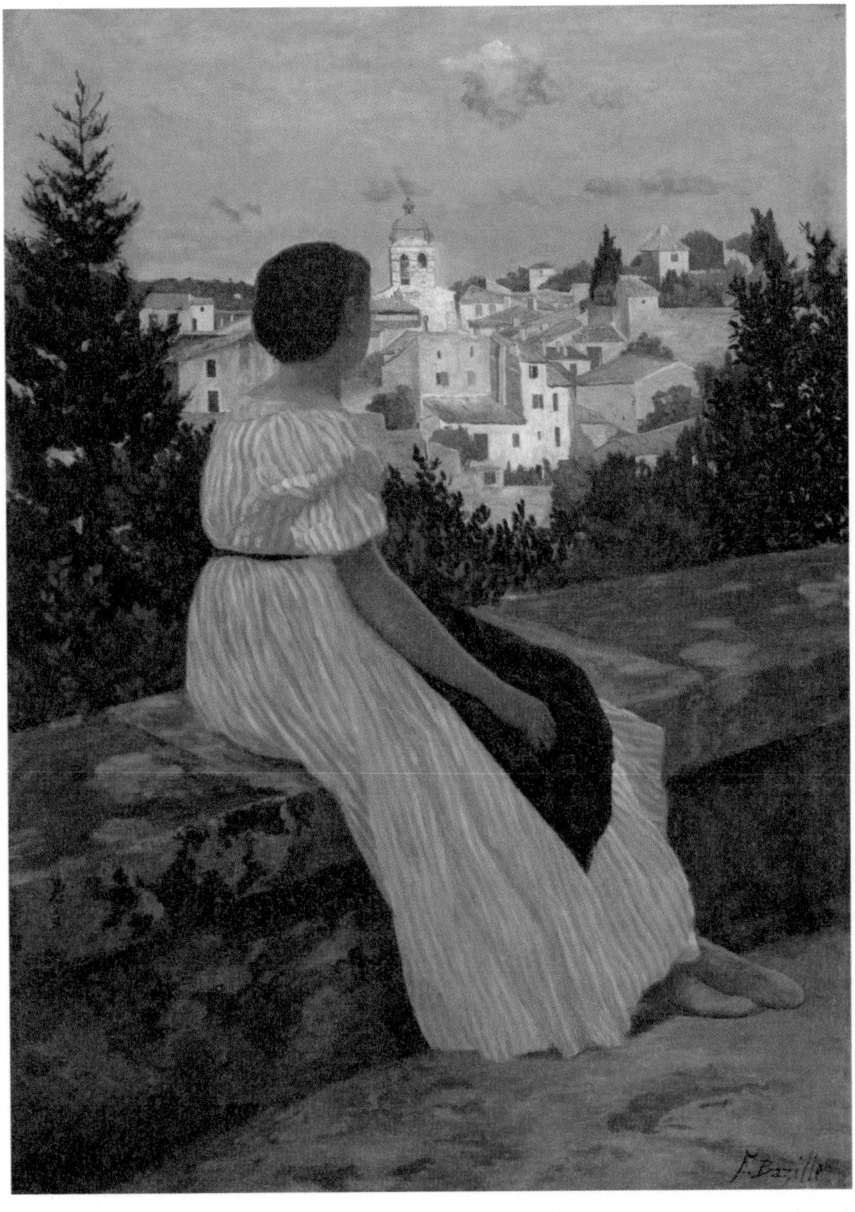

바지유, 〈분홍색 드레스〉, 1864년, 오르세 미술관, 파리

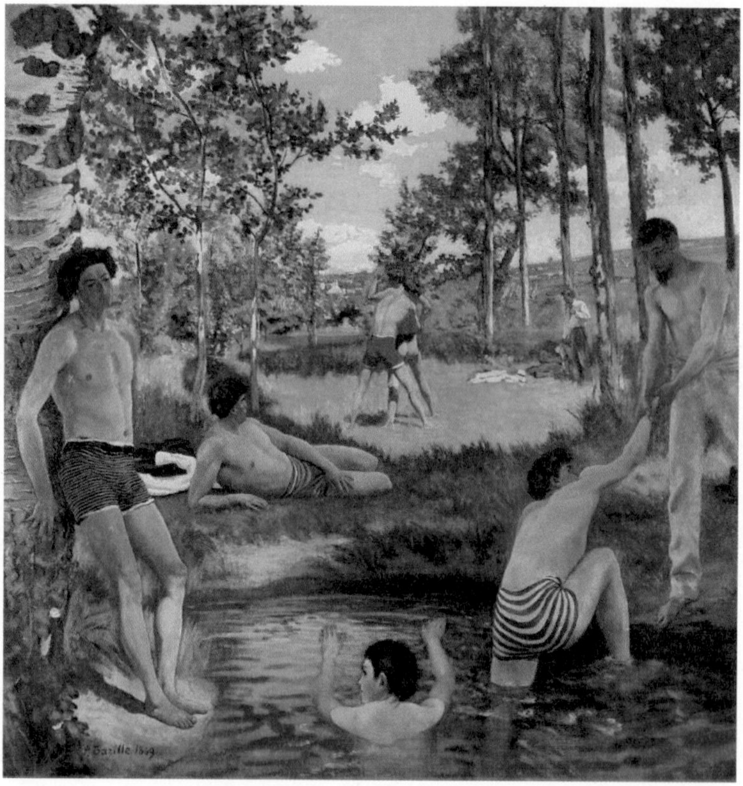

좌_ 바지유, 〈여름 풍경〉, 1869년, 하버드대학교 포그 미술관, 케임브리지
우_ 바지유, 〈투망을 든 어부〉, 1868년, 제3세계를 위한 라우 재단, 취리히

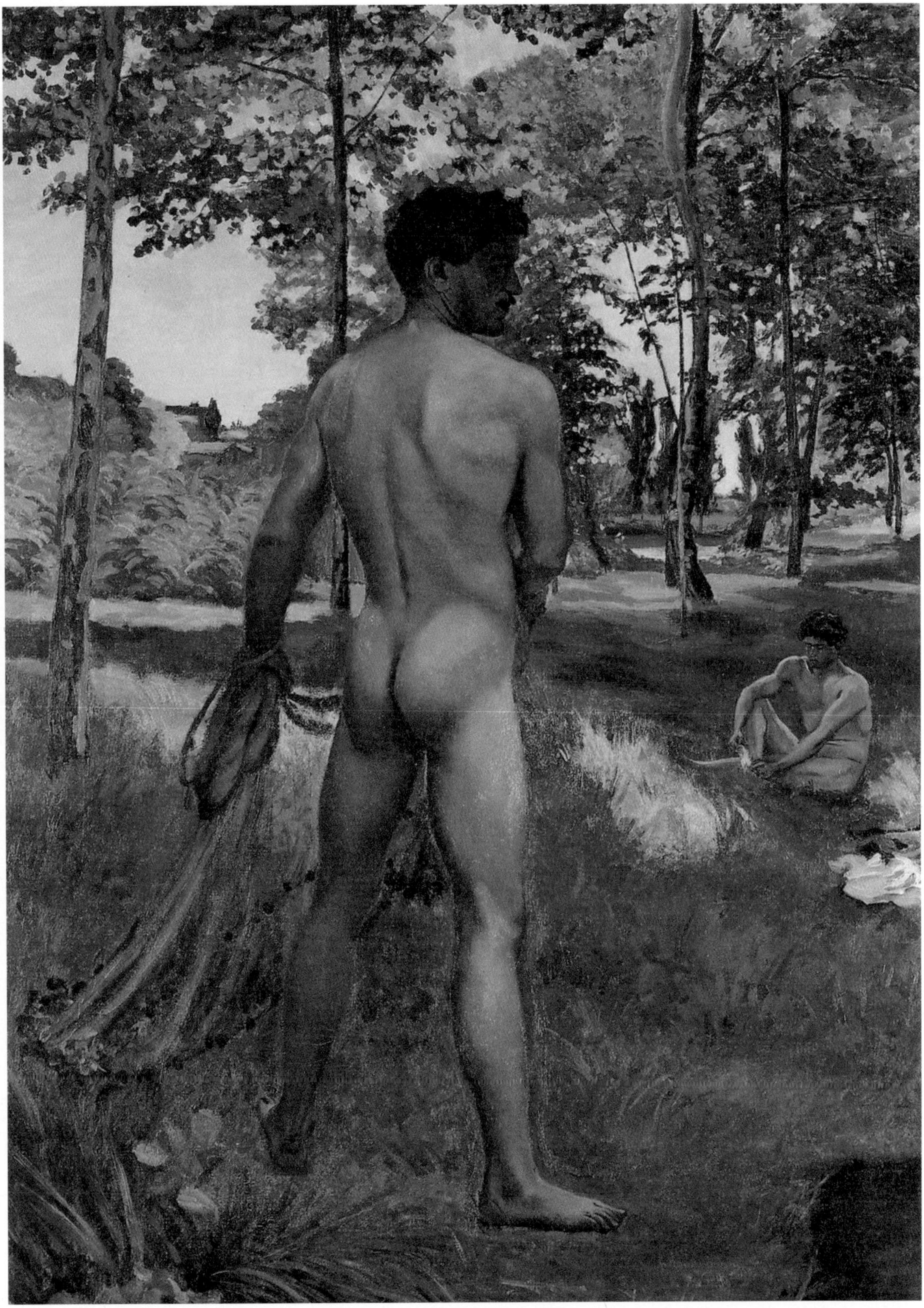

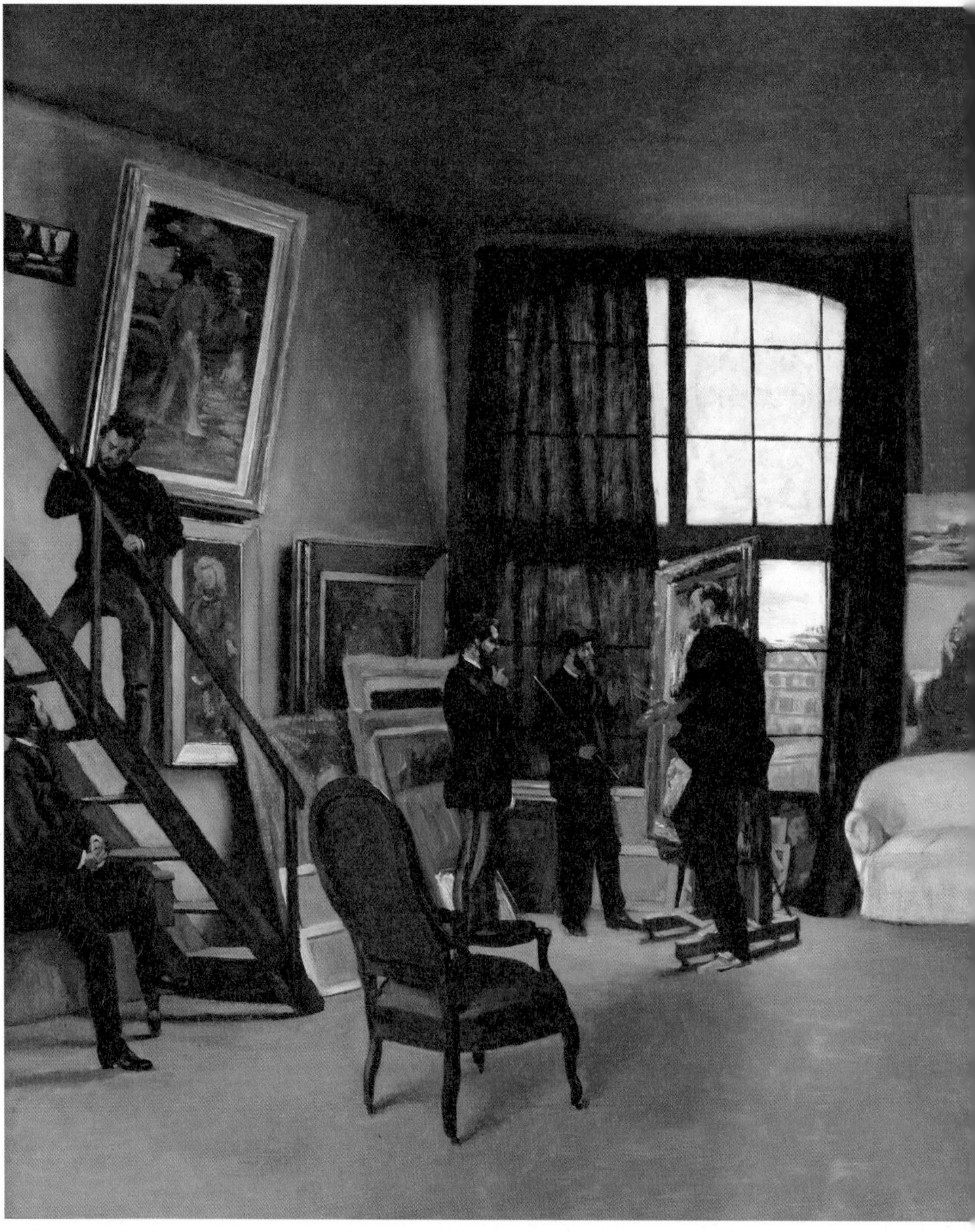

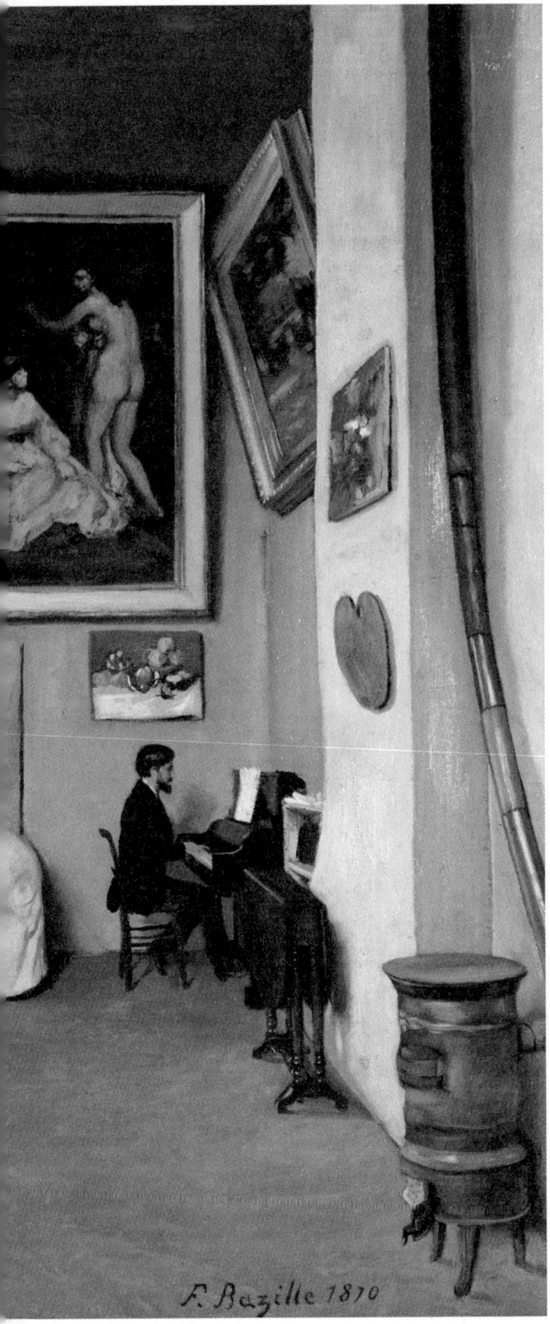

바지유, 〈바지유의 화실〉, 1870년, 오르세 미술관, 파리
그림 속 인물은 왼쪽부터 르누아르, 소설가 에밀 졸라(Émile Zola), 마네, 모네, 바지유 그리고 음악가 에드몽 메트르(Edmond Maitre)다.

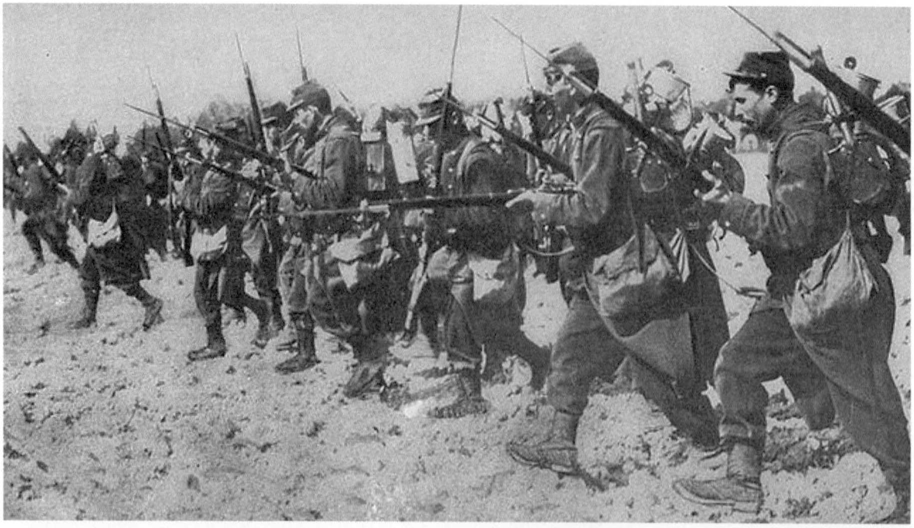

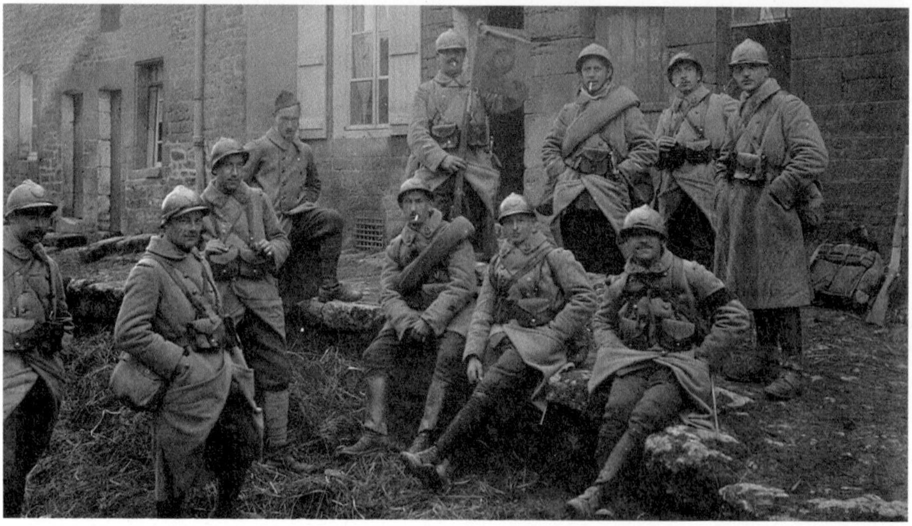

상_ 1914년, 프랑스 군대가 백병전을 준비하고 있다.
하_ 1919년, 1차 세계대전 중의 프랑스 병사

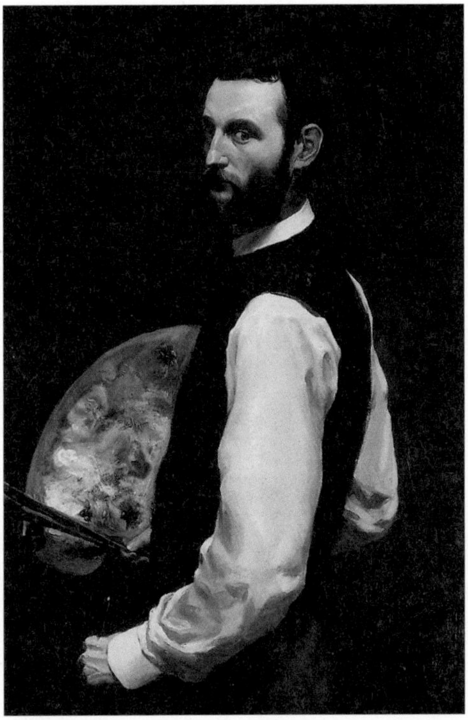

바지유, 〈자화상〉, 1865~1866년, 시카고 미술관

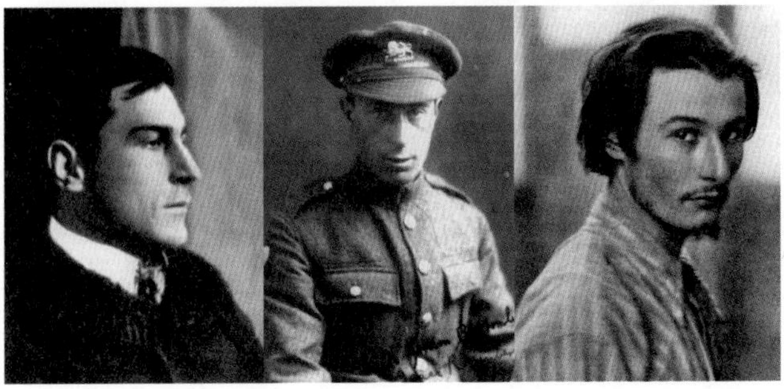

사진들은 왼쪽부터 독일의 화가 프란츠 마르크(Franz Marc), 영국의 시인 아이작 로젠버그(Isaac Rosenberg), 프랑스의 조각가 앙리 고디에브르제스카(Henri Gaudier-Brzeska)다. 이 세 사람 역시 1차 세계대전에서 전사했다.

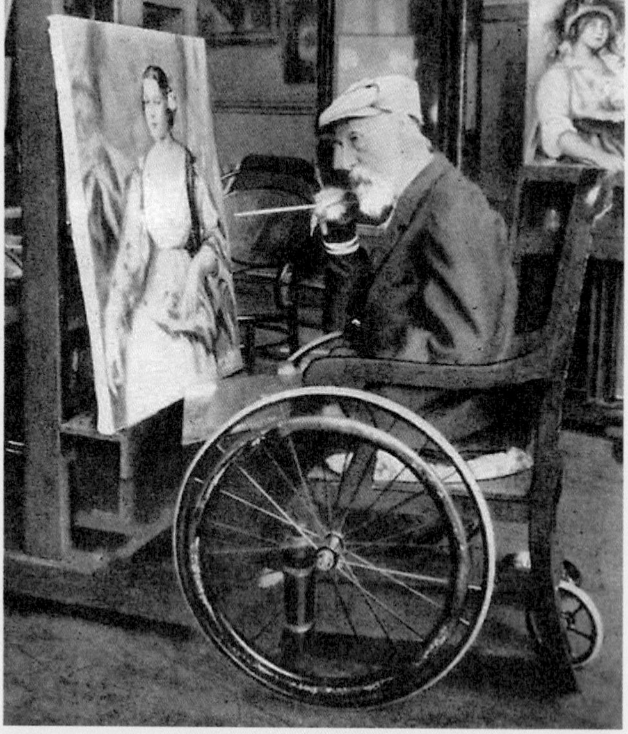

인상파 화가 르누아르는 이런 말을 남겼다. "나는 여성의 등을 그릴 때, 만질 수 있을 정도로 그려져야 그리기를 멈춘다." 그 아들인 장 르누아르(Jean Renoir)는 1930년대의 유명한 영화감독이다. 1960년대 프랑스 누벨바그 영화의 거장 트뤼포(Truffaut) 감독은 매년 그가 만든 영화 〈게임의 규칙(La Règle du jeu, 1939)〉을 감상한다고 밝힌 적도 있다. 장 르누아르는 아버지에 대한 감동적인 회고록을 쓰기도 했다. 그 책의 마지막 부분은 이렇다. "생전에 아버지는 자식들에게 자신이 완전히 숨을 멈추었는지 확인한 다음 관에 넣으라고 거듭 당부했다." 르누아르는 평생 살아 있는 채로 관에 넣어져 못이 박힐까 봐 무척 두려워했다.

누가 예술가를 먹여 살리는가? _미완성 작품(상)

앞에서 고흐가 그린 〈해변의 어부〉를 추켜세우며 '좋다'고 했었지요. 그러면서 어디가 어떻게 좋은지는 모르겠다고 했습니다. 여러분은 이렇게 말할지도 모르겠습니다.

"잠깐! 이유도 말 못하면서 뭘 근거로 좋다는 거야?"

이런 질문에 맞닥뜨리면 높은 건물에서 뛰어내리거나 강에 뛰어들고 싶은 기분입니다. 더 큰 문제는 그렇게 해도 역시 왜 좋은지 설명하지 못한다는 것입니다. 사람들은 해답을 좋아하고 답이 있어야 안심합니다. 하지만 저는 해답에 관심이 없습니다. 차라리 문제를 찾아내는 것을 더 좋아합니다. 그래서 며칠간 생각해봤더니 이 그림에는 확실히 문제가 있더군요.

첫째, 고흐는 이제 막 그림을 배우기 시작해서 실력이 부족했습니다.

둘째, 고흐는 이 그림을 그리다 말았습니다.

말할 필요도 없이, 다 그리지 않은 그림은 좋다거나 나쁘다고 말하기 이전에 근본적으로 '작품'이라고 볼 수도 없습니다. 다 익지 않은 돼지고기를 밥상에 올린다면 어떨까요? 바느질이 끝나지 않은 셔츠를 파는 것은요? 말도 안 되는 일이지요! 미술사에 등장하는 수천 수백만의 그림 중 어느 그림이 끝까지 다 그리지 않았는데도 '대단하다'는 말을 들을 수 있겠습니까?

하지만 뭐든지 예외가 있는 법입니다. 천재가 나타나면 역사는 그리 엄격하게 굴지 않습니다. 그뿐 아니라 역사가 천재의 인도에 따라 새로운 시대로 진입하기도 합니다. 고흐가 살아 있을 때는 역사가 그를 무시했지만, 그의 시대는 곧 역사의 전환점이었습니다. 19세기 중엽에서 20세기 초엽, 인상파 화가들이 그전에는 없던 낯선 일을 하기 시작한 바로 그 시기입니다.

전위前衛 화가라는 말에는 터무니없이 앞서갔기 때문에 시대가 그를 못마땅해했다는 뜻이 담겨 있습니다. 고흐의 시대는 그의 진가를 알아주지 않았을 뿐 아니라, 애초에 제대로 보려고도 하지 않았습니다. 하지만 오늘날 고흐의 그림을 보면 어떤가요? 아무런 문제도 없습니다. 좋기만 하지요. 그러나 그 시대 사람들이 볼 때 고흐의 그림은 제멋대로에다 마구잡이로 그린 것이었습니다. 살롱은 말할 것도 없고, 인상파의 허름한 전시회에도 끼워주지 않았으니까요. 고흐는 생전에 단 한 번 비정식 전시회를 가졌습니다. 피사로 등 인상파 화가들이 야외 사생을 끝내고 돌아오는 모습을 멀리서 보고는 고흐는 얼른 자신의 그림을 가져와 길가에 늘어놓았습니다. 인상파 친구들에게 자기 그림을 보여주려고 '전시'한 겁니다. 지금 중국에서 미술대학 입시를 준비하는 어린 녀석들이 미술대학에 이미 다니고 있는 대학생과 어떻게든 친해지려 애쓰는 것과 꼭 같은 모습입니다.

지금까지 인상파에 대한 평가는 수없이 많았고, 그건 다 맞는 말입니다. 여기서는 고흐의 작은 그림 〈해변의 어부〉를 가지고 이야기해보겠습니다. 기준을 최대한 낮춰 오로지 하나의 각도에서만 인상파를 평가하려 합니다. 바로 '미완성'이라는 문제입니다.

19세기 이전에는 그림에 '완성도'라는 것이 있었습니다. 누구나 따라야 하는 표준이었지요. 지나치게 완성한 작품도 있기는 합니다. 예를 들어 다빈치의 〈모나리자〉가 그렇습니다. 완성에 근접한 그림도 있습니다. 17세기에 활동한 네덜란드의 화가 프란스 할스Frans Hals가 그린 소년의 초상입니다. 어쨌든 19세기 이전에는 어떤 그림을 가리키면서 "아니, 왜 다 그리지 않았지?"라고 말할 경우란 거의 없었습니다.

그런데 인상파의 그림은 그때까지 깨뜨릴 수 없는 규칙이었던 '완성도'에서 멀어집니다. 어느 정도까지 그리면 그만 그려도 되는지, 얼마나 그려야 좋은 그림인지, 인상파 화가들도 확실히 몰랐습니다. 그들 역시 더듬더듬 길을 찾는 중이었지요. 이런 대담하고 제멋대로인 행동을 할 수 있었던 것은 그들의 열정이나 창의성이 아닙니다. 간단히 말해서 화가의 유형이 바뀌었기 때문입니다.

19세기 이전의 수백 수천 년 동안 그림을 그리는 사람은 궁정화가든 소규모 화공이든 모두 '타인을 위해 봉사하는 직업'이었습니다. 그래서 이들은 엄격한 수요-공급 관계로 묶여 있었습니다. 다시 말해 그림은 주문 제작 상품이었던 것입니다.

그림은 일반적인 상품이 아닙니다. '주문 제작' 상품입니다. 일반 상품은 가상의 시장을 상대로 만들어진 물건입니다. 누가 살지, 얼마에 살지, 언제 살지 알 수 없습니다. 주문 제작 상품은 물건의 주인이 확실하지요. 그 사람이 생산자를 지정해서 의뢰하고, 물건이 만들어지면 미리 정해둔 자리에 배치합니다. 19세기 이전의 화가들은 자기가 좋아서 그림을 그린 것이 아니라 각자의 의뢰인을 위해 임무를 다한 것입니다. 고대 그리스와 로마 시대에도 그랬고, 중세에도, 르네상스 시기에도 그랬습니다. 조각과 벽화는 전부 도시, 성당, 광장, 궁전의 장식품이었습니다. 15~18세기에는 왕실과 귀족의 그림 수요가 늘어나고 종류도 다양해져 초상화 외에 역사화, 풍속화, 풍경화 등도 많이 그리게 됩니다.

자크 루이 다비드가 그린 〈나폴레옹의 대관식〉은 새로운 황제가 즉위하는 장면을 묘사했습니다. 분명히 국가에서 주관하는 대형 프로젝트였겠지요. 다비드는 그림을 완성해 나폴레옹에게 보여주었습니다. 나폴레옹은 뒷짐을 지고 그림 앞을 왔다 갔다 하더니 별 말 없이 화가 다비드를 향해 모자를 벗고 경의를 표했다고 합니다. 다비드는 나폴레옹의 새로운 치세에서 문화부 장관을 맡았습니다. 이 그림을 그려서 장관이 된 것인지, 장관이 되어서 국가적 프로젝트인 이 그림을 그릴 수 있었는지는 모르겠습니다. 다비드는 무척 독단적이었다고 합니다. 그의 괴롭힘 때문에 죽은 사람도 있을 정도였습니다.

15세기 이탈리아의 벽화가 고촐리는 자신의 얼굴을 〈동방박사의 행렬〉 속에 그려 넣었습니다. 손가락을 네 개 치켜세우고 있는 모습입니다. 무슨 뜻일까요? 그가 이 그림으로 400플로린Florin을 받았기 때문이었습니다. 당시 화가의 일 년 생활비가 4~5플로린 정도였으니 자신이 막대한 의뢰금을 받은 사실을 그림 속에 영원히 남기고 싶었나 봅니다.

렘브란트의 그림은 얼마였을까요? 알 수 없습니다. 그 유명한 〈야간 순찰〉은 암스테르담 경비대의 의뢰로 그렸지만, 그림이 완성된 후 의뢰인의 마음에 들지 않아 거절당했습니다. 그때부터 렘브란트의 운이 기울어졌지요. 그림 의뢰도 줄어들고 점점 가난해졌습니다. 프란스 할스의 명작 중 예닐곱 점의 거대한 작품은 모두 네덜란드 특유의 자체적인 도시 경비대의 의뢰를 받아 그린 것이었습니다. 그림 속의 군관들은 다 이름이 있는 실제 인물이지요. 군기와 휘장도 실제에 근거하여 그렸습니다. 지금은 할스가 만년을 보낸 양로원에 걸려 있습니다. 할스의 유품은 침구 세 개, 찬장 하나, 탁자 하나가 전부였다고 합니다.

이와 비슷한 사례는 한도 끝도 없습니다. 우리는 지금 명화를 바라보며 이렇게 이야기하고 있습니다. "예술이여, 예술이여! 사실은 모두 주문 제작 상품이었구나!" 자, 그럼 생각해봅시다. 400플로린의 의뢰금을 받았는데 그림을 그리다 말 리가 있겠습니까?

그렇다면 옛날 화가들은 자신을 위해서는 그림을 그리지 않았을까요? 그런 그림도 있습니다. 초기 렘브란트는 아내가 자기 무릎에 앉아 있는 모습을 그렸습니다. 잔을 들고 행복하게 웃는 얼굴을 보면 분명히 자신을 위해 그린 그림이지요. 그는 만년에 가난하게 살았지만 예술적 경지는 더욱 높아졌고, 툭하면 자화상을 그렸습니다. 벨라스케스의 〈시녀들〉, 〈난쟁이〉 같은 작품도 의뢰를 받아 그린 그림은 아닌 것 같습니다. 하지만 벨라스케스라는 화가가 황실 소속이었기 때문에 무슨 목적으로 그렸든 그의 그림은 말할 것도 없이 황실 소유이기는 합니다.

그렇다면 인상파 이전에는 미완성으로 남은 그림이 없는 걸까요? 아닙니다, 미완성 작품도 있습니다. 장 오귀스트 도미니크 앵그르Jean Auguste Dominique Ingres가 그린 귀족 청년의 초상화는 그림을 절반쯤 완성했을 때 그 청년이 사망하여 미완성으로 남겨졌습니다. 또 다른 귀부인의 조그만 초상화도 배경은 다 그렸지만 어떤 이유인지는 몰라도 얼굴과 드레스는 그리지 않았습니다.

르네상스와 바로크 시대에도 미완성 작품은 여럿 있었습니다. 지금은 유물이 되어 박물관 등에 전시되어 있지요. 메트로폴리탄 미술관에도 두 점이 있는데 화면의 4분의 3이 단색입니다. 저는 그 작품을 보고 16세기의 물감과 작화 순서가 19세기와는 완전히 달랐음을 알게 되었습니다.

그렇다면 언제부터 미완성의 그림도 받아들여지고, 또 칭찬받게 되었을까요? 바로 인상파가 등장한 다음부터입니다. 지금까지 많은 사람이 인상파의 예술적인 면만 논했지만, 사실 인상파의 등장이 갖는 더 중요한 의미는 예술의 기능이 달라졌다는 점입니다. 예술의 기능이 변화하면 그림의 수요-공급 관계와 수요자도 따라서 변화합니다. 단순하게 말해보겠습니다. 19세기에 들어서면서 영국에서는 산업혁명이 성공하고, 프랑스에서는 혁명을 거쳐 공화정이 세워졌습니다. 부르주아계급이 등장하고 현대 문명이 자리를 잡은 것입니다. 여전히 귀족과 교회에서 화가를 필요로 하지만, 그림을 구매할 수 있는 부유한 사람이 점점 다양해집니다. 물건을 살 사람이 변하면 시장도 달라집니다. 그림의 주제도 구매자의 기호도 크게 바뀝니다.

예술사는 이런 내용을 잘 다루지 않습니다. 그저 예술 자체만 놓고 갑론을박 떠들지요. 2차 세계대전 이후에야 '예술 후원의 역사'를 연구 분야로 보기 시작했습니다. '누가 예술가를 먹여 살리는가'라는 명제를 다루는 분야로, 마르크스

주의의 영향을 받아 시작된 움직임입니다. 간단히 말해 궁정화가는 황실에서 생계를 돌봐줍니다. 궁정화가가 아니었던 렘브란트, 프란스 할스 등은 화가협회에 가입해서 일거리를 받았습니다. 인상파 시기, 혹은 그보다 조금 앞선 어느 때에 '자유직업' 화가가 나타났습니다. 말하자면 소속이 없는 화가입니다. 저 역시 뉴욕에서 활동할 때 자유직 화가였습니다. 듣기 좋게 말해서 자유직업자이고, 세금을 낼 때는 직업란에 'self-employed'라고 씁니다. 정해진 법률 용어지요. '스스로 자기 자신을 고용한 사람'이라는 뜻입니다.

어쨌든 19세기 중엽의 화가들은 그림을 다 그린 다음에 누군가 사 주기를 기다리게 되었습니다. 현대적 의미의 화랑과 미술상이 등장하기 시작한 것도 이때입니다. 작품이 팔리지 않아도 가난을 감수하고 자기 뜻대로 그림을 그리는 화가도 이때 생겼습니다. 그렇다면 뭘 그리든, 어떻게 그리든, 어느 정도까지 그리고 멈추든, 당연히 자기 자신이 결정하겠지요.

중국과 유럽의 상황은 기본적으로 다르지만, 이런 변화의 과정은 저와 저를 가르친 스승들도 겪었습니다. 문화대혁명 때의 그림은 전부 누군가가 부여한 '임무'였습니다. 위에서 그리라고 하면 그려야 했고, 그리지 말라고 하면 또 그렇게 해야 했습니다. 다 그린 그림을 고치라고 해도 무조건 따라 그려야 했습니다. 그때 이런 생각을 했지요.

'미켈란젤로도 교황이 시키는 대로 그림을 고쳤는데 보잘것없는 나 같은 화가가 뭐라고 하겠나? 고치라면 고쳐야지.'

문화대혁명이 끝난 뒤에는 점점 예술가의 콧대가 높아집니다. 사람마다 상황과 성격이 다른 만큼 콧대를 세우는 방법도 제각각이지만, 전처럼 얌전히 말을 듣지 않는 것입니다. 어쨌든 19세기는 유럽의 예술가들이 콧대를 세우던 시대입니다. "내가 이렇게 그리겠다는데, 끝까지 그리든 그리다 말든 무슨 상관이냐?" 예술가들이 이렇게 말하는 겁니다.

기나긴 예술의 역사에서 화가의 신분은 여러 변화를 겪었습니다. 주술사, 노예, 직공, 협회의 회원, 왕실에 소속된 화가 등을 거쳐 한 걸음 한 걸음 자유직업자, 즉 스스로 자기 자신을 고용하는 사람이 되었습니다.

이런 질문을 하는 사람이 있을지도 모르겠군요. "예술가가 주어진 일을 맡아서 하는 게 좋은가요? 아니면 독립적으로 자유롭게 일하는 게 좋은가요?"

양쪽 다 장점과 단점이 있습니다. 누군가에게 고용되었어도 하나의 예술이 탄생하고, 스스로 자신을 고용했어도 또 다른 종류의 예술이 탄생합니다. 다빈치의 시대에는 고흐가 출현할 수 없고, 앤디 워홀Andy Warhol의 시대에는 렘브란트가 존재할 수 없지요. 일거리를 기다리는 것이나 그림을 살 사람이 나타나기를 기다리는 것이나 저마다 고생스럽습니다. 고흐의 생애에서 가장 안타까운 점이 바로 그림이 팔리지 않았다는 것입니다. 하지만 반대로 생각해보면 상황이 달라집니다. 우리는 중요한 사실 하나를 간과하고 있습니다. 아무도 고흐에게 그림을 의뢰하지 않았다는 사실입니다. 아무도 이렇게 말하지 않았습니다.

"이봐, 빈센트! 해변에 서 있는 남자를 그려줘!"

"우리 집 거실에 걸게 해바라기를 그려주게."

아무도, 단 한 사람도 그렇게 말하지 않았는데 자기가 좋아서 그린 것입니다.

자유는 고흐를 탄생시켰고, 또한 그를 죽음으로 몰고 갔습니다. 고흐가 죽은 뒤에 앞서 이야기한 네덜란드의 부유한 부인이 그의 작품 200여 점을 사들였습니다. 그 외의 작품들은 뿔뿔이 흩어졌지요. 2차 세계대전 직후까지도 유럽에서는 손쉽게 고흐의 그림을 살 수 있었습니다.

고흐는 해바라기를 여섯 점 그렸는데, 그중 하나를 일본인이 구입했습니다. 2차 세계대전 때 미국의 폭격으로 그 그림은 사라졌습니다. 1980년대에 일본의 한 기업에서 고흐 그림을 한 점 샀습니다. 그 가격은 2차 세계대전 이전에 샀던 해바라기 그림의 몇백 배였습니다.

오늘날 고흐의 해바라기 그림을 숭배하지 않는 사람이 있나요? 그런데 〈해변의 어부〉는 어떤가요? 이 그림을 좋아하는 사람이 있을까요? 저도 잘 모르겠군요.

프랑스 태생의 미국 화가 마르셀 뒤샹Marcel Duchamp은 이런 말을 남겼습니다.

"예술 작품의 유명세는 언급 횟수에 따라 정해진다."

지난 100여 년 동안 고흐를 다룬 평론은 셀 수 없이 많습니다. 하지만 이 작은 그림 〈해변의 어부〉는 누가 이야기한 적이 있나요?

이 그림을 잡고 늘어지다가 제 이야기도 미완성으로 끝나게 되었군요. 다음에 이어서 '미완성 작품'을 계속 이야기하도록 하지요. 여러분이 지겨워하지 않기를 바랄 뿐입니다.

마침 올해(2015년) 여름에 런던 코톨드 미술학교(Courtauld Institute of Art)에서 '미완성의 명화'라는 주제로 특별 전시를 열었다. 전시 작품은 르네상스 시기에서 인상파 시기까지 미완성으로 남은 작품들이다. 아쉽게도 영국에 가서 전시를 보지 못했다. 만약 각국의 여러 미술관이 소장 작품의 사진을 마음대로 쓸 수 있게 해준다면, 이 책에서 더 많은 자료와 근거를 댈 수 있을 텐데 말이다.

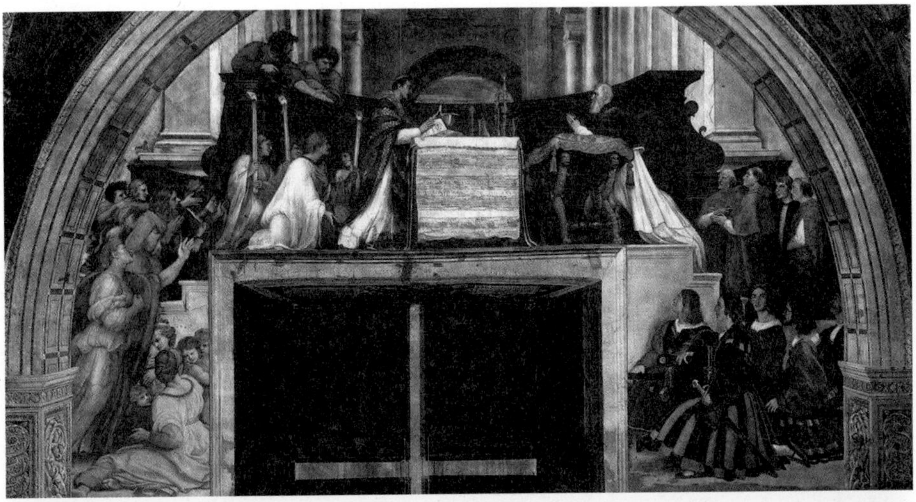

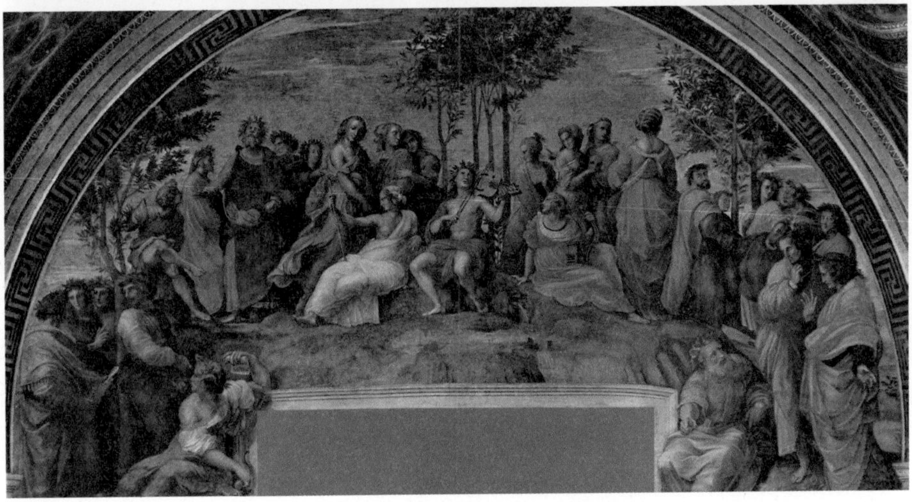

상_ 라파엘로, 〈볼세나의 미사〉, 1512년, 바티칸 미술관
하_ 라파엘로, 〈파르나소스 산〉, 1510~1511년, 바티칸 미술관

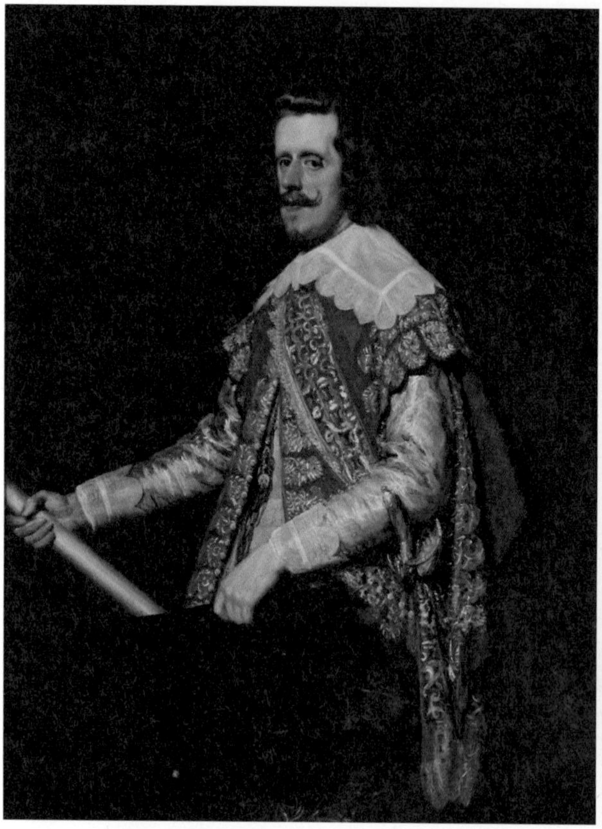

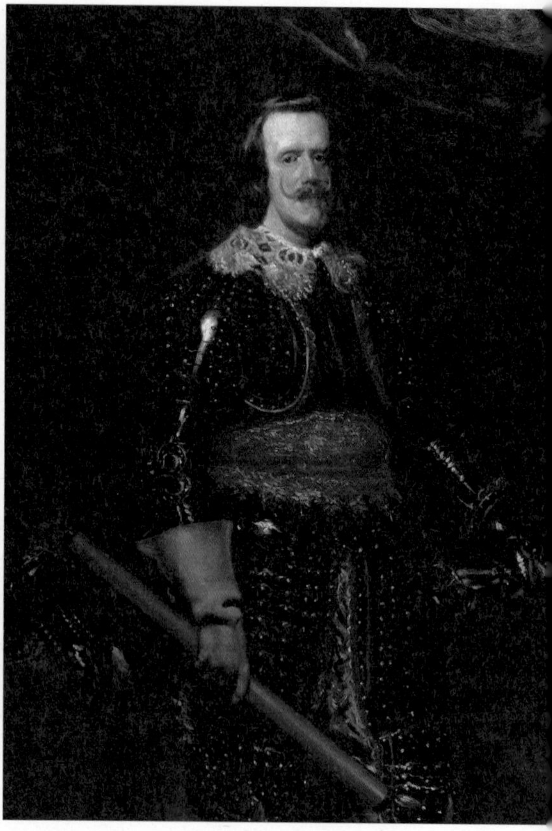

● **벨라스케스가 그린 펠리페 4세의 초상화**

좌_ 〈프라가의 펠리페 4세〉, 1644년, 프릭 컬렉션, 뉴욕

우_ 〈무장을 갖추고 사자(獅子)와 함께한 펠리페 4세〉, 1653년, 프라도 국립미술관, 마드리드

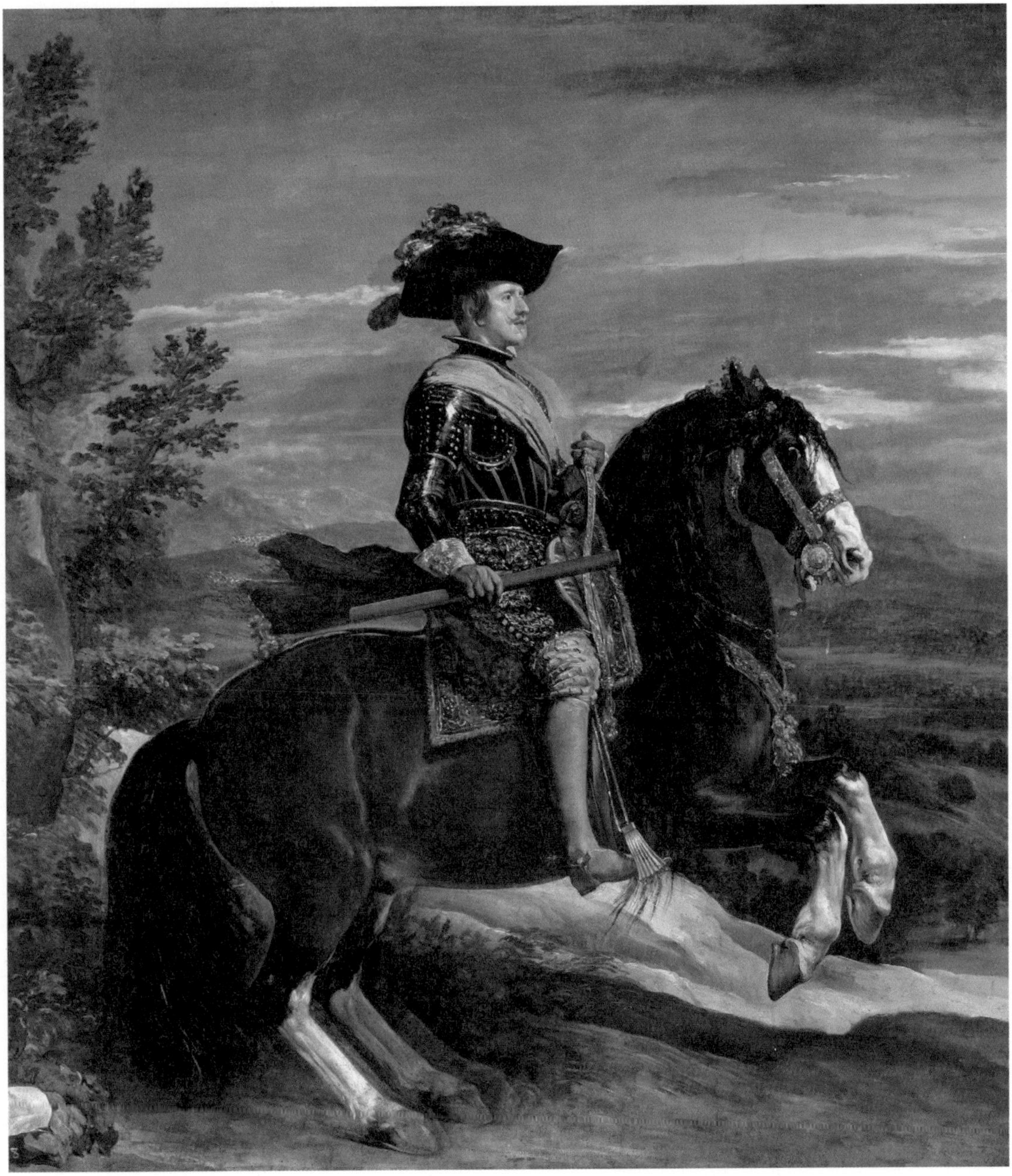

〈말을 탄 펠리페 4세〉, 1635년, 프라도 국립미술관, 마드리드

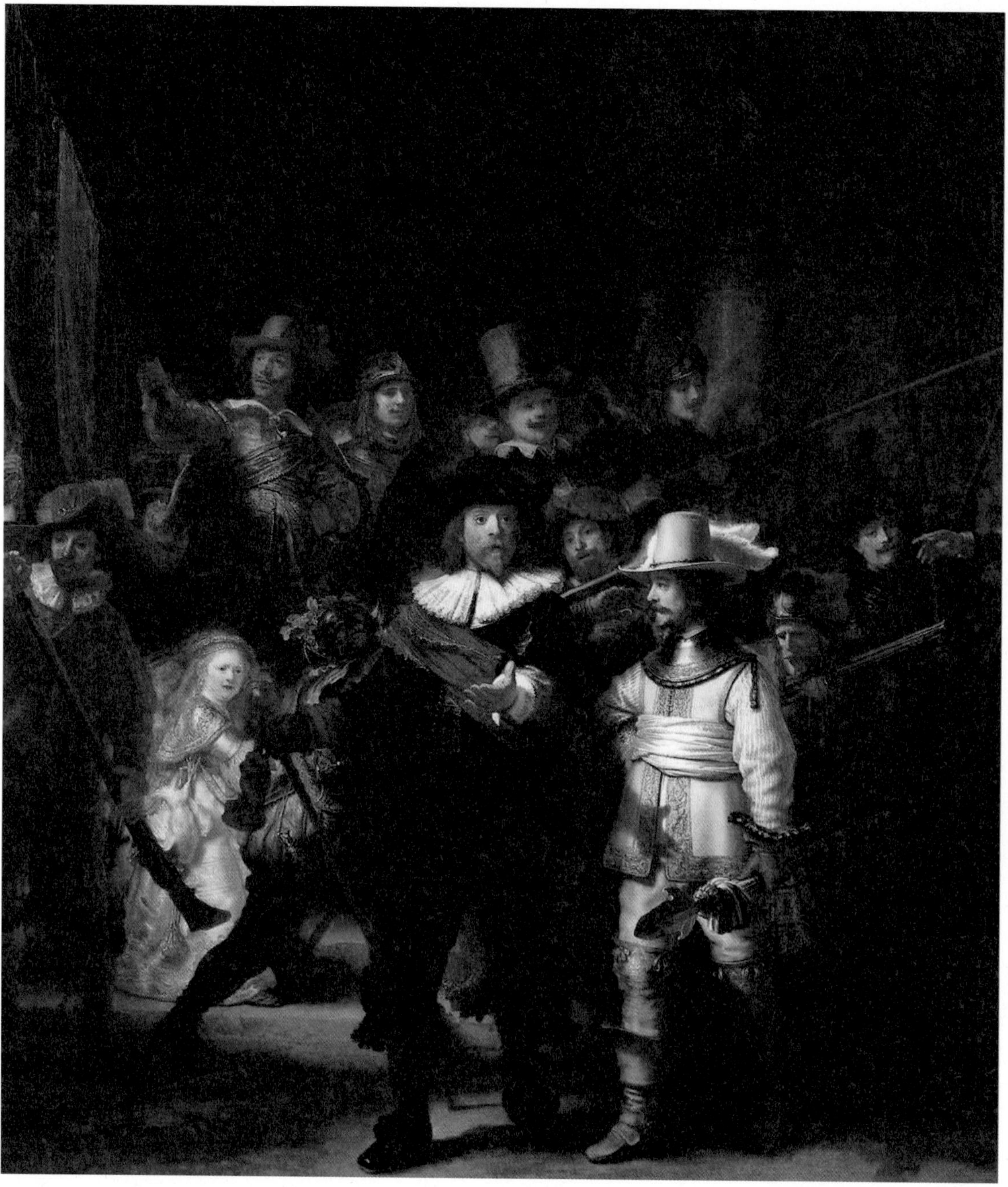

렘브란트, 〈프란스 반닝코크 대위의 중대〉, 속칭 〈야간 순찰〉(부분), 1642년, 암스테르담 국립미술관

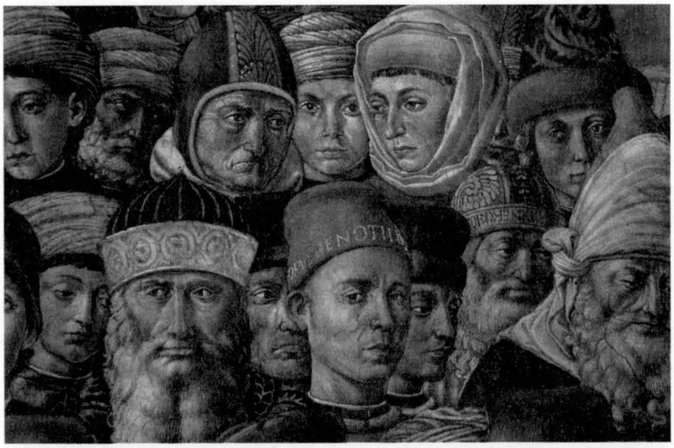

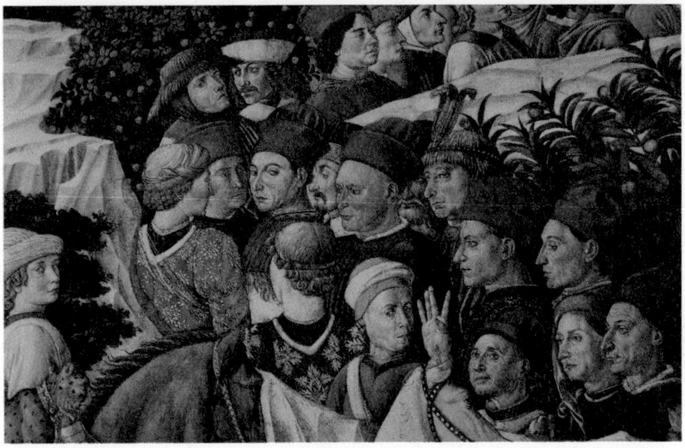

고촐리, 〈동방박사의 행렬〉(부분), 1459~1462년, 메디치 리카르디 궁전, 피렌체

위 그림에서 앞줄 한가운데, 아래 그림에서 오른쪽부터 네 번째 사람이 화가 고촐리다. 네 손가락을 치켜세운 모습은 400플로린이라는 거금을 받았다는 뜻이다.

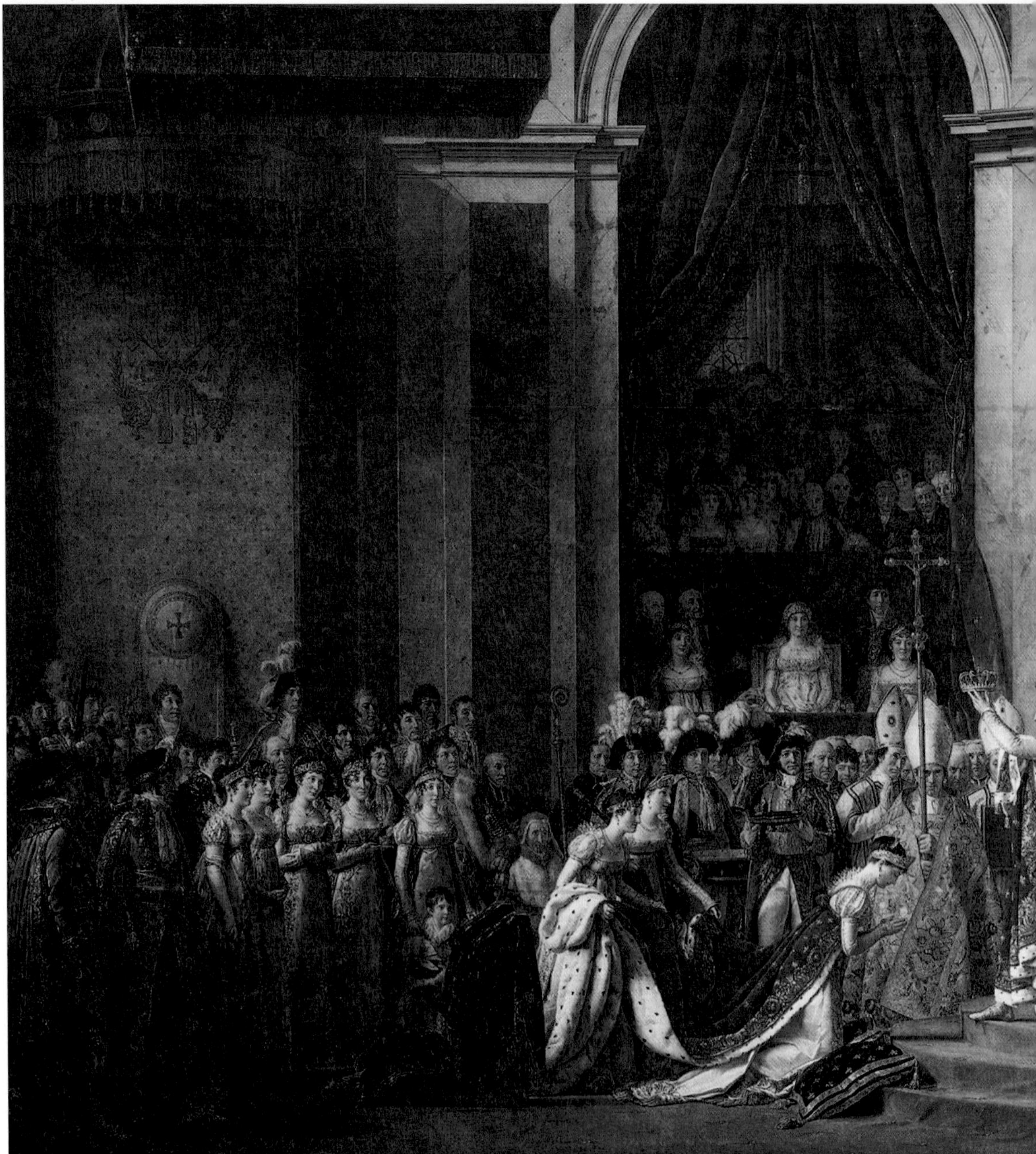

다비드, 〈나폴레옹의 대관식〉, 1806~1807년, 루브르 박물관, 파리
원 제목은 '1804년 12월 2일 파리 노트르담 대성당의 대관식에서 황제 나폴레옹 1세가 황후 조세핀에게 왕관을 씌우는 모습'이다.

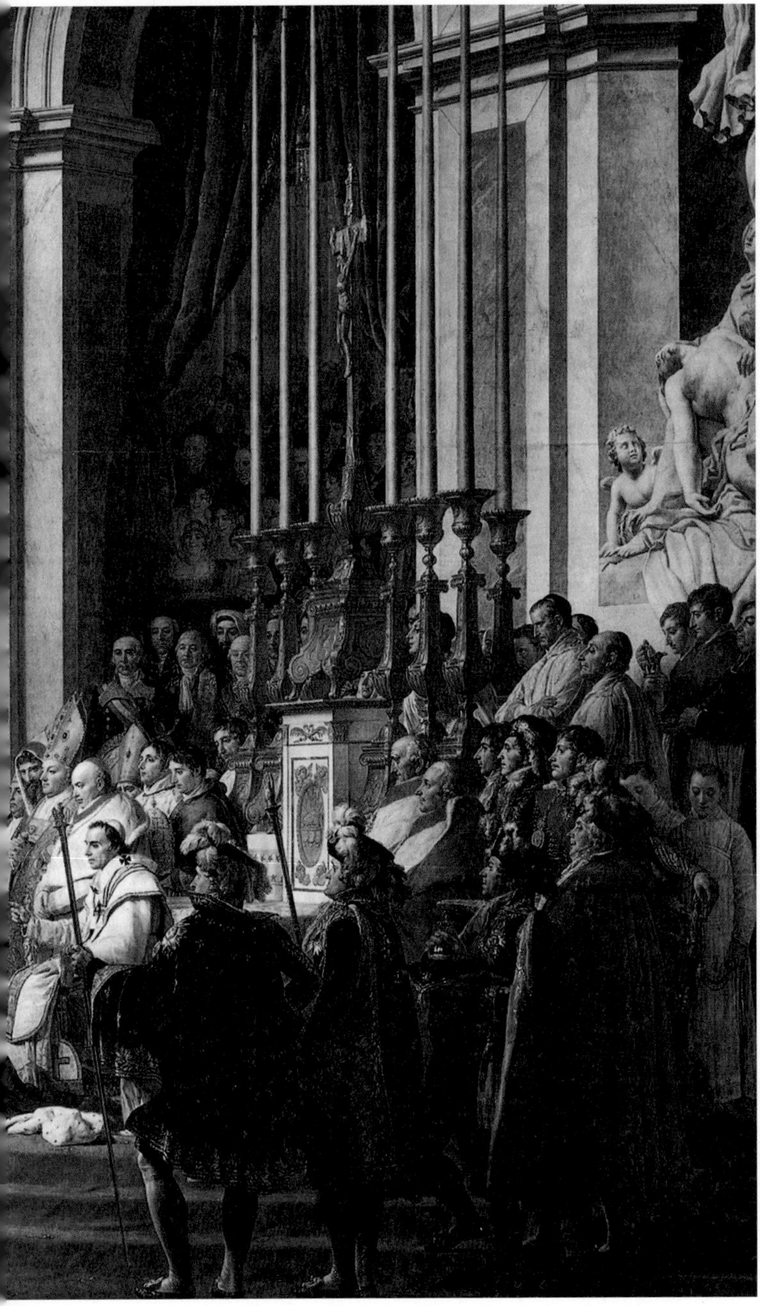

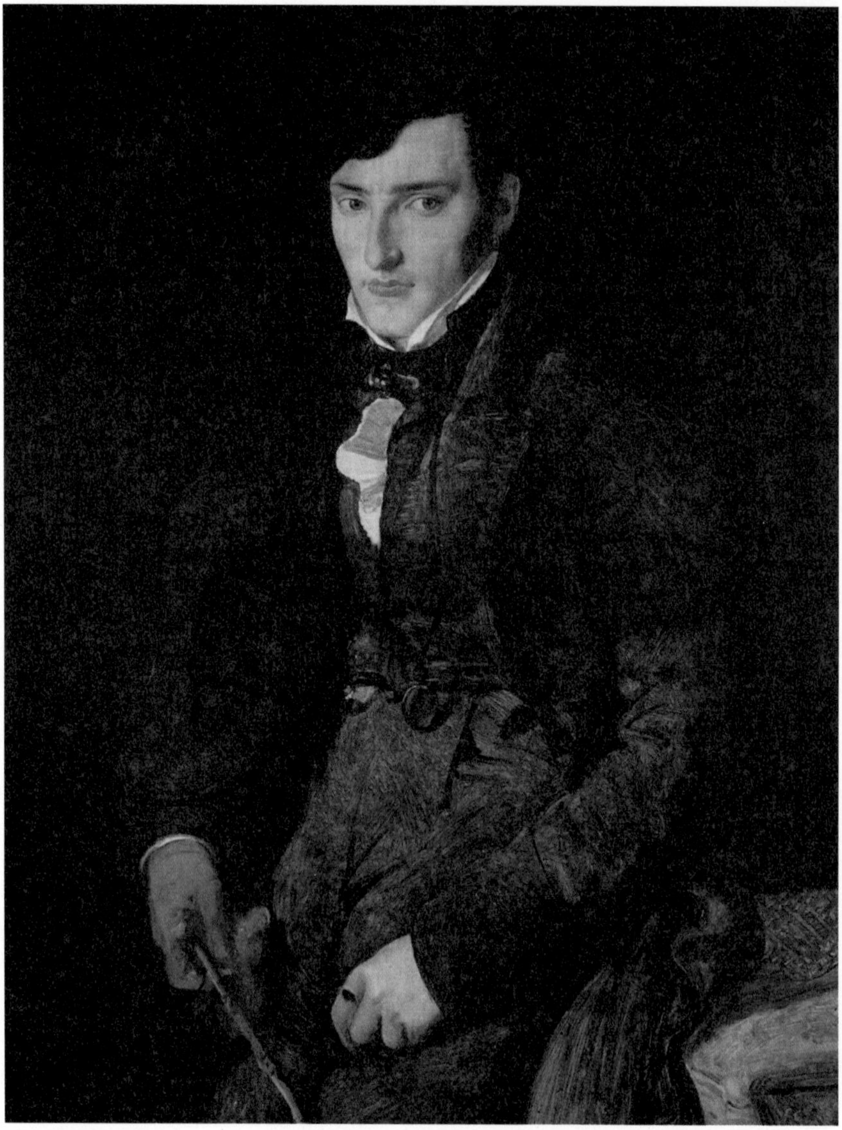

앵그르, 〈장 프랑수아 길리베르의 초상〉, 1804~1805년, 앵그르 미술관, 몽토방

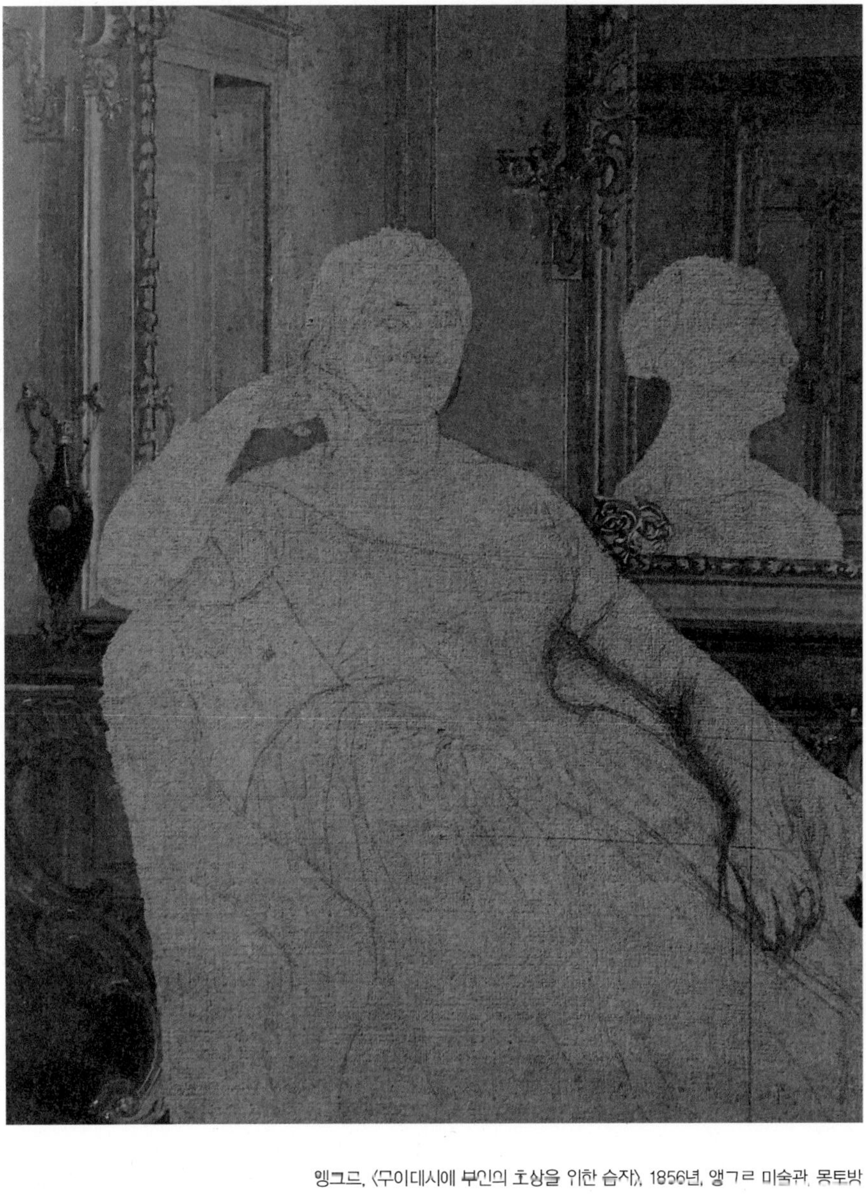

앵그르, 〈무아테시에 부인의 초상을 위한 습작〉, 1856년, 앵그르 미술관, 몽토방

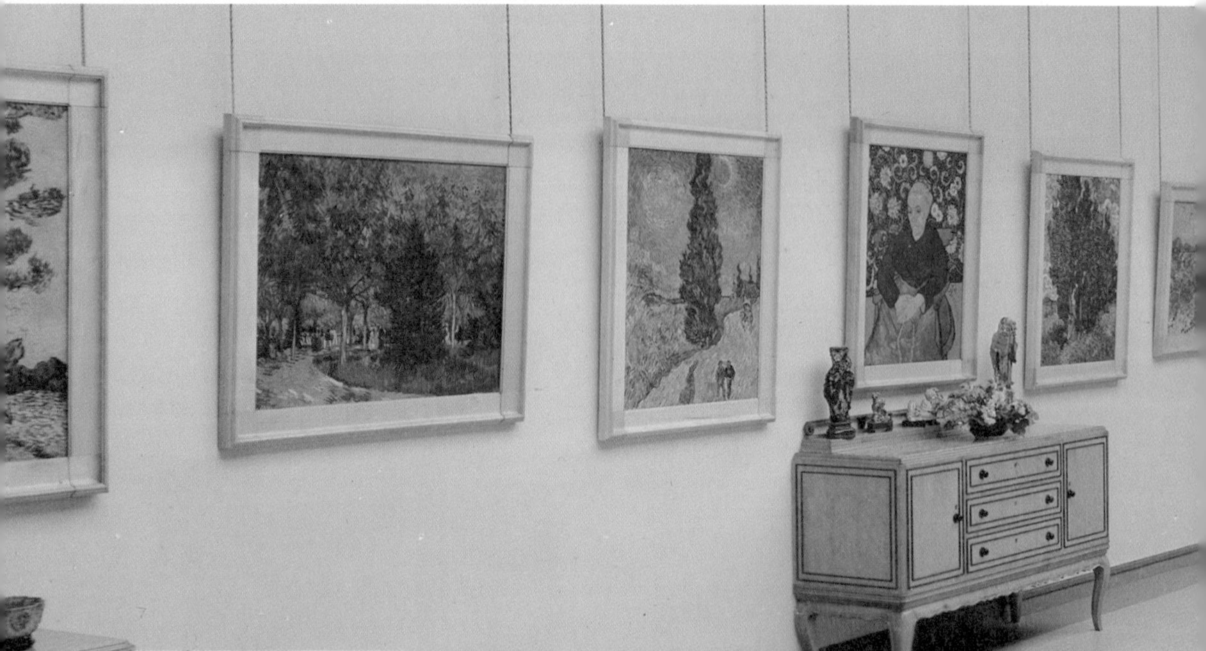

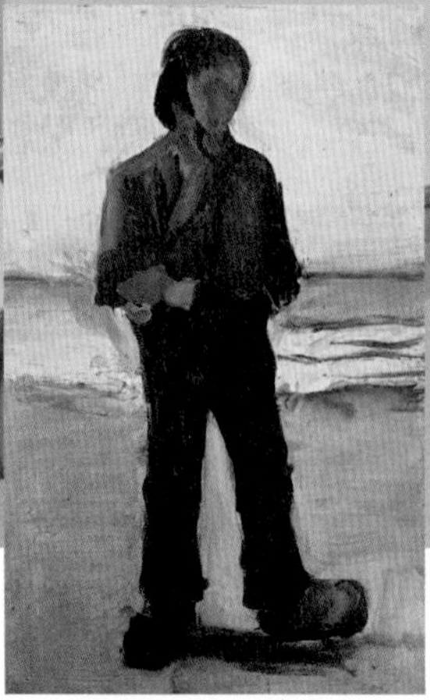

고흐, 〈해변의 어부〉

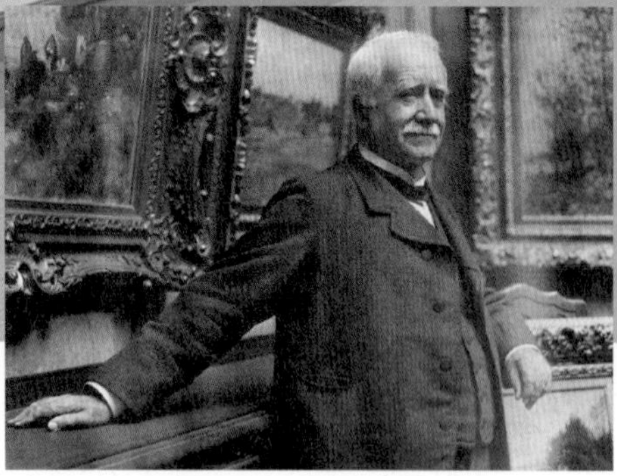

미술상 폴 뒤랑뤼엘(Paul Durand-Ruel, 1831~1922)

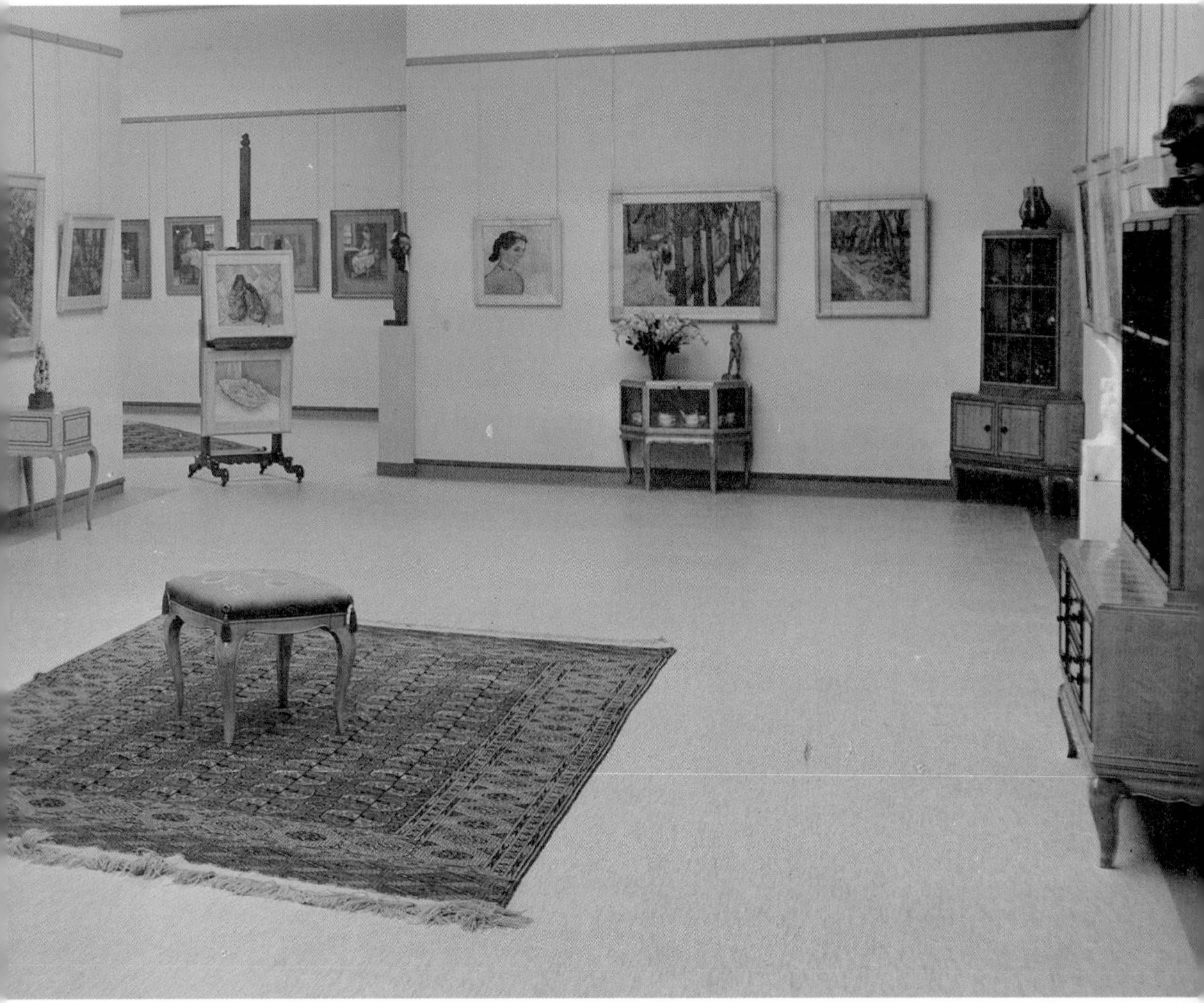

네덜란드에 있는 크뢸러 뮐러 미술관의 전시실

나는 고흐의 그림이 왜 좋은지, 어떻게 좋은지 알고 있다. 그것을 설명할 수도 있다. 하지만 그것은 몇몇 지인과 둘러앉아 수다에 흥이 올랐을 때 나눌 만한 이야기고, 이런 자리에서 장황하게 떠들기에는 한계가 있다. 나는 여러분이 보기 바랄 뿐 알기를 바라지 않는다. 말로 다 표현할 수 있는 일이라면 그림으로 그릴 것도 없고, 그림을 잘 그렸다면 인어린 쓸데없는 것이 된다.

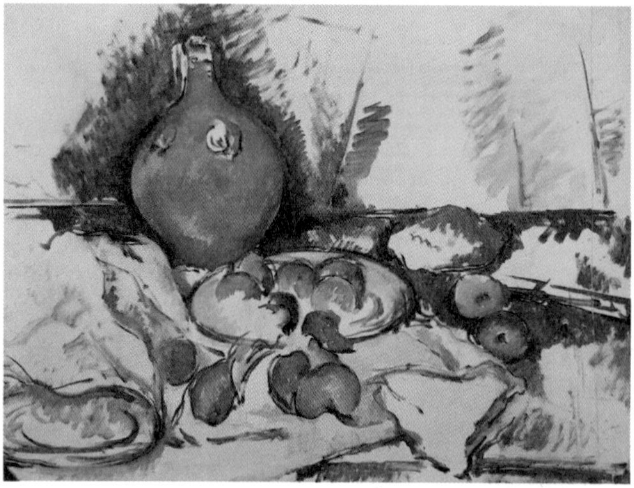

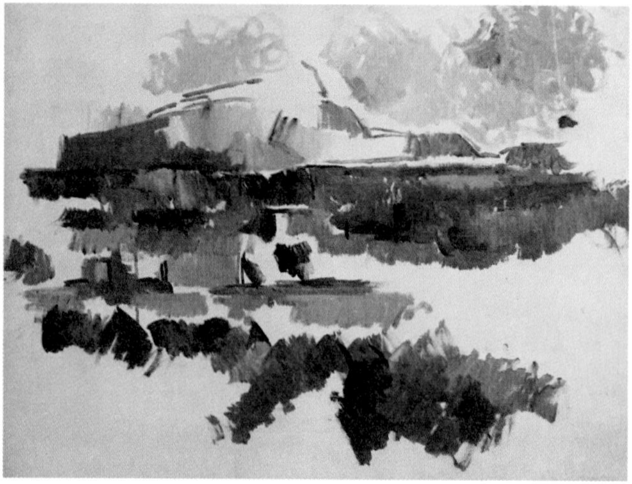

상_ 세잔, 〈물병이 있는 정물〉, 1893년, 테이트 갤러리, 런던
하_ 세잔, 〈생트 빅투아르 산〉, 1904년, 바이엘러 갤러리, 바젤(스위스)

캔버스에 흰 면을 남겨둔 채 붓을 멈춘 폴 세잔. 이런 행동은 유럽 미술사에서도, 인상파라는 작은 역사에서도 최초였다. 세잔이 캔버스를 다 칠하지 않아도 그림이 완성된다고 명확하게 인식한 것은 아닐 터이다. 중국에서는 훨씬 오래전부터 여백을 잔뜩 남겨두는 수묵화가 있었지만, 내가 아는 한 세잔은 중국화에 관심을 가진 적이 없다. 하지만 1930년대 상하이 미술전문학교와 항저우 미술전문학교 등에서 활동한 중국의 서양화가 류하이쑤(劉海粟), 린펑몐(林風眠) 및 그의 제자들(무신 선생님도 이에 포함된다)은 입을 모아 자신들이 세잔을 온전히 이해할 수 있으며 그를 사랑한다고 외쳤다. 이것은 아름다운 오해다. 세잔이 생전에 받았던 오해와는 또 다른 종류의 오해다.

회화의 방임 _미완성 작품(중)

계속해서 미완성 작품을 파고들겠습니다.

고전음악을 좋아하는 사람이라면 슈베르트의 8번 교향곡이 '미완성 교향곡'이라고 불린다는 사실을 알 것입니다. 무신 선생님은 슈베르트 8번 교향곡을 완성된 작품이라 여기고, 저는 미완성이라고 생각합니다. 교향곡은 반드시 3악장이나 4악장으로 구성되어야 하는데, 슈베르트의 8번 교향곡은 2악장만 있습니다. 18~19세기에는 '교향곡은 3악장 혹은 4악장이어야 한다'가 법률이나 마찬가지였지요. 슈베르트가 그다음에 쓴 9번 교향곡은 규칙에 맞게 악장이 네 개입니다.

"그 시기에는 몇 세대나 되는 예술가들이 오래된 격식 속에 살았고, 절대 그 바깥으로 뛰쳐나오지 않았다."

무신 선생님은 이런 말도 했지요. 슈베르트와 동시대의 작곡가들, 혹은 그 이후에 활동한 슈만, 브람스 등도 2악장으로 된 교향곡은 거의 찾아볼 수 없습니다.

무신 선생님의 말이 맞습니다. 그는 현대적 개념으로 '미완성'이라는 말을 바라봅니다. 슈베르트 8번 교향곡은 두 개의 악장으로도 충분히 만족스러우며 더하고 뺄 것이 없기 때문에 미완성이 아니라는 것입니다. 하지만 제 말도 맞습니다. 저는 전통적인 관점에서 '미완성'을 바라봅니다. 현존하는 두 개의 악장을 바탕으로 변화, 발전시켜 3악장이나 4악장짜리 작품을 썼더라면 얼마나 좋았겠습니까? 하지만 음악의 역사에서 '미완성 교향곡'이라는 작품이 없다면, 그건 그것대로 재미없고 유감스러운 일일 겁니다.

슈베르트의 미완성은 그 원인이 무엇인지 알려지지 않았습니다. 어쩌면 하늘의 뜻이었는지도 모르지요. 고흐의 미완성은 원인이 확실합니다. 하늘이 아니라 인간의 문제, 다시 말해 고흐의 그림 실력이 문제였습니다.

이번에는 화가가 아니라 회화 작품의 특성에서 미완성의 원인을 찾아보겠습니다. 핵심은 그림을 그리는 장소입니다. 실내에서 그렸는지, 실외에서 그렸는지가 중요합니다. 그림을 그려본 사람이라면 누구나 실내에서 그리는 것과 실외에서 그리는 것이 천양지차라는 사실을 알 것입니다. 가장 큰 차이는 그림을 그리는 데 드는 시간이지요.

실외에서 그림을 그리면 빛이 빠르게 변하기 때문에 그림을 그리는 속도도 빨라야 합니다. 실내에서 그림을 그리면 구체적으로 세밀하게 묘사할 수 있습니다. 시간에 쫓기지 않는 거지요. 유화가 탄생하고 몇백 년이 흐르는 동안, 화가들은 대부분 실내에서 그림을 완성했습니다. 인상파 이전의 바르비종파 화가들은 야외로 나가 그림을 그렸습니다. 밀레, 코로, 샤를 프랑수아 도비니Charles-François Daubigny, 테오도르 루소Théodore Rousseau 등은 야외에서 계절의 변화, 아침 햇살과 저녁노을을 그린 다음 화실로 돌아와 그림을 완성했습니다. 특히 코로는 실외 사생에 뛰어났지요. 그는 하나의 풍경을 두 번씩 그리곤 했습니다. 야외에서 짧은 시간 안에 그림 한 장을 완성하고, 화실에 돌아와서는 그 그림을 바탕으로 느긋하게 다시 그리는 것이죠. 똑같이 나르니Narni[1] 다리를 그렸지만 실내에서 시간을 들여 구체적으로 묘사한 그림이 더 정밀합니다. 실외에서 완성한 그림은 더욱 생기가 넘치고요. 20세기의 평론가들은 야외에서 그린 그림이 더 좋다고들 합니다.

인상파가 미술사에 어떤 공헌을 했는지 묻는다면, 뭐니 뭐니 해도 빛과 색채라고 답할 겁니다. 그렇지만 설마 인상파 이전의 수많은 화가들은 빛을 연구하

1. 이탈리아 중부 움브리아 지방의 테르니 주에 있는 도시.

고 색채를 따지지 않았겠습니까? 인상파의 젊은 녀석들이 이전의 화가들과 다른 점은, 야외에서 바로 그림을 완성했다는 사실입니다. 자신의 의도를 구현했다고 생각되면 그대로 붓을 멈추고 화구를 챙겨 귀가합니다. 그러고 집에 가서는 더 그리지 않는 거지요.

들판에 웅크리고 앉아 그 자리에서 그림을 완성하는 것은 인상파 이전의 화가들은 하지 않았던 일입니다. 그림이란 감각, 재능, 경험을 다 쏟아야 하는 작업이지만, 그보다 더 중요한 요소가 바로 시간입니다. 19세기 이전에는 그림 한 점을 그리는 데 한 달 혹은 반년, 심지어 더 오랜 시간이 걸리기도 했습니다. 그때는 이것이 정상이었습니다. 하루나 한나절 만에 그림 한 점을 완성한다는 것은 생각조차 할 수 없었지요. 말하자면 인상파가 처음으로 시작한 일입니다. 고흐가 프랑스 아를Arles에 머물며 그린 그림을 날짜별로 정리해본 적이 있습니다. 놀랍게도 하루에 한 점, 길면 이틀에 한 점을 완성했더군요.

모네가 그린 〈인상, 해돋이〉는 아침 6시의 눈부신 광경을 포착했습니다. 그 순간을 제대로 잡아냈다고 생각한 모네는 화구를 챙겨 집으로 돌아갑니다. 돌아가는 길에 보니 해가 조금 더 높아지면서 또 다른 휘황찬란한 광경이 나타나는 게 아니겠습니까? 그래서 모네는 다른 날 아침 7~8시 정도의 태양을 또 그렸습니다. 모네보다 몇십 년 앞선 영국 화가 조지프 말로드 윌리엄 터너Joseph Mallord William Turner도 장엄한 일출을 그린 적이 있습니다. 그러나 그림을 그리는 방법은 전통적이었습니다. 그 그림을 보면 화실에서 세밀하게 궁리하여 그렸다는 것을 한눈에 알 수 있지요.

제가 말하려는 핵심은 그림을 그리는 속도가 아닙니다. 그 자리에서 바로 그림을 완성하려면 붓질을 정교하게 할 수 없습니다. 정교함에서 벗어나게 되는 거지요. 그러면 의도하지 않은 멋진 효과가 생깁니다. 화가에게는 엄청난 유혹입니다.

색색의 물감, 붓의 필치, 색을 칠하는 일은 그 자체로 아름답고 행복한 일입니다. 19세기 이전 화가들의 색채와 붓놀림은 그리는 대상을 위한 것이었습니다. 인상파에 이르면 달라집니다. 인상파 화가들은 즐겁게 붓질을 하고 색채를 가지고 재미있게 그림을 그렸습니다. 그로부터 그림은 자유를 얻고, 화가는 대상이 아니라 그리는 과정에서 만나는 매개체와 놀기 시작합니다.

하지만 인상파 시기에는 아직 절반 정도만 깨우친 상태였습니다. 시간이 흘러 야수파를 창시한 앙리 마티스Henri Matisse에 이르러서야 완전한 자각 상태가 됩니다. 그는 자신이 그린 여성 누드를 두고 이렇게 말했지요.

"나는 여자를 그린 것이 아니라 그림을 그린 것이다."

마네의 〈제비꽃 장식을 단 베르트 모리조〉를 봅시다. 아무렇게나 대강대강 붓질을 했습니다. 선배 화가들이 보기에 이 그림은 이제 막 그리기 시작한 단계에 불과했고, 마땅히 공인된 완성도와 정교성에 도달할 때까지 더 그려야 했습니다. 그러나 마네는 거기서 멈췄습니다. 더 그리지 않았지요. 이 상태가 완성된 그림이라는 것입니다. 오늘날 이 그림은 초상화 중에서 최고의 경지라는 평가를 받습니다. 그러나 그때 마네에게는 그림 완성에 대한 결정권이 없었습니다. 살롱은 마네의 작품을 거부했고 대중은 그의 그림을 이해하지 못했습니다. 다들 그를 조롱했지요!

그게 바로 1870년대입니다. 당시 고흐는 아직 네덜란드에 있었습니다. 그림을 배우기도 전입니다. 실외에서 그림을 그리는 것이 유행하게 된 데는 확실한 계기가 있습니다. 19세기 중엽에 지금 흔히 사용하는 튜브형 물감이 발명되었기 때문입니다. 튜브형 물감은 휴대하기 편하고 어디서든 사용할 수 있습니다. 이전의 물감은 유리 항아리에 담았고 화가가 직접 제조해야 했습니다. 혹은 특수하게 처리한 돼지 오줌보에 물감을 넣었는데, 그렇게 하면 휴대하기 불편합니다. 재료와 회화의 관계에 대해서는 다음에 다시 이야기하도록 하겠습니다. 여기서는 인상파가 제기한 '얼마나 그려야 그림이 완성된 것인가?'라는 기존의 틀을 뒤집는 문제에 집중하기로 하지요.

기존의 틀을 뒤집었다면 그 대가를 치러야 합니다. 인상파 사람들은 평생 좋은 평가를 받지 못했습니다. 살롱에 들어가지도 못했고 그림도 잘 팔리지 않았지요. 왜 그럴까요? 이유는 수천 가지나 됩니다. 그중 한 가지는 잘 언급되지 않지만 아주 치명적인 이유입니다. 바로 당시 사람들이 인상파의 그림을 너무 허술하고 조잡하다고 생각했다는 사실입니다. 그때까지 사람들은 마네의 〈제비꽃 장식을 단 베르트 모리조〉, 모네의 〈인상, 해돋이〉처럼 대충 그린 그림을 본 적이 없었을 것입니다. 당시 한 기자는 이렇게 그들을 조롱했습니다.

"이런 그림은 원숭이도 그릴 수 있다."

예술에 대한 기호는 일단 성립되고 나면 대대로 이어지며 쉽게 변화를 허용하지 않습니다. 17~18세기에 니콜라 푸생Nicolas Poussin, 다비드, 앵그르 등 무수한 살롱 화가들은 매우 정교하고 세밀한 그림을 그렸습니다. 이보다 더 세밀하게 그릴 수 없을 정도지요. 그들이 보기에 바르비종파 화가들의 그림은 거칠고 몰상식했습니다. 바르비종파 화가들의 눈에 인상파 화가들은 더욱더 꼴같잖은 그림을 그린다고 보였을 겁니다. 앵그르는 살롱의 심사위원장을 맡은 적이 있는데, 시종일관 바르비종파의 그림을 거부했습니다. 바르비종파인 코로가 만년에 살롱 심사위원의 자격을 얻었을 때도 인상파의 건성건성 그린 그림을 받아들이지 못했습니다. 인상파 화가 모네의 만년에 입체파 화가들이 등장했는데, 슬프게도 모네 역시 새로운 조류를 마음에 들어하지 않았다는군요.

그러나 일단 규칙을 깨뜨리고 나면 구속과 제한이 풀립니다. 이제 문제는 그림의 완성도에 그치지 않게 됩니다. 그렇다면 어떻게 해야 이 문제를 끝낼 수 있을까요?

인상파의 큰형님인 피사로를 살펴봅시다. 그는 풍경과 광선이 무궁무진한 변화, 그 끝없는 풍부함에 집착했습니다. 조그마한 그림 한 장을 그리기 위해 그는 같은 장소에 가서 수십 번 혹은 수백 번 같은 그림을 그리고 또 그렸습니다. 피사로 그림의 원작을 보면 하늘, 담벼락, 수풀 등을 부단히 덧칠해서 물감층이 어찌나 두터운지 마치 진흙을 발라놓은 것 같습니다. 이로써 낯설고 새로운 개념이 탄생했습니다. 한 폭의 그림을 얼마나 그려야 완성된 걸까요? 바꿔 말하면, 그림이란 완성 없이 계속해서 그릴 수도 있는 것입니다.

피사로가 탄생시킨 개념은 그의 고집 센 동생, 폴 세잔에 이르러 아주 멀리까지 나아갑니다. 세잔은 그림을 영원히 그리려고 했습니다. 전통적인 시각에서 볼 때 세잔의 그림은 한 점도 완성된 것이 없습니다. 고흐의 〈해변의 어부〉는 적어도 화면 전체에 물감을 칠하기라도 했지요. 세잔이 남긴 그림 중 5분의 1은 캔버스가 빈 채 남겨져 있습니다. 연필로 스케치한 선까지 다 보일 정도입니다.

프랑스의 중북부 퐁투아즈Pontoise라는 지방에 청년 세잔이 피사로를 따라 스케치하러 갔습니다. 그는 빛의 변화나 계절, 날씨의 맑고 흐림은 관심이 없었습니다. 그저 반복해서 집, 나무줄기, 강변, 먼 산의 실루엣을 그려댔습니다. 그 사이 비어 있는 여백은, 그리는 것을 잊어버린 듯 그냥 남겨두고요. 세잔이 이렇게 그림을 그린 것은 화면의 양감에 신경을 썼기 때문이었습니다. 그는 니콜라 푸생이 중시한 균형감으로 돌아가고자 한다고 말한 바 있습니다.

2005년 모마MoMA라고도 불리는 뉴욕 현대미술관에서 피사로와 세잔을 비교해보는 전시를 연 적이 있습니다. 두 사람이 같은 풍경을 보고 그린 그림을 나란히 걸어놓았지요. 피사로는 거칠고 투박하다 해도 어쨌든 그림을 완성하려는 의도를 가지고 있었습니다. 반면 세잔은 제대로 다 그린 그림이 없다시피 했습니다. 고흐가 〈해변의 어부〉를 다 그리지 않은 것은 그림 실력에 한계가 있어서였습니다. 그 후 파리에 간 고흐는 점차 자기 기법을 찾아갑니다. 그렇게 해서 대략 '그림을 완성했다'고 말할 수 있을 정도가 되지요. 그러나 세잔은 애당초 그림을 완성하겠다는 생각이 없습니다. 오히려 세잔은 그림을 해체했습니다. 새로운 회화 기법을 창시한 것입니다. 세잔의 이런 방식을 '오픈 워크open work', 다시 말해 '열려 있는 작품'이라고 부릅니다.

작품을 일부러 열어놓았다면 굳이 닫을 이유가 없지요. 작품을 닫는 것은 곧 완성입니다. 19세기 이전의 그림을 보면 절반 정도 그렸을 때 어떤 모습이었을지 알 수 없습니다. 최후의 '완성'으로 그림 전체가 덮여 있지요. 닫혀 있고, 잠겨 있는 것입니다. 세잔은 그림 그리는 과정을 완전히 드러냈습니다. 그리는 중이므로 미완성 상태입니다. 자신의 그림을 영원히 열린 상태로 남겨둔 것입니다.

세잔은 피사로를 '그림의 아버지'라고 부르면서 자신을 이끌어주었다고 말했습니다. 그는 피카소, 마티스 등의 '아버지'가 되었지요. 세잔은 그림을 해체하여 그리는 과정을 드러내놓았습니다. 그리고 그의 '아들'들은 세잔이 해체한 그림의 각 극단을 받아들여 점차 입체파 미술로 나아갔고, 추상화에 이르게 됩니다.

피카소는 이런 말을 남겼습니다.

"그림은 벽에 걸린 순간 죽음을 맞는다."

무슨 뜻일까요? 액자에 넣지 않으면, 벽에 걸지 않으면 그 그림은 아직 '살아 있다'는 것입니다. 다시 그릴 수 있으며, 계속 그릴 수 있습니다. 피카소가 한 말은 20세기라서 가능한 말입니다. 시간을 50~60년 혹은 100년 전으로 되돌린다면, 어떤 화가도 이런 문제를 생각해내지 못할 것입니다. 또한 이런 문제로 고민할 리가 없습니다. 그림을 완성하지 않을 수 있다는 것, 그림을 끝없이 계속 그릴 수 있다는 것을 말입니다.

하지만 저는 끝없이 미완성 그림에 대한 이야기만 할 수가 없습니다. 이 책은 '자기 자신을 고용한' 상태에서 만드는 게 아니니까 말입니다. 이건 출판사가 기획한 프로젝트로서 100퍼센트 확실한 주문 제작 상품이지요. 그러니까 제 마음대로 미완성 상태로 계속 둘 수는 없습니다. 그러니 다음 편에서는 반드시 이 주제를 완성하도록 하겠습니다. 끝까지 함께해주길 바랍니다.

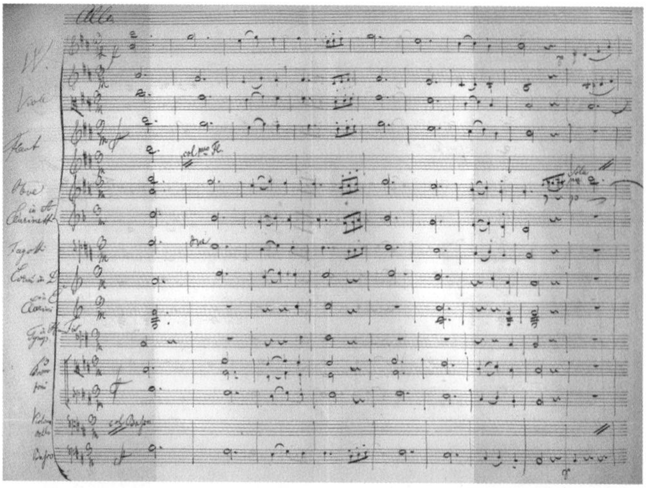

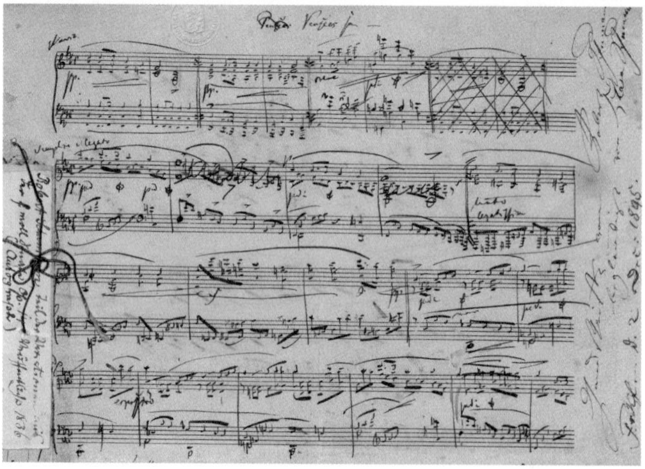

상_ 슈베르트, 미완성 교향곡의 악보 사본
하_ 슈만, 피아노 소나타 3번 F단조의 육필 악보

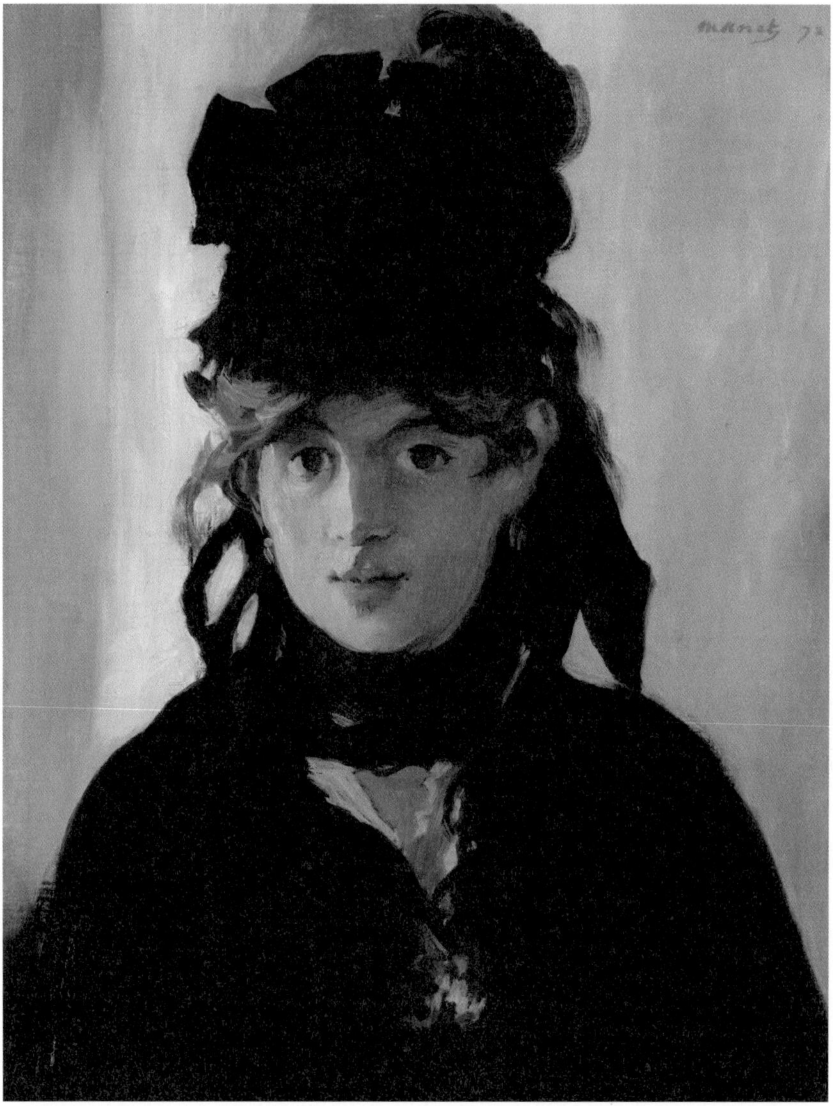

마네, 〈제비꽃 장식을 단 베르트 모리조〉, 1872년, 오르세 미술관, 파리

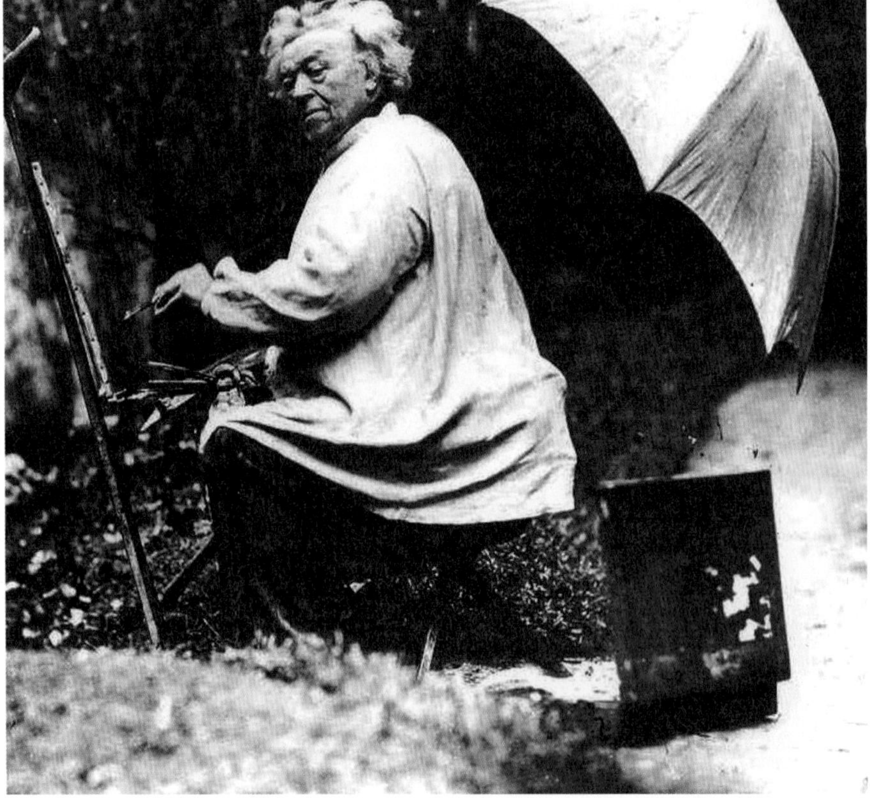

1871년, 카미유 코로

이때 프로이센-프랑스 전쟁이 발발해 바지유가 전사했다. 4년 후 코로도 세상을 떠났다.

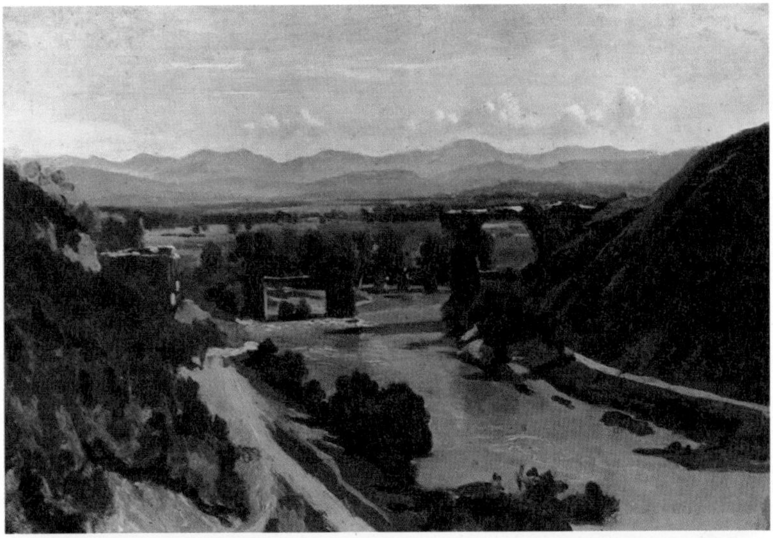

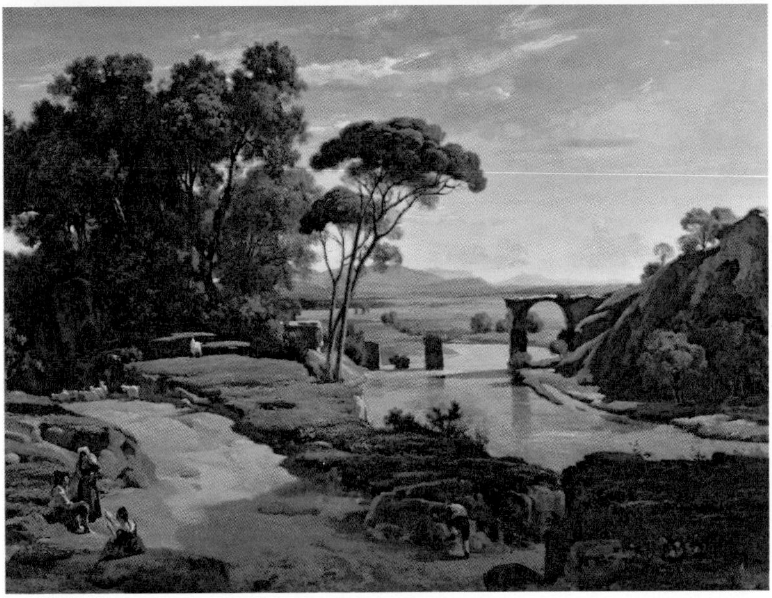

상_ 코로, 〈나르니 다리〉(실외 사생), 1826년, 루브르 박물관, 파리
하_ 코로, 〈나르니 다리〉(화실에서 완성), 1827년, 캐나다 국립미술관, 오타와

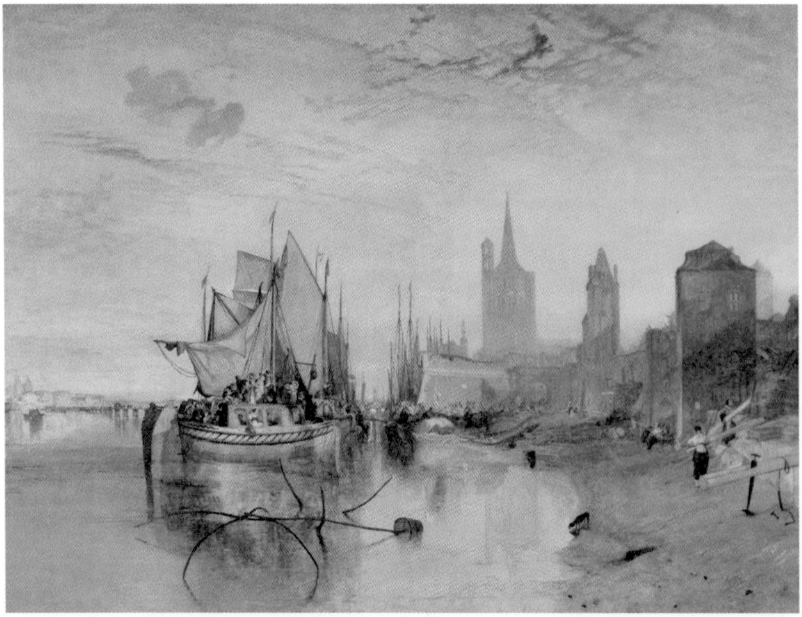

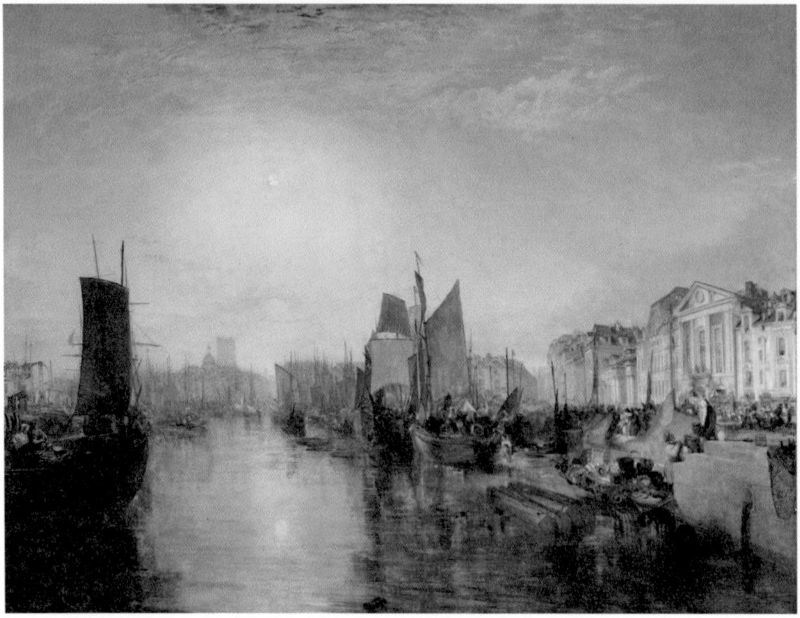

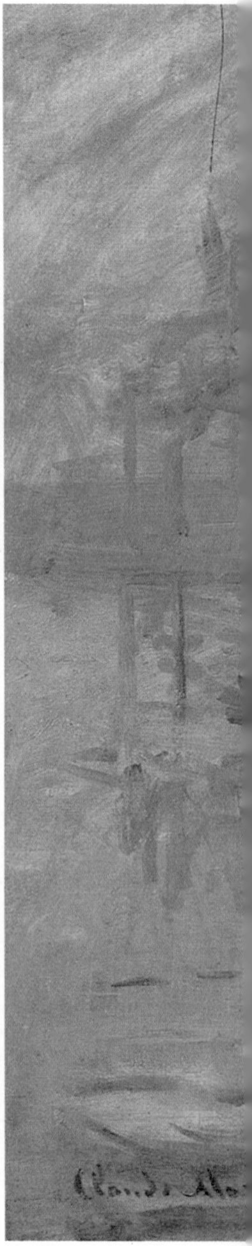

상_ 터너, 〈우편선의 도착〉, 1826년, 프릭 컬렉션, 뉴욕
하_ 터너, 〈디에피 항구〉, 1826년, 프릭 컬렉션, 뉴욕

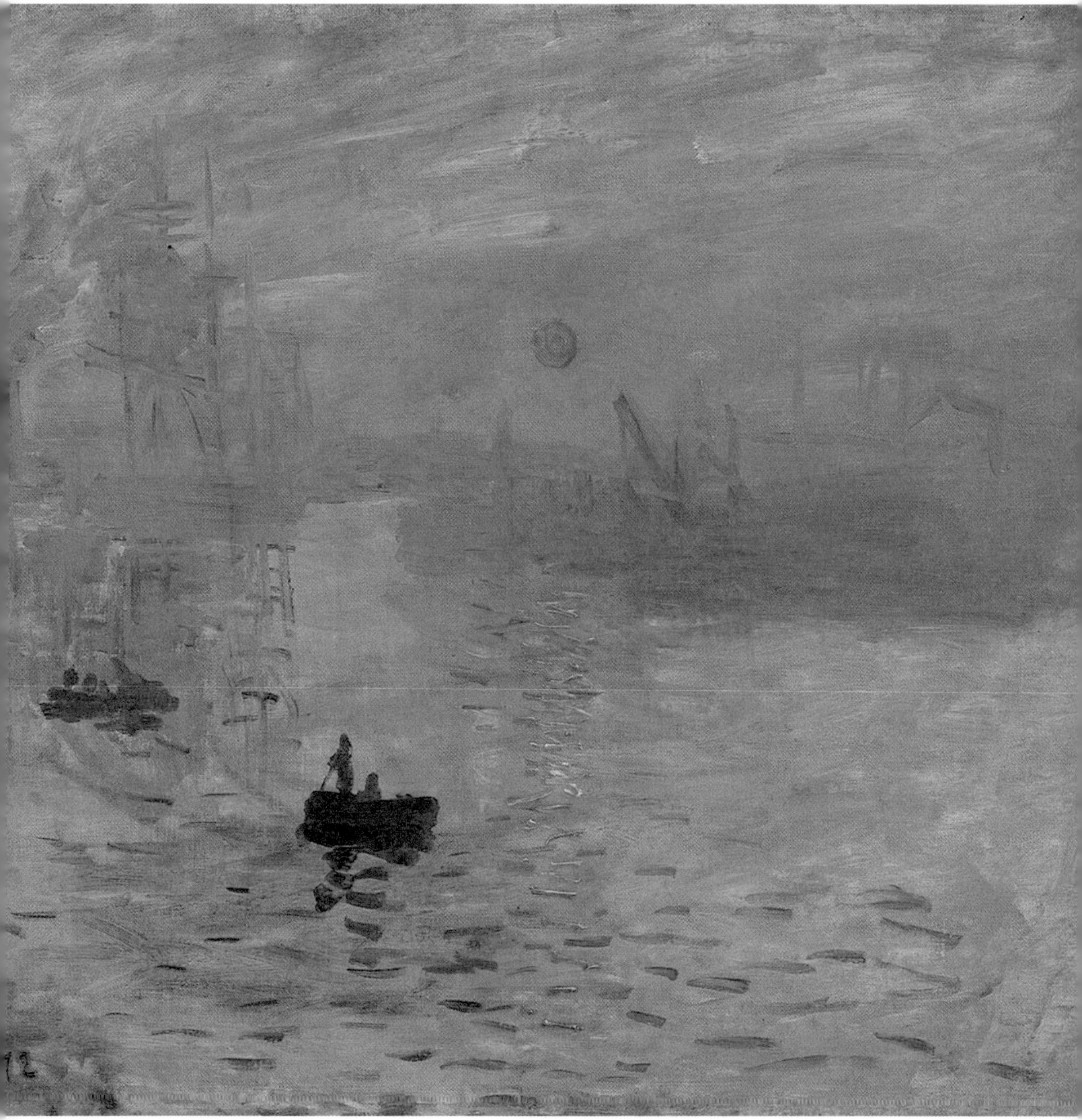

모네, 〈인상, 해돋이〉(부분), 1872년, 마르모탕 모네 미술관, 파리

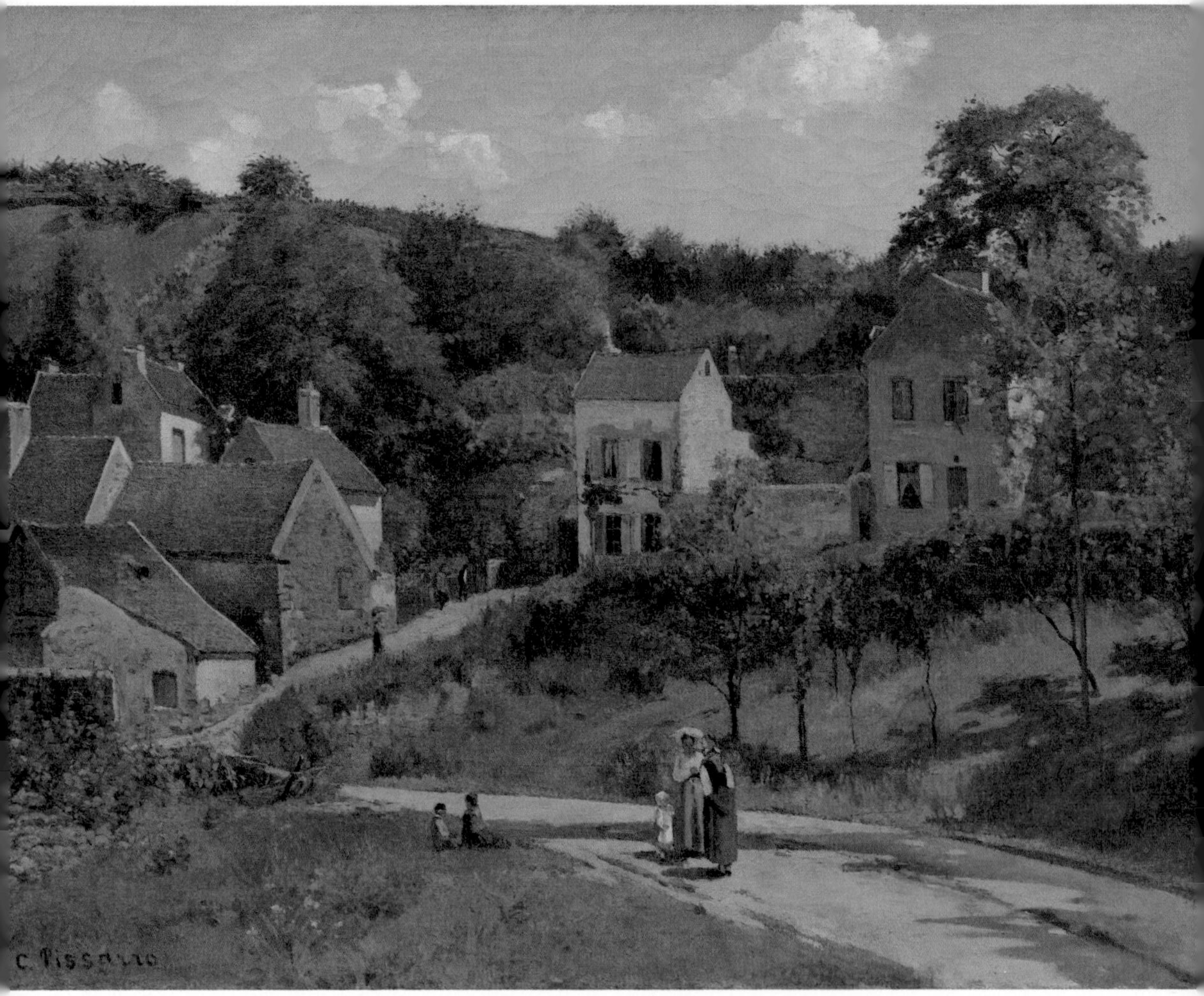

피사로, 〈퐁투아즈의 에르미타주〉, 1867년, 구겐하임 미술관, 뉴욕

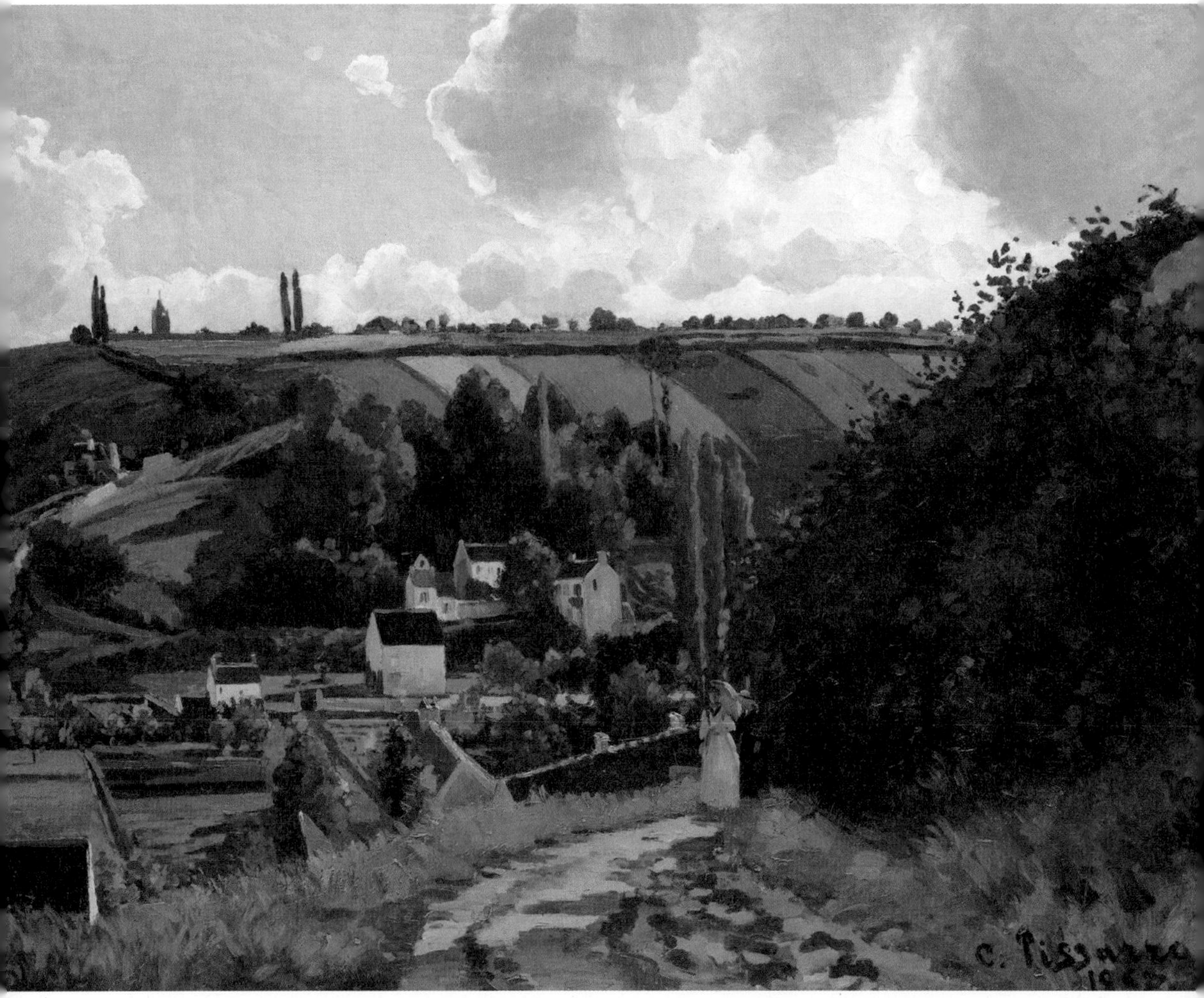

피사로, 〈퐁투아즈의 잘레 언덕〉, 1867년, 메트로폴리탄 미술관, 뉴욕

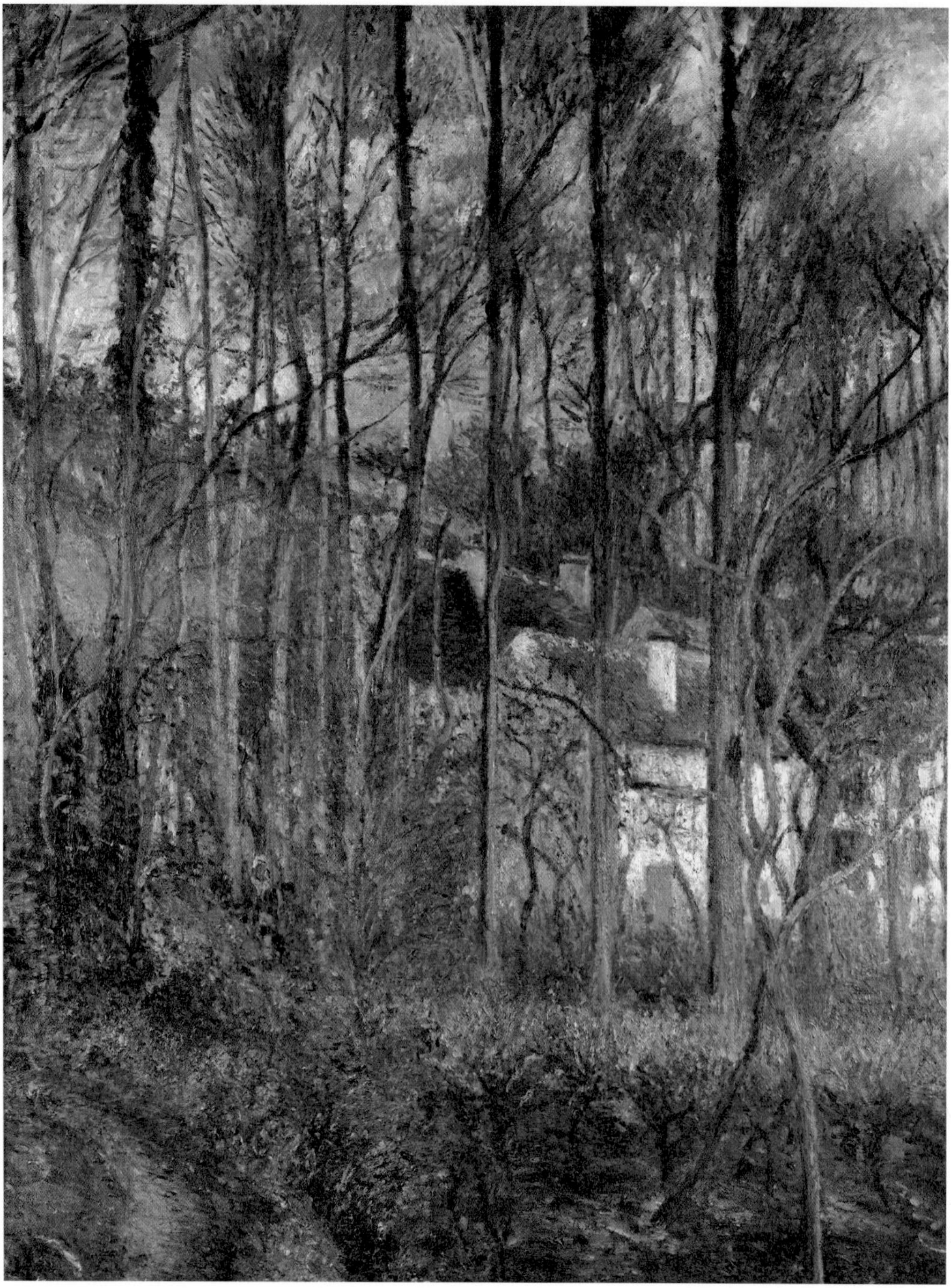
피사로, 〈에르미타주의 코트 데 뵈프〉, 1877년, 내셔널 갤러리, 런던

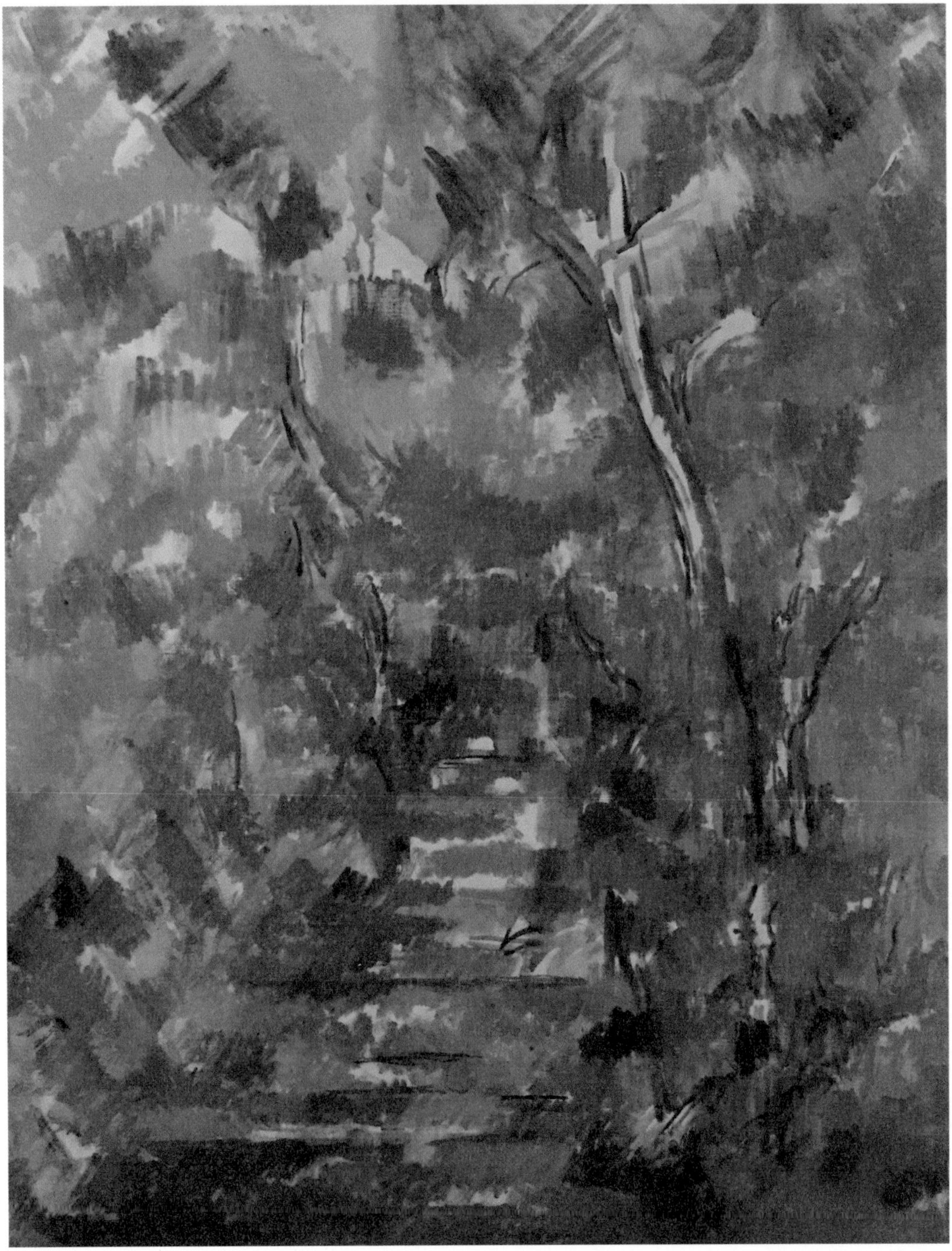

세잔, 〈숲 속 풍경〉, 1900~1902년, 바이엘러 재단 미술관, 리헨(스위스)

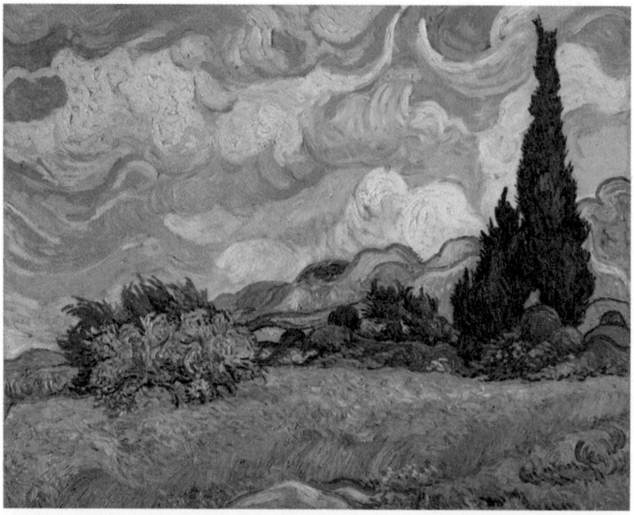

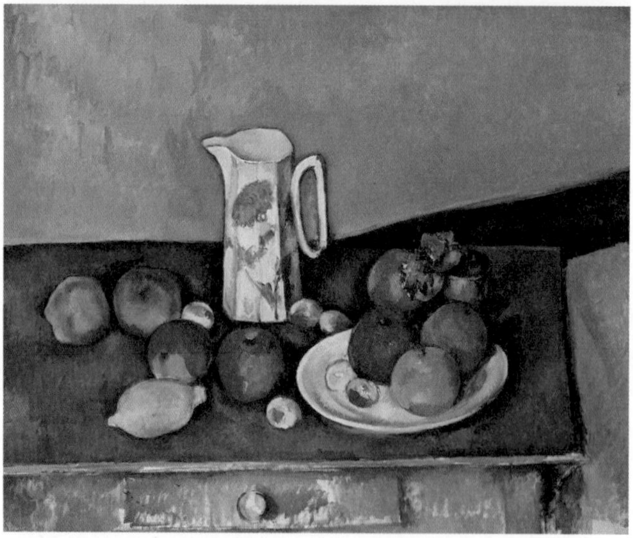

상_ 고흐, 〈삼나무가 있는 밀밭〉, 1889년, 내셔널 갤러리, 런던
하_ 세잔, 〈우유 주전자와 과일이 있는 정물〉, 1890년경, 오슬로 국립미술관
우_ 세잔, 〈가르단 마을〉, 1885~1886년, 브루클린 미술관, 뉴욕

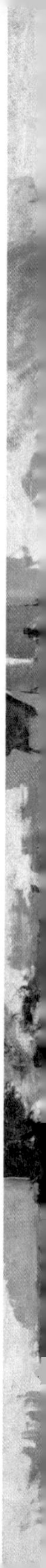

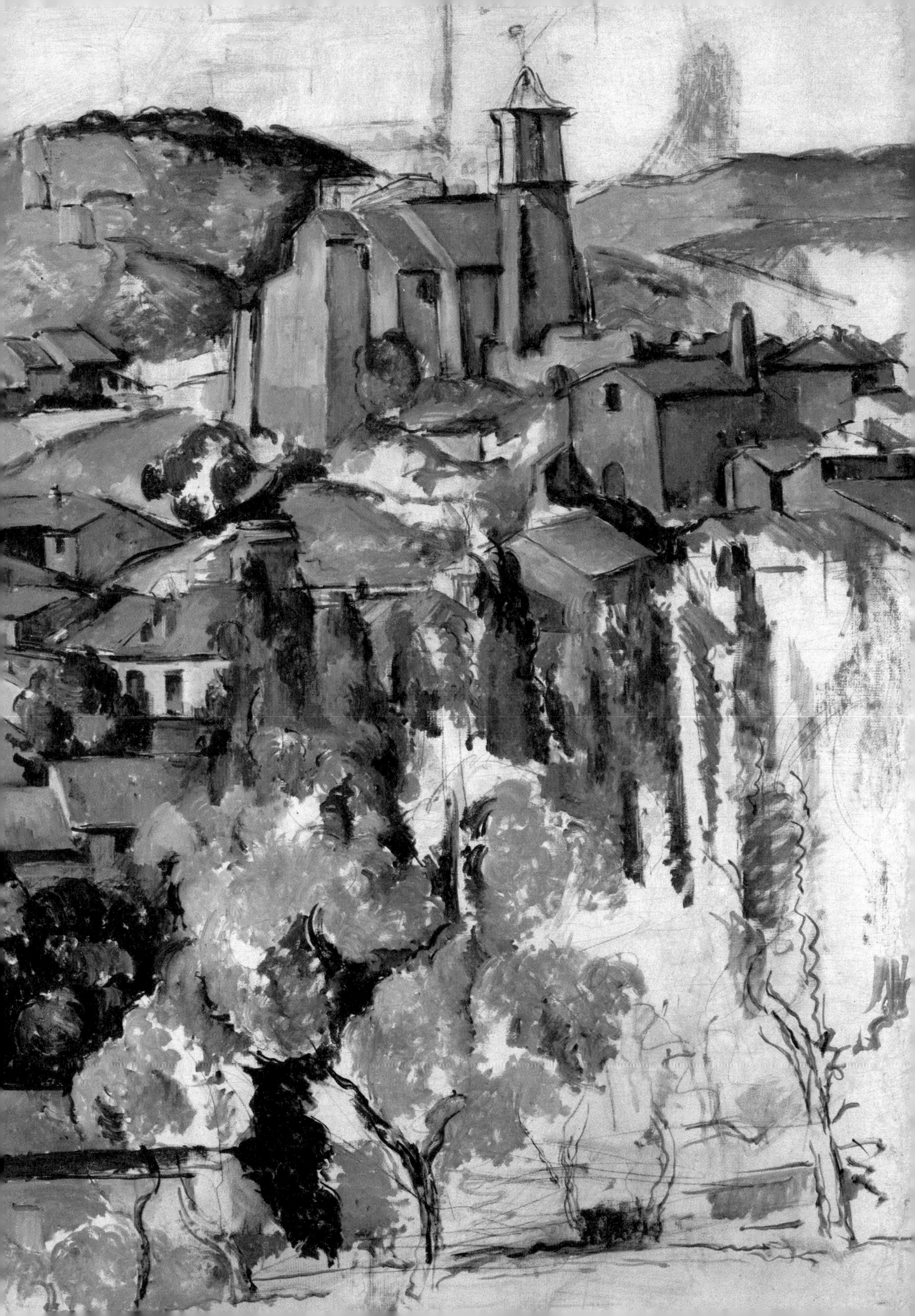

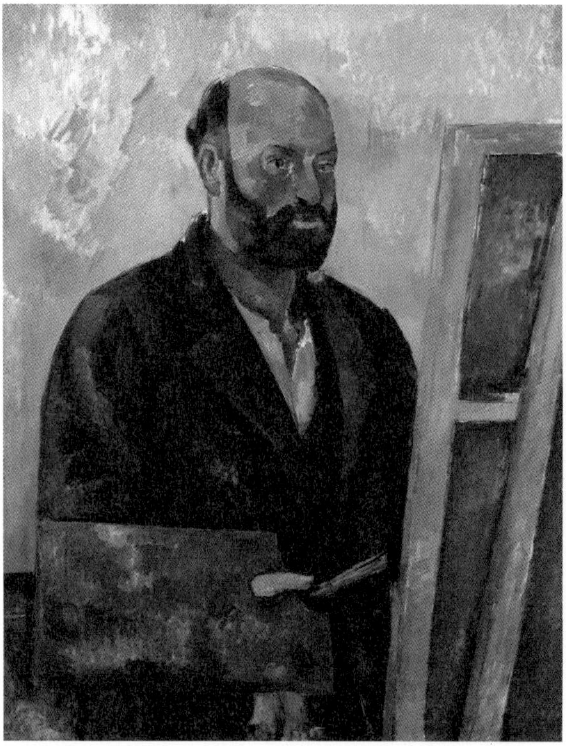

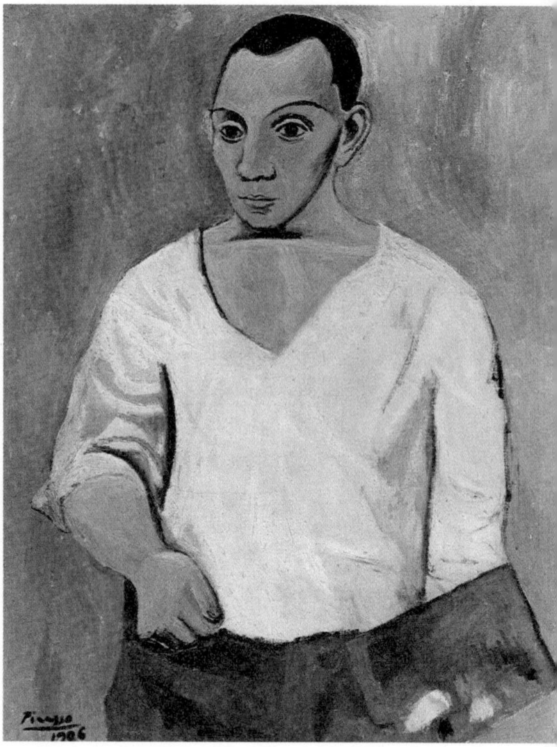

좌_ 세잔, 〈팔레트를 든 자화상〉, 1890년, 바이엘러 재단 미술관, 리헨
우_ 피카소, 〈팔레트를 든 자화상〉, 1906년, 필라델피아 미술관

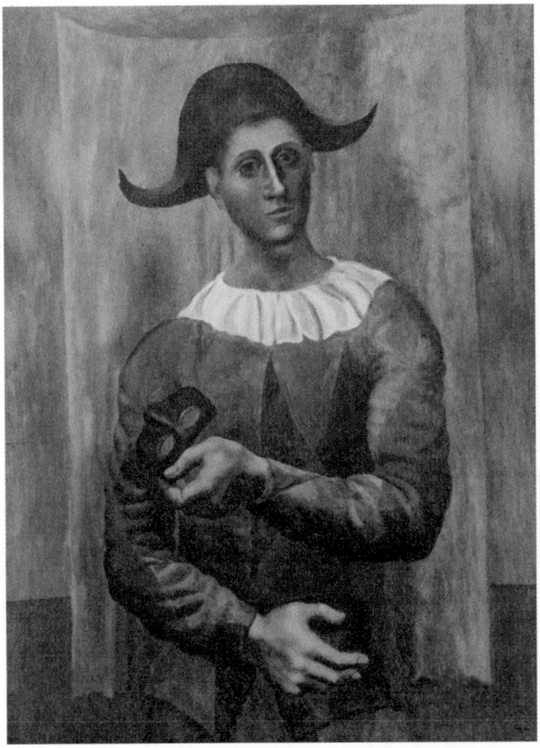

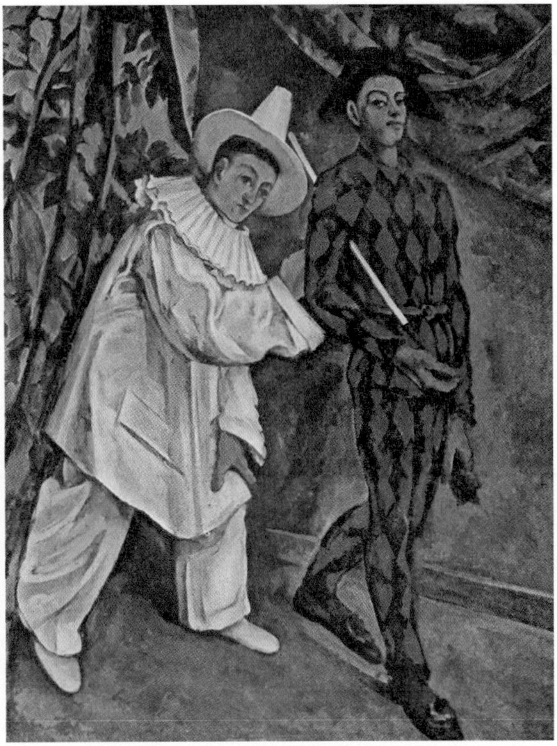

좌_ 피카소, 〈가면을 든 피에로〉, 1918년, 개인 소장
우_ 세잔, 〈피에로와 어릿광대〉, 1888년, 푸시킨 미술관, 모스크바

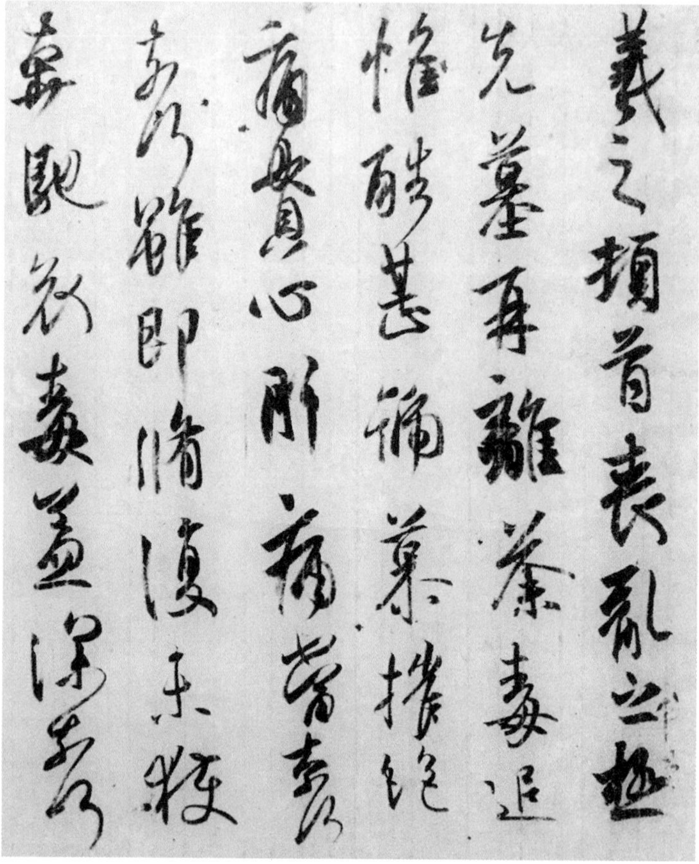

왕희지(王羲之), 〈상란첩(喪亂帖)〉, 4세기, 산노마루 쇼조칸 박물관, 도쿄

"서예와 회화는 근원이 같다"는 말이 있다. 맞는 말일지도 모른다. 하지만 나는 그림을 논할 때 중국화 이론이나 서예 이론을 인용하는 것을 좋아하지 않는다. 왕희지의 글씨를 보고 회화가 생각난 적도 없고, 왕희맹의 그림을 보고 서예가 생각난 적도 없다. 물론 이것은 수많은 서화가(書畫家)들이 비웃을 이야기다. 그런데 나는 이번 편에서 서양 미술을 통해 중국 미술을 떠올리고, 중국 회화를 거쳐 서예에 생각이 이르렀다. 내가 한 말을 그럴듯하게 합리화해서 설명할 수 있을까? 애초에 내가 한 '말'은 또 무엇인가? 어쨌든 이번에는 정말로 서예가 생각났다.

'비정식'의 매력 _미완성 작품(하)

앞에서 피카소가 "그림은 벽에 걸린 순간 죽음을 맞는다"고 한 말을 인용했지요. 이 말은 수백 년간 지속된 완성에 대한 표준이 사라졌다는 의미입니다. 즉 표준은 사라지고, 완성은 화가 각자가 고민해야 할 문제가 되었습니다. 그로부터 화가들은 자신에게 이렇게 말할 권리가 생겼다고 볼 수 있지요.

"좋아, 이 그림은 여기까지 그리면 돼."

혹은 자기 자신에게 이런 질문을 던져야만 합니다.

"이 그림은 완성된 걸까?"

1910년 전후에 피카소는 미국의 시인이자 소설가인 거트루드 스타인Gertrude Stein의 초상화를 그렸습니다. 지금은 메트로폴리탄 미술관에 걸려 있지요. 잠깐 샛길로 빠져볼까요? 스타인은 피카소가 그린 초상화가 자신을 닮지 않았다고 불평했습니다. 그때 피카소는 아무렇지도 않게 말했죠. 명언입니다.

"부인, 상관없습니다. 당신은 점점 이 그림을 닮아갈 테니까요."

자, 그럼 피카소가 이 그림을 몇 번이나 그렸을까요? 관련 자료를 읽은 적이 있는데, 놀랍게도 110번이나 덧그렸다고 합니다.

영국의 미술 평론가 마틴 게이퍼드Martin Gayford가 쓴 《파란 스카프를 맨 남자Man with a Blue Scarf》[1]를 읽은 적이 있습니다. 이 책은 마틴 게이퍼드가 루시언 프로이드Lucian Freud, 1922~2011의 그림 모델로서 반년 넘게 그의 화실을 방문하며 자신의 초상화 〈파란 스카프를 맨 남자〉가 그려지는 과정을 낱낱이 기록하고 있습니다. 그림을 그리는 동안 루시언 프로이드는 이런 말을 털어놓습니다.

1. 우리나라에는 '내가, 그림이 되다'라는 제목으로 번역, 출간되었다.

"그림이 완성에 가까워졌을 때, 가장 확신할 수 없는 것이 바로 여기서 멈출지 아닌지를 정하는 것이다. 이 그림이 다 그려졌는지를 확신할 방법이 없다."

피카소가 말한 의미에 화답하는 말이 아닌가 하는 생각이 드는군요.

렘브란트, 푸생, 다비드, 앵그르는 이런 생각을 꿈에서도 한 적이 없을 겁니다. 그들은 어떤 것이 '완성'인지를 명확하게 알고 있었으니까요.

루시언 프로이드는 2차 세계대전 이후 가장 큰 존재감을 가지는 구상화가[2]입니다. 그가 반복해서 묘사한 그림의 양감은 피사로 그림의 몇십 배에 달합니다. 루시언 프로이드는 고도 비만의 여성이 나체로 소파에 누워 있는 그림을 그렸는데, 그림을 완성하기까지 11개월이 걸렸습니다. 그는 뛰어난 그림 실력을 갖췄으며, 우직하고 고집스러웠습니다. 그런데도 그림이 완성되었는지 아닌지를 확신하지 못해 고민했다니, '완성'이라는 것이 20세기를 풍미한 명제임을 다시 한 번 생각하게 됩니다.

자, 다시 고흐의 〈해변의 어부〉를 봅시다. 분명한 사실은 절대로 '다 그렸다'고 말할 수 없다는 점입니다. 다 그리지 못한 이유 역시 명확합니다. 이제 그림을 배우기 시작한 고흐에게는 마저 완성할 실력이 없었기 때문입니다. 문제가 다시 처음으로 돌아왔군요. 도대체 완성할 능력이 없어서 다 그리지 못한 그림이 어떻게 좋은 그림일 수 있을까요? 정말 미안합니다. 저는 여전히 어떻게도 대답할 수가 없군요. 하지만 루시언 프로이드가 제 대신 대답해주었습니다.

"고흐가 그린 그림은 단 한 점도 훌륭하지 않은 것이 없다."

정말 속이 시원하군요! 끝까지 다 그리지 않은 그림도 훌륭하지 않은 것이 없다니요! 20세기 최고의 화가 중 한 명이 정신병자 고흐에게 이렇게나 감탄하고 또 그를 이해한다는 사실이 놀랍지 않습니까? 피카소는 이런 말도 했습니다.

---

2. 구상미술(具象美術)은 눈에 보이는 대상을 사실대로 묘사하는 미술을 말하며, 추상미술과 대립하는 개념이다.

"그리스인, 로마인, 르네상스인, 이들은 모두 공통의 규칙에 따라 그림을 그렸다. 그런데 고흐 이후로는 모든 사람이 각자 자신의 태양이 되어야 한다."

자신의 태양이 뭘까요? 자기 자신이 규칙을 정해야 한다는 뜻입니다. 무엇을 그릴지, 어떻게 그릴지, 무엇이 완성된 그림인지 등을 스스로 헤아리고 결정하는 것입니다. 이번에는 제 스승이자 유명한 현대 화가인 우쭤런吳作人 선생님이 해준 말을 들려드리죠.

우쭤런 선생님은 명의상 제 지도교수였습니다만, 제가 중앙미술학원에 입학한 후로 2년 동안 딱 한 번 학생들의 화실에 왔습니다. 우 선생님은 30분 정도 앉았다 갔는데, 떠나기 직전에 빙그레 웃으면서 학생들에게 다음과 같은 말을 남겼습니다.

"여러분, 멈출 때를 알아야 합니다. 화가는 그리는 것도 알아야 하지만, 그리지 않는 것도 알아야 해요!"

몇십 년이 흘렀습니다. 저는 아직도 우쭤런 선생님이 말한 경지에 이르지 못했습니다. 하지만 '미완성'이라는 주제로 지금까지 이야기하다 보니 약간은 선생님이 말하고자 한 바를 알 것도 같군요. 우 선생님이 말한 '그리지 않는 것'이라는 관념은 절반쯤은 20세기 유럽 회화에서 왔을 것입니다. 선생님이 벨기에에서 유학할 때는 모더니즘 미술이 이미 확립된 상태였고, 전통적 회화의 '완벽히 폐쇄'된 전통은 낡은 것이 된 뒤여서 '미완성'의 개념이 널리 받아들여지고 있었습니다. 나머지 절반은 선생님의 핏줄 속에 흐르는 고대 중국 회화와 서예에서 나온 것입니다.

중국의 공필화工筆畫[3] 역시 어떻게 해야 그림을 완성했다고 하는지에 대한 역사가 깊고, 엄밀한 절차와 규칙이 있습니다. 그런데 약 1천 년 전, 중국에 세계

---

3. 세밀한 묘사로 공 들여 그리는 그림을 말한다.

어느 나라에도 없는 화가군이 나타납니다. 바로 문인화가입니다. 서양 사람들은 문인화가를 직업화가가 아닌 비전문직 화가라고 해석합니다.

〈천리강산도〉를 이야기할 때, 이렇게 말한 적이 있습니다. 중국 미술사에서 가장 보기 좋고 귀중한 그림은 바로 공필중채화工筆重彩畵라고 말입니다. 조금 지나친 표현이기는 하지만 문인화와 대비하는 의미에서 그렇게 말한 것이지요. 문인화는 역사적으로 지위가 높고 발언권도 셌습니다. 현대 중국인이나 서양인이나 다들 중국화라고 하면 문인화를 지칭합니다. 너무나 편파적인 생각이지요.

어쨌든 중국 문인들은 일찍부터 확연히 차별화된 회화 태도를 보여줍니다. 무슨 태도일까요? 그림 속의 모든 것이 실제가 아니라 그림은 그림일 뿐이라는 거지요. 그림을 그리는 마음이 그림 자체보다 중요합니다. 그러니 그림을 완성했느냐 아니냐는 별로 중요하지 않습니다. 그들은 공들여 정교하게 그리는 것보다 그리려는 의도에 꼭 들어맞게 그리는 것이야말로 회화의 참뜻이라고 여겼습니다. 그림이란 붓, 먹, 종이, 물로 이루어지는 정신의 유희이며 무궁무진하게 향유할 수 있는 즐거움입니다.

서양 사람들은 19세기 중엽에 와서야 이런 태도를 보여줍니다. 인상파와 같은 시기, 혹은 조금 늦게 나타난 예술가들이 점차 이런 의식을 갖게 되지요. 조각가 아리스티드 마이욜Aristide Maillol, 앙투안 부르델Antoine Bourdelle은 점토와 석재의 양감에 집중했습니다. 음악가 생상스Saint Saens와 드뷔시Debussy는 음색과 음표를 가지고 놀았고, 시인 보들레르Baudelaire와 말라르메Mallarmé, 그들보다 어린 랭보는 글자와 단어를 깊이 파고들었습니다. 만년의 드가가 14행짜리 시를 써서 말라르메에게 보여주었습니다. 그러면서 자신의 수많은 심상을 다 표현하지 못했다며 아쉬워하자 말라르메가 이렇게 말했다고 합니다.

"친애하는 형제여, 시는 심상이 아니라 글자와 단어예요."

냉정한 말투로 유명한 드가였지만 말라르메의 말에는 얌전히 수긍했습니다.

"형제여, 제가 정말 창피한 말을 했군요."

그런데 중국에서는 618년에 세워진 당나라, 960년에 세워진 송나라 때 이미 시인들이 평측平仄이니, 압운押韻이니, 대구對句니 하면서 글자 한 자 한 자를 따지는 놀이에 정통했습니다.

중국에서 이런 의식이 오래전부터 생긴 까닭은 무엇일까요? 이론적으로 여러 가지 설명이 가능합니다. 노자와 장자의 사상적 전통, 선종의 참선, 도교의 양생술養生術, 은거 문화, 문인들 사이의 교류 문화 등등. 중국은 관료제도가 일찍이 발달했는데, 문인화가들은 대부분 관료였습니다. 따라서 대부분 먹고사는 문제로 고민하지 않아도 되는 신분 높고 한가한 사람들이었지요. 그들은 여가 시간에 그림을 그렸습니다. 어디에서 소속되지 않은 서양의 화가가 생계를 걸고 하는 일을 중국의 문인화가는 놀면서 한 겁니다. 이들 문인화가에는 은퇴하고 낙향해 사는 사람들도 포함됩니다. 그들은 회화 속에 출가한 승려와 같은 생활 태도마저 담아냈습니다. 그들에게 그림은 주문 제작 상품이 아니라 심심풀이고, 마음과 생각을 담는 그릇이고, 다른 사람과 교제하는 수단이었습니다. 고상하고 욕심 없이 세상에서 벗어나 있는 자아를 표방하는 또 다른 방식이었지요.

송나라 말, 원나라 초에 유명한 화가였던 조맹부趙孟頫와 전선錢選이 이런 대화를 나눈 적이 있습니다.

> 조맹부가 전선에게 물었다. "사대부의 그림이 어떻습니까?" 전선이 대답했다. "전문적이지 않습니다[戾家畫]." 조맹부가 말했다. "그렇습니다[然]. 내가 당나라의 왕유王維, 송나라의 이성李成, 곽희郭熙, 이백李伯이 그린 그림을 보니 하나같이 고상한 사대부가 그린 그림으로, 그리는 대상이 생생하여 그 오묘함이 다 드러나 있었습니다. 근래의 사대부 화가들은 매우 그릇되었다고 생각합니다."

이 두 사람의 대화는 아주 유명합니다. 옛 문헌 여러 곳에 기재되어 있는데 각기 조금씩 달라 몇 가지 판본으로 나뉩니다. 게다가 대화 속의 몇몇 표현은 논쟁거리이기도 합니다. 전선이 말하는 '여가戾家'는 '예가隸家'라고도 하는데, 보통 그것을 전문적으로 그림을 그리는 사람이 아니라는 의미로 봅니다. 그런데 또 어떤 사람은 그 말을 전문적인 직업화가라고 해석하기도 합니다. 조맹부가 말한 '그렇습니다[然]'에 대한 해석도 분분합니다. 심지어 완전히 반대되는 해석을 하기도 하지요.[4]

중국화의 이론은 언어로 세세하게 설명하지 않습니다. 앞의 대화는 대여섯 가지의 판본이 있고, 각자 나름대로 이치에 맞습니다. 그래도 큰 뜻을 짐작하기는 어렵지 않지요. '고상한 사대부'는 학문을 닦은 관료를 가리키고, 그들은 '그리는 대상이 생생하여 그 오묘함이 다 드러나 있는' 그림의 경지를 추구했다는 것입니다. 그렇지만 남송 이후의 사대부가 그린 그림은 갈수록 나빠지고 있다는 겁니다. '매우 그릇되었다'는 표현을 보면 조맹부가 화가 났다는 것을 알 수 있지요.

조맹부는 고위 관료입니다. 송나라 관료였던 그가 원나라에 항복하고 벼슬을 얻었기 때문에 세간의 비판을 받기도 했습니다. 전선은 직업화가라고 생각됩니다. 조맹부와 전선의 그림 중에서, 저는 개인적으로 전선의 그림을 조금 더 좋아합니다. 저 역시 '자신을 스스로 고용한' 사람이고, 높은 학문을 지니지 못해 '고상한 사대부'라고 할 수 없으니까요.

중국화에서 말하는 '그리는 대상을 생생하고 진짜처럼 그린다', '대상이 가진 오묘함을 다 드러나게 그린다'는 의미를 명료하게 설명하기란 매우 어렵습니다. 제가 조맹부와 전선의 대화를 인용한 것은 그 속에서 문인화나 수묵화의 핵심 가

---

4. 연(然) 자는 '그러하다'라는 뜻과 '그렇지만'이라는 뜻을 동시에 갖는 한자다. 전선의 말에 대해 조맹부가 긍정했다고도, 부정했다고도 해석할 수 있다.

치관이 무엇인지를 대강이나마 알 수 있기 때문입니다. 문인화가는 신묘함 같은 정신적 기준을 따집니다. 그림을 완성했는지 완성하지 않았는지 같은 기준은 관심이 없었던 겁니다. 그건 문인화가가 아니라 직업인인 화공畵工의 일이었습니다.

방금 '여가戾家'는 '예가隸家'라고도 한다고 말했지요. '예隸' 자는 서예에서 말하는 '예서隸書'를 떠올리게 합니다. "서예와 그림의 근원이 같다"는 말은 서양 사람들은 잘 이해하기 힘들 것입니다. 제가 서예를 끌어와서 이야기를 하는 데는 이유가 있습니다. '미완성'이라는 말을 다른 말로 바꿔보기 위해서죠. '미완성'이 아니라 '비정식'이라면 어떨까요?[5]

서양에서 비정식 작품은 정식 작품보다 급이 낮습니다. 하지만 중국 서예사에서 최고의 작품으로 추앙하는 육기陸機의 〈평복첩平復帖〉[6], 왕희지王羲之의 〈십칠첩十七帖〉[7], 안진경顔眞卿의 〈제질문고祭侄文稿〉[8] 등은 전부 '비정식'이고 '미완성'이며, 공들여 쓰지 않은 글씨였습니다.

서예 이론에는 "비석은 문서만 못하고, 문서는 편지만 못하다"는 말이 있습니다. 즉 글씨의 맛을 논하자면 돌에 새긴 비석의 글씨보다 붓으로 쓴 문서의 글씨가 좋고, 정식 문서의 글씨보다는 사적인 편지의 글씨가 좋다는 겁니다. 이것이 중국 서예의 최고 경지인데, 서양 사람들이라고 해서 이런 경지를 모르리란 법은 없지요. 영어나 프랑스어에서 딱 맞는 단어를 찾기는 어렵지만, 유럽의 모더니즘, 포스트모더니즘 걸작들을 보면 마찬가지의 경지를 느낄 수 있으니까요.

---

5. 예서는 그 이전까지 공식적으로 쓰이던 서체 '전서(篆書)'에서 획을 간략화해 일상적으로 쓸 수 있게 만든 서체다. 저자는 예서가 전서의 '비정식' 서체임을 말하는 것이다.
6. 3세기 서진(西晉) 시대의 명필가 육기가 남긴 서첩으로, 현존하는 명인의 글씨 중에서 가장 오래된 작품으로 손꼽힌다.
7. 왕희지는 4세기 동진(東晉) 시대의 사람이다. 〈십칠첩〉은 명필로 이름 높은 왕희지의 편지를 모아 만들었는데 초서(草書)의 대표작으로 불린다.
8. 8세기 당나라 때의 서예가 안진경이 조카의 죽음을 슬퍼하며 쓴 제문이다. 잘못 쓴 글씨를 덮거나 고쳐 적은 흔적까지 남아 있는 초고지만 '천하에서 두 번째로 뛰어난 행서(行書)'라는 칭송을 받는다.

모든 예술에는 서로 다른 언어가 대응됩니다. 그렇기 때문에 저는 중국화 이론으로 서양 미술을 논평하는 것을 좋아하지 않습니다. 그러나 고흐의 〈해변의 어부〉가 왜 좋은지 어떻게든 설명해야 한다면, 어쩔 수 없이 이렇게 말하겠습니다. "정교하게 그리는 것보다 내가 그리려는 의도에 꼭 들어맞게 그리는 것이 회화의 참뜻이다." 아니면 조맹부의 말을 빌려 "그 오묘함이 다 드러나 있다"고 하거나요.

'미완성 작품'을 주제로 이야기를 시작할 때, 저는 해답보다는 문제에 관심을 가진다고 말씀드렸습니다. 하지만 중국어란 참 신기해서, 해답도 아니고 문제도 아닌 것이 많습니다. 도대체 '꼭 들어맞다'는 것은 무엇일까요? 정말 죄송하지만 이것도 대답할 수가 없군요.

이제 미완성이라는 주제를 놓고 떠들었던 제 허튼소리도 마칠 때가 되었습니다. 여러분에게 한 가지 주의할 점을 이야기하겠습니다. '미완성 작품', '열려 있는 작품'이라는 개념은 한참 전에 유행이 지나간 회화 혁명이라는 사실입니다. '혁명'은 언제나 후환을 남깁니다. 소수의 천재만이 미완성이라는 개념을 받아들이고 미완성의 가치를 드높일 수 있습니다. 그런데 지난 100여 년 동안 전 세계의 무수한 화가들이 미쳐버리기라도 한 듯 작품이라고도 말할 수 없는 미완성 그림을 무수히 남겼지요. 아무렇게나 물감을 툭툭 칠한 그림들 말입니다. "그 오묘함이 다 드러나 있다"는 조맹부의 말도 후환을 많이 남겼습니다. 그가 되살아나 오늘날 중국 사람들이 대강대강 붓을 놀린 수천만 장의 수묵화를 본다면 "그릇되었다!"고 소리치지 않겠습니까?

그래서 마지막으로 한 말씀만 더 드립니다. 당신은 고상한 사대부인가요? 아니면 자유직 화가인가요? 당신은 실외에서 그림을 다 그리나요? 아니면 집에 돌아와 깊이 고민하면서 세세하게 묘사하나요? 당신의 그림은 완성되었나요? 아니면 미완성인가요? 어느 쪽에 속하든 당신이 조맹부나 전선이 아니라면, 그리고

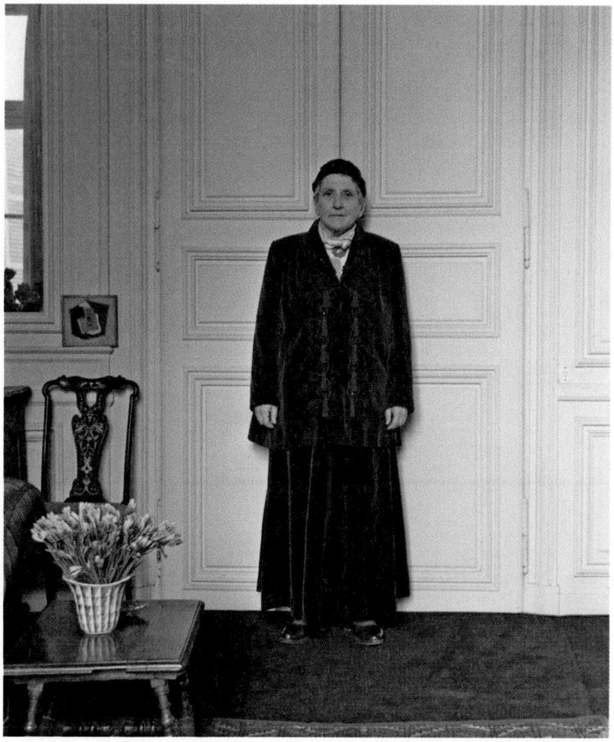

거트루드 스타인

고흐나 세잔이 아니라면, 제가 지금까지 세 번에 걸쳐 열심히 설명한 내용이 당신에게는 전부 헛소리라는 것을 기억하시기 바랍니다. 저는 얼마든지 지금까지 이야기한 내용들을 번복할 의사가 있습니다.

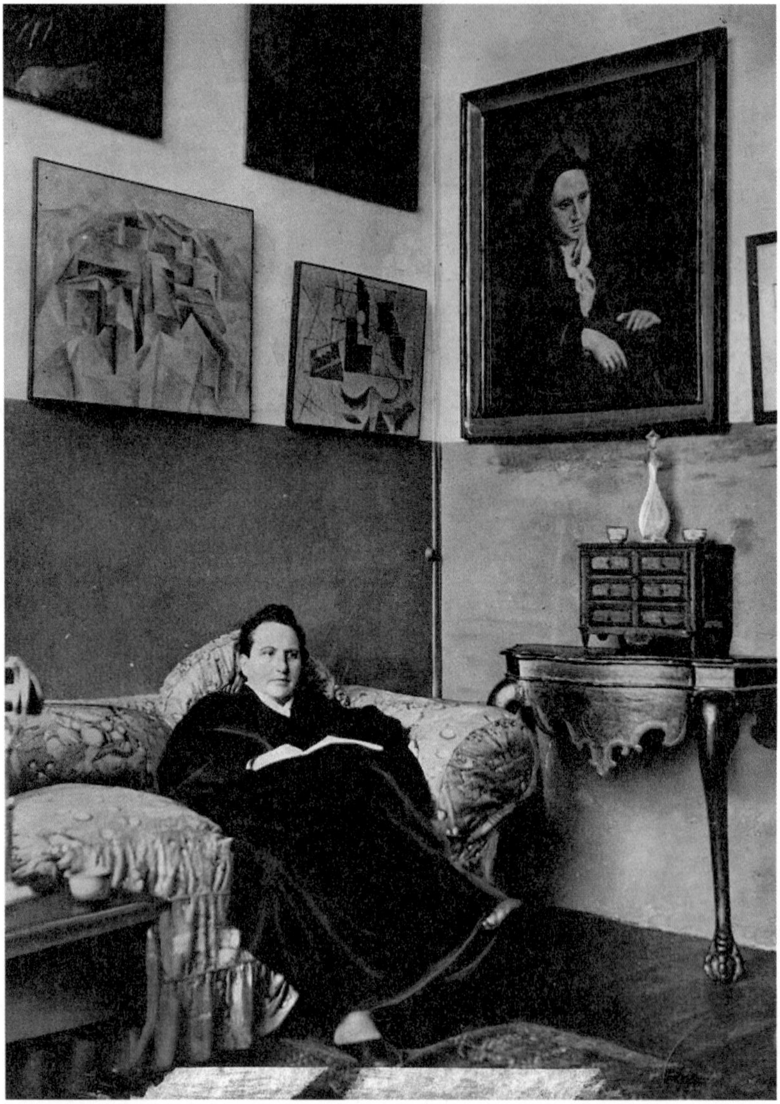

거트루드 스타인과 피카소가 그린 그녀의 초상화

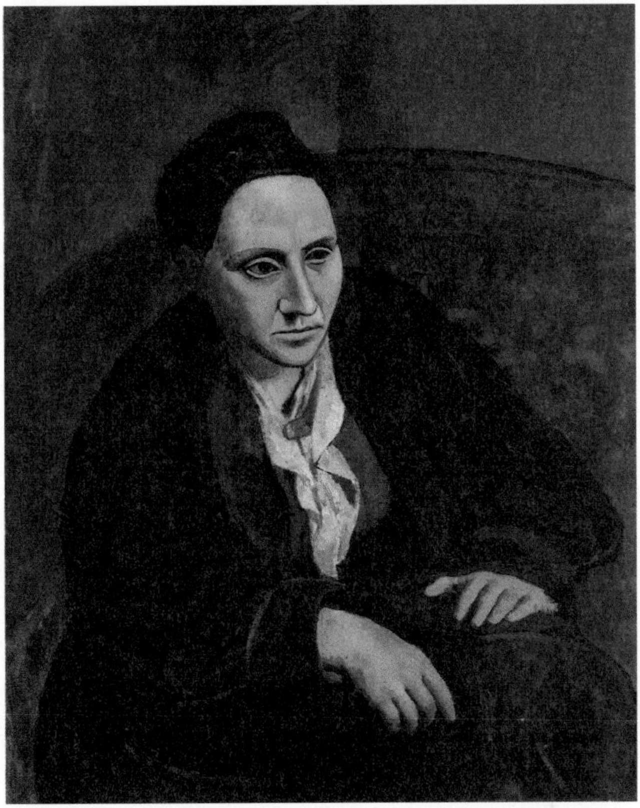

피카소, 〈거트루드 스타인의 초상〉, 1906년, 메트로폴리탄 미술관, 뉴욕

부유하고 안목 있는 미국인들은 인상파가 유지되도록 해준 최고의 후원자들이다. 피카소 같은 초기 모더니즘 화가들도 그들의 도움을 받았다. 미국과 프랑스 사이에는 약 200년에 이르는 좋은 관계가 있다. 프랑스혁명에서 목이 잘린 루이 16세도 신생국가 미국을 지원했고, 혁명 이후에 세워진 프랑스 정부도 자유의 여신상을 주조해 멀리 뉴욕까지 보내주었다. 그때 프랑스 사람들은 나중에 프랑스의 가난한 화가들이 미국 고객이 그림을 사주기를 고대할 것을 예상하지 못했으리라. 미국의 유명 미술관에는 프랑스 화가들의 그림으로 가득하다. 세잔, 르누아르의 유명한 후기 작품은 필라델피아 미술관에 있고, 뒤샹의 모든 작품도 필라델피아 미술관에 있다.

요즘 파리 사람들은 미국인을 싫어하지만, 미국인들은 여전히 파리를 걱정하고 신경 쓰고 있다. 하지만 거트루드 스타인처럼 파리에 정착해 사는 품위 있는 미국인은 이제 다 사라졌다. 거트루드 스타인은 영리하고 운 좋은 구매자였으며, 그녀 자신이 훌륭한 작가이기도 했다. 우디 앨런은 꿈속 여행 같은 분위기로 거트루드 스타인과 헤밍웨이 등 여러 작가가 등장하는 〈미드나잇 인 파리(Midnight In Paris)〉 같은 영화를 만들기도 했다. 우디 앨런이 부러워한 것은 당시의 파리일까, 아니면 당시 파리에 살았던 미국인일까?

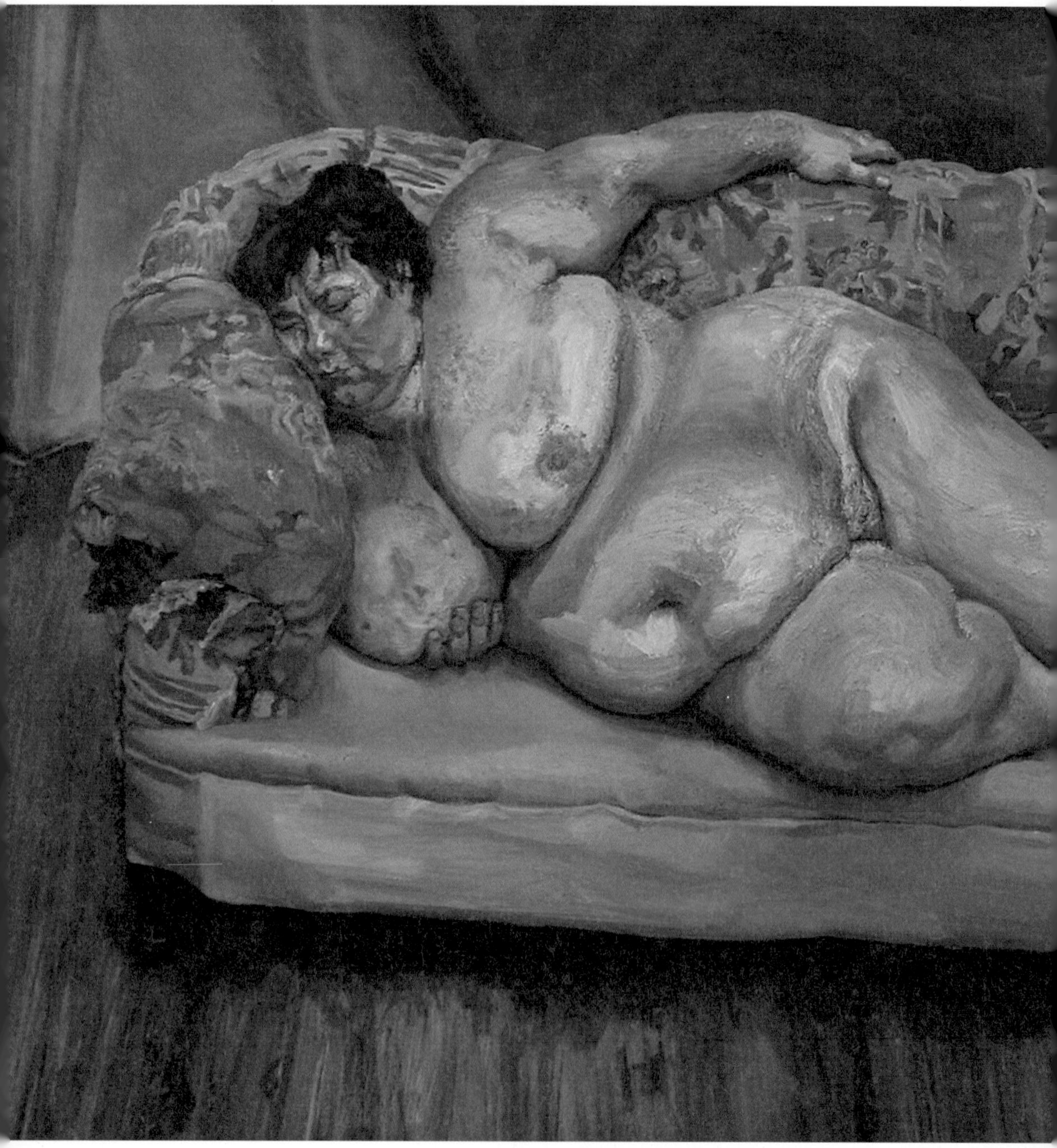

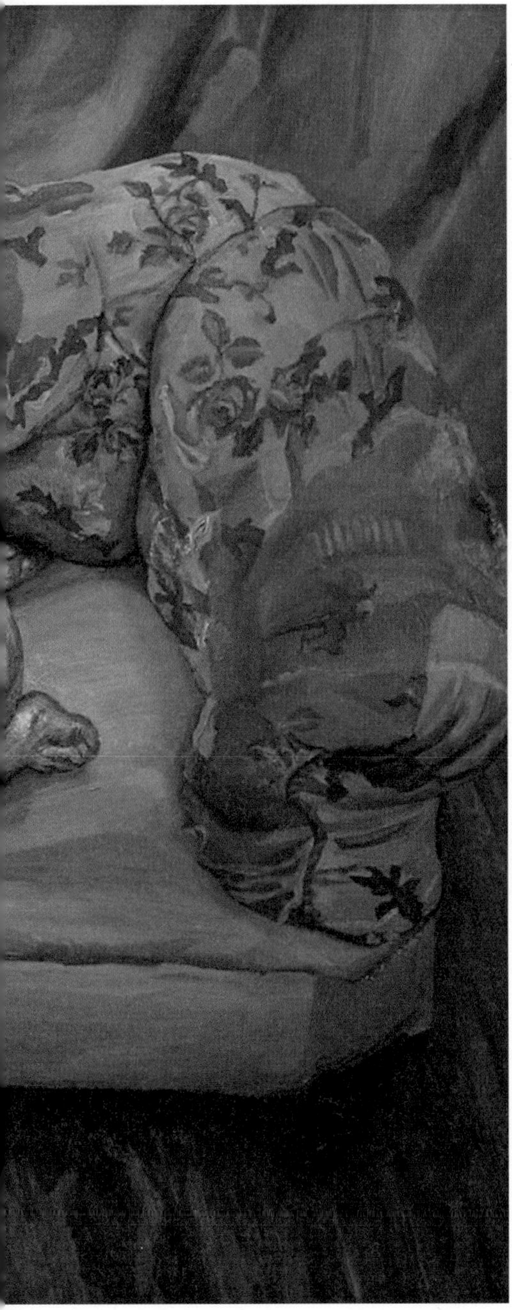

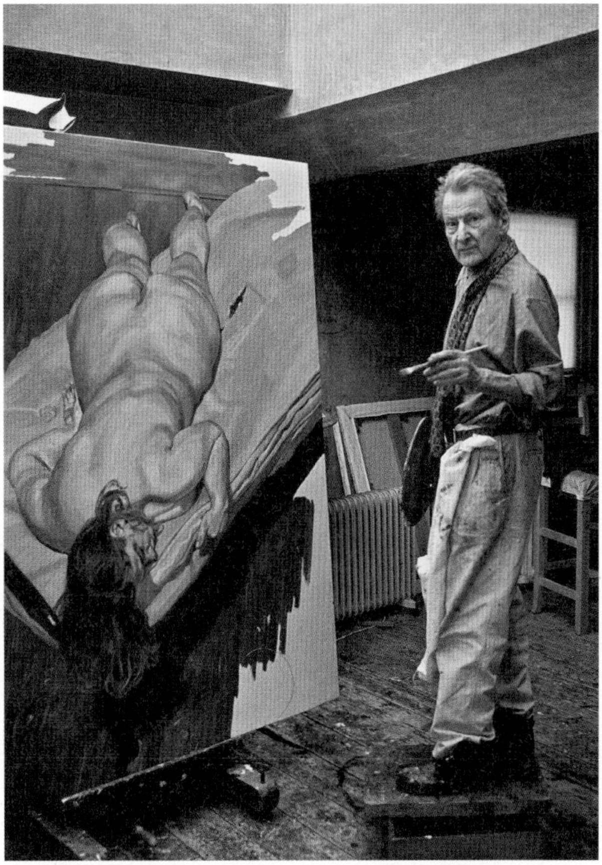

좌_ 루시언 프로이드, 〈잠든 보험 수당 관리인〉, 1995년, 개인 소장
우_ 화실에 있는 루시언 프로이드

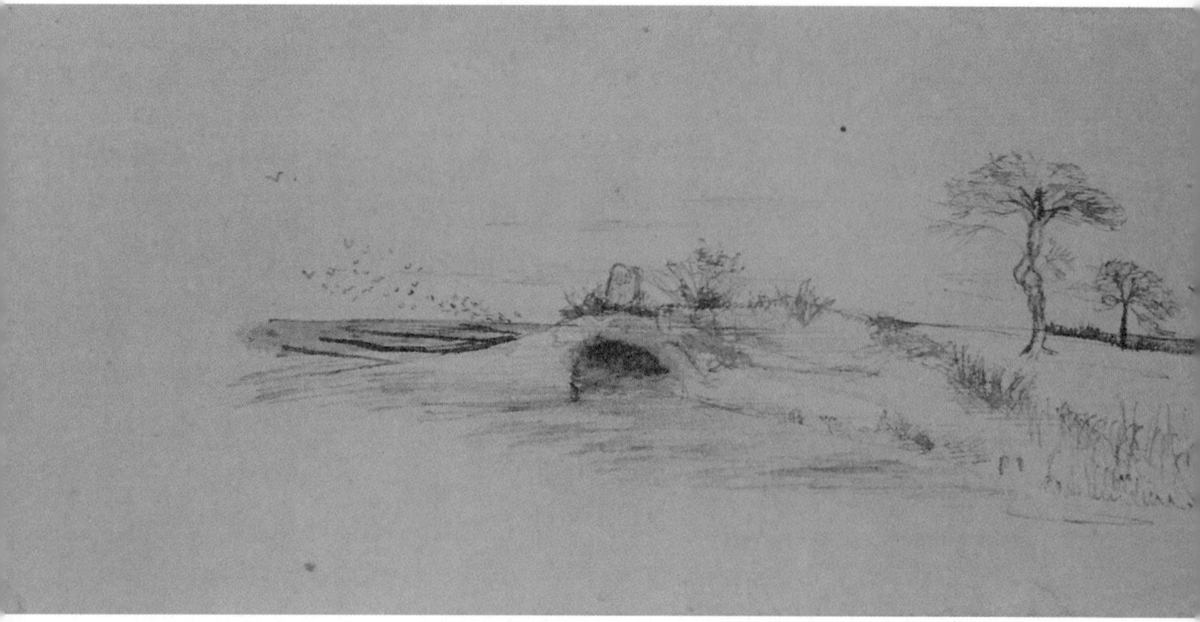

고흐, 〈막벨라 동굴〉, 1877년, 반 고흐 미술관, 암스테르담

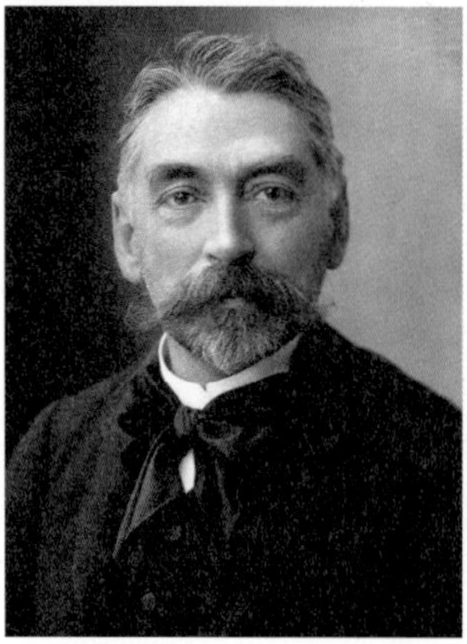

시인 말라르메

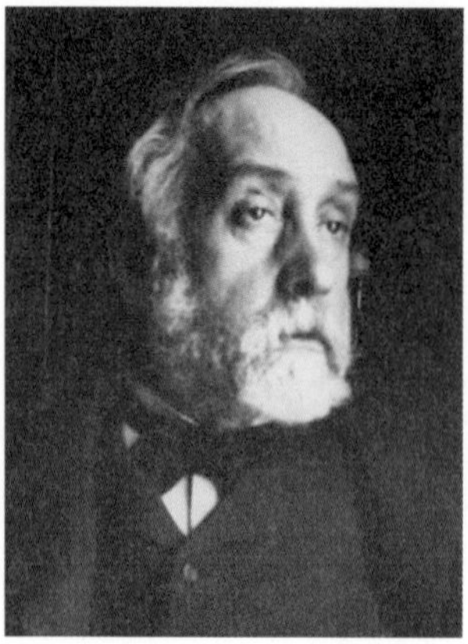

만년의 드가

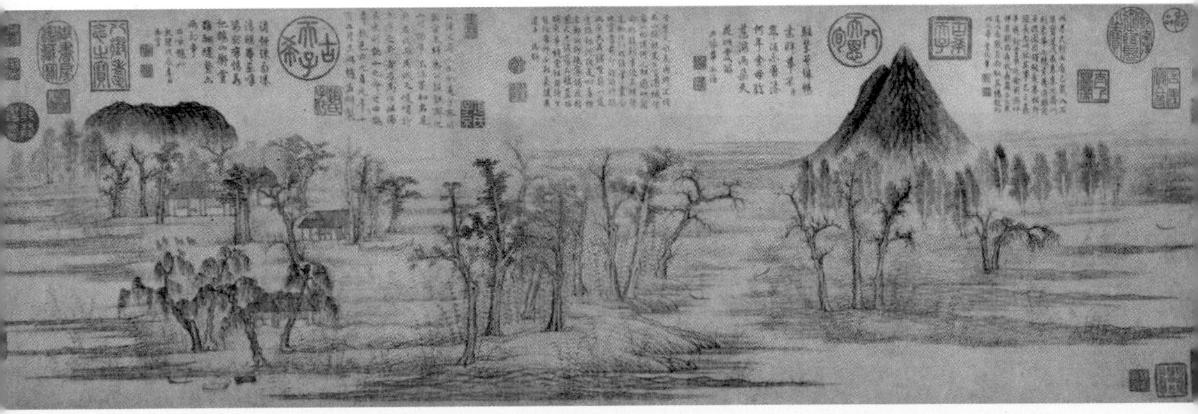

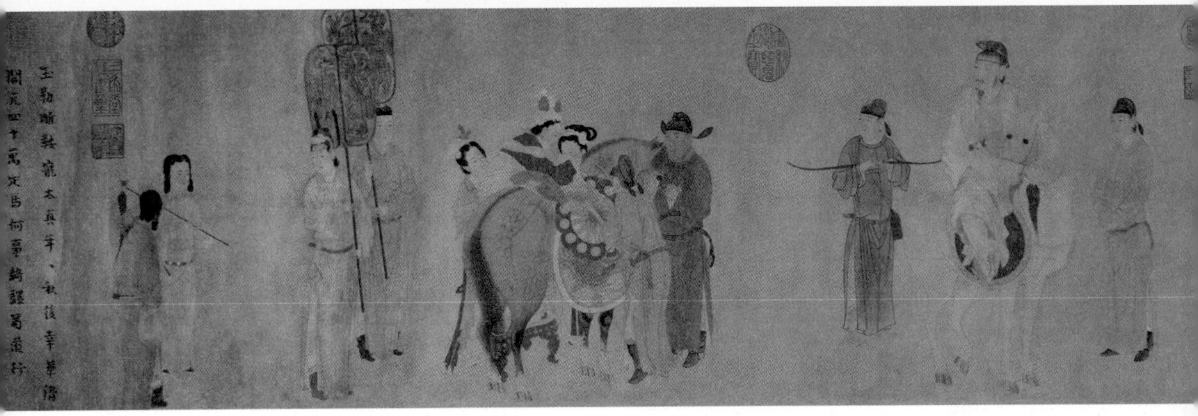

상_ 조맹부, 〈작산과 화산의 가을 풍경〉, 1295년, 고궁박물원, 타이베이
하_ 전선, 〈양귀비가 말에 오르다〉, 13세기, 프리어 미술관, 워싱턴 D.C.

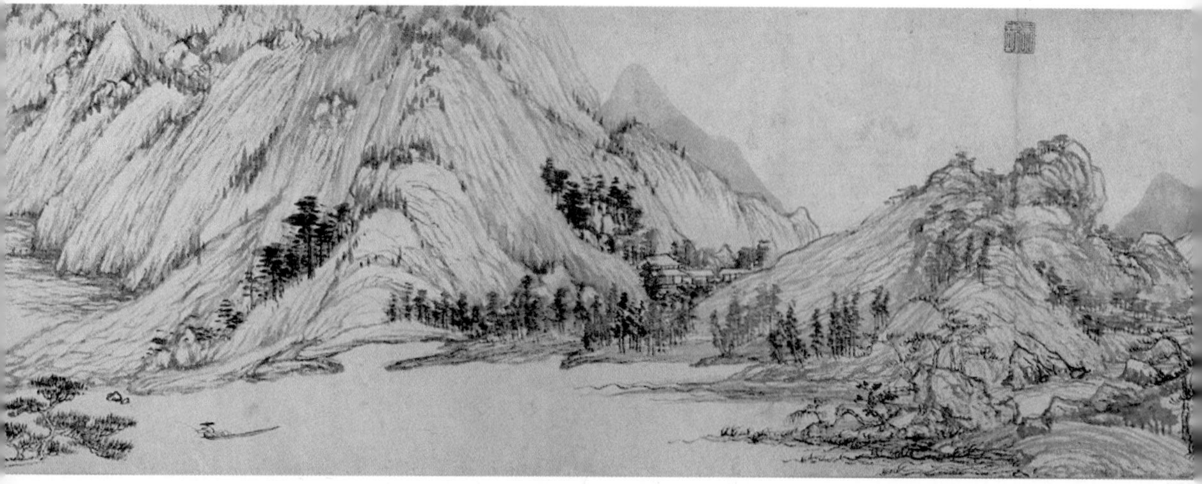

황공망(黃公望), 〈부춘산에 거하다〉(부분), 1347년경, 고궁박물원, 타이베이

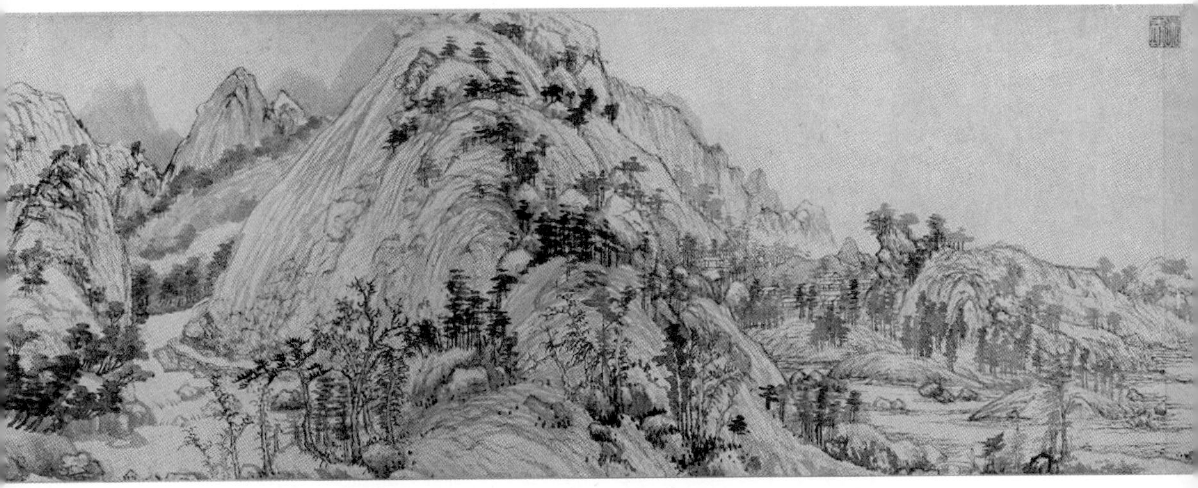

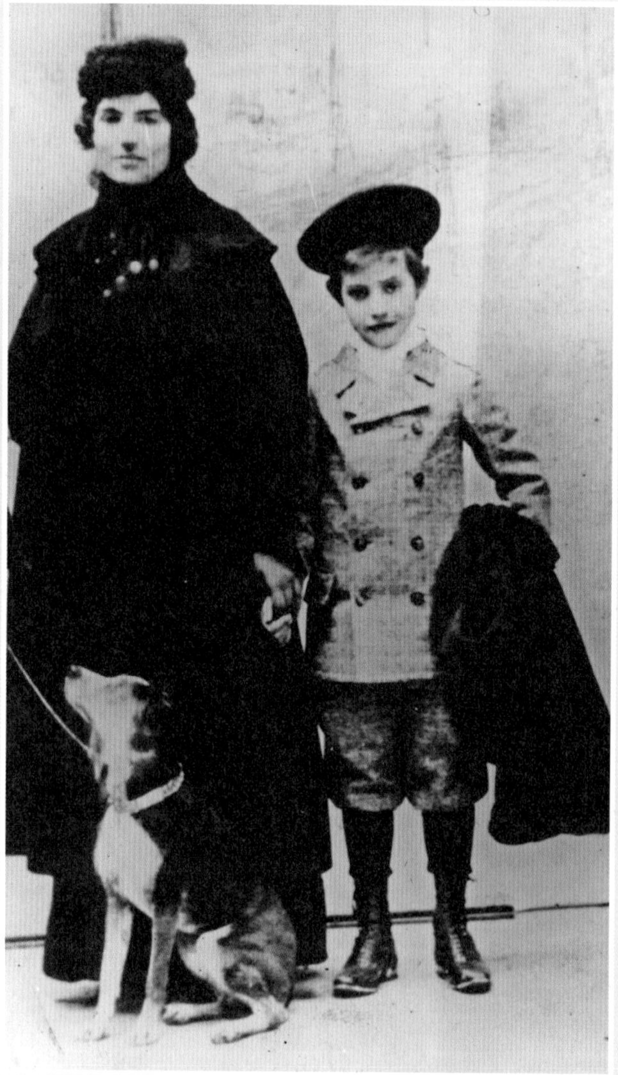

발라동과 아들, 1894년

발라동 모자(母子)

지금까지 그림의 완성과 미완성에 대해 그리고 인상파에서 시작된 '그림을 영원히 그릴 수 있다'는 개념에 대해 이야기했습니다.

그때부터 회화는 통제할 수 없게 되었으며, 인상파에 이어 온갖 기법과 방식이 우후죽순으로 나타났습니다. 그중 잘 알려진 화가로는 입체파의 피카소와 야수파의 마티스 그리고 또 다른 입체파 화가 조르주 브라크Georges Braque가 있습니다. 그들은 공공연히 세잔과 고흐에게 결정적인 영향을 받았다고 선언했지요. 그들 외에도 수많은 화가가 등장합니다. 아주 유명하지는 않지만 존재감이 뚜렷한 화가로서 앙드레 드랭André Derain, 알베르 마르케Albert Marquet, 앙리 루소Henri Rousseau, 에두아르 뷔야르Édouard Vuillard, 피에르 보나르Pierre Bonnard, 모이즈 키슬링Moise Kisling, 모리스 드 블라맹크Maurice de Vlaminck, 모리스 위트릴로Maurice Utrillo, '파리의 일본인' 후지타 쓰구하루藤田嗣治 그리고 여성 화가가 한 명 있습니다. 바로 이제부터 이야기할 수잔 발라동Suzanne Valadon, 1865~1938입니다.

"내가 나무를 심으면 자손들이 시원한 그늘을 누린다"는 속담이 있습니다. 19세기 인상파 화가들은 몇 세대나 이어진 회화의 전통과 싸워야 했습니다. 그러나 20세기 초가 되면 대중이 더 이상 새로운 화가들을 괴롭히지 않습니다. 인상파 이후에 등장한 화가들은 즐겁게 그림 그리는 것에만 몰두할 수 있게 되었지요. 이들은 파리의 몽파르나스Montparnasse와 몽마르트르Montmartre 언덕 일대에 살았고, 나중에 '파리 화파畵派'라고 불렸습니다. 미술관에 가면 인상파 그림이 전시된 전시실 다음에 대개 파리 화파의 그림이 등장해 역사의 벽면에서 형형색색의 꽃망울을 터뜨리고 있습니다.

저는 파리 화파 중 세 사람을 특히 좋아합니다. 피카소, 마티스, 브라크에게 밀려서 많이 언급되지는 못했지만요. 바로 앙드레 드랭, 알베르 마르케, 수잔 발라동입니다.

드랭은 툭 불거진 눈에 우락부락한 얼굴의 남자입니다. 프랑스 화가 발튀스 Balthus가 커다란 잠옷용 가운을 입고 있는 드랭을 그리기도 했습니다. 드랭은 독일 점령기에 부득이하게 독일군과 관련되면서 명예를 잃었습니다. 그는 야수파와 입체파 사이를 오가며 활약했는데, 어떤 작품은 피카소나 마티스의 작품보다 낫다고 생각합니다.

마르케는 우아하고 고상한 신사이며, 인상파의 회화 기법을 집대성한 화가입니다. 주로 강변, 정원, 파리의 거리 등을 그렸습니다. 모네와 르누아르가 격렬하게 논박하는 논문이었다면, 마르케는 산문시와 비슷합니다. 유럽의 미술관에서는 마르케의 작품을 찾아보기 어렵습니다. 오히려 상트페테르부르크나 모스크바에 그의 작품 중 훌륭한 것들이 소장되어 있습니다. 마르케의 그림에는 자연스러운 품위가 있습니다. 저는 그가 모네보다 잘 그렸다고 생각합니다. 하지만 인상파라는 선구자들이 없었다면 마르케의 얽매임 없는 멋은 나타나지 않았을 것입니다. 이와 관련해서 헤밍웨이가 잔인한 말을 한 적이 있지요. 대략의 의미는 "선배가 쓴 필생의 역작이 후배에게는 몇 줄의 글일 뿐이다"라는 것입니다.

발라동의 생애와 내력에 대해서는 별로 아는 게 없습니다. 그녀의 화집을 손에 넣긴 했지만 프랑스어라 한 자도 이해하지 못했습니다. 어디서 읽었는지는 잊었는데, 수잔 발라동은 가난한 집에서 태어나 재봉사, 무희, 서커스단 곡예사 등을 전전했다고 합니다. 열일곱 살 이후에는 드가, 르누아르, 툴루즈 로트레크 Toulouse Lautrec 등이 그녀를 모델로 그림을 그렸습니다. 그런데 놀라운 일이 일어났습니다. 자세를 잡다가 잠시 쉬는 시간에 발라동이 빈 종이에 아무렇게나 그림을 그렸는데 드가가 그걸 보고 아주 진지하게 조언했습니다.

"수잔, 재능을 타고났군. 제대로 그림을 그려보게."

그렇게 해서 화가 발라동이 탄생합니다. 그녀가 무슨 미술학교를 다니며 그림을 배운 게 아니라는 데 주의하시기 바랍니다.

발라동의 어떤 점을 좋아하느냐고요? 저는 그녀의 순수한 야성이 좋습니다.

인상파 이후로 많은 화가들이 자신의 야성을 드러냈습니다. 모네는 대담하고 용기가 넘치는 사람이었고, 세잔은 위대하게 제멋대로인 사람이었으며, 고갱은 머나먼 섬으로 건너가 그림을 그리다가 성병에 감염되어 사망할 정도로 야성적이었습니다. 로트레크의 야성은 어느 정도 그의 장애에서 기인하고, 피카소의 야성은 에스파냐 식의 마성魔性입니다. 풀려난 야성은 이 세대의 화가들에게 무서운 창조력으로 나타났고, 곧 역사적인 회화의 변혁으로 이어졌습니다. 하나의 야성마다 새로운 기법, 사상, 관념이 태어났습니다.

발라동의 야성은 건강한 여성성입니다. 위에서 언급한 미치광이들과 견주어 볼 때, 그녀의 그림은 창조력을 이야기하기에는 좀 부족합니다. 발라동은 선배 화가들에게 이것저것을 배우고 흉내 냈지만, 그녀 자신은 고갱 외에 특별히 남의 영향을 받은 것이 없다고 말합니다.

발라동이 활동하던 시대에는 아직 '여성 예술페미니즘 예술'이라는 개념이 없었습니다. 발라동은 본능적으로 그림을 그렸고, 자신의 야성이 무엇인지도 잘 몰랐을 겁니다. 그렇기에 더 매력적입니다. 길가에 핀 들국화처럼요.

흔히 프랑스 사람은 우아하다고들 말합니다. 하지만 프랑스의 젊은이들은 거칠고 우악스럽습니다. 트뤼포 감독의 〈400번의 구타The 400 Blows〉, 루이 말Louis Malle 감독의 〈굿바이 칠드런Goodbye, Children〉, 또 1990년대 어느 감독이 찍은 〈도둑The Thief〉 같은 영화를 보면 그 사실을 잘 느낄 수 있습니다.

저는 파리에서 아름다운 소녀가 핸들을 잡지 않고 페달 위에 꼿꼿이 선 채 자전거를 타는 것을 본 적이 있습니다. 굉장히 위험한 상황이었지요. 그걸 보고

잔 다르크가 열다섯 살에 군대를 이끌었다는 게 거짓말이 아니구나 하는 생각을 했습니다.

발라동보다 앞 세대인 여성 화가가 둘 있습니다. 한 사람은 마네가 여러 차례 초상화를 그렸던 베르트 모리조Berthe Morisot이고(소녀 시절의 발라동은 모리조의 모델을 해준 적도 있습니다), 또 한 사람은 파리에 정착한 미국인 메리 카사트Mary Cassatt입니다. 이 두 사람은 평생 마네와 드가의 방향을 그대로 따라갔습니다. 그렇기 때문에 이 두 사람은 역량과 깊이에서 한계가 있습니다. 발라동은 모리조와 카사트를 훨씬 뛰어넘습니다. 세 사람의 여성 화가가 그린 어머니와 아들 그림을 살펴보면, 발라동의 그림이 훨씬 생동감 있고 사람의 마음을 끄는 것을 느끼실 겁니다. 르네상스와 바로크 시대의 종교화에도 오동통한 꼬마가 많이 등장하지요. 그 아이들은 인간이 아니고 천사나 성인聖人입니다. 모리조와 카사트가 그린 꼬마들은 평범한 가정의 어린아이처럼 보입니다. 발라동에 이르러서는 더할 것도 뺄 것도 없는 친자식의 느낌이 납니다.

발라동은 수많은 누드화를 그렸습니다. 실제 그림을 보면 화려하고 농밀한 작품임을 알게 됩니다. 많은 이론가가 서구의 여성 누드화는 남성의 욕망 어린 시선이 투사된 것이라고 합니다. 1914년이던가요, 용감한 초기 페미니스트가 런던에 있는 내셔널 갤러리에 뛰어들어 벨라스케스가 그린 〈비너스의 단장〉에서 비너스의 목 부분을 칼로 그었습니다. 물론 지금은 마치 그런 일이 없었던 것처럼 복원되었습니다. 그 페미니스트는 비너스의 피부를 그은 것일까요, 아니면 남자들의 시선을 자른 것일까요? 이 이야기는 여기까지 하겠습니다. 어쨌든 발라동은 아주 진귀한 기회를 제공합니다. 기나긴 미술사에서 보기 드문 사건, 여성의 눈으로 본 여성의 육체라는 개념입니다. 게다가 여성 자신의 손으로 그렸지요. 그건 도대체 어떤 것일까요?

영어에서는 '나체'와 '노출'이 다른 개념입니다. 종교, 신화, 애욕, 정념, 그 어느 것이든 남성 화가가 그린 여성의 나체는 예술이라는 이름을 얻었습니다. 혹은 고상하고, 혹은 음란하게, 유출의 정도가 각기 다른 욕망이 다양한 이유와 표현으로 새롭게 해석되었습니다. 16~17세기에 여러 차례 그려진 〈목욕하는 수산나〉를 보면 남성의 시선이 그 자리에 있습니다. 마네의 〈올랭피아〉 역시 누워 있는 나체의 여성이 화면 바깥의 남성을 마주보고 있습니다. 그러나 발라동의 여자 모델들은 아마도 그녀의 친척이거나 친구였을 것 같습니다. 왜냐하면 친한 사람들 사이에서 오고 가는 쌍방향의 시선이 느껴지기 때문입니다. 바꿔 말하면, 발라동이 그린 것은 누드화가 아니라 한 여자가 자기 앞에서 눕거나 앉거나 한 모습입니다. 옷을 입지 않았거나 속옷만 입고 화장하고 있는 상황이기는 하지만요. 마치 여자 기숙사나 기혼 여성들의 일상생활을 보는 것 같습니다. 어색하거나 부끄러운 기색도 없고, 그렇다고 친밀하거나 성적인 느낌도 없습니다. 이유는 아주 간단합니다. 남자가 그 자리에 없기 때문이지요. 그렇기에 일종의 동물적인, 진정으로 육체에 속한 광경이 나타납니다. 이런 상황에서는 남성의 시선도 여성성을 띠게 됩니다.

그러나 발라동은 이런 것들을 전혀 생각하지 않았습니다. 그녀는 자신이 존경하는 남성 화가들이 그랬던 것처럼 감탄할 만한 누드화를 그리고 싶었던 것뿐입니다. 그게 당시의 유행이었으니까요. 고갱의 회화 기법은 발라동의 손에서 더욱 조밀하고 감성적으로 변했습니다. 드가가 그린 여성 누드는 냉담한 느낌이 있는데, 발라동에 이르러 여성이 자신의 신체를 바라보는 덤덤한 시선으로 바뀌었습니다. 여성 화가에 의해서 여성의 신체가 묘사될 때 자연스러운 '환상fantasy'이 생겨납니다. 발라동은 동시에 두 가지 일을 해냈지요. 하나는 발라동 자신이 자각하고 한 일이자 당시의 문화에 의해 유발된 일입니다. 그녀의 그림이 이렇게 말합니다. "봐, 내가 그린 그림이 얼마나 멋진지!" 다른 하나는 발라동이 자각하지 못한 채 본능적으로 한 일입니다. 그래도 발라동은 마찬가지로 흥분해 이렇게 외치는 듯합니다. "봐, 저 여자의 다리가 얼마나 예쁜지!" 두 번째는 친구의 멋진 몸매와 피부에 감탄하고 부러워하는 여성을 보는 것 같군요.

남자들의 시선은 언제 어디서나 아름다운 여성을 찾습니다. 그래서 여자들에게도 물어봤습니다. 거리에서 잘생긴 남자를 쳐다보는 걸 좋아하느냐고요. 그녀들은 몸매 좋고 잘 꾸민 여자들에게 더 시선이 간다고 대답하더군요. 회화에서, 인간의 눈이 바라보는 무수한 이유와 신비 속에서, 여성의 육체가 진정으로 여성의 육체일 수 있으려면 확실히 여성의 눈을 통해 매개하는 단계가 필요한 것 같습니다. 그렇기 때문에 제가 본 모든 여성 누드화 가운데 발라동의 그림이 단연코 최고입니다.

판위량潘玉良은 발라동과 마찬가지로 하층계급 출신의 중국 여성 화가입니다. 그녀도 수많은 여성 누드화를 그렸습니다. 판위량은 나중에 프랑스 파리로 건너갔는데, 당시 발라동이 생존해 있었지요. 판위량은 발라동의 영향을 받아 더욱 분발했을 거라고 생각합니다.

발라동이 그린 남성 누드는 여성 누드보다 훌륭합니다. 회화의 역사에서 여성 화가가 남성 나체를 묘사한 경우는 아주 제한적인데, 그중에서도 발라동은 유일하게 남성의 육체 위를 떠도는 여성의 시선을 느끼게 합니다. 남성 화가가 그린 여성의 육체는 사랑과 욕망의 부호이며 그림 속에 모든 여체에 대한 이끌림이 담겨 있는 데 반해, 발라동의 시선은 종교적 신봉과 같은 느낌을 줍니다. 발라동이 묘사하는 육체에는 이름이 있습니다. 화가가 사랑을 쏟는 마음이 느껴집니다. 유치하기는 해도 더없이 진지한 영웅숭배의 감정을 담고 있습니다. 아내나 애인의 시선일 뿐 아니라 딸이 아버지를 보는, 여동생이 오빠를 보는 그리고 어머니가 아들을 보는 시선입니다(사실 중년의 발라동은 자기 아들의 친구와 사랑에 빠졌습니다). 이런 시선에 욕망이 있을까요? 저는 경솔하게 결론을 내리지 않으려 합니다.

1980년대 이후, 유럽의 전위적인 여성 예술가들이 묘사한 남성 누드나 성애 장면은 너무 직설적이어서 과하다는 생각이 들 정도입니다. 그렇게 여성 의식을 과장해 드러내는 작품은 저처럼 나이 먹은 남자들은 민망해서 쳐다보기도 힘듭니다. 그러나 발라동이 벌거벗은 남자들을 바라보는 시선은 정답기 그지없지요. 발라동의 남성 누드화를 보면 감동을 받는 동시에 조금 고민스러워집니다. 그림에서 드러난 분위기를 보면 발라동은 자신이 예술가라는 사실을 인식하지 못하는 것 같습니다. 발라동이 그린 목욕하는 남자아이나 알몸의 남자 그림을 보면 따뜻한 감정과 더불어 뭔가 열심히 하고 있다는 기분이 느껴지는데, 마치 부지런한 여성이 아들과 남편이 목욕할 수 있도록 준비를 돕는 것 같습니다.

발라동이 그린 알몸의 남자는 아마도 전부 한 사람인 것 같습니다. 미술사에서는 아주 흔한 일이죠. 렘브란트, 페테르 파울 루벤스Peter Paul Rubens, 16세기 독일 화가 루카스 크라나흐Lucas Cranach를 비롯해 여러 유명한 화가들이 아내의 육체를 묘사했습니다. 심지어 여러 명의 화신化身을 만들어 한 화폭에 모아두기도 했고요. 19세기 이전의 유럽에서 여성 누드 모델을 고용하기가 상당히 어려웠음을 알 수 있습니다.

발라동이 묘사한 남성 나체는 (만약 그 사람이 애인이라면) 현실이 아닌 환상의 세계에 존재합니다. 그것은 낭만주의 예술 혹은 바로크 예술에서 찾아볼 수 있는 꿈속의 세계입니다(세잔도 초기에 이와 똑같은 우스운 일을 한 적이 있었지요). 발라동의 꿈속 세계에서 이 알몸의 남자는 《성경》의 아담, 수풀 속에서 목욕하는 여인을 마주친 사냥꾼, 해변에서 고기를 잡는 어부로 그려집니다. 그런데 유럽 회화의 전통을 흉내 내는 과정에서조차 발라동은 자신이 새로운 시대의 화가임을 증명해 보입니다. 발라동은 결국 남성 영웅을 미화하지 못하고 실제의 대상을 있는 그대로 바라봅니다. 그녀는 여성의 시선에서 본 알몸의 남자를 묘사합니다. 그래서 발라동 그림 속의 남성 나체는 깡마르고 앙상한 모습을 드러내고 있습니다. 그는 이제 막 욕조에서 나와 애인의 침대로 향하는 것 같습니다.

지금까지 긴 이야기를 했습니다만, 발라동의 야성이란 도대체 무엇일까요? 제가 말하는 야성은 그녀의 본능입니다. 재봉사, 무희, 거리의 여자 그리고 가정주부였던 발라동입니다. 여러분, 그녀의 애완동물이 무엇인지 아시나요? 산양이었습니다. 그녀는 그림이 마음에 들지 않으면 산양에게 씹어 먹게 했다지요.

모리조와 카사트는 새롭게 등장한 여성 화가입니다. 2차 세계대전 이후 지금까지 유럽과 미국의 여성 화가는 스스로 예술가임을 충분히 자각하고 있는 지식 여성이었습니다. 그러나 발라동은 예술로 자신을 꾸미려고 한 적이 없습니다. 남자를 그릴 때는 '타자'가 되고, 여자아이, 처녀, 할머니를 그릴 때는 이젤 앞에 앉아 있는 주재자가 아니라 화면에 등장하는 여성으로 변합니다.

발라동의 시대는 정말로 사람을 홀리는 시대였습니다. 세잔은 고집 센 나귀, 고흐는 미치광이, 로트레크는 난쟁이, 고갱은 괴인怪人이었습니다. 그럼 발라동은 어떨까요? 먹고 살기 위해 열심히 일하는 가난한 아가씨였죠. 19세기 이전에는 이런 신분의 사람은 화가가 될 수 없었습니다. 그러나 20세기의 자유로운 파리는 문명의 끄트머리에 있던 사람들을 도와주었습니다. 당시 파리는 들꽃들이 제멋대로 가득 피어난 들판과 같았습니다.

발라동의 정물화도 아주 훌륭합니다. 고갱과 비슷한 소박함이 있습니다. 그녀의 풍경화를 보면 세잔처럼 이성을 통해 풍경을 이해하려 했음을 알 수 있지요. 고갱, 세잔보다 발라동의 그림이 훨씬 훌륭한 경우도 있습니다. 그녀는 자신의 회화 양식에 대한 자각이나 야심 같은 것이 없기 때문입니다. 그녀는 벌거벗은 여성 혹은 남성을 볼 때와 마찬가지로 자신의 시선, 자신의 대상에 순응하여 그립니다. 그림에 오로지 감성만 남깁니다. 그저 마음이 가는 대로 그려야 이와 같이 순수함이 극에 달한 그림을 그려낼 수 있을 것입니다.

1938년, 발라동은 세상을 떠났습니다. 장례에 참석한 사람 중에는 피카소와

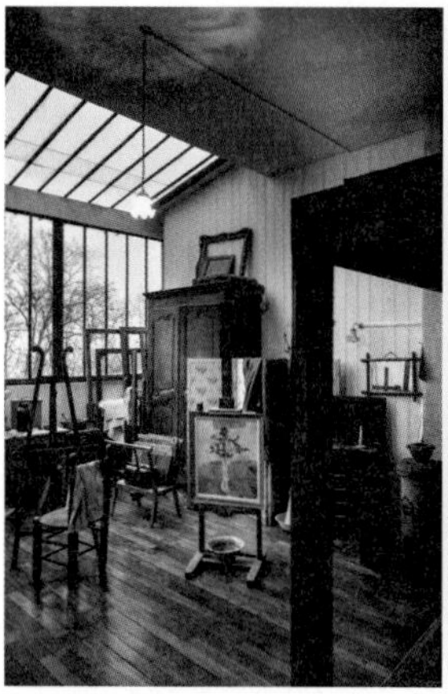
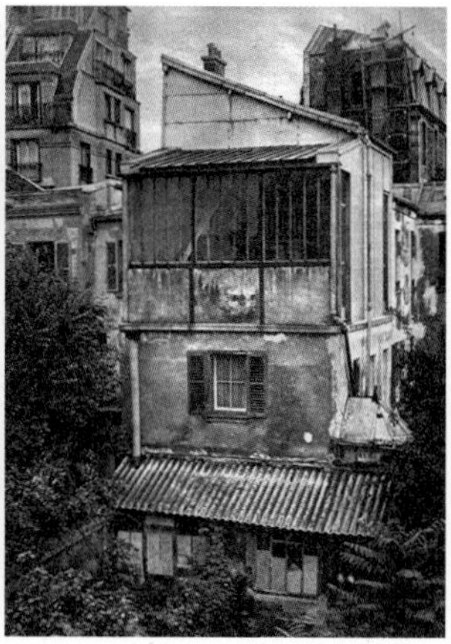

발라동의 파리 화실

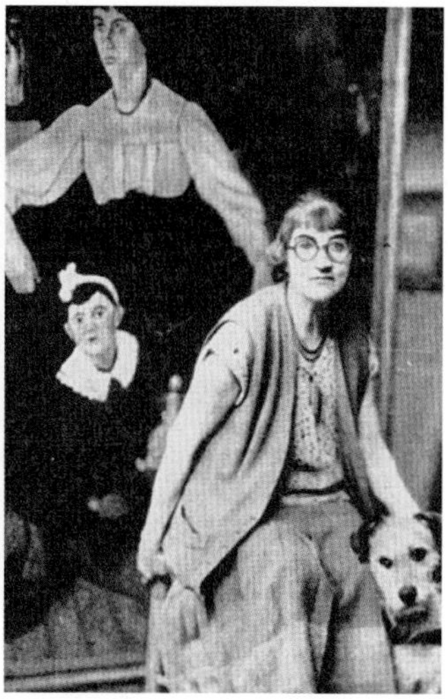

자신의 그림 앞에 앉아 있는 만년의 발라동

앙드레 드랭이 있었지요. 여기서 이야기가 끝나는 것이 아닙니다. 또 한 명의 순수함이 극에 달한 천재 화가가 있으니, 바로 모리스 위트릴로입니다. 발라동의 배에서 태어났죠.

발라동이 그린 조그마한 남자아이 그림을 보십시오. 우리 모두는 어린 시절 아무런 부끄러움도 없이 욕조에서 장난을 쳤을 겁니다. 바로 그런 그림입니다. 알궁둥이를 내놓은 그림 속 소년은 자라서 옷을 입고, 몽마르트르 언덕의 골목골목을 그립니다. 게다가 그 그림들이 또 일품이지요. 위트릴로가 이젤을 들고 거리에 나가서 그림을 그렸다고 생각하지 마십시오. 위트릴로는 엽서를 보고 그림을 그렸습니다. 20세기 초 파리에서는 이미 컬러로 된 도시의 사진으로 엽서를 만들어 팔고 있었거든요. 그가 남긴 그림들은 파리 옛 거리를 가장 생생하고도 우울하게, 또한 유쾌하게 담아낸 도시의 초상화입니다. 위트릴로는 흰색을 풍부하게 사용했는데, 그것이 중국의 현대미술의 거장 우관중吳冠中에게 영향을 미쳤다고 합니다.

이제 정리해야겠군요. 재미있는 이야기를 하나 더 하겠습니다. 발라동의 주량이 어땠는지는 알 수 없지만 그녀의 그림 속에 자주 등장하는 나이 든 여성은 발라동의 가난한 어머니인데 술을 많이 마셨다고 합니다. 격세유전인지, 아들인 위트릴로도 술을 아주 좋아했어요. 위트릴로가 일흔이 되던 해, 파리 화파의 친구들이 그를 위해 전시를 열어주었습니다. 그런데 개막일에 아무리 찾아도 위트릴로가 보이지 않았습니다. 친구들은 급히 주변의 술집으로 달려갔죠. 딴 얘기지만, 저는 늙은 위트릴로의 얼굴을 좋아합니다. 어린 시절 상하이의 골목에서는 이런 노인네들의 얼굴을 쉽게 볼 수 있었지요. 타락하고 가난한 사람들, 그러나 술 한 잔과 땅콩 몇 알이면 그런 것들을 다 잊어버리는 얼굴입니다. 어쨌든 늙은 주정뱅이가 사람들 손에 이끌려 전시실로 들어와서는 이렇게 물었답니다.

"이게 누구 전시회요?"

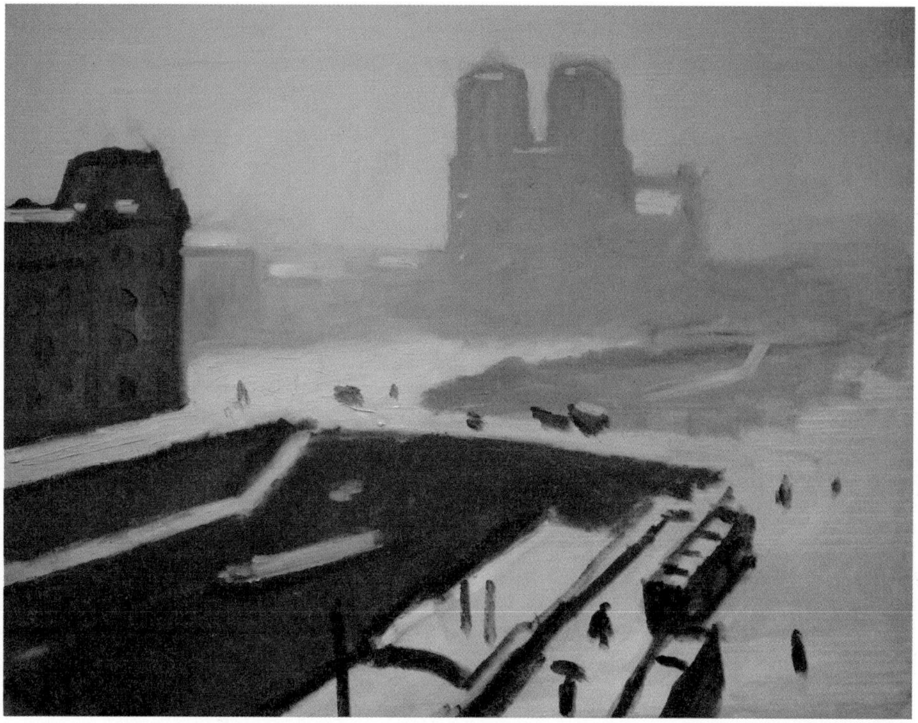

마르케, 〈겨울의 노트르담 대성당〉, 1908년, 푸시킨 미술관, 모스크바

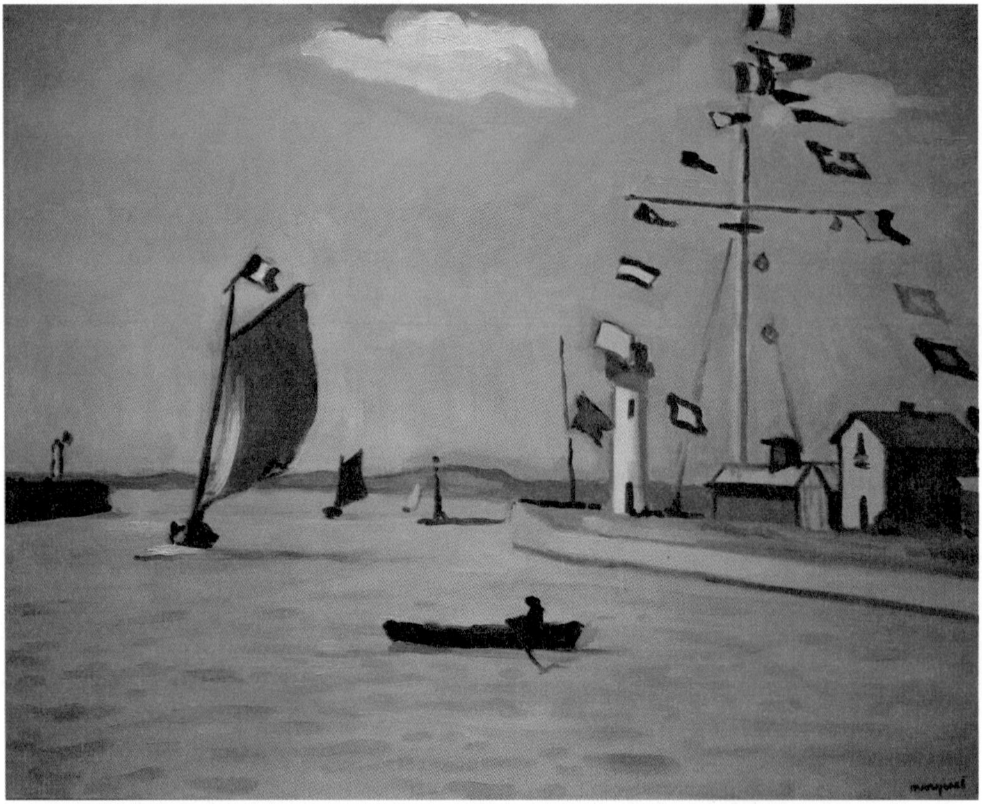

마르케, 〈옹플뢰르 항구〉, 1911년, 푸시킨 미술관, 모스크바

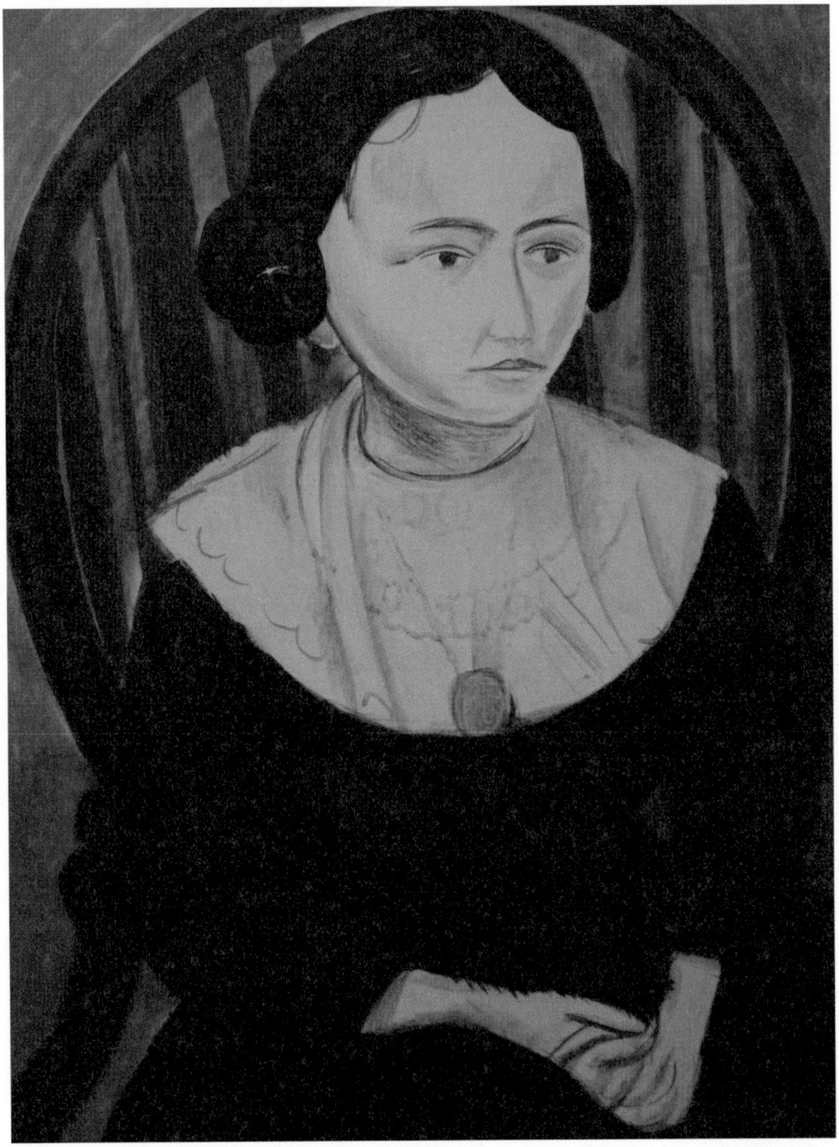

느랭, 〈검은 옷의 소녀〉, 1913년, 에르미타주 미술관, 상트페테르부르크

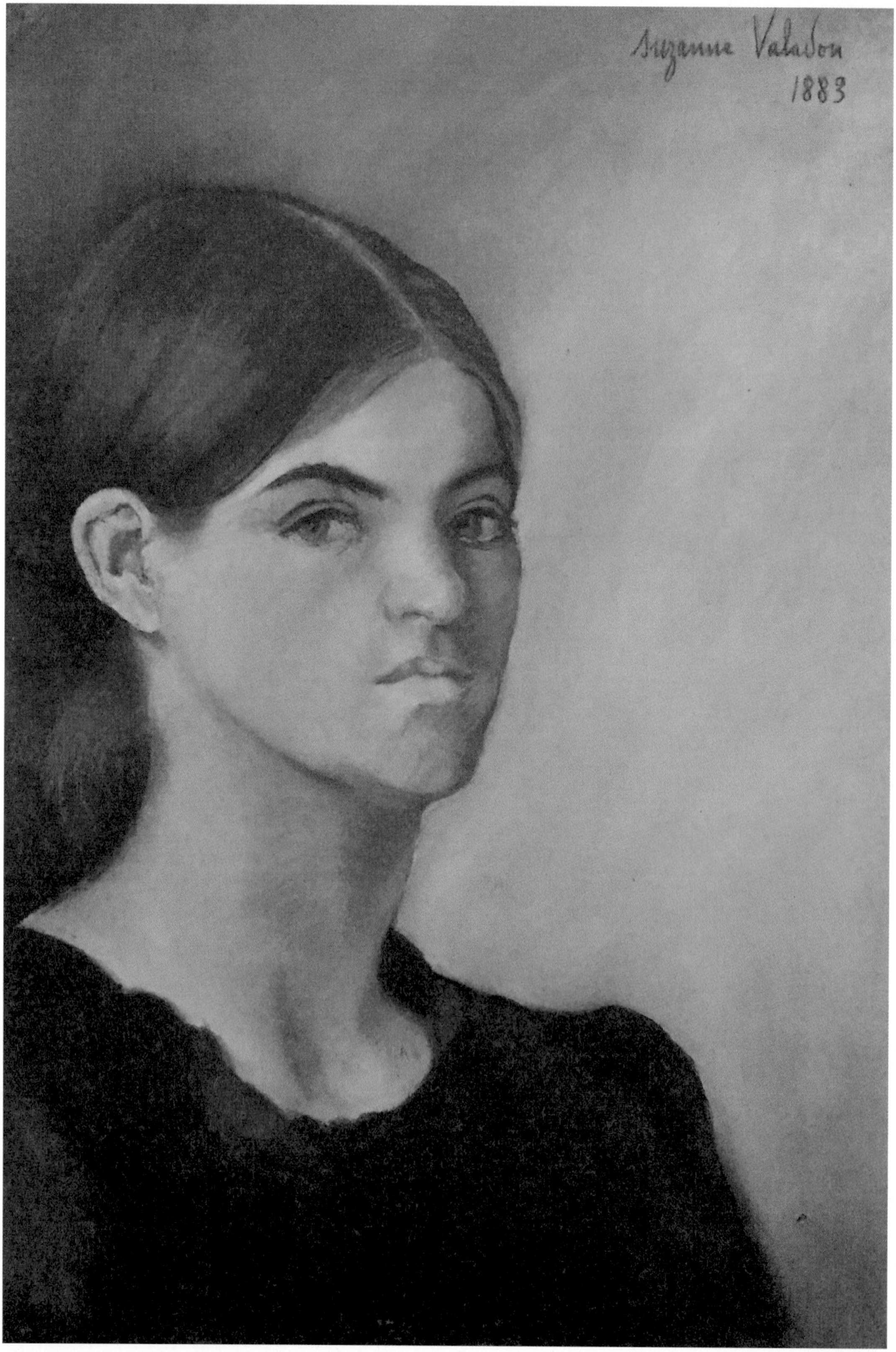
Suzanne Valadon
1883

상_ 르누아르, 〈도시의 무도회〉, 1883년, 오르세 미술관, 파리
하_ 르누아르, 〈부지발의 무도회〉, 1883년, 보스턴 미술관
그림 속의 여자는 모두 발라동이다.

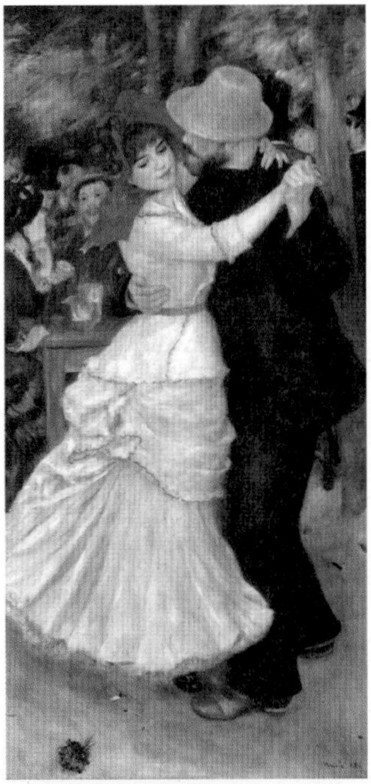

좌_ 발라동, 〈자화상〉, 1883년, 파리 국립현대미술관
우_ 로트레크, 〈숙취〉, 1887~1889년, 하버드대학교 포그 미술관, 케임브리지

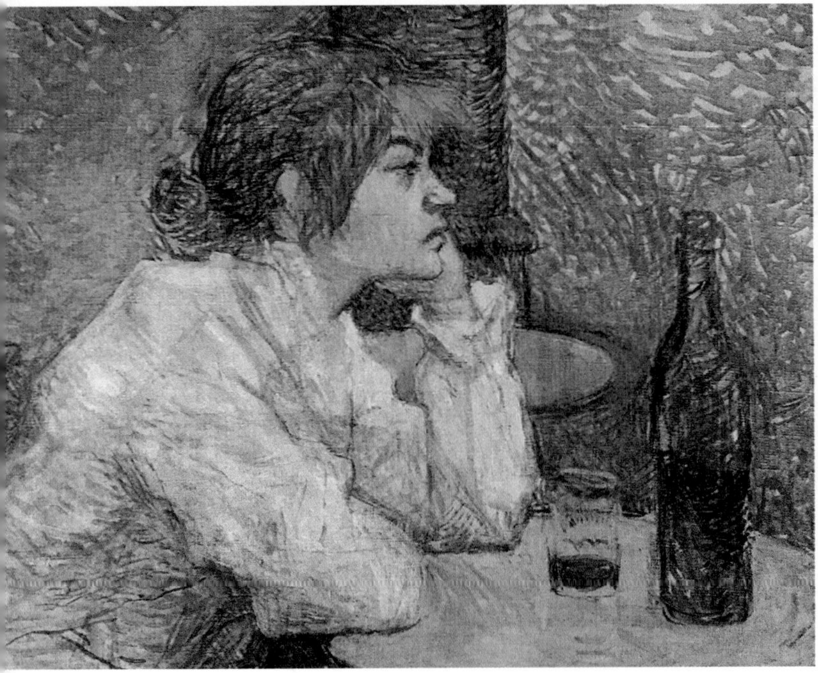

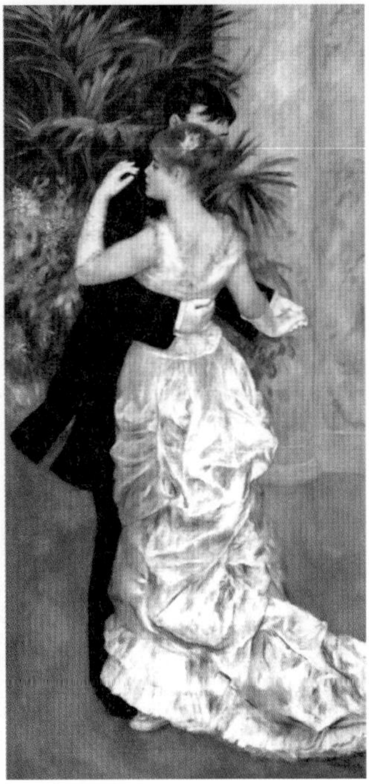

● 발라동의 소묘

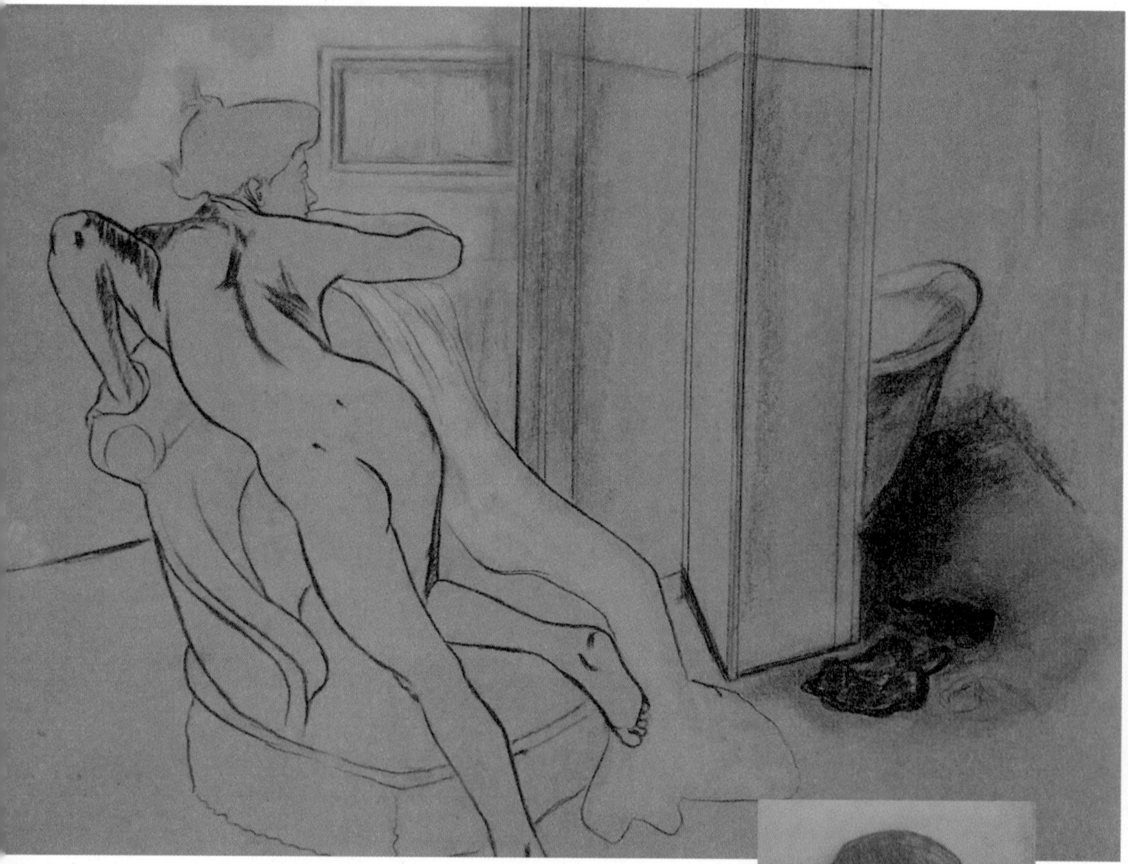

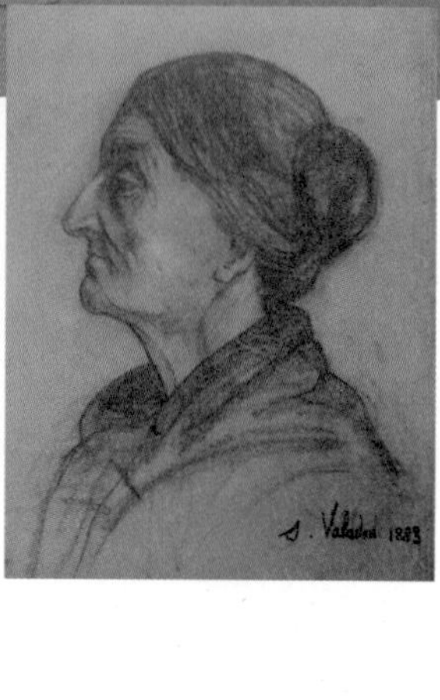

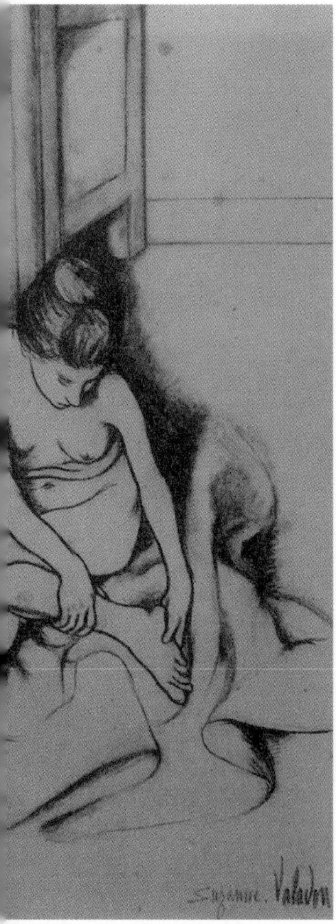
Suzanne. Valadon

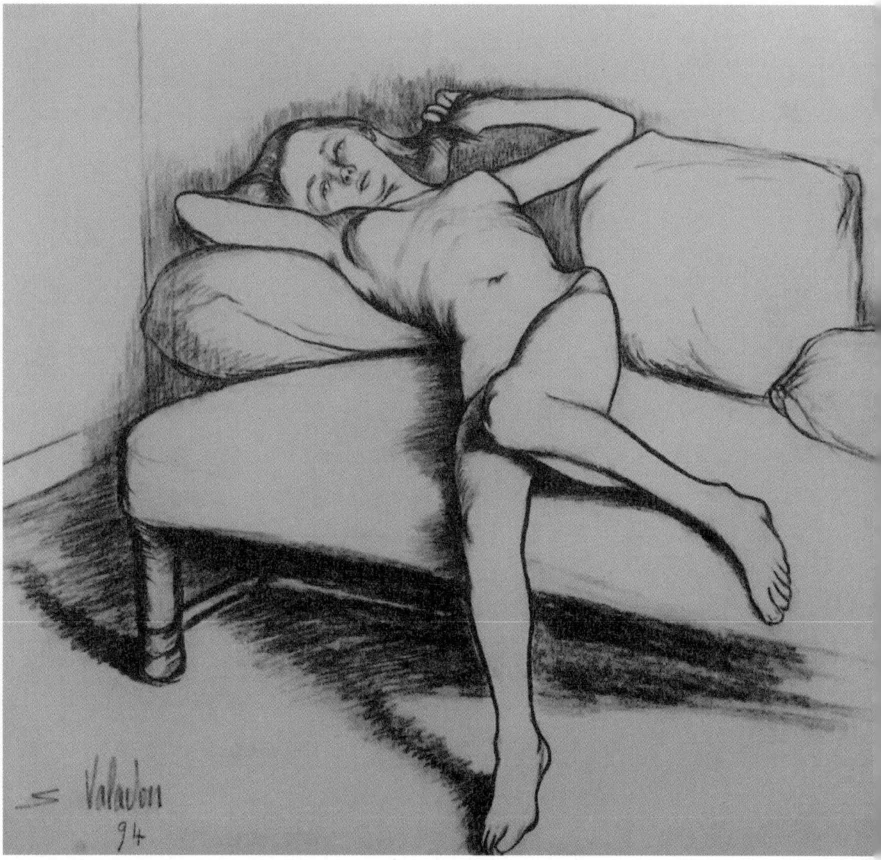
S Valadon
94

● 발라동의 소묘

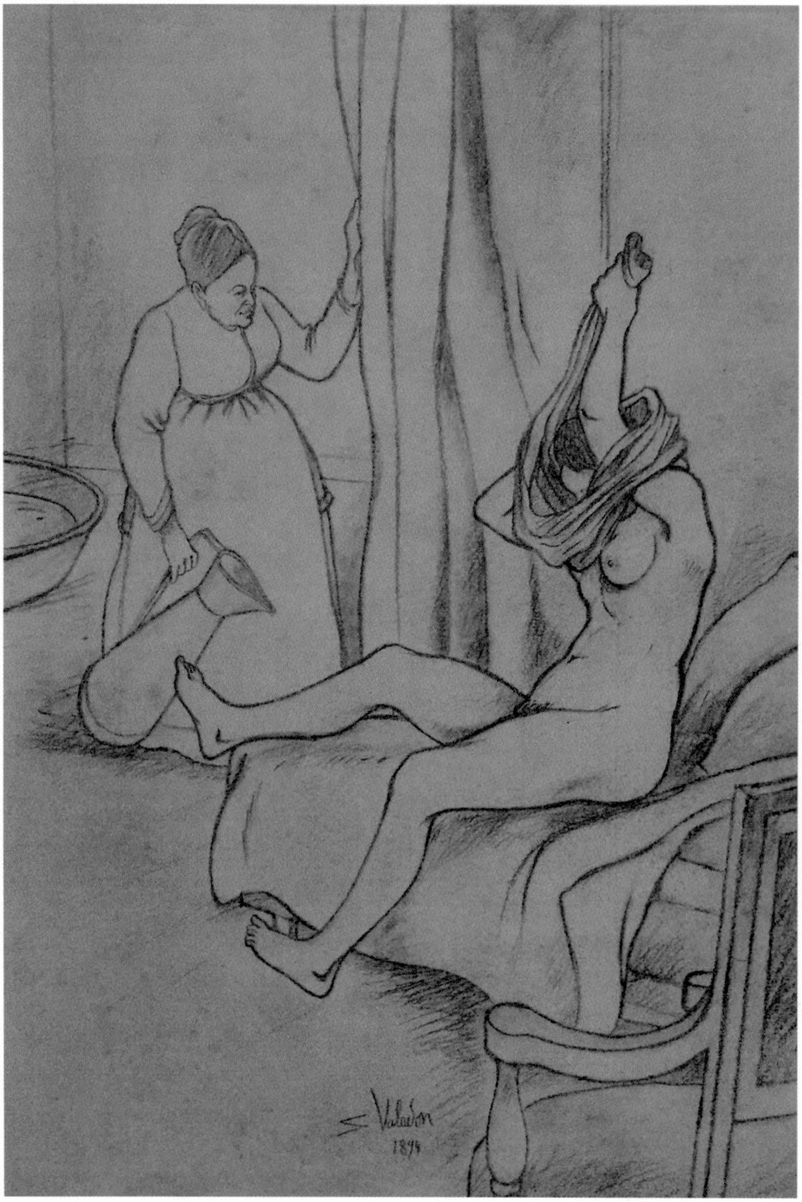

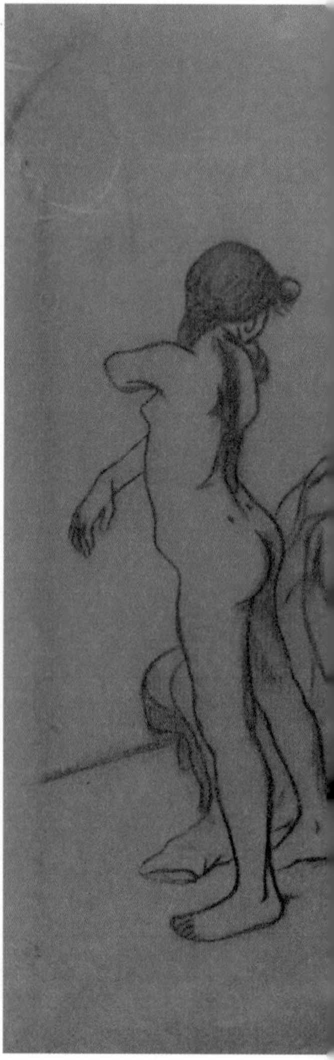

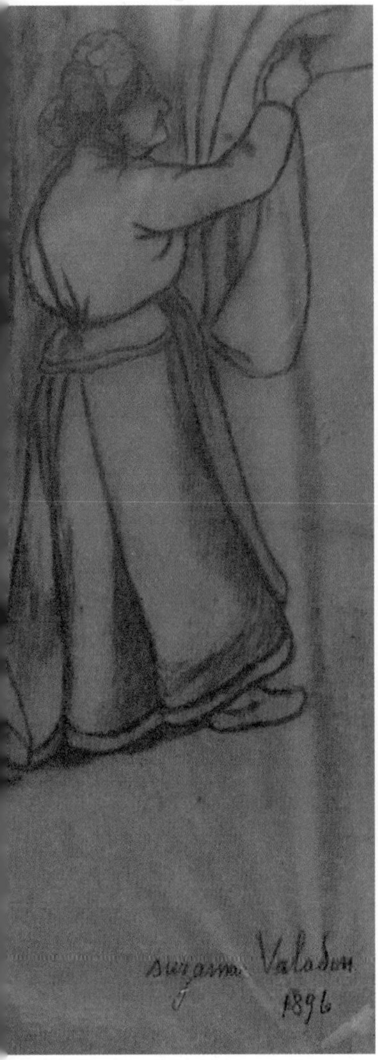
suzanne Valadon
1896

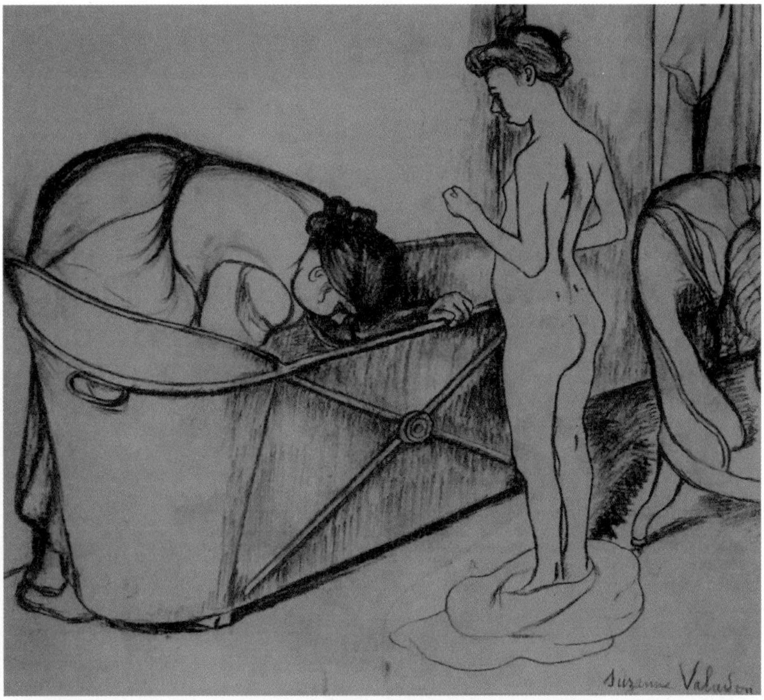
Suzanne Valadon

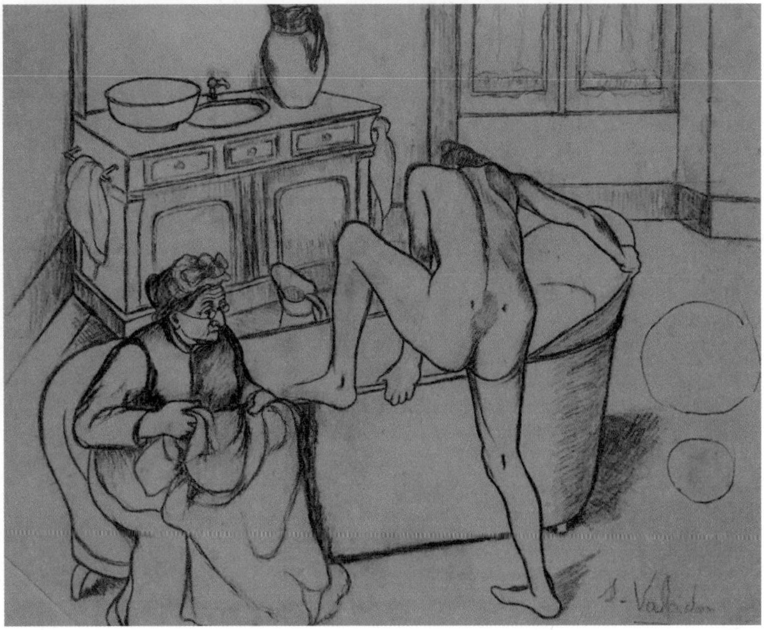
S. Valadon

● 발라동의 유화 작품 중 여성 누드화

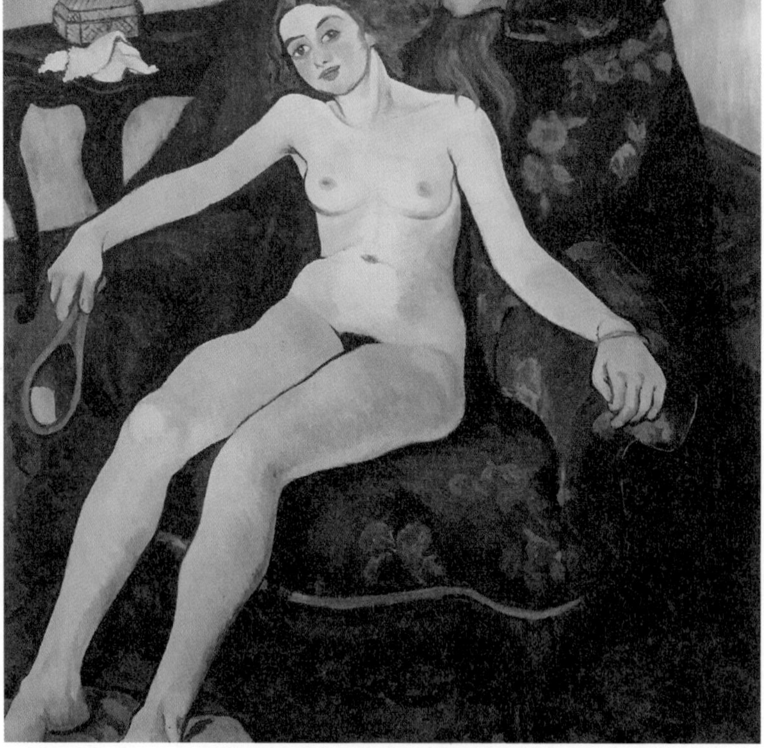

발라동은 가난한 모델 출신으로 미술학교에 다닌 적이 없다. 당연히 학위도 없다. 왕희맹은 궁중 화원에서 스승의 지도를 받았을 것이 분명하다. 그를 가르친 사람 중에는 황제도 있었다. 그러고 보니 송 휘종도 스승에게 그림을 배웠을 것이다. 송 휘종의 그림 스승이 누구인지 알려줄 역사학자가 있을까?

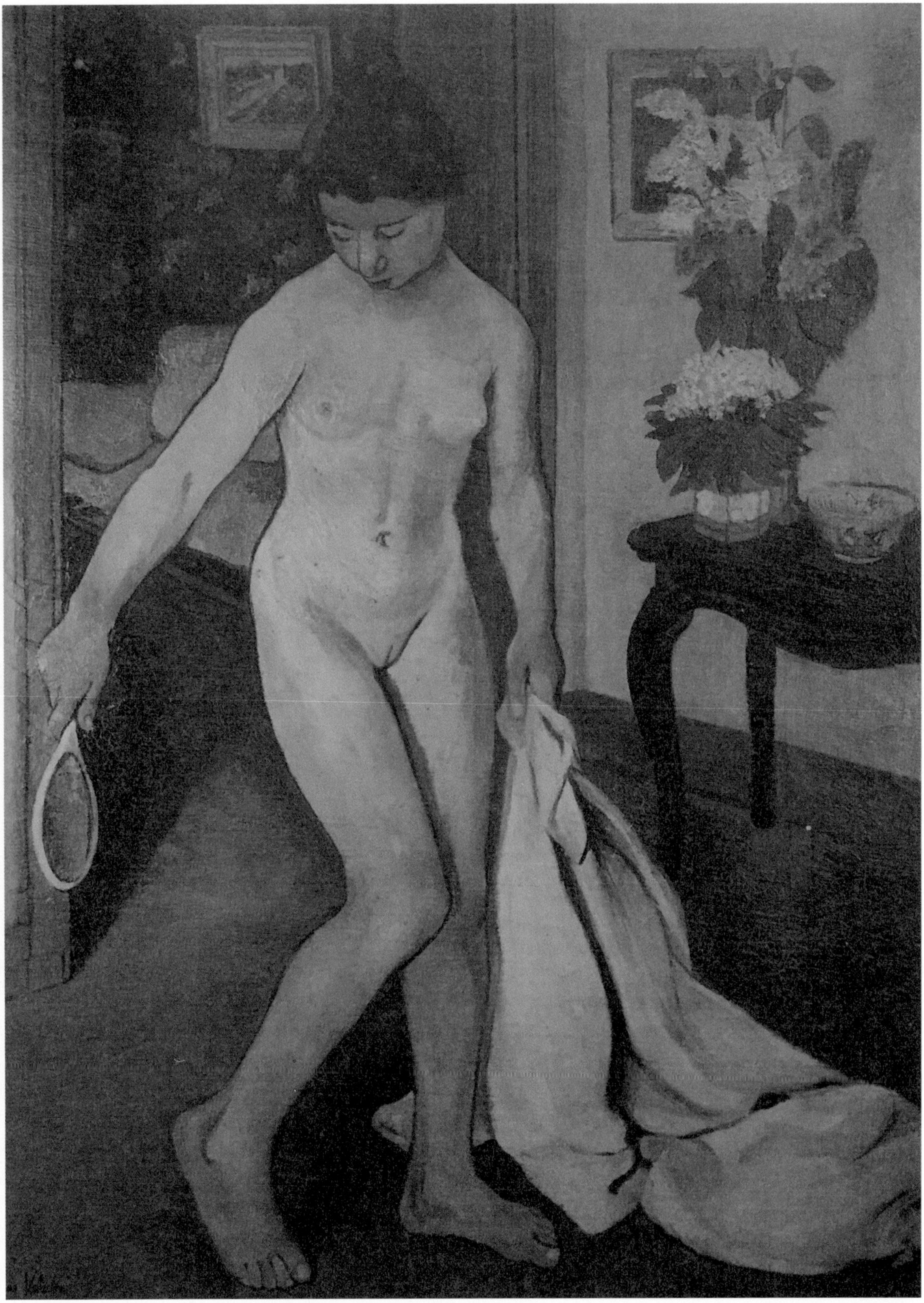

● 발라동의 유화 작품 중 여성 누드화

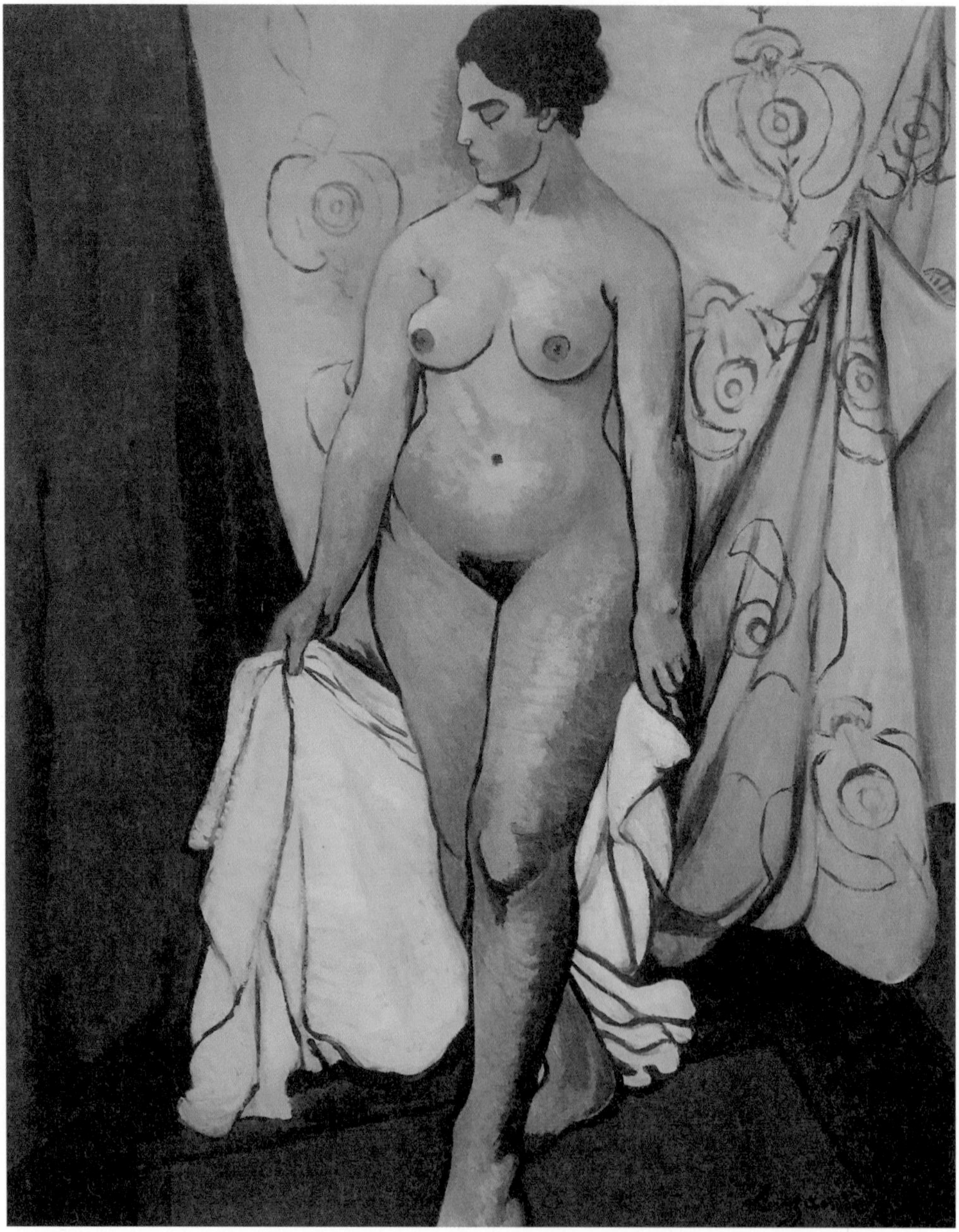

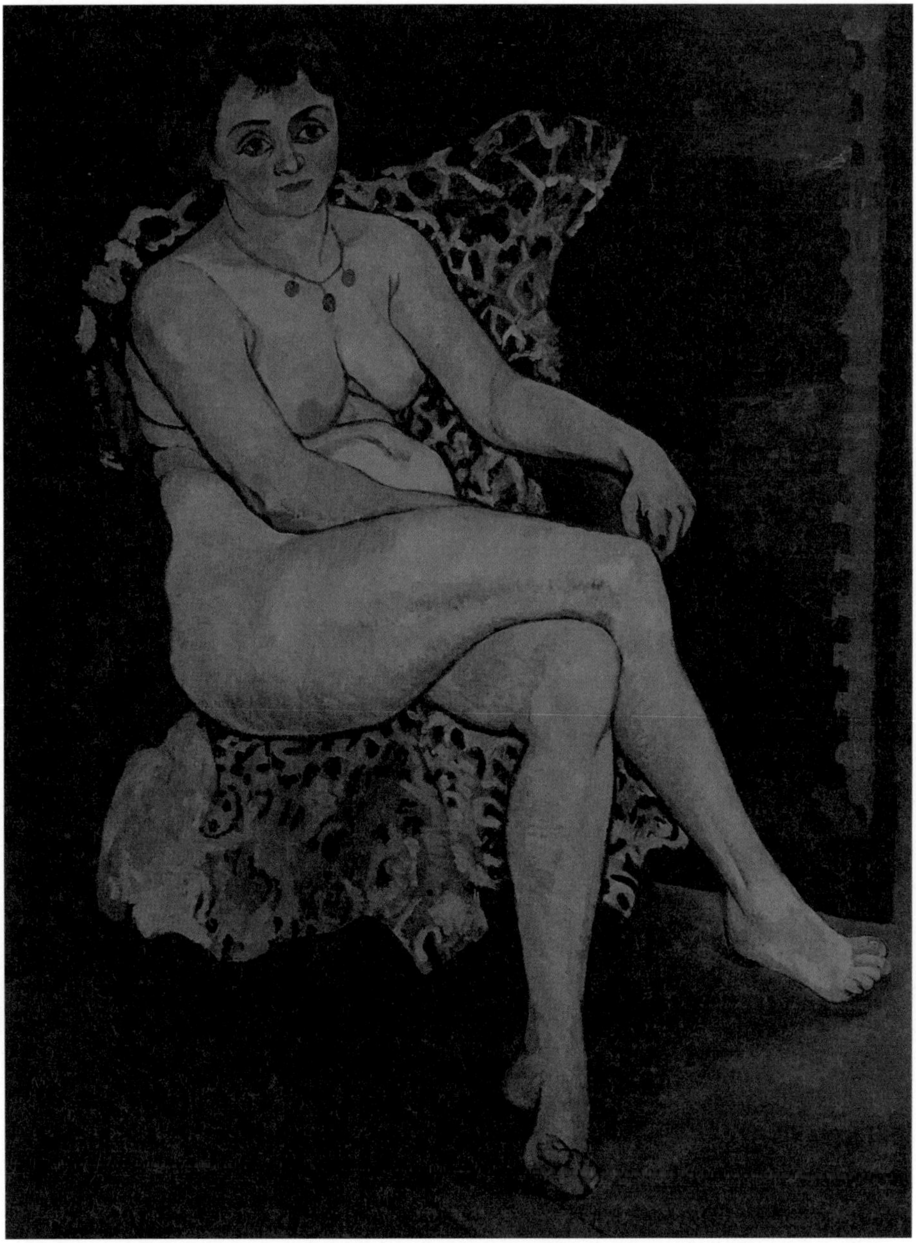

● 발라동의 유화 작품 중 여성 누드화

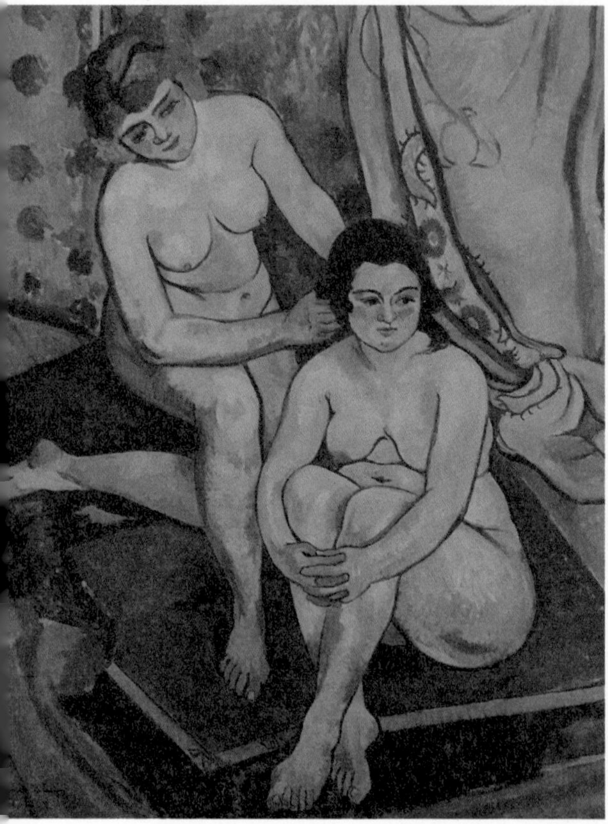

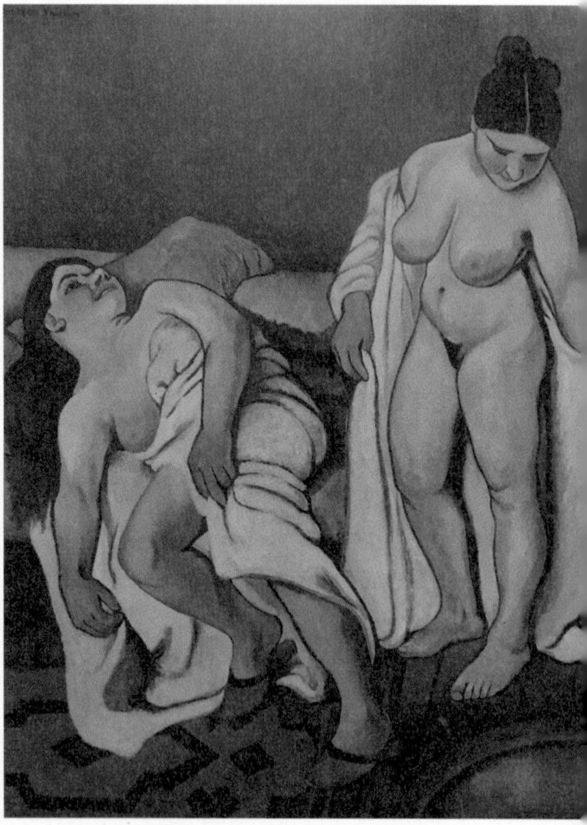

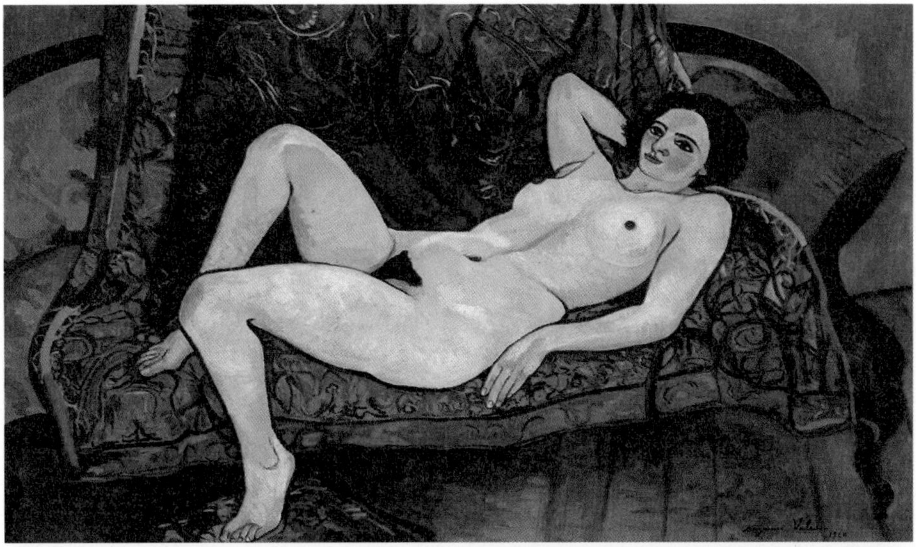

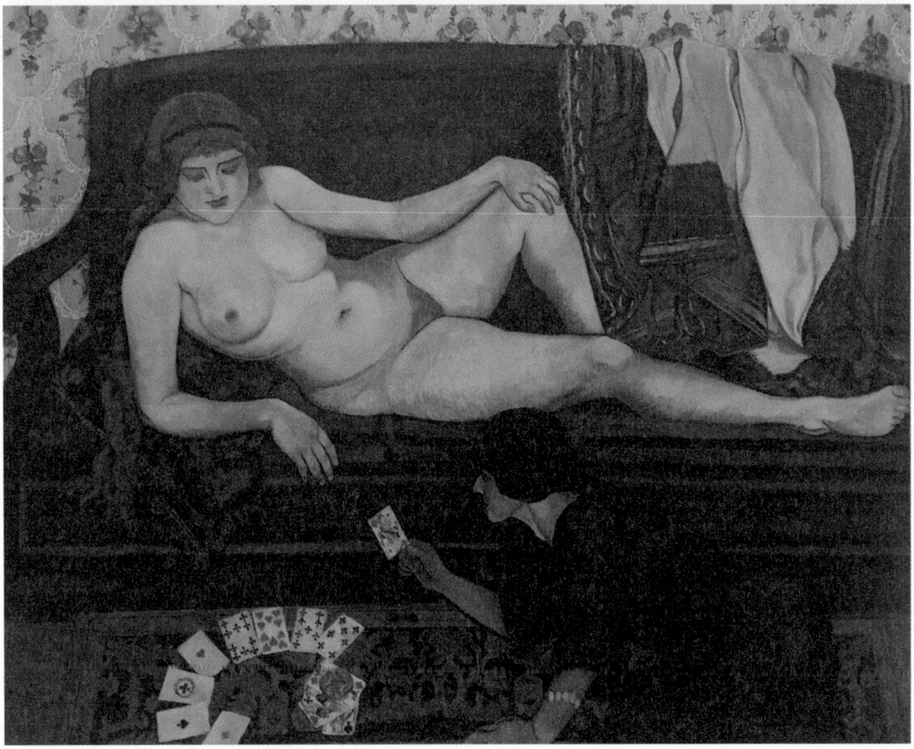

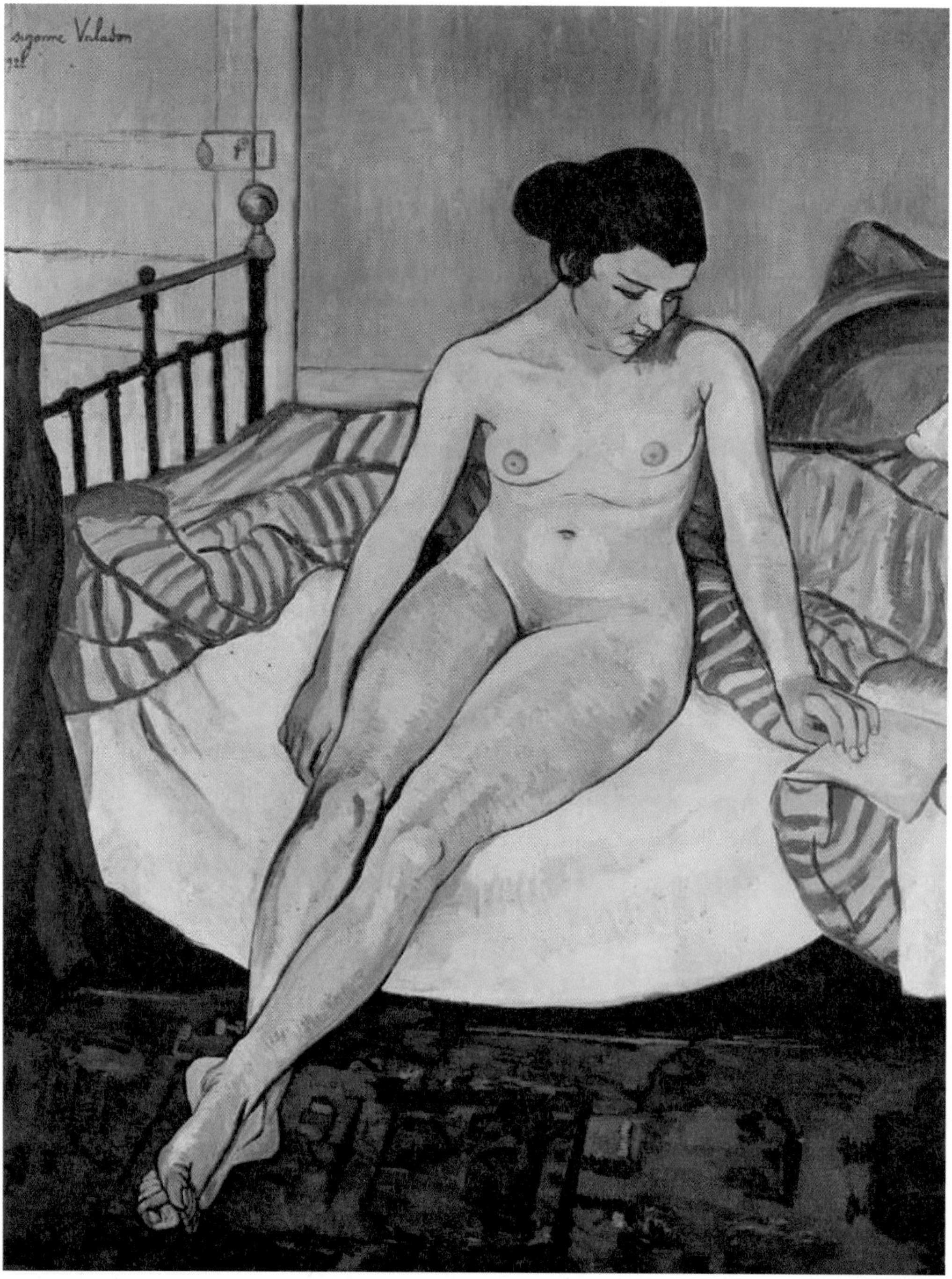

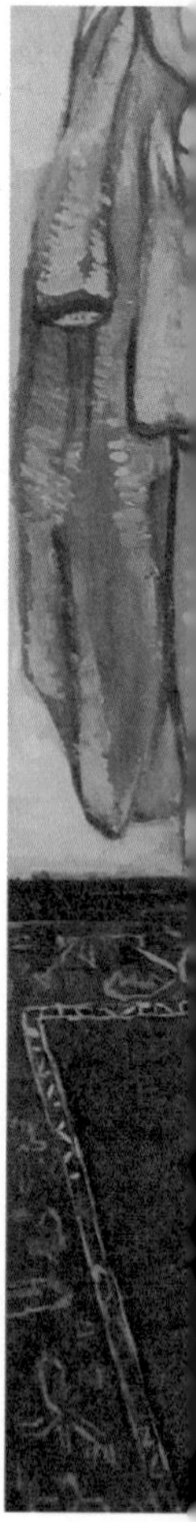

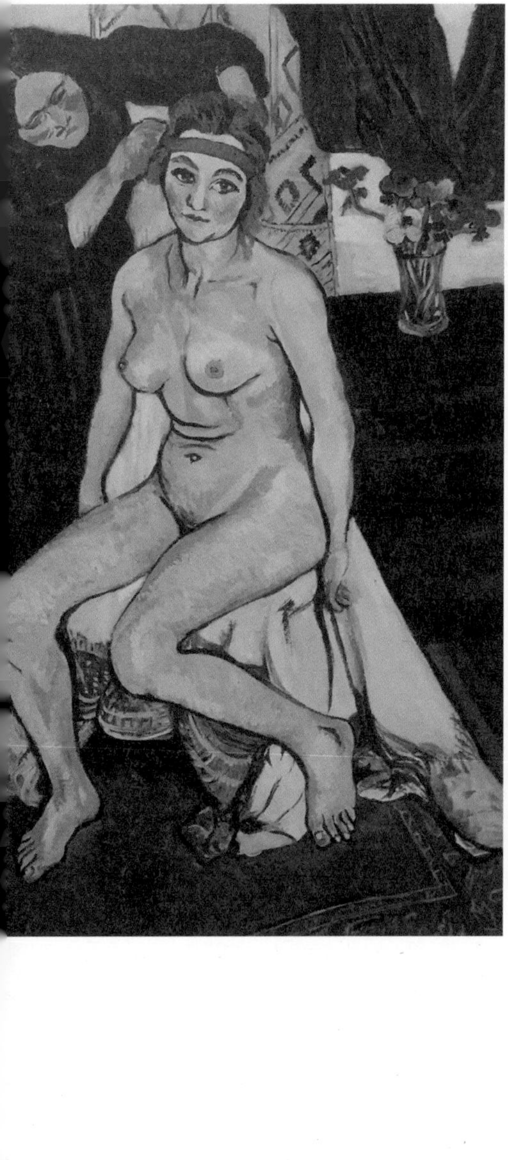

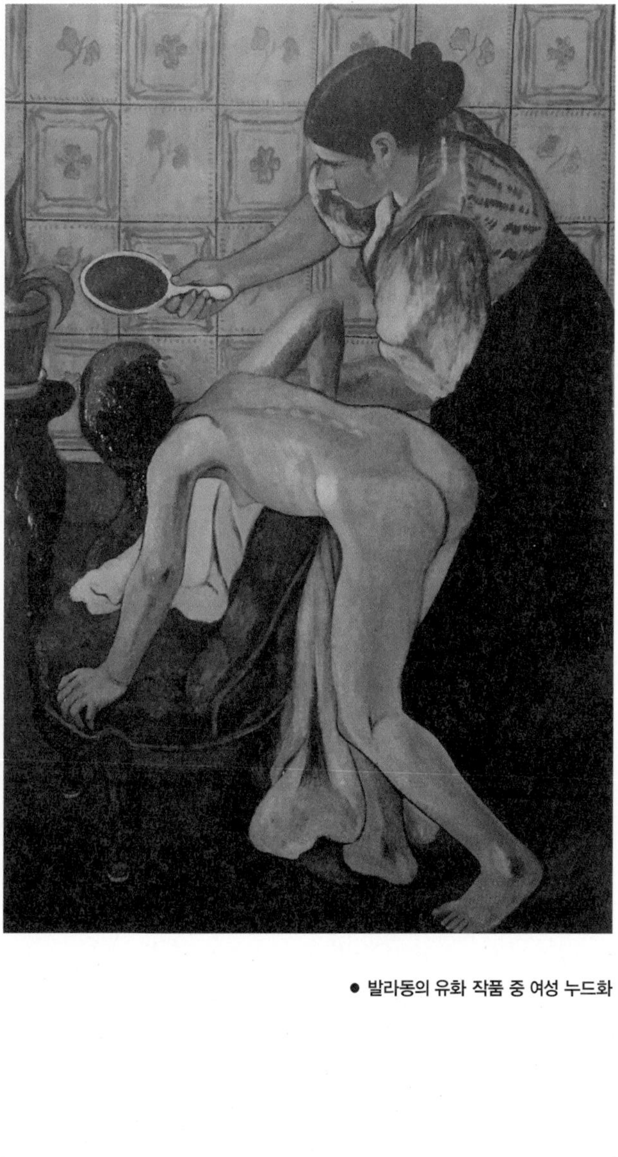

● 발라동의 유화 작품 중 여성 누드화

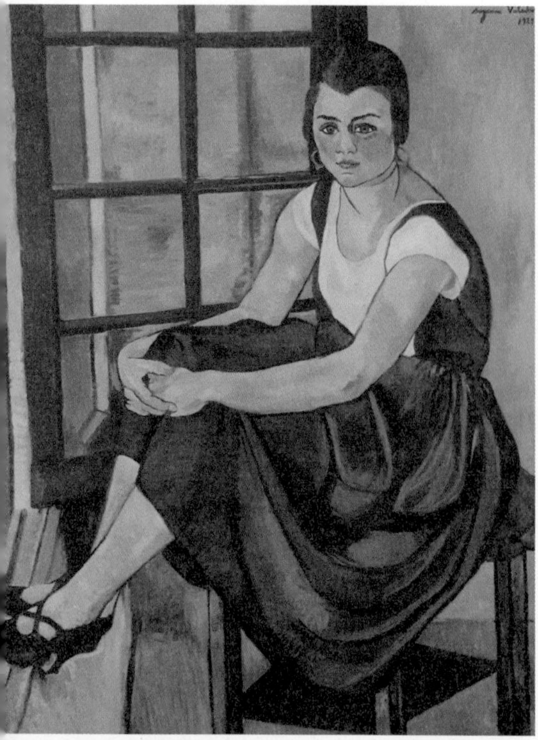

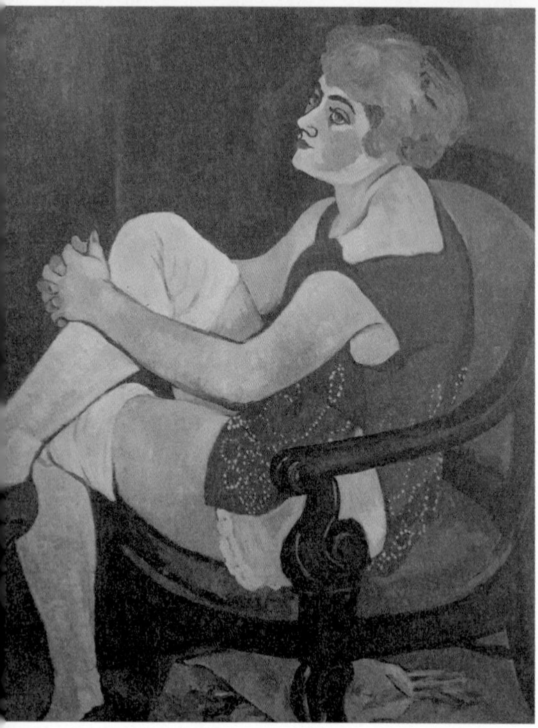

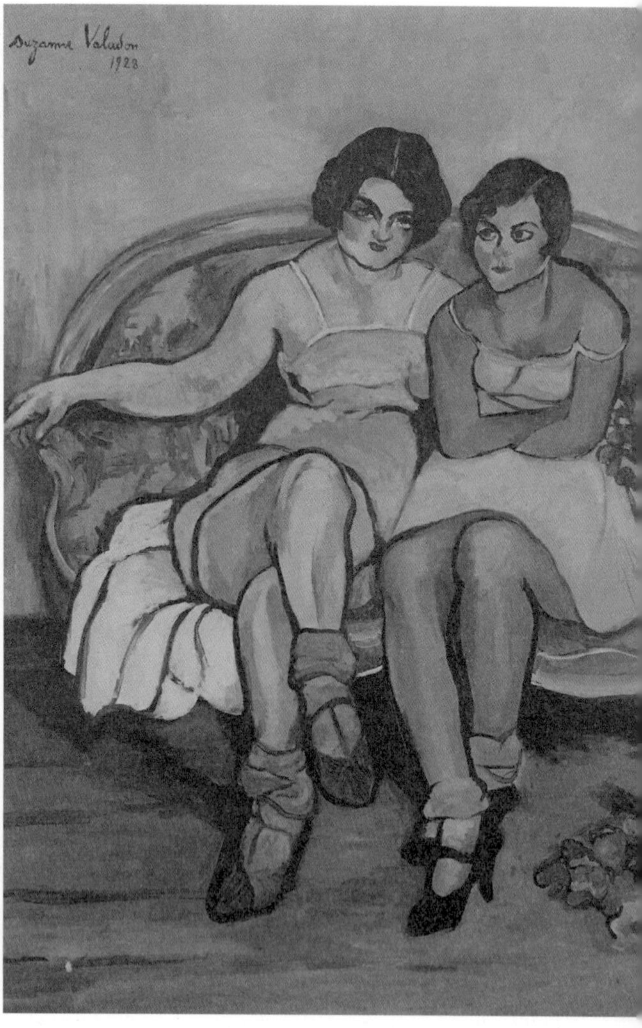
Suzanne Valadon
1928

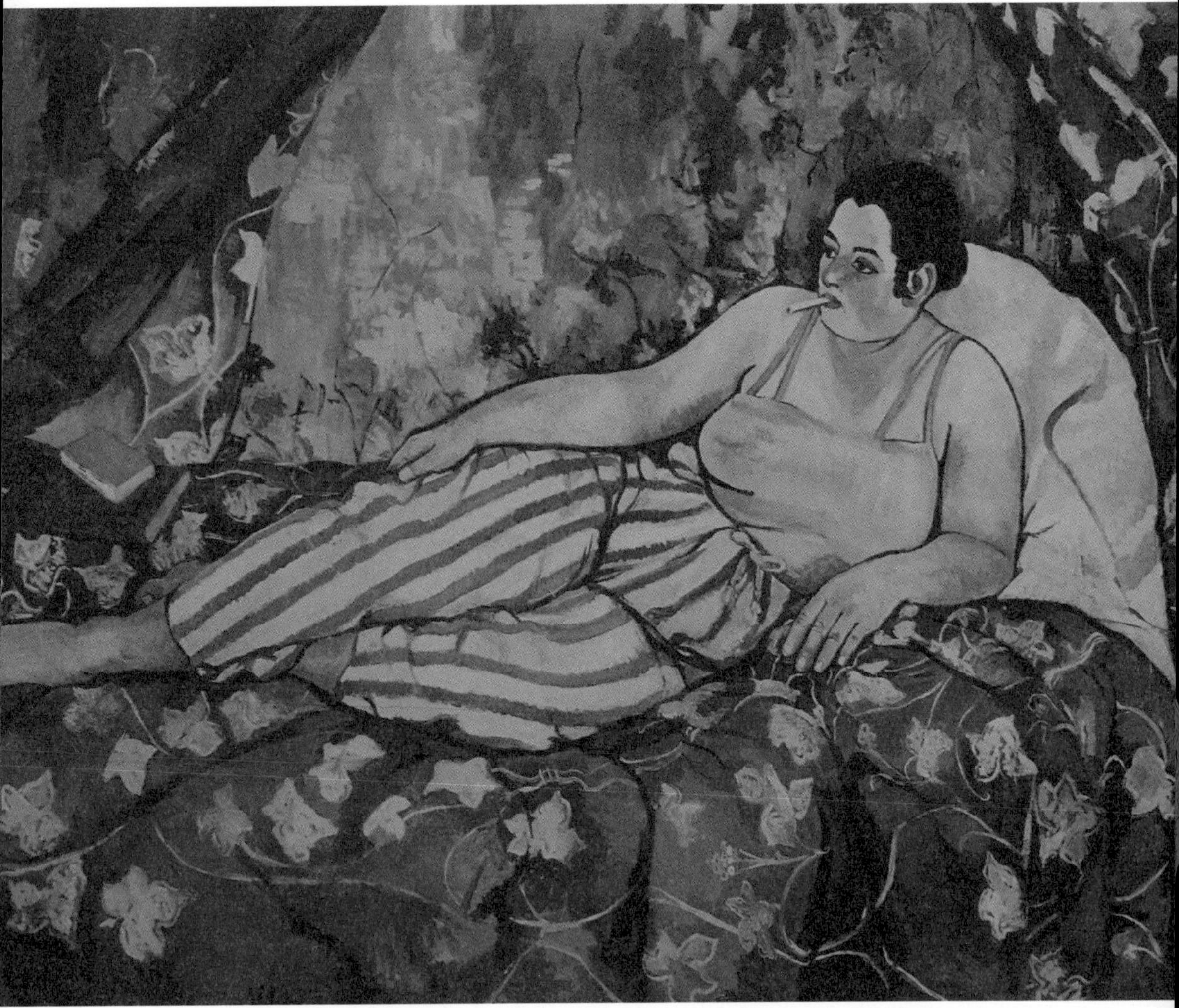

● 발라동의 유화 작품 중 여성 초상화

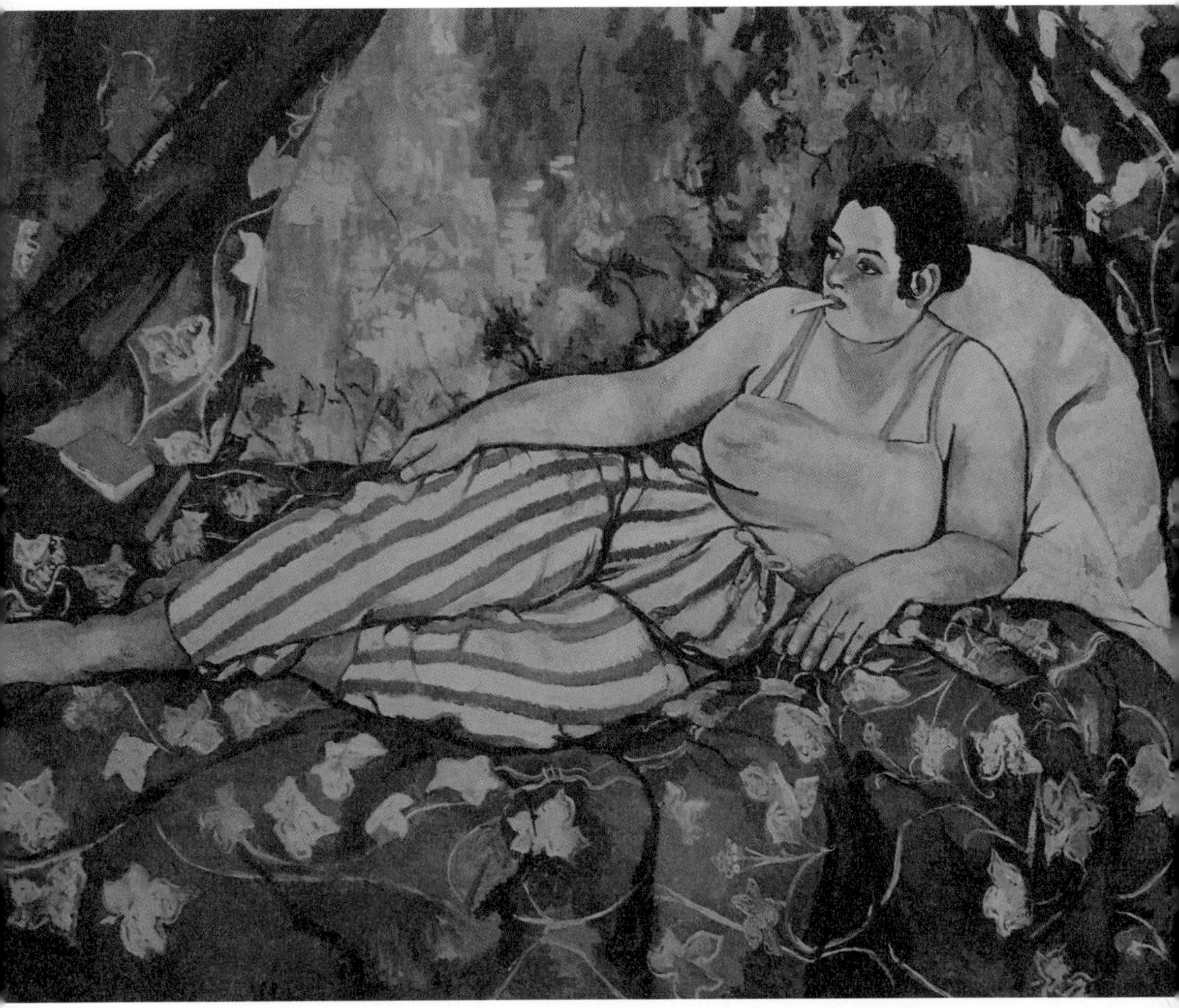

● 발라동의 유화 작품 중 여성 초상화

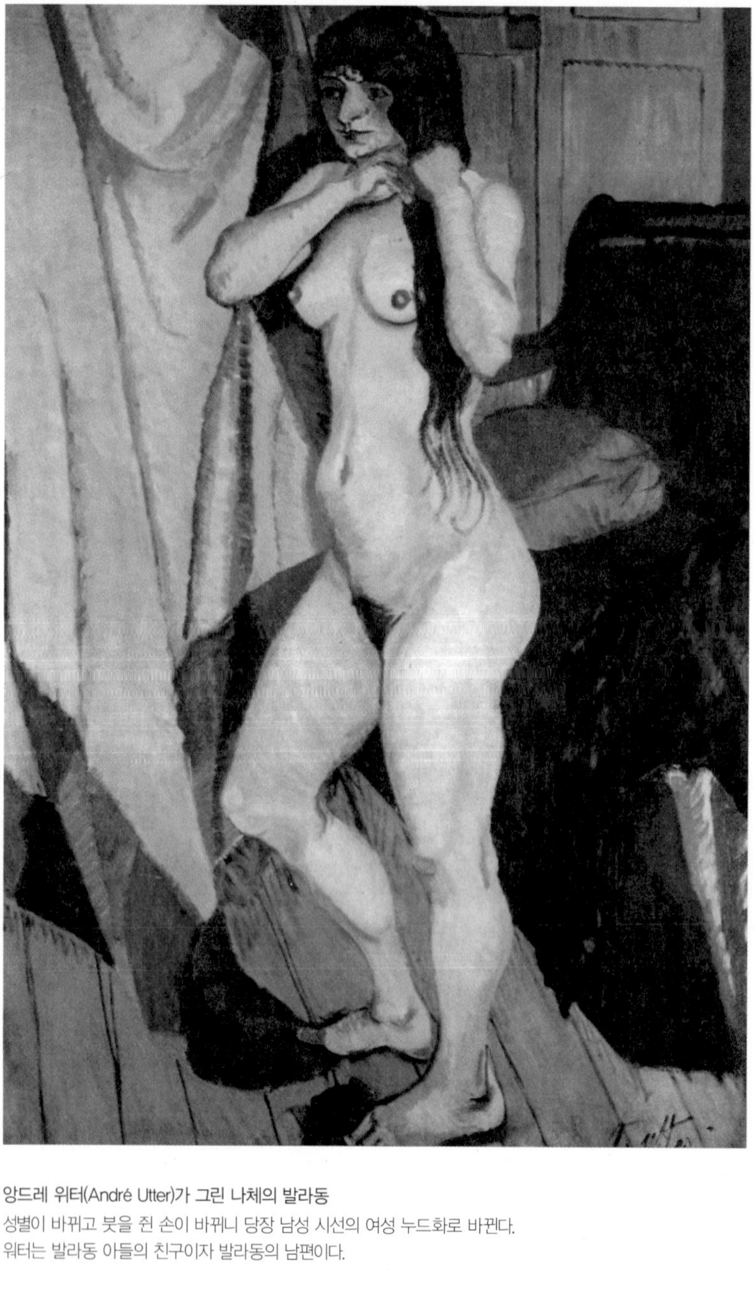

앙드레 위터(André Utter)가 그린 나체의 발라동
성별이 바뀌고 붓을 쥔 손이 바뀌니 당장 남성 시선의 여성 누드화로 바뀐다.
위터는 발라동 아들의 친구이자 발라동의 남편이다.

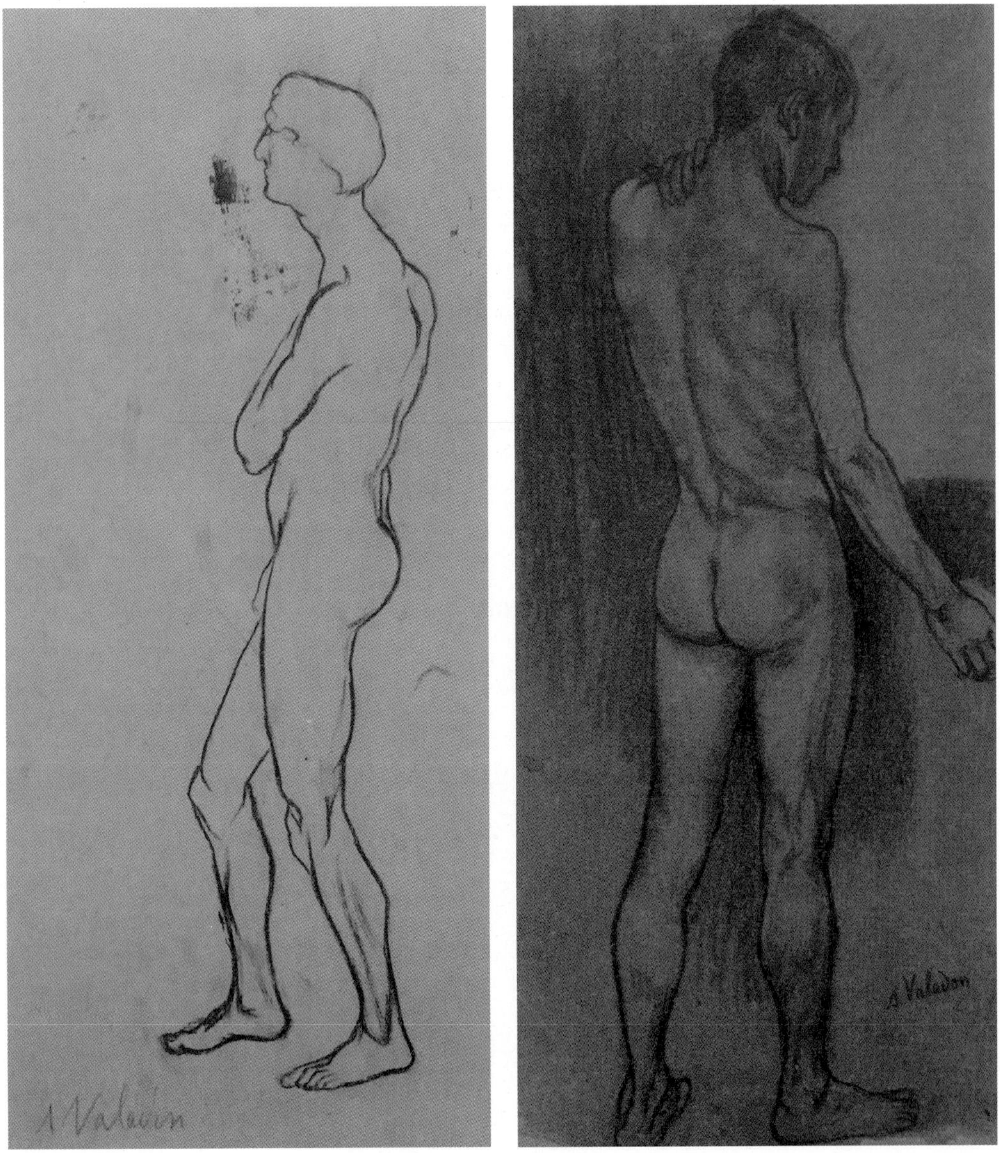

발라동이 그린 나체의 앙드레 위터

● 발라동의 풍경화

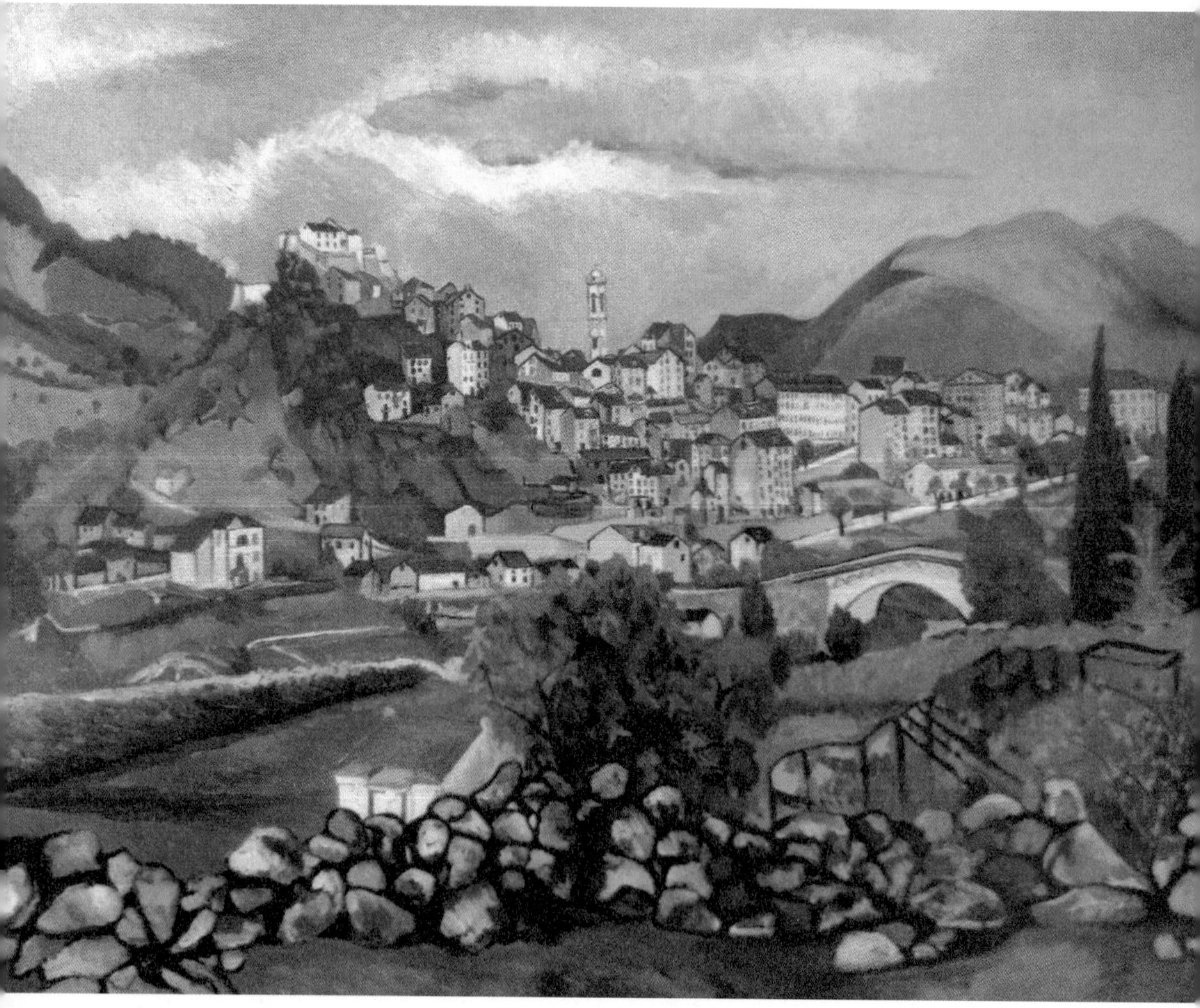

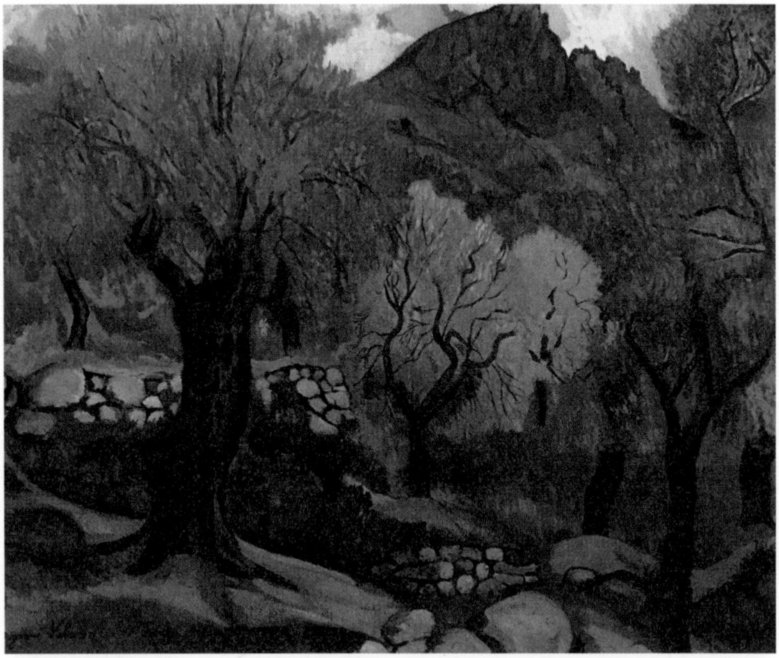

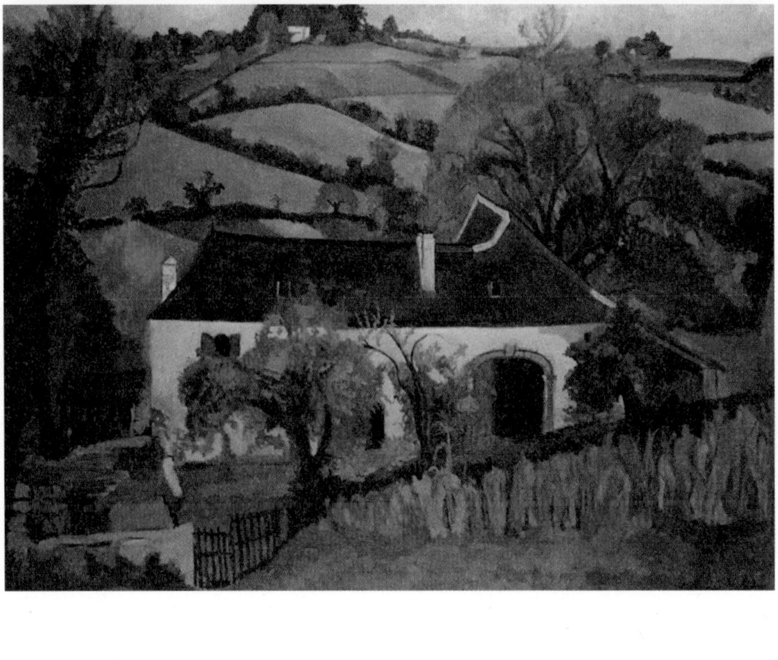

● 발라동의 정물화

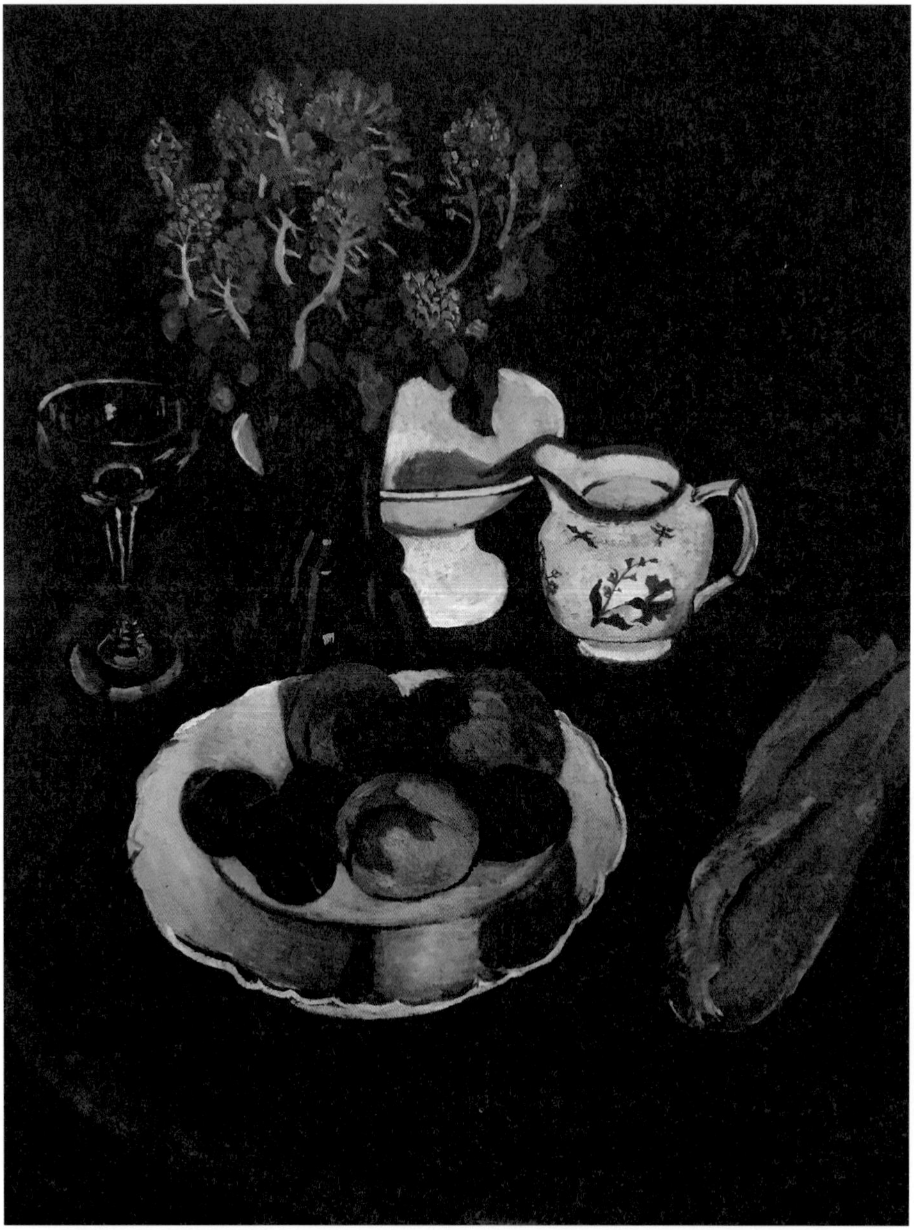

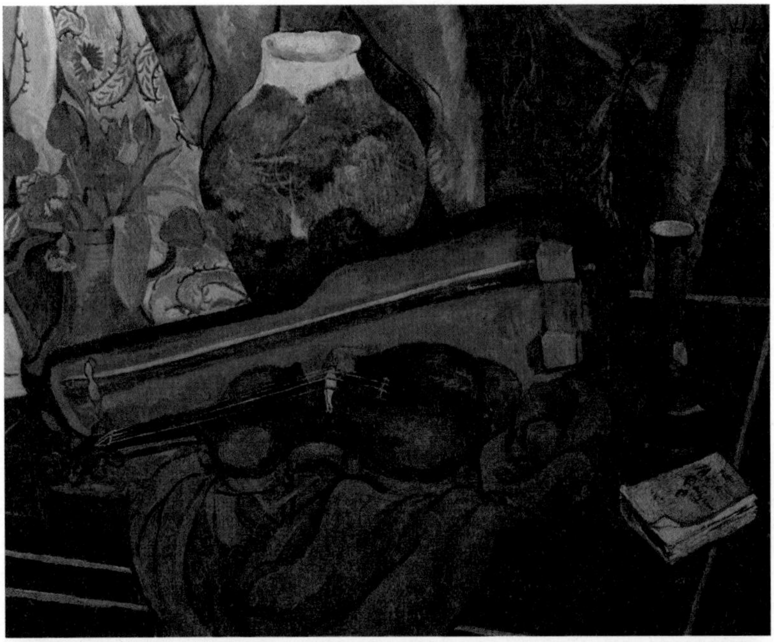

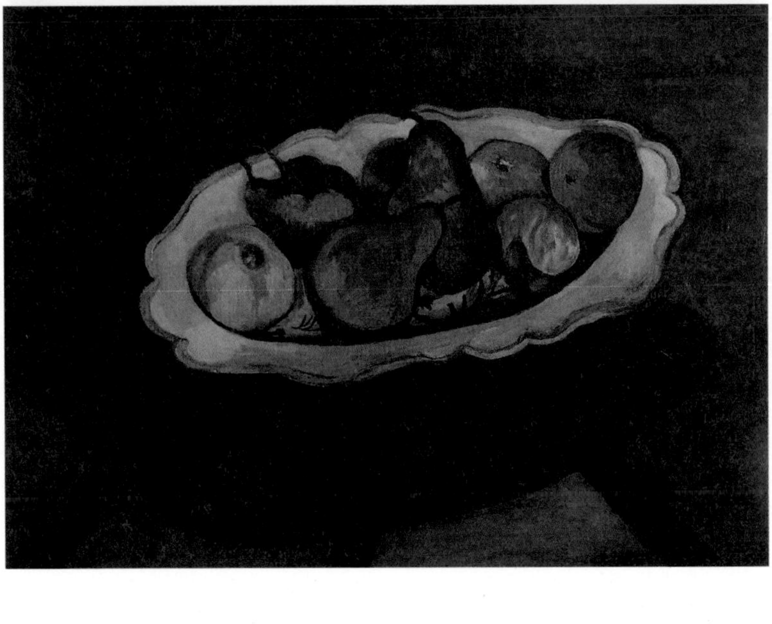

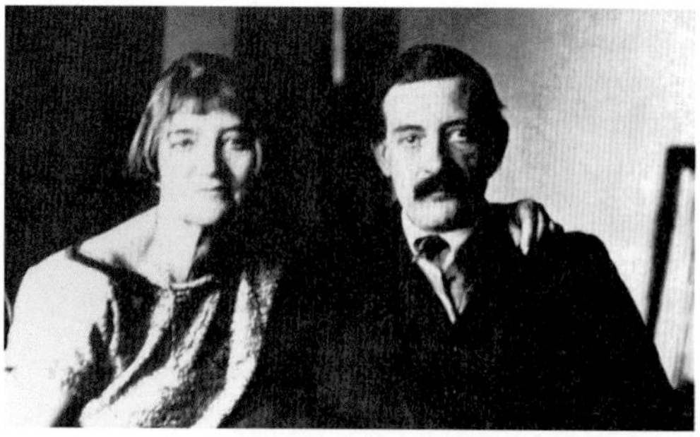

발라동과 위트릴로

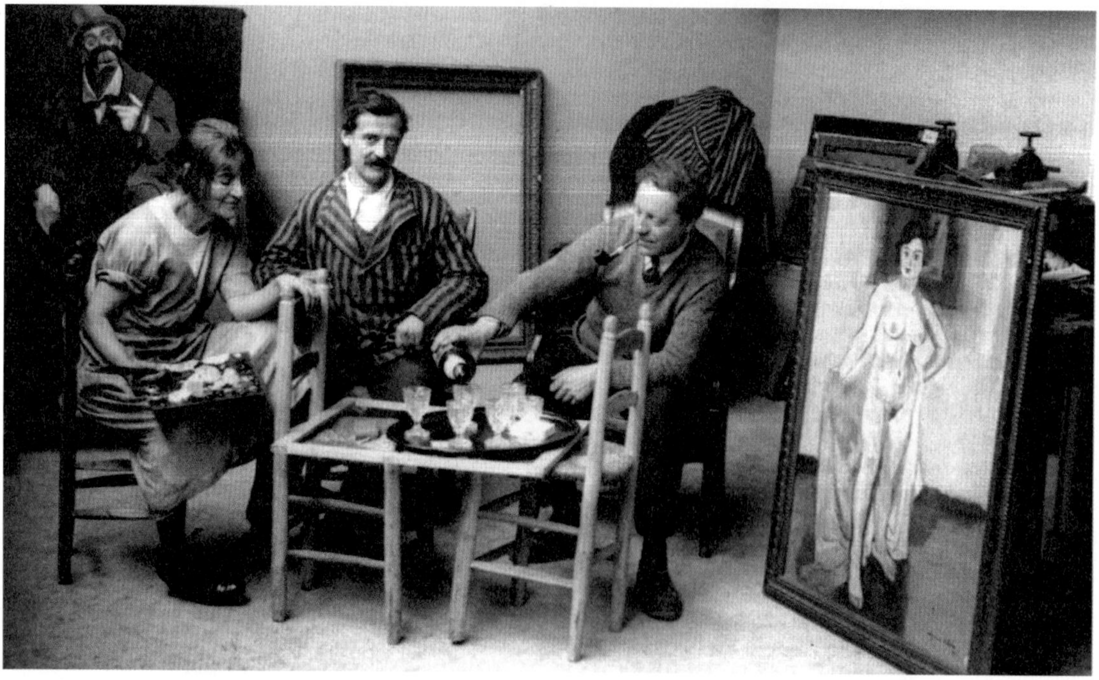

왼쪽부터 발라동, 위트릴로, 앙드레 위터

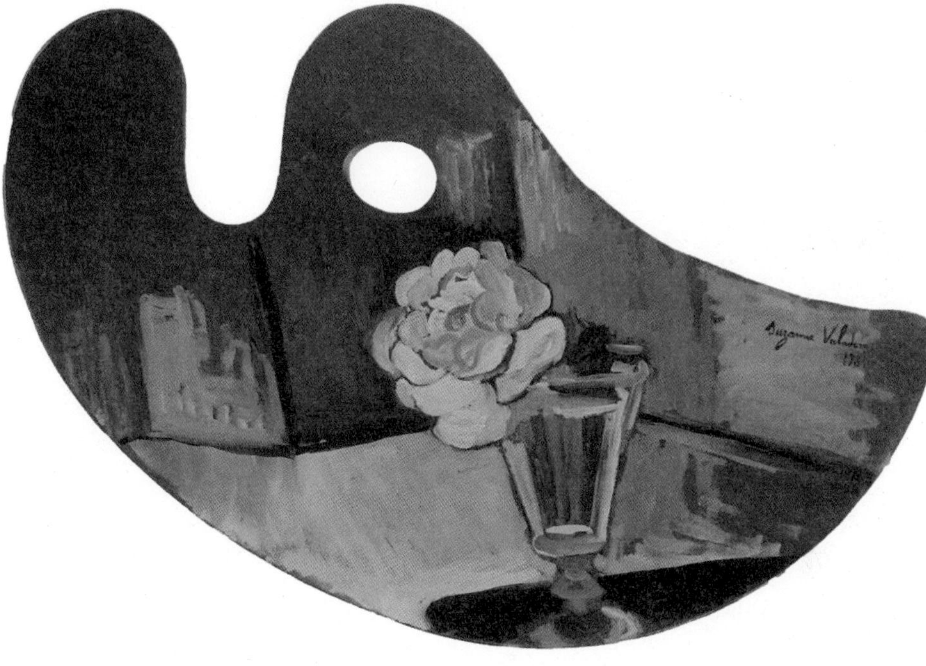

발라동이 팔레트에 그린 그림

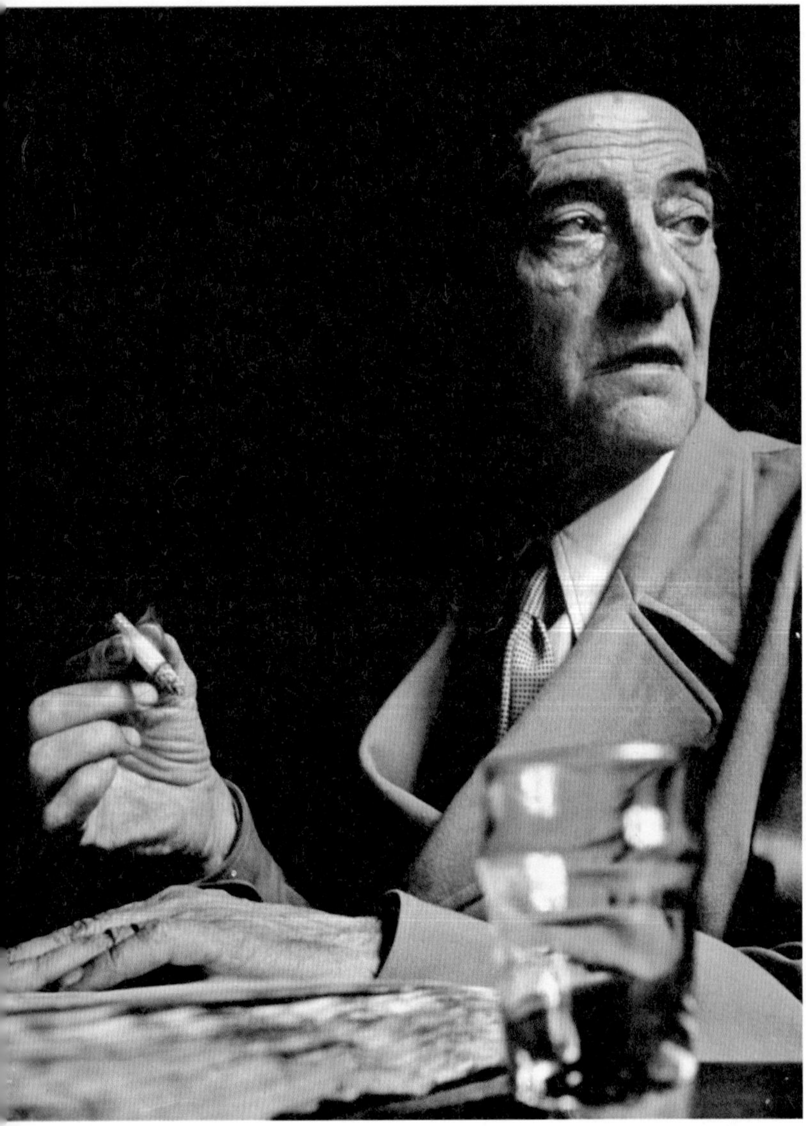

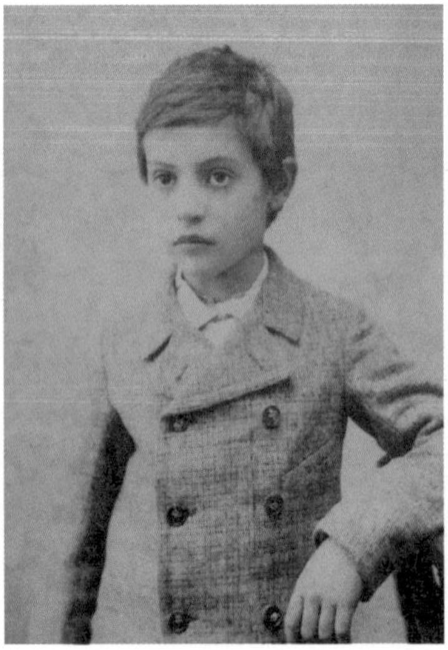

좌_ 만년의 위트릴로
우_ 어린 시절의 위트릴로

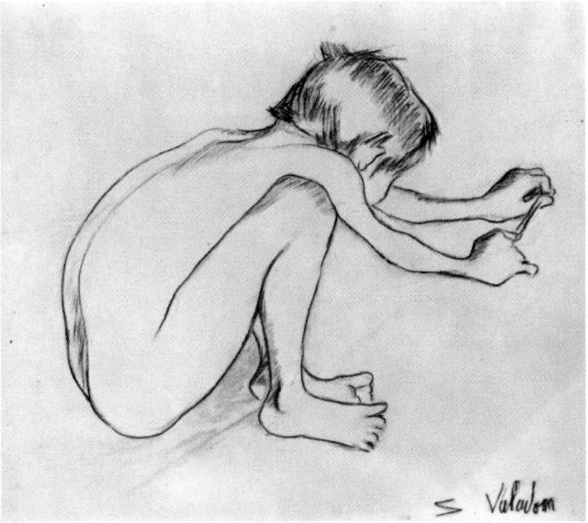

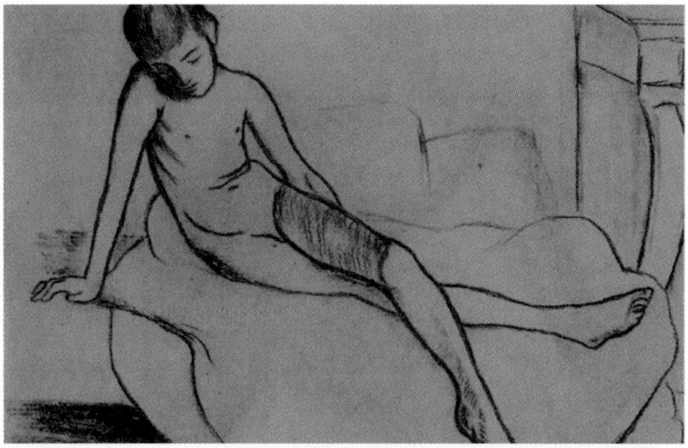

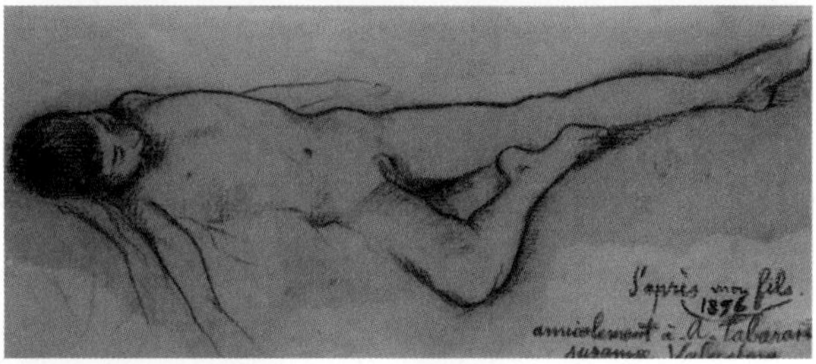

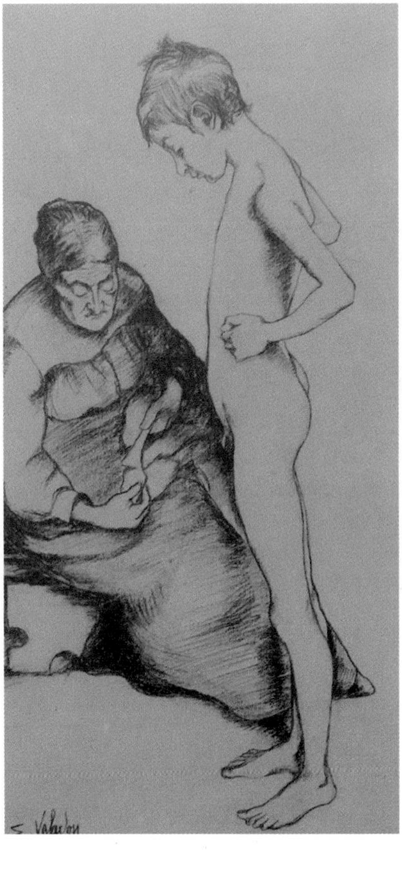

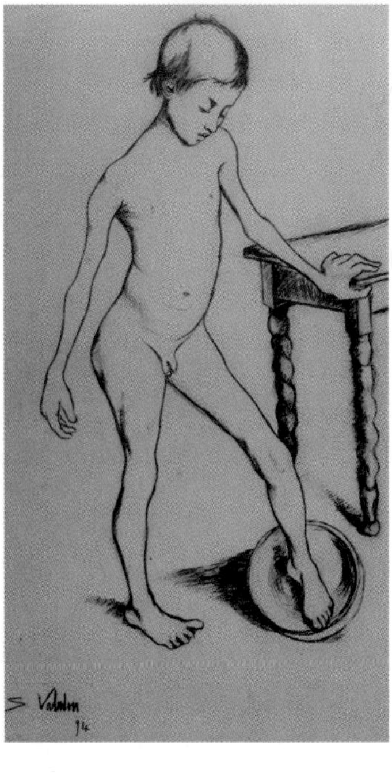

소묘화 속의 남자아이가 바로 위트릴로다. 화가인 어머니가 자신을 위해 남겨준 귀한 기억을 가진 화가가 위트릴로 말고 누가 또 있을까? 당시 그림 속의 남자아이는 이런 것들을 전혀 알지 못했을 것이다. 이것은 어머니의 기억이며, 그렇기에 내가 본 그림 중에서 가장 감동적인 남자아이 그림이다.

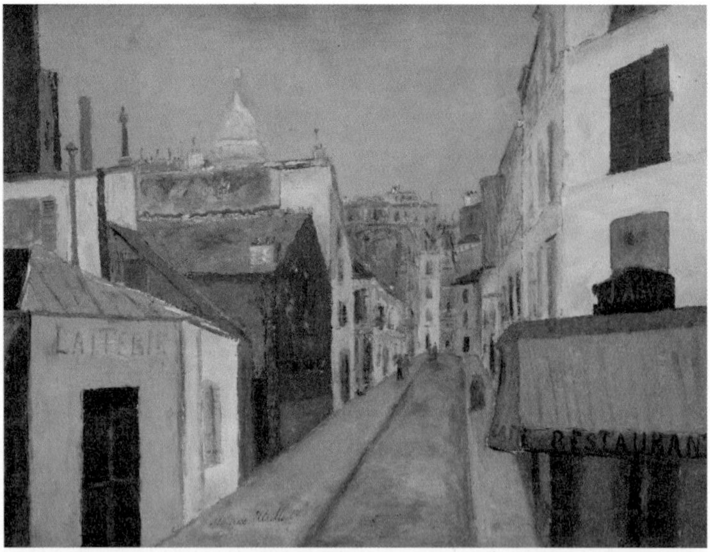

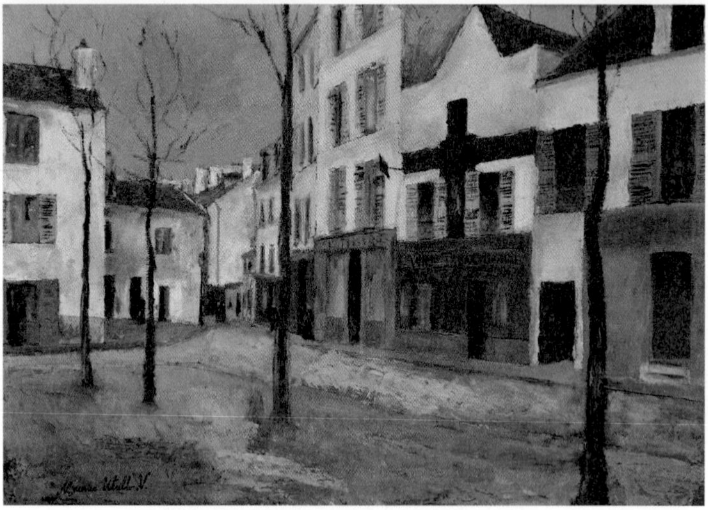

상_ 위트릴로, 〈코탱 골목〉, 1910년, 테이트 갤러리, 런던
하_ 위트릴로, 〈테르트르 광장〉, 1910년, 테이트 갤러리, 런던
우_ 위트릴로, 〈라 바르의 슈발리에 거리〉, 1950년, 개인 소장

1980년대 처음 뉴욕에 갔을 때, 매디슨 가와 57번가의 화랑에서 위트릴로의 그림을 쉽게 볼 수 있었다. 진열된 그림에는 가격표가 붙어 있었다. 몇몇 그림은 정말로 아름다웠다. 30년이 흐른 지금, 베이징의 내 아파트에서 엘리베이터를 사이에 두고 문과 문이 마주 보이는 이웃 사람이 얼마 전 위트릴로의 그림을 사서 벽에 걸었다고 했다. 그 집에 가 보니, 과연 위트릴로의 그림이었다. 사실 이 이야기는 위트릴로와는 상관이 없다. 중국의 개혁, 그리고 개방과 관련 있는 이야기다.

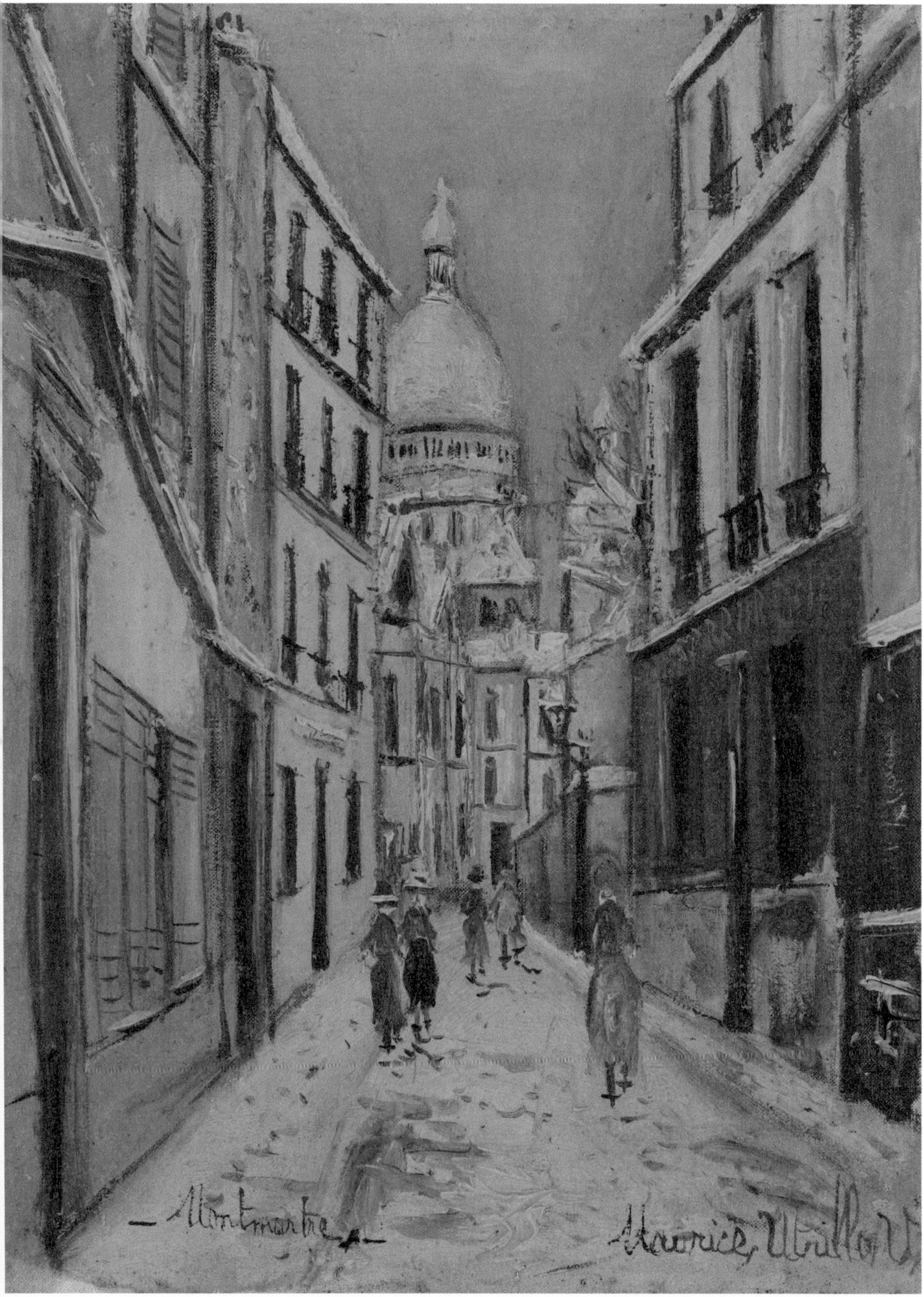
Montmartre
Maurice, Utrillo, V.

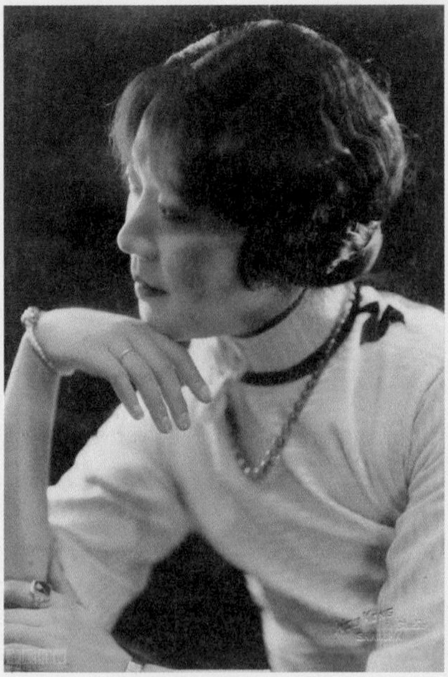 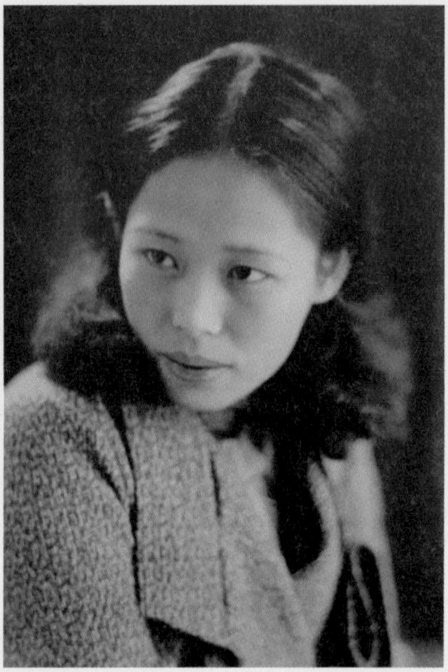

왼쪽은 관쯔란(關紫蘭), 오른쪽은 추티(丘堤)

중화민국 시기의 여성 화가들

앞에서 발라동을 이야기했는데, 제 관점이나 태도, 표현 등을 조심해야 한다는 생각이 들었습니다. 지금 이 책을 뉴욕에서 출간한다고 가정하면 아홉 마디는 맞고 한 마디만 틀렸어도 당장 '정치적으로 올바른 기준'에 걸려 비판받고 사과를 해야 할 것입니다. 심한 경우 법정에 가야 할지도 모릅니다.

페미니즘여권주의은 여류 화가라는 말을 비판하고 '여성 화가'라는 표현을 써야 한다고 말합니다. 아직 페미니즘 사상이 등장하지 않은 시대의 여성 화가를 논할 때에도 역사적인 어휘가 성차별적 의미를 담고 있지 않은지 상세히 따져야 합니다. 중요한 것은 당신이 여성이라면 괜찮지만 남성일 경우에는 잘 생각해서 입을 열어야 한다는 점이죠.

100년 전 서양에 여성 화가가 없지는 않았지만 드물었습니다. 모리조와 카사트는 부르주아 계급의 숙녀였고 발라동은 하층계급이었지요. 문화민주주의 이론에 따르면, 사회가 진보할수록 하층계급 출신인 예술가가 등장합니다. 2차 세계대전 이전의 유럽에서 발라동처럼 농후하고 본능적인 그림을 그린 여성 화가는 찾을 수 없습니다. 콜비츠는 발라동과 비슷한 시기의 화가입니다만 유화를 그리지 않았습니다. 콜비츠는 만년에 조각을 시작했는데, 아들이 1차 세계대전에서 전사한 뒤 대형 조각 작품을 연속해서 발표했지요. 깊이 있고 올곧으며 작품의 중량 자체도 아주 무거운 작품들입니다. 그래서 1990년대 이후에 콜비츠는 다시 중요하게 다뤄집니다. 어쩌면 페미니즘 의식이 성숙한 것과 관계가 있을지도 모릅니다. 하지만 제가 얼토당토않은 소리를 한 것일지도 모르니 전부 믿지는 마세요.

1920년대의 미국 화가 조지아 오키프Georgia O'Keeffe는 미국인들이 페미니즘 예술의 어머니로 떠받듭니다. 그래서 미국인이 엮은 이른바 '세계' 미술사에는 당연하게 오키프가 들어가 있습니다. 용감하게 말하자면, 저는 오키프의 그림은 좋아하지 않고, 대신 그녀의 외모를 좋아합니다. 아주 당당하고 대범한 외모를 가진 여성이지요. 조지아 오키프의 남편은 현대 사진계의 '큰형님'으로, 상당히 긴 이름인데 지금은 기억나지 않는군요. 남편의 지위가 곧 아내의 지위라는 말이 있습니다만, 그가 아내 오키프를 찍은 흑백사진이 특히 유명합니다. 초상 사진도 있고, 누드도 있지요. 오키프의 길고 아름다운 손가락만 전문적으로 찍은 것도 있고요. 만년의 오키프는 뉴멕시코의 광야에 정착했습니다. 지금은 그녀의 옛집이 현지 관광 명소가 되었답니다.

지금까지 이야기한 여성 영웅들은 페미니즘 이전의 시대를 살았습니다. 그들이 당시에 막 싹튼 페미니즘에 대해 어느 정도나 인지하고 있었는지는 알 수 없지만, 현재적 관점에서 그들은 페미니즘 문화의 선구자라고 할 수 있습니다. 그러나 17세기 이탈리아의 여성 화가 아르테미시아 젠틸레스키Artemisia Gentileschi야말로 최초의 페미니즘 예술가가 아닐까 합니다. 400년이 지나 1990년대에 와서 이 할머니의 할머니의 할머니라고 할 만한 화가가 새롭게 주목받았습니다. 미국 소설가이자 평론가인 수전 손택Susan Sontag이 아르테미시아 젠틸레스키에 대한 글을 썼는데, 마치 그녀를 잘 알고 지내던 사람이 쓴 것처럼 읽는 이의 심금을 울립니다. 메트로폴리탄 미술관도 아르테미시아 젠틸레스키 작품으로 대규모 전시를 열었습니다. 그때 전시한 그림 중 하나가 16세기 이탈리아의 위대한 화가 카라바조Caravaggio의 그림을 연상케 합니다. 한 여성이 미간을 잔뜩 찌푸리고서 남자의 목을 자르는 데 피가 사방으로 튀는 그림입니다.

2차 세계대전 이후 유럽과 미국에서 여성 예술가의 수는 점점 늘어나고 있습니다. 다들 뛰어난 예술가지만, 저는 그중에서 두 사람을 특히 좋아합니다.

한 사람은 미국의 조각가 키키 스미스Kiki Smith로, 그녀의 조각 작품을 제 병치竝置 작품에서 모사한 적도 있습니다[1]. 또 한 사람은 1970년대부터 활동한 유고슬라비아의 행위 예술가 마리나 아브라모비치Marina Abramovic입니다. 1980년대에 그녀와 독일인 남자친구 울라이Ulay가 함께 만든 작품 중 〈연인들 : 만리장성 걷기The Lovers : The Great Wall Walk〉라는 작품이 있습니다. 마리나는 만리장성 위를 동쪽에서 서쪽을 향해 걷고, 울라이는 서쪽에서 동쪽을 향해 걷습니다. 3개월 후 두 사람은 중간 지점인 얼랑二郎 산에서 만납니다. 그 과정을 기록하여 다큐멘터리로 만든 것인데, 이 작품 이후 두 사람은 헤어집니다.

몇 년 전에 아브라모비치가 뉴욕 현대미술관에서 행위 예술 전시를 열었습니다. 수천 명의 관람객이 줄을 서서 기다리다가 순서가 오면 마리나와 마주 앉아 서로를 응시하는 겁니다. 말은 한 마디도 하지 않고요. 그때 헤어진 후 20여 년을 만나지 않았던 울라이가 나타납니다. 울라이가 맞은편에 앉자 마리나의 눈에 눈물이 고입니다. 울라이는 탁자 위로 마리나의 손을 가볍게 쥐었고, 마리나는 눈물을 삼키며 미소를 지었습니다. 이제는 늙어버린 두 연인입니다. 몇 분 후, 울라이는 일어서서 자리를 비켜줍니다. 다음 차례의 관람객에게요.

사실 저는 어느 여성 예술가에게 반하면 저 자신이 여자가 아닌 것이 원통할 지경입니다. 여자로 변하고 싶다는 생각도 하지요. 어떤 생각, 어떤 기질은 오로지 여성에게만 있기 때문입니다. 그래서 다시 한 번 과감히 말하건대, 과거의 여성 화가들이 반드시 '페미니즘'이라는 의식을 갖고 있지는 않았으리라 생각합니다. 그들의 본의는 주변의 다른 남성 화가들처럼 대단한 그림을 그리겠다는 생각이었을지 모릅니다. 여성 화가들에게 나타나는 가장 미묘하면서도 사람을 홀

---

1. 천단칭은 과거의 명화나 역사적인 장면, 현대적인 영상이나 이미지를 하나의 화폭에 '병치'하는 방식의 연작을 그린 적이 있다.

리는 특징이 무엇인지 아십니까? 자기 자신을 남성 화가라고 '망상'하는 순간, 여성적인 특징이 발현된다는 점입니다. 마치 패기 넘치는 여성이 남장을 한 것 같은 모양새지요.

이것 역시 남자들의 시각일 겁니다. 신경을 쓰지 않으면 바로 실수를 하는군요. 저는 리웨이黎薇라는 1970년대에 태어난 베이징의 여성 화가를 한 명 알고 있습니다. 리웨이는 실제 사물에 근접한 조소 작품을 주로 발표하는데, 작품 규모나 담긴 사유가 보통이 아닙니다. 리웨이는 남자처럼 짧게 머리를 자르고 남자 옷을 즐겨 입습니다. 낡은 군화 같은 워커를 신고 성큼성큼 큰 보폭으로 빠르게 걷죠.

'여자지만 남자에 뒤지지 않는다', '여자 대장부' 같은 중국인들이 자주 쓰는 말은 여성을 치켜세우는 듯해도 여전히 남자가 중심에 있는 표현입니다. 남자들을 추어올리는 것이지 어디를 봐서 여성을 존중하는 말인가요? 그림을 그리는 일은 정의를 지키는 것과 일맥상통한 데가 있어서, 겁이 없다는 것은 화가에게 아주 귀한 자질입니다. 제가 보기에 남자보다 여자가 정의를 위해 목숨을 돌보지 않는 행동을 더 많이 합니다. 중국이든 외국이든 역사 속 여성 열사들을 떠올려 보면 금방 알게 되지요. 반면 변절하고 투항한 사람은 남자가 여자보다 훨씬 많습니다. 그러니 그런 상황에서 '여자 대장부'라고 표현하는 것은 잘못된 겁니다. 혹은 재봉, 요리, 디자인, 화장처럼 정교한 손 기술이 필요한 분야에서 뛰어난 남자들을 '남자지만 여자 못지않다'고 표현하거나 '남자 규수'라고 불러야 하지 않겠습니까?

어쨌든 조물주는 세상을 만들 때 일부러 수많은 복선과 여지를 남겨 인간이 스스로 암호를 풀게 합니다. 한참 이야기를 했습니다만, 여성 화가에 대한 제 생각은 간단히 말해 다음과 같습니다. 미술사학자 곰브리치가 한 말인 "예술사라는 것은 없다. 다만 예술가가 있을 뿐이다"를 인용해 이야기하겠습니다.

"남성 화가라는 것은 없다. 여성 화가라는 것도 없다. 다만 좋은 화가가 있을 뿐이다."

사람들이 화가 앞에 '여'라는 글자를 붙이는 걸 좋아한다고 생각하십니까? 발라동은 수많은 '남성 화가'를 뛰어넘는 훌륭한 화가입니다. 여성이기 전에 그 자신의 재능과 우수성, 매력 때문입니다. 그건 발라동이라는 사람에게 속한 것이지 여성에게 속한 것은 아닙니다. 그러나 이렇게 말해도 문제가 있습니다. 어쨌든 발라동은 정말로 여성이었으니까요. 발라동이 여성이기 때문에 생전에 덜 주목받았는지 모르지만, 제 눈에 '여성'이라는 정체성은 질투할 정도로 뛰어난 장점입니다.

중국에서 가장 유명한 여성 화가는 원나라 초기 조맹부趙孟頫의 아내인 관도승管道升입니다. 명나라 때는 화가이자 서예가이며 한림대조 벼슬을 지낸 문징명文徵明의 현손녀 문숙文淑이 있고, 청나라 초기에는 난징南京을 지나가는 운하 친화이秦淮 근처의 이름난 기생 마수진馬守眞과 고미顧眉가 역사서에 이름을 남겼지요. 하지만 베이징의 류리창琉璃廠 같은 골동품 거리에 가면 천지사방 널려 있는 중국화 화첩에서 그들의 작품을 찾기란 쉽지 않습니다. 중국에서도 여성 예술가가 많이 늘었고 미술대학의 미술사학과에는 여학생이 아주 많은데도 말입니다.

이제 제가 특히 사랑하는 두 명의 중국 여성 화가를 이야기하려고 합니다. 한 명은 일본 유학을 다녀온 상하이 여성 관쯔란關紫蘭, 1903~1986이고, 또 한 명은 1930년대 화가 모임 결란사決瀾社를 이끌었던 팡쉰친龐薰琹의 아내 추티丘堤, 1906~1958입니다.

중화민국 시기1925~1949의 여걸들은 셀 수 없이 많습니다. 이때 나타난 중국 여성 화가들이 그 이전의 수천 년을 다 합친 것보다 많습니다. 가장 먼저 서양으로 유학을 떠나 남성 화가들의 명성이 너무 높아서 일본으로 유학을 간 무리들은 이름이 덜 알려진 면이 있지만, 일본 유학파 중에서도 천바오이陳抱一, 관량關

良, 관쯔란 등은 특히 재능이 있었습니다. 그중 관쯔란은 상하이 출신으로, 양갓집 규수에 절세미인이었습니다. 몇 년 전 관쯔란의 흑백사진을 산 적이 있습니다. 그 사진도 참 아름다운데, 그건 그녀의 가장 아름다운 때를 남긴 것은 아니었습니다.

제가 다른 말을 다 제쳐두고 일단 관쯔란이 아름답다는 이야기부터 꺼낸 것을 남성 위주의 시선이라고 못마땅해하는 사람이 있을지 모르겠군요. 하지만 제가 외모로 사람을 평가하기 때문에 그런 것이 아닙니다. 앞에서 판위량을 언급한 적이 있지요. 미인이라고 할 수는 없지만, 저는 그녀를 무척 좋아합니다. 옛사람의 관상을 갖고 있어서 보고 있노라면 마음 깊은 곳에서 경외심이 생기거든요. 그러니 관쯔란처럼 뛰어난 미인이라면 찬양하지 않는 것도 잘못입니다. 발라동, 드가, 르누아르도 관쯔란을 봤더라면 깜짝 놀라며 그녀를 하늘에서 내려온 사람이라고 여겼을 것입니다.

그러나 관쯔란의 그림을 보고 나면 그녀의 얼굴을 잊게 됩니다. 관쯔란의 대담하고 과감한 붓놀림은 발라동과 비견할 만합니다. 대담한 것은 관쯔란의 타고난 천성으로, 억지로 대담한 척하거나 과장한 데가 없지요. 중국의 유명한 현대 화가 류하이쑤劉海粟의 패기 넘치는 강렬한 기세와 비교해도 부족함이 없고, 대담하다는 평가를 받는 또 다른 일본 유학파 화가 천바오이보다도 낫다고 생각합니다. 그 밖에 유명한 중국의 현대 서양화가들인 쉬베이훙, 린펑몐林風眠, 뤼쓰바이呂斯百, 우쭤런과 비교해도 대담함, 간략함, 솔직함, 타고난 재기才氣만을 따진다면 다들 관쯔란에 비할 바가 못 된다고 생각합니다. 1998년 뉴욕의 구겐하임 현대미술관에서 '중화문명 5천년 특별전'이 열렸습니다. 중국 20세기 회화관을 특별히 만들어 프랑스와 일본에서 유학한 열몇 명의 화가 작품을 전시한 겁니다. 다들 명성이 자자한 화가들이지만, 어쩔 수 없이 학생 작품 같은 면이 보였습니다. 그래도 그날 전시관을 나오며 곰곰이 생각해보니 전시 작품 중 가장 사람을 끌어당기는 그림은 관쯔란의 것이었습니다.

관쯔란의 그림에는 좋은 집안의 아가씨다운 여성스러운 매력, 맑고 얌전한 느낌이 있습니다. 이런 매력은 그 후의 중국 유화에서는 다시 찾아볼 수 없습니다. 왜냐고요? 관쯔란 같은 양갓집 규수가 멸절滅絶했기 때문입니다. 일본 쇼와昭和 시대1926~1989년의 유화는 파리 화파의 화풍을 따라서 야스이 소타로安井曾太郎, 코이도 나라시게小出楢重, 우메하라 류자부로梅原龍三郎 등은 중국의 프랑스 유학파들보다 훨씬 진지하게 파리 화파다운 맛을 드러내고 있다고 하겠습니다. 그렇지만 동양적인 분위기는 어쩔 수 없습니다. 게다가 중국인의 핏줄에 흐르는 인문적이고 역사적인 대범함도 찾기 어렵습니다.[2] 관쯔란의 인물화나 풍경화에서는 무슨 기질이나 내면의 소양을 이야기할 필요가 없습니다. 그녀의 그림은 사진에 나온 바로 그 사람 자체입니다.

물론 관쯔란의 그림은 더도 덜도 말고 딱 중화민국 분위기입니다. 그 시기의 여성은 차림새나 머리 모양 등에서 독특한 분위기를 지녔습니다. 중국에서는 강남 지방의 우아한 분위기를, 영국이나 프랑스에서는 1차 세계대전 전후의 숙녀다운 느낌을 물려받았지요. 그 후로는 더 이상 이런 분위기가 나오지 않습니다. 중화민국 시기의 부유한 집안 여성들은 학교에 다니면서 운동을 하거나 그림을 그렸고, 심지어 혁명에도 참여했습니다. 그들은 무엇을 해도 솔직하고 순수했습니다. 이런 기질 역시 중화민국 시기가 지나면 사라져버리고 맙니다.

일본 유학파인 천바오이는 한창 나이에 죽었습니다. 관량은 장수했으나 1949년 이후로는 야수파 스타일의 그림을 그리지 않고 수묵을 써서 경극 인물화를 그렸지요. 관쯔란은 어디로 갔을까요? 저도 젊은 시절에는 중국 미술계에 관쯔란이라는 뛰어난 여성 화가가 있다는 것을 전혀 몰랐습니다. 나중에 들으니 조

---

2. 중국인은 인문적이고 대범한데 일본인은 그렇지 않다는 저자의 편견이 드러나는 대목이다.

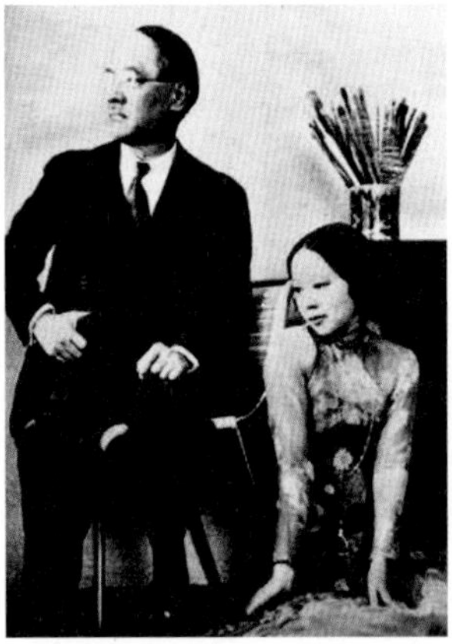
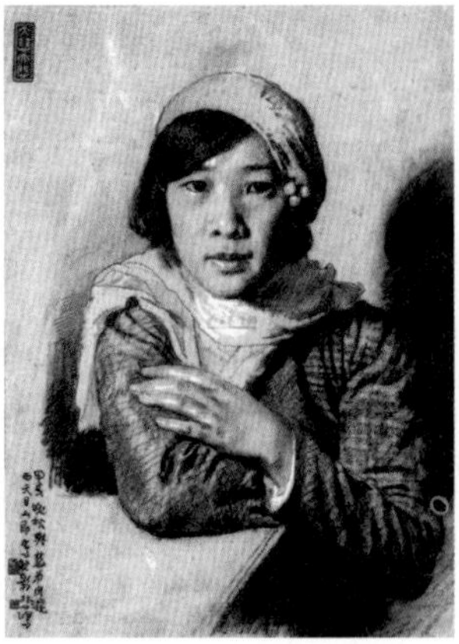
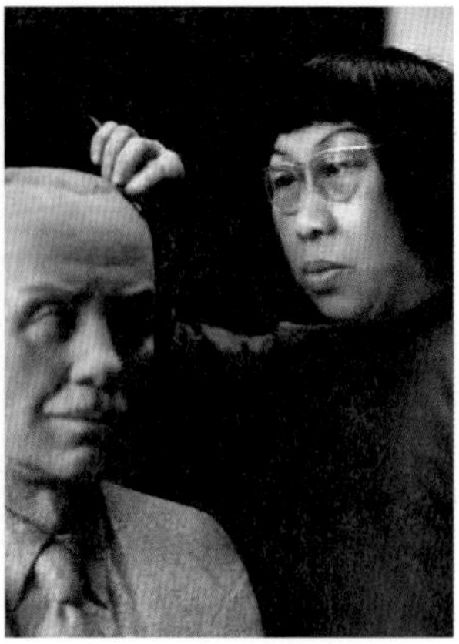

중화민국 시기의 여성 화가들

좌_ 장리잉(張荔英)과 그녀의 남편 **중앙_** 쑨둬츠(孫多慈) **우_** 판위량

용히 만년을 보내며 더 이상 그림을 그리지 않았다고 합니다. 문화대혁명 후에 찍은 관쯔란의 사진을 본 적이 있습니다. 흔한 인민복 차림에 나이가 들었지만 여전히 아름답습니다. 잔잔한 미소를 띤 얼굴은 고생스러움과는 거리가 멀어 보이더군요. 10년 전쯤 그녀의 작품이 경매에 나온 적이 있습니다. 시작가가 20만 위안약 3500만 원이었는데, 누가 그 그림의 가치를 알았겠습니까? 결국 유찰되고 말았습니다.

이제 추티에 대해 말해봅시다. 관쯔란이 일본의 영향을 받은 데 비해 추티는 서양의 전위적 작가들에게 영향을 받았습니다. 남편인 팡쉰친이 프랑스 유학에서 수혈 받은 1차 세계대전 이후의 프랑스 회화 이념을 뒤따른 것입니다. 약간 입체파에 가깝다고 할 수 있지요.

추티의 정물화는 중국 최고입니다. 어디가 좋으냐고요? 첫째, 똑같은 꽃, 병,

천을 그려도 추티 그림은 세속적이지 않고 차분합니다. 발라동보다 잘 그리지는 못했지만 더 고아하지요. 두 번째 장점은 수수한 마음입니다. 설명하기 쉽지 않습니다만, 과한 양념이나 조리법을 쓰지 않고 정갈하게 만든 채소 요리 같은 그림입니다. 세 번째 장점은 물성物性을 볼 줄 알았다는 것입니다. 이것은 두 가지 층위로 나누어 설명할 수 있습니다. 하나는 자신 앞에 놓인 물체의 성질을 제대로 드러낸다는 뜻입니다. 수식하거나 선전하려 하지 않고 물체가 가진 딱 그만큼을 그립니다. 그러면서도 물체에 대한 경의와 애정이 담겼지요. 다른 하나는 재료의 물성을 활용할 줄 알았다는 뜻입니다. 추티는 색을 칠하는 것, 붓을 놀리는 것, 그리는 것과 멈추는 것, 정리하고 수습하는 것 등 모든 면에서 과하지 않습니다. 어느 면에서나 적절하기 짝이 없지요. 이는 그저 실력의 문제가 아니라 내면의 미덕이 밖으로 풍겨 나와서 가능한 것입니다. 네 번째 장점은 추티 역시 중화민국 시기 특유의 자유롭고 자존감 높은 분위기를 갖고 있다는 점입니다. 1950년대 이후의 중국에는 많은 여성 유화 화가가 등장했고, 재능 있는 사람들도 적잖았습니다. 하지만 그들의 그림은 대부분 혁명화였고, 혁명의 기운에서 벗어나지 못했습니다. 추티의 그림에는 아무런 의도도 없습니다. 물론 그녀의 시대에는 그녀처럼 그리는 것이야말로 회화의 혁명이었는지 모릅니다.

추티의 그림과 파리 화파 그림을 함께 전시한다면 파리 거리의 산들바람이 불어오는 듯한 기분을 느낄 수 있을 것입니다. 그리고 저만의 환상일지도 모르지만, 추티의 그림에는 어딘가 불교 사상의 기운이 느껴집니다. 불교 승려이면서 음악가, 화가, 서예가였던 홍일법사弘一法師가 추티의 그림을 봤다면 어떻게 평가했을지 궁금하군요. 그림으로만 논한다면, 홍일법사가 추티에 훨씬 미치지 못한다고 생각합니다.

중화민국 시대의 화가들은 인맥이나 화파의 관계도가 아주 분명해서 둘 다 1930년대에 미술계에 나왔지만 추티와 관쯔란은 거의 아무런 접점이 없었습니다다. 그러나 두 사람의 만년은 비슷했습니다. 1950년대 이후로는 아무런 소식도 들려오지 않았죠. 추티는 일찍 세상을 떠나기도 했고요.

추티의 딸과 외손녀도 화가입니다. 딸인 팡타오龐濤는 중앙미술학원에 오래 재임한 교수이고, 외손녀 린옌林延은 저와 함께 그 학교를 다녔습니다. 팡타오도 린옌도 교양 있는 사람이라 그런 집안 내력을 전혀 이야기하지 않습니다. 저도 팡타오 교수의 어머니이자 동창 린옌의 외할머니가 이렇게 대단한 화가라는 사실을 전혀 몰랐습니다. 1990년대에 팡타오 교수와 린옌이 뉴욕에서 추티 작품으로 전시회를 열었습니다. 저는 그 전시회에서 처음 추티의 그림을 보고 할 말을 잃었습니다.

저는 정물화를 좋아하지만 그리지는 못합니다. 풍경화도 좋아하는데 그리지는 못합니다. 그 전시회에 추티의 자그마한 풍경화가 나왔는데, 딱 봐도 자기 집 창문 바깥으로 보이는 맞은편 건물과 사람들 그리고 버드나무가 있는 풍경을 그린 것이었습니다. 저는 그림 앞에서 제가 그날 오전에 거기 있는 것 같은 기분이 들었습니다. 이 그림은 1945년 중일전쟁이 승리로 끝나고 팡쉰친과 추티 부부가 상하이로 돌아왔을 때 그린 것입니다. 분명히 아주 기분 좋은 하루였겠지요. 저는 그 그림 앞에서 한참을 멍하니 서 있었습니다. 이미 오래전에 사라져버린, 상하이가 잃어버린 표정을 그리워하면서 말이지요.

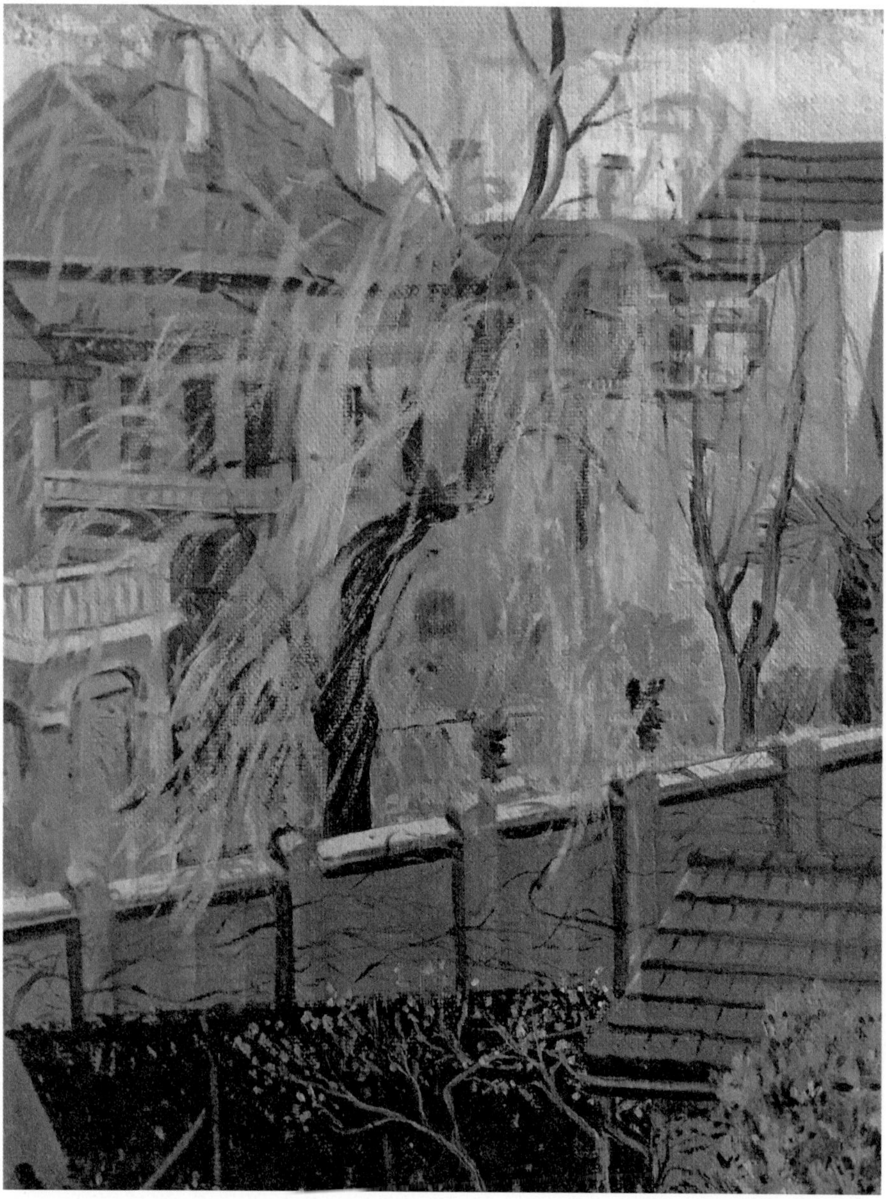

추티, 〈창밖〉, 1947년

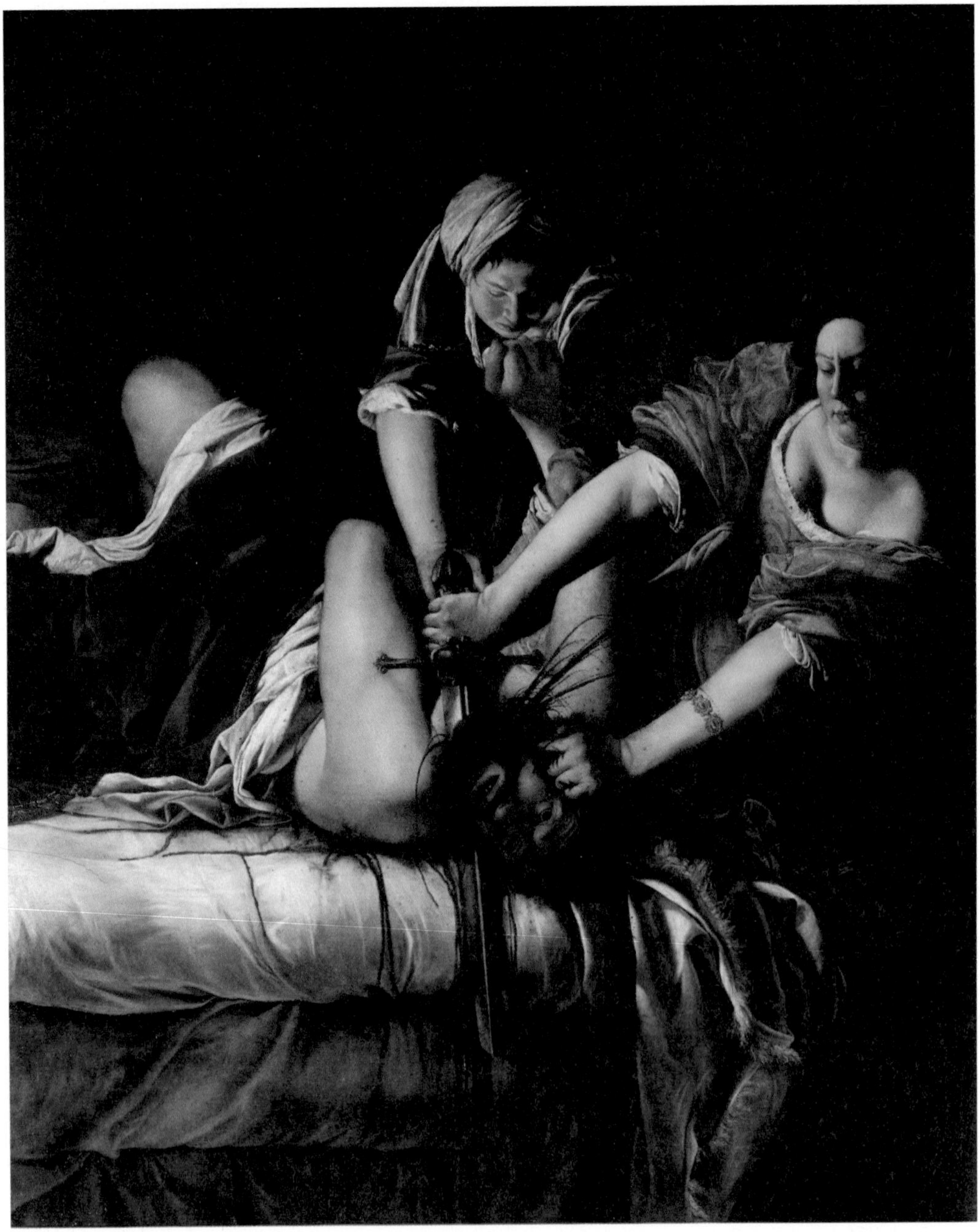

아르테미시아 젠틸레스키, 〈홀로페르네스의 목을 자르는 유디트〉, 1620년경, 우피치 미술관, 피렌체

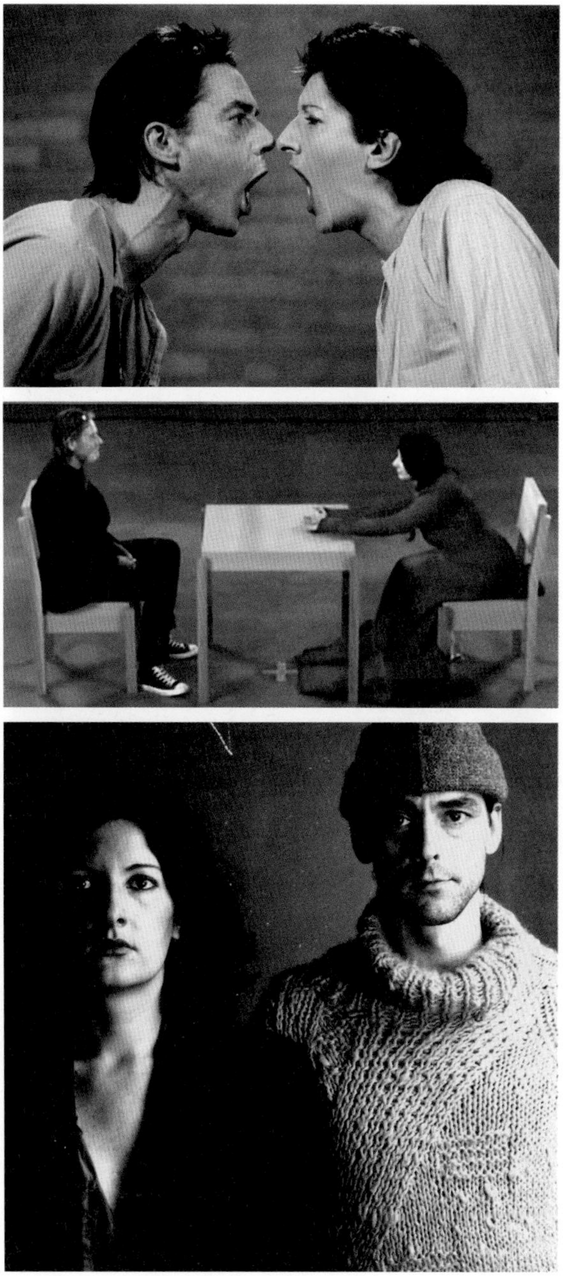

마리나와 울라이

나는 두 사람이 다시 만났을 때 울라이가 먼저 손을 뻗었다고 기억하고 있었다. 그러나 현장 영상을 보니 마리나가 먼저 손을 뻗었고, 울라이는 미소를 지으면서 앞으로 몸을 기울여 손을 맞잡았다. 나는 원고를 쓸 때 자료를 잘 참고하지 않고 기억에만 의존해서 쓴다. 기억은 자료가 아니니 자주 오류가 나온다. 이 작품의 제목은 〈마리나 아브라모비치와의 조우〉이다.

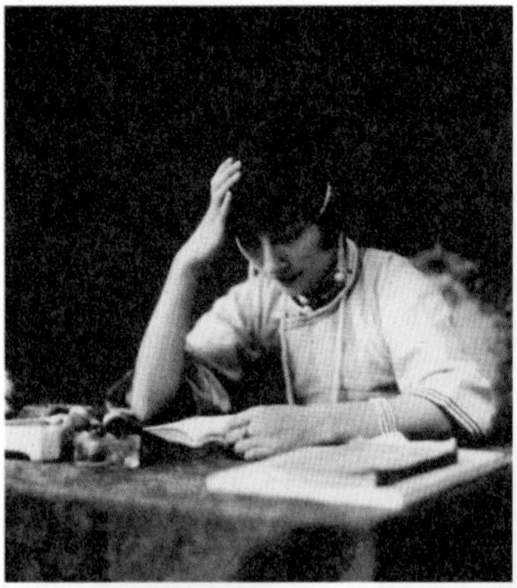
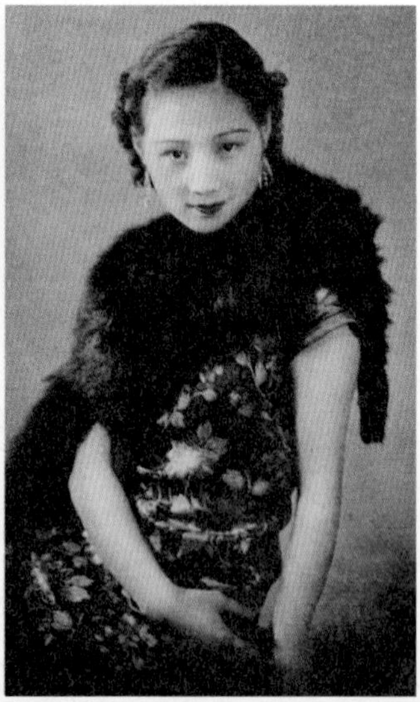
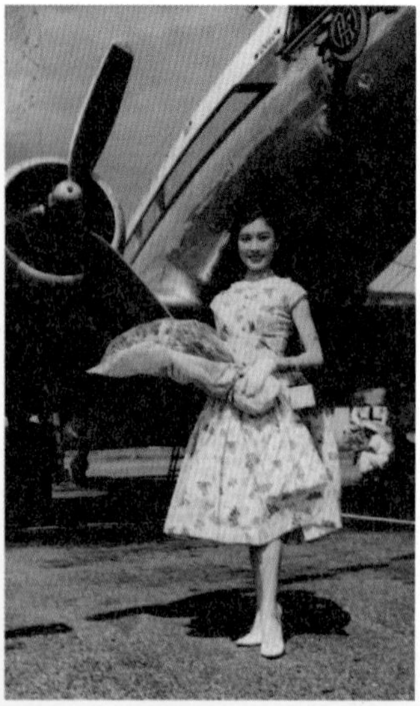
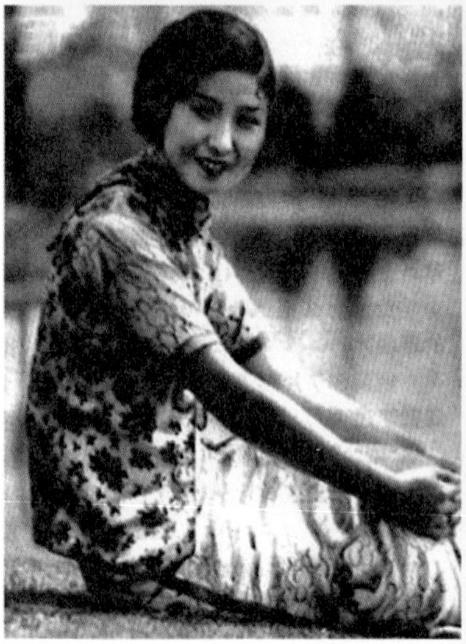
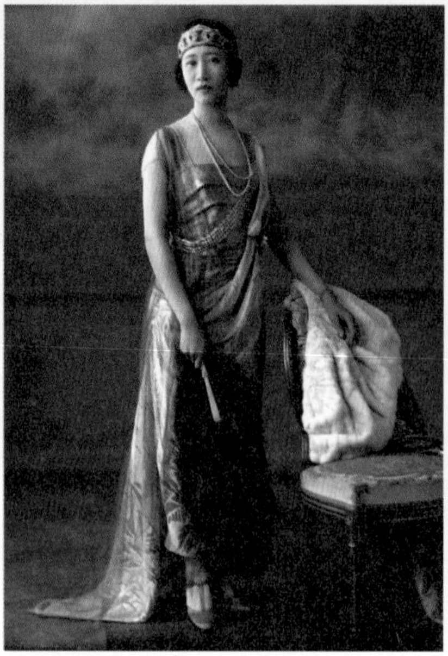
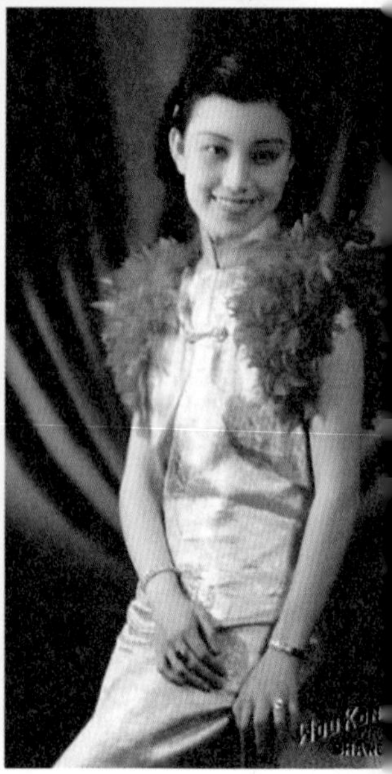

● 중화민국 시기의 여성들

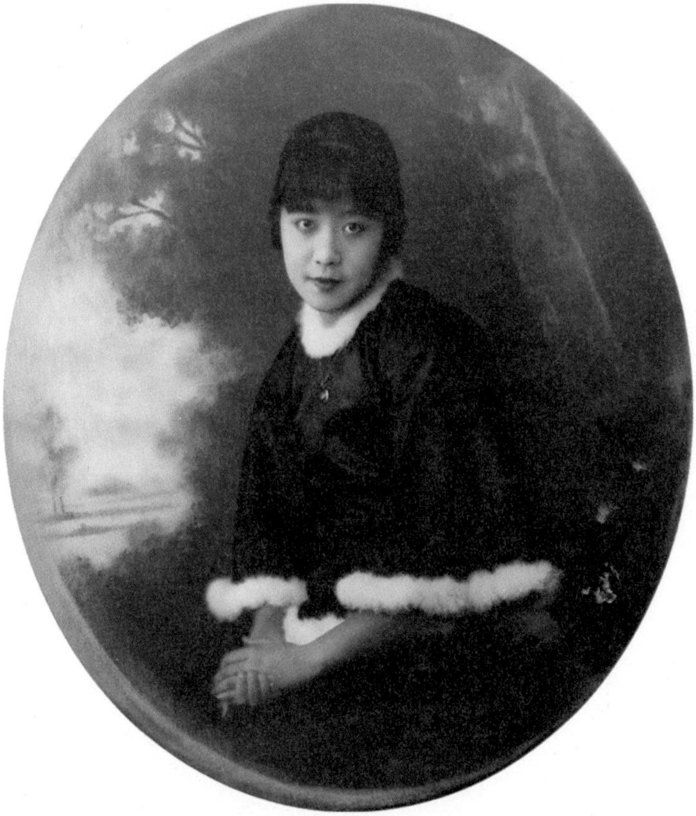

관쯔란의 사진(1930년대에 촬영)

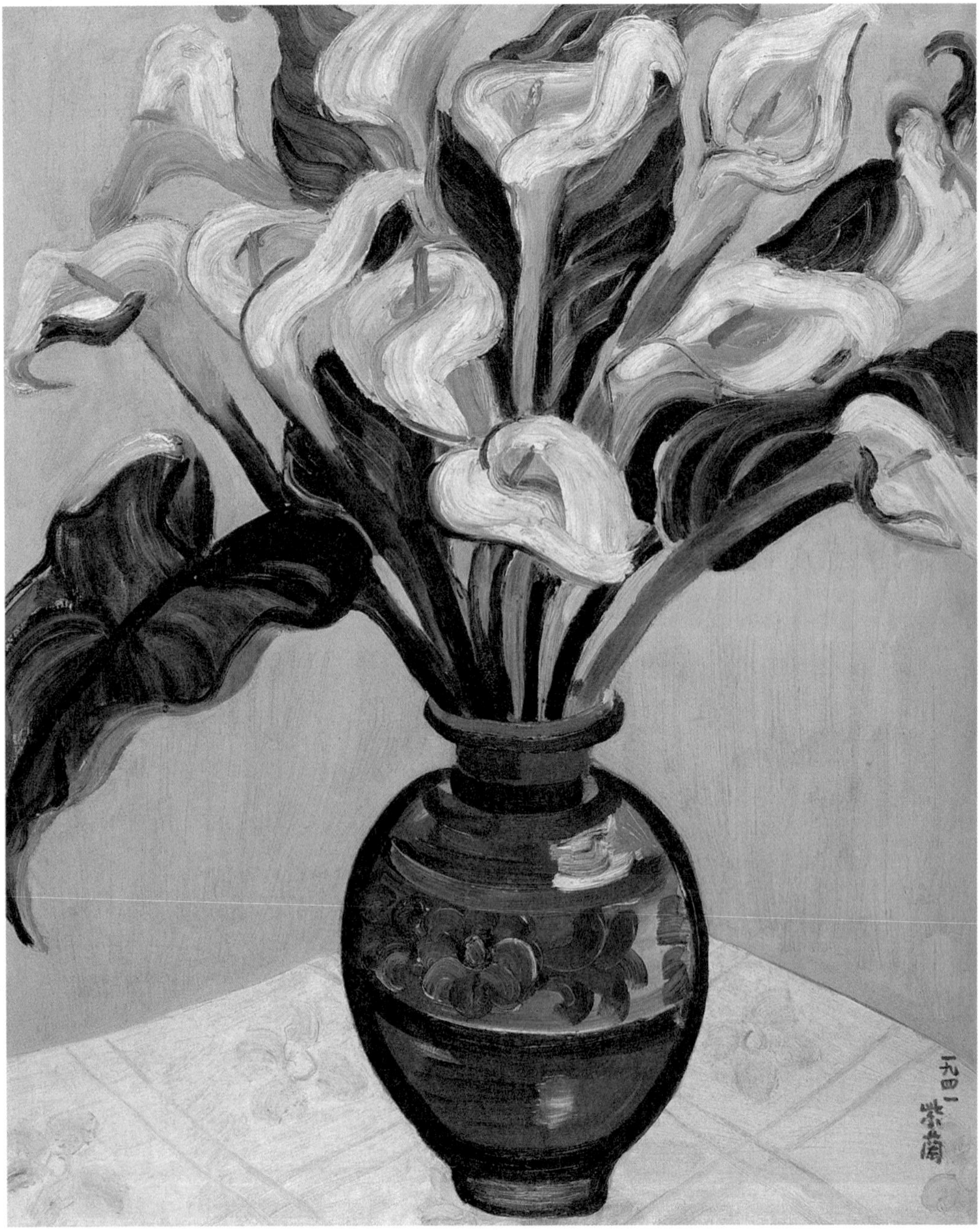

관쯔란, 〈자고화(慈姑花)〉, 1941년

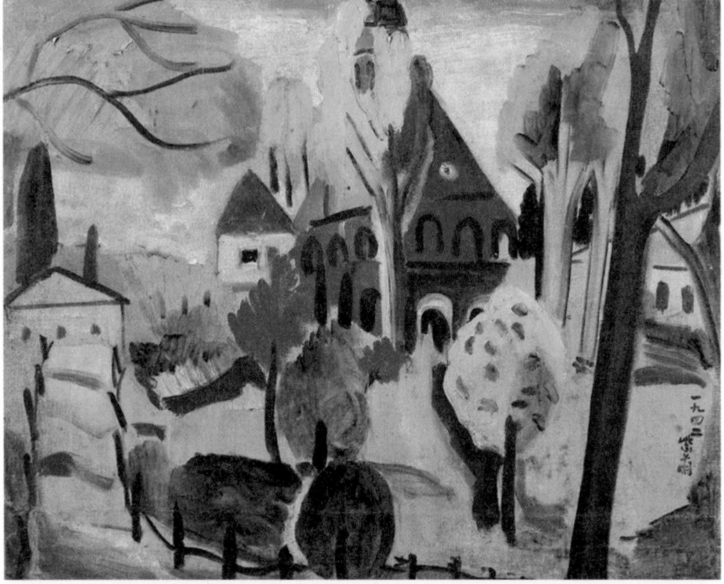

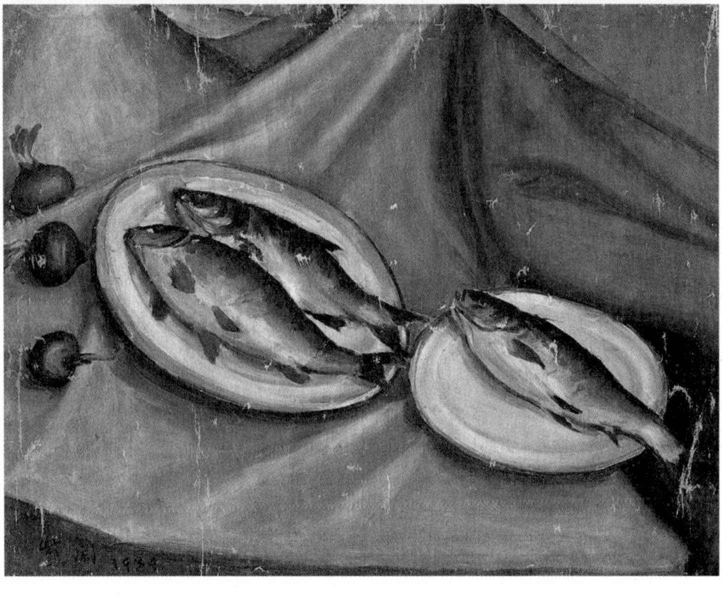

상_ 관쯔란, 〈징안(靜安) 공원〉, 1942년
하_ 관쯔란, 〈정물〉, 1939년

관쯔란은 지금까지 화집 한 권 출간된 적이 없다. 인터넷에서 검색해서 나오는 그림도 나쁘지는 않지만, 경매업에 종사하는 친구를 통해 보게 된 20여 점의 관쯔란 원화는 훨씬 더 대단하고 멋졌다. 안타깝게도 지금은 찾을 길이 없다. 그녀가 중년 이후로 붓을 놓고 더 이상 그림을 그리지 않은 것을 보면 결단력 있고, 맺고 끊음이 확실한 사람일 듯하다.

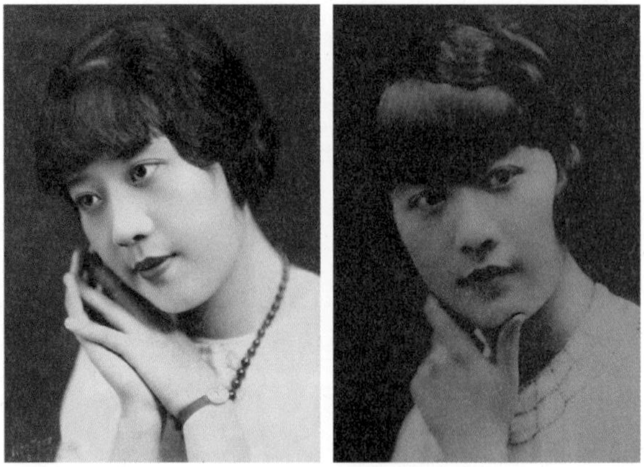

관쯔란

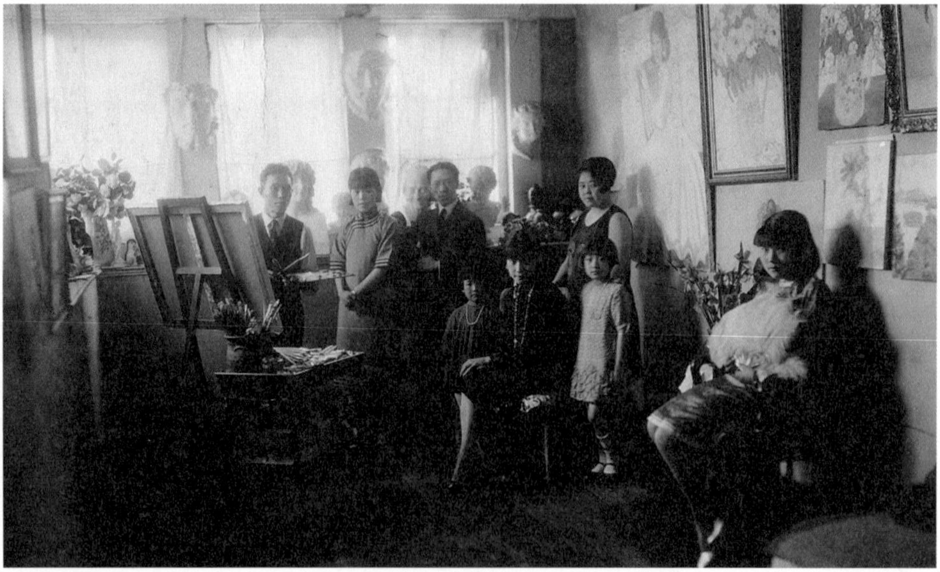

관쯔란, 천바오이, 딩옌융(丁衍庸, 일본 유학파 화가)이 같이 찍은 사진

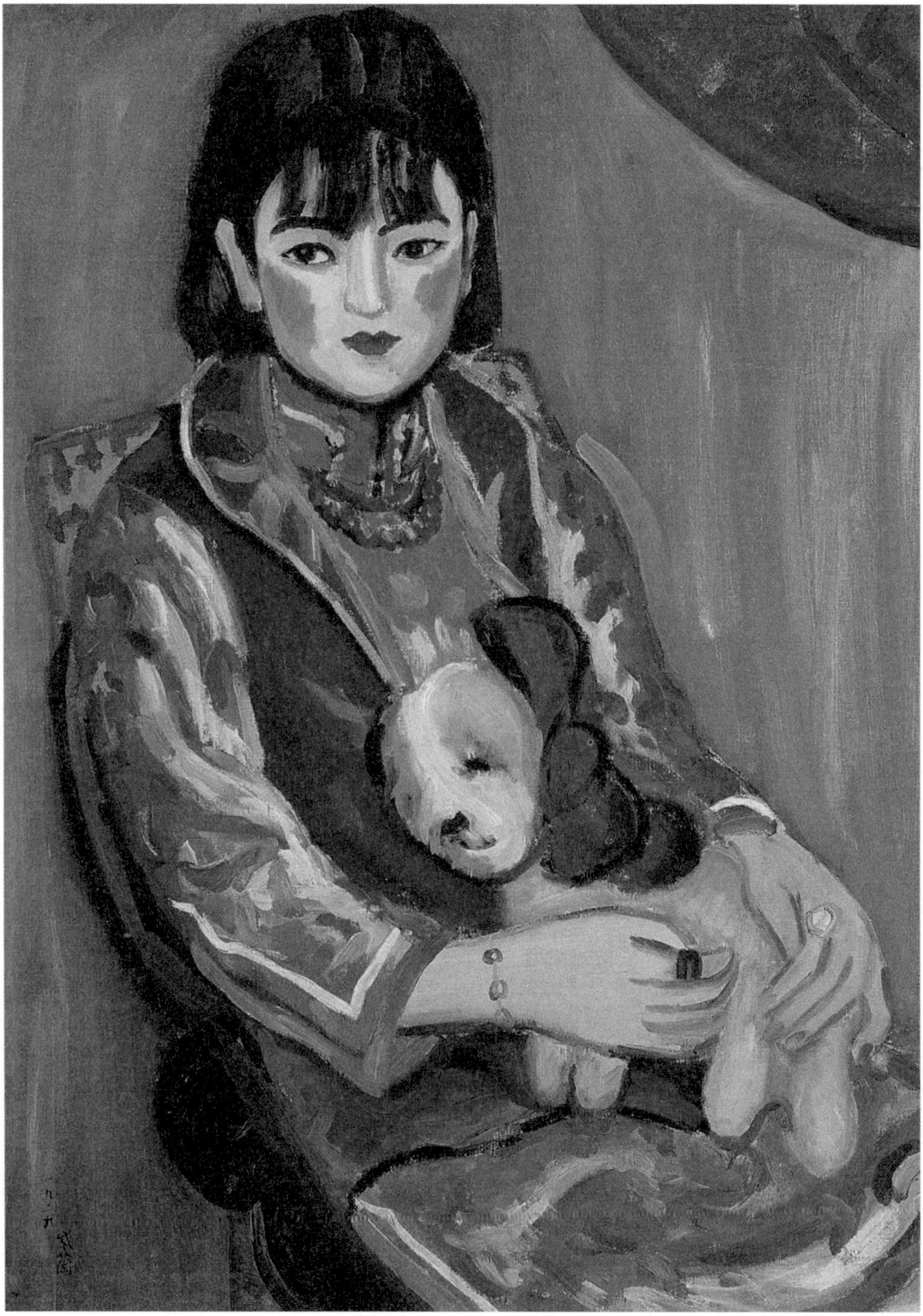

관쯔란, 〈소녀상〉, 1929년

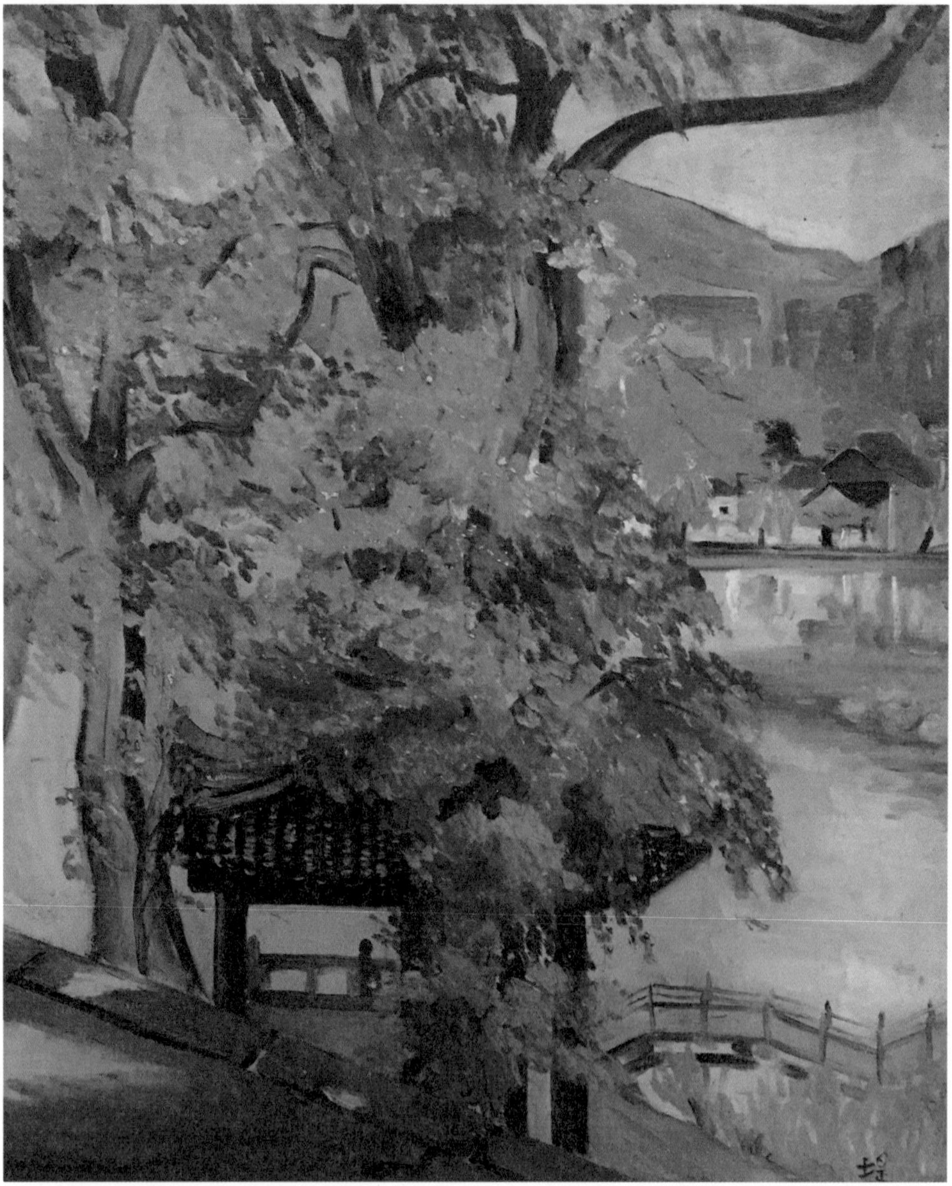

추티, 〈시후(西湖) 호수의 평호추월(平湖秋月)〉, 1946년
'평호추월'은 시후의 멋진 경치 중 달이 뜬 야경을 일컫는 말이다.

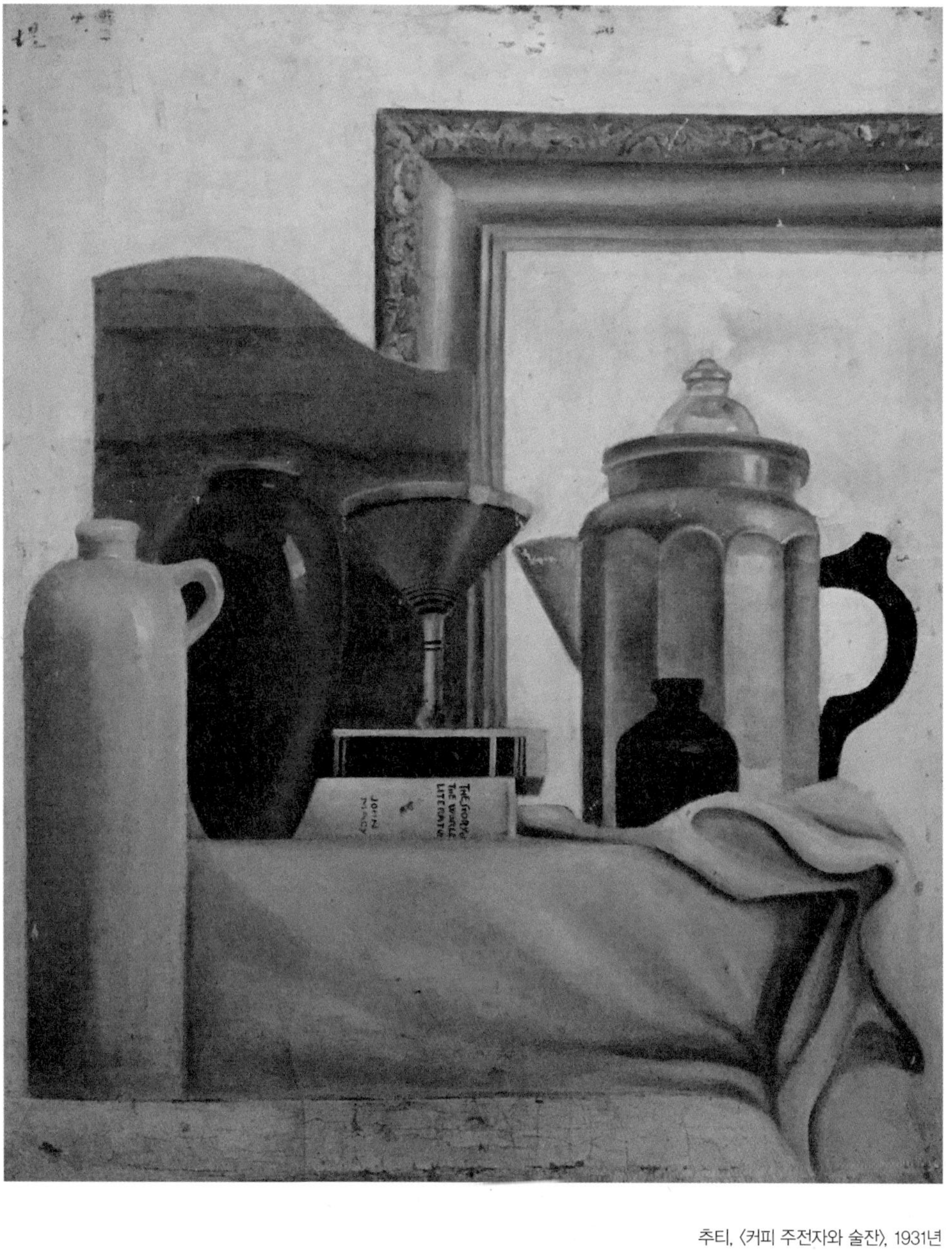

추티, 〈커피 주전자와 술잔〉, 1931년

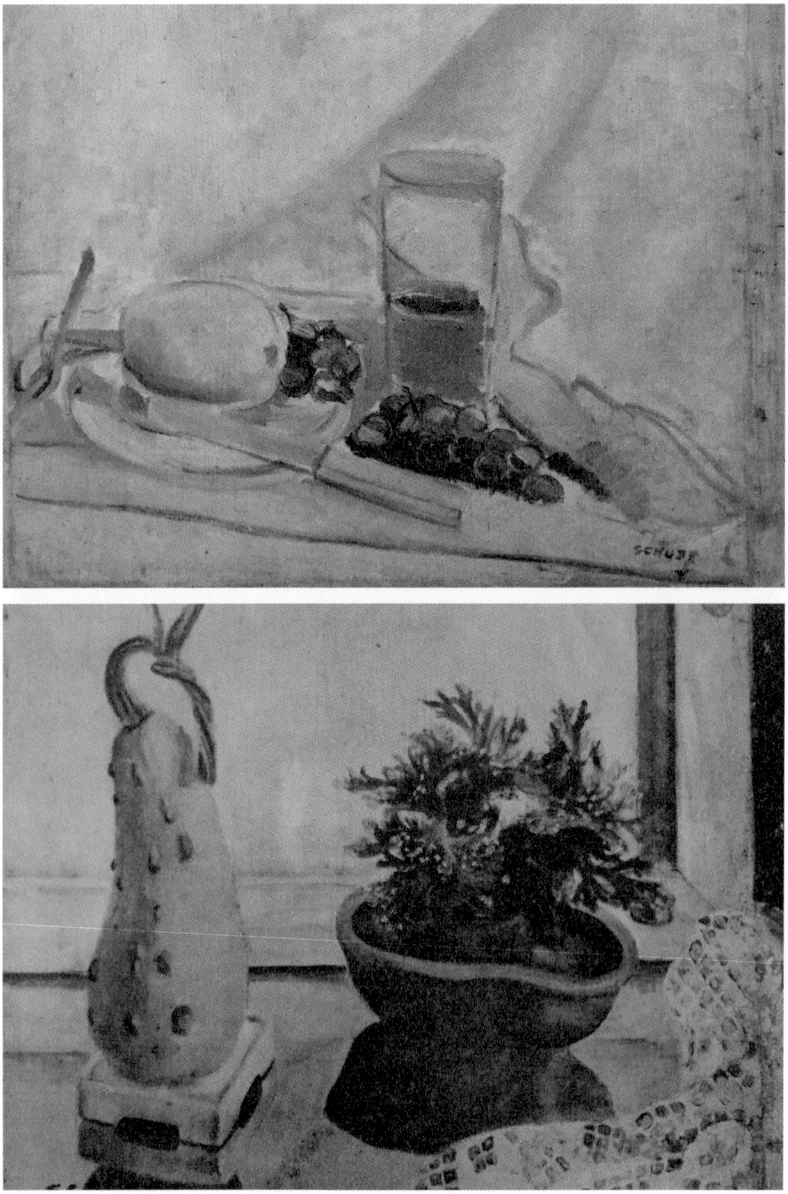

상, 하_ 추티, 〈정물〉, 1928~1929년 추정

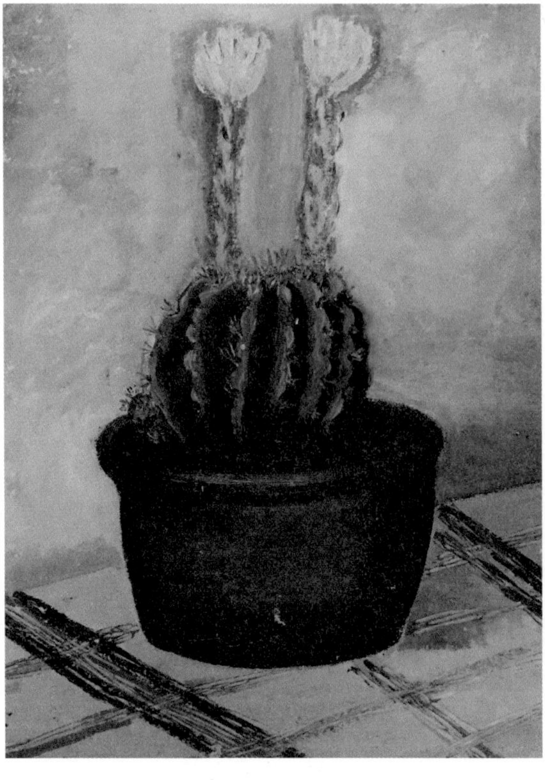

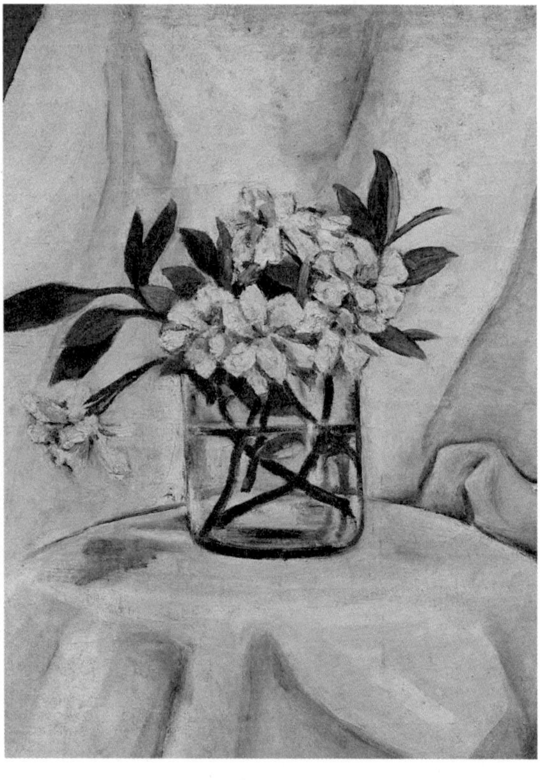

좌_ 추티, 〈둥근 선인장꽃〉, 1939년
우_ 추티, 〈치자꽃〉, 1941년

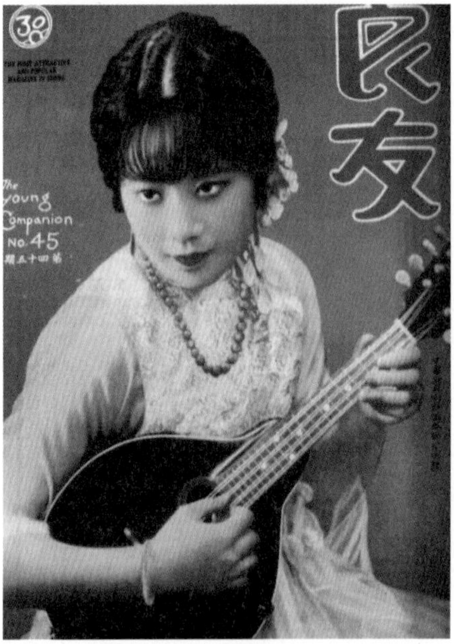

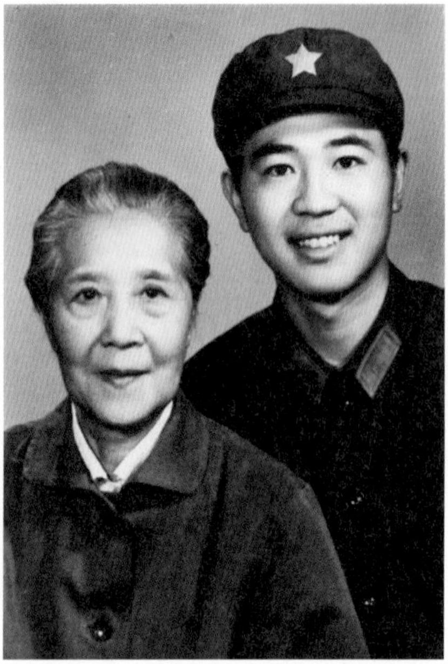

좌_ 잡지 《양우(良友)》 표지에 실린 관쯔란
우_ 만년의 관쯔란

젊은 시절의 추티

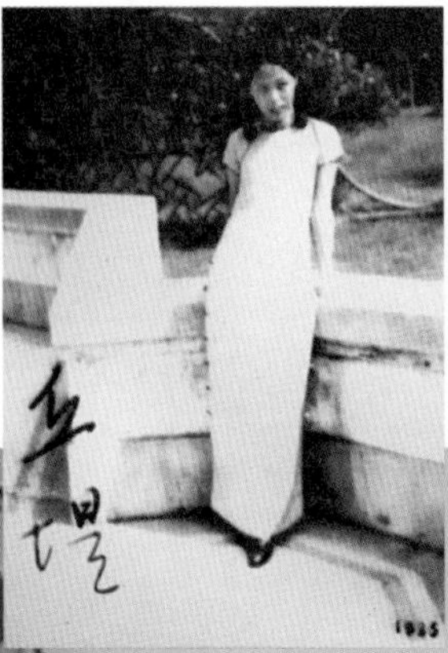

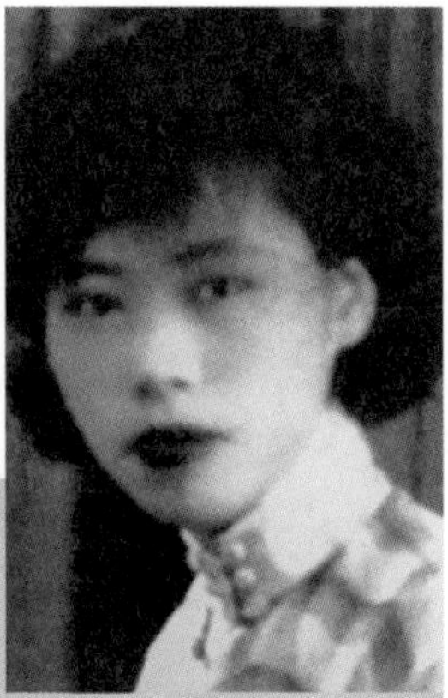

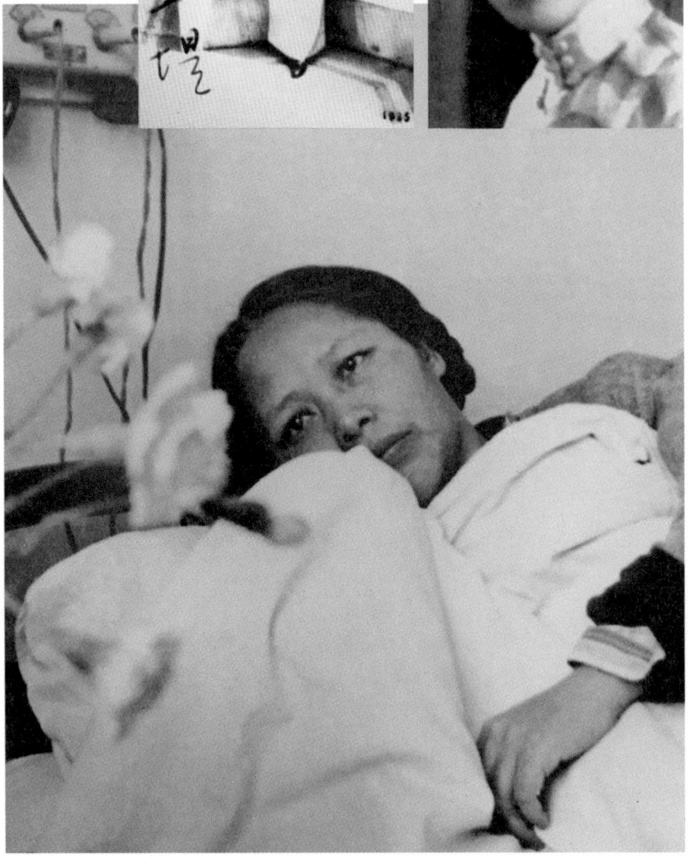

만년에 병원에 입원한 추티

동창이자 추티의 외손녀인 린옌의 말에 따르면 외할머니의 10여 점 작품을 베이징에서 전시한 적이 있었다. 그때 도록으로 묶어낸 것이 있어서 요행히 책자를 얻을 수 있었다. 그중 몇 점을 골라 이 책에 싣는다. 출력물이 원화의 숨결을 거의 드러내지 못하는 것이 아쉬울 뿐이다.

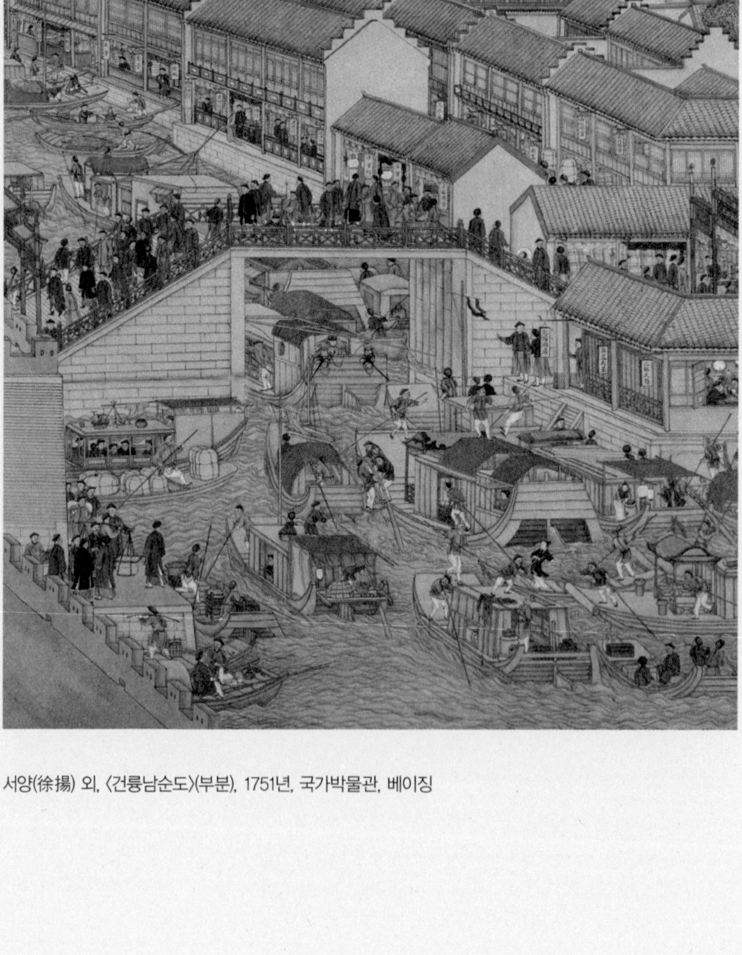

서양(徐揚) 외, 〈건륭남순도〉(부분), 1751년, 국가박물관, 베이징

궁정화가 서양의 공로

이번에는 서양徐揚, 18세기이라는 청나라 때 화가를 추천하려고 합니다. 아마 중국화의 전문가라도 이 화가를 아는 분은 많지 않을 것입니다. 그럼 저의 나쁜 버릇대로, 다른 이야기부터 시작해 에둘러 본론으로 들어가보겠습니다.

서양 화가들 중 아시아의 회화에 관심을 가진 사람은 제가 알기로 두 사람이 있습니다. 한 사람은 우직한 사내 고흐입니다. 그가 파리에 와서 안목을 넓힐 때쯤 영국, 프랑스, 독일 사람들이 식민지 문화에 관심을 가지기 시작해 동양풍이 한창 인기 있었습니다. 유럽 사람들은 아시아에서 수많은 예술품을 가지고 돌아왔지요. 고흐는 어쩌다 그랬는지 일본의 전통 목판화 우키요에浮世繪에 푹 빠졌습니다. 그는 몇 번이나 우키요에를 모사했는데, 특히 그림 옆에 새겨진 한자漢字까지 정성스럽게 베껴 그렸습니다. 그렇게 한 사람은 고흐가 최초였을 겁니다. 그러니 일본 사람들이 고흐의 그림이라면 어떻게든 사들이려고 하는 것도 이상한 게 아닙니다.

다른 한 사람은 아직 생존해 있는 영국 화가 데이비드 호크니David Hockney입니다. 2015년에는 유명한 현대미술 화랑인 페이스Pace 갤러리의 베이징 지부에서 호크니의 만년 풍경화를 주제로 큰 규모의 전시회를 열기도 했습니다. 호크니는 문화대혁명이 끝난 직후 미국의 팝 아티스트 앤디 워홀과 함께 베이징으로 달려왔습니다. 호크니는 중국을 둘러본 뒤 책을 한 권 썼는데, 그 책에서 '두루마리 그림'을 특히 찬미하고 있습니다. 그는 두루마리 그림에 나타난 시점視點을 '르네상스의 투시법透視法에 비할 만한 위대한 시각 문화'라고 표현하면서 '이동 시점'이라는 이름으로 불렀습니다. 바꿔 말하면 장소와 시점이 중첩되는 '산점투시散點透

視'라고 할 수 있겠습니다. 산점투시에서 영감을 얻어 호크니가 '발명'한 것이 바로 하나의 풍경을 무수한 부분으로 나누어 사진을 찍은 뒤 다시 조합해 원래의 경치로 만드는 방법입니다. 처음 호크니의 그런 그림을 보았을 때는 무척 감탄했지만 나중에는 좋아하지 않게 되었습니다. 제가 오만하게 말하더라도 용서하시기 바랍니다. 호크니의 그림은 서양인이 만들어낸 잔꾀에 불과하며, 서양식의 기계적 사유에서 비롯된 것입니다.

'이동 시점'이란 옛 중국인들이 그림을 보는 방식을 가리킵니다. 양손으로 두루마리 그림을 잡은 뒤 왼손으로는 두루마리를 천천히 펼치고 동시에 오른손으로는 두루마리를 도로 말면서 한 부분씩 한 부분씩 그림을 감상하는 것입니다. 이런 방식은 전 세계에서 유일무이한 그림 감상법입니다. 감상의 형식미를 추구하기 위해서가 아니라 차근차근 단계별로 감상하려는 것이고, 그림 속의 경치가 바뀌는 데 따라 화가와 감상자의 시점이 이동합니다.

오늘날 중국이든 외국이든 미술관에서 두루마리 그림을 전시할 때는 그림 전부를 펼쳐놓고 관람하게 합니다. 기다란 유리상자 안에 한눈에 그림이 들어오게 배치하면 아주 멋있어 보이지만, 사실은 완전히 틀린 방식이자 두루마리 그림의 진정한 의미를 잃어버린 것입니다. 그림의 의도가 전혀 살아 있지 않기 때문입니다.

하지만 오늘날의 미술관은 전부 서양식이니 그걸 탓하기도 어렵습니다. 옛 중국으로 돌아가봅시다. 황제이거나 조정 대신, 또는 부자여야만 집에 두루마리 그림을 보유하고서 한가할 때 꺼내 볼 수 있었습니다. 건륭제乾隆帝, 재위 1735~1795는 자금성에 두루마리 그림을 보기 위해 삼희당三希堂이라는 방을 따로 만들기도 했지요. 그는 무수히 많은 진나라, 당나라, 송나라, 원나라 때의 진귀한 두루마리 그림을 갖고 있었습니다. 두루마리를 펼쳐 보다가 흥이 나면 그림 옆에다 감상을 쓰고 '삼희당'이라 새겨진 도장을 찍습니다. 만약 지금 자금성의 관람객들에

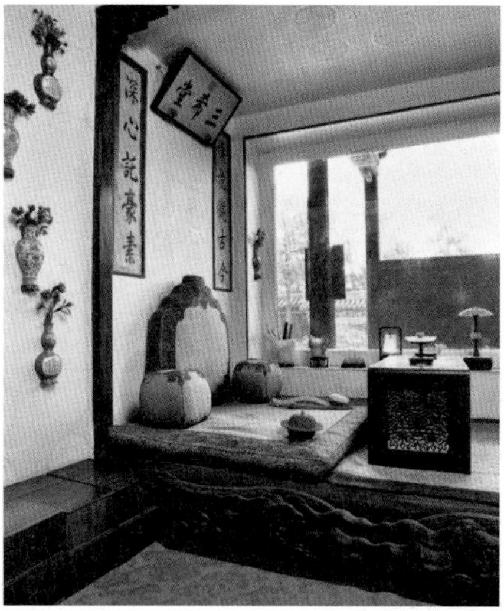

자금성의 삼희당(三希堂)

게 두루마리 그림을 그런 식으로 감상하게 전시해둔다면 어떨까요? 다들 손에 하나씩 〈천리강산도〉 두루마리를 쥐고서 자세히 들여다본다고 생각해보십시오. 그림이 다 닳아 없어지지 않겠습니까?

호크니의 그림도 한 장씩 사진을 찍어서 조합했으므로 산점투시라고 볼 수 있습니다만, 그건 의도적이고 개념적인 행위입니다. 또한 그의 손에는 한 대의 카메라만 들려 있었을 테고요. 반면 왕희맹은 산 정상에 서서 수천 대의 카메라로 동시에 사진을 찍은 것처럼 바라보았고, 그 사진들을 전부 그림으로 그려냈습니다. 이런 '보는 법'을 일러 '광관曠觀, 넓게 보다'이라고 합니다. 혹은 두보杜甫의 시에 나오는 '일람중산소一覽衆山小', 즉 가장 높은 산에 올라가 주변의 낮은 산들을 둘러본다는 구절로 설명할 수 있겠습니다. 모든 것이 다 눈 안에 들어오고, 눈에 들어온 것은 무엇이든 다 그릴 수 있습니다. 〈천리강산도〉가 바로 그런 좋은 예지요.

르네상스 사람들은 이런 식으로 보지 않았습니다. 호크니는 '이동 시점'이라는 표현으로 두루마리 그림의 핵심을 정확히 짚어냈지만, 그가 그린 그림은 그렇지 못했습니다. 서양 사람이라 그런지 호크니의 출발점은 역시나 투시법입니다. 투시법은 분명 대단한 개념입니다. 서양 사람들의 말을 빌리면, 투시법 뒤에 있는 철학은 '나 자신을 위주로 생각하는 것'입니다. 내가 '여기'에 서서 보는 것이라서 모든 사물이 멀어질수록 작아지고, 작아지다가 어느새 사라집니다. 동시에 세계의 만물이 나를 위해, 나의 눈을 향해 한곳에 모이는 것입니다.

서양의 일점투시一點透視와 중국의 산점투시는 그야말로 천고에 다시없을 대결입니다. 비교하려 들면 정말 문제가 커집니다. 이론가들이 끝없이 논쟁해온 문제이기도 하고요. 제가 여기서 더 말을 보태면 사흘 내내 해도 끝나지 않을 테니 간단히 말씀드리겠습니다. 산점투시는 르네상스 이전의 서양 회화에도 나타납니다. 모든 문명의 초기 회화는 다 그렇습니다. 그런데 중국에서는 문명이 발달하고 회화 기법이 무르익은 뒤에도 산점투시법으로 그린 산수화 걸작들이 탄생했습니다. 가장 좋은 예가 〈천리강산도〉입니다. 〈천리강산도〉의 부분도를 살펴보면 멀리 있는 풍경을 크게 당겨와서 찍는 망원렌즈의 원리와 꼭 같다는 것을 알게 됩니다. 그러므로 어떤 개념이나 이치도 단언해서는 안 됩니다. 서양이건 동양이건 각자의 지혜와 맹점이 있는 법이지요.

우리는 지금 두루마리 그림에 대해 이야기하고 있는데, 그중에서 특히 〈강희남순도康熙南巡圖, 강희제가 남쪽 지방을 돌아보다〉와 〈건륭남순도乾隆南巡圖, 건륭제가 남쪽 지방을 돌아보다〉에 대해 말하려고 합니다. 그런데 말을 꺼내고 보니 부끄럽기 짝이 없군요. 제가 앞에서 바지유나 발라동에 대해 이야기할 때는 이러니저러니 잘도 떠들었는데, 제 조상에 대해 이야기할 때는 오히려 더듬대게 생겼습니다.

저는 청나라 때의 궁정화가로서 두루마리 그림을 여럿 그린 왕석곡王石谷, 송준업宋駿業, 놀라운 재능을 지녔던 화가 서양에 대해 아는 게 거의 없습니다. 역사적으로 문인화의 발언권이 너무 세서 궁정화가는 거의 이름을 남기지 못했기 때문입니다. 베이징 고궁박물원에 소장된 두루마리 그림 대부분은 전시되지 않습니다. 〈반사개선도班師凱旋圖, 군대 개선 장면〉, 〈황족대혼도皇族大婚圖, 황족의 혼인 모습〉 같은 것들 말입니다. 인쇄 후 창에 발라서 실제 창밖으로 그와 같은 경치가 보이는 듯한 효과를 주는 데 쓰이는 게 다입니다. 어쨌든 명나라, 청나라 때의 궁정화가들은 오랫동안 제대로 대접받지 못했습니다. 그들은 중국 회화사의 변방에 위치하는 '기능인'일 뿐이었지요. 그러므로 어쩔 수 없이 화가보다는 그림에 대해 이야기하도록 하겠습니다. 제가 편애하는 궁정화가 서양의 그림을 대표로 해서 말이지요. 물론 이런 거대한 규모의 그림을 그리려면 많은 조수가 필요했을 겁니다. 저는 서양이라는 한 화가를 골라 이야기하지만, 사실 모든 궁정화가들에게 경의를 표하는 것과 같습니다.

사진이나 영화가 없던 시절, 궁정화가가 그린 그림은 현대의 대규모 기록물과 마찬가지 구실을 합니다. '세상 천지에 왕의 땅이 아닌 곳이 없다', '황제의 지위는 영원하다', '나의 땅과 나의 백성', 이것이 바로 두루마리 그림의 주제입니다. 서양은 이 국가적 기록물의 총감독이자 기획자, 제작자이며 각본가입니다. 그는 또 직접 모든 장면과 모든 등장인물을 하나하나 배치하기도 합니다. 저는 메트로폴리탄 미술관에서 〈강희남순도〉를 보고 너무 놀라 잠깐 정신을 차리지 못했습니다. 이쪽 끝에서 저쪽 끝까지, 눈을 휘둥그렇게 뜨고서 보고 또 봤습니다. 이토록 큰 야심과 능력이라니! 거대한 행사를 하나 빠짐없이 전부 묘사한 이 그림을 보고 중국에 사실주의 전통이 없다고 누가 말할 수 있겠습니까?

강희제康熙帝, 재위 1661~1722와 건륭제 치세 때, 조설근曹雪芹이 똑같이 위대한 일을 해낸 바 있습니다. 그의 소설 《홍루몽紅樓夢》은 여러 집안과 몇백 명의 인물이 등장하고, 무수한 건물과 정원을 묘사하는 등 방대한 규모와 어마어마한 실이를 자랑합니다. 조설근은 이런 대규모 서술을 해냈을 뿐 아니라 마치 실재하는 것처럼 생생히 그려냈습니다. 청나라 사람들에게는 이런 놀라운 능력이 있었던 겁니다. 〈강희남순도〉, 〈건륭남순도〉의 위대한 기억은 당나라, 송나라에서부터 이어집니다. 가장 유명한 것이 바로 왕희맹의 동료 화가 장택단이 그린 〈청명상하도〉입니다. 〈청명상하도〉는 각기 다른 영사본 서른 몇 종이 해외 곳곳에 흩어져 있습니다. 명나라 때에 와서는 풍속화, 인물화에 관심이 많던 화가 구영仇英이 〈청명상하도〉의 채색 모사본을 그리기도 했지요.

이제 더 설명할 것이 없습니다. 두루마리 그림 본연의 의미는 끝맺음이 없는 묘사입니다. 〈건륭남순도〉 두루마리를 조각조각 잘라서 각각의 '부분'을 들여다보기로 합시다. 저잣거리와 항구는 다양한 직업에 종사하는 사람들로 붐빕니다. 길은 가로와 세로로 이리저리 연결되고, 집집마다 하루의 영업을 시작하는 모습입니다. 한편 당대의 황제가 직접 행차하셨으니 백성들은 전부 무릎을 꿇고 황제의 위엄과 은혜를 칭송합니다. 성안이 온통 들썩들썩합니다. 그림 구석구석을 살펴보면, 백성들이 각자 자신의 일에 만족하며 즐겁게 살아간다는 사실을 알게 됩니다. 장사하는 이, 짐을 나르는 이, 공연을 하는 이, 장난을 치거나 그저 한가롭게 거리를 걷는 이도 있습니다. 나무를 해서 집에 돌아가는 사람도, 이제 막 밭에 나가 일하려는 사람도 있습니다. 저는 두루마리 그림을 볼 때면 늘 눈이 튀어나올 것 같습니다. 아무리 보고 또 보아도 다 볼 수가 없기 때문입니다. 서양의 교향곡은 순서와 층위가 복잡하게 과장되어 있다고들 합니다. 브람스, 바그너, 말러, 브루크너가 동시에 한 곡 안에 등장한다고 생각해보십시오. 열 배는 더 복잡한 조성과 악기 구성이 나오지 않을까요?

저는 젊은 시절에 계속 이어지는 그림에 짧은 글을 붙인 연환화連環畫를 그린 적이 있습니다. 한 페이지에 20~30명을 가득 그려 넣은 날이면 아주 의기양양해졌지요. 현대 연환화의 대가인 허유즈賀友直는 〈청명상하도〉의 영향을 받아 빽빽이 늘어선 거리의 사람들을 잘 그렸습니다. 그의 손이 닿은 그림 속 조그마한 사람들은 적어도 수만 명은 될 터입니다. 그러니 허유즈는 〈건륭남순도〉를 그린 서양과 같은 화가를 아주 대단하다고 여겼을 게 분명합니다. 서양이 어떻게 그렇게 넓게 볼 수 있었는지는 영원히 수수께끼일 겁니다. 그는 신이라도 되는 걸까요? 황제의 행렬에 동행해서 그 과정을 전부 목격했다고 해도, 눈 두 개에 다리 두 짝뿐인 인간이 어떻게 일행의 시작부터 끄트머리까지 온전히 다 눈에 담을 수 있었을까요? 그가 '날아다니며' 행렬 전체의 모습을 살펴보았다고 해도 몇 킬로미터나 이어지는 행렬과 그들이 지나간 지역을 남김없이 기억한다는 것이 놀랍습니다. 오늘날처럼 디지털 지도가 있어서 검색만 하면 그 도시의 구석구석을 살필 수 있는 것도 아닌데 말입니다.

도대체 어떻게 그렇게 할 수 있었을까요? 한 가지 확실한 것은 밑그림을 충실히 그리고, 거기에 상상을 더해서 그렸다는 것입니다. 또 다른 핵심은 '생활 속에서 익힌다'는 창작의 원칙일 것입니다. 마오쩌둥毛澤東이 "예술은 일상생활에서 나오지만 그것을 뛰어넘는다"고 말한 적이 있는데, 그러고 보면 서양이 마오쩌둥 주석의 가르침을 잘 따랐던 모양입니다.

재미있는 이야기를 하나 하자면, 〈건륭남순도〉에는 황제의 행렬이 지나가는 길가에 코끼리가 금으로 된 장신구를 차고서 공손히 늘어서 있는 장면이 보입니다. 중국 황실에는 윈난雲南 성에서 데려온 코끼리를 전문적으로 기르는 사람들이 있었다고 합니다. 청나라 말기에 조정의 기강이 흐트러지고 재정이 바닥나면서 코끼리를 돌보는 사람이 없어지고, 개체 수가 점점 줄어들다가 중화민국 때 베이징 동물원에 기증을 했다지요.

청나라 때의 회화는 과소평가되었습니다. 청나라 시대의 뛰어난 산수화가 네 사람을 묶어 사왕四王이라고 부르는데, 이들 왕시민王時敏, 왕감王鑒, 왕휘王翬, 왕원기王原祁도 노상 궁정화는 논할 가치도 없다고 비판했습니다. 당나라와 송나라의 그림은 웅대하며 풍성하다고 하고, 원나라와 명나라의 그림은 우아하고 화려하다고들 합니다. 그에 비해 청나라 그림은 오로지 유약하고 나른하다, 아름답지만 잡다하다는 식으로 표현할 수밖에 없는 것도 사실입니다. 강희제와 건륭제의 치세는 긴 중국 역사에서 150년이나 지속된 보기 드문 태평성대였습니다. 세계사에서도 흔치 않은 일이지요. 유약하고 나른하다는 것도 회화에서는 또 하나의 매력이 아닐까요? 편견일지도 모르겠습니다만, 하나의 문명이 점점 무르익어 갈수록 이런 경향을 피할 수 없다고 봅니다. 프랑스의 로코코 예술이 바로 그런 예입니다.

서양 회화사에도 웅대하고 활달한 시대가 있고, 아리땁고 정교한 시대가 있습니다. 이것이야말로 미술사의 풍부함과 완벽함을 보여준다고 생각합니다. 똑같은 이치로, 당나라와 송나라든 명나라와 청나라든 이들이 다 있어야 1천 년을 연면히 이어온 중국 미술사라고 할 수 있을 것입니다.

현존하는 중국의 두루마리 그림은 동진 시대 고개지부터 1천 년 뒤의 서양까지 중국 회화의 기운이 길게 이어져왔음을 보여줍니다. 아편전쟁 이후의 청나라 말기에는 그 명맥이 끊어졌습니다만, 그전의 청나라는 문학이든 미술이든 아름답고 또 칭찬할 만합니다.

제 미술대학 동기이자 평론가인 완칭리萬靑力가 《쇠락하지 않은 백년並非衰落的百年》(광시사범대학출판사, 2008)이라는 학술서를 출간한 적이 있습니다. 이 책에서 그는 청나라의 미술을 상세하게 분석하는데, 아주 설득력이 있지요. 제가 서양라는 화가를 특히 높이 평가하는 것도 회화를 예술성에 편중해 평가하는 것을 좋아하지 않고 회화의 매체적 기능을 인정하기 때문입니다. 옛날 중국 사람들은 〈천리강산도〉를 보면서 정말로 태평성대가 있다는 것을 믿었을 겁니다. 유럽에서는 〈죽음의 승리〉를 보면서 지옥과 천국이 있다고 믿었겠지요. 그때는 사진도 영화도 스마트 기기도 없었습니다. 그럴 때 이런 그림을 보면 얼마나 충격적이었을까요? 지금 우리가 영화를 보면서 느끼듯이 말입니다. 오늘날 우리가 텔레비전, 영화 등의 영상물에서 벗어나지 못하는 것과 마찬가지로 옛날 사람들은 그림에서 벗어나지 못했을 거라는 사실을 이해할 수 있습니다.

물론 제가 말한 옛 중국인들이란 황제, 조정 대신 같은 사람들입니다. 그들은 〈건륭남순도〉를 펼쳐보며 뿌듯해했을 것입니다. 성대한 행렬과 위엄 넘치는 모습, 황제를 맞이하러 나와 길가에 죽 늘어선 백성들을 떠올릴 겁니다. 만약 당시의 백성들이 〈건륭남순도〉를 보았다면 당장 꿇어앉아서는 "황제 폐하 만세!"를 외쳤을 거고요. 그림 속에서 자신이 사는 성과 마을, 골목을 알아보기도 했겠지요? 자, 여기서 생각해볼 만한 '문제'가 나옵니다. 〈건륭남순도〉 그림에 등장하는 마을과 항구의 백성들은 애초에 궁정 두루마리 그림을 볼 기회도 없었습니다. 지금은 누구나 두루마리 그림을 볼 수 있습니다. 단순히 이 점만 보더라도 시대가 진보했다는 사실을 알 수 있습니다.

저는 지금 저장성浙江省 자싱嘉興에 위치한 우전烏鎭에 있습니다. 우전은 1980년대 이후 새로 복원한 마을이지만 옛날 건축물과 길의 판석 하나까지 옮겨와서 그대로 만들었기 때문에 과거의 모습이 고스란히 남아 있습니다. 지금은 매년 약 700만~800만 명의 관광객이 찾아옵니다. 대부분 젊은 사람들이죠. 기차와 비행기를 타고, 그 옛날 강희제와 건륭제가 그랬듯 남쪽으로 여행을 옵니다. 과거의 꿈을 좇아서…. 무슨 과거의 꿈이냐고요? 자, 다시 '문제'가 나옵니다. 오늘날의 백성들은 〈건륭남순도〉 그림을 볼 수 있습니다. 그런데 건륭제가 시찰하고자 했던 번화한 강남의 수향水鄕은 어디에 있습니까? 수천 가구가 죽 늘어선 거리, 집집마다 채색 등롱이 걸린 아름다운 고장은 이미 예전 모습을 찾아볼 길이 없습니다. 다 철거되어 사라졌습니다.

뭐, 괜찮습니다. 서양의 그림이 남아 있으니까요. 그는 몇백 년 후에 자신이 묘사한 성곽이 사라질 것을 알았을까요? 자신의 그림을 황제가 아니라 백성들이 보게 될 것을 알았을까요? 저는 서양의 얼굴 생김새를 상상하지 못합니다.

이처럼 놀랍고 거대한 작품을 그릴 만큼 야심만만하고도 세심한 마음을 가졌던 사람을 영 떠올릴 수가 없습니다. 매번 〈건륭남순도〉를 볼 때마다 강남의 수향으로 유명한 쑤저우蘇州 출신인 이 화가가 고개를 화폭에 처박고서 한 획 한 획 기왓장이며 물결이며 나뭇잎을 그리는 장면이 떠오릅니다. 그리고 거리에 가득한 백성들의 모습도요. 고맙습니다, 서양! 고맙습니다, 궁정화가 여러분! 역사의 기억을 남겨주어 고맙습니다!

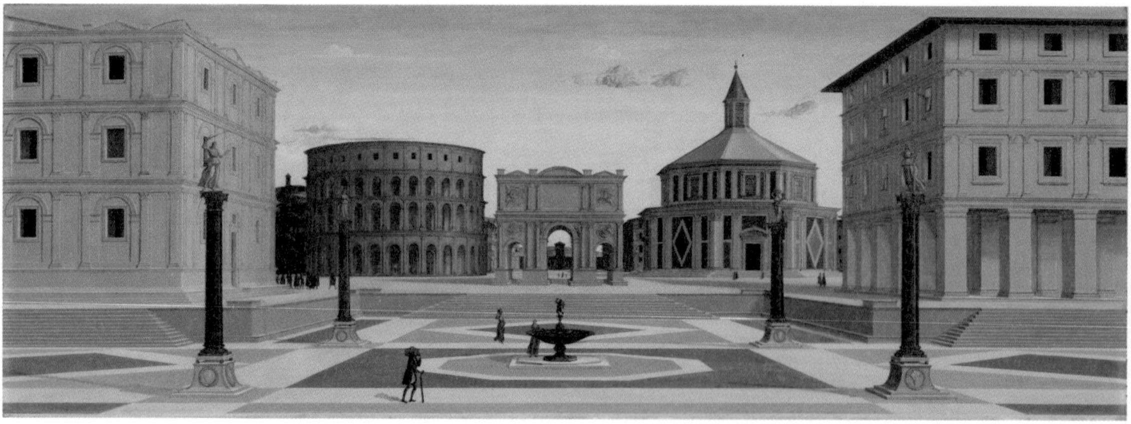

프라 카르네발레, 〈이상 도시〉, 1480~1484년, 월터 아트 뮤지엄, 볼티모어
당시 가장 완벽하게 투시법이 나타난 그림으로, 세계 미술사에서 무수히 이 그림을 언급해왔다.

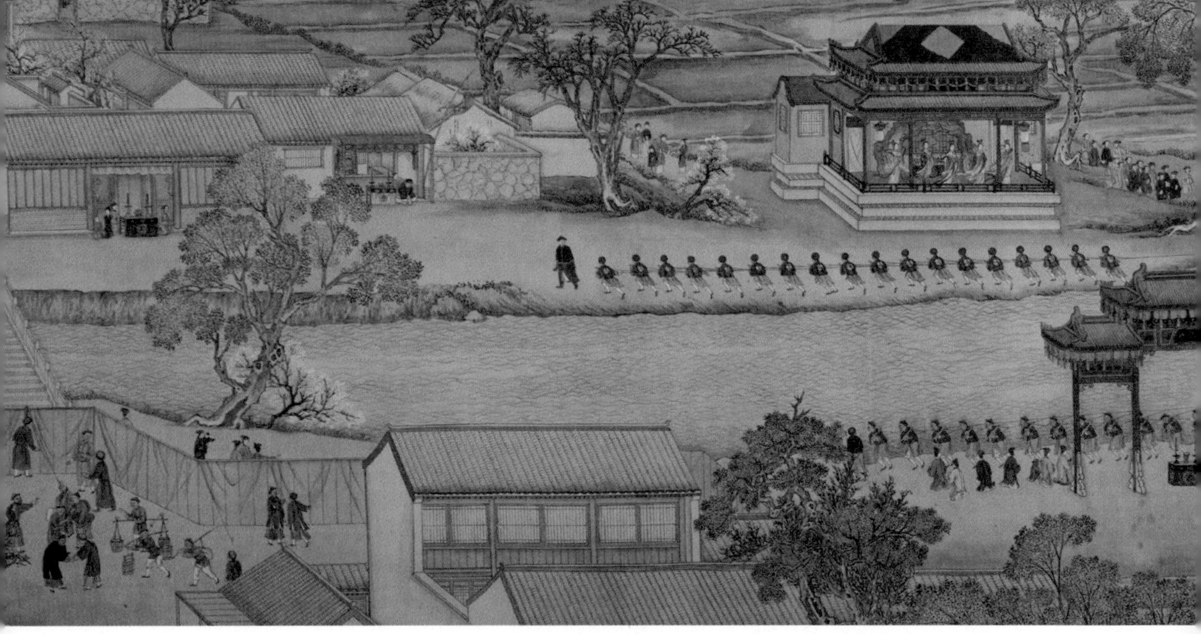

서양 외, 〈건륭남순도〉(부분)

완벽하게 중국의 이동 시점을 표현하고 있다. 그러나 세계는 고사하고 중국에서도 모른다. 아무도 관심이 없다. 데이비드 호크니는 중국의 두루마리 그림을 찬미한 다음 이렇게 말하기도 했다. "서양 사람들은 중국이 만들어낸 이와 같은 위대한 '보는 방법'을 보려고도 하지 않는다."

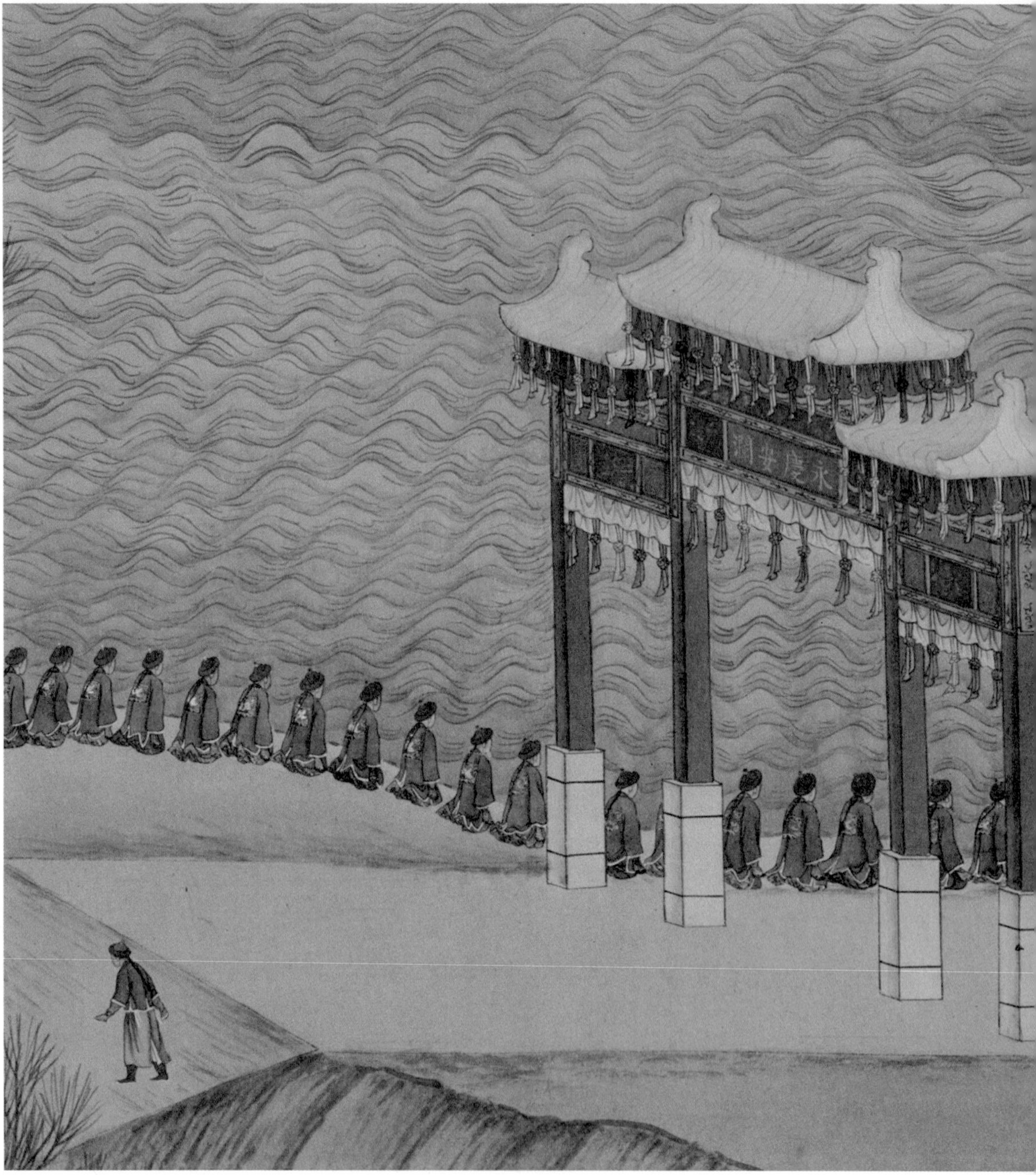

서양 외, 〈건륭남순도〉(부분)

무릎을 꿇고 황제를 맞이하는 관원(정태적 풍경), 황제를 마중하러 가는 작은 배(동태적 풍경).
〈건륭남순도〉의 무수한 '부분도'는 조설근과 톨스토이 식의 섬세함과 화면감으로 가득하다. 공손하고 엄숙한 순간, 산들바람이 강변에 닿고 황제의 시위들이 일산을 움켜쥐고 서 있다. 황제가 앉을 용상도 이미 준비되었다.

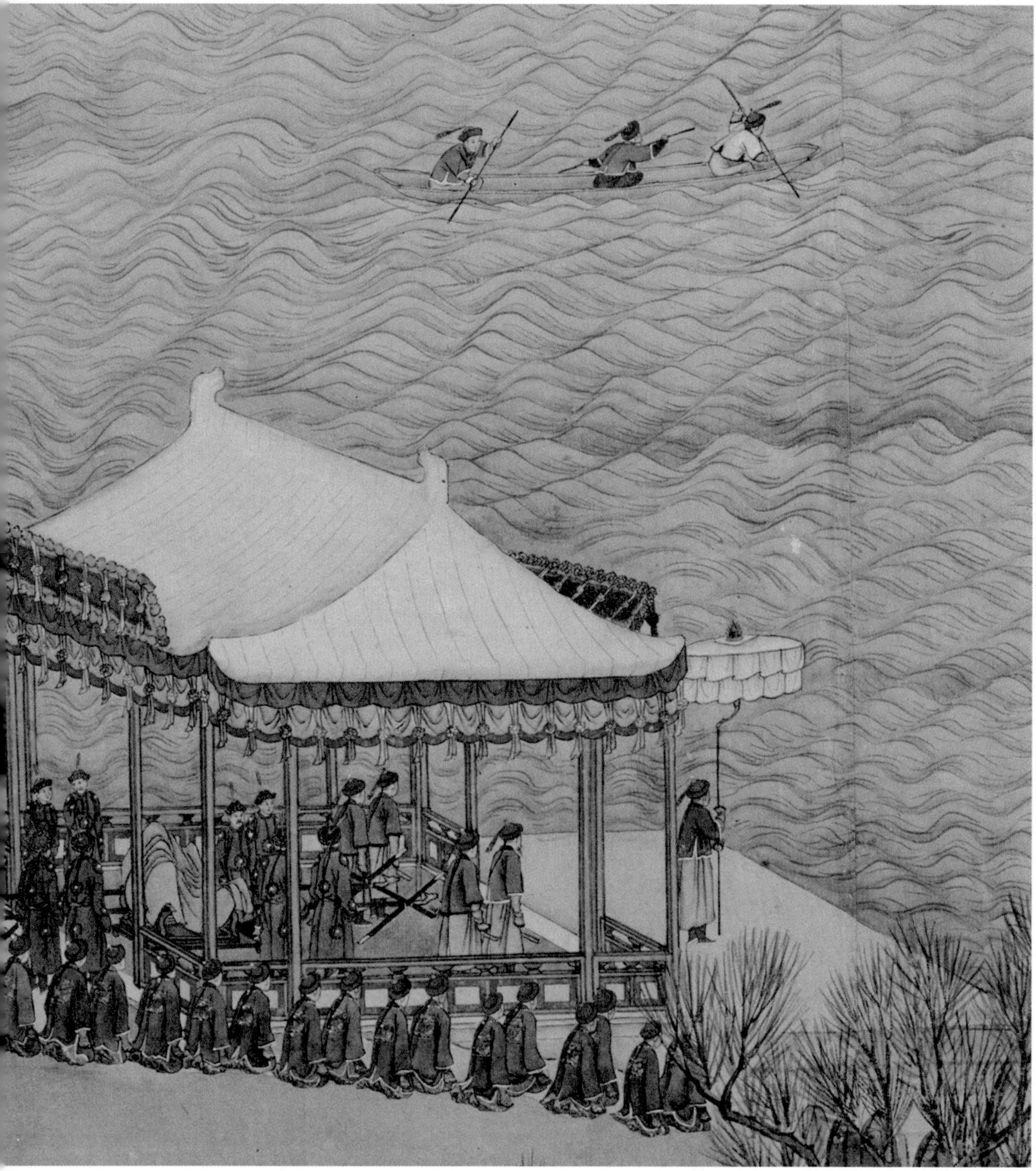

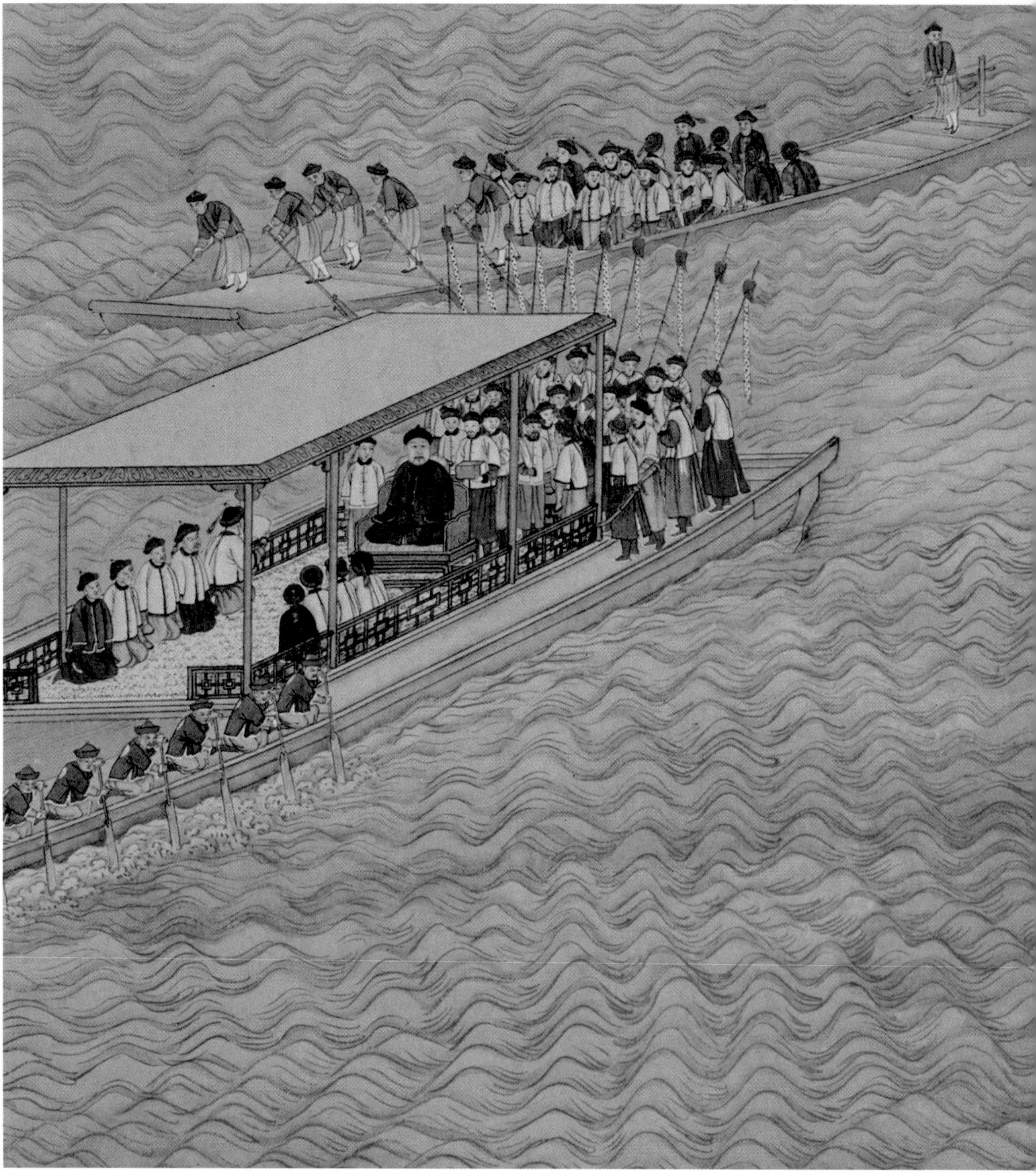

서양 외, 〈건륭남순도〉(부분)

서양은 건륭제를 다른 사람보다 두 배쯤 크게 그렸다. 궁정화가의 규칙이거나 두루마리 그림이라 필요한 조치인 듯하다. 그림 속 수많은 인물은 1촌(약 3.3센티미터)을 넘지 않는다. 일반적인 비율로 황제를 그린다면 인파에 휩쓸려 알아보지 못할 것이다. 배의 행렬을 둘러싼 사람들은 엄숙하고 물결도 무서워하지 않는다. 저기 배치된 인물들은 황제의 모습을 본 적이 없겠지만 당연히 위엄이 있을 거라 생각할 것이다. 〈건륭남순도〉 그림처럼 모든 것이 상세하고 또 당연해 보인다.

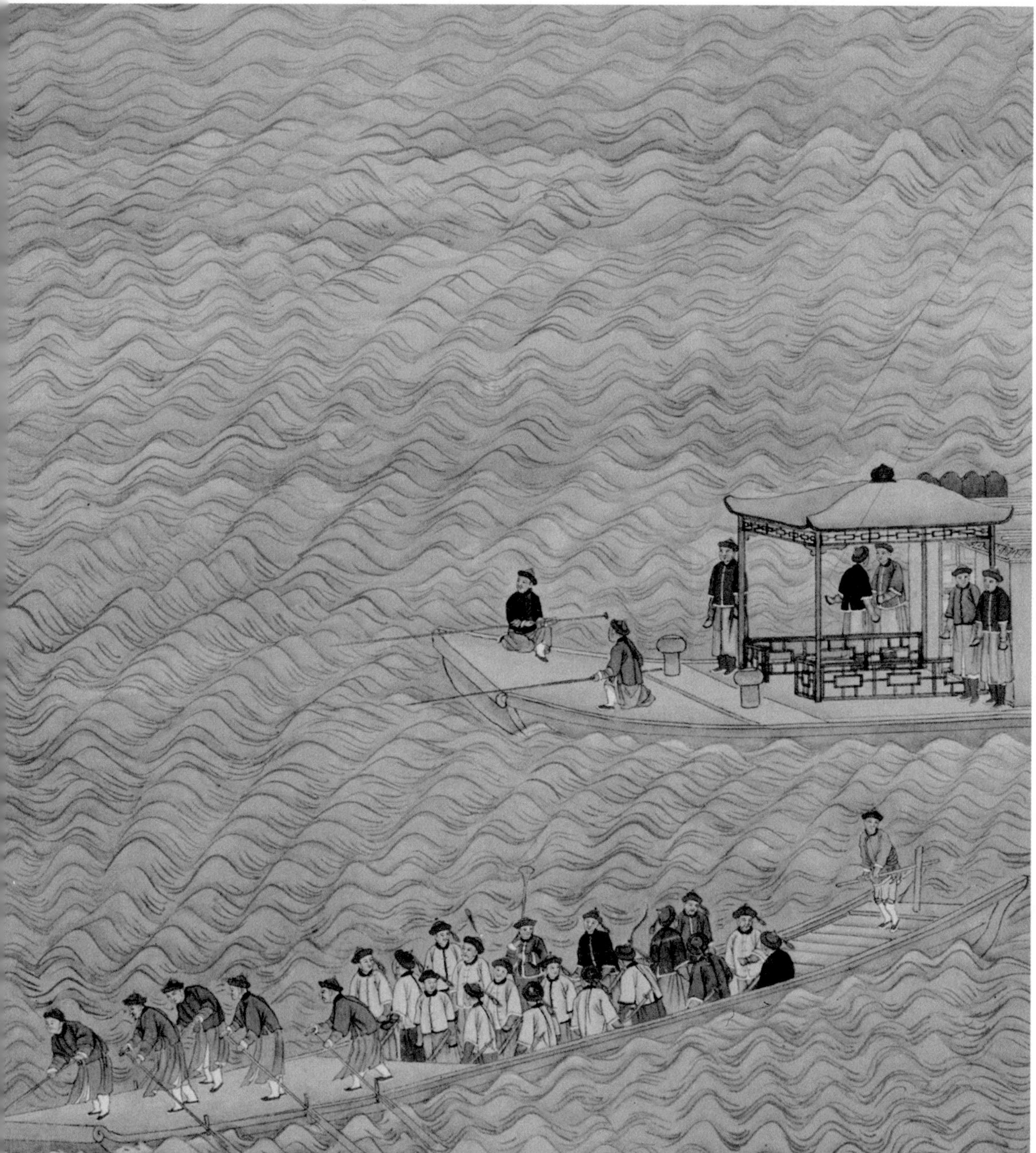

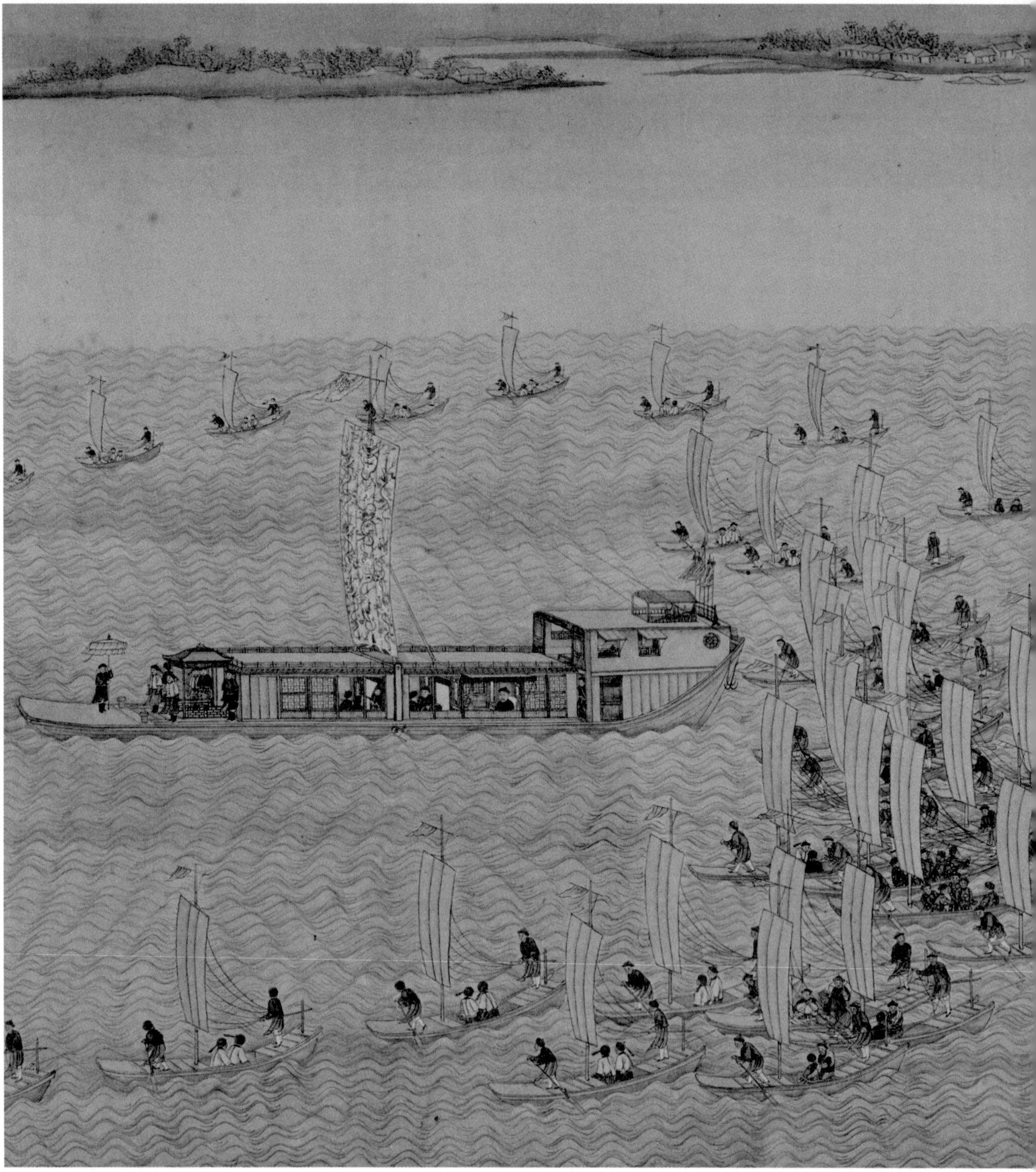

서양 외, 〈건륭남순도〉(부분)

이건 정말 영화의 한 장면이다. 아득히 넓고 성대하기 짝이 없다. 선단(船團)이 기세를 드높이며 물길을 따라 들어오는 모습이 마치 천천히 움직이는 디프 포커스(deep focus) 촬영 기법을 보는 듯하다. 혹은 정지 화면(freeze-frame)의 한순간 같기도 하다. 서양은 기억에만 의존해서 〈건륭남순도〉를 그렸다. 보고 그리는 것도 아니고, 사진의 도움은 더욱더 받지 못했다. 얼마나 대단한 자신감이며 놀라운 기억력인가! 그가 하나하나 마음속의 장면을 화폭에 옮길 때 그 흥취가 얼마나 높고, 또 얼마나 몰입했을까!

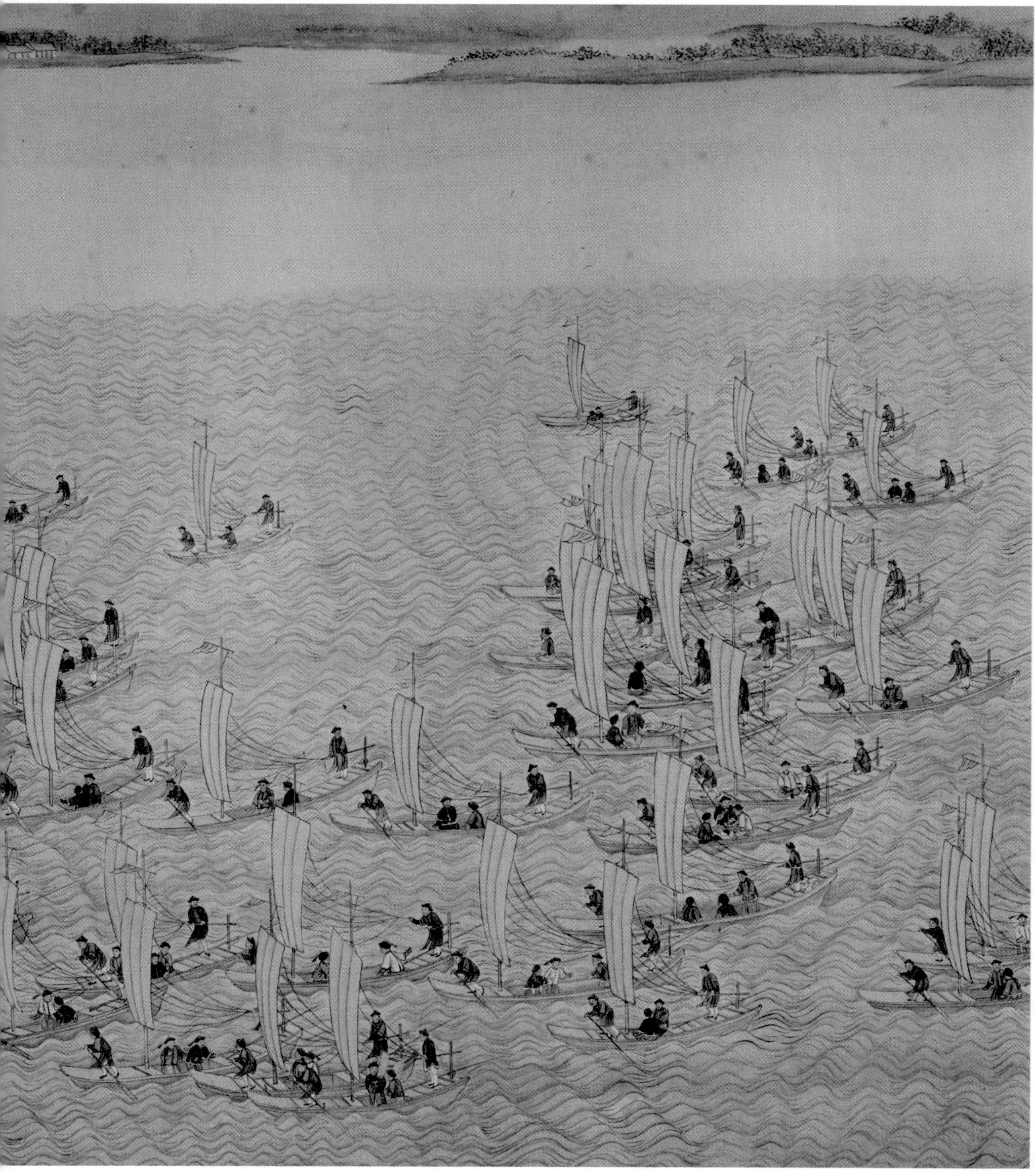

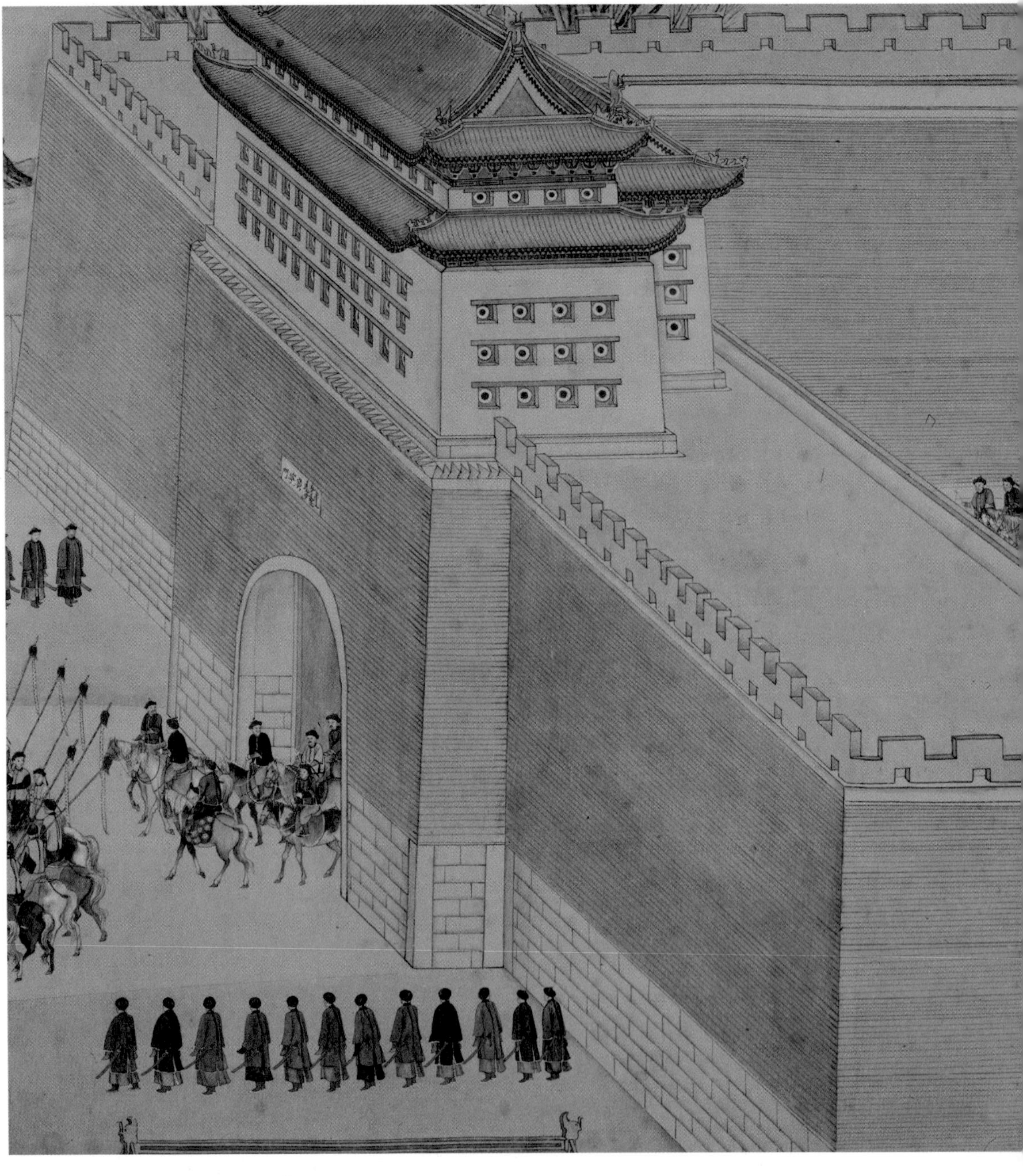

서양 외, 〈건륭남순도〉(부분)

서양이 초점거리가 긴 망원렌즈로 100미터 바깥의 경치를 당겨서 눈에 담았을 리는 없다. 그러나 그는 정확하게 망원렌즈로 본 것 같은 장면을 그려냈다. 동양이든 서양(西洋)이든 옛 그림에는 높은 곳에서 굽어보는 듯한 화면을 많이 볼 수 있다. 화가들이 다들 비행기 조종사 같다. 이 그림도 성벽에 의해 잘려진 행렬의 구도가 얼마나 아름다운가! 서양은 이 기록물의 총괄 책임자로 여러 화가를 지휘했다. 전체적인 그림의 구도는 그가 결정했을 테고 조수들은 이 화면의 성벽 등 건축물을 그렸으리라. 당시에는 높은 빌딩도 없었는데, 이런 장면을 보고 그리려면 어디에 올라가서 굽어보아야 했을까? 마음속에 건축물의 도면이 탑재되어 있는 것처럼, 화가들은 그림을 그릴 때 오로지 기억에만 의존한다.

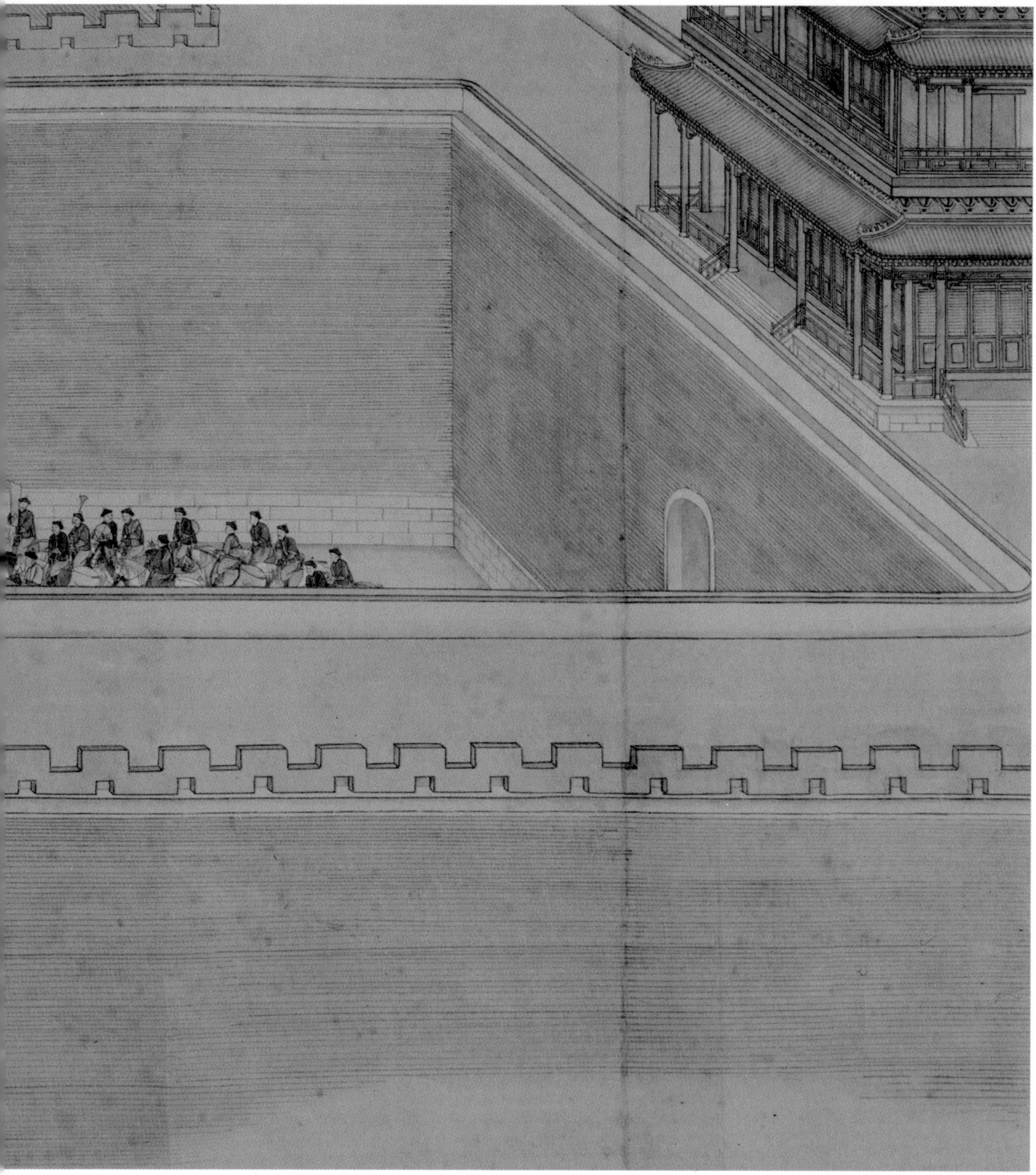

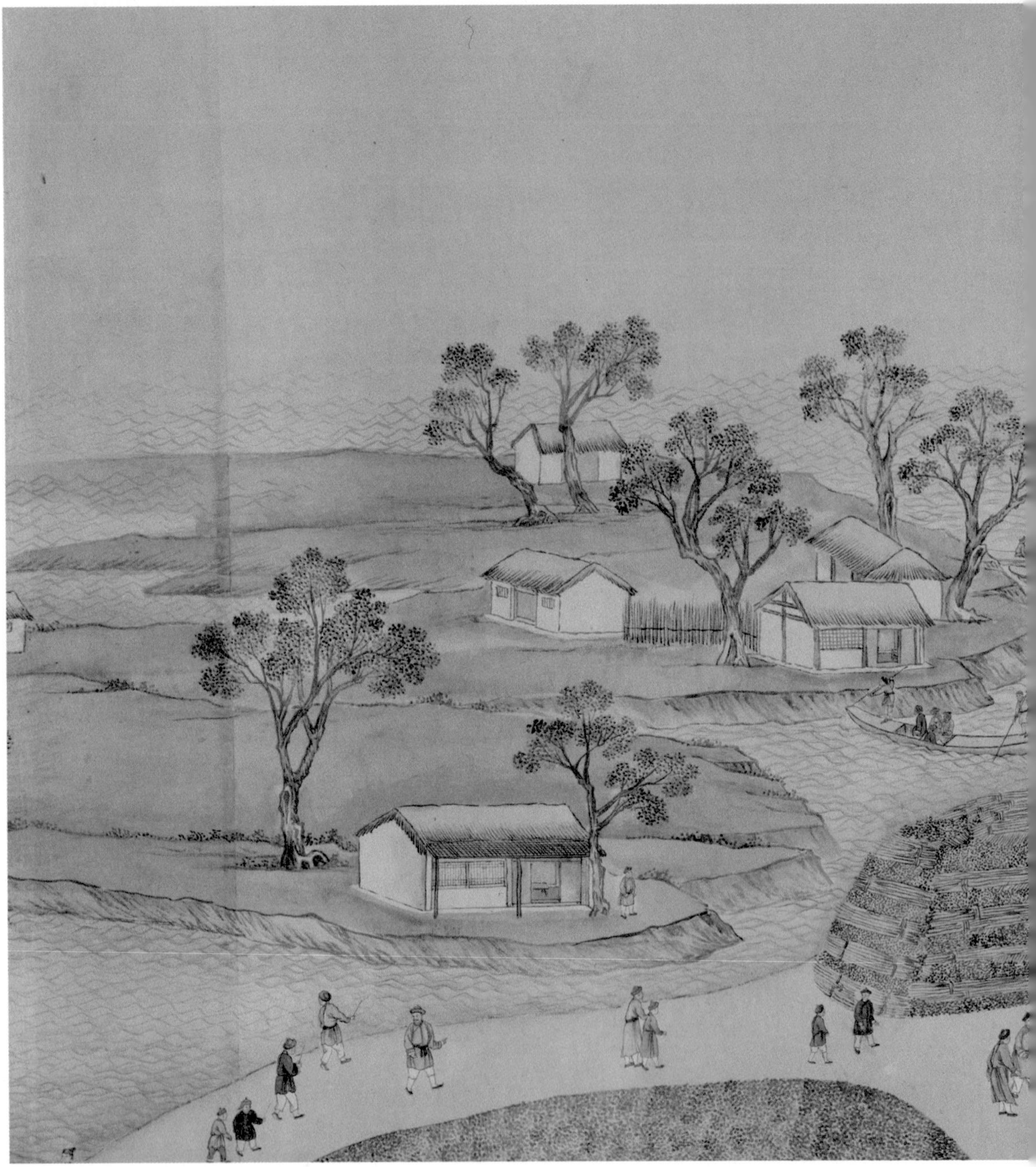

서양 외, 〈건륭남순도〉(부분)

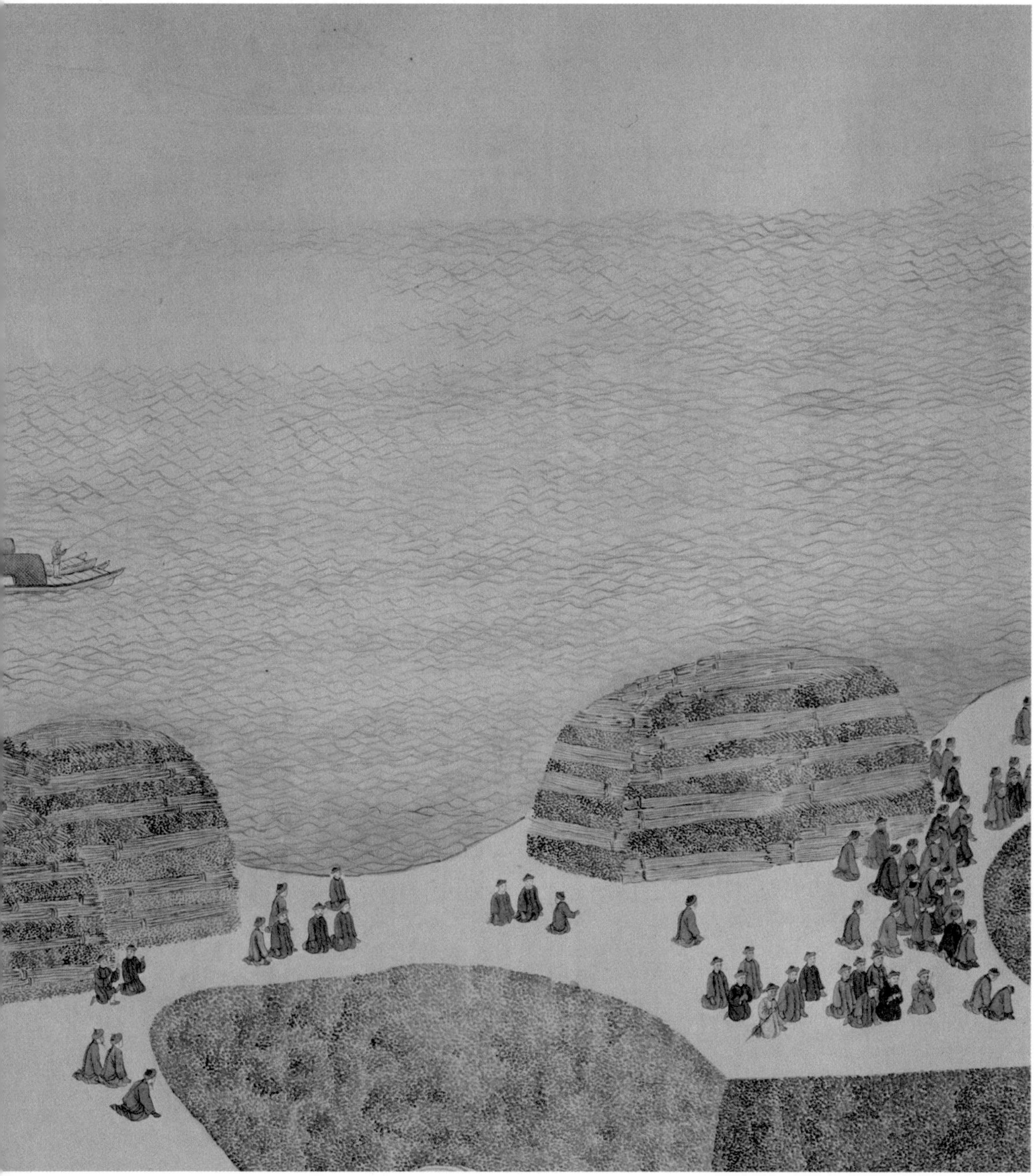

최근 내가 책상에 앉아서 하는 놀이는 컴퓨터로 화면을 분할하는 것이다. 긴 두루마리는 멋진 '부분'들을 품고 있다. 잘라 꺼내면 바로 수천 개의 아름다운 단편들이 된다. 지금 이 부분 역시 그렇다. 마치 문인화 한 폭 같지 않은가. 문인(사실은 관원이지만)의 눈으로 보면 자기 자신을 투사해 넣은 산수 풍경처럼 보이지만, 서양의 시선에서는 청나라 조정의 영토, 태평성대의 한때, 백성들 삶의 터전이다. 그의 국가 의식이나 시민 의식은 소박하고 평범하며 균형 잡혀 있다. 확 트인 화면이 호방해 보인다. 내가 직접 본 강남 지방을 떠올리니 친밀감이 배가된다.

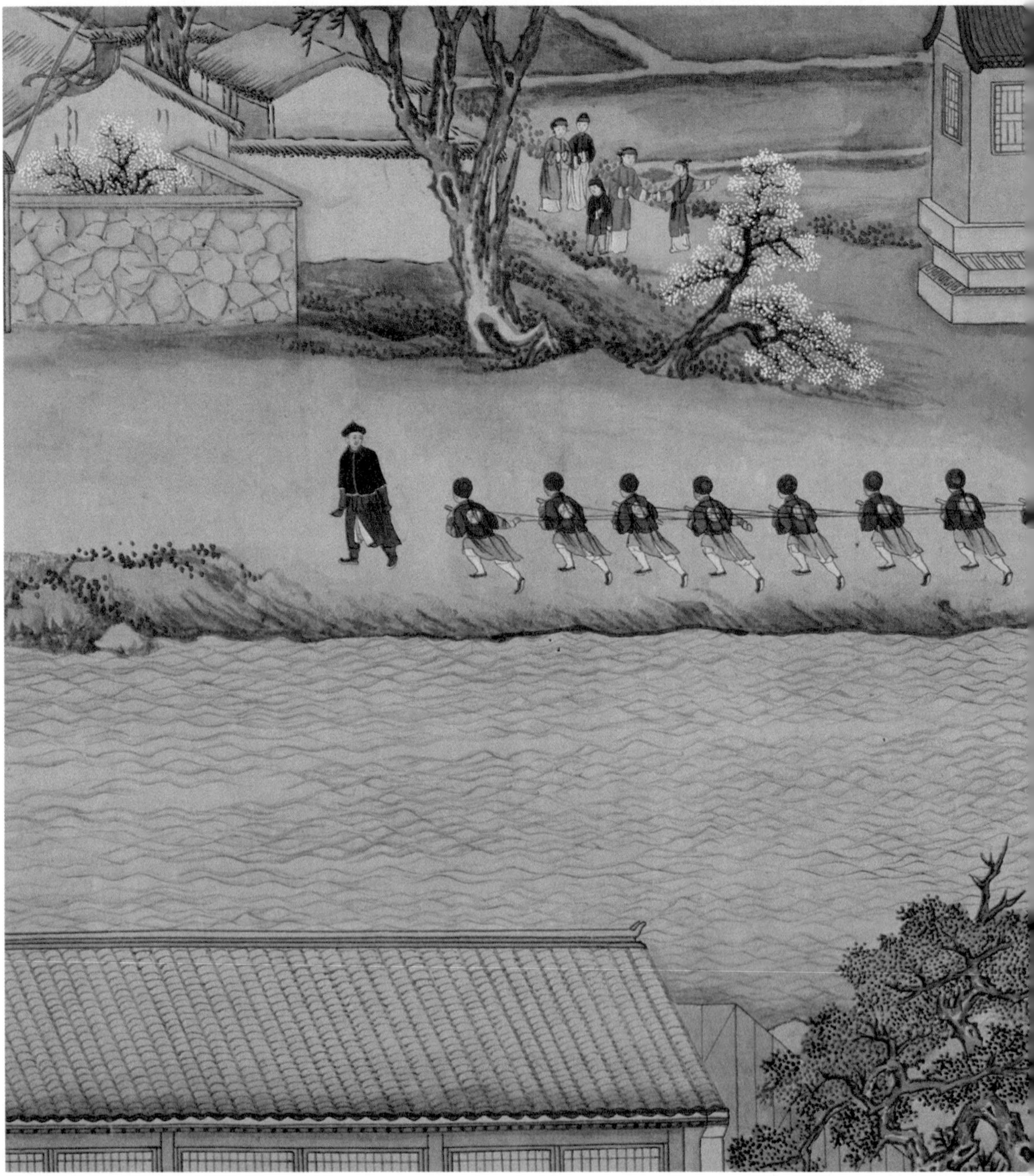

서양 외, 〈건륭남순도〉(부분)

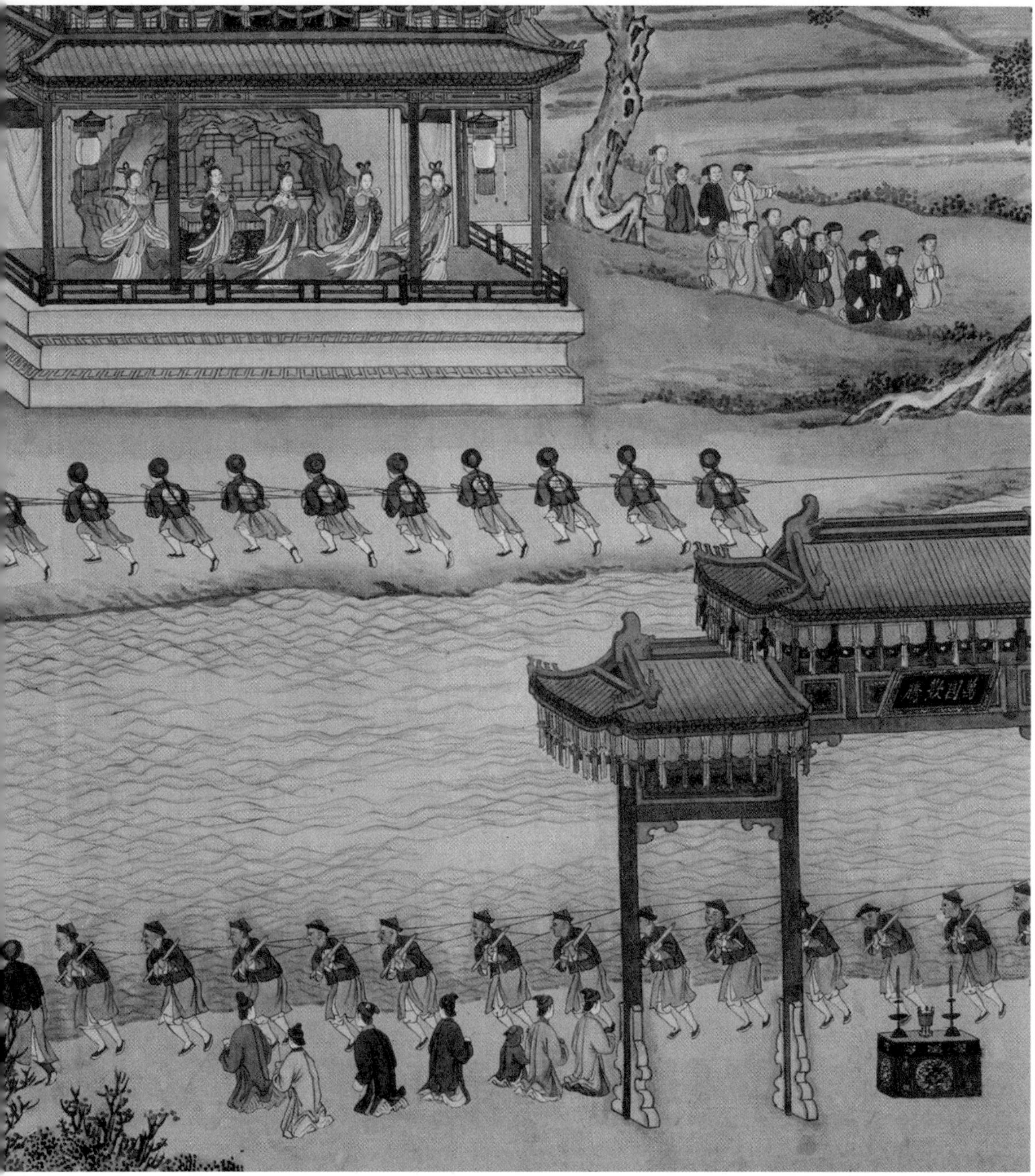

레핀(Ilya Y. Repin)의 작품 〈볼가 강의 배 끄는 인부들〉은 감상적이지만 정확하다. 100년 전 서구의 사진가가 찍은 양쯔강에서 배를 끄는 인부(천 조각 같은 옷 한 장 겨우 걸쳤거나 아예 벌거벗은 사람도 있다)의 사진을 보면 냉정하고 이성적이기에 더욱 진실하다. 서양의 붓 아래 태어난 조그만 배를 끄는 인부들은 귀엽다 못해 웃음이 나올 것 같다. 〈건륭남순도〉의 진실함은 어떨까? 서양은 거짓말을 하지 않는다. 그는 분명 태평성대를 장식하기 위한 의도로 이 그림을 그렸지만, 성실한 예술가답게 사실 그대로 그렸다. 배를 끄는 인부 외에도 가까운 쪽 강변에는 천 장식을 매단 패루(牌樓)가 서 있고, 그 맞은편 강가에는 악사들이 연주하는 무대가 있다. 그리고 바닥에 꿇어앉은 여인네들도 보인다. 나는 이 장면이 그가 직접 본 그대로라고 믿는다. 이 장면은 틀림없이 그가 믿었던, 그리고 그가 보았던 태평성대다.

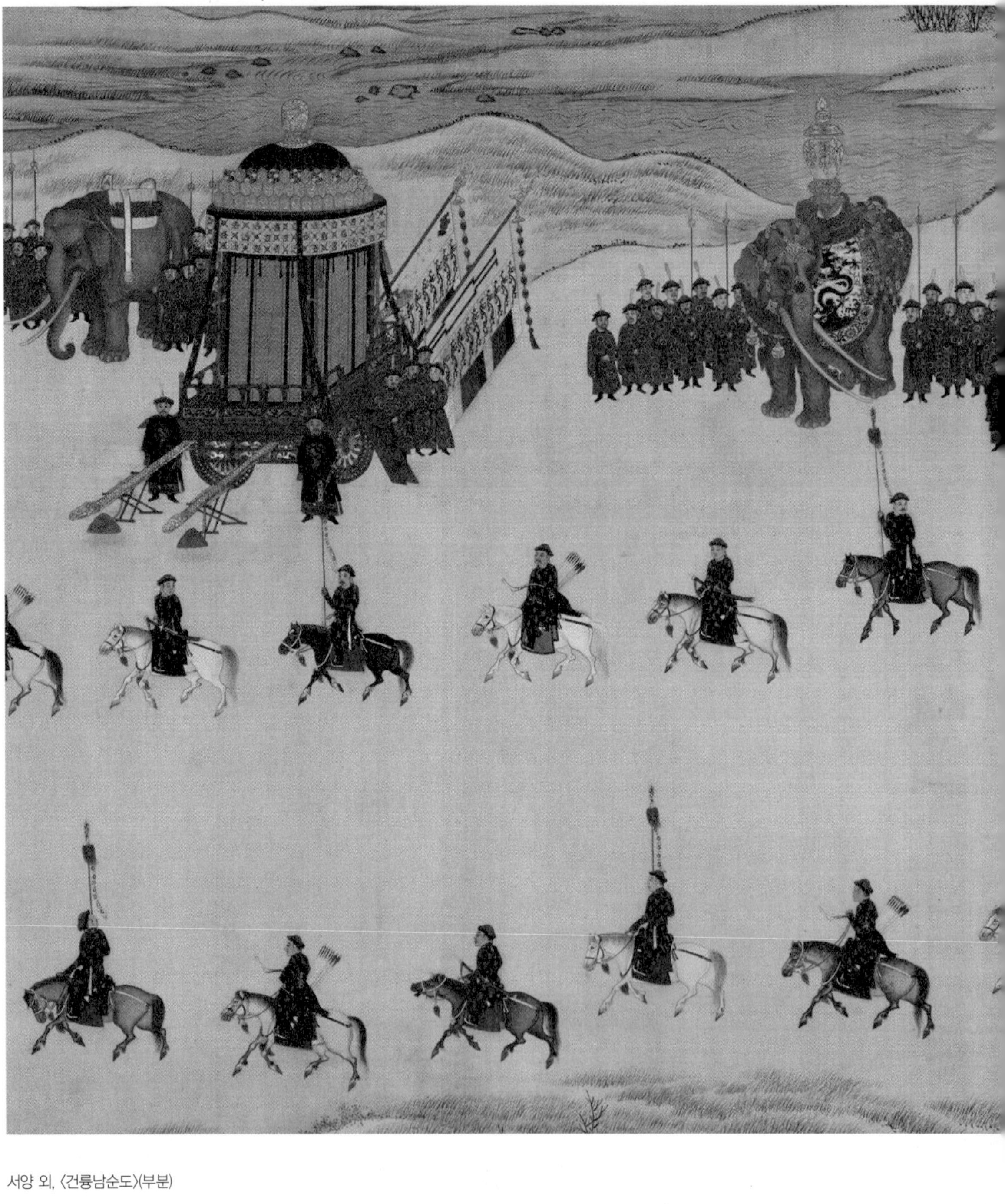

서양 외, 〈건륭남순도〉(부분)

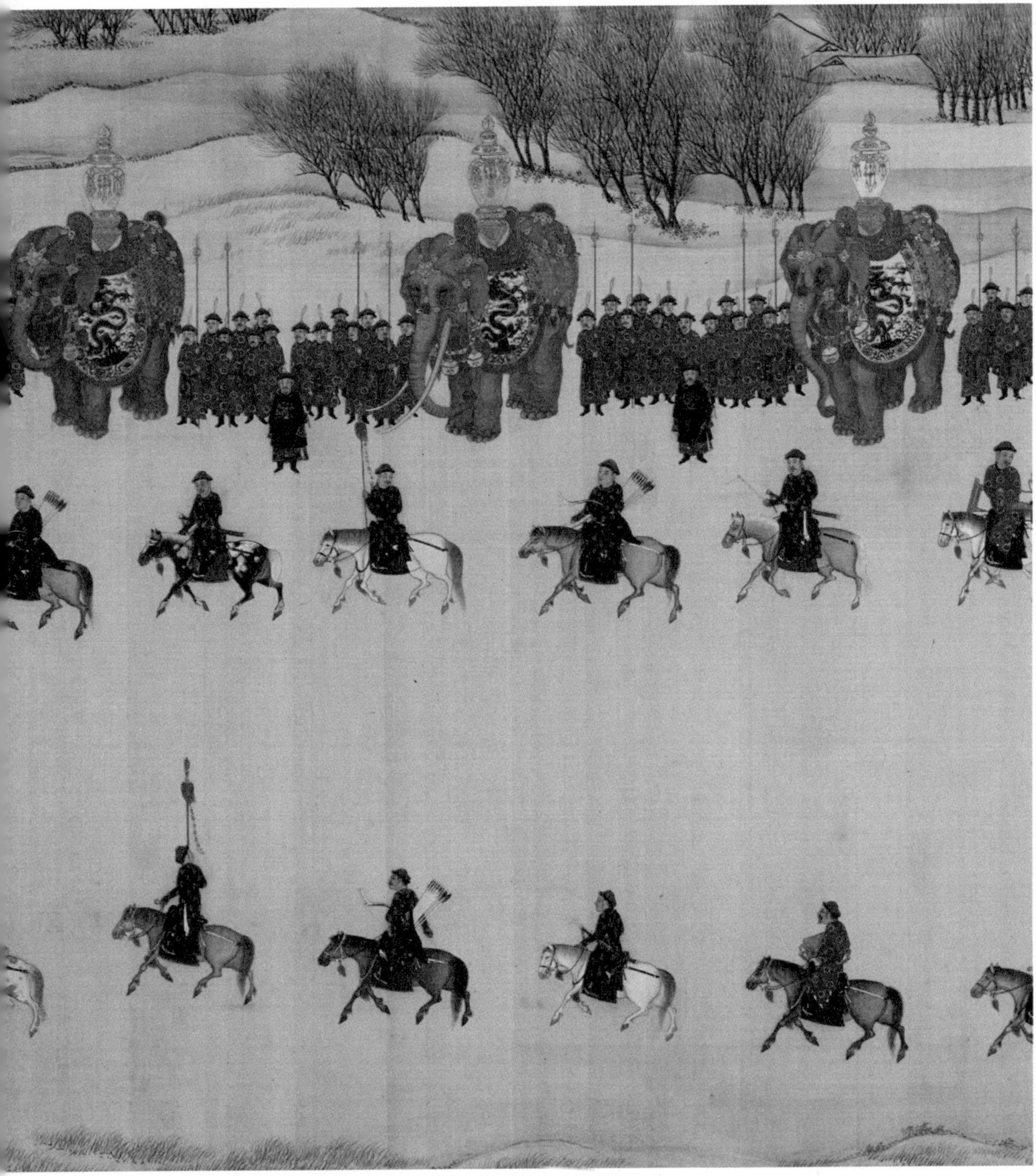

관병, 코끼리, 의전용 수레, 병졸…. 우리 세대는 절대로 이와 같은 장면을 볼 수 없다. 어릴 때 이 그림을 봤다면 분명 나 자신을 말 위에 타고 있거나 코끼리 옆에 서 있는 사람으로 상상했을 것이다. 청나라 시대를 다룬 텔레비전 드라마를 보면 자금성의 관리들이 잔혹한 얼굴로 채찍을 휘두르며 사람을 위협하는데, 실제 청나라 때 그린 그림에는 황실의 행사가 위엄 있기는 해도 유쾌하고 즐거운 분위기라는 것을 알 수 있다. 〈건륭남순도〉의 표정은 화면 가득한 즐거움, 경사스러움이다. 만약 화가의 마음속에 고통이나 어둠이 있었다면 아무리 애를 써서 즐거움을 만들어내려고 해도 지금과 같은 그림을 그릴 수는 없었을 것이다.

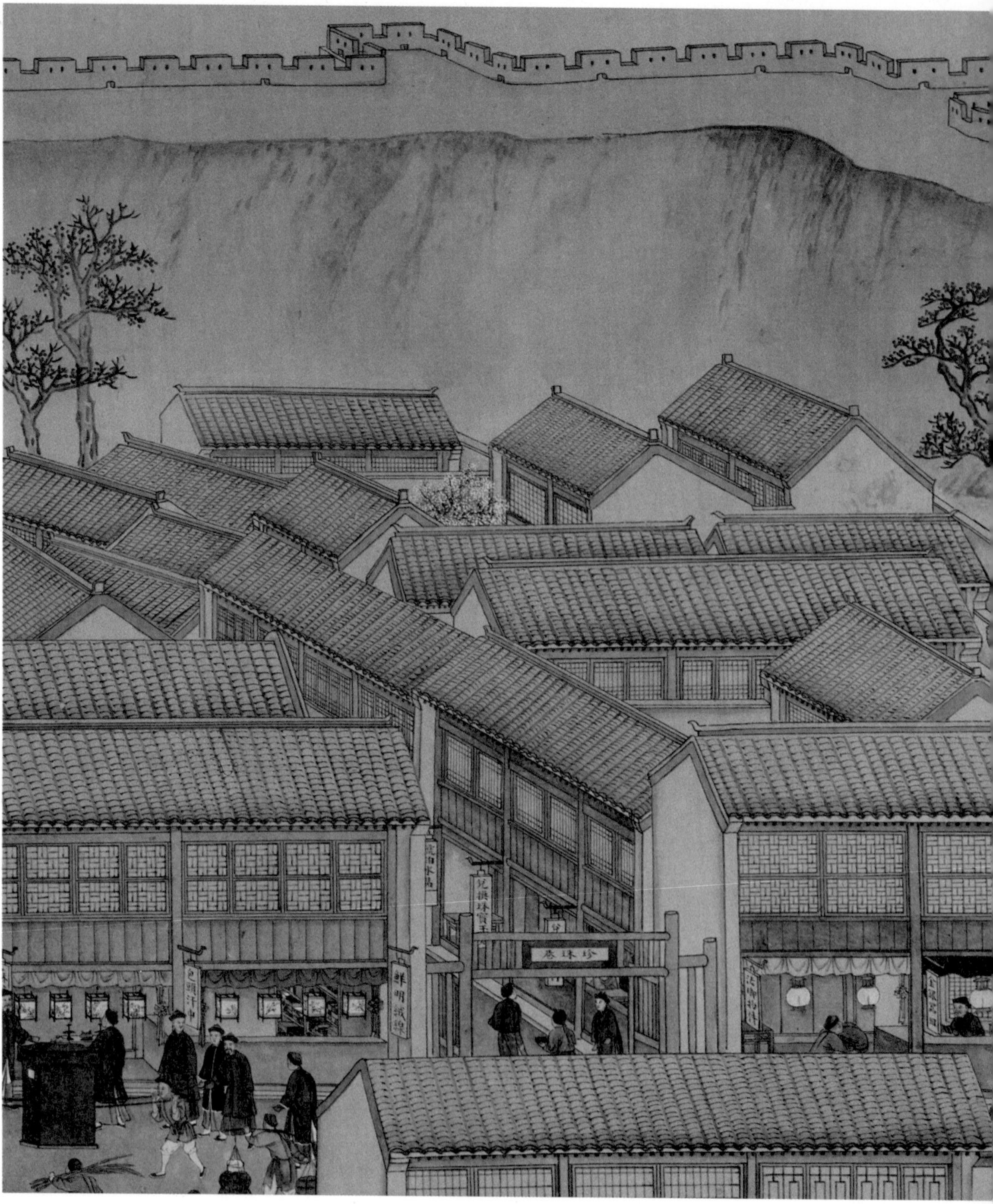

서양 외, 〈건륭남순도〉(부분)

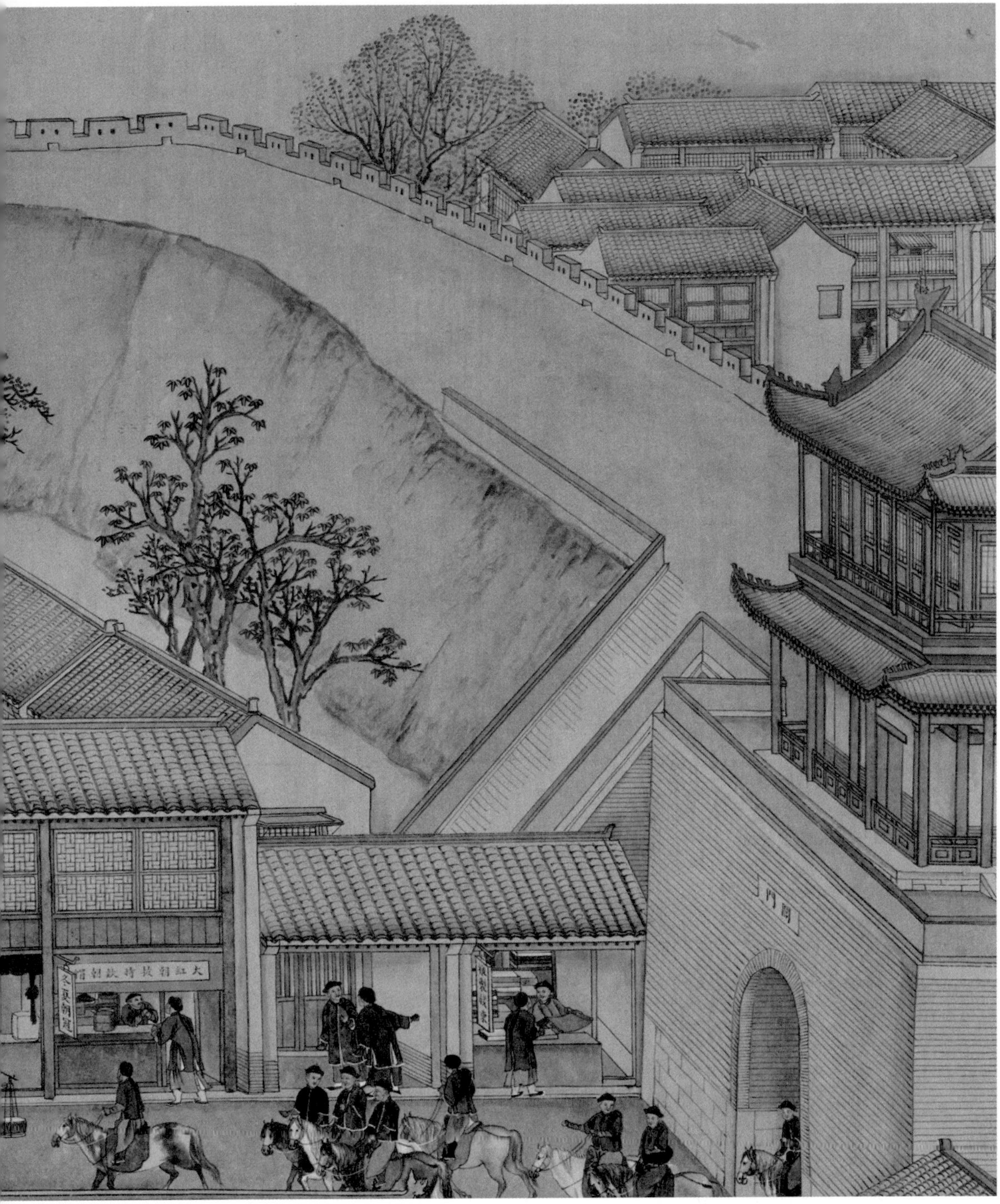

冬夏朝冠

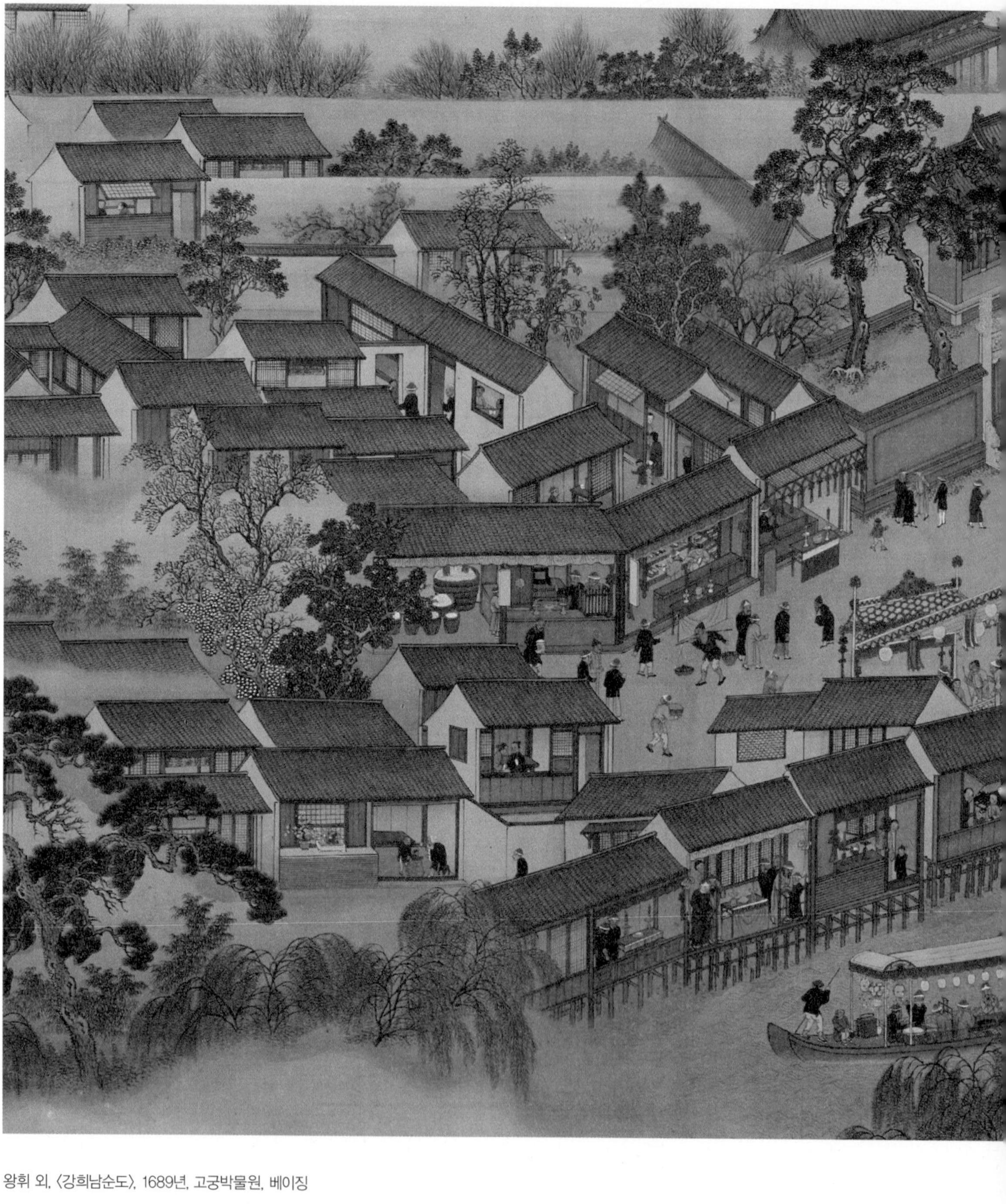

왕휘 외, 〈강희남순도〉, 1689년, 고궁박물원, 베이징

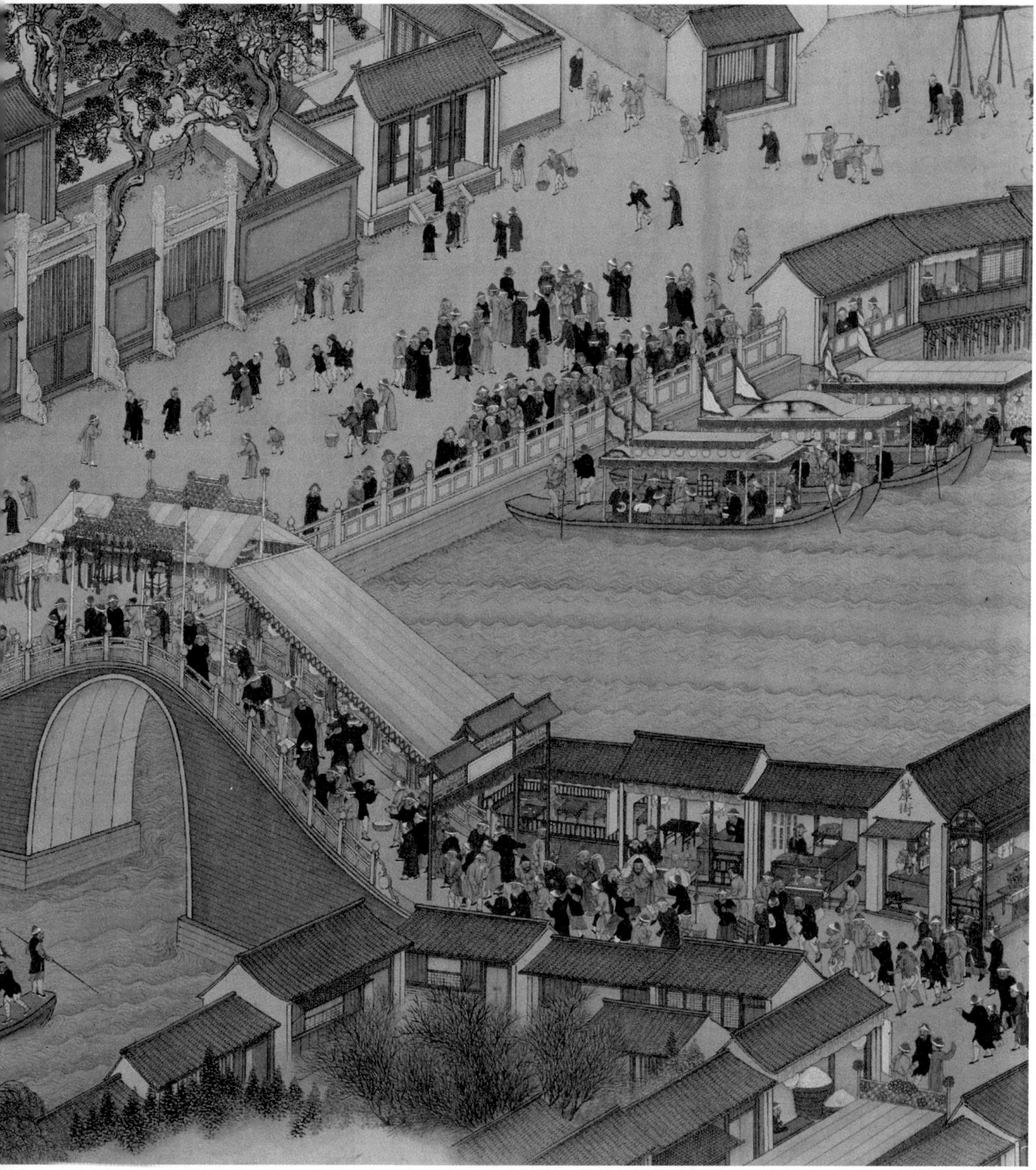

인민, 인민. 중국에는 수많은 백성을 가리키는 '억만인민(億萬人民)'이라는 말이 있는데, 강희제 시대에 와서야 이 말이 현실이 된다. 선진(先秦) 시대 이래 전쟁 등의 원인으로 중국의 인구는 계속 달라졌다. 청나라 때에 이르러 태평성대가 지속되면서 중국 인구는 드디어 1억을 넘겼다. 2015년 베이징 자금성에서 장택단의 〈청명상하도〉를 전시했다. 수많은 사람이 이른 아침부터 긴 줄을 서서, 몇 시간을 기다려서야 들어갈 수 있었다. 서로 어깨를 부딪히며 북적이는 인파가 그림 속에도 밖에도 한가득이다. 우리의 인민, 억만인민이여.

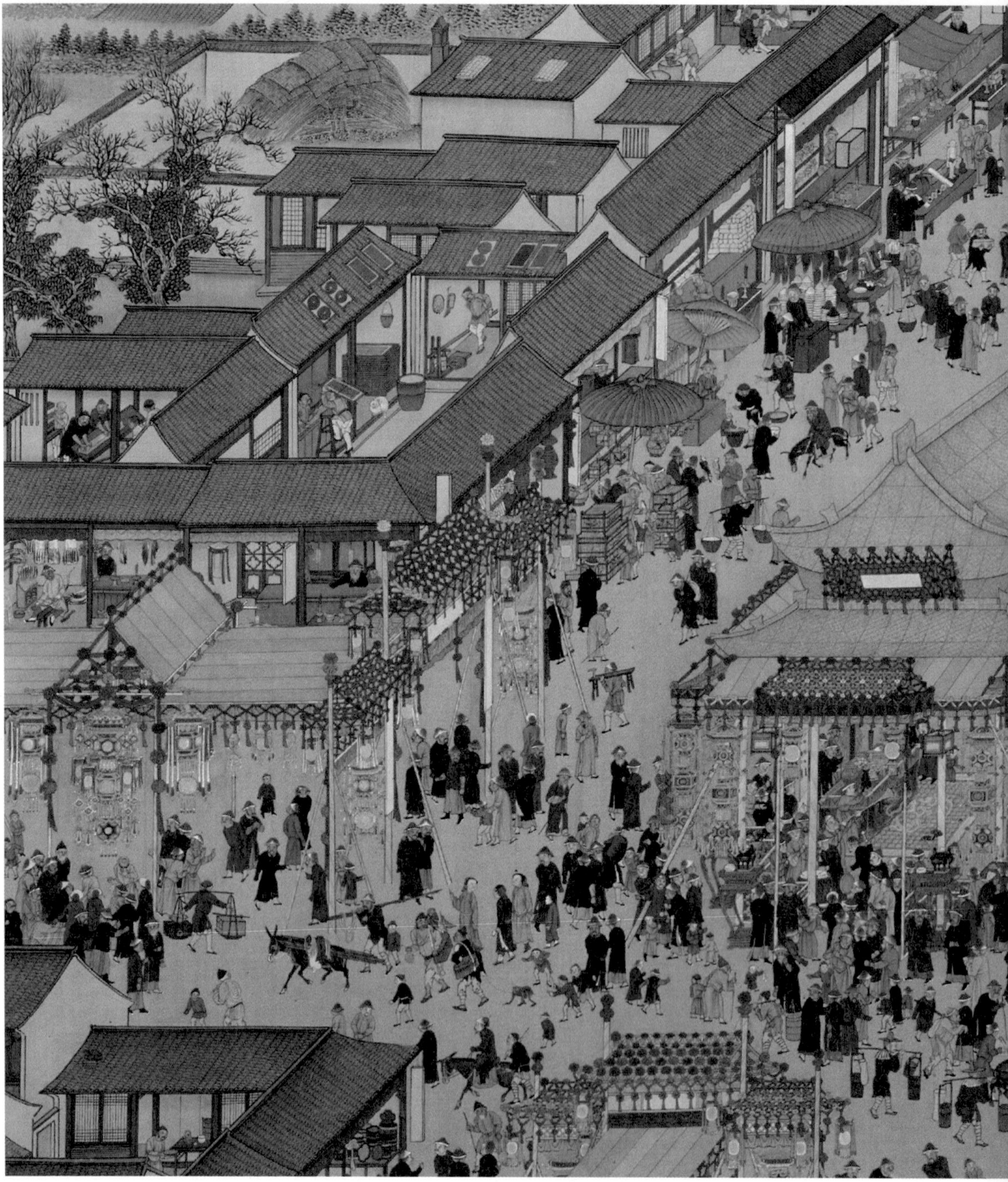

왕휘 외, 〈강희남순도〉 제10권(부분)

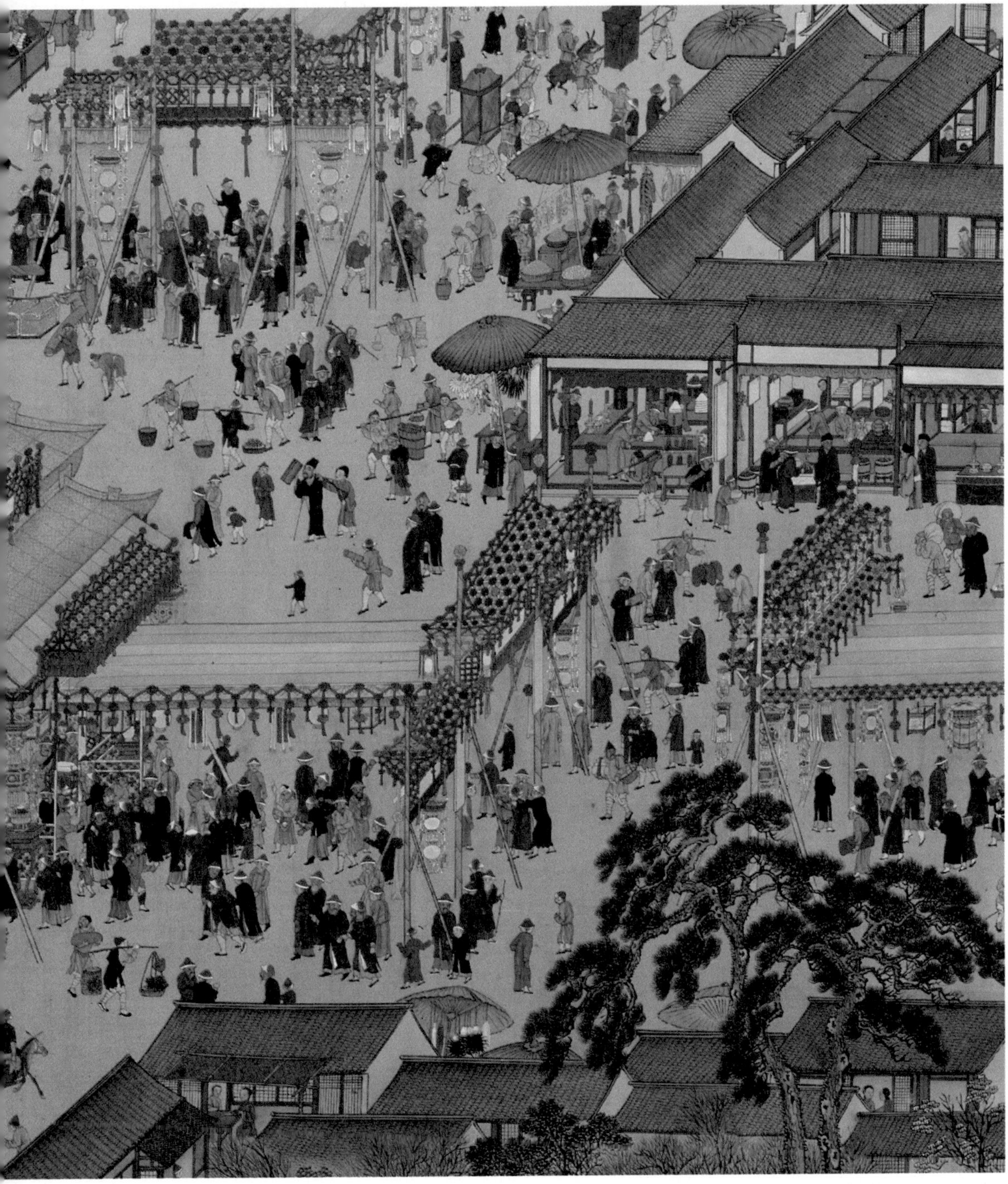

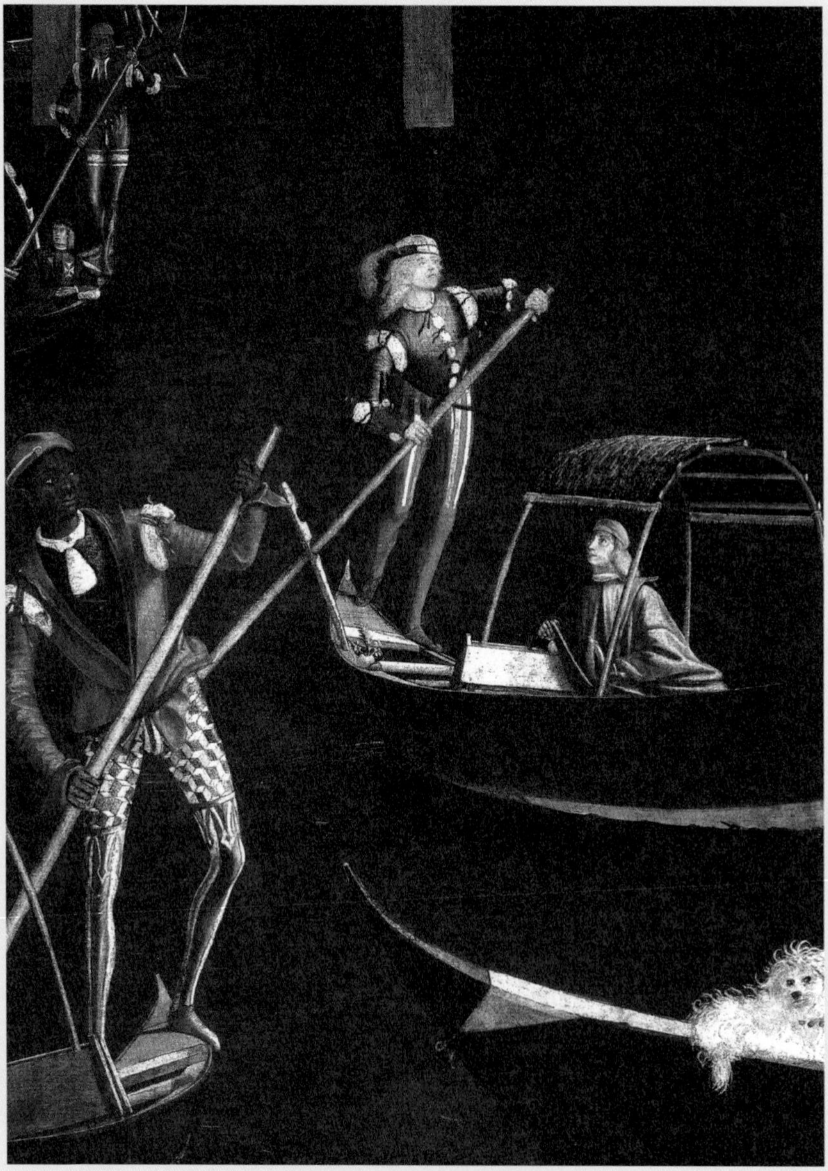

카르파초, 〈리알토 다리 십자가의 기적〉(부분), 1496년경, 아카데미아 미술관, 베네치아

정보와 화면

앞에서 중국 미술사가 궁정화가 서양徐揚을 중요하게 여기지 않았다는 이야기를 했습니다만, 청 황실의 궁정화가였던 주세페 카스틸리오네Giuseppe Castiglione, 중국 이름은 낭세녕(郎世寧)이다는 아주 큰 명예를 누렸습니다. 이 이탈리아의 예수회 선교자이자 화가는 황제와 후궁들의 초상화를 많이 그려서 인생의 절반을 조정의 녹봉을 받아 편안하게 살았고, 죽은 뒤에는 마테오 리치Matteo Ricci, 아담 샬 폰 벨Adam Schall von Bell 등 여러 선교사와 같은 묘역에 묻혔습니다. 지금도 베이징 푸성먼阜成門 성문 바깥쪽에 묘지가 남아 있습니다. 그러나 서양의 묘는 어디에 있나요? 아는 분이 있다면 좀 알려주시기 바랍니다.

건륭제가 시찰한 강남의 쑤저우는 '동양의 베네치아'라고 불립니다. 하지만 작년에 쑤저우에서 제 전시가 열렸을 때 열심히 찾아봐도 베네치아의 모습을 찾지 못했습니다. 이번에는 진짜 베네치아로 가서 15세기 화가들을 만나보겠습니다. 그중 한 사람이 비토레 카르파초Vittore Carpaccio, 1460?~1526?입니다. 서양보다는 운이 좋아서 미술관에 자신만의 전시실도 갖고 있습니다. 저는 그의 전시실에서 한참을 머무르며 왔다 갔다 했습니다. 화가 나서 속이 아플 정도였지요. 하지만 그에 대해서는 아무것도 모릅니다. 그의 그림 외에는요.

베네치아 화파의 거장으로는 티치아노 베첼리오Tiziano Vecellio와 틴토레토Tintoretto가 있습니다. 이들의 선배격인 젠틸레 벨리니Gentile Bellini와 카르파초도 각자 좋은 점이 있습니다. 종교 이야기를 그리는 것 외에도 그들은 서양과 비슷한 일을 했습니다. 바로 물의 도시 베네치아에서 거행된 성대한 의식을 묘사하는 일입니다. 벨리니의 대작 중 형벌을 집행하는 장면을 둘러싸고 구경하는 사람들을 그린 것이 있는데, 그 그림에는 중동 지역에서 온 듯한 옷차림을 한 노인도 있습니다.[1] 북방 지역 회화의 강직한 특성 외에도 베네치아 스타일의 침착하고 화려한 특징이 잘 나타나 있는 그림입니다. 카르파초의 그림에는 더 많은 인물이 나오는데 중경中景과 원경遠景에 분산되어 있지요. 카르파초는 정신력도 체력도 강한 인물로 특히 눈이 좋았습니다. 절대 눈을 쉬지 않았지요. 그는 늘 주인공의 어깨 너머로 멀리서 움직이고 있는 사람들을 보곤 했습니다.

그가 그린 장면이 어떤 이야기인지는 알지 못하지만, 당시 시끌벅적한 베네치아의 모습을 보여준 것만은 분명합니다. 귀족 도련님, 미남자, 불량배, 천둥벌거숭이 아이들 그리고 근동 지역에서 온 사람들도 보입니다. 그 시대에 베네치아의 배들은 근동 지역으로 가서 무역을 했던 것이지요.

각국의 왕조는 화가를 고용해서 자신들의 위대한 업적, 성대한 의전 행사를 후세에 남기고자 했습니다. 번화한 장면을 그리다 보면 과장하게 되는 건 어쩔 수 없는 일이겠지요. 중국인은 일찌감치 두루마리 그림이라는 형식을 만들어 가로의 길이로 승부했습니다. 가장 긴 두루마리 그림은 100미터가 넘는 것도 있습니다. 인물이 얼마나 많은지, 장면이 얼마나 큰지만 따진다면 서양 사람들은 아무리 해도 〈건륭남순도〉나 〈강희남순도〉를 넘어설 수 없습니다. 하지만 두루마리 그림 속의 인물들은 아주 작습니다. 사람 하나가 2센티미터 정도라 붓을 몇 번 움직이면 한 사람이 탄생합니다. 서양西洋의 화가들은 실제와 똑같이 그리는 것을 중시했기 때문에 카르파초가 그린 그림 속 남자의 양말만 해도 화려한 무늬를 다 그리는 데 하루나 이틀은 걸렸을 것입니다. 그동안 서양徐揚과 같은 화가는 이미 수십 명 수백 명의 조그만 사람들을 완성했겠지요.

---

1. 사실 이 그림은 젠틸레 벨리니가 아니라 그의 형제인 조반니 벨리니와 조수 비토레 벨리니아노가 함께 그린 그림으로 알려져 있다.

서양화는 중국의 두루마리 그림처럼 횡으로 점점 과장하는 방식 대신 종으로 깊이를 파고들었습니다. 그러다가 투시법이 출현한 뒤로는 반쯤 미친 듯이 화면의 깊이를 표현하는 데 몰두했습니다. 대성당의 벽화들을 보면 모조리 무한한 깊이의 표현에 빠져 있었음을 알게 됩니다. 어떤 그림은 위로 점점 더 깊어집니다. 어떤 그림은 점점 더 멀리로 깊어집니다. '멀다'라고 하는 말이 나와서 말인데, 중국화에서 말하는 평원平遠, 평평한 공간의 넓이를 표현하는 방법이나 심원深遠, 산의 바로 앞에서 그 산의 뒤를 넘겨다보는 식으로 그리는 방법은 멀리 있는 물체를 크고 정확하게 볼 수 있도록 초점거리를 길게 만든 망원렌즈, 즉 롱 앵글 촬영과 같습니다. 한눈에 수천 미터 바깥을 바라보는 방식이지요. 서양화의 심도는 화각은 넓고 초점거리가 짧은 광각렌즈와 같습니다. 가까운 것은 할 수 있는 한 크게, 먼 것은 마음먹고 작게 그립니다. 틴토레토는 투시법을 가장 잘 활용했다고 평가받는 화가입니다. 베네

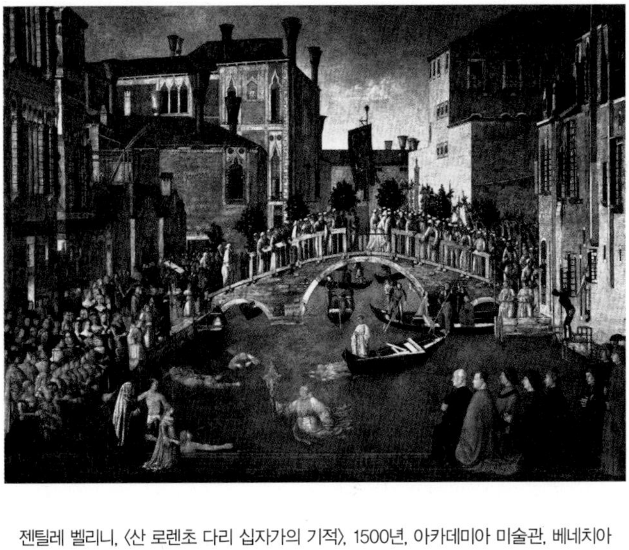

젠틸레 벨리니, 〈산 로렌초 다리 십자가의 기적〉, 1500년, 아카데미아 미술관, 베네치아

치아 시청에 틴토레토가 그린 천장화를 보면 무수히 많은 벌거벗은 육체들이 하늘을 빙빙 돌며 날고 있습니다. 마치 인육으로 만든 성대한 연회 같지요. 여호와의 소용돌이에 전부 말려들어가 천국에 이르는 겁니다.

카르파초는 인육의 소용돌이를 그리지 않았습니다. 카르파초는 이탈리아 중부 시에나Siena 지역의 국제적인 고딕 예술을 받아들였고, 멀리로는 더 북쪽인 플랑드르Flandre, 오늘날의 벨기에 지역 회화의 세속성과 접촉했습니다. 그의 이런 예술적 입장은 피렌체 화파와는 상반되는 특징을 보입니다. 카르파초가 목도한 베네치아는 아름답고 번화한 도시였습니다. 베네치아 사람들은 누구나 잘 꾸밀 줄 알았고, 유행을 좇아 자신을 뽐냈습니다. 피렌체 화파는 선택적으로 보는 방식을 채용해 인문주의人文主義로 기울어졌지만, 베네치아 화파는 '어떻게' 보는지는 거의 고려하지 않습니다. 그들의 눈은 보느라 바빴지요. 카르파초는 자신이 본 사람들의 모습을 누락하거나 빠뜨리는 것을 싫어해 늘 정신없이 보았습니다. 그는 중경, 원경, 여기, 저기에 서로 관련 없는 장면과 인물을 가득 묘사하는 것을 즐겼지요. 복도의 기둥과 기둥 사이로 젊은 뱃사공의 잘생긴 실루엣이 슬쩍 드러나 보입니다. 장중한 의례가 한창 거행 중인데 멀리서는 사람들이 빈둥거리고 있습니다. 사자 한 마리가 도망치려는 수도사를 뒤쫓습니다. 그림의 뒤편에서도 다른 수도사들이 이리저리 도망치며 숨고 있지요…. 이런 자잘하고 중요하지 않은 정보들은 그리지 않아도 그림의 큰 주제에 영향을 미치지 않습니다. 하지만 의도했든 아니든, 화가가 붓을 놀려 그리고 나면 화면이 더욱 활기 있고 보기 좋아지지 않나요?

이것이 바로 진정한 투시법입니다. 중국인이 말하는 넓게 보는 '광관曠觀'에 근접한 투시법입니다. 〈건륭남순도〉 역시 전체 두루마리 그림 안에 서로 다른 장면들이 몇 개나 나오는지 모릅니다. 황제와 관병 외에도 햇살 아래의 모든 것이 생기에 넘칩니다.

이제부터 저의 망상을 풀어놓겠습니다. 저는 카르파초의 그림을 찬찬히 볼 때마다 이탈리아 영화들이 떠오릅니다. 베르나르도 베르톨루치Bernardo Bertolucci나 페데리코 펠리니Federico Fellini 같은 감독의 영화를 보면 중경과 원경에 멋진 장면들이 가득합니다. 별로 중요하지 않은 정보들이 여기저기 산재해 있지요.

영화를 이야기하려는 것이 아닙니다. 제가 말하고 싶은 것은 '보려는 욕망'입니다. 영화나 그림을 통해 감독과 화가가 어떻게 감상자의 시선을 유도하는지 알 수 있습니다. 시각예술의 피할 수 없는 운명 같은 것이죠. 갓난아기가 눈을 뜨면 그때부터 인생이 시작됩니다. 인간이 죽을 때도 시선으로 이 세계와 작별을 합니다. 저는 문화대혁명 때 곧 총살될 사람을 묶어 끌고 다니는 장면을 본 적이 있습니다. 사람들이 벌떼처럼 그 뒤를 따라 우르르 몰려다녔지요. 그 사람의 머리통은 다른 사람들에게 꽉 붙들려 있었지만 그래도 눈을 이리저리 움직이면서 주변을 바라봤습니다. 그가 마지막으로 가진 '볼 수 있는 권리'였습니다. 루쉰이 묘사한 아큐阿Q도 형장으로 끌려가면서 계속 여기저기를 둘러보지 않던가요. 죽음이 눈앞에 닥쳤는데 보긴 뭘 보느냐고 할지 모르지만, 아큐는 결국 수많은 사람들 사이에서 그가 전에 좋아한 여자를 발견합니다. 톨스토이의 《안나 카레니나》에도 자살하려고 철도를 향해 가는 동안 안나가 마차 바깥의 길을 바라보는 장면이 나옵니다. 안나의 머릿속은 온갖 생각으로 가득했지만요.

이런 이야기를 왜 하는가 하면, 보려는 본능은 무엇보다 강렬하며 이성이 시선을 통제할 수 없다는 것을 말하기 위해서입니다. 눈은 머리의 지휘를 받지 않습니다. 아큐와 안나 카레니나의 마지막 순간, 그들의 머리는 이런 경고를 보냈을 것입니다. "지금 목숨이 간당간당한데 뭘 보는 거야!"

하지만 눈은 그걸 모릅니다. 그저 여기저기 둘러볼 뿐입니다.

이게 그림을 그리는 것과 무슨 관계일까요? 아주 깊은 관계가 있습니다. 사람들은 예술의 사상, 주제, 기법 등에 대해 지치지 않고 토론합니다. 그러나 '보는

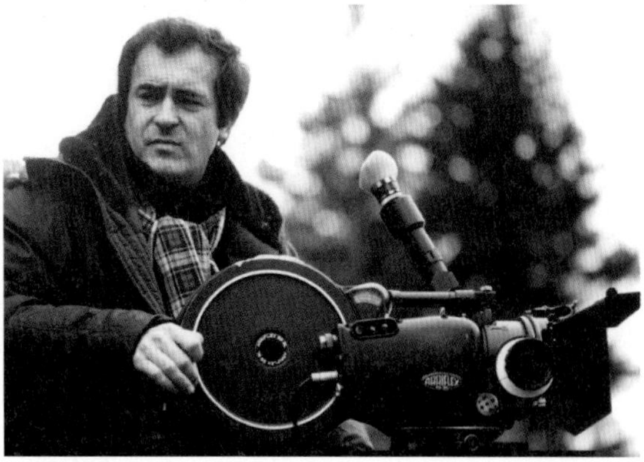

베르톨루치 감독

것'에 대해 파고든 적은 별로 없습니다. 우리는 이렇게 말합니다. "정말 잘 그렸군!" 하지만 회화의 핵심은 어떻게 그렸는지에 있는 것이 아닙니다. 미술사의 혁신은 사실 보는 것에서 시작되었습니다. 모네는 역광을 보고, 고흐는 해바라기를 보았으며, 세잔은 물체의 가장자리를 보았습니다. 15세기의 카르파초는 홀연히 '멀리서 움직이는 사람들'을 보기 시작합니다.

이게 뭐가 대단하다는 겁니까? 누구나 다 보잖아요! 맞습니다. 그렇지만 문학에서 누군가 본 것을 써내면 크게 한 걸음 내딛은 셈이고, 회화에서도 누군가 본 것을 그려내면 역시 한 걸음 내딛은 셈이 됩니다. "앞으로 한 걸음 다가가면 문명화에 한 걸음 더 가까워집니다"라는 화장실 표어가 있지요.[2] 이 말은 예술사에 딱 들어맞습니다.

영화사映畫史 전문가의 말에 따르면 미국의 영화감독 오손 웰즈Orson Welles의 〈시민 케인〉1941년 이후로 주요 장면 외에 더 많은 정보를 담기 시작했는데, 이것

2. 중국의 남자 화장실에는 종종 소변기 앞으로 바짝 붙어서 볼일을 보라는 뜻의 표어가 붙어 있다.

이 새로운 영화문법을 가져왔습니다. 예를 들어 두 사람이 집 안 창가에서 대화를 나눌 때 창밖으로 뭔가 놀라운 일이 벌어지는 식입니다. 아마도 살인이었던가 그랬지요. 이런 기법은 '보려는 의지'에서 나왔습니다. 모든 일은 동시에 발생합니다. 왜 카메라가 처음부터 끝까지 주인공의 상황만 묘사해야 하죠?

대량의 중요하지 않은 정보가 영화 장면에 개입한 것은 1950년대 후반 프랑스에서 일어난 새로운 영화 풍조인 누벨바그 감독들부터지만, 사실 이탈리아 감독들이 그런 쪽으로 제일 뛰어났습니다. 베르톨루치의 영화 〈1900〉은 장면 배치가 신기할 정도입니다. 예를 들면 군대가 오른쪽에서 들어오는데, 왼쪽에서는 대항하는 농민들이 나가고 있습니다. 카메라 앵글은 그대로 가까이서 바라봅니다. 한 무리의 사람들이 멀어지고 다른 무리가 갑자기 눈앞에 나타납니다. 그런 대규모의 긴장감과 대치는 어떤 재난이 곧 폭발할 듯한 불길한 징조를 느끼게 합니다. 하나의 앵글로 그저 보고 있기만 하는데도 그렇습니다. 그의 또 다른 영화 〈순응자〉에서도 한 떼의 미친 듯이 춤추는 사람들이 한 명 한 명 화면 밖으로 나갑니다. 그리고 화면의 중경쯤에서 똑같은 사람들이 다시 춤추면서 되돌아옵니다. 물론 베르톨루치의 선배인 펠리니의 〈8과 2분의 1〉에서도 장면 배치에 관한 한 가장 자유롭고 또 가장 제멋대로인 사례가 나옵니다. 끝나지 않을 것 같은 장면들이 부단히 끼어들면서 돌아갑니다. 정말 눈이 바쁜 영화지요.

이게 카르파초와 무슨 관계일까요? 영화 전문가들의 용서를 바라며 말씀드리자면, 저는 펠리니의 영상 기법이 카르파초의 그림에서 훔친 것이라고 생각합니다(펠리니 본인도 훌륭한 화가입니다). 정말 엉뚱하고 말이 안 되는 이야기일지도 모릅니다. 증거도 이유도 없지만, 저는 그런 생각이 듭니다. 두 사람의 천재가 화면과 영상에서 가장 중요하지는 않은 정보에 주목했습니다. 중국의 서양徐揚처럼요. 왜 그랬을까요? 중요한 것은 이야기가 아니라 장면이고, 사람을 끌어당기는 것은 내용이 아니라 본다는 행위 자체이기 때문입니다.

다른 나라의 영화 역시 멋진 다중 장면 배치를 보여줍니다. 러시아 영화감독 안드레이 타르콥스키Andrei Tarkovsky의 〈안드레이 루블료프Andrei Rublev[3]〉나 만년의 작품인 〈희생〉은 펠리니도 감탄할 겁니다. 영화와 회화의 치명적인 차이는 저도 잘 알지만, 늘 이 두 가지가 혈연관계이길 간절히 바랍니다. 그것은 보고자 하는 의지, 본다는 행위의 신비입니다. 저는 과감히 이런 가설을 세웁니다. 고대의 회화 화면은 여전히 유효하여 알 수도 없고 셀 수도 없는 다양한 방법으로 후대의 작품에 스며든 것입니다. 회화 외에 영상까지 포함해서요.

그리고 이번에는 미술사 전문가의 용서를 구하겠습니다. 카르파초가 아닌 다른 화가들은 중경과 원경을 묘사하지 않았을까요? 16세기 네덜란드의 화가인 대大 피터르 브뤼헐Pieter Bruegelr의 휘황찬란한 화면은 이미 인물들로 가득합니다. 그가 그린 거대한 장면은 서양의 〈건륭남순도〉에 근접할 정도입니다. 그러나 그것은 그 장면 전체를 굽어보는 듯한 시점의 전경全景입니다. 허구의 입체 상태에서 나온 것이었고, 확실히 장면을 거리별로 구분한 것은 아니었습니다. 카르파초는 어쨌든 15세기의 베네치아 사람이기 때문에 그가 운용한 것은 정확한 의미의 투시법입니다. 그는 그림을 보는 당신이 그 장소에 있다고 가정하고 당신의 위치에서 바라보는 장면을 그렸습니다. 그런 다음, 당신은 보게 됩니다. "오! 저기 멀리서 누군가 거리를 천천히 걸어가고 있군!"

저는 카르파초의 화집을 세 권 갖고 있지만 내용은 전혀 읽지 못합니다. 그래도 카르파초가 벨리니나 티치아노, 틴토레토보다 인물과 인물의 틈새로 보이는 원경에 민감했다는 것, 거기에 그다지 중요하지 않은 정보들을 집어넣기 좋아했다는 것을 알 수 있습니다. 그가 그린 내용은 잘 알려진 이야기지만, 이야기의 주요 부분 외에는 자신이 탐욕스럽게 살펴본 15세기의 베네치아를 그렸습니다.

---

3. 13세기 말 러시아 화가.

마치 서양의 〈건륭남순도〉가 단순히 황제의 공덕을 칭송하기만 한 것이 아니라 당시 쑤저우의 모든 것을 완벽한 초상으로 남겨준 것처럼, 카르파초 덕분에 우리는 15세기 베네치아의 모습을 지금 다시 볼 수 있습니다.

미술사는 거대한 깔때기입니다. 수많은 비밀이 있지만 예술가의 죽음과 함께 사라지지요. 카르파초는 왜 당시의 베네치아 화가들과 다르게 보았을까요? 그리스·로마 시대에 이미 시작된 투시법은 왜 중세에 단절되었다가 14세기 피렌체 사람의 손에서 부활했을까요? 투시법은 그때 이후 '어떻게 볼 것인지'를 정하는 법칙이 되어 지금까지 회화의 원리로 인정받습니다. 사상도, 주제도, 기법도 다 말로 표현할 수 있지만 보는 것만은 말로 전수할 수 없습니다. 예를 들어 카르파초와 왕희맹의 시선을 생각합시다. 그 두 사람은 떠들 시간이 없었을 겁니다. 자기들이 보는 데만도 시간이 부족했을 테니까요.

마지막으로, 한 가지 질문을 하겠습니다. 투시법이 사진이나 영화로 이어졌다면, 수천 년간 이어진 중국의 넓게 보는 광관 전통은 왜 두루마리 그림에 그쳤을까요? 왕희맹과 서양은 투시법을 몰랐습니다. 베르톨루치와 펠리니는 서양과 왕희맹을 몰랐겠지요. 이건 사람의 눈이 가지는 기적인가요? 아니면 과학기술의 문제인가요? 영국의 박물학자이자 유명한 중국학자인 조지프 니덤Joseph Needham이 쓴 《중국의 과학과 문명Science and Civilisation in China》을 읽은 적은 없지만 그 책 속에 이런 내용이 언급되어 있을까요? 그러고 보니 이 책의 저자도 서양 사람입니다. 이것도 또 다른 문제로 생각해볼 수 있겠군요.

오늘날 우리는 더 이상 〈건륭남순도〉도 카르파초도 필요하지 않습니다. 매개체는 변화합니다. 하지만 사람은 누구나 눈을 갖고 있고, 보고자 하는 욕망이 있습니다. 이것만은 변하지 않을 것입니다. 질문을 하나 더 하겠습니다. 위대한 영화감독들이 카메라 위치를 다 정한 다음 화면의 원경에서 예상치 못한 행인을 발견한다면 어떻게 했을까요?

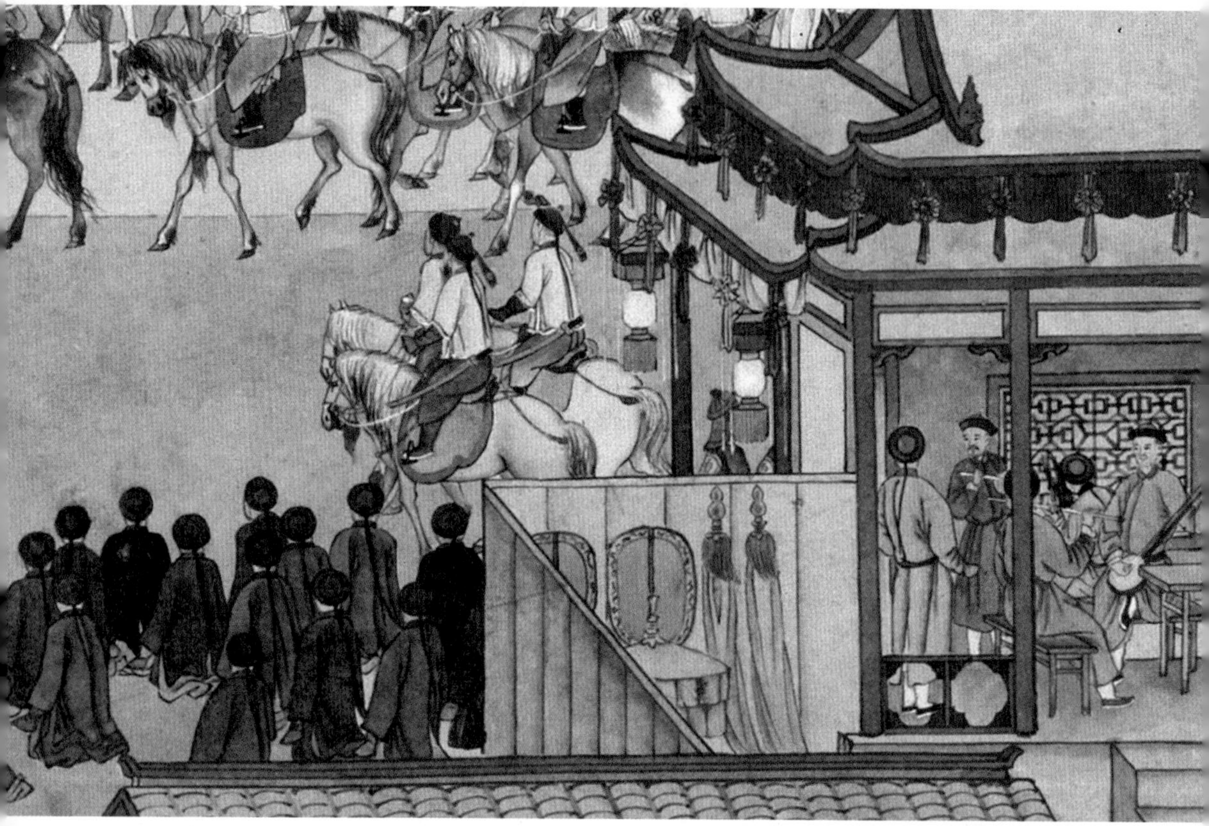

서양 외, 〈건륭남순도〉(부분)

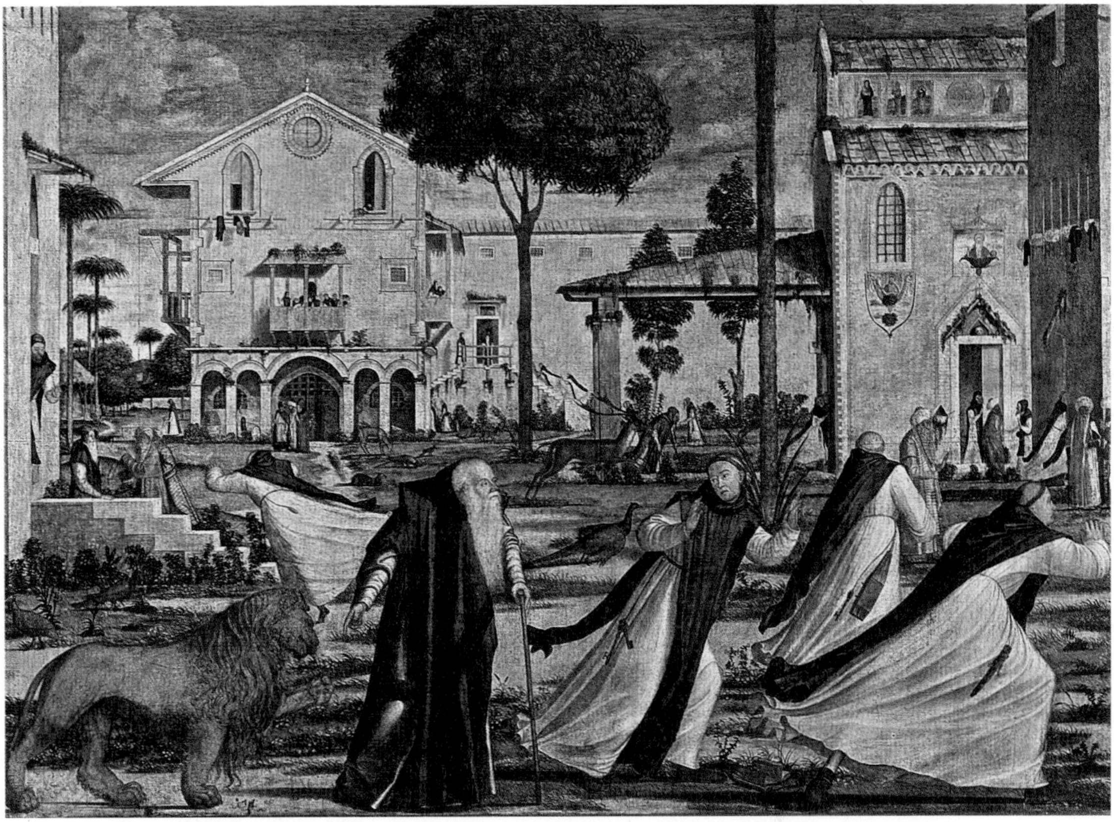

카르파초, 〈수도원의 성 히에로니무스와 사자〉, 1502년, 스쿠올라 디 산 조르조 델리 스키아보니, 베네치아

오른쪽 그림은 세계 미술사 도록에서 자주 인용되는 그림이지만
왼쪽 그림은 세계 미술사는 고사하고 중국 미술사 전문 서적에서도 찾아보기 어렵다.

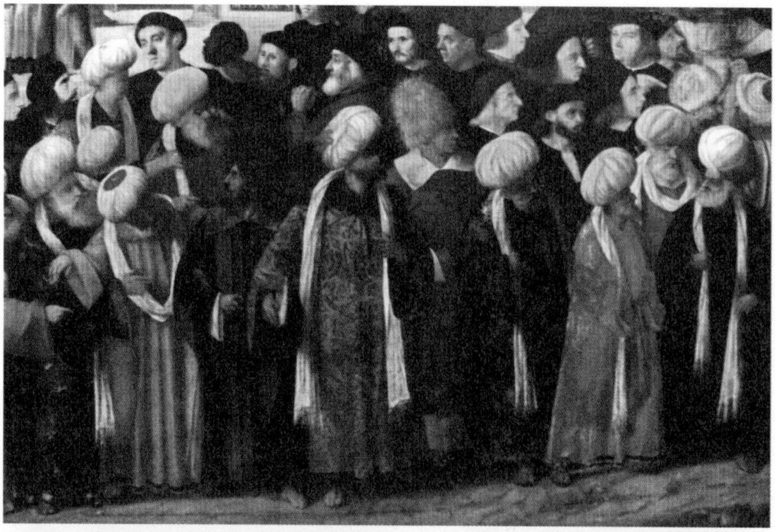

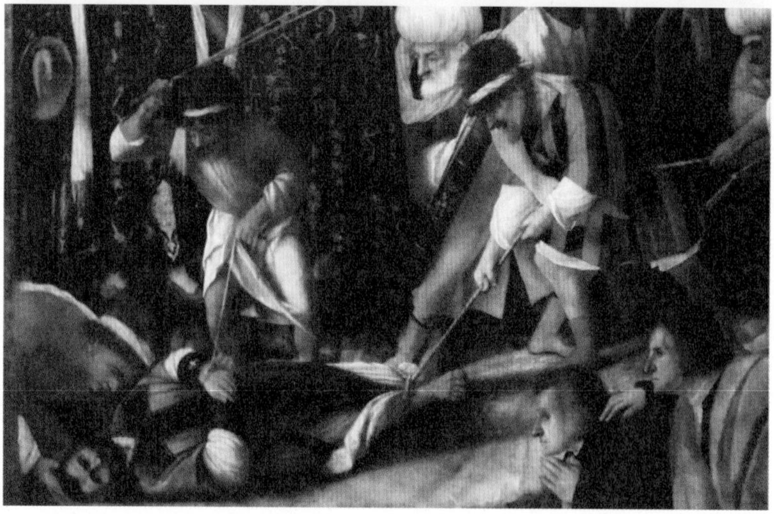

벨리니, 〈성 마르코의 순교〉(부분), 1515~1526년, 아카데미아 미술관, 베네치아

이 커다란 그림은 참으로 잘 그린 그림이다. 러시아 화가 수리코프가 그린 〈여귀족 모로조바〉와 비슷하게 한 인물의 고난과 그것을 둘러싸고 구경하는 사람들을 그리고 있다. 두 작품 모두 별로 알려지지 않았다. 서구 사람들이 수리코프를 무시하는 것은 이유가 있다지만, 왜 벨리니는 중요하게 생각하지 않는 걸까?

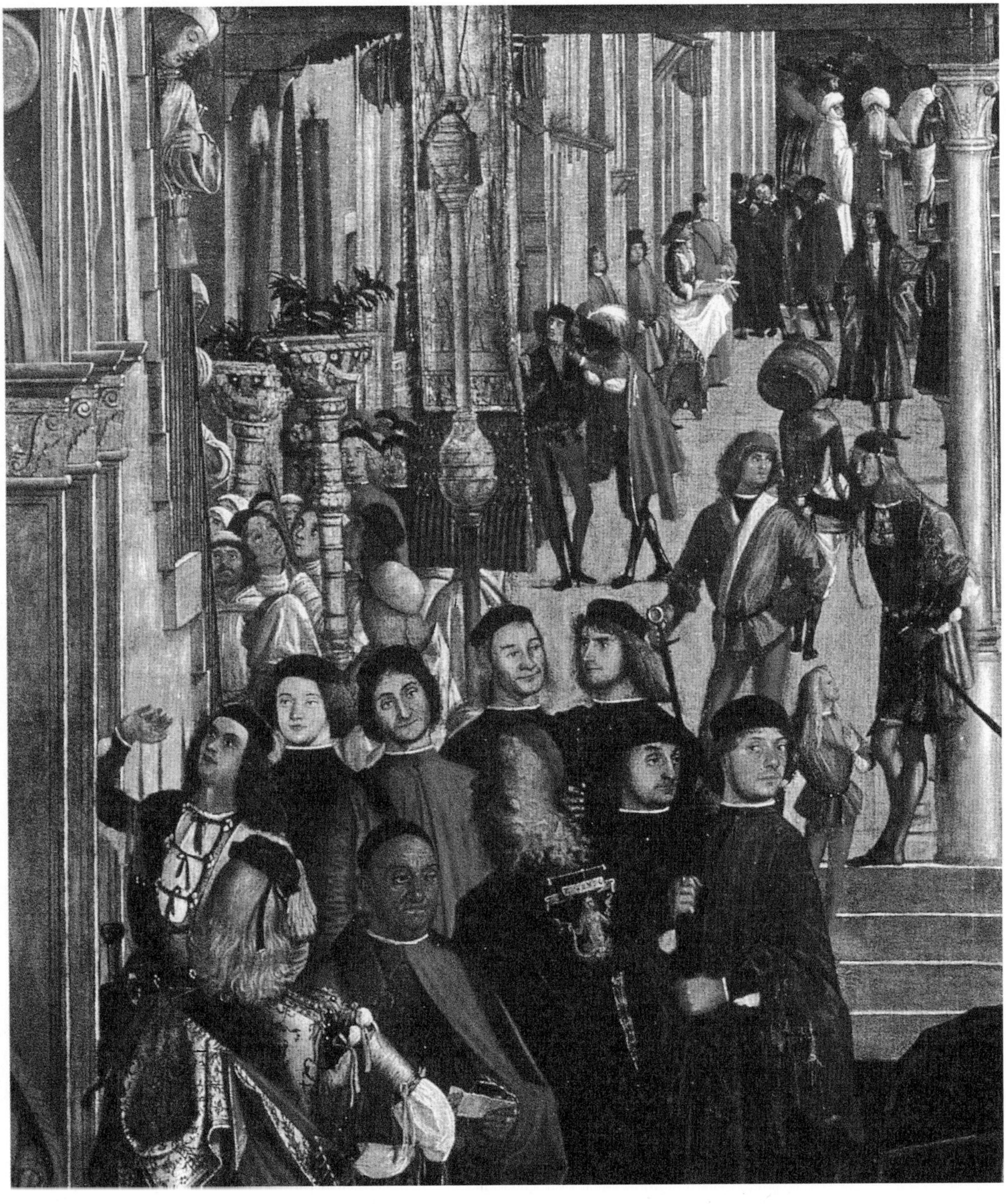

카르파초, 〈리알토 다리 십자가의 기적〉(부분), 1496년경, 아카데미아 미술관, 베네치아
몇백 년 전의 사람들은 거리를 돌아다닐 때 다들 허리에 긴 칼을 차고 온 몸을 수놓은 비단으로 휘감고 다녔다. 오늘날의 패션모델은 그들에 비하면 별 거 아니다.

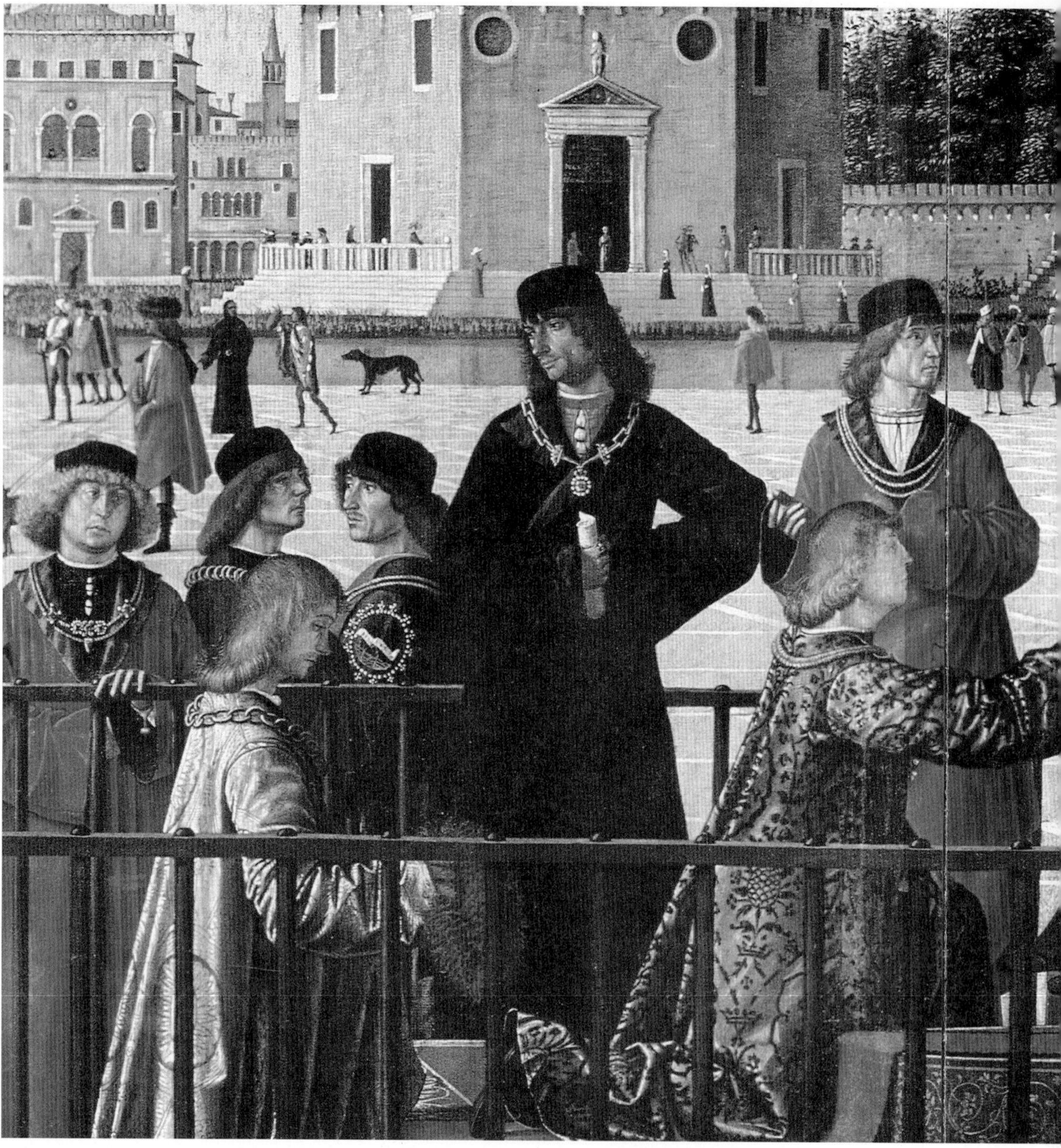
카르파초, 〈브르타뉴 왕의 궁전에 도착한 영국 외교사절〉, 1495~1500년경, 아카데미아 미술관, 베네치아

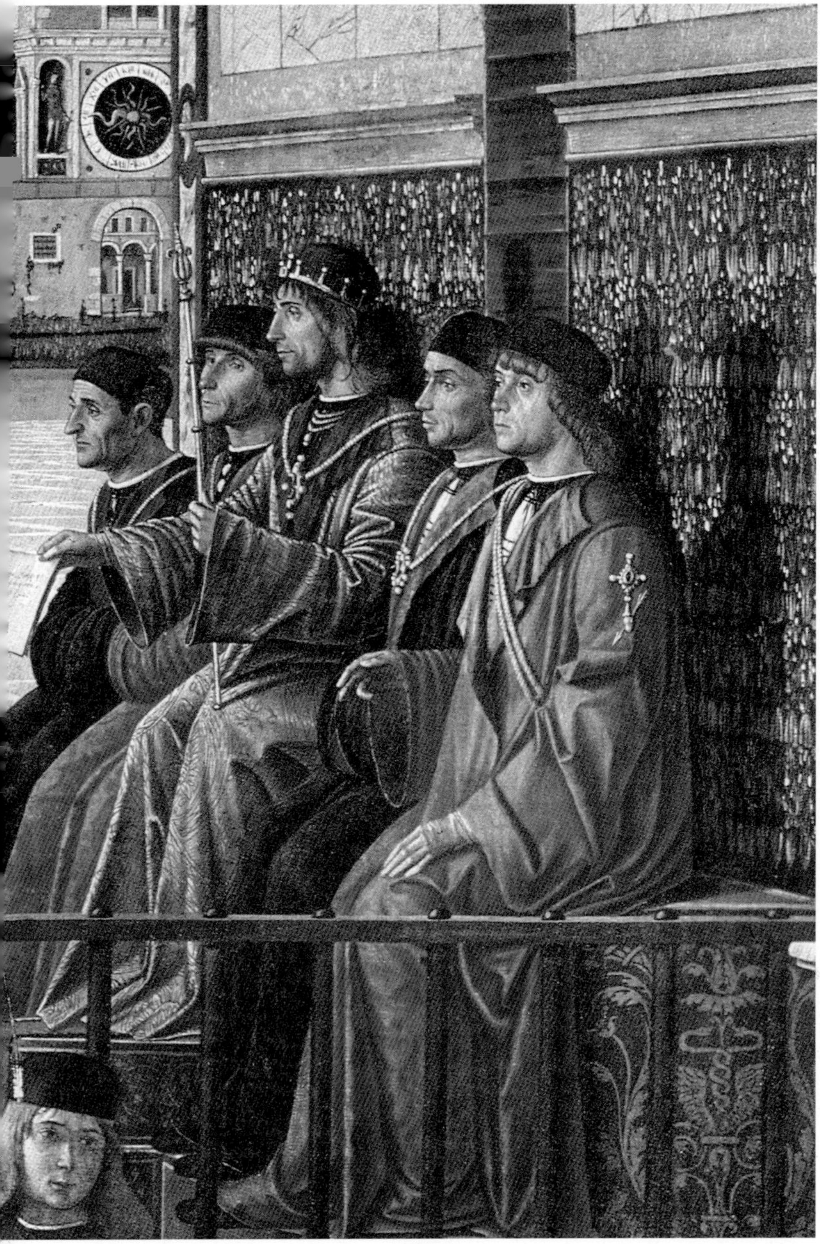

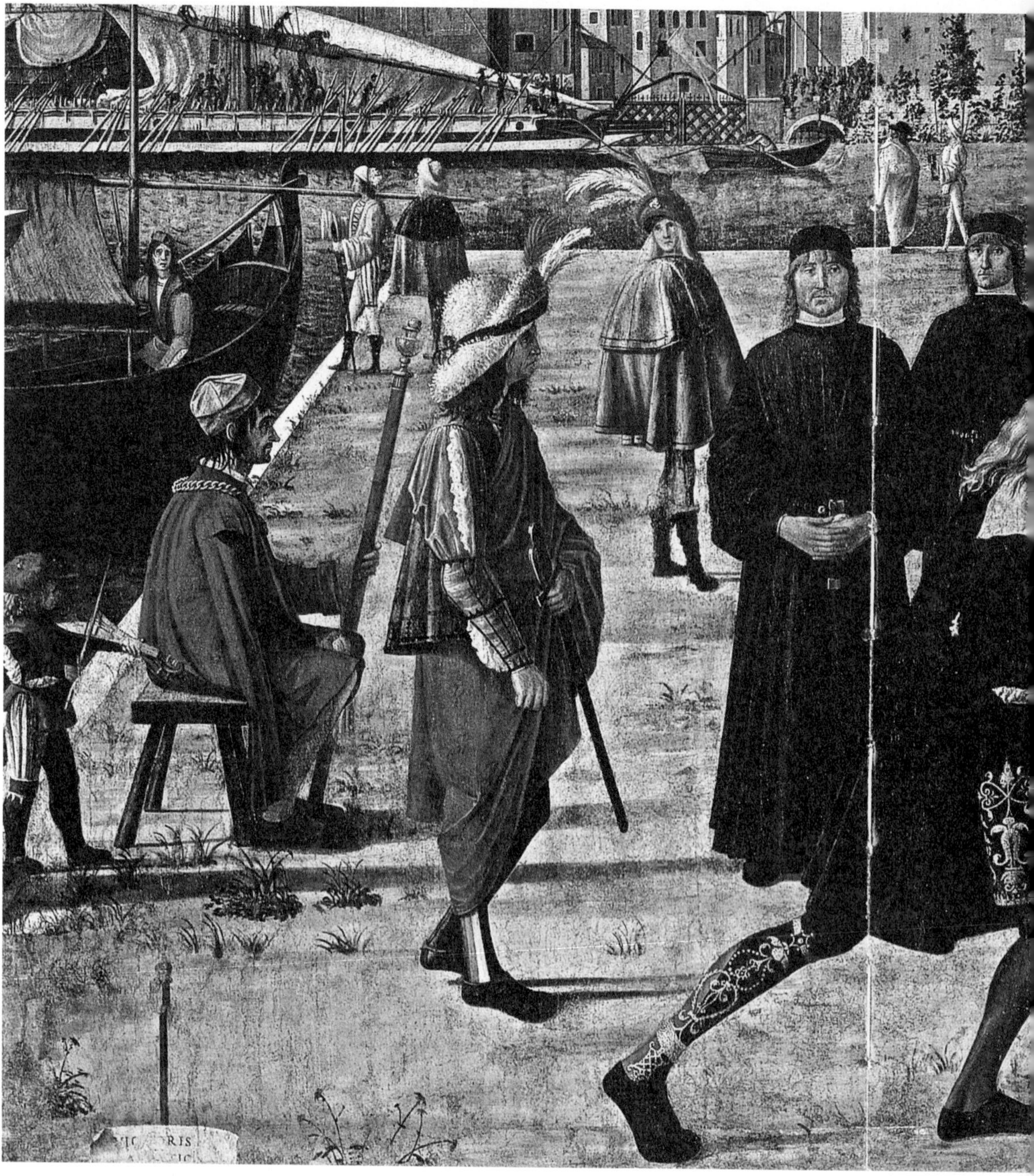

카르파초, 〈영국 외교사절이 돌아가다〉, 1497~1498년, 아카데미아 미술관, 베네치아

중국인은 무릎을 꿇고 몸을 곧게 세워 인사한다. 보기만 해도 피곤하다. 서양 사람은 무릎을 살짝 굽혀 인사하는데 공손하면서도 자존감 있어 보인다. 시각적으로도 우아하고 좋아 보인다. 물론 그들의 다리가 더 길기 때문일지도 모른다. 중국 여성들이 무릎을 굽혀 인사하는 예절도 무척 아름답다. 상반신은 살짝 숙이고 두 손을 허리춤에 모아 쥐어 단정하고 예의 있어 보인다. 그런데 이런 자세와 인사법이 어느

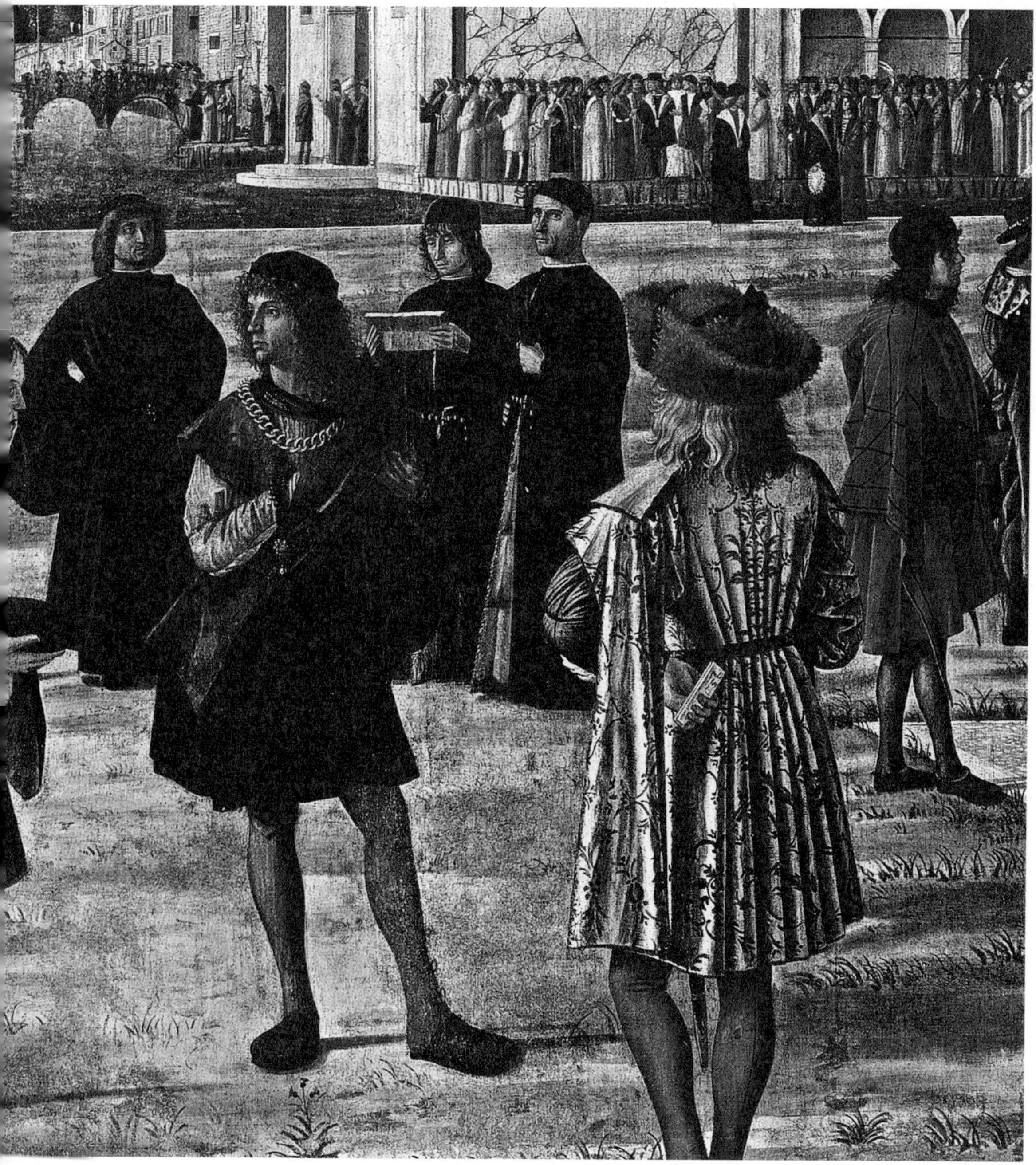

시대에 시작되었는지는 모르겠다. 〈건륭남순도〉에서는 여자들도 남자와 마찬가지로 모두 무릎을 꿇고 앉아 있는데, 장면 자체는 장관이지만 고생스럽겠다는 생각이 든다. 카르파초가 그린 가장 아름다운 구도가 바로 이 그림에서 삼각형을 이루고 선 세 남자다. 1989년에 이 그림을 처음 봤을 때는 카르파초가 누구인지 몰랐다. 그때는 아카데미아 미술관에서도 그의 화집을 팔지 않았다. 2005년에 다시 갔을 때는 장정 디자인이 아름다운 화집이 두 권이나 출간되어 있었다.

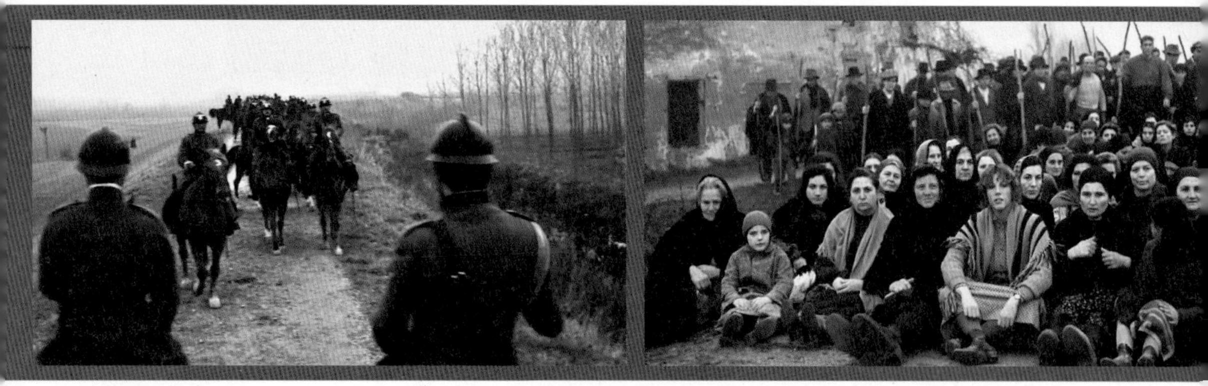

베르톨루치의 영화 〈1900〉 장면 캡처 4컷

디프 포커스, 롱 앵글 등 다양한 촬영 기법으로 근경과 중경에 다양한 정보가 들어 있다. 내가 1980년대에만 태어났더라도 그림이 다 무엇인가, 영화야말로 제일 재미있고 신나는 일이 되었을 것이다.

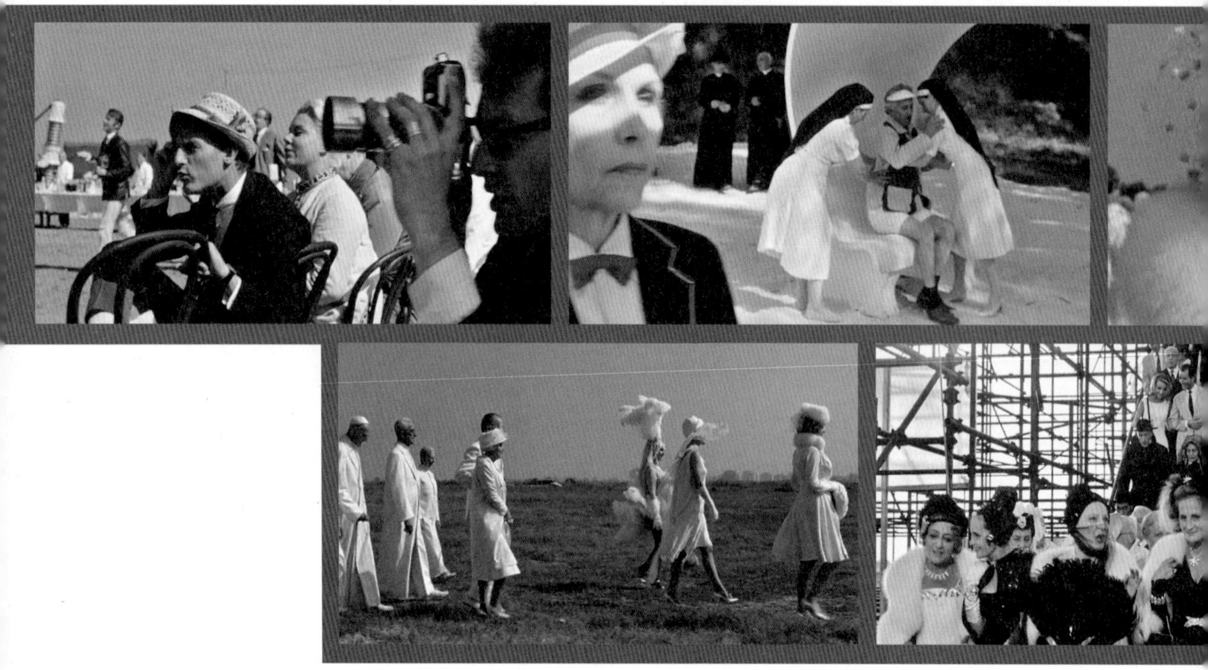

펠리니, 〈8과 2분의 1〉 장면 캡처

서로 다른 거리의 경치와 움직이는 정보를 가장 독특하게 처리한 영화일 것이다.
나는 영화를 이야기하는 것이 아니라 '보는 것의 욕망'을 강조하고 싶을 뿐이다. 영화 한 편, 그림 한 점, 이 모든 것은 화가와 감독이 어떻게 관중의 시선을 유도하느냐에 대한 결과물이다.

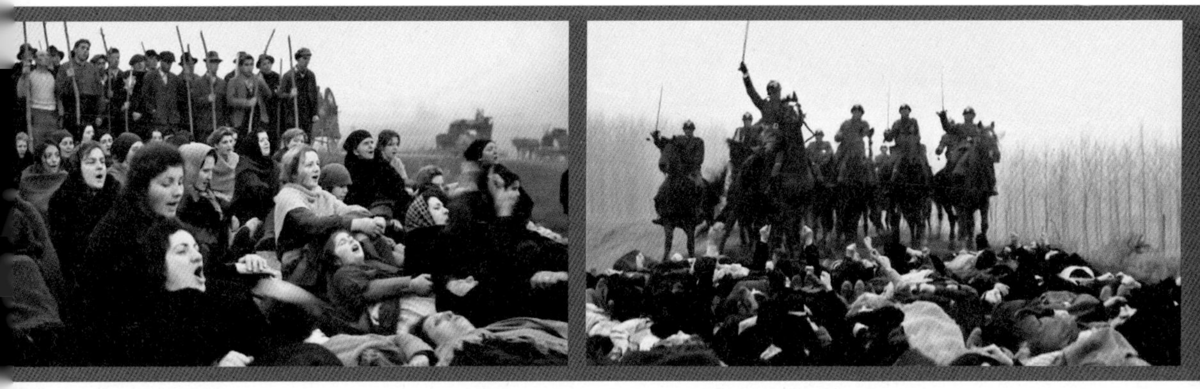

영화는 멈출 수 없다. 영화 장면을 캡처한 것은 영화가 아니다. 회화는 움직일 수 없다. 영화가 옛날 그림 속 장면을 움직이게 만든 이후로 회화의 기능(회화의 매력이 아니라는 점에 주의할 것)은 점점 상실되었다.

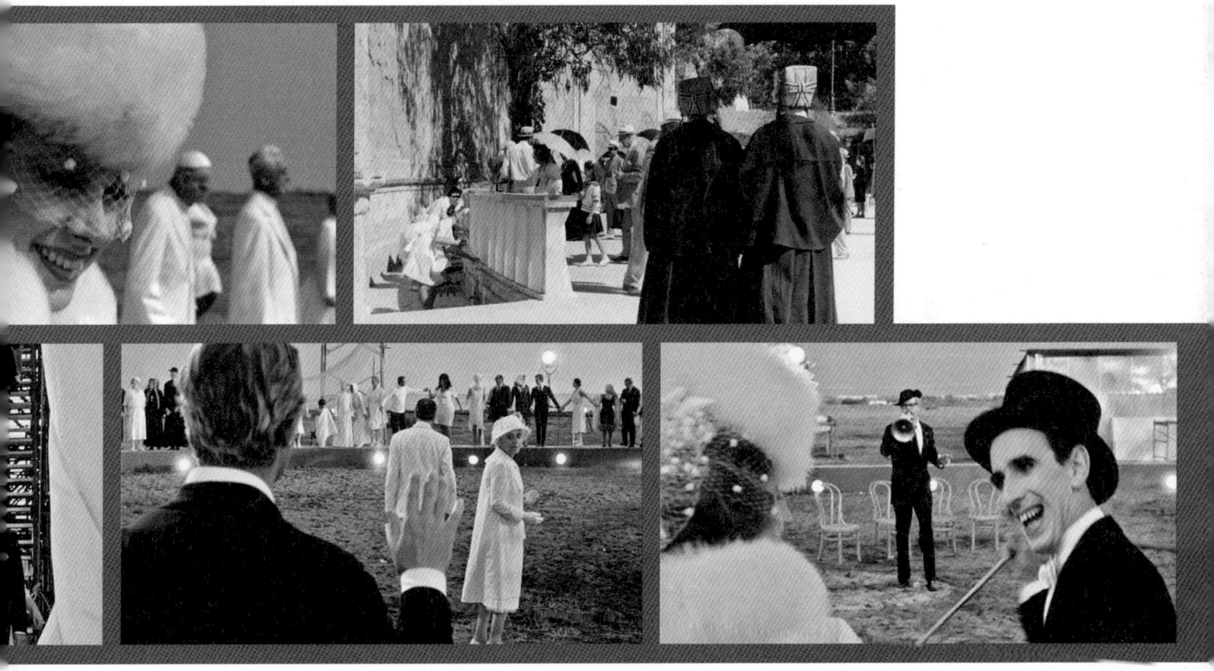

아무런 증거도 이유도 없지만, 나는 펠리니의 영화를 보면서 카르파초의 그림을 떠올린다. 그들은 중국의 화가 서양과 마찬가지로 중요하지 않은 정보들에 집착한다. 왜 그럴까? 중요한 것은 이야기가 아니라 장면이고, 사람들을 끌어당기는 것도 내용이 아니라 본다는 행위 자체이기 때문이다.

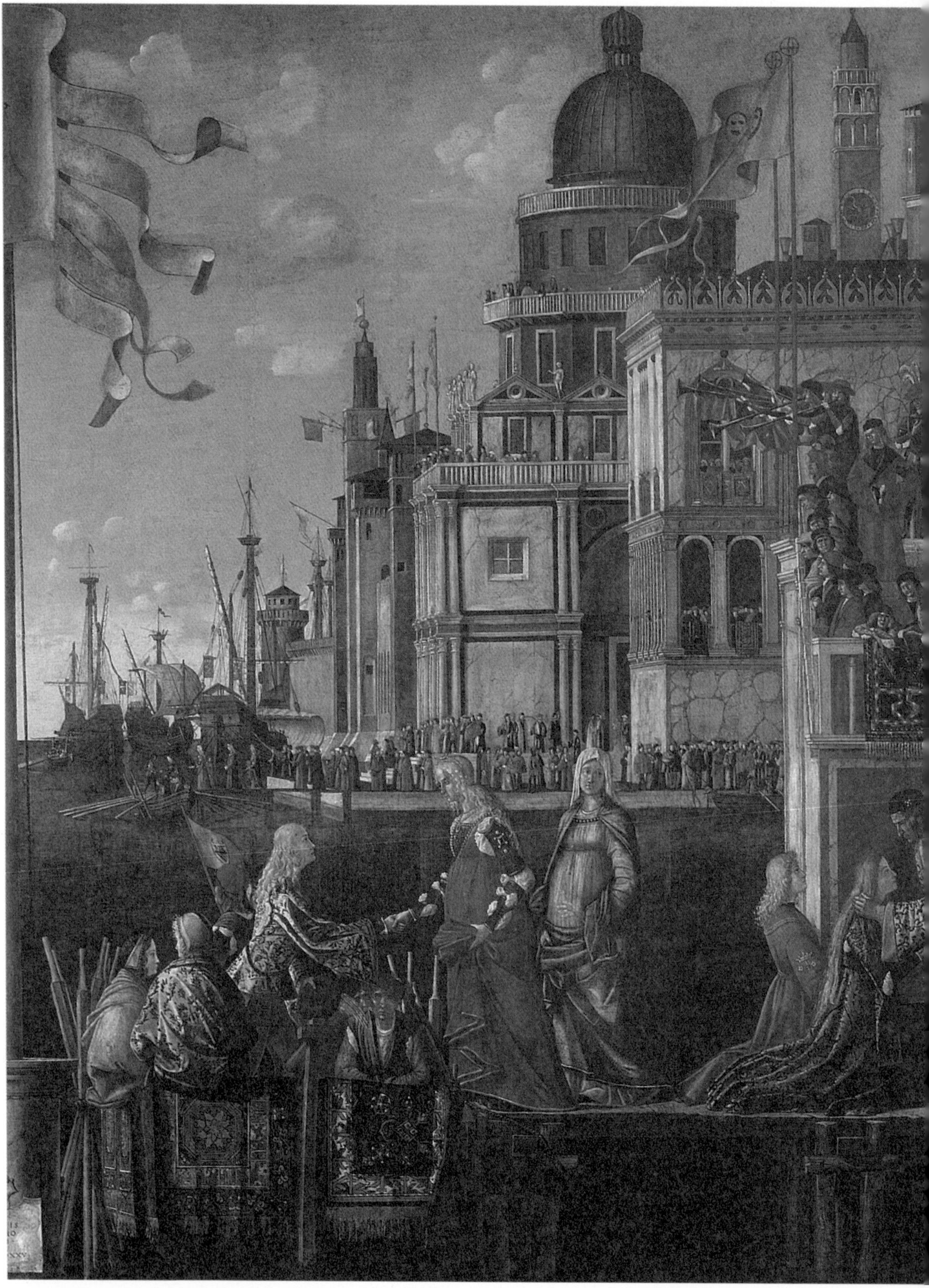

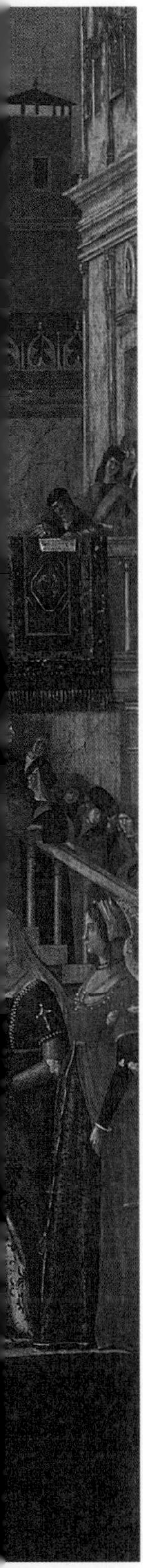

카르파초, 〈약혼자를 만나 성지순례를 위해 출발하다〉(부분), 1497~1498년, 아카데미아 미술관, 베네치아

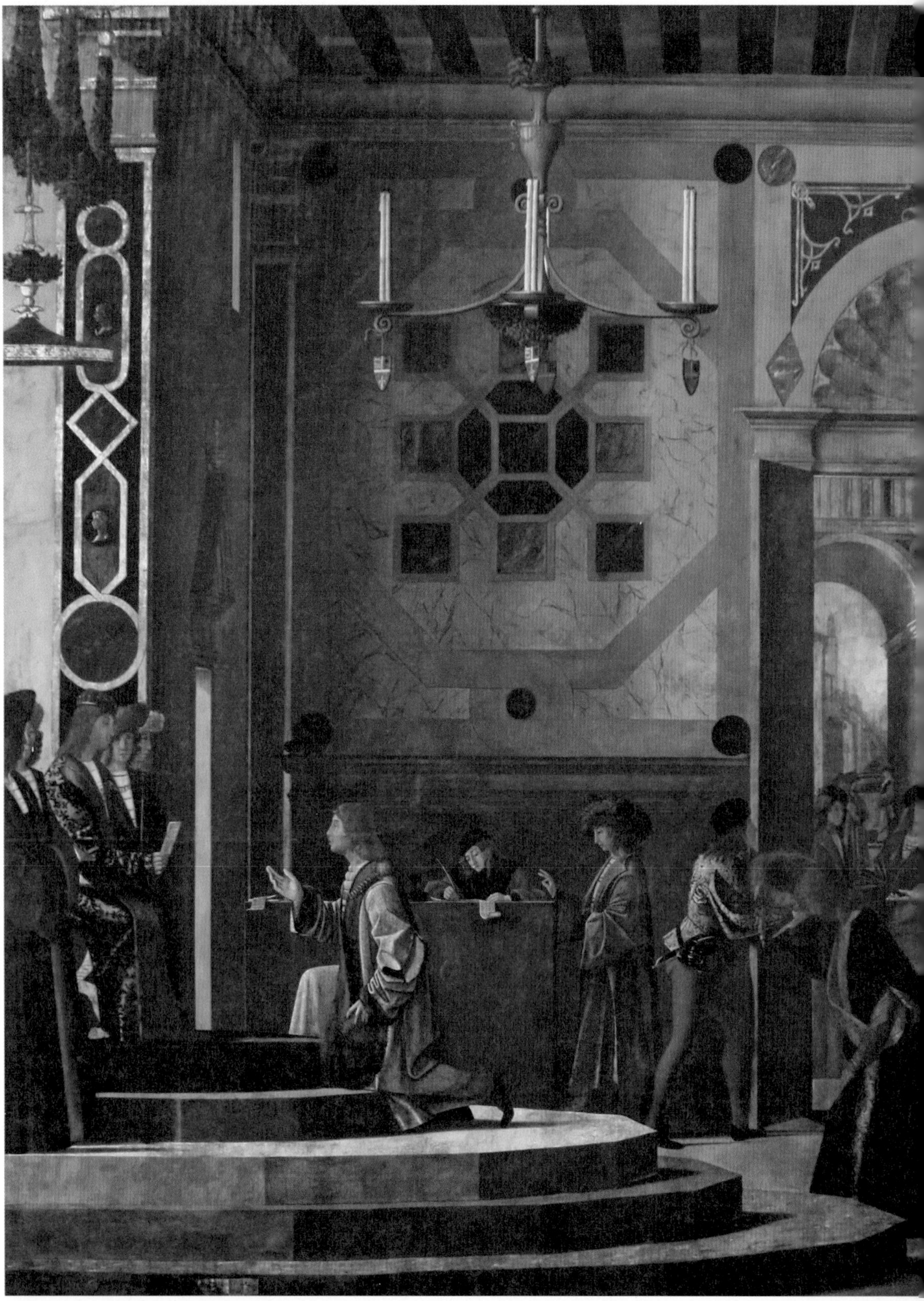

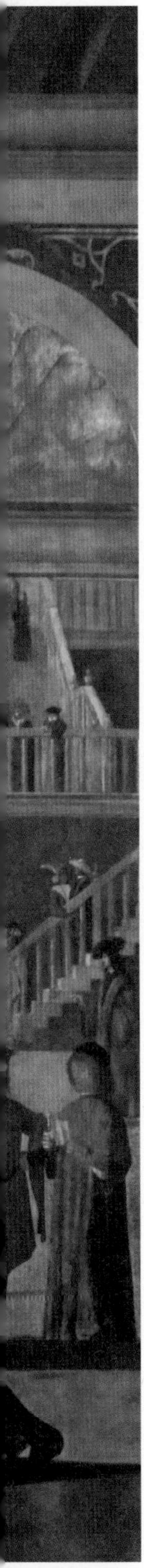

카르파초, 〈사절단이 떠나다〉, 1495~1500년, 아카데미아 미술관, 베네치아

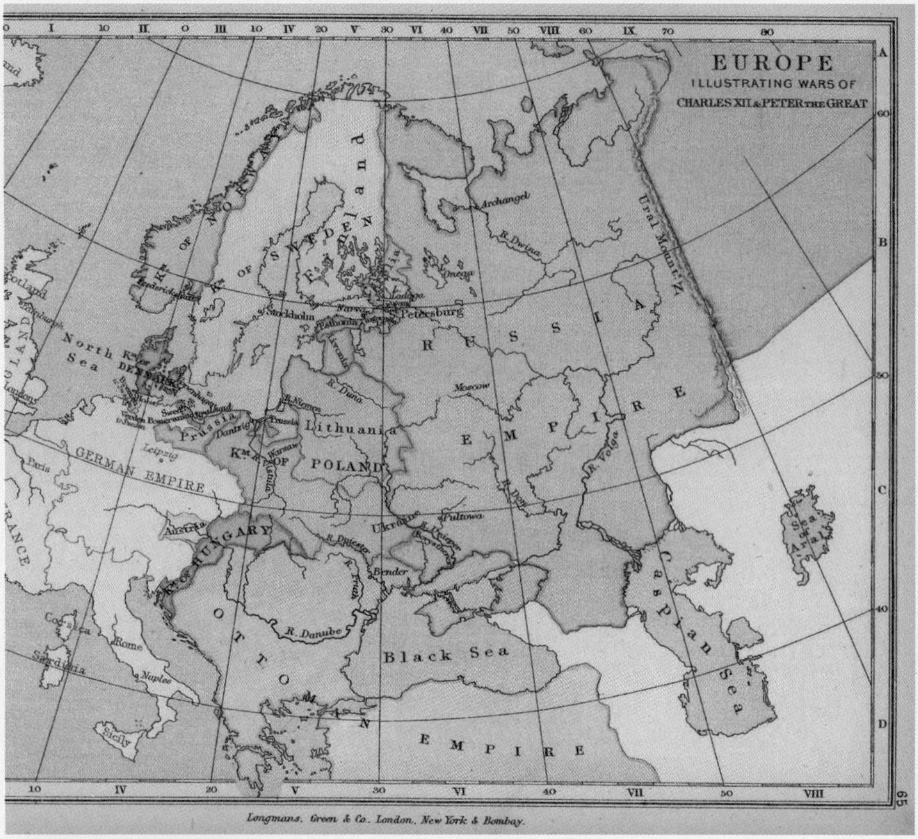

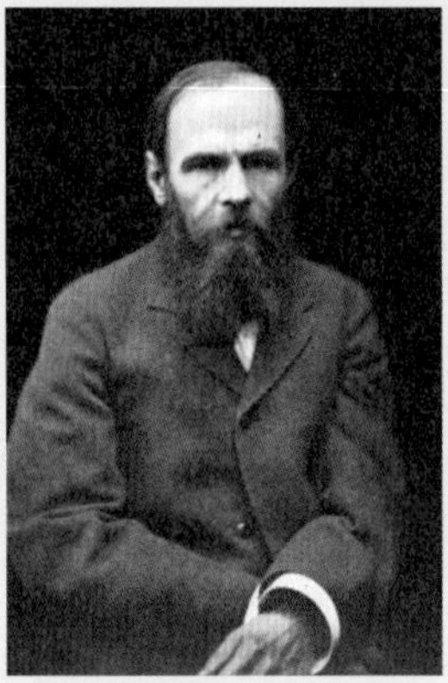

우리는
유럽에서 아시아인이고,
아시아에서 유럽인이다.
_도스토옙스키

억울한 러시아

이번에는 러시아 화가에 대해 이야기하겠습니다. 40년 전에 제가 상상할 수 있는 가장 거대한 '다른 나라'는 당시 소련이라 불렸던 러시아입니다. 10대 후반에서 20대 초반이었던 저는 일리야 예피모비치 레핀Ilya Yefimovich Repin, 바실리 이바노비치 수리코프Vasily Ivanovich Surikov 같은 화가를 생각하면 가슴이 떨렸습니다. 이처럼 무한히 확대되는 단 하나의 상상, 혹은 단일한 상상의 무한 확대는 오랜 폐쇄가 그 원인입니다.

저는 소련(러시아)을 동경하면서도 그 역사와 문화를 알지 못했습니다. 그 사실을 한참 후에야 깨달았지요. 반면 유럽은 러시아를 잘 알고, 특히 옛 러시아의 문학과 음악을 높이 평가합니다. 그러나 19세기 러시아 회화에 대해서는 무지할 따름입니다. 적어도 아직까지 관심이 없어 보이는군요.

"우리는 유럽에서 아시아인이고, 아시아에서 유럽인이다."

도스토옙스키가 한 말입니다. 40년 전의 저는 이해하지 못했지만, 도스토옙스키가 한 말에 러시아와 서구 세계 사이의 현실적 관계, 수백 년간 계속된 심리적 분쟁이 다 담겨 있습니다.

17세기 말 러시아 황제 표트르Pyotr 대제가 아시아에서 벗어나 유럽의 일원이 되고자 서구화 개혁 정책을 강행한 이후, 18세기 말까지 러시아 회화와 문학은 느리고 안정된 걸음으로 19세기의 황금시대로 나아갔습니다. 그 후 러시아 음악은 20세기까지 전 세계를 압도했지요. 미국의 클래식 음악 사업은 슬라브인에 의해 시작되었다고 봐도 무방할 정도입니다. 2010년 뉴욕 카네기홀의 건립 120주년 기념 공연에서도 러시아 오케스트라가 연주하는 체코 작곡가 드보르자크

Dvořák와 러시아 작곡가 림스키-코르사코프Rimsky-korsakov의 곡을 들을 수 있었습니다.

또한 세기를 뛰어넘은 러시아 문학의 영향력은 지금도 유럽과 미국을 뒤덮고 있습니다. 도스토옙스키, 톨스토이, 체호프, 푸시킨 등 러시아 작가들은 서구의 다른 작가들과 대립하지 않고 자신만의 절정을 이뤘으며, 러시아 문학 작품은 미국 문학청년이 반드시 읽어야 할 필독서로 자리매김했습니다. 러시아를 뺀 서양 문학사란 상상도 할 수 없습니다. 오늘날 미국 드라마 극본이 가진 서술 규모나 서사의 깊이, 인성에 대한 통찰 등은 모두 러시아 문학에서 영향을 받았다고 생각합니다.

러시아 미술 역시 그리스정교회를 위해 종교화를 그린 수백 년의 역사를 제외하고서도 100년이 넘는 역사를 가졌습니다. 그러나 러시아 회화는 레핀 외에는 해외에 알려지지 못했습니다. 유럽과 미국의 수백 군데 미술관이 전 세계 예술 작품을 소장하고 있지만, 러시아 회화는 많고 적음을 따지기 전에 애당초 찾아보기 어렵습니다.

미국 사람들이 유화를 그린 역사는 러시아와 비슷합니다. 수준을 논하자면 미국의 초기 인상파 화가 존 싱어 사전트John Singer Sargent가 레핀의 제자인 발렌틴 알렉산드로비치 세로프Valentin Alexandrovich Serov에 한참 못 미치고, 미국의 초기 풍경화는 더욱 이삭 일리치 레비탄Issac Ilyich Levitan에 근접하지 못합니다. 그러나 미국은 세계 미술사를 편집하면서 자신들의 화가를 미술사 안에 밀어 넣었습니다. 앞에서 이야기한 조지아 오키프를 포함해서 말입니다. 미술사의 한 장에 낄 수 있도록 허락받은 러시아 사람은 러시아 태생으로 프랑스에서 활동한 화가 바실리 칸딘스키Wassily Kandinsky와 마르크 샤갈Marc Chagall 그리고 블라디미르 타틀린Vladimir Tatlin과 카지미르 말레비치Kazimir Malevich 등 19세기 후반에서 20세기 초반의 소비에트 연방 화가들뿐입니다. 그리고 유럽 사람들은 이들 러시아인 전위 예술가들이 서유럽 현대미술의 세례를 받았다고 굳게 믿습니다.

이것이 이른바 문화 패권주의일까요? 이런 유행어를 쓰고 싶지는 않습니다. 문화 패권주의 아래서 중국 역시 불리한 위치에 놓여 있기 때문입니다. 자신의 장점과 결점을 정확히 아는 것도, 남의 능력을 정확히 알아보는 것도 중요합니다. 중국의 유화油畵 역사는 100년쯤 되었습니다. 사실상 어린아이 놀음입니다. 대신 위진 시대부터 당나라, 송나라를 거쳐 원나라 때의 여러 회화 작품이 이미 유럽과 미국의 수많은 박물관에 전시되어 있습니다. 그러니 중국인으로서 이 사실에 기뻐하고 안심해야 하겠지요.

옛 러시아제국의 그리스정교회 벽화는 예배당 벽면을 뒤덮는 대작들이지만, 러시아의 유화는 이탈리아, 프랑스, 네덜란드, 독일 회화에 대면 '동생'이라 부르기도 좀 억지스러운 수준입니다. 저는 일찌감치 러시아 회화에 대한 젊은 시절의 동경에서 벗어났습니다. 그래도 미국의 초기 유화를 볼 때면, 러시아 화가들이 생각나면서 억울한 마음이 듭니다. 러시아 화가들의 그림은 분명 거칠고 엉성합니다. 둔중한 곰을 연상케 하지요. 그러나 미국 화가들의 그림과 견준다면 어떨까요? 미국의 유화 정도는 곰이 휘두른 앞발에 휙 날아갈 겁니다.

수리코프의 대규모 역사화는 전부 일곱 점입니다. 〈근위병 처형 날 아침〉, 〈베료조프의 멘시코프〉, 〈여귀족 모로조바〉는 모스크바 트레차코프Tretyakov 국립박물관에 소장되어 있습니다. 〈눈의 성 공격〉, 〈알프스를 넘는 수보로프〉, 〈예르마크의 시베리아 정복〉, 〈스테판 라진〉은 상트페테르부르크에 있는 러시아 국립박물관에 걸려 있지요.

하나의 산에는 두 마리의 호랑이가 있을 수 없다고 합니다. 하지만 예술사는 하나의 산에 두 마리(혹은 더 많은) 호랑이가 있을 수 있기에 좋습니다. 러시아 19세기 회화에서 수리코프가 첫 번째 호랑이라면 또 다른 호랑이는 바로 레핀입니다. 레핀의 〈이반 뇌제와 그의 아들 이반〉, 〈쿠르크스 현의 십자가 행렬〉, 〈술탄에게 답신을 쓰는 자포로제 코사크인들〉은 정말 잘 그렸습니다. 어린 시절에 이들 작품을 인쇄물로 보고도 어떻게 이렇게 그릴 수 있는지 생각하느라 머리가 터질 뻔했지요. 그러나 레핀과 수리코프를 비교하자면, 어떻게 말하면 좋을까요? 어설프게 비유하자면 루벤스가 미켈란젤로를 만났다, 혹은 미켈란젤로가 도나텔로Donatello, 르네상스 시대의 조각가를 만났다는 표현이 비슷할 겁니다. 좀 통속적으로 말해볼까요? 남쪽 지방 사람이 북쪽 지방 사람을 만났다는 것은 어떨까요? 아니, 더 통속적으로 말해보겠습니다. 맛있는 돼지고기 요리를 막 먹어치웠는데 식탁에 소갈비 요리가 떡 하니 나온 격이라고 하겠습니다.

저는 수리코프를 경외하고 레핀을 사랑합니다. 레핀은 아주 재미있는 사람이었습니다. 후배인 세로프의 멋지고 시원시원한 태도를 보고는 이렇게 말하기도 했습니다.

"우리가 사냥개라면 세로프는 그레이하운드 종일 것이다."

레핀이 어떤 말로 수리코프를 표현했는지는 알 수 없습니다.

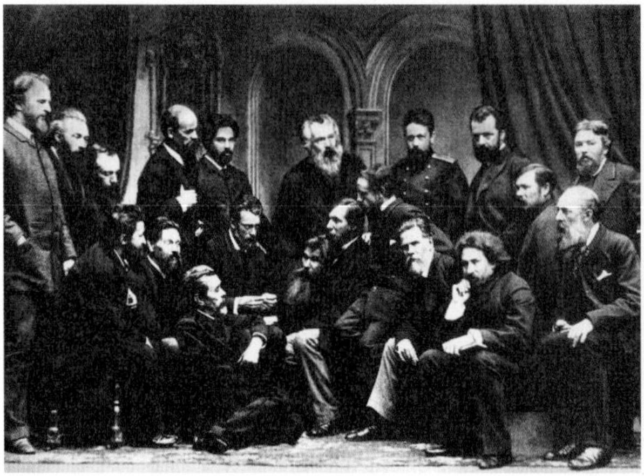

앞줄 오른쪽 두 번째가 레핀, 뒷줄 왼쪽 다섯 번째가 수리코프다.

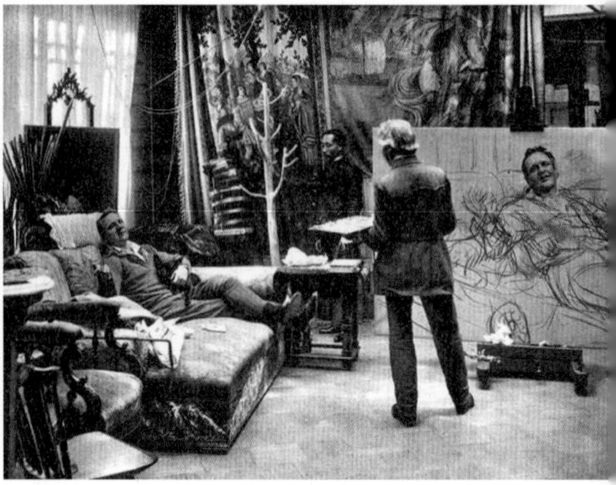

레핀이 러시아의 유명한 오페라 가수 표도르 샬리아핀(Feodor Chaliapin)을 그리는 중이다. 1914년

중국과 소련의 관계가 우호적이던 1950년대에 수입한 영화 〈바실리 수리코프〉를 나이가 어려서 보지 못했는데, 그게 참 아쉽습니다. 한 선배가 영화 내용을 이야기해주었는데, 수리코프는 아내가 세상을 떠난 뒤 실의에 빠져 그림도 그리지 않았다고 합니다. 그렇게 일 년이 지나자 레핀이 그에게 말없이 물감을 보내주었습니다. 영화에서는 수리코프가 말라버린 팔레트를 쓰다듬다가 다시 힘을 내어 생애 후반기의 대작들을 그리는 것으로 연출했다고 합니다.

얼마나 감동적인 두 마리의 호랑이 이야기인가요? 여러분도 기회가 된다면 영화 〈바실리 수리코프〉를 찾아 감상하시기 바랍니다.

수리코프는 타고난 역사화가입니다. 침통하고 격앙된 감정, 충분히 거대한 화면 앞에서 수리코프의 우직한 면이 고개를 드는 겁니다.

〈근위병 처형 날 아침〉은 표트르 대제의 서구화 개혁에 반대한 황제의 여동생 소피아가 근위대를 이끌고 정변을 일으킨 사건을 그렸습니다. 정변은 실패합니다. 황족은 연금에 그쳤지만 근위병들은 참수형 혹은 교수형에 처해집니다. 화면에는 근위병의 가족들이 고통스럽게 우는 모습, 한 근위병과 표트르 대제가 성난 눈길로 마주보는 모습이 나타나 있습니다. 1980년대에 미국과 러시아가 함께 텔레비전 드라마 〈표트르 대제Peter the Great〉를 만들었습니다. 드라마에서는 이 장면을 함께 일하던 동료를 처형해야 하는 사형집행인이 차마 도끼를 내리치지 못하자 표트르 대제가 직접 한 명씩 근위병을 처형하는 것으로 그려냅니다. 수북하게 수염을 기른 근위병들은 무릎을 꿇은 채 목을 늘어뜨리고 있습니다. 도끼가 공기를 가르고, 표트르 대제의 셔츠에 선혈이 낭자하게 튑니다.

〈여귀족 모로조바〉는 그리스정교회 개혁과 관련된 사건을 다룹니다. 개혁의 과정에서 십자가를 의미하는 손가락 표식이 원래 두 손가락을 세우는 것에서 세 손가락으로 바뀌었습니다. 그러나 모로조바는 구세력을 대변하는 인물로, 끝까지 세 손가락의 표식을 받아들이지 않아 결국 유배형에 처해집니다. 눈썰매를 타고 도시를 떠나야 하는 모로조바의 얼굴에는 고귀한 강단이 서려 있고, 두 손가락을 세운 채 오른손을 치켜든 모습입니다. 길가의 군중들은 다양한 표정을 짓고 있습니다. 과거의 규칙을 죽어도 지키려는 맨발의 거지 남녀는 두 손가락을 치켜들었고, 고급스런 옷차림을 한 여성의 얼굴은 애통과 경악 때문에 일그러졌습니다. 어린아이들은 아무것도 모른 채 시끌벅적한 상황이 그저 신기하고 즐겁습니다. 저도 어릴 때 이런 구경거리가 있으면 마냥 즐거웠던 기억이 납니다. 몇몇 소인배들은 원하는 바를 이뤄 득의양양하게 웃고 있습니다. 왼쪽에 있는 소년의 표정은 아주 고통스러워 보입니다. 눈앞에 펼쳐진 상황에 놀라 얼이 빠진 듯하군요. 모로조바를 동정하는 것을 확연히 알 수 있습니다.

이 사건은 수리코프의 시대보다 200년이나 앞선 이야기입니다. 하지만 저는 수리코프가 자기 자신을 그림 속 인물 누군가로 그려 넣었을 거라고 추측합니다.

모든 민족에는 저마다 아픈 기억이 있고, 가슴 아파하고 탄식하는 방법도 다릅니다. 중국 역사 중 선진 시대의 이야기는 고통스러워도 막을 수 없는 강건한 기운이 느껴집니다. 그러나 원나라 때의 잡극 〈두아원竇娥冤〉, 명나라 말기의 희곡 〈도화선桃花扇〉 등을 보면 아름답기는 하지만 억울하고 원망스러워 하는 내용이 별로 마음에 들지 않습니다.

러시아의 역사적 사건을 다룬 비극 작품은 피비린내가 진동하지만 상냥한 것이 특징입니다. 푸시킨의 소설 《대위의 딸》을 보면 반란을 일으킨 푸가초프가 단두대에 올라 고함을 지릅니다. "마을 사람들이여, 나를 용서하시오!" 톨스토이도 《전쟁과 평화》에서 늙은 애꾸눈 장군 쿠투조프가 한밤중에 나폴레옹의 군대가 모스크바에서 철수한다는 소식을 듣고 예수상 앞에 달려가 눈물을 흘리며 "주여, 러시아를 보우하소서!"라고 말하는 장면을 썼습니다.

그런데 러시아 문학과 음악은 전 세계를 감동시켰지만 러시아 회화의 자리는 없습니다. 수리코프의 자리도 없습니다.

수리코프가 그린 얼굴들은 하나하나가 전부 심금을 울립니다. 제가 특히 마음이 쓰이는 것은 수리코프가 항상 실패자의 편에 서서 그림을 그렸다는 사실입니다. 수리코프 그림 속 주인공은 어김없이 반혁명 인사입니다. 표트르 대제가 없었다면 러시아는 서구화에 성공하여 강대국이 되지 못했을 테고, 수리코프도 유화를 그리지 않았겠지요. 표트르 대제의 서구화 개혁을 저지하려 정변을 일으킨 근위병들은 어리석은 충성심만 가졌을 뿐 세상 물정을 몰랐으니 목숨을 잃은 것도 당연한 결과일지 모릅니다. 그러나 수리코프는 목숨을 바쳐 전통을 지키려 한 의로운 남자들에게 관심을 가집니다. 〈근위병 처형 날 아침〉은 수리코프가 스물 몇 살에 그린 것으로, 아마 졸업 작품인 듯합니다.

수리코프가 여귀족 모로조바에게 품은 존경심에는 수많은 러시아인의 역사적인 상처가 숨어 있습니다. 그리스정교회 개혁과 관련한 문제는 오늘날 러시아 대통령의 정책 시행에 영향을 미칠 정도입니다. 저는 미술계의 수리코프와 문학계의 도스토옙스키, 음악계의 무소륵스키Musorgsky는 그리스정교회의 전통에 동조한다고 생각합니다. 톨스토이, 레핀, 차이콥스키는 서구화 정책에 동조하는 편이고요. 그러나 이 화제는 너무 거대하니 더 이상 파고들지 않겠습니다. 수리코프의 회화 실력에 대해 더 살펴보지요.

굼뜨고 서툴지만 웅대하고 엄숙한 것이 수리코프의 특징입니다. 그는 인물 표정을 표현하는 데 천재였습니다. 그런데도 그는 힘들고 어렵게 한 인물의 얼굴을 그려냅니다. 그게 그의 매력이지요. 그리고 레핀의 익숙함, 세로프의 대범함은 수리코프가 해낼 수 없는 것이라서 다행입니다. 그렇기에 수리코프의 그림은 다른 러시아 화가들의 그림보다 오랫동안 질리지 않고 감상할 수 있습니다. 그의 색채는 눈밭의 역광을 받아 차가운 기운을 품은 화려함이 일품입니다. 여귀족 모로조바의 뉴썸매를 따라가는 소년이 입은 수놓은 솜옷을 원화原畫로 보면 정말 아름답습니다. 마치 보석처럼 보일 정도입니다.

저는 동유럽이나 북유럽 민족의 유화들을 많이 봤지만 수리코프처럼 북방 국가의 아름다움을 잘 잡아낸 화가는 없다고 생각합니다. 유화의 자국화自國化는 중국의 서양화계에서 벌써 몇십 년째 공허하게 외치는 구호인데, 수리코프는 실제로 그것을 해낸 것입니다.

아득히 드넓은 러시아! 수리코프, 톨스토이 그리고 소련의 영화감독들은 이런 거대한 화면을 구성하는 능력이 있었습니다. 그들이 만든 작품 속 인물들은 한 명 한 명이 충분한 깊이를 보여주지요. 이것만큼은 다른 나라에서 아무리 해도 따라잡을 수 없는 부분입니다. 사실 〈건륭남순도〉에 등장하는 수많은 사람은 하나의 부호에 지나지 않습니다.

서양에서 러시아 회화를 비판할 때 주로 지적하는 점이 문학에 딸린 그림이라는 것, 순수한 회화가 아니라는 것입니다. 저도 동의하기는 합니다만, 완전히 수긍할 수 없는 기분도 듭니다. 서구의 학자나 예술가 중 레핀과 수리코프를 아는 사람은 극소수입니다. 2015년 초 영국의 한 노학자와 러시아 회화에 대한 소홀한 대접을 이야기한 적이 있었습니다. 그는 러시아 회화가 너무 서술적이고 감상적이라고 했습니다. 저도 동의합니다. 쿠르베와 마네도 이야기가 있는 장면이나 비극적인 내용을 그렸습니다. 하지만 이야기를 서술하는 것이 작품의 중심 주제가 아니고, 화가의 의도 역시 감상주의가 아닙니다. 그러나 저는 여전히 완전히 수긍할 수 없습니다. 르네상스 회화는 온통 《성경》에 딸린 그림 해설에 불과하며 인류의 감상주의에 대한 백과사전입니다. 보는 이를 두렵게 하고 전율하게 하고 사랑하고 신을 믿게 하며, 또한 보는 이를 울리기 위한 그림인 것입니다. 그러나 채찍질당하는 예수를 그린 〈그리스도의 고난〉이나 예수가 십자가에 못 박혔다가 내려지는 장면인 〈십자가에서 내림〉을 보고 누가 감상주의라고 비판합니까?

러시아 회화는 러시아의 소설, 희곡, 영화와 많이 닮았습니다. 수리코프의 종손(혹은 현손)은 소비에트연방 해체 이후 활동한 영화감독입니다. 사실 서술성 강한 역사화가 러시아에만 있었던 것은 아닙니다. 19세기 후반에서 20세기 초반까지 에스파냐, 이탈리아, 프랑스 그리고 북유럽 여러 나라에서 자국의 역사와 국민, 애국주의와 혁명 이야기를 그렸습니다. 미학적으로는 살롱 회화에 속하는 그림으로, 역사에 대한 예의로서 유럽 각국의 박물관에 오래도록 진열되어 있었습니다. 이런 회화 작품은 19세기 사실주의 전통의 마지막 모습이었습니다. 그 후 용감한 인상파 화가들이 역사적인 도전과 변혁으로 살롱 미술을 회화사에서 퇴출시켰으니까요. 이제는 서양 사람들조차 자신의 미술사에서 살롱 회화는 거들떠볼 가치도 없는 것으로 취급합니다.

19세기는 러시아 문예의 황금시대였습니다. 중국으로 치면 당나라 때와 비슷합니다. 레닌이 이런 말을 했습니다. "독일은 열강이 패권을 다투던 역사에 뒤늦게 등장한 국가다." 사실 러시아제국이야말로 뒤늦게 나타난 강대국입니다. 20세기 내내 영국과 프랑스, 독일은 이 거대한 제국을 두려워했습니다. 그 후 미국과 소련을 중심으로 40년간 냉전이 이어지는 동안 러시아의 모든 것이 철의 장막 저편에 가려져 있었습니다. 소련이 해체된 뒤 1998년에 뉴욕 현대미술관에서 스탈린 시대의 사회현실주의 회화전을 열었습니다. 2005년에는 뉴욕 구겐하임 현대미술관도 '러시아 회화 300년'이라는 대형 전시회를 개최했고요. 수리코프의 〈눈의 도시 공격〉이 이때 처음 미국에 왔습니다. 제가 아는 바로는 네덜란드에서도 이와 비슷한 러시아 회화 초청전을 연 적이 있습니다.

이런 전시회는 러시아 회화에 뒤늦게 보내는 존경이라고 할 수 있겠지요. 그러나 수리코프 시대를 이해하는 일도 이미 과거가 되었습니다. 아직 서구 사람들이 레핀의 그림을 인정하기 전인 1930년에 레핀이 사망했습니다. 그러자 뉴욕에서는 그를 "러시아의 영혼"이라 부르며 애도를 표했습니다. 하지만 겸손하고 성실한 레핀은 진정한 러시아의 영혼은 자신이 아니라 수리코프라는 사실을 잘 알았을 것입니다. 러시아 문학의 영혼은 도스토옙스키이지 위대한 톨스토이가 아닌 것처럼 말이지요.

"유럽에서 우리는 아시아인이었다."

이 말은 오랫동안 러시아 사람들이 담고 있던 불만입니다. 수리코프는 이런 불만을 가진 적이 없었을까요? 그는 평생 분노의 눈을 부릅뜬 동포들을 그렸습니다. 만년의 작품인 〈예르마크의 시베리아 정복〉은 러시아 제국주의의 영토 확장에 대한 대규모 그림 해설입니다. 수리코프는 왜 이 그림을 그렸을까요? 아시아에서 그들은 유럽인이었기 때문입니다.

수리코프의 생애나 그가 남긴 말에 대해서는 잘 모릅니다. 그는 침묵하는 곰이었습니다. 반면 '사랑스러운' 레핀에 대해서는 조금 아는 바가 있습니다. 여기서는 문제를 축소해서 바라보기로 합시다. 지금 이야기하려는 것은 영원한 모순 관계입니다. 레핀이 이탈리아 회화 한 점을 보고 입에 침이 마르게 칭찬을 한 적이 있습니다.

"예술이 어째서 예술인가, 가장 중요한 것은 바로 '아름다움'이다."

그런데 얼마 후, 그는 러시아의 이름 없는 그림 한 폭을 보게 됩니다. 몹시 가난한 소녀를 그린 그림이었습니다. 레핀은 그 그림 앞에서 눈물을 흘리며 더듬더듬 말했습니다.

"예술에서 더욱 중요한 것은 선량함과 동정심이다."

이것은 저의 고민거리이기도 합니다. 뉴욕 메트로폴리탄 미술관에 처음 들어간 날, 서구의 고전이 된 명화들에 파묻히는 동시에 소련을 포함한 러시아 회화에 대한 애정이 사라져버리고 말았습니다. 다시 30년이 지난 2010년에 모스크바 트레차코프 국립박물관에서 〈여귀족 모로조바〉를 볼 수 있었습니다. 복도의 끝에서 맞은편 전시실에 걸린 그림을 벽에 반쯤 가려진 채로 처음 봤지요. 저는 그 자리에서 넋을 잃었습니다.

저도 그렇게 반응하리라고는 생각지 못했습니다. 한참 후에야 평소의 상태로 돌아왔지요. 평소의 상태란, 제가 세계 각국의 예술을 보고 느끼며 갖게 된 '상태'입니다. 저는 수리코프 그림을 보면서 생각했습니다.

'아, 얼마나 토속적인가! 이 사람은 러시아에 속한 화가이고 유럽 문화의 맥락 그 바깥에 존재하는 천재다.'

그리고 그 그림이 걸린 전시실 옆방에는 레핀의 그림이 하나 가득 걸려 있었습니다.

지금도 저는 레핀의 이야기와 관련된 질문에 어떻게 대답해야 할지 모르겠습니다. 저는 확실하지 않은 것, 고민들을 좋아합니다. 최근의 저는 러시아 회화를 그다지 떠올리지 않습니다. 생각이 나더라도 어리석었던 청춘에 대한 그리움일 뿐입니다. 하지만 전보다 더 수리코프를 좋아합니다. 화가로서 제가 수리코프와 같은 민족주의로 나아갈 일은 없을 것입니다만, '세계주의' 예술관의 맞은편에서 수리코프는 존경받아 마땅한 고민거리, 문젯거리로 영원히 남아 있을 것입니다. 그는 서양 사람들이 자신과 자신의 그림을 어떻게 볼지 조금도 신경 쓰지 않았습니다. 이런 고집과 오만은 이미 과거의 유물이 되었지만, 저는 과거의 유물이 된 미덕이라도 어떤 것은 여전히 존경합니다. 수리코프 이야기가 나오면 늘 말이 많아지는군요. 너그럽게 이해해주시기 바랍니다.

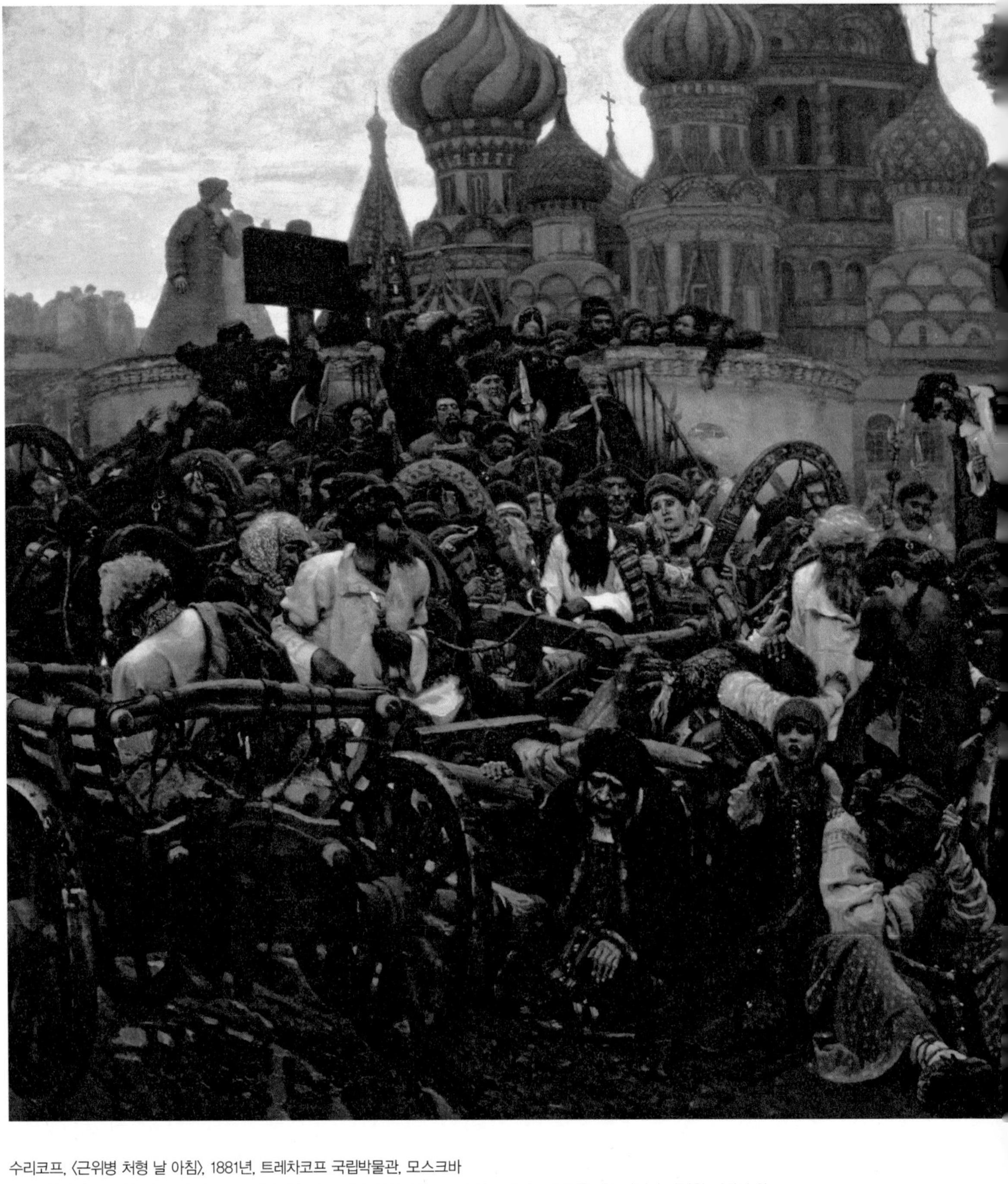

수리코프, 〈근위병 처형 날 아침〉, 1881년, 트레차코프 국립박물관, 모스크바

1980년대에 만들어진 드라마 〈표트르 대제〉를 찾아서 보았다. 표트르 대제는 자신이 직접 근위병을 참수하면서 나약한 성격의 왕자에게 그 장면을 꼭 지켜보라고 한다. 왕자는 그 장면을 지켜보다가 욕지기를 느껴 입을 틀어막는다. 나도 이 장면은 잊고 있었다.

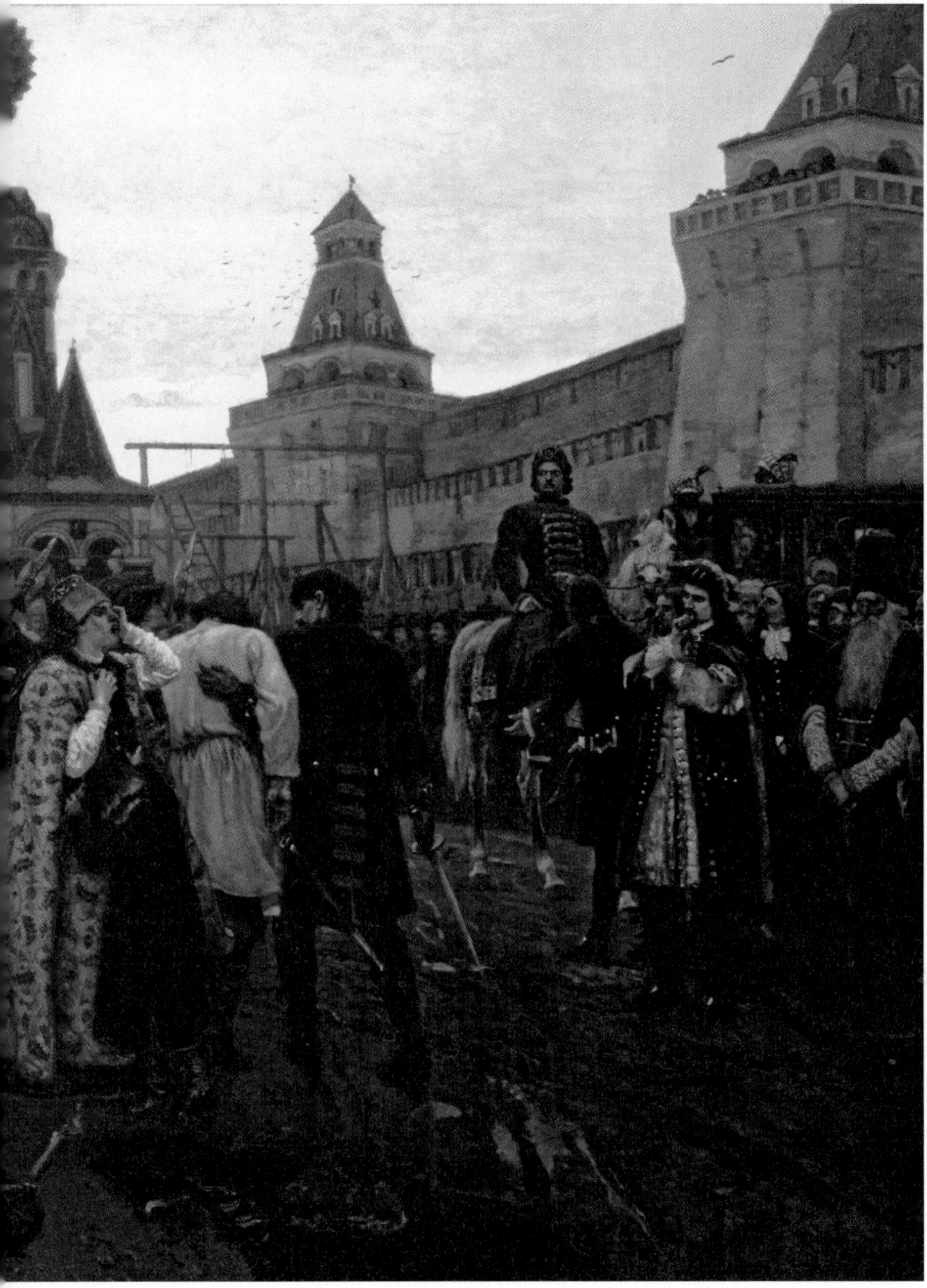

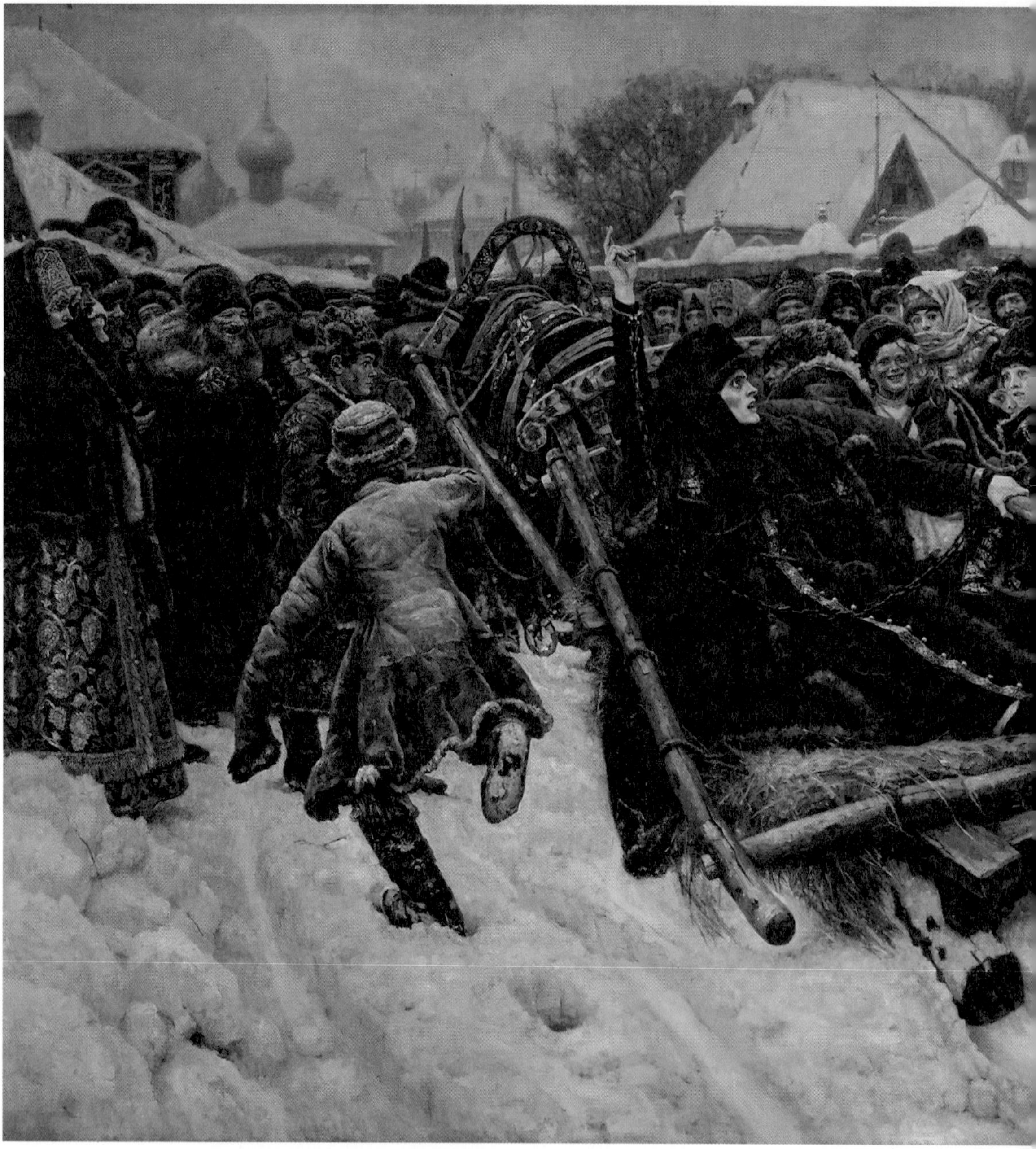

수리코프, 〈여귀족 모로조바〉, 1887년, 트레차코프 국립박물관, 모스크바

서른 살이 넘은 수리코프는 자신의 작품 가운데 가장 위대한 이 그림을 완성했다. 모로조바는 유배지에 도착한 뒤 토굴에 갇혔다. 억지로 옷도 벗겨져 알몸이었다. 결국 모로조바는 굶주림과 추위에 고통받다가 죽음을 맞았다. 한 위병은 그녀에게 사과 반쪽을 주었다는 이유로 처형되기도 했다.

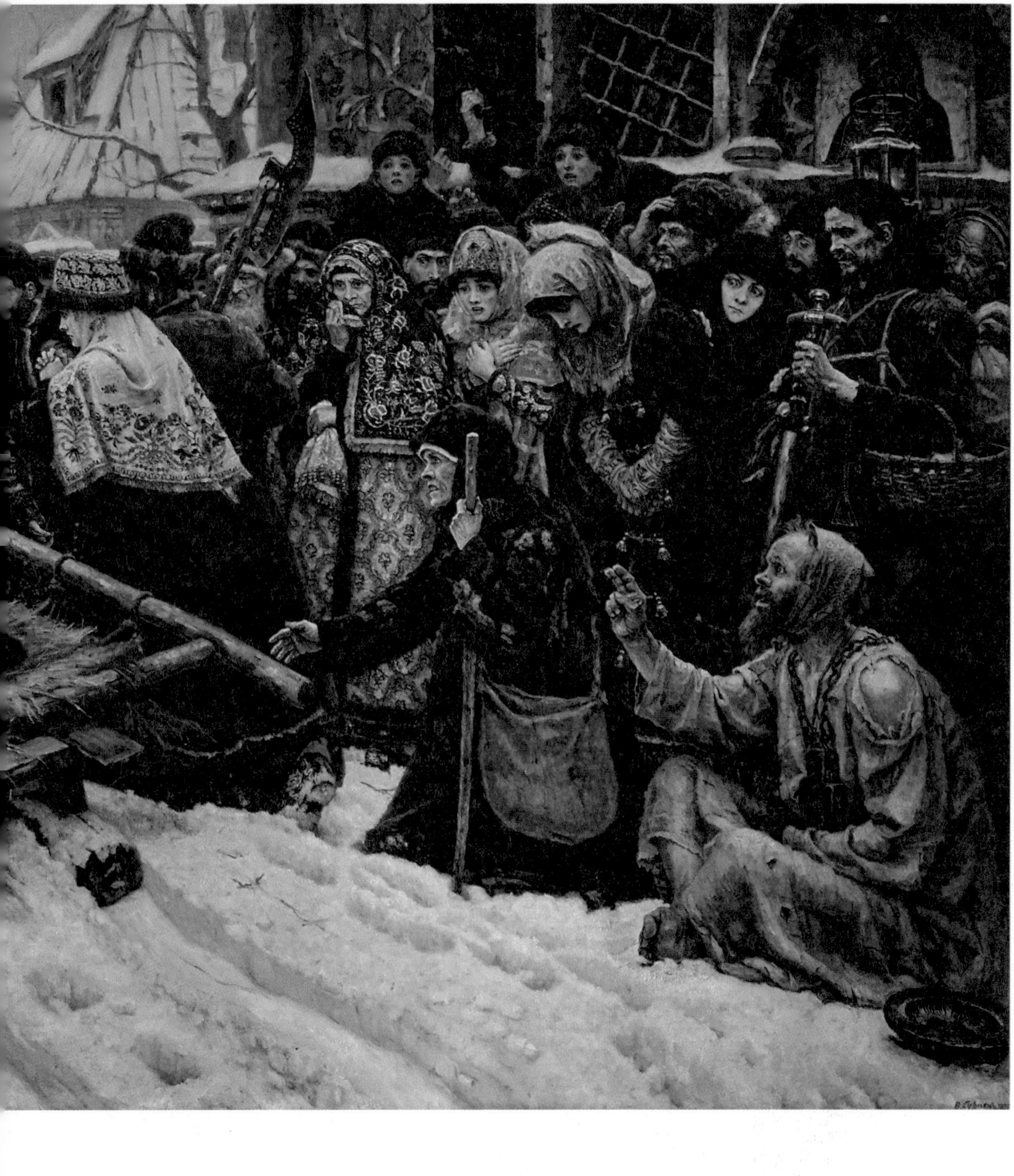

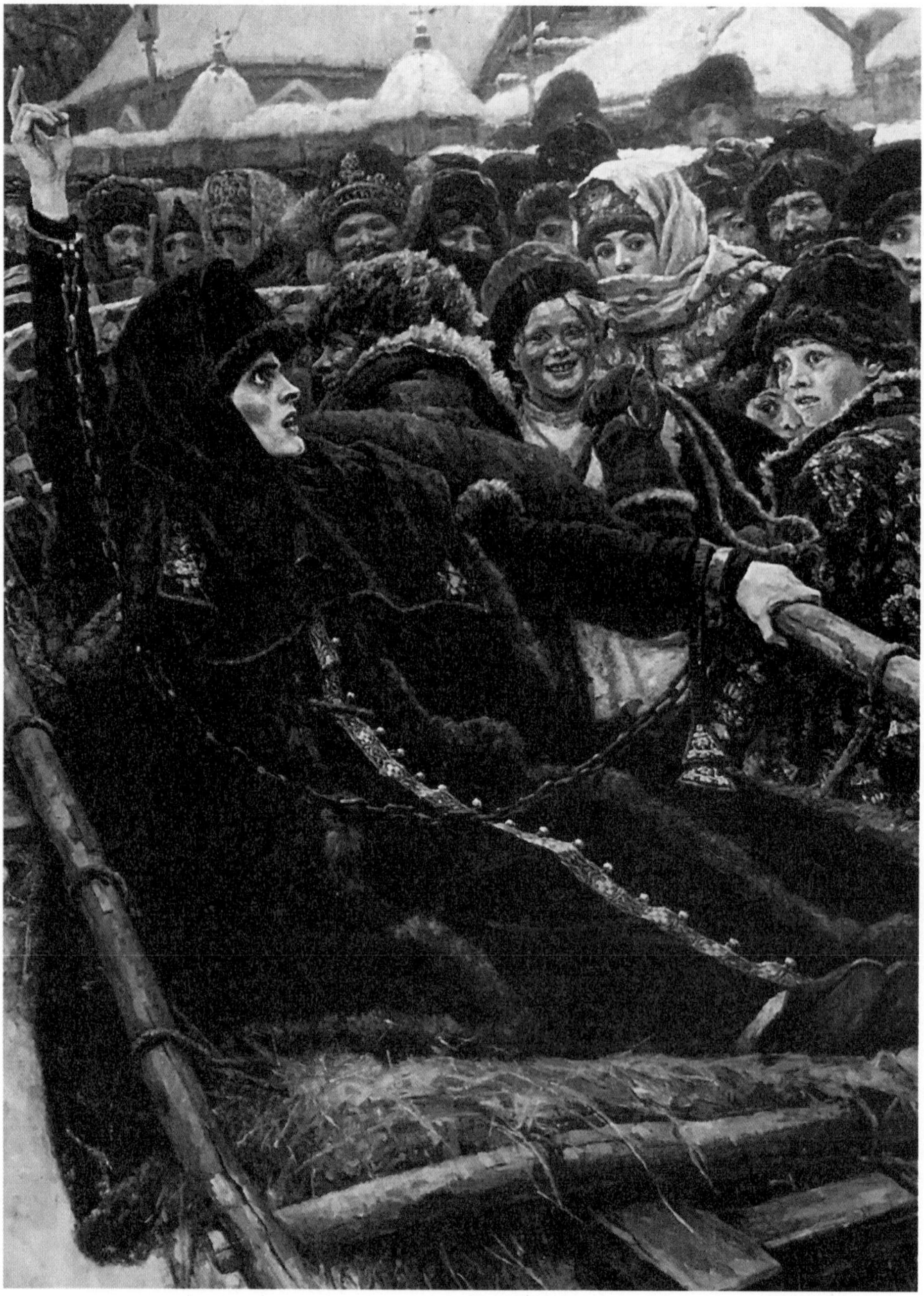

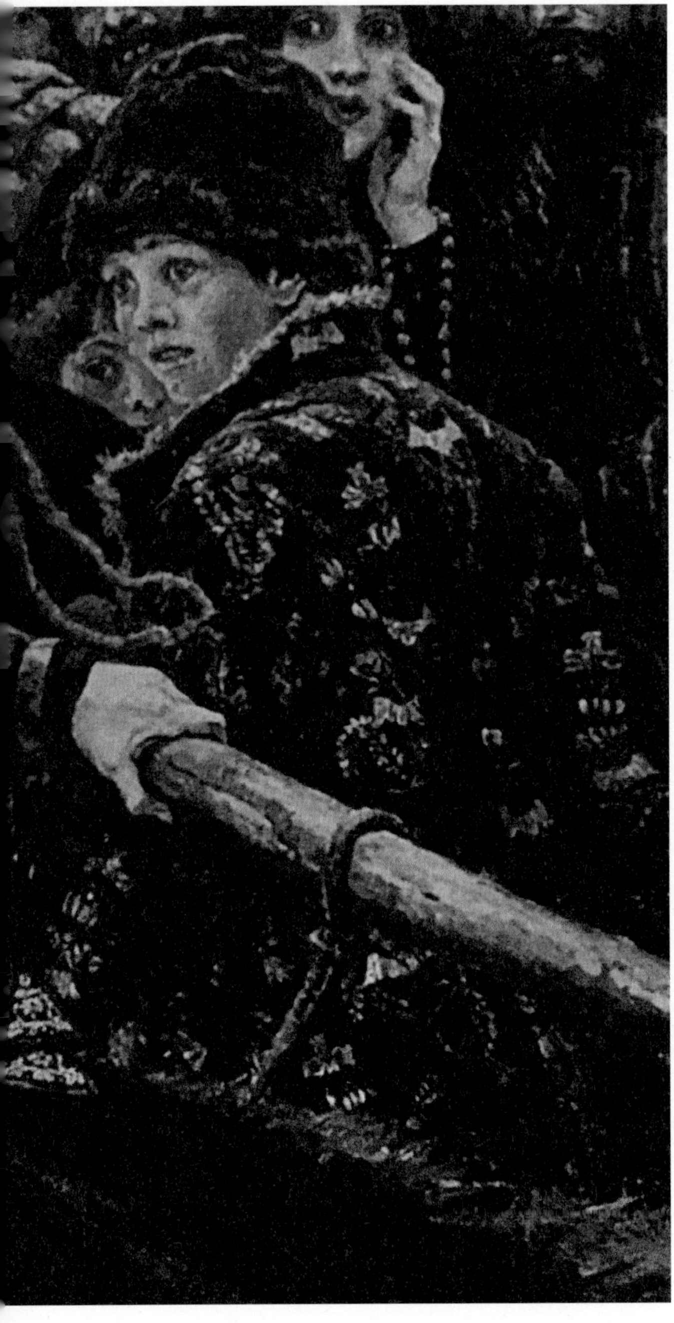

〈여귀족 모로조바〉(부분)

소년 시절 수없이 이 그림의 사진을 보았기 때문에 스스로 모든 등장인물에 익숙하다고 생각했다. 2010년 드디어 원작 앞에 섰다. 보고, 보고, 또 보고…. 인물이 가득한 커다란 그림을 보았다. 훑어보고 뜯어보고 멀리서 보고 가까이서 본 다음, 다시 훑어보고 뜯어보고 멀리서 보고 가까이서 봤다. 어디에 시선을 멈춰야 할지 알 수 없었다. 그림의 모든 부분이 자신에게 주의를 집중하라며 다투는 듯했다. 어떤 그림 감상은 그렇게 순서가 뒤죽박죽이다. 동시에 내가 이 그림을 알아간다는 쾌감을 느꼈다. 다음 날 다시 그림을 보러 갔다. 나는 돌연 처음으로 그림을 본 것 같은 기분에 휩싸였다. 어제 그 그림을 보지 않은 것 같았다. 그러다가 이 소년이 입은 수놓은 솜옷을 발견했다. 어떻게 이토록 잘 그릴 수 있단 말인가? 한 사람이 자신을 내려놓고 완벽히 몰입해야 이런 기적을 그려낼 수 있다. 더 놀라운 것은 기적과도 같은 부분이 내가 너무도 익숙하게 알고 있다고 생각한 그림 속에 존재했다는 사실이다. 나는 그것을 수십 년이 지나서야 발견했다. 지금 이렇게 조잡한 사진으로 인쇄하고 보니 모호하기만 하다. 독자들은 어쩔 수 없이 나의 소년 시절처럼 인쇄물을 보는 경험으로 돌아가야 한다.

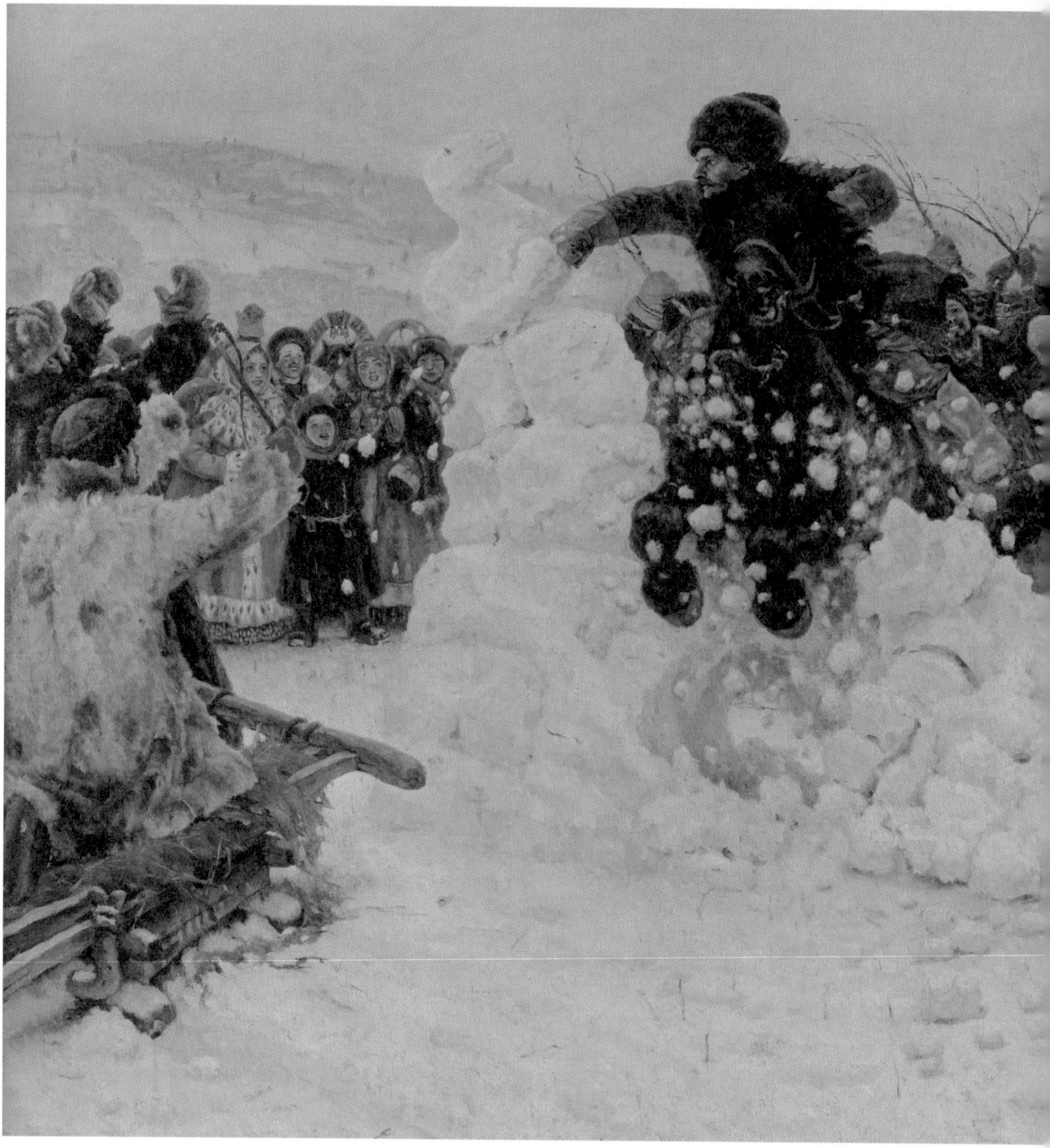

수리코프, 〈눈의 성 공격〉, 1891년, 러시아 국립박물관, 상트페테르부르크

수리코프가 아내를 잃은 뒤에 그린 첫 작품은 〈눈의 성 공격〉이다. 2005년 뉴욕 구겐하임 현대미술관에서 러시아 대전을 열면서 이 그림을 초청한 바 있다. 2010년 동료와 상트페테르부르크에 가서 이 그림을 모사했는데, 러시아 미술관에는 엄격한 규정이 있었다. 즉 매일 날이 밝자마자 미술관에 가서 모사를 하는데, 오전 9시 개관 전에는 하던 일을 정리하고 자리를 떠나야 했다. 나는 여명 속에서 화면의 찬란한 색 덩어리를 보았다. 솜옷 하나하나, 눈밭의 반사광, 차가운 공기에 발개진 뺨 같은 것을 어떻게 해도 제대로 모사할 수가 없었다. 텅 빈 전시실에 있는 우리에게는 한 명씩 러시아 아주머니가 감시인으로 배정되었다. 내가 화장실에 가면 아주머니도 따라와 문 앞에서 기다리고, 내가 볼일을 마치면 미소를 지으며 나와 함께 다시 그림 앞으로 돌아왔다.

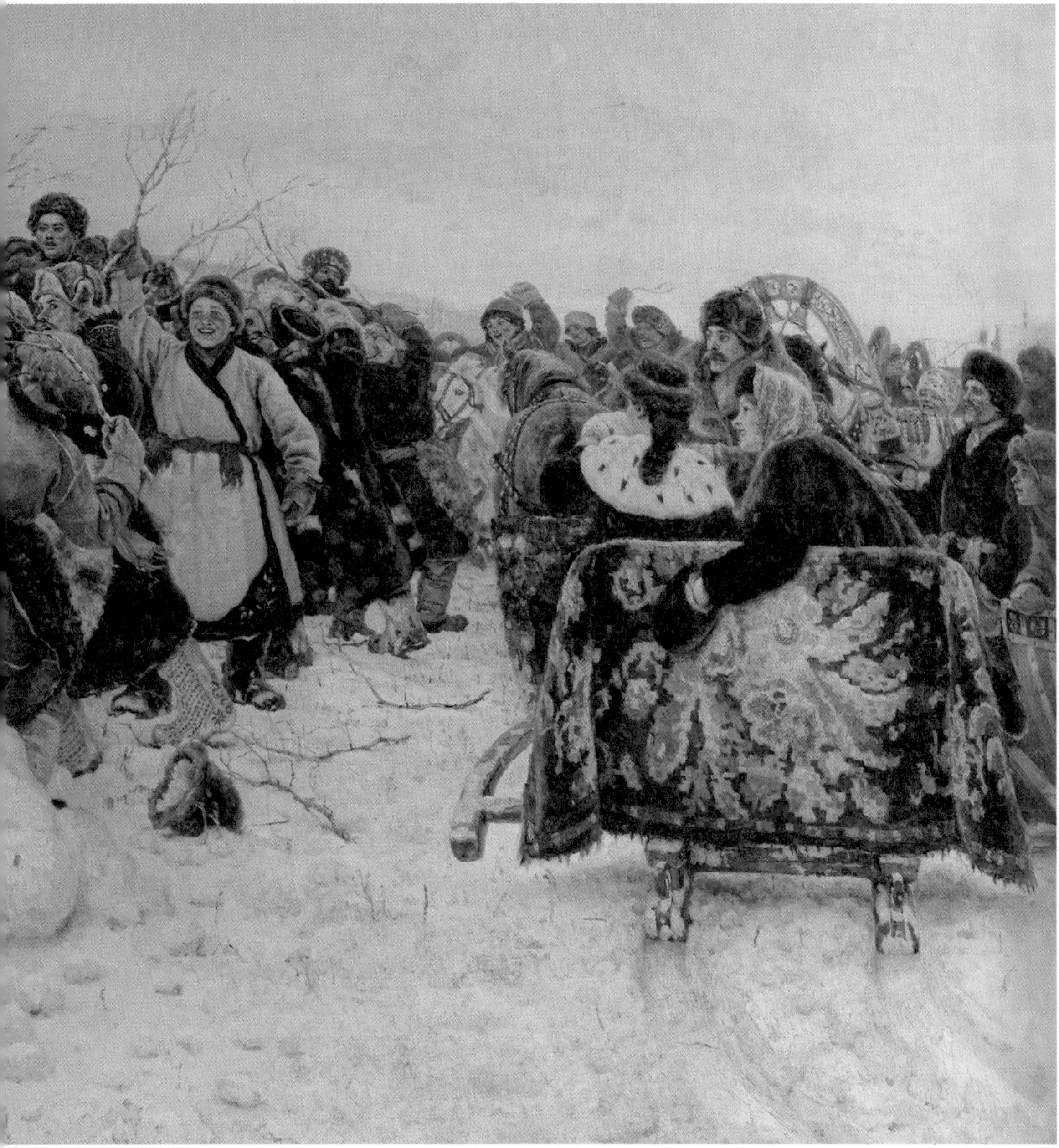

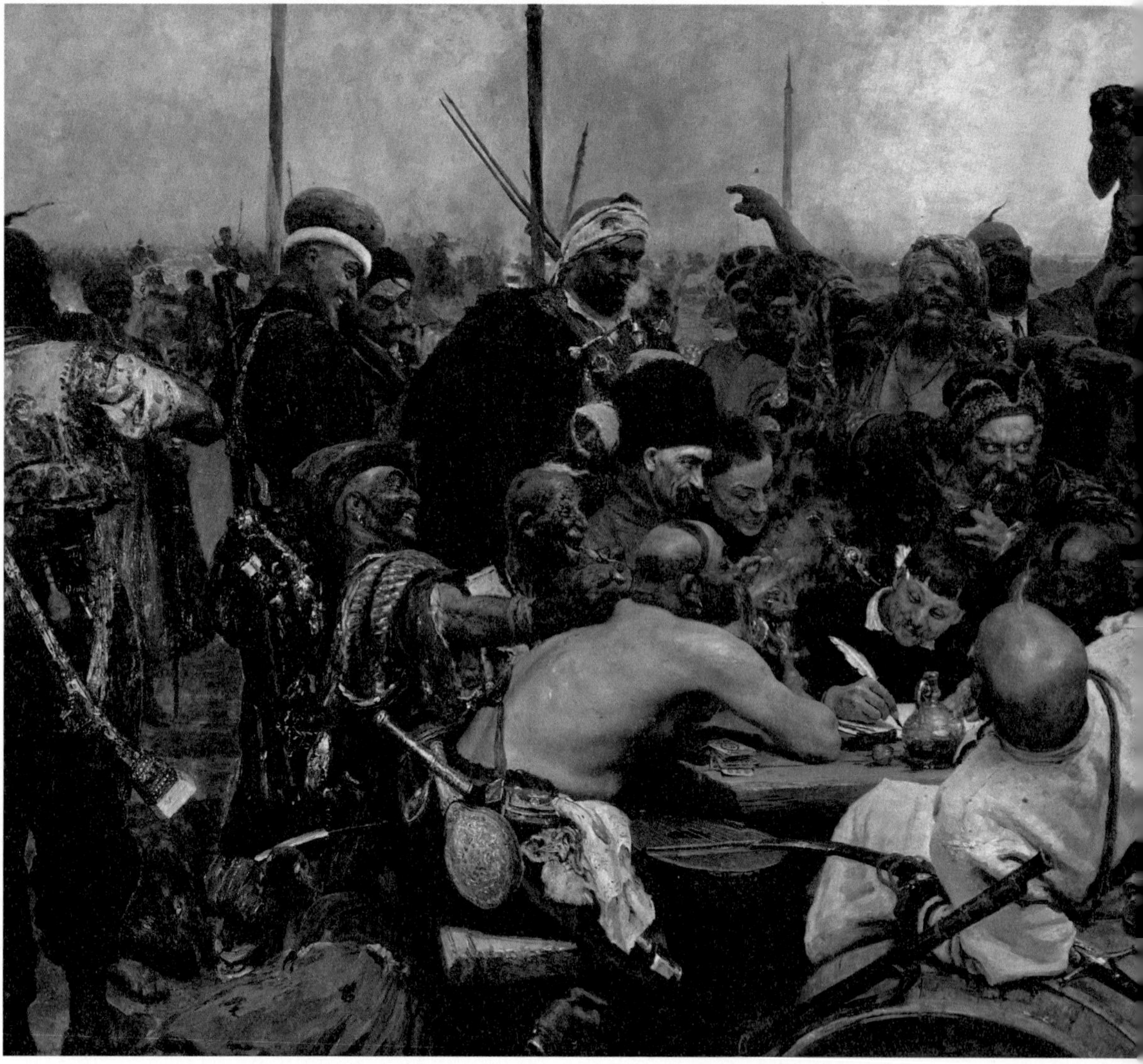

레핀, 〈술탄에게 답신을 쓰는 자포로제 코사크인들〉, 1880~1891년, 러시아 국립박물관, 상트페테르부르크

레핀의 전성기 시절의 대작이다. 러시아와 터키는 오랫동안 전쟁을 계속했다. 어렸을 적에 이 그림을 보며 내용은 잘 이해하지 못하고, 그저 폭소하는 장정들을 보며 따라서 웃어댔던 기억이 난다. 나중에야 오스만제국이 얼마나 강력했는지를 알게 되었다. 톨스토이의 시대가 올 때까지 터키와 러시아는 여전히 전쟁을 하고 있었다. 안나 카레니나가 자살하자 그녀의 애인 브론스키가 전장에 나가 순국하겠다고 결정하고 터키 군대와 일전을 벌인다.

중국과 서아시아도 오랫동안 전쟁을 했다. 그래서 유명한 당시(唐詩) 가운데 "술 취해 사막에 쓰러져도 비웃지 말라, 예로부터 전장에 나가 살아 돌아온 이가 몇이나 될까(醉臥沙場君莫笑, 古來征戰幾人回)", "가련하구나 무정하(無定河) 옆의 백골, 여전히 봄날 규방의 꿈속 사람일 텐데(可憐無定河邊骨, 猶是春閨夢裏人.—진도(陳陶)의 〈농서행(隴西行)〉)" 같은 전쟁을 다룬 구절이 있다. 두 번째 구절은 근대 중국의 학자로 여러 경전을 영어로 번역한 구훙밍(辜鴻銘)이 자주 읊조렸다고 한다. 중국인들은 시를 써서 전쟁의 고통을 노래하는 데 익숙하기 때문인지 수리코프처럼 떠들썩하게 웃으며 애국주의와 민족주의를 말하는 그림은 그리지 않았다.

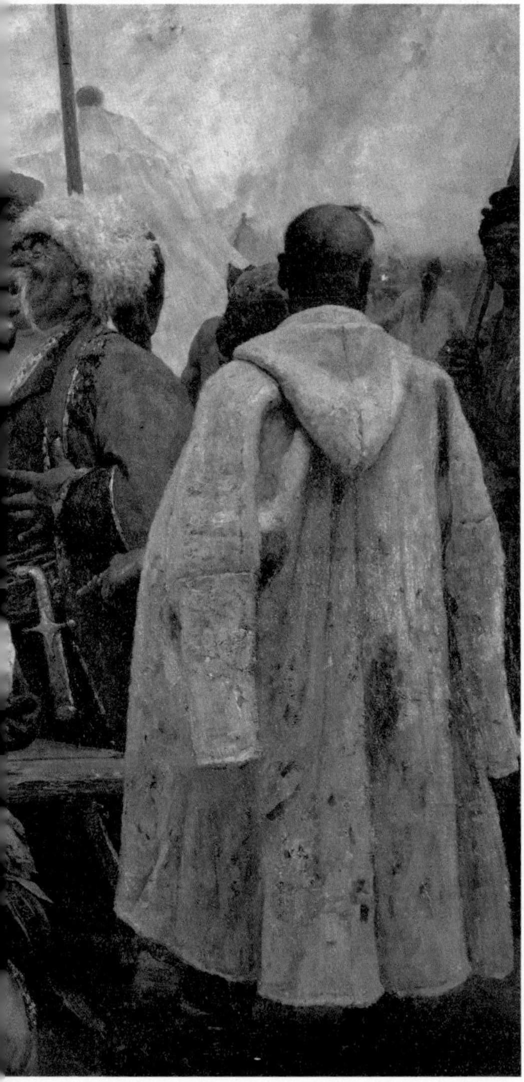

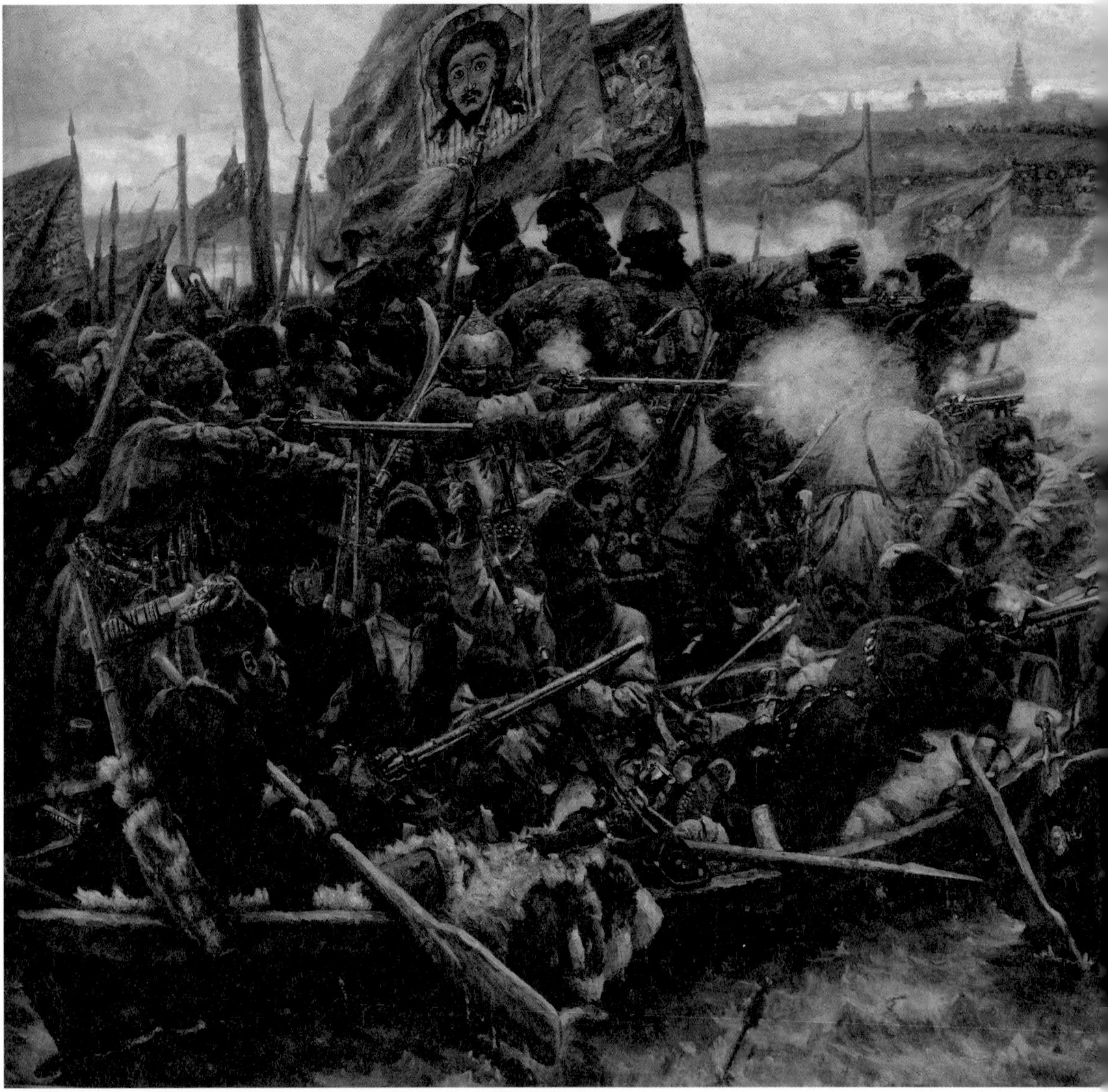

수리코프, 〈예르마크의 시베리아 정복〉, 1895년, 러시아 국립박물관, 상트페테르부르크
"아시아에서 우리는 유럽 사람이다."

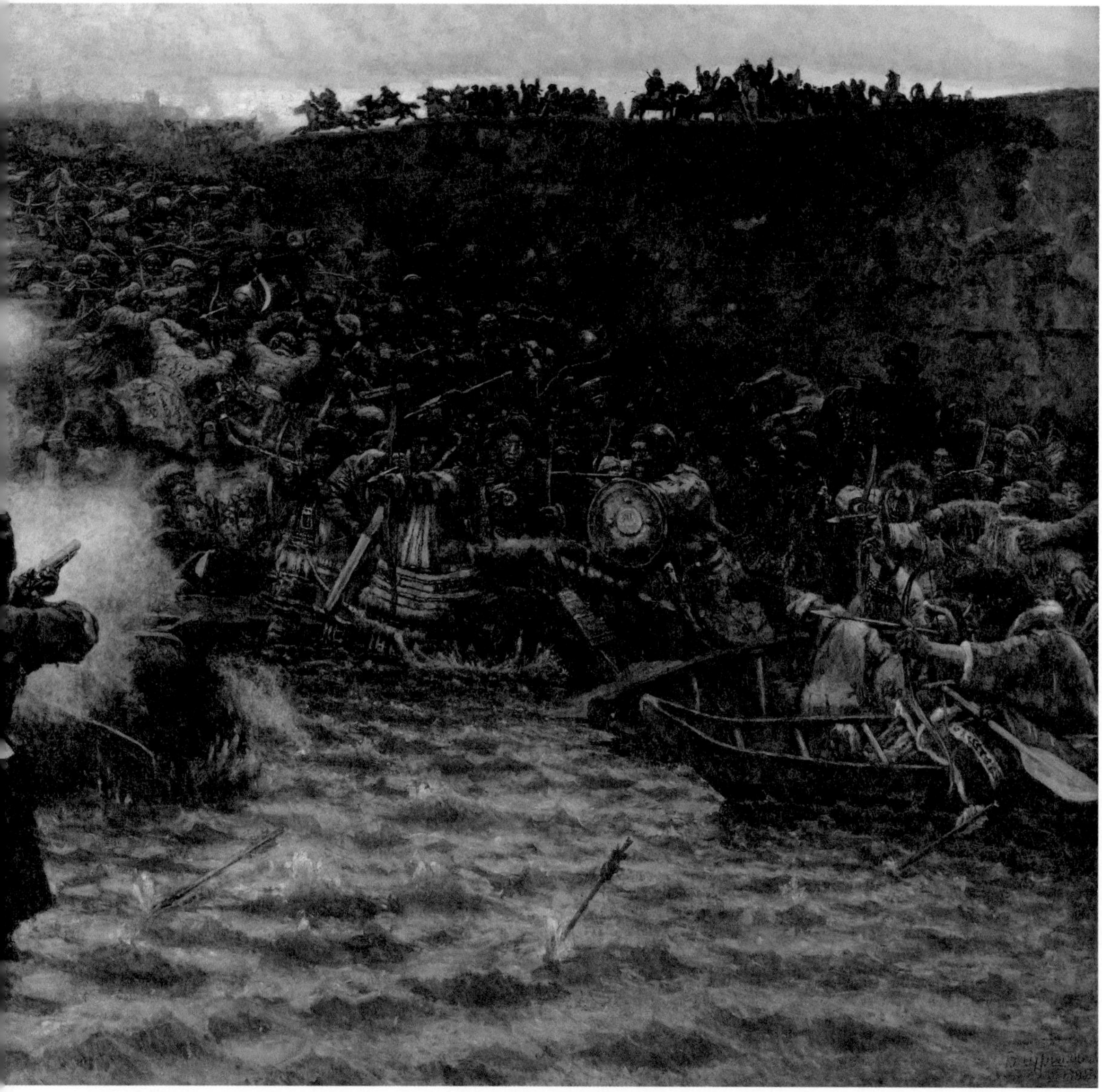

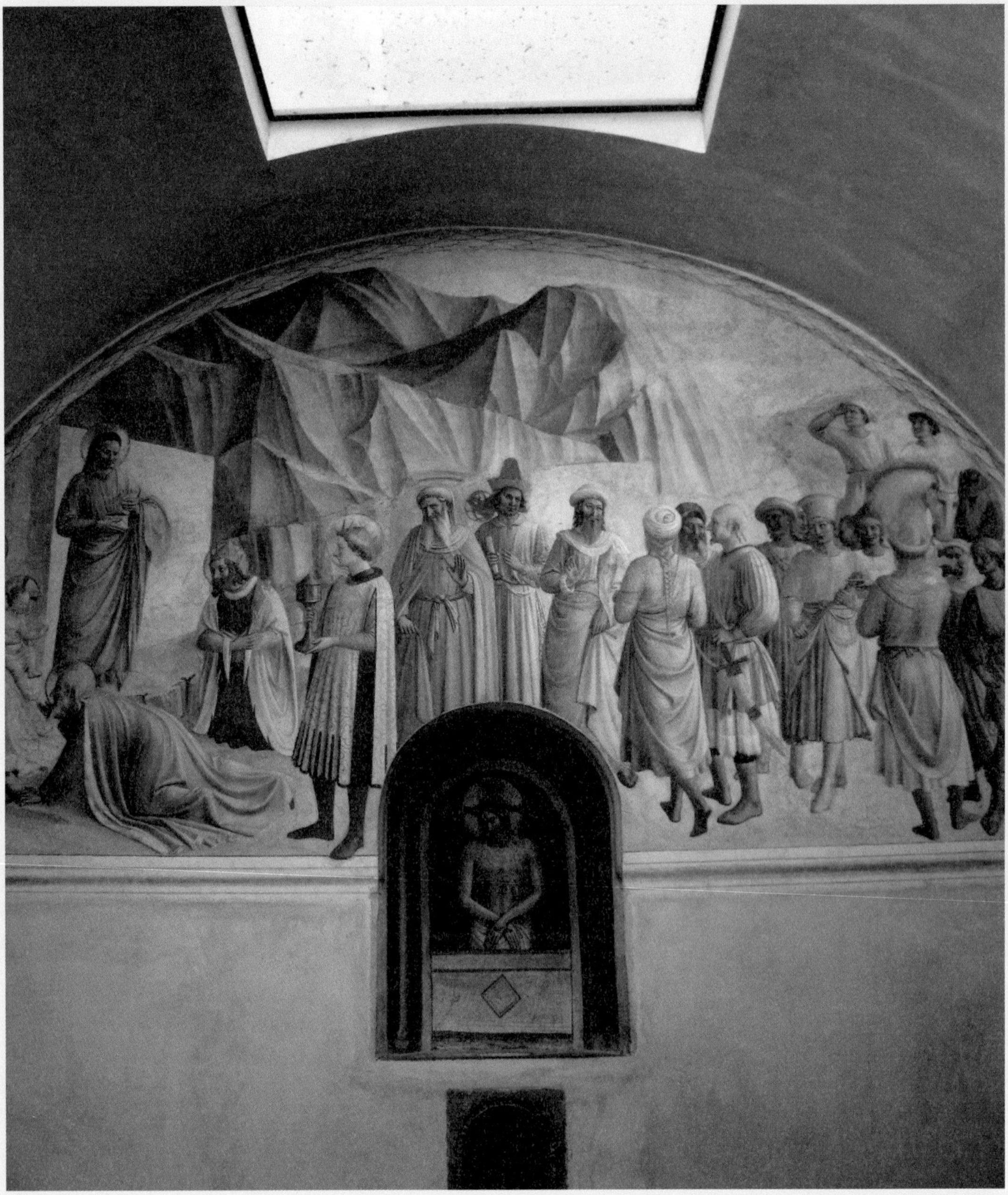

프라 안젤리코, 〈동방박사의 경배〉, 1440~1445년, 산마르코 수도원, 피렌체

산마르코 수도원

1980년대 뉴욕의 주요 화랑은 이탈리아의 신표현주의Neo-Expressionism 화가 엔초 쿠키Enzo Cucchi, 산드로 키아Sandro Chia, 프란체스코 클레멘테Francesco Clemente의 작품을 많이 추천했습니다. 이들은 보통 3C라고 불렸지요. 그들 외에 독일과 미국에서 여러 신표현주의 화가가 나타나 예술계는 흥분과 착각에 빠졌습니다. 다들 '회화가 돌아왔다'고 생각했지요. 정말로 그랬을까요? 10여 년이 흐르는 사이, 그들은 빠르게 과거가 되었습니다.

하지만 클레멘테가 한 말이 기억납니다.

"두 가지 경험을 통해 좋은 그림인지 아닌지 판단할 수 있게 되었다. 첫째, 쉼 없이 계속 본다. 둘째, 계속 보다가 전에는 주의를 기울이지 않던 무언가를 발견하고 새로운 깨달음을 얻는다."

집중해서 그림을 보는 사람이라면 클레멘테의 말에 동의할 것입니다.

저는 그림 보는 것을 좋아합니다. 다양한 예술에 전부 다 끌립니다. 제가 어떤 그림을 뚫어져라 응시하는 것은 좋아서 어쩔 줄 몰라 하는 것입니다. 새로 좋아하는 그림이 생기면 전에 좋아하던 화가를 배신한 것 같아 미안한 마음이 들기도 합니다.

부유한 부모를 둔 중국 젊은이들이 그림을 배우러 점점 더 많이 외국으로 나갑니다. 상트페테르부르크의 레핀 미술대학이나 파리와 뉴욕의 미술대학 등에는 중국 유학생이 가득합니다. 2013년 피렌체에 머물 때 우연히 중국 유학생을 만난 적이 있습니다. 그들은 저를 중국식 샤브샤브인 훠궈火鍋 집에 데려갔는데, 중국 학생들로 빈자리가 없을 지경이었습니다. 저는 순간 베이징에 돌아온 줄 알았습니다. 피렌체 미술대학에만 10여 명의 중국 유학생이 있다고 합니다.

피렌체 미술대학 옆 아카데미아 미술관에는 미켈란젤로의 〈다비드〉 상이 있습니다. 매일 이른 아침부터 관광객들이 유명한 대리석 근육을 보러 줄을 섭니다. 지금은 해외여행이 그렇게 어렵지 않으니 피렌체에 한번 가 보세요. 미술관으로 새로 태어난 우피치 궁전과 피티 궁전 외에도 피렌체에는 벽화로 가득한 예배당이 스무 곳 넘게 있습니다. 만약 피렌체에 딱 하루만 머물 수 있다면 다른 어디에 갈 것 없이 한 군데만 가시기를 권합니다. 바로 피렌체 미술대학에서 몇 분 더 걸어가 골목으로 꺾어 들어가면 나오는 산마르코 수도원입니다.

좋은 그림인지 판단할 수 있게 해주는 경험으로 클레멘테가 말한 두 가지 외에 한 가지 경험을 더 추가할까 합니다. 드물지만 어떤 화가의 그림은 당신을 전에는 회화 작품을 본 적도 없는 것 같은 상태로 만듭니다(그런 화가는 아주 적습니다. 당장은 딱 한 명만 생각나는군요). 그런 그림을 보는 경험을 갖기 바랍니다.

15세기 피렌체의 프라 안젤리코Fra Angelico가 바로 그런 화가입니다. 저는 그의 그림을 본 순간 머릿속이 텅 비는 느낌이었습니다. 그림에 대한 지식도 이전에 다른 그림을 봤던 기억도 순식간에 멀리 사라지고, 더는 아무런 작용도 할 수 없게 되었습니다. 잠깐, 좀 더 정확히 말해야겠습니다. 저를 그렇게 만든 것은 오로지 프라 안젤리코의 그림만은 아닙니다. 산마르코 수도원 2층이라는 공간이 그렇게 했습니다. 평범한 그림을 보는 방식이 갑자기 낯설어졌습니다. 저는 그런 식으로 그림을 만난 적이 한 번도 없었습니다.

미국, 영국, 독일, 네덜란드, 프랑스, 러시아의 미술관에는 어디에나 프라 안젤리코의 그림이 소장되어 있습니다. 그는 당시의 종교화가와 마찬가지로 목판에 세 폭 제단화triptych[1]를 그리거나 성체를 모셔두는 감실龕室에 그림을 그렸습니

1. 삼면 구조의 종교화 양식. 중앙 면을 중심으로 양쪽에 좀 더 좁은 면이 경첩으로 연결되어 있는데 평소에는 양쪽

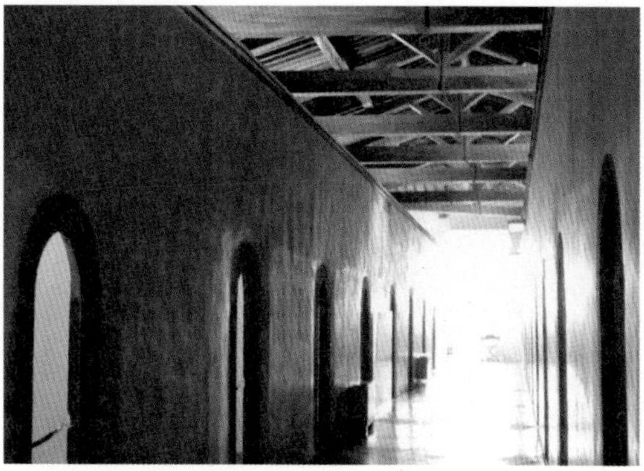

산마르코 수도원 2층 복도 양쪽에 늘어선 수도실

다. 그의 그림은 천진하고 정성스럽습니다. 제가 그림은 원래 있던 건물, 원래 있던 벽면에 걸려 있어야 가장 좋다고 말한 것을 기억하실 겁니다. 프라 안젤리코의 중요한 그림은 전부 산마르코 수도원 2층에 있습니다. 그곳은 어린 수도사들이 살던 수도원으로, 지금도 원래의 모습대로 길게 건물 양끝으로 이어지는 복도에는 작은 방들이 빼곡히 늘어서 있습니다. 방의 크기는 겨우 몇 제곱미터 정도입니다. 방 안은 텅 비어 아무것도 없습니다. 그저 창 아래 침대가 덜렁 놓여 있고, 프라 안젤리코의 프레스코 벽화가 있습니다.

저의 편애에 대해 이야기한 적도 있지요. 유럽의 수많은 훌륭한 그림 중 최고는 캔버스의 유화가 아니라 습식 벽화, 즉 프레스코화라고요. 왜 그런지는 설명하기 어렵습니다. 여러분이 직접 프레스코화를 보지 않으면 알 수 없어요. 유화는 액자에 담겨 있지만 벽화는 직접 벽면에 그립니다. 벽면은 성당의 여러 다른 부분과 연결됩니다. 성당의 구조가 얼마나 웅장한지, 벽화는 또 얼마나 장관인지, 유화로는 이런 거대한 아름다움을 만들어낼 수 없습니다. 습식 벽화 중 가장 유명한 것이 미켈란젤로가 시스티나 대성당에 그린 천장화, 〈천지창조〉로 널리 알려진 그림입니다. 산마르코 수도원 2층의 벽화는 전부 프라 안젤리코가 그렸습니다. 그의 그림은 마치 수도실 벽 안쪽에서 솟아난 것처럼, 그렇게 거기에

면을 중앙 면에 겹쳐지게 닫아둔다.

있습니다.

유럽에는 성당과 수도원이 부지기수입니다. 산마르코 수도원과 같은 격식의 건축물이 또 있는지는 모르겠지만, 프라 안젤리코의 그림은 그곳에만 있습니다. 그러니 산마르코 수도원에 가보시길 바랍니다.

산마르코 수도원은 도미니코 수도회 소속인데, 수도실의 벽화는 그 방에 갇히다시피 한 수도사들이 보게끔 그린 것입니다. 도미니코 수도회 수도원 중에서 산마르코 수도원에만 이런 벽화가 있다고 합니다. 산마르코 수도원도 전에는 외부 개방을 하지 않았습니다. 제가 처음 방문한 1989년, 2층으로 올라가자 계단 입구에서 프라 안젤리코의 〈수태고지〉가 눈에 들어왔습니다. 정말 유명한 그림이지요. 어릴 때 화집에서 많이 본 그림이 이렇게 계단참에서 맞이해줄 줄은 몰랐습니다. 그런 다음 첫 수도실에 들어가자마자 순간적으로 멍해졌습니다. 그때는 이미 적잖은 수의 박물관과 성당에서 유명한 그림들을 본 뒤였습니다. 그런데 이렇게 방 하나에 그림이 한 폭씩만 있는 것은 처음 보았습니다. 19년 후에 다시 이탈리아에 가서 산마르코 수도원 2층의 수도실을 둘러봤습니다. 마치 꿈속을 거니는 것 같더군요. 처음 왔던 때와 마찬가지로, 오로지 그림만 한 폭 있었습니다.

이것은 정말 다시는 없을 독특한 경험이었고, 뭐라고 표현할 길이 없는 일이었습니다. 미술관의 전시실에는 벽면 가득 그림이 걸려 있고 인파가 우르르 오고 갑니다. 그 속에서도 한 폭의 그림에 사로잡혀 충격을 받고 감동을 느낄 수 있지만, 조그만 수도실에서 홀로 그림을 마주하는 것은 확실히 다릅니다. 아마도 수도원에 처음 들어온 어린 수도사가 된 것처럼 세상과의 단절, 고독, 적막감을 느끼게 될 겁니다. 수도실은 마치 감옥과 비슷합니다. 한 칸에 한 폭씩 벽화가 있는 감옥이죠. 우습게도 영어에서 감옥과 수도실은 같은 단어 'cell'을 씁니다.

모든 종교화가 그렇듯, 프라 안젤리코의 그림은 《성경》을 해설하는 그림입니다. 그래서 더 설명할 것이 없습니다. 수도실에 들어가면 마음이 가라앉고 모든 것이 거기서 멈춘 듯합니다. 가족, 국가, 과거 그리고 그동안 보았던 수많은 그림이 다 멀어지고 기억이 멈춥니다. 동시에 모든 것이 새로 시작됩니다. 마주한 텅 빈 사면의 벽, 마치 갇혀 있는 듯한 착각이 들 정도로 예수와 성도들만이 그 방에서 저와 함께하는 것입니다. 확실히 말해서 수도실에서는 프라 안젤리코의 그림과 마주볼 뿐, 그 외에는 아무것도 없습니다.

우리는 500년 전의 어린 수도사들이 어떻게 방을 배정받는지, 어떻게 매일 기도했는지, 일 년 사계절을 어떻게 지냈는지 모릅니다. 프라 안젤리코의 그림을 보는 데 이런 배경지식은 전혀 필요하지 않습니다. 수도실에 들어가면 자연히 세상만사를 내려놓고 수행에만 전념하게 되니까요. 단지 한 순간이라도, 환상일 뿐이라도 말이지요. 이 환상은 수도원의 1층으로 내려오면 끝납니다. 당신은 다시 관광객으로 돌아옵니다. 중국식으로 말하자면, 속인俗人으로 돌아오는 것이지요.

저는 기독교인이 아니지만 각 시기의 유럽 회화 중 가장 싫증 나지 않는 그림은 종교화라고 생각합니다. 종교화를 이야기하는 것이지 종교를 이야기하는 것이 아닙니다. 종교는 몰락할 수 있지만 종교화는 몰락하지 않습니다. 지금 산마르코 수도원의 2층 역시 프라 안젤리코의 그림만 남아 있고 더는 수도사들이 없는 것처럼 말입니다.

중세부터 바로크 후기까지 유럽의 종교 예술사, 즉 가톨릭 예술사는 1천 년에 달하는 긴 역사를 갖고 있습니다. 흔히 종교화의 장점을 말할 때 정성스럽고 경건하다는 점을 듭니다. 그건 당연합니다. 하지만 단순히 정성과 경건함을 논한다면 르네상스의 그림이 중세의 종교화에 미치지 못합니다. 동로마제국의 상감 기법 회화나 유럽의 중세 조각을 보면 다들 이렇게 말할 겁니다. "너무 경건해." 그림을 그린 사람이든 조각을 한 사람이든 천국과 지옥의 존재를 굳게 믿고 있습니다. 그리고 피렌체의 어느 천재에 이르러 그와 같은 무조건적인 신앙과 경건함은 점차 변질됩니다.

아주 길고 느린 변질입니다. 천천히 미묘한 변화가 일어난 것입니다. 간단히 말해서 13세기 이전의 중세 예술은 정말 훌륭하지만 오늘날의 시각에서 볼 때 신성神性이 너무 강하고 인성人性은 너무 약합니다. 바로 그것이 중세 예술의 훌륭한 점이기도 하지요. 15세기 중엽이 되면 반대로 인성이 강하고 신성이 희박한 르네상스 예술이 등장합니다. 현대의 시각으로 보면 르네상스 예술 곳곳에서도 신성이 번뜩이고 있지만 말입니다.

제가 나이를 먹을수록 다빈치, 라파엘로, 미켈란젤로 등에게 매료되지 않는 이유가 이것입니다. 그 이후의 화가인 카라바조, 렘브란트, 알브레히트 뒤러Albrecht Dürer, 얀 반 에이크Jan van Eyck, 한스 멤링Hans Memling 들이 좋습니다. 하지만 저는 그들의 그림은 그다지 종교화라고 생각하지 않습니다. 15세기 중엽이 되면 '인간'이 각성합니다. 각성한 인간은 막 잠에서 깬 사람처럼 활기가 넘칩니다. 그렇게 해서 16~17세기의 회화가 탄생하게 됩니다.

그러면 13세기 후반에서 15세기 전반이라는 시간이 남습니다. 이 시기에 재미있는 일이 벌어집니다. 이 200년간의 종교화에서는 신성과 인성을 구분할 수도 없고, 구분할 필요도 없습니다. 뒤섞여 있기 때문이지요. 이 시기의 종교화를 보면 신성을 발견한 곳에서 인성 또한 발견하게 됩니다. 인성에 감동한 순간 그것이 바로 신성이라는 것을 깨닫게 됩니다.

프라 안젤리코의 그림을 살펴봅시다. 중세의 신실한 마음이 화면의 기조를 이루고, 인간의 기쁨과 자신감은 화면의 표정을 이룹니다. 르네상스 시기를 유럽의 인문학 여명기라고 하는데, 프라 안젤리코가 그린 산마르코 수도원 수도실의 벽화에서 그 해돋이의 서광을 느낄 수 있습니다. 그 이후의 유럽은 날이 완전히 밝은 상태지요.

프라 안젤리코는 1395년 전후 피렌체 부근에서 태어나 1455년에 돌아갔습니다. 본명은 귀도 디 피에트로Guido di Pietro, 세례명은 조반니Giovanni입니다. 프라 안젤리코라는 이름은 별명 같은 것으로, '천사 같다'는 뜻입니다. 1436년부터 약 9년간 천사 같은 화가가 여기에 머물러 이 벽화들을 그렸지요. 프라 안젤리코의 후원자는 유명한 메디치Cosimo de'Medici입니다. 만년의 프라 안젤리코는 로마로 불려가 그곳에서 10년 정도 그림을 그립니다. 인망이 두터워서 교황이 그를 피렌체의 주교로 임명했는데도 사양하고 다른 사람을 추천했다고 합니다.

프라 안젤리코의 그림은 소박하고 강직합니다. 편평한 프레스코화는 그의 천성과도 잘 어울립니다. 프레스코화의 안료는 현재의 아크릴 물감과 비슷합니다. 그리는 동안 마르기 때문에 계획을 잘 세워서 그려야 하지요. 그림 그릴 벽면을 축축한 상태로 만들어 그날 그림을 완성해야 합니다. 프레스코 벽화의 안료는 색상에 한계가 있어서 오늘날의 유화 물감처럼 이리저리 섞어 화가의 마음대로 다양한 색깔을 만들 수 없습니다. 14~15세기 이탈리아 화가들 가운데 피에로 델라 프란체스카Piero della Francesca, 안드레아 만테냐Andrea Mantegna, 베노초 고촐리 등은 색이 진하고 묵직하며 화려한 편입니다. 프라 안젤리코는 천성적으로 옅은 색 본연의 아름다움을 잘 알고 있어서 몇 가지 원색으로도 아주 좋은 효과를 거둡니다. 그의 그림을 보면 중국 북송 시대의 색칠하는 방식이나 송 말기의 화가 전선錢選의 그림에 보이는 청아함이 떠오릅니다. 산마르코 수도원의 《성경》 그림은 프라 안젤리코가 그린 그림 중에서도 특히 고귀하고 성숙한 그림입니다. 이보다 더 소박한 프레스코화를 본 적이 없다는 말도 덧붙이고 싶군요.

피렌체 남쪽에는 카르미네 성당이 있는데 그곳의 제단 옆 세례당의 벽화는 프라 안젤리코보다 몇 살 정도 어린 마사초Masaccio의 그림입니다. 그는 재능이 뛰어났는데, 주변의 질시를 받아 젊은 나이에 살해됩니다. 마사초는 일찌감치 인간의 감성을 알아보았고 희극성이 강한 그림을 그렸습니다. 그는 프라 안젤리코와 막상막하였지만 소박함, 숙연함, 신성함은 역시 프라 안젤리코의 그림이 최고입니다.

산마르코 수도원 2층 복도 끝에는 작은 방이 있는데, 그곳의 감실과 문틀 위쪽에 프라 안젤리코의 반원형 그림이 있습니다. 남자와 산맥, 말을 그린 참으로 아름다운 그림입니다. 유미주의 작품이라고 해도 좋을 정도지요. 성실하게 《성경》 속 장면을 재현하던 프라 안젤리코가 딱 한 번 궤도를 벗어난 것 같은 그림입니다. 이 그림을 보면 프라 안젤리코는 이야기를 전달하는 데만 뛰어난 화가가 아니었음을 알게 됩니다. 비록 화가 자신이 자각하지 못한 상태라고 하더라도 그는 《성경》을 해설하는 데 그치지 않고 순수예술을 추구하는 화가였으며, 어떻게 보면 전위 화가이기도 했습니다. 《성경》에 나오는 장면이기는 하지만 그는 비슷한 주제의 그림에서 한 번도 본 적이 없는 장면 연출을 즐겨 했습니다. 손과 머리, 머리와 신체가 중간에서 잘려 있는 그림도 있는데, 이런 방식으로 더욱 강한 설득력과 서술성을 획득합니다. 이와 같은 프라 안젤리코의 새로운 기법은 경건한 신성에서 나온 걸까요, 아니면 지혜로운 인성에서 나온 것일까요? 저는 잘 구분하지 못하겠군요.

20세기 초현실주의 역시 비슷한 수법을 대량으로 운용합니다. 이탈리아 뉴페인팅 화가인 3C 역시 프라 안젤리코의 이런 도식을 모방한 적이 있습니다. 프라 안젤리코의 그림은 지식이나 사상과는 아무런 관계도 없지만 감동을 줍니다.

충심으로 가득한 수도사를 한 사람 떠올려 보십시오. 그는 그림을 그림으로써 수행합니다. 그러나 그것이 예술이라고 생각하지 않습니다. 그는 휴대전화도 컴퓨터도 없고, 화실이나 자동차도 없습니다. 그의 미덕은 15세기 피렌체의 최고위 성직자가 될 수 있었는데도, 작은 수도실에 벽화 그리기를 더 원했다는 데 있습니다.

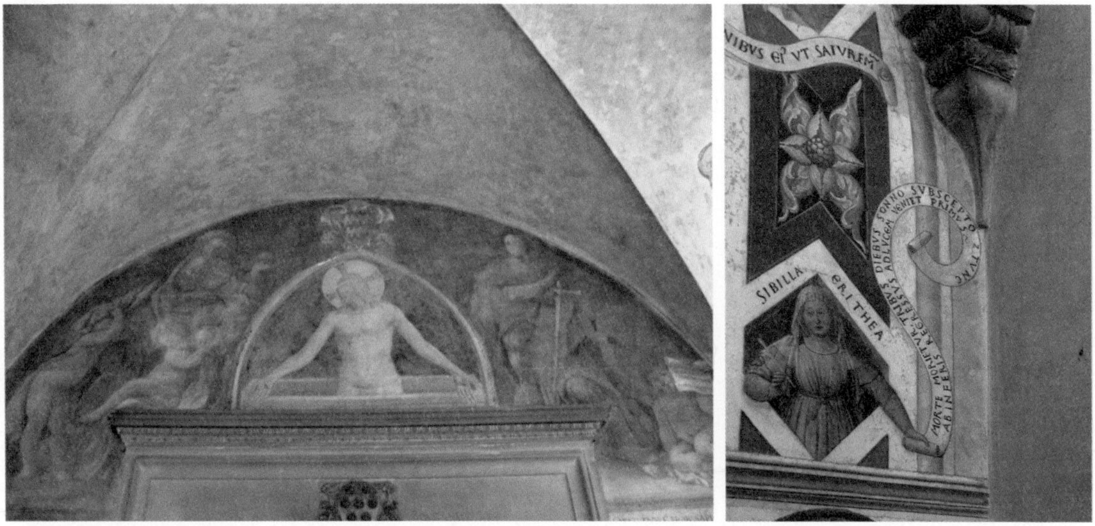

습식 벽화가 그려진 산마르코 수도원의 돔형 지붕과 벽 모퉁이

그림이 주문 제작 상품이던 시대이어야 화가가 한 달 내내, 일 년 내내, 혹은 평생, 높이도 고르지 않은 벽면 구석에 매달려 부지런히 그림을 그릴 수 있다. 마치 미장이처럼 말이다. 또한 그 시대의 종교화가여야 이렇게 고생스럽지만 경건한 일을 진심을 다해 하면서 즐거워할 수 있다. 오늘날 성공한 예술가들은 다들 자신의 화실에 앉아서 하루 종일 스스로를 칭찬하며 시간을 보낸다. 나는 종교화를 볼 때마다 깊은 자괴감에 빠진다. 나는 이 세상을 위해 아무런 일도 한 게 없는데 예술가로 존경받고 있다. 이것은 내가 갖고 있지 않은 종교의식, 도덕의식 때문에 떠오르는 생각이 아니다. 그저 프라 안젤리코 등의 벽화를 보면서 스스로 내가 그들과 같은 일을 하는 사람이라고 생각할 자격이 있는지 돌이켜보는 것이다.

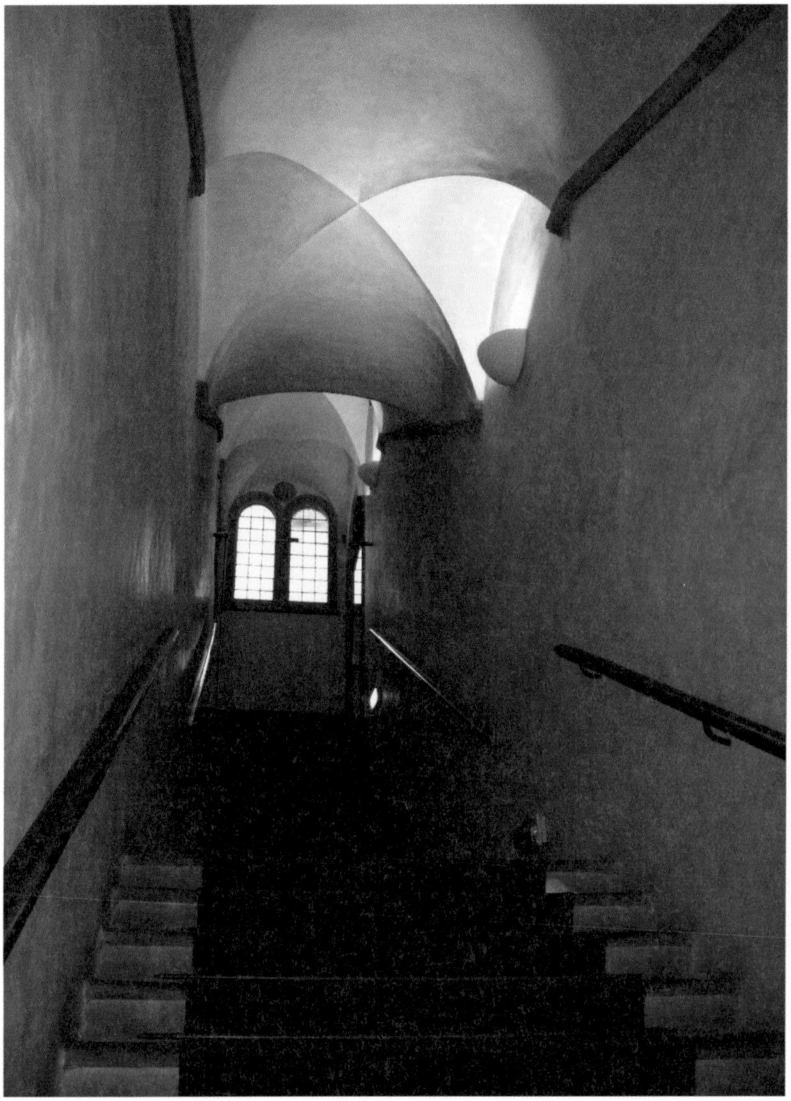

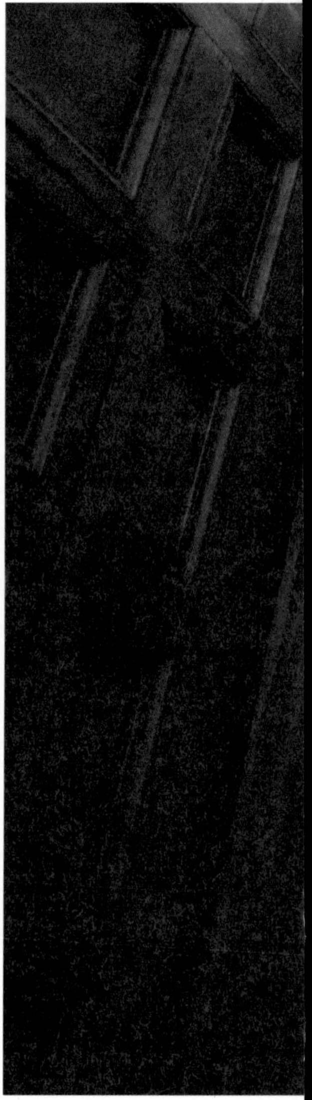

산마르코 수도원 2층으로 통하는 계단

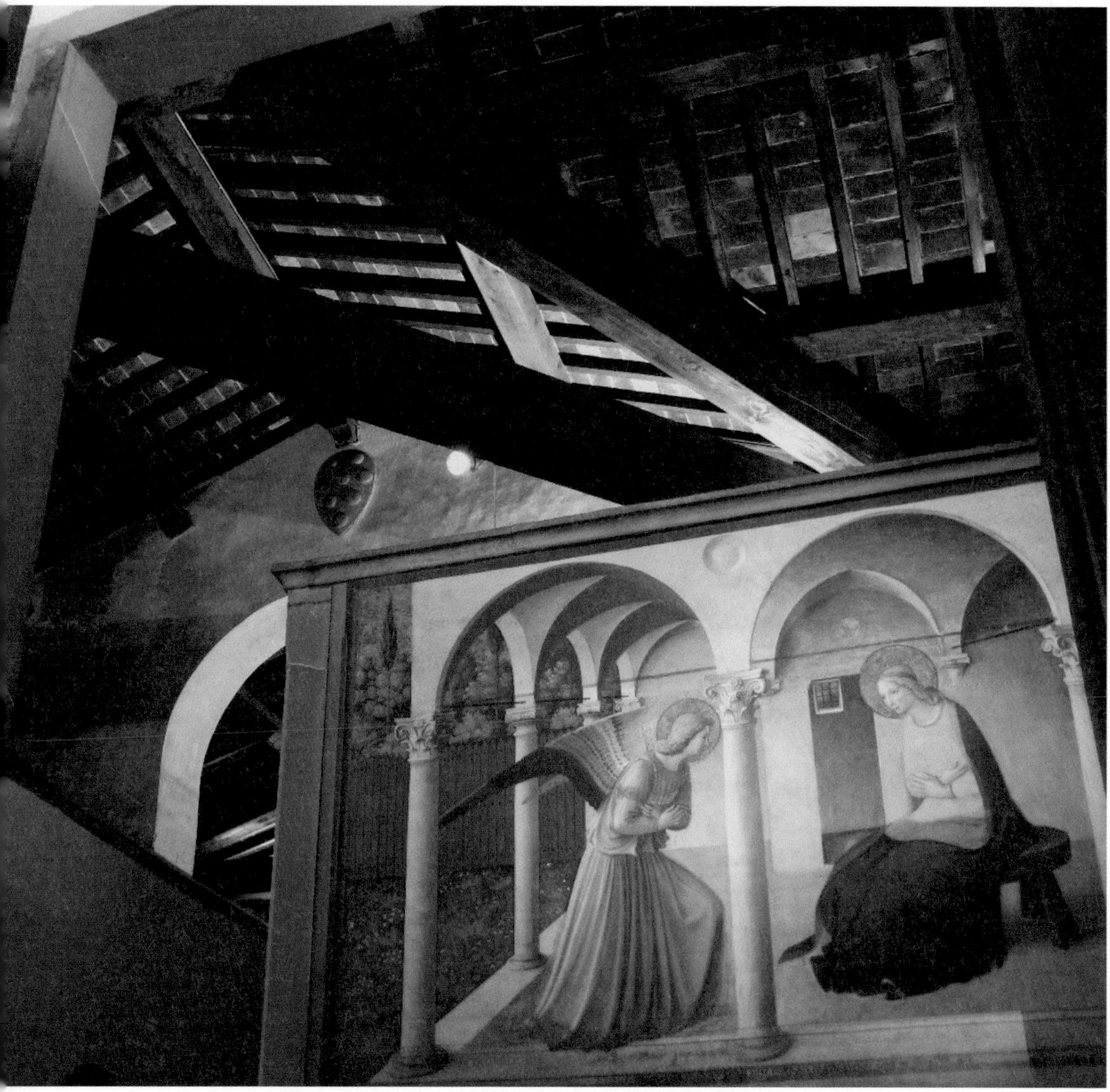

프라 안젤리코, 〈수태고지〉, 1440~1445년, 산마르코 수도원, 피렌체
모퉁이를 돌아 2층을 바라보면 바로 프라 안젤리코의 〈수태고지〉가 눈에 들어온다.

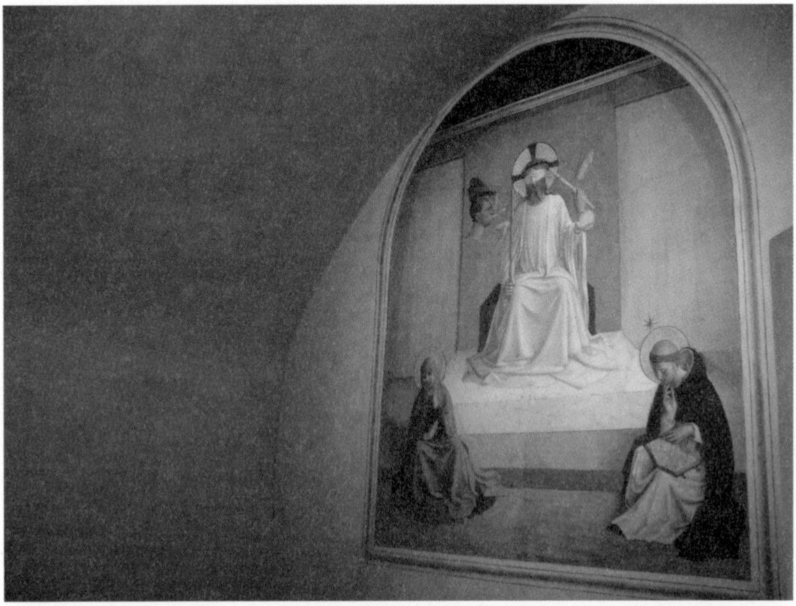

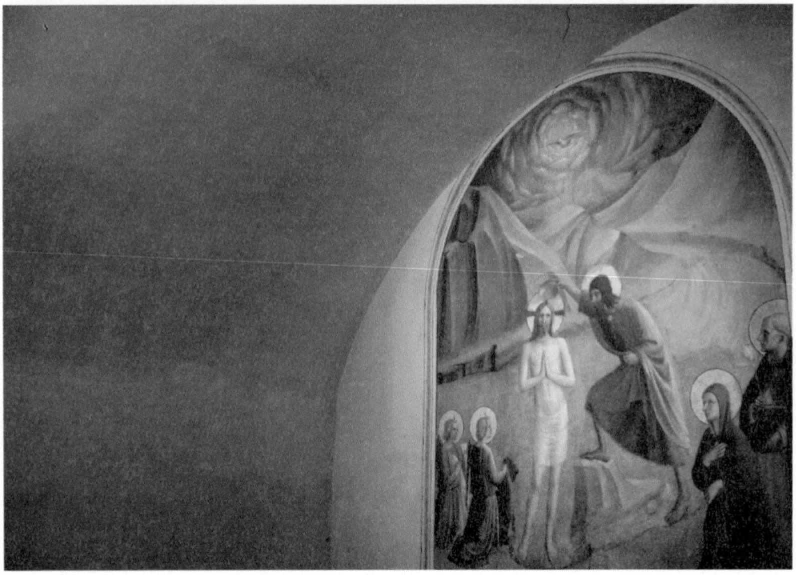

각각 다른 수도실의 벽화들

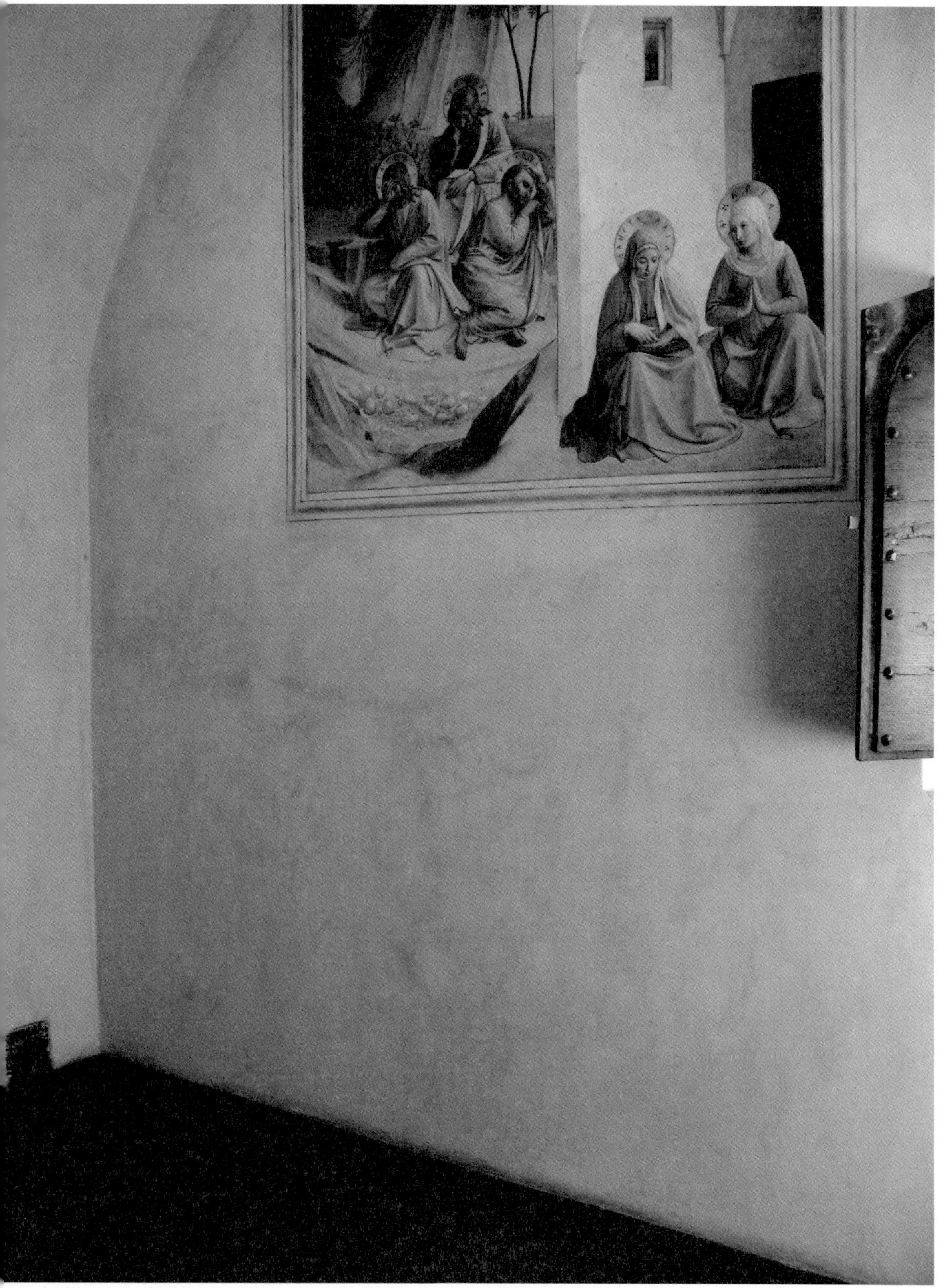

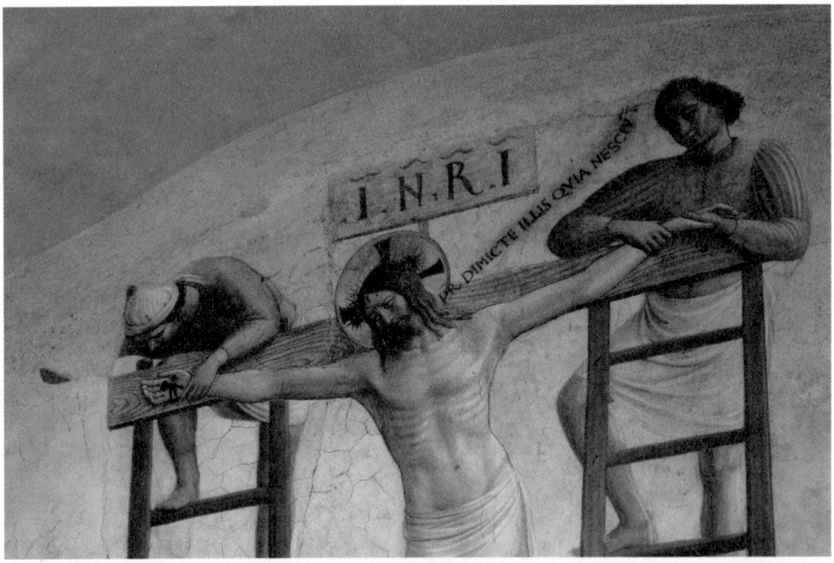

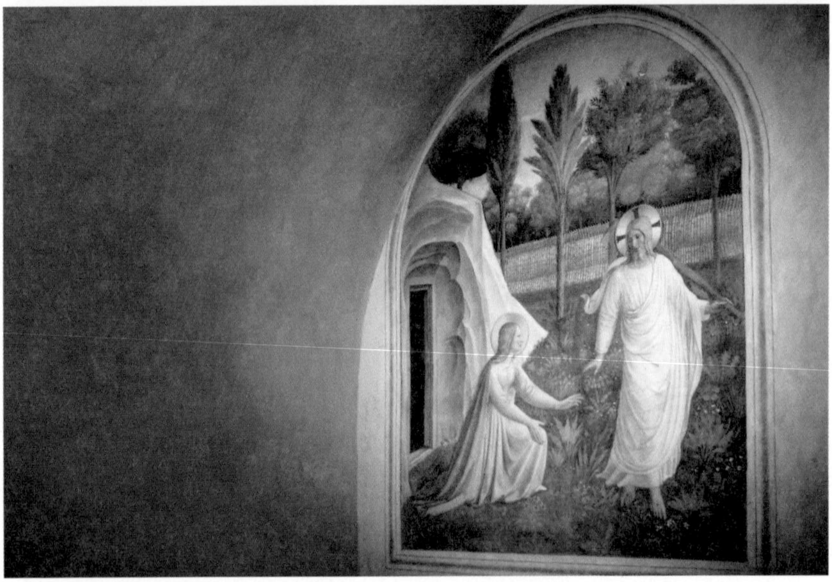

상_ 프라 안젤리코, 〈십자가에 못 박힌 예수〉, 1440~1445년, 산마르코 수도원, 피렌체
하_ 프라 안젤리코, 〈나를 만지지 말라〉, 1440~1445년, 산마르코 수도원, 피렌체
우_ 이 수도실의 쪽문을 지나 안으로 들어가면 복도 맨 끝의 수도실이 나온다.
그곳에 그려진 프라 안젤리코의 〈동방박사의 경배〉. 전에는 이 그림의 제목이 무엇인지 몰랐는데 이번에 알게 되었다.

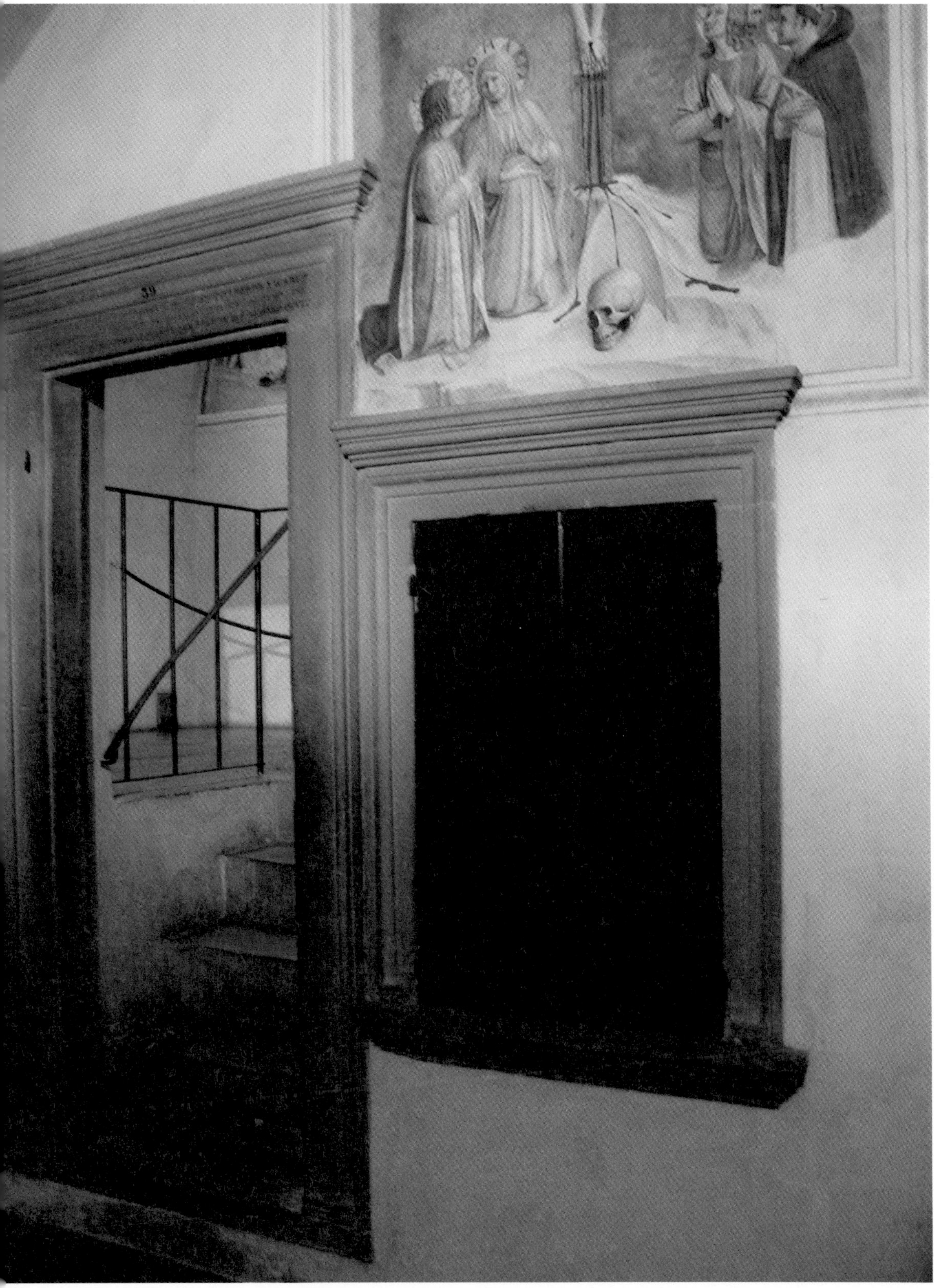

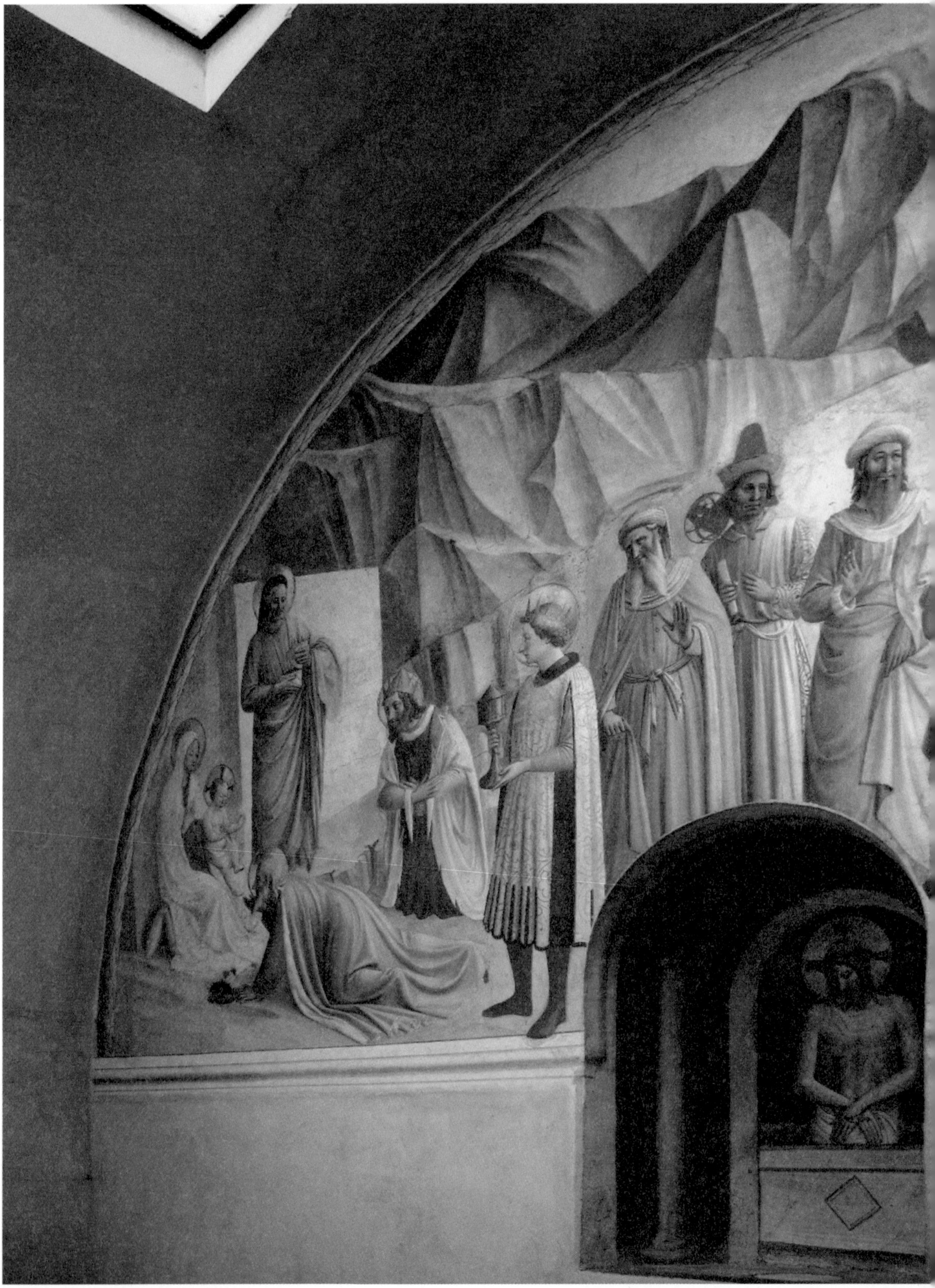

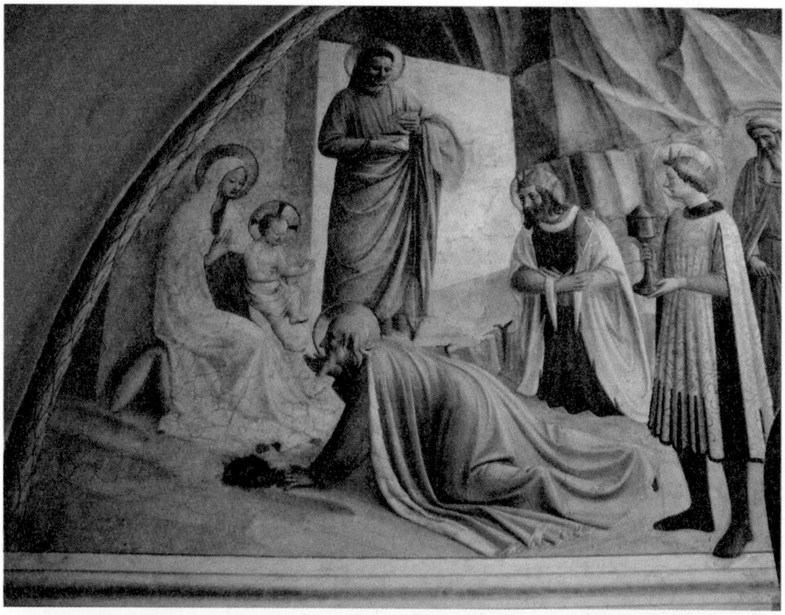

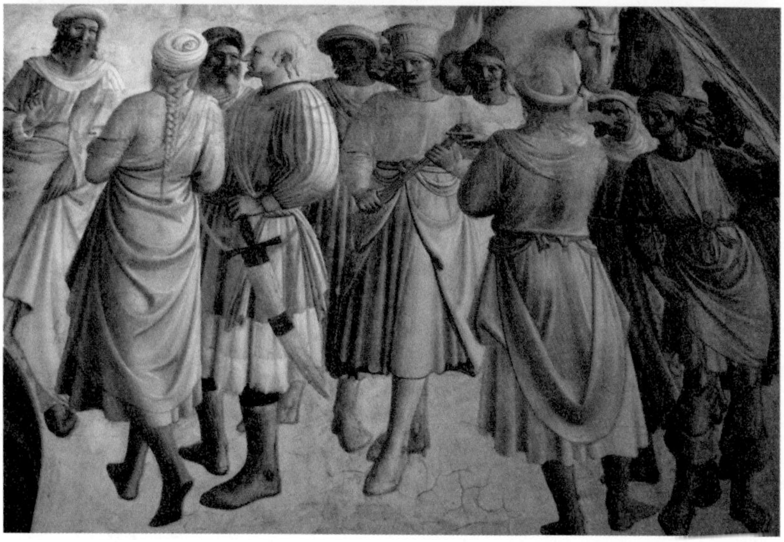

프라 안젤리코, 〈동방박사의 경배〉(부분)

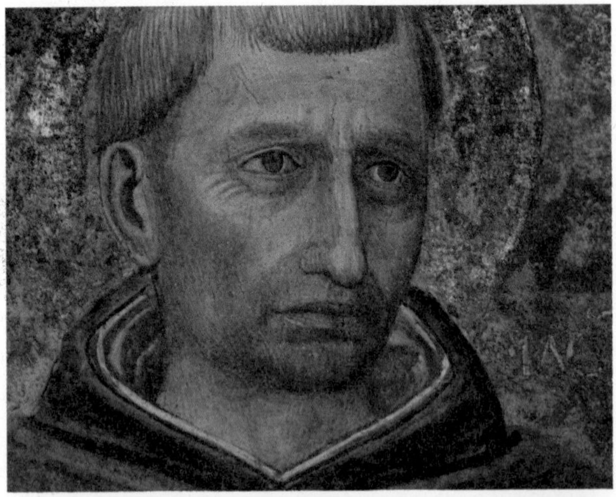

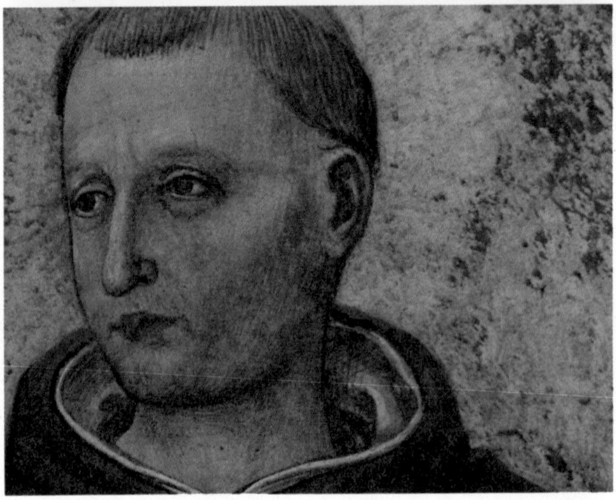

산마르코 수도원 1층의 어느 방에 프라 안젤리코의 대형 벽화가 또 있다. 벽화 하단에 나란히 10여 개 초상이 그려져 있는데 당시 유명한 수도사로 추측된다. 프라 안젤리코는 어떤 모습이었을까? 나는 그 초상들 중 한 명이 프라 안젤리코이기를 바란다.

우_ 〈동방박사의 경배〉 그림 아래에 신상 등을 모셔두는 작은 감실이 마련되어 있다.

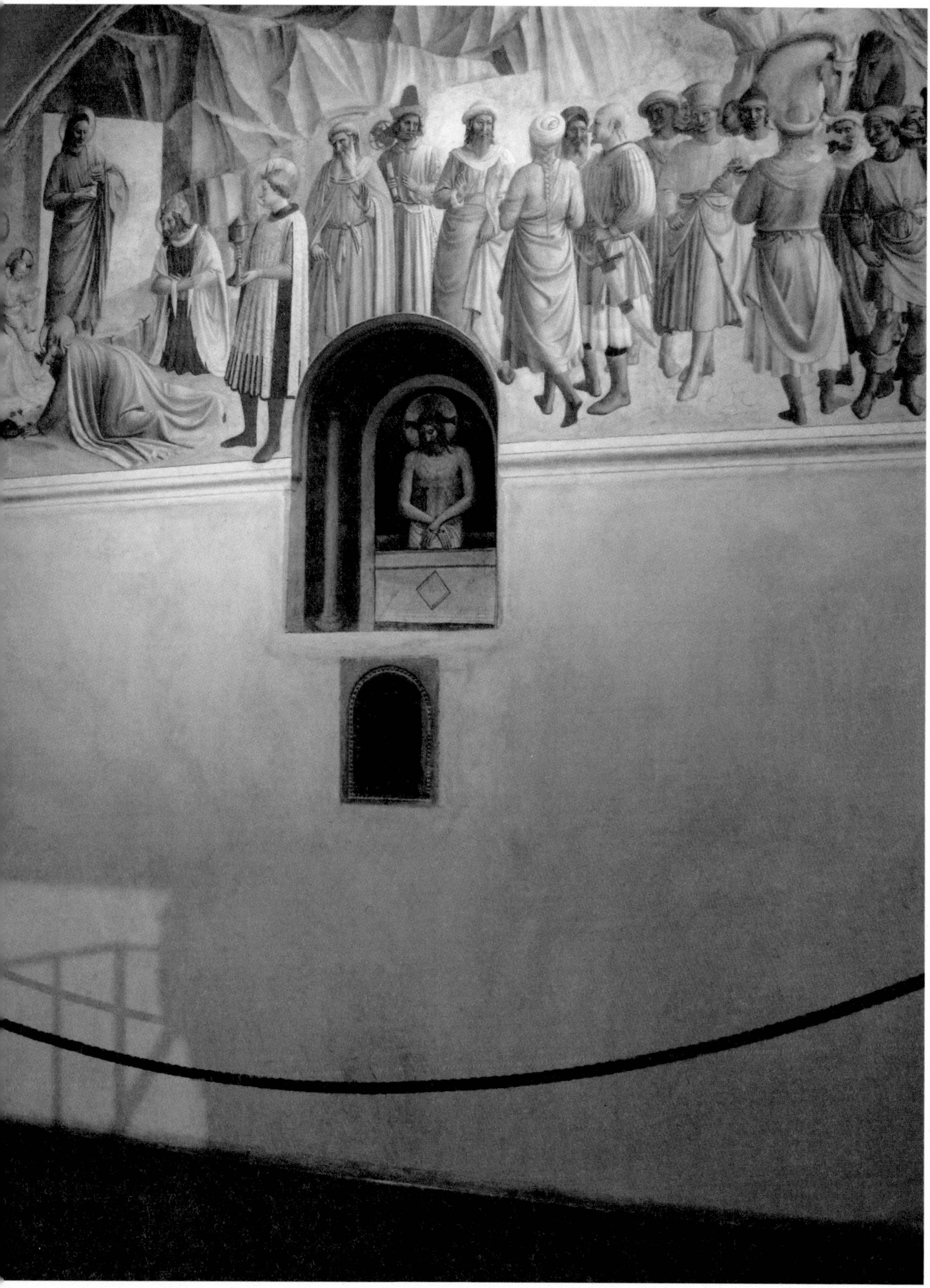

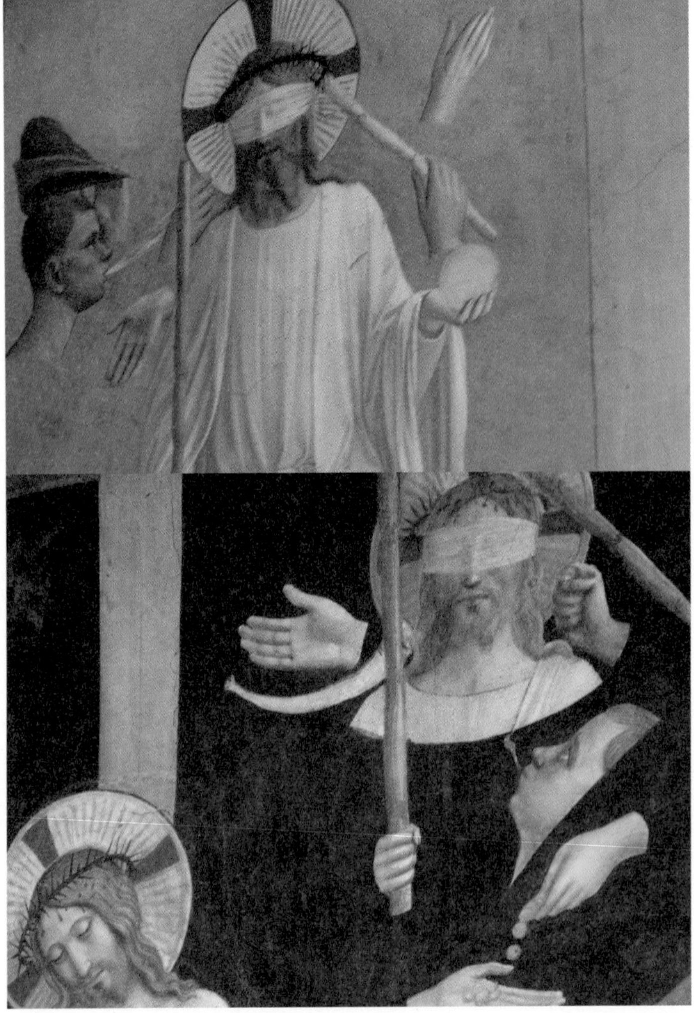

산마르코 수도원 2층의 프라 안젤리코 벽화(부분)

《성경》을 주제로 그림 그리는 화가들에게 묻고 싶다. 눈을 가린 예수와 잘려진 얼굴, 손 등은 어디서 나온 내용일까? 무슨 뜻일까?

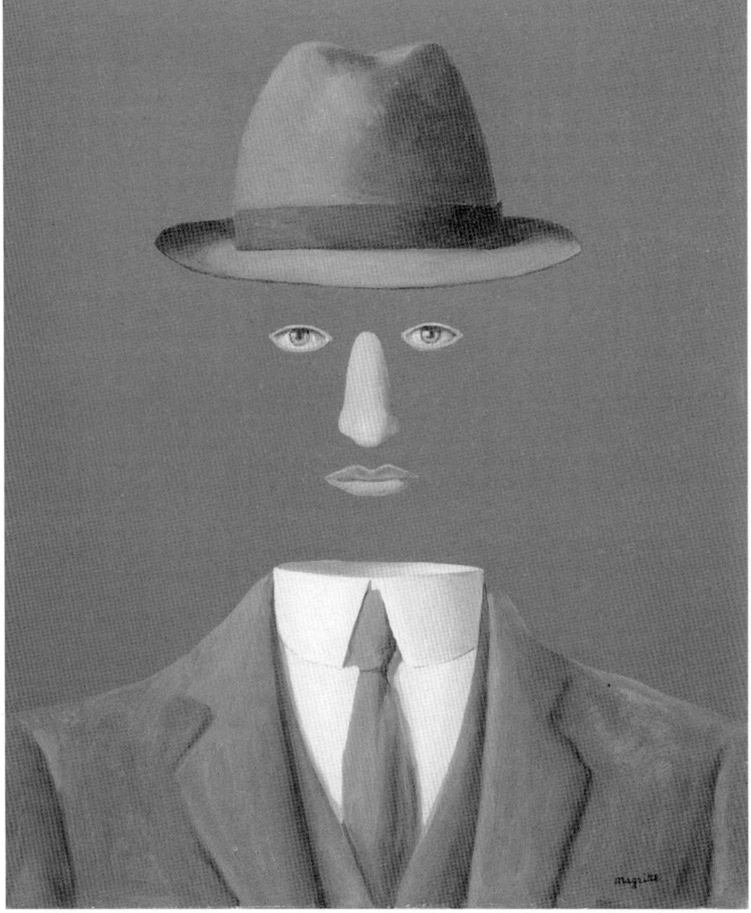

르네 마그리트, 〈바우키스 풍경〉, 1966년, 개인 소장

나는 마그리트의 그림을 무척 좋아한다. 그의 상상력, 관념, 도식은 1980년대의 수많은 아르누보 화가에게 영향을 끼쳤다. 그중에는 이탈리아의 3C도 포함되어 있다. 그러나 15세기의 기독교도가 프라 안젤리코가 그린 분할 이미지를 보는 것과 20세기의 문화적 소양이 있는 관람객이 마그리트의 그림을 보는 것은 완전히 다른 이유에서 출발하며, 완전히 다른 감상을 남긴다. 여기서 나타나는 문제는 현대인이 프라 안젤리코의 도식 처리를 돌이켜보면서 15세기의 감상을 떠올릴 수 있느냐는 것이다.

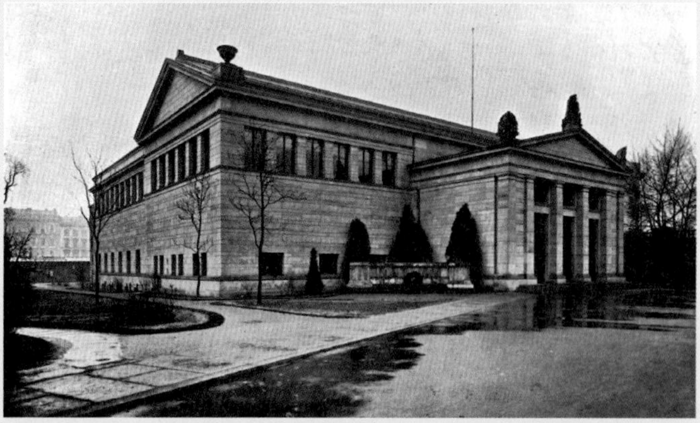

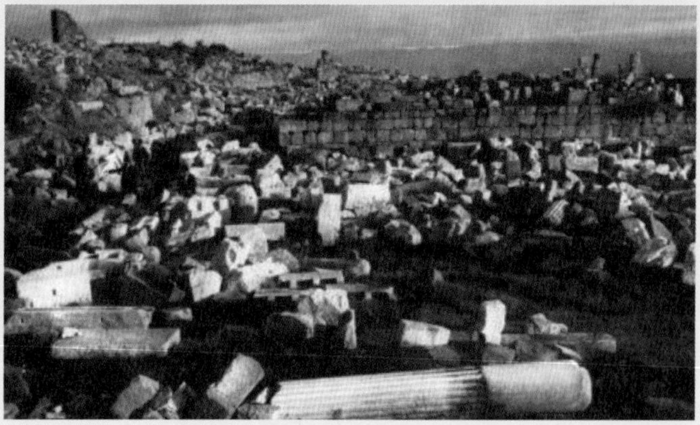

내가 관장으로 있는 무신(木心) 미술관 개관 특별전 때문에 2015년 7월에 사흘 정도 독일에 가서 니체 관련 전시물을 대여해왔다. 독일에 머무는 동안 페르가몬 박물관에 들렀다. 박물관은 증축 중이었는데, 돔형 지붕을 유리로 바꿔 조각상 위로 햇빛이 내리쬐게 할 예정이다. 증축 공사 기간은 4년으로 그동안 박물관은 문을 닫는다.

거인들의 싸움

앞에서 그림을 보는 두 가지 경험에 대한 클레멘테의 말을 전해드렸습니다. 첫째는 열심히 많이 보라는 것이고, 둘째는 많이 보다 보면 새로운 발견을 하게 된다는 것이었지요. 저는 그림을 보는 경험을 이렇게 이야기하겠습니다. 첫째, 그림을 보고 놀라거나 감동하는 경우입니다. 부팔마코의 〈죽음의 승리〉와 제가 특별히 좋아하는 수리코프의 그림이 그렇습니다. 둘째, 그림을 보고 넋이 나가거나 멍해지는 경우입니다. 〈천리강산도〉와 프라 안젤리코의 그림이 그렇습니다. 저는 산마르코 수도원에서 수도실에 들어서자마자 삽시간에 주변의 소리가 사라져버리던 기억이 생생합니다.

하나 더 있습니다. 감동하는 것도 멍해지는 것도 아닙니다. 그게 무엇인지 2천 년 전으로 돌아가서 고대 그리스의 조각을 살펴보기로 합시다. 저는 그리스에 간 적은 없습니다. 1994년 무신 선생님과 런던 대영박물관에 가서 파르테논 신전 전시관을 관람했지요. 파르테논 신전을 만든 조각가는 서기전 5세기의 그리스인 페이디아스Pheidias입니다. 무신 선생님은 전시관을 조용히 둘러보기만 하고 별 말은 하지 않았습니다. 반면 1984년 메트로폴리탄 미술관에서 아테네와 로마에서 빌려온 조각을 전시한 적이 있는데, 무신 선생님이 전시를 보고 와서 억울하다는 듯 이렇게 말했습니다.

"바닥에 누워서 밤낮없이 봐도 다 보지 못하겠더군."

무신 선생님은 무엇이든 정의 내리기를 좋아합니다. 작은 감각 하나에도 이름표를 붙이고, 멋진 말이 떠오르면 의기양양하게 입에 달고 삽니다. 그러나 고전음악을 들을 때나 고대 그리스 미술을 볼 때면 아무 말도 하지 않고 그저 얼떨떨해합니다. 그럴 때는 제가 선생님을 웃기려고 무슨 말을 해도 소용없지요. 무신 선생님이 프랑스 철학자 앙리 베르그송Henri Bergson이 말하는 '직관'을 설명하면서 이렇게 말한 적이 있습니다.

"고대 그리스의 조각을 볼 때나 바흐와 모차르트를 들을 때, 우리는 아무 말도 할 수가 없습니다. 더 무슨 말을 하겠습니까?"

하지만 인간은 말하는 것을 좋아하기 때문에 고대 그리스 조각을 묘사하는 말도 분명 있습니다. 중국의 유명한 미학자이자 문학평론가인 주광첸朱光潛은 '고요한 장엄함靜穆'이라고 고대 그리스 조각을 표현합니다. 사실은 이것도 주광첸이 서양에서 배운 표현으로, 제일 먼저 쓴 사람은 18세기 독일의 미술사가 요한 요하임 빙켈만Johann Joachim Winckelmann입니다. 1930년대, 주광첸은 유학에서 돌아와 이 '고요한 장엄함'을 다룬 글을 발표하면서 고대 그리스 조각은 "눈을 내리깔고 묵상에 잠긴 관음보살과 같다", "모든 근심과 기쁨을 사라지게 한다"고 표현했습니다. 그런 다음 4세기 말의 중국 시인 도연명陶淵明을 끌어들이며 그의 시는 "온통 고요한 장엄함으로 가득하기 때문에 위대하다"고 주장했지요.

루쉰은 그의 견해를 좋아하지 않았습니다. 주광첸의 글을 읽자마자 당장 반박하는 글을 썼습니다. 그는 고대 그리스와 도연명의 여러 가지 측면을 열거하면서 오로지 고요하다거나 장엄하다고 말할 수 없으며 다른 면이 있다고 주장했습니다. 그러면서 베이징에 사는 어느 시골 부자가 주나라 시대의 세발솥 정鼎을 구입했다는 이야기를 꺼냅니다. 부자는 반짝반짝 빛이 나게 닦아서 거실 가운데 두고 사람들에게 자랑스레 보여주었지요. 루쉰은 그 정을 보고 "놀라운 동시에 실소를 흘렸다"고 합니다. 그런 정은 한 번도 본 적이 없었던 거지요.[1] 그런 다음 루쉰은 진지하게 다음과 같이 말합니다.

---

1. 너무 깨끗하게 닦아놓아 골동품이라는 것을 알아보기 힘들 정도여서 우스웠다는 의미다.

주나라 때는 정鼎이 오늘날의 사발과 같았다. 사발을 영원히 씻지 않을 까닭이 없다. 그러니 주나라 때는 정을 깨끗이 씻어서 반짝반짝 빛나게 했을 것이다. 용어를 바꿔서 말하자면, 당시의 정은 고요하고 장엄하기보다는 열렬했다.

이어 루쉰은 그 일로 인해 고미술을 평가하는 눈이 바뀌었다고 밝힙니다.

고대 그리스 조각을 예로 들어보겠다. 나는 고대 그리스 조각이 지금은 순박함만 남았다고 생각한다. 이유는 다음과 같다. 첫째, 오랫동안 흙 속에 묻혔거나 비바람에 시달려 광택이 사라지고 여기저기 닳았다. 둘째, 조각한 당시에는 분명 깨끗하고 빛나는 작품이었을 것이다. 그러니 우리가 지금 보고 있는 그리스의 아름다움이란 당시 그리스 사람들이 생각한 아름다움이 아니다. 우리는 지금 보이는 것 외에 또 다른 측면을 추측해내야 한다.

저는 졸업논문을 쓰기 위해 주광첸이 쓴 《서양미학사西方美學史》를 읽었습니다. 지금은 그 책의 내용을 다 잊었지요. 그러나 루쉰의 글 〈제목을 정하지 못한 초고'題未定'草〉는 아직도 기억하고 있습니다. 저는 2009년 터키 이스탄불 박물관에서 알렉산드로스대왕의 석관을 보았습니다. 하얗게 빛나는 석관은 2천 년이라는 시간을 포장지처럼 두르고 있는 듯했습니다. 석관 옆에 동일한 크기의 복제품이 놓여 있었는데, 복제품에는 빨강, 노랑, 파랑 등 당시의 안료를 칠했더군요. 관람객에게 처음 만들었을 때의 그리스 조각은 '이토록 새로운 물건'이었음을 보여주는 것입니다. 그걸 보자 바로 루쉰의 글이 떠올랐습니다.

우리가 자주 보는 고대 그리스 조각은 유명한 작품 몇 점입니다. 비너스, 아폴론, 승리의 여신, 원반 던지는 남자, 발에 박힌 가시를 빼는 소년 등등이죠. 주광첸이 한 말이 완전히 틀린 것은 아닙니다. 다만 위대한 '고요' 외의 또 다른 고대 그리스도 있음을 이야기하고 싶은 겁니다. 그게 바로 독일 사람들이 터키 페르가몬 유적지에서 옮겨온 대형 군상 조각 기간토마키아Gigantomachy, 즉 '거인들의 싸움'이라 불리는 작품으로 서기전 2세기에 만들어졌습니다. 중국 역사로 따지면 진나라 말, 한나라 초쯤 되지요.

터키를 이야기하자니 중국인들은 유럽과 서아시아의 역사를 이해하기 힘들 거라는 생각이 듭니다. 중국은 일찍이 통일국가를 이뤘습니다. 이민족이 침략해도 그들에게 합병되어도 왕조가 몇 번 바뀌어도 중국의 영토는 큰 변화가 없습니다. 터키에 갔더니 그곳은 역사적으로 네 개의 나라를 거쳤다고 하더군요. 터키의 서부 지역은 3천 년간 차례로 고대 그리스, 로마제국, 동로마제국, 오스만제국의 영토였습니다. 그 후 지금까지는 터키입니다.

오늘날 에게해를 사이에 두고 동쪽은 터키, 서쪽은 그리스입니다. 중국이 공자와 노자의 시대일 때, 그리스는 역대 최대의 영토를 자랑했지요. 터키의 서쪽 해안에는 당시의 그리스 성곽이 남아 있습니다. 제가 갔던 에페수스 도시 유적에는 도처에 고대 그리스 건축 양식의 거대한 기둥이 쓰러져 있고 아테네의 것과 비슷한 도서관도 보였습니다. 예수의 어머니 성모마리아가 만년을 에페수스에서 보냈다고 하며, 서기전 6세기의 고대 그리스 철학자이자 변증법의 창시자 헤라클레이토스Heracleitos도 에페수스 출신이라고 합니다. 그는 "똑같은 강물에 두 번 들어갈 수는 없다"는 명언을 남겼지요.

이 도시는 로마제국에 의해 멸망했습니다. 18~19세기 유럽에서는 고고학이 번성해 영국인과 프랑스인은 이집트와 둔황에 가서 많은 유물을 가져갔습니다. 독일인은 터키의 황야에서 페르가몬 석조군을 발견해 그것들을 전부 베를린으로 옮겼습니다. 대영박물관의 파르테논 신전 전시관은 19세기 초에 만들어졌는데, 100년 후에 독일인들이 이를 모방하여 베를린에 페르가몬 박물관을 지은 것입니다. 페르가몬 박물관을 만든 독일인들은 이탈리아에서 전문가를 모셔와

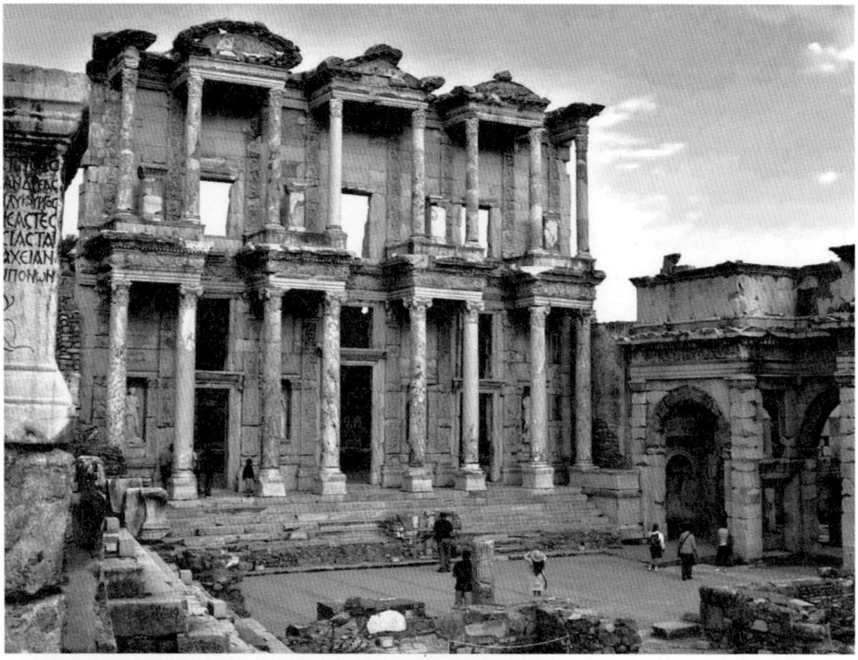

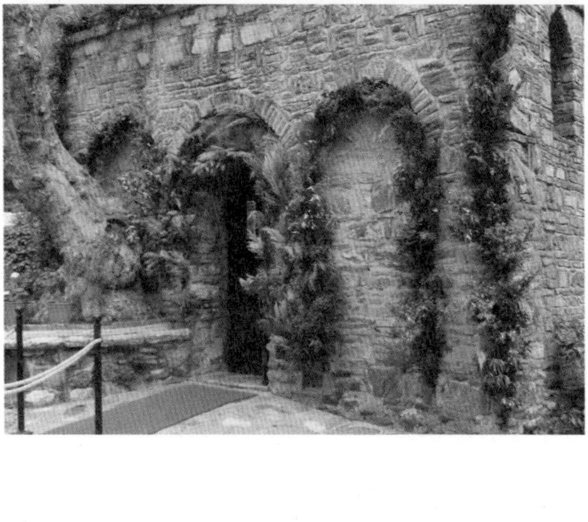

상_ 에페수스 유적의 켈수스 도서관
하_ 에페수스 유적의 성모마리아 옛집

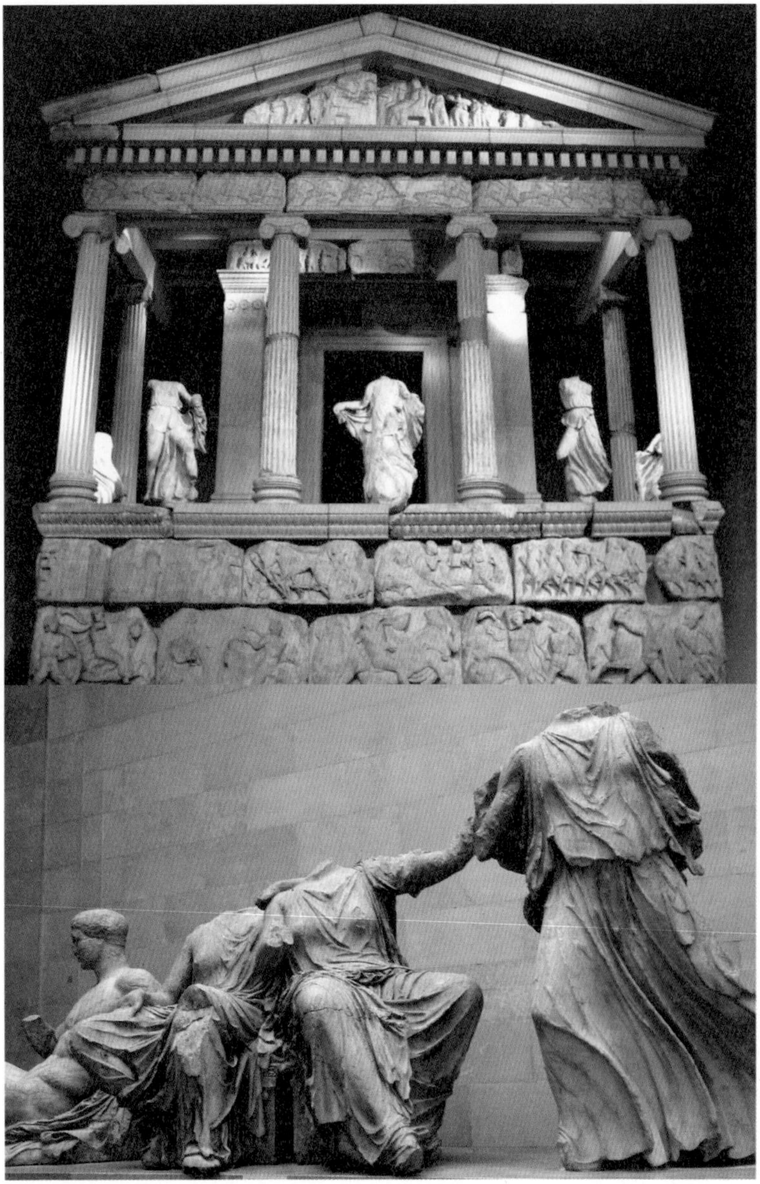

대영박물관 파르테논 석조

부서진 석상들을 세심히 복원했습니다. 1901년 개관한 박물관은 9년 후 철거하고 더욱 거대한 전시관을 지어 1930년에 다시 문을 열었습니다.

1945년, 베를린이 함락되자 소련군이 독일이 소장하고 있던 문화재와 예술품을 전리품으로 가져갔습니다. 그때 페르가몬 유적지의 조각들도 가져갔다가 14년 후인 1959년에 흐루쇼프Khrushchyov 정부가 들어서면서 서독에 돌려주었습니다.

몇 년 전에 상트페테르부르크 공예미술대학에 갔다가 페르가몬 군상 조각의 실물 크기 복제품을 본 적이 있습니다. 진품과는 비교할 수 없었지요.

인류 사회는 무기를 포함해 여러 면에서 진보했는지 모르지만, 예술은 진보라는 것이 없는 분야입니다. 2차 세계대전의 잔혹성은 고대 그리스 전쟁의 수만 배입니다. 그러나 고대 그리스 조각가의 담력과 기백은 유럽 조각가들보다 수만 배 강합니다. 진정한 예술가는 스스로 알고 있습니다. 한 기자가 프랑스 조각가 오귀스트 로댕Auguste Rodin을 렘브란트에 비유했습니다. 로댕은 그의 말을 막으면서 이렇게 말했습니다. "그는 예술을 지탱하는 기둥입니다. 제가 어떻게 그와 견주겠습니까!" 또 어떤 이가 영국의 현대 조각가 헨리 무어Hennry Moore에게 그의 작품에서는 고대 그리스 조각의 균형감이 느껴진다고 칭찬했습니다. 무어도 당장 그를 말렸습니다. "그럴 리가요! 저를 어떻게 고대 그리스인과 비교할 수 있습니까?"

저는 로댕도 무어도 좋아하지 않습니다. 하지만 그들이 자기 분수를 잘 알고 있었던 점만큼은 존경합니다. 저는 페르가몬 박물관에 처음 갔을 때 이런 생각을 했습니다. '아이코, 여기에 비하면 미켈란젤로는 꼬마 동생에 불과하군! 그가 페르가몬 군상 조각을 봤다면 자신의 능력을 한탄했겠지!'

이탈리아의 조각 거장 미켈란젤로가 스물나섯 살에 만든 〈다비드〉에서는 신성이 아닌 인성에 대한 깨달음, 총기聰氣 같은 것이 느껴집니다. 그런 깨달음은 고대 그리스 사람들에게는 낯선 것일 테지요. 가톨릭이 아니었던 고대 그리스에서 신이 아닌 인간을 깨닫게 될 일은 없으니까요. 《자본론》을 쓴 칼 마르크스Karl Marx는 고대 그리스를 인류의 아동기라고 불렀습니다. 고대 그리스 사람들은 타고나기를 어린아이였다는 것입니다. 오늘날의 인류와 비교하면 고대 그리스 사람들은 건장한 남자든 노인이든 다 어린아이와 같습니다. 최근 몇 년 사이에 제 동생이 딸 하나, 아들 하나를 얻었는데 아이들은 끝도 없이 뛰어놉니다. 집 안을 마구 뛰어다니고 어른 몸에 기어오르지요!

프라 안젤리코의 벽화가 다른 회화를 잊게 한다면, 거대한 페르가몬 제단의 석조는 고요한 그리스를 잊게 합니다. 소크라테스, 플라톤, 아리스토텔레스가 아닌 호메로스의 서사시를 떠올리게 하고, 독일 철학자 니체Nietzsche도 떠오릅니다. 니체는 1900년에 세상을 떠났습니다. 사망하기 전 10년간은 실성해 멀쩡한 의식이 없었지요. 그가 죽고 일 년 뒤에 페르가몬 박물관이 개관했으니 페르가

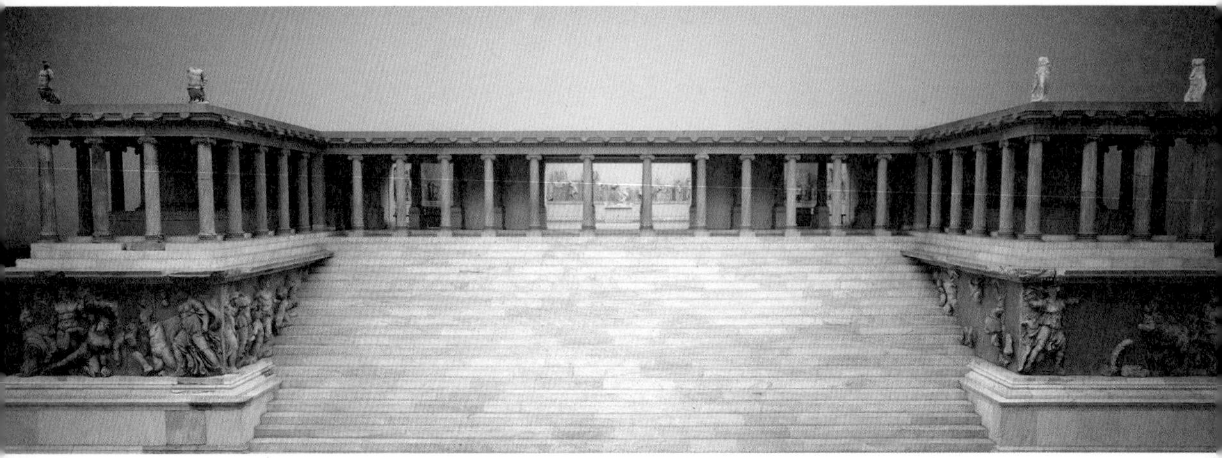

페르가몬 제단의 석조

몬 제단의 석조를 보지 못했습니다. 만약 보았다면 어땠을까요? 어떻게 생각하고, 어떻게 썼을까요?

높이 100미터가 넘는 거대한 제단 석벽에서 우리가 보는 것은 승리도 패배도 아니고, 철학도 시도 아니며, 숙연함도 깊은 사색도 아닙니다. 거기엔 온통 사람과 사람의 박투, 사람과 짐승의 박투로 가득합니다. 사실은 조각가와 거대한 돌덩이의 박투인지도 모릅니다. 거대한 구렁이의 목구멍을 붙잡은 알몸의 남자와 수사자의 등에 올라탄 씩씩한 여자가 보입니다. 온몸이 근육인 미남자가 여신의 머리카락을 움켜잡고 있습니다. 다들 서로 뒤엉켜서 꼼짝달싹 못 합니다. 수염을 기르고 손에 방패를 든 용사는 바닥에 쓰러져 숨이 끊어져가는 모습입니다…. 이게 바로 고대 그리스입니다.

고대 그리스 이전의 인류는 조각을 막 배우기 시작한 단계였고, 고대 그리스 이후의 인류는 이 정도로 뼈의 생김새와 근육의 움직임을 장악하지 못합니다. 오직 고대 그리스인이 만든 페르가몬 제단의 석조만이 이런 맹렬한 동작 속에서 머리, 목, 팔, 허리, 엉덩이, 다리, 아킬레스건까지 신체 모든 부분의 놀랍고 아름다운 순간을 잡아냈습니다.

2천 년 전의 그리스인들이 어떻게 이런 일을 해냈는지 모르겠습니다. 페르가몬 박물관 안에 페르가몬 도시의 모형이 있는데, 거인들과 신들의 싸움이 조각되어 있는 제단 아래로 그리스 시민이 오고 가는 모습이 만들어져 있습니다. 그들은 매일 거인과 신, 거인과 구렁이가 싸우는 모습을 보았겠지요. 그때의 페르가몬 제단은 새파란 하늘을 등지고 태양빛을 받고 서 있었을 겁니다. 루쉰이 상상한 것과 꼭 같이 참신하고 멋지며 빛이 났겠지요.

루쉰은 서양에 한 번도 가본 적이 없습니다. 고대 그리스 조각에 원래 색이 입혀져 있었다는 것을 몰랐을 텐데도 그의 직감이 참으로 놀랍습니다.

페르가몬 도시가 한창 융성하던 때는 중국의 진나라 말, 한나라 초에 해당합니다. 박물관 내부에는 도시의 폐허 사진도 전시되어 있는데 제단 조각의 일부가 추락한 비행기의 유해처럼 황야에 널려 있습니다. 대부분이 풀과 진흙으로 덮였지요.

고대 그리스의 신화와 철학은 세계적으로 널리 영향을 미쳤으니 제가 더 말하지 않아도 될 것입니다. 조각가로는 서기전 5세기의 페이디아스가 가장 유명하고, 페이디아스 이후로 걸출한 조각가가 일곱 명 더 있다고 합니다. 페르가몬 제단의 제작을 기획하고 이끈 사람은 일곱 명의 조각가 가운데 연대가 가장 늦은 사람이라지요. 페이디아스 이후로 그리스 조각의 기운은 300년을 이어갔습니다. 페르가몬 제단을 만든 조각가에 이르러서도 여전히 힘이 가득하고 패기가 넘쳤다는 것이 참 놀랍습니다. 제단을 전부 그 조각가 혼자서 만들었을까요? 만약 그랬다면 정말 무서운 일입니다. 여러 조수와(분명히 다들 소년이었을 겁니다) 공동으로 조각했다손 쳐도 모든 조각상과 각 부분, 조그만 조각 하나까지도 완벽하게 통일되고 실력의 고하를 가늠할 수 없는 것은 기적이라고 할 만합니다.

페르가몬 제단이 제작되던 시기에 중국에서는 진시황의 병마용이 만들어졌습니다. 이 둘을 비교할 수 있을까요? 비교해야 할까요? 어떻게 비교해야 할까요? 또다시 저 자신을 일깨웁니다. 각각의 문명과 민족에는 자신의 예술이 있으며 함부로 비교해서는 안 됩니다. 진나라도 위대하고 그리스도 위대하고 이집트도 위대합니다. 이들은 서로를 몰랐고 만난 적도 없습니다. 강하고 호방한 예술은 타인을 알지 못하고 신경도 쓰지 않습니다.

그래도 현대인들은 비교하지 않을 수가 없습니다. 현대의 지식은 비교하는 지식이고 우리는 모르는 것이 없는 시대를 살고 있습니다. 뭐든지 볼 수 있지요. 그래서 마지막으로 '문제'를 던져보겠습니다. 고대 그리스 조각과 고대 이집트 및 바빌론의 조각은 어떻게 비교해야 할까요? 무신 선생님은 자기 자신을 "역방향의 이상주의자"라고 말했습니다. 역방향이란 시간을 거슬러 고대로 돌아간다는 뜻입니다. 이집트와 바빌론의 조각은 페르가몬 제단의 석조보다 1천 년에서 몇 백 년은 앞서 있습니다.

여기까지 하겠습니다. 다만, 고대 이집트와 바빌론, 진시황의 병마용은 무덤의 예술입니다. 고대 그리스의 조각만이 인간의 예술이지요. 이것도 무신 선생님의 말입니다만, 신과 인간의 비례는 고대 그리스가 가장 훌륭합니다.

다시 '문제'가 나옵니다. 박물관의 페르가몬 제단 앞에 서면 2천 년도 넘은 조각들과 전시실에 가득한 현대의 관람객이 동시에 눈에 들어옵니다. 저는 이런 생각이 들었습니다. '지금 이곳에는 고대와 현대, 두 세계가 있는데 양쪽의 비율이 얼마일까? 그것은 인간과 인간의 비율인가, 아니면 인간과 신의 비율인가?'

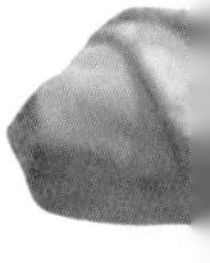

고귀한 단순함, 고요한 위대함. _빙켈만

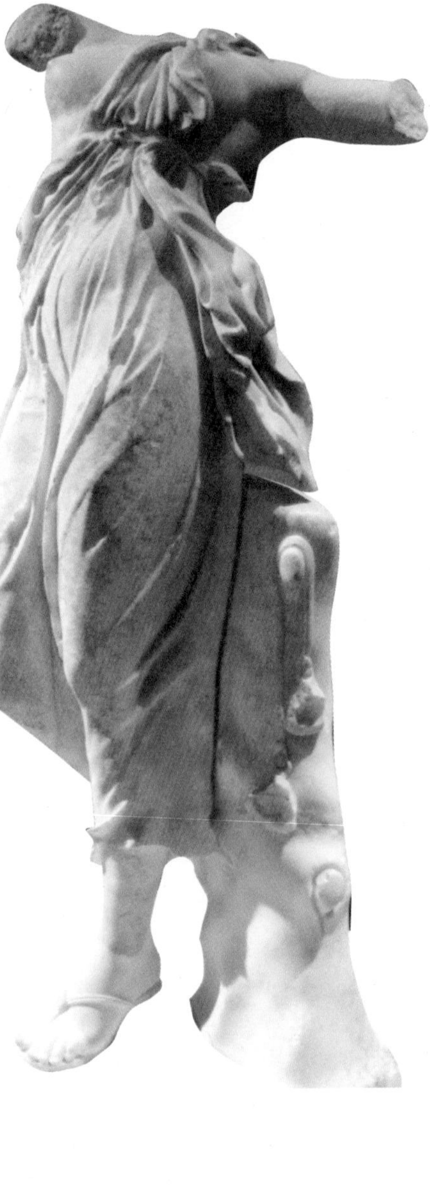

여기서 말하는 '고요한 장엄함'은 자연히 그저 최고의 이상적 경지이며, 일반적인 시(詩)에서 찾을 수 있는 것이 아니다. 고대 그리스, 특히 고대 그리스의 조형예술은 자주 우리에게 이런 숙연한의 멋을 느끼게 한다. 숙연함이란 활짝 열려 깨닫는 것이고 신봉하는 마음을 얻는 것이다. 이 것은 눈을 내리깔고 묵상하는 관음보살에 비할 수 있으며 모든 근심과 기쁨을 뛰어넘는다. 동시에 모든 근심과 기쁨을 사라지게 한다. 이러한 경지는 중국 시에서도 쉽게 찾아볼 수 없다. 중국 옛 시인 가운데 굴원(屈原), 완적(阮籍), 이백(李白), 두보(杜甫)는 눈을 부릅뜬 금강역사처럼 불의에 화를 내는 듯한 면을 지우기 어렵다. 도잠(陶潛, 도연명)은 온통 숙연함으로 가득하니, 그래서 그가 위대한 것이다. _주광첸

고대 그리스 조각을 예로 들겠다. 나는 고대 그리스 조각이 지금은 순박함만 남았다고 생각한다. 이유는 다음과 같다. 첫째, 오랫동안 흙 속에 묻혔거나 비바람에 시달려 광택이 사라지고 여기저기 닳았다. 둘째, 조각한 당시에는 분명 깨끗하고 빛나는 작품이었을 것이다. 그러니 우리가 지금 보고 있는 그리스의 아름다움이란 당시 그리스 사람들이 생각한 아름다움이 아니다. 우리는 지금 보이는 것 외에 또 다른 측면을 추측해내야 한다. _루쉰

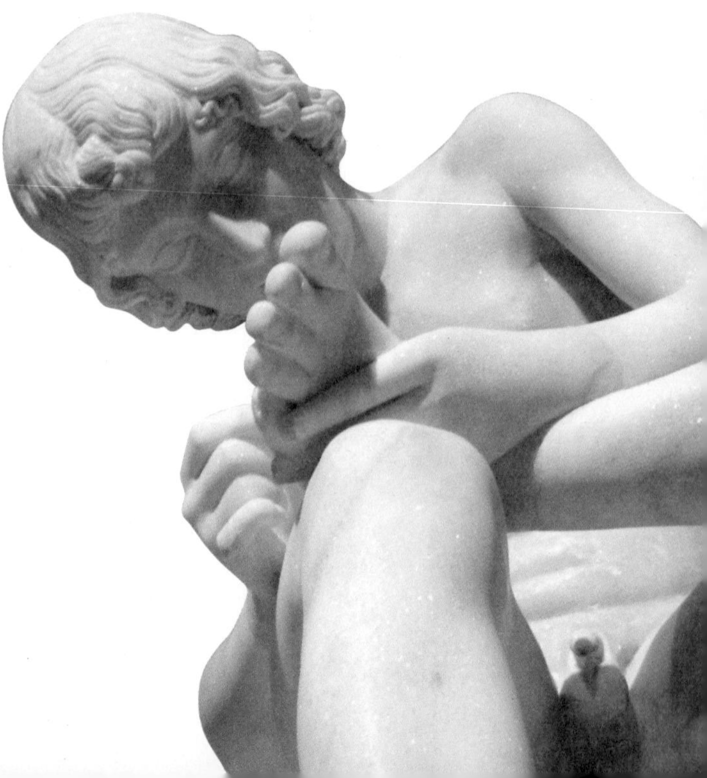

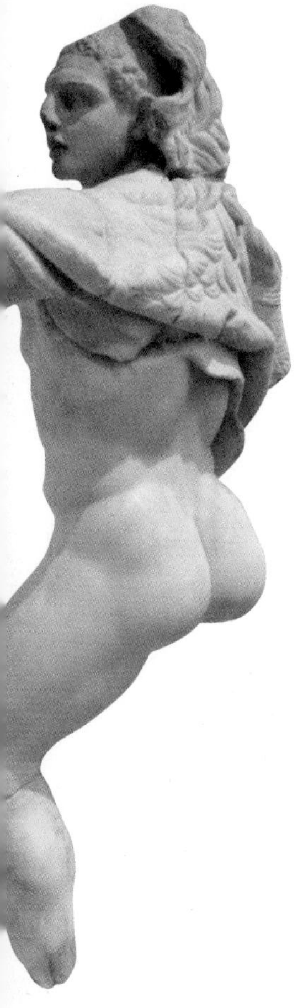

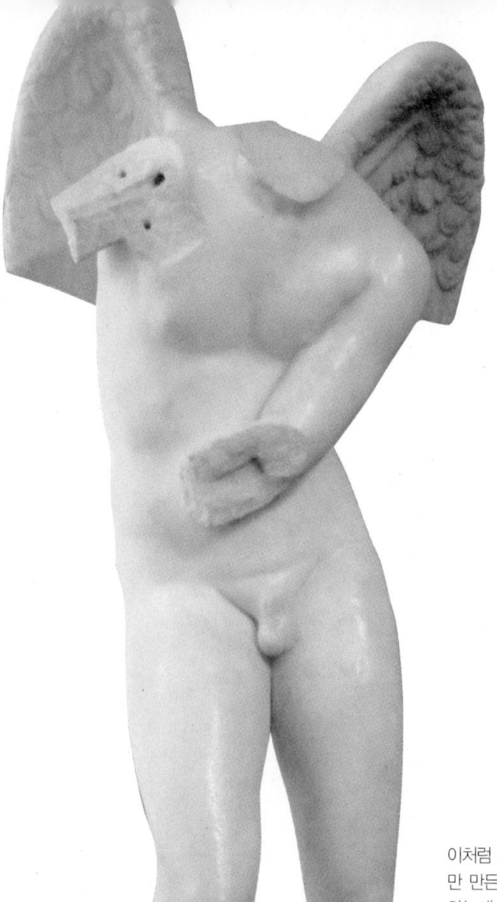

이처럼 고요하고 장엄한 조각을 오직 고대 그리스 사람들만 만든 것은 아니다. 로마 사람들이 복제한 것도 있다고 하는데, 페르가몬 제단의 석조는 확실히 서기전 200년의 진짜 그리스 작품이다.

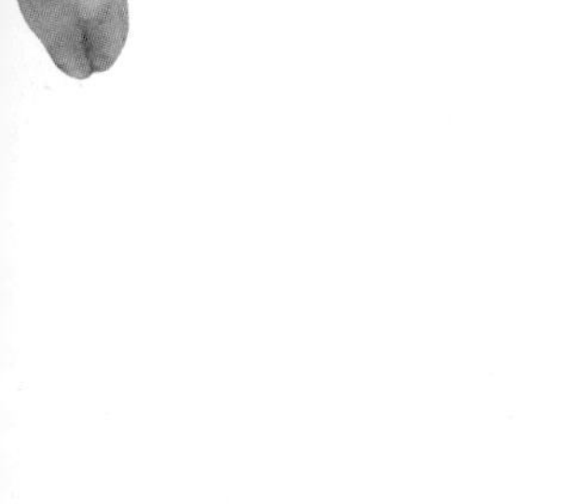

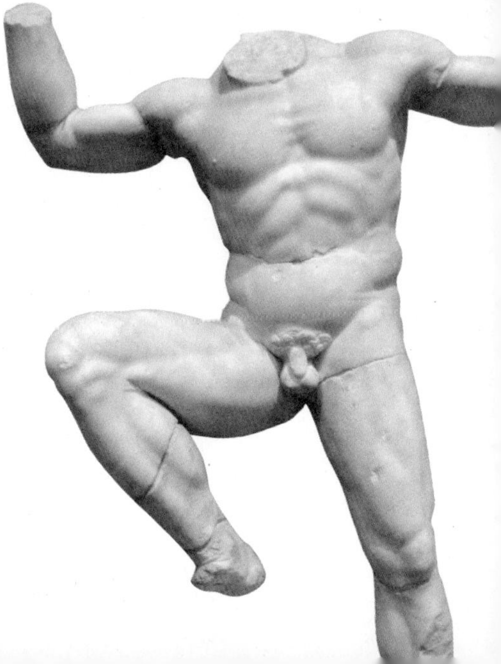

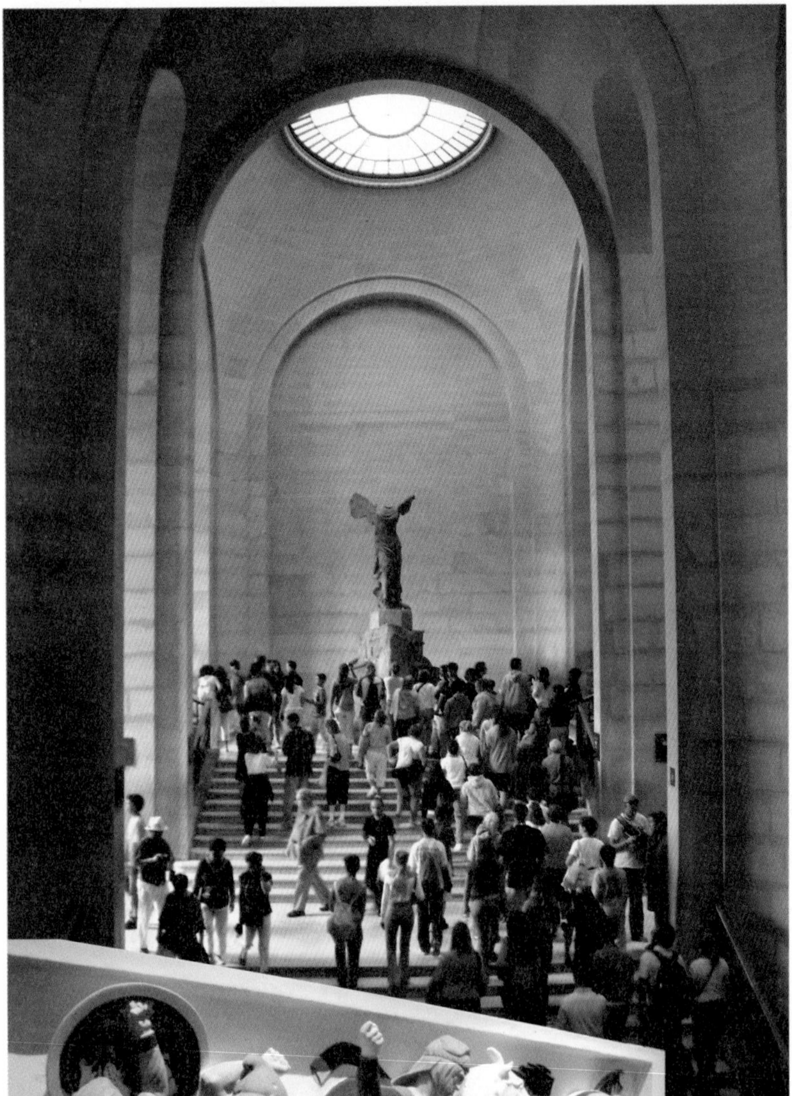

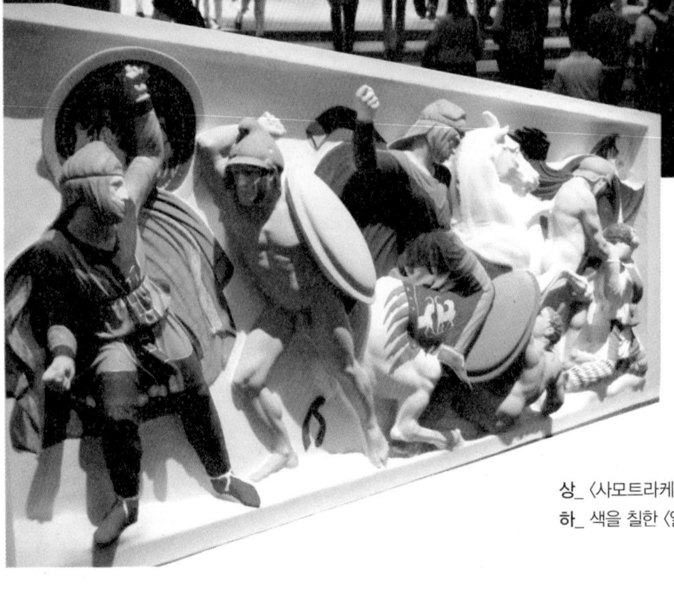

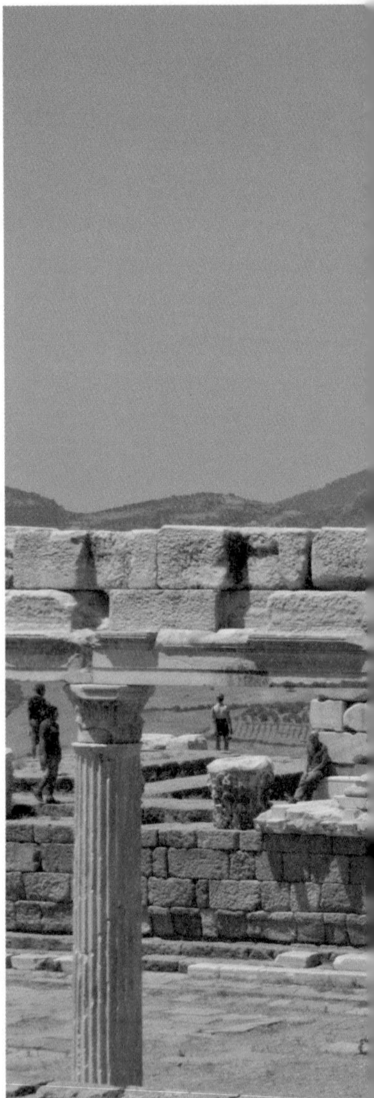

상_ 〈사모트라케의 니케〉, 서기전 190년경, 루브르 박물관, 파리
하_ 색을 칠한 〈알렉산드로스의 석관〉의 복제품

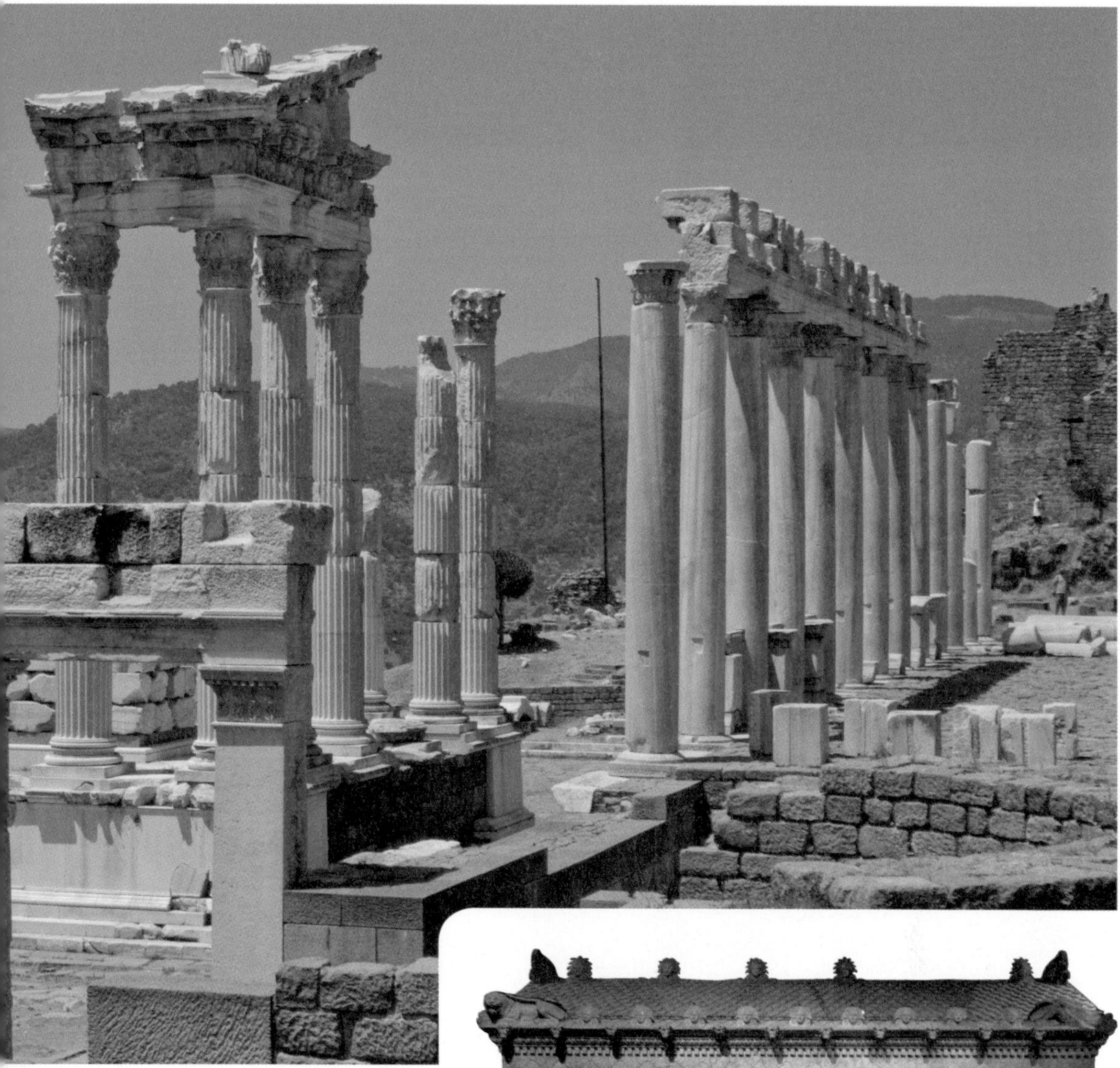

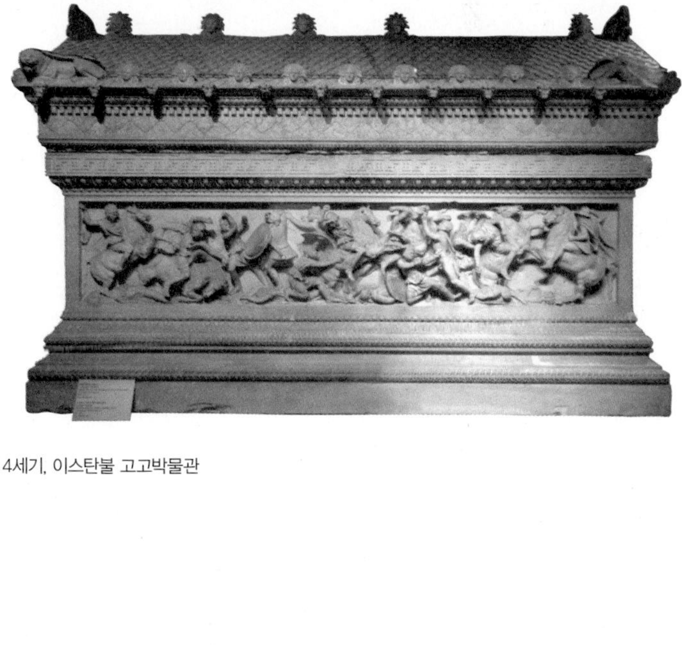

상_ 터키 페르가몬 유적지
하_ 〈알렉산드로스의 석관〉, 서기전 4세기, 이스탄불 고고박물관

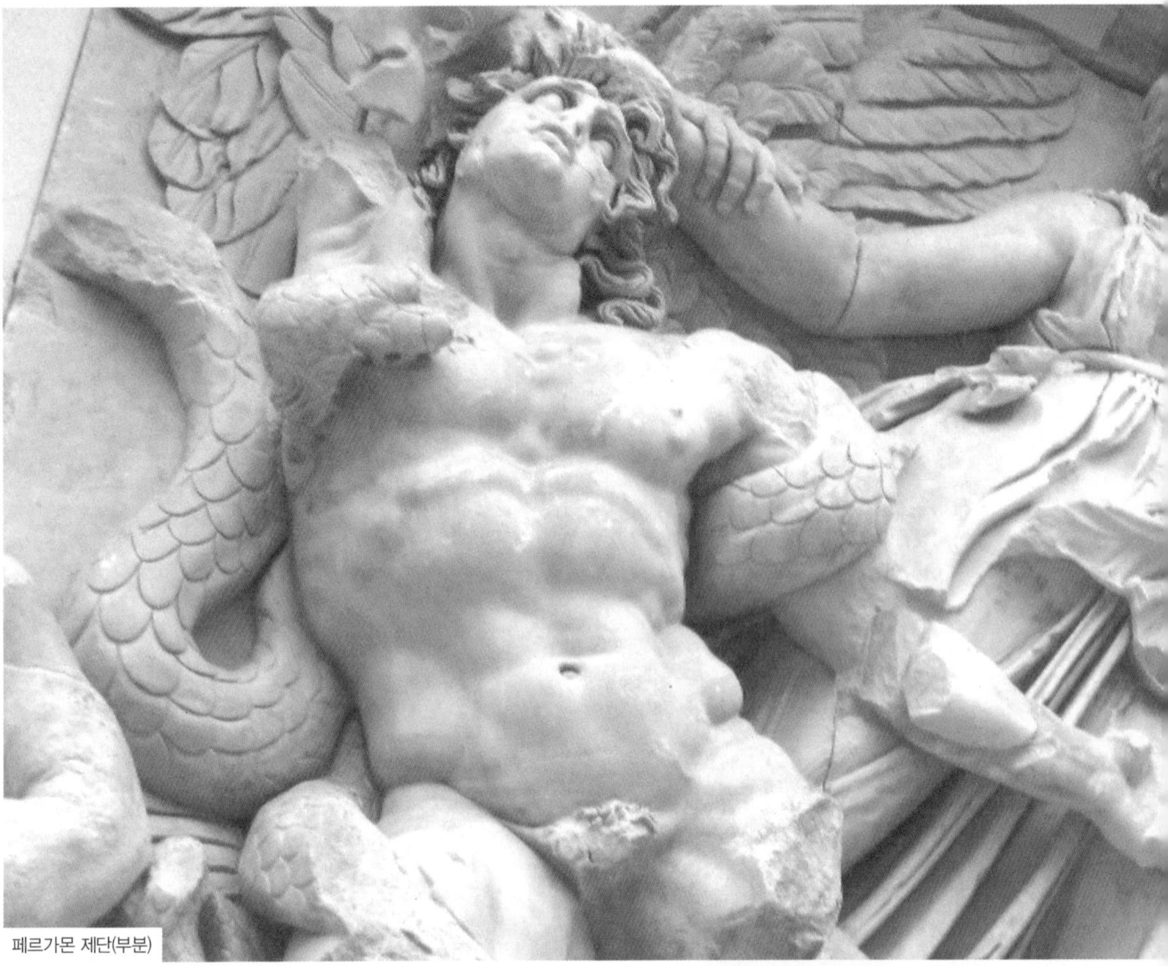

페르가몬 제단(부분)

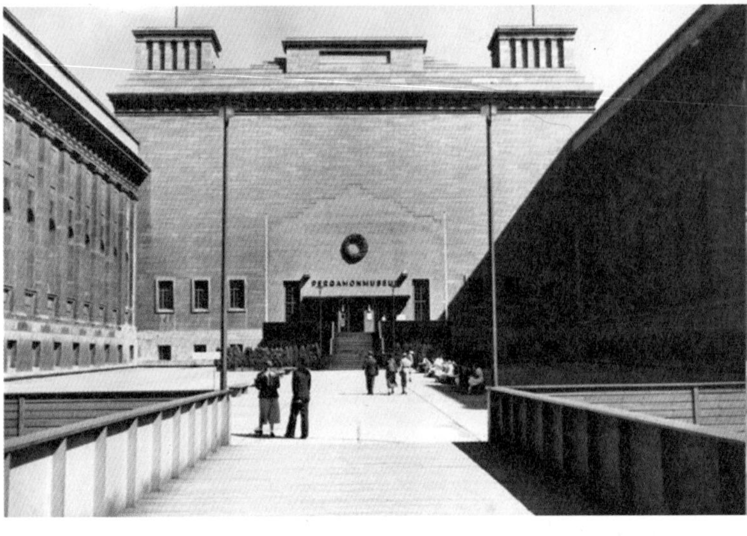

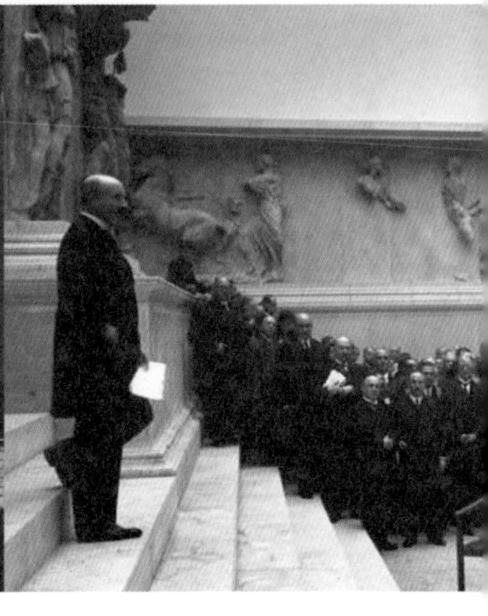

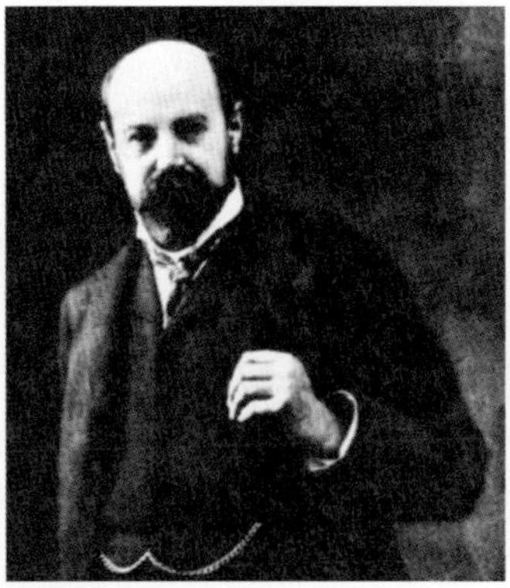

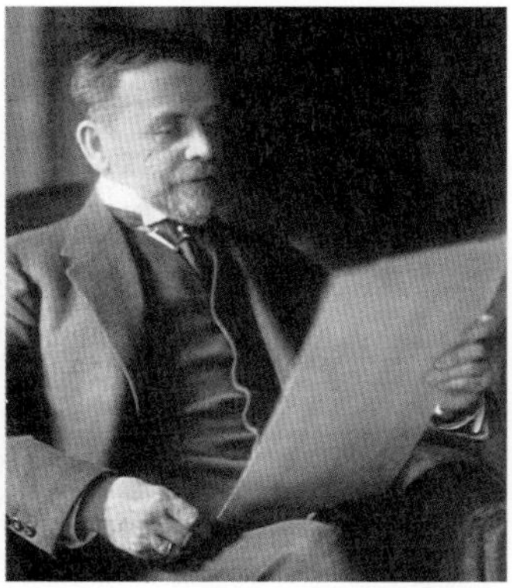

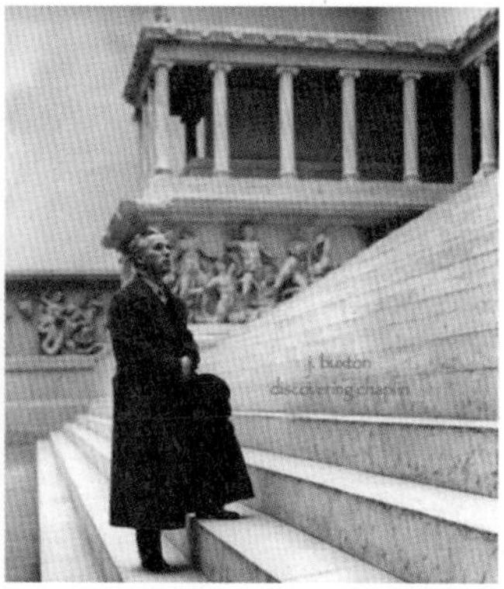

페르가몬 박물관의 설계를 주도한 건축가 알프레트 메셀(Alfred Messel, 좌)과 루트비히 호프만(Ludwig Hoffmann, 중앙) 그리고 페르가몬 박물관을 찾은 배우이자 영화감독인 찰리 채플린(Charles Chaplin, 우)

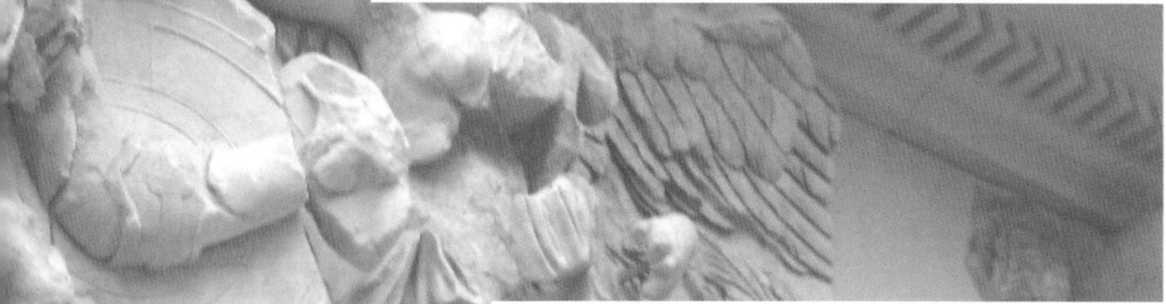

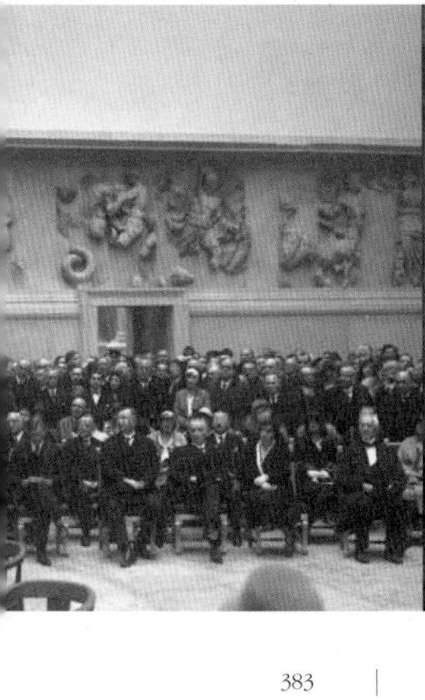

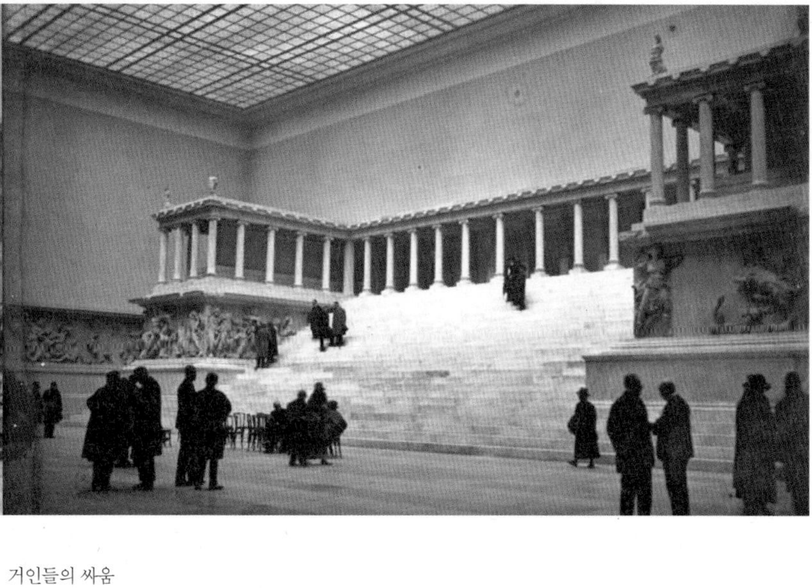

좌_ 1930년대 페르가몬 박물관
중앙_ 독일 국립박물관 관장이 페르가몬 박물관 개관식에서 연설하고 있다. 1930년
우_ 1932년 페르가몬 박물관 내부에 전시된 페르가몬 제단

페르가몬 석조군 앞에 모인 독일인들은 몇 년 후에 독일이 또 전쟁에 패배하고 베를린이 거의 무너질 지경이 될 줄은 몰랐을 것이다. 당시의 사진을 본 적 있는데, 도시 전체가 폐허로 변해 거의 평지가 되어 있었다. 페르가몬 조각상들은 다행스럽게도 훼손되지 않았으니, 폭탄들이 예술품은 피해간 듯하다.

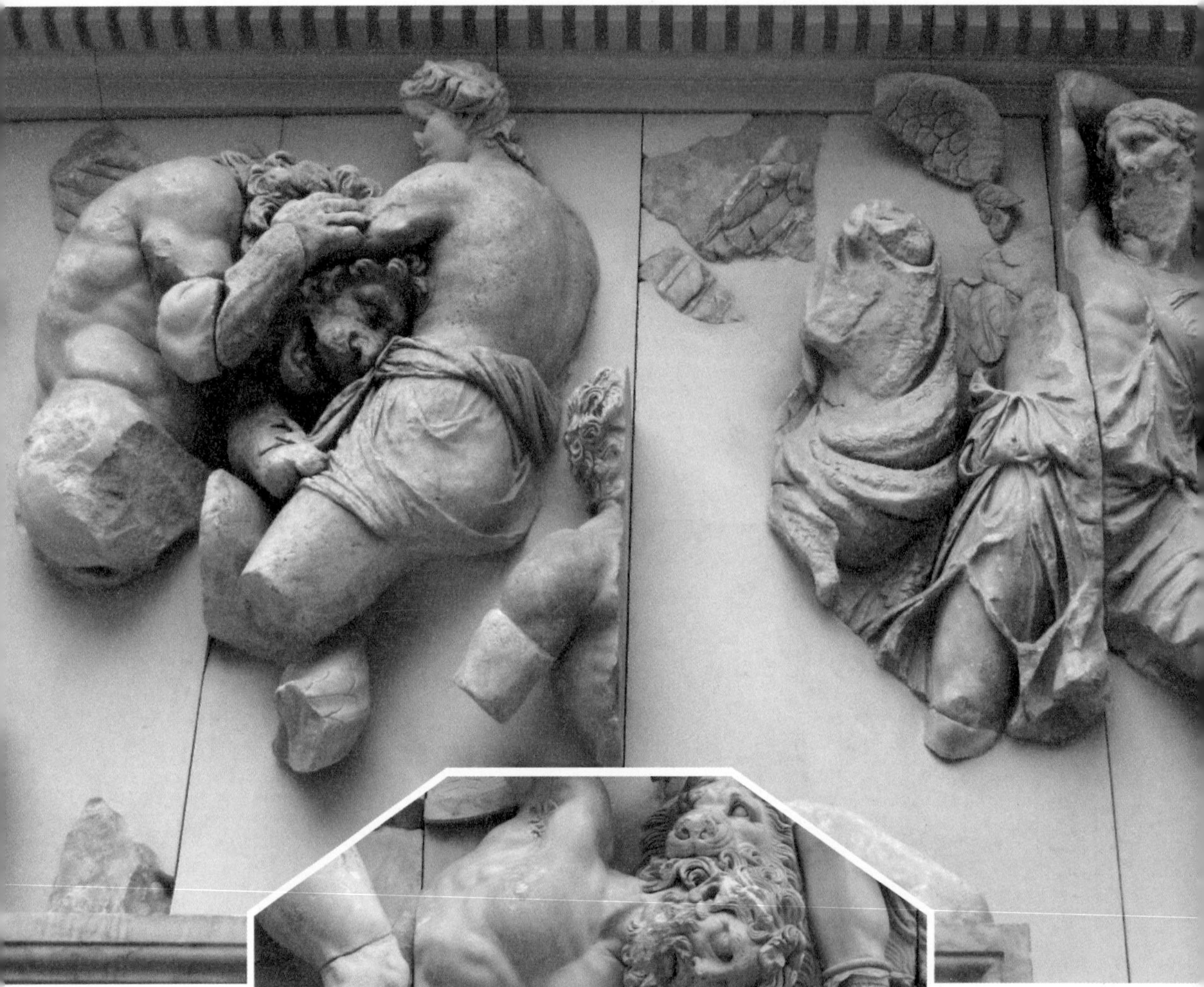
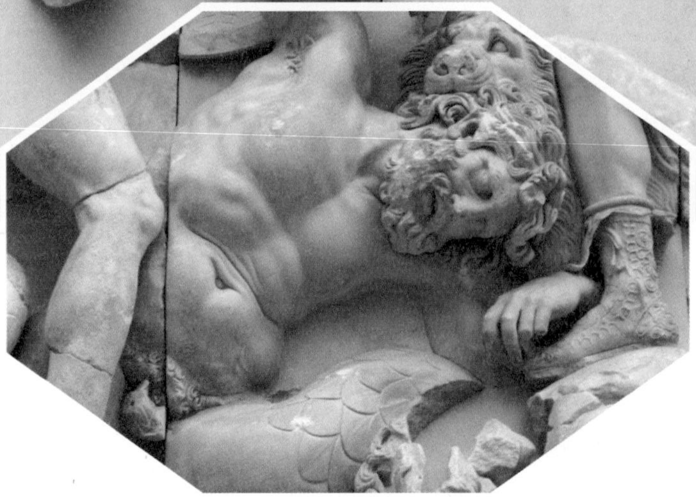

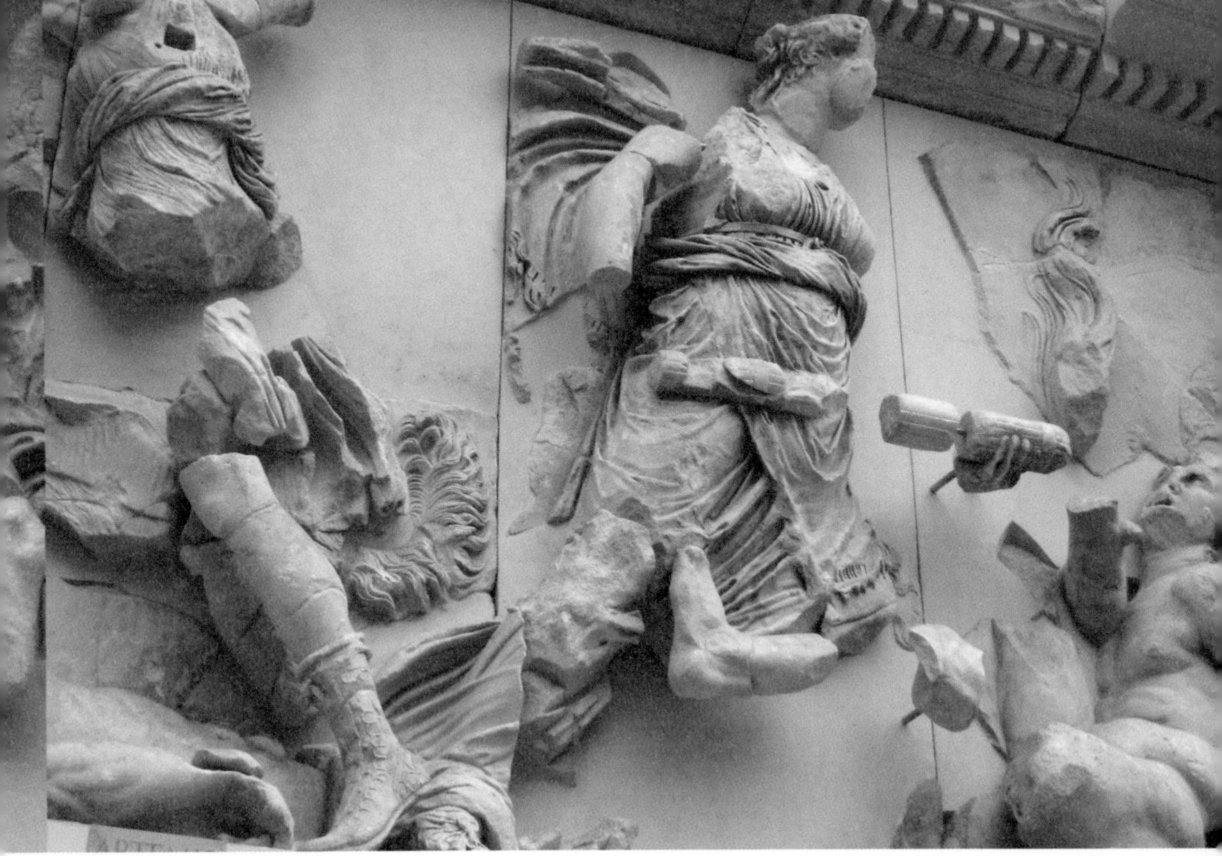

페르가몬 제단의 석조군(부분), 서기전 2세기, 페르가몬 박물관, 베를린

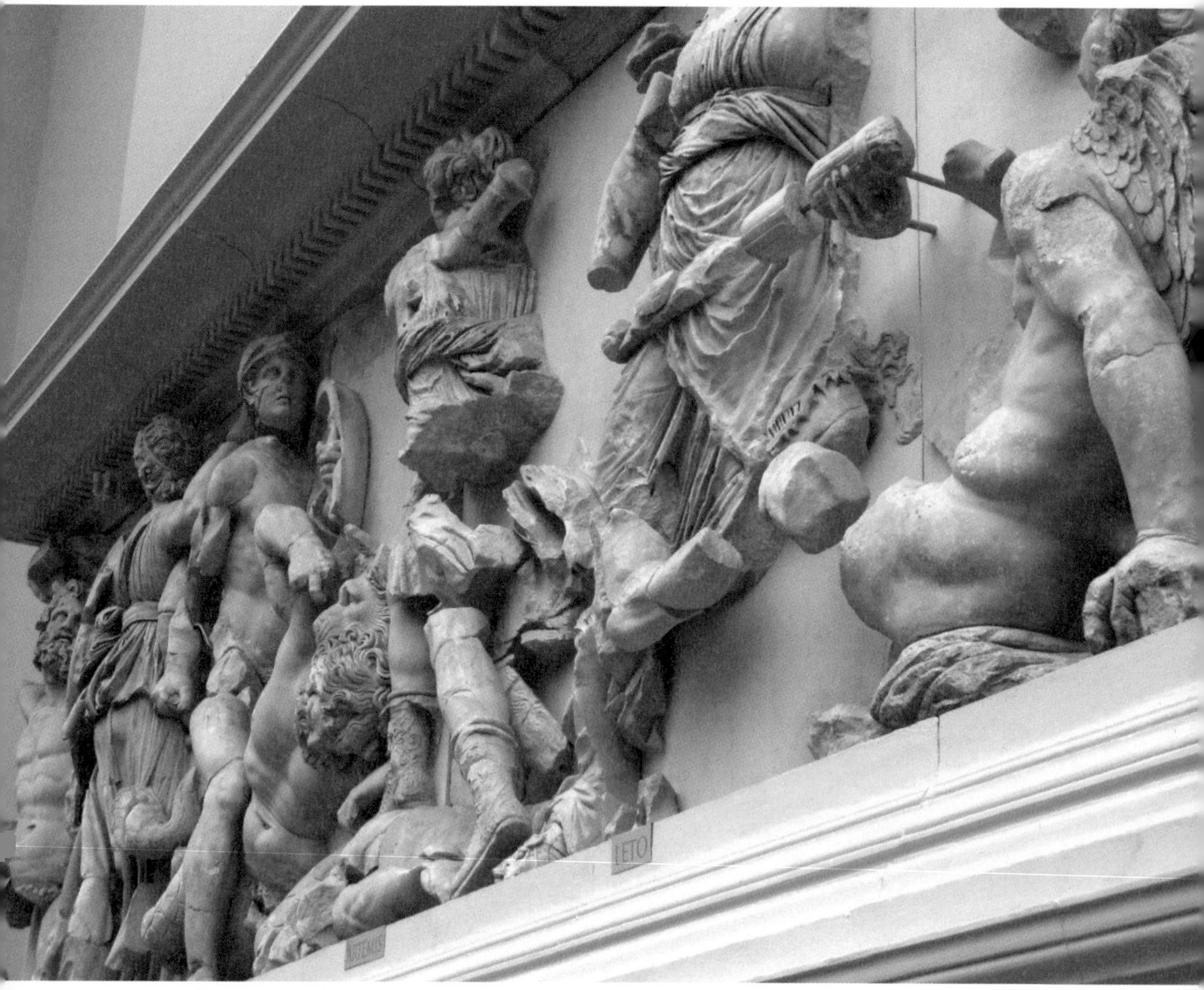

페르가몬 제단의 석조군(부분)

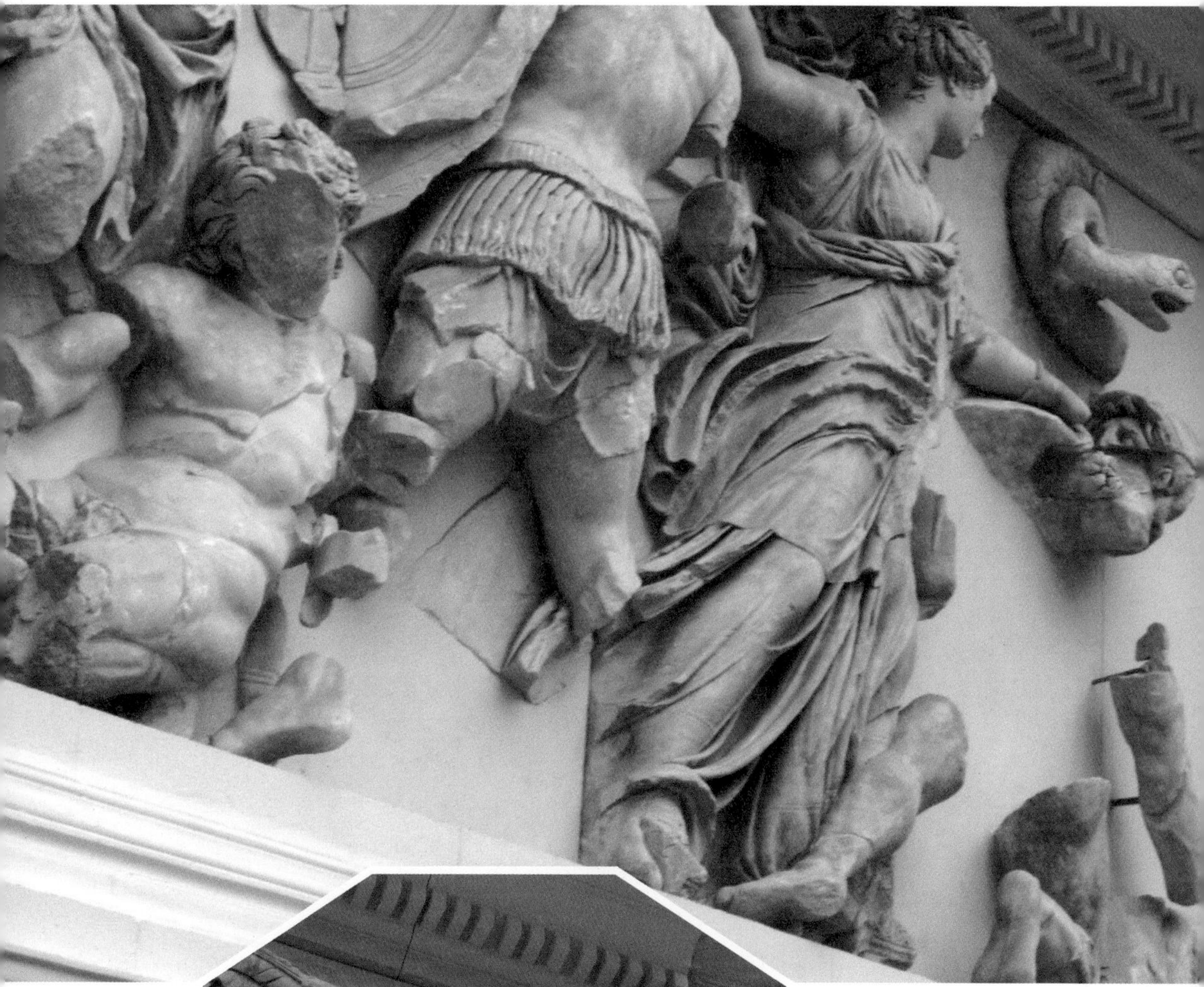

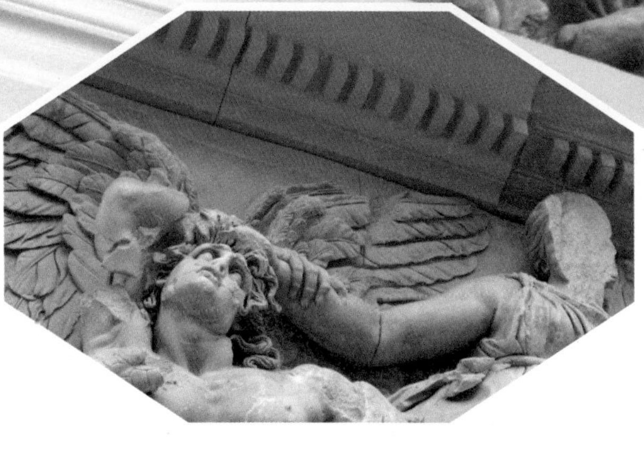

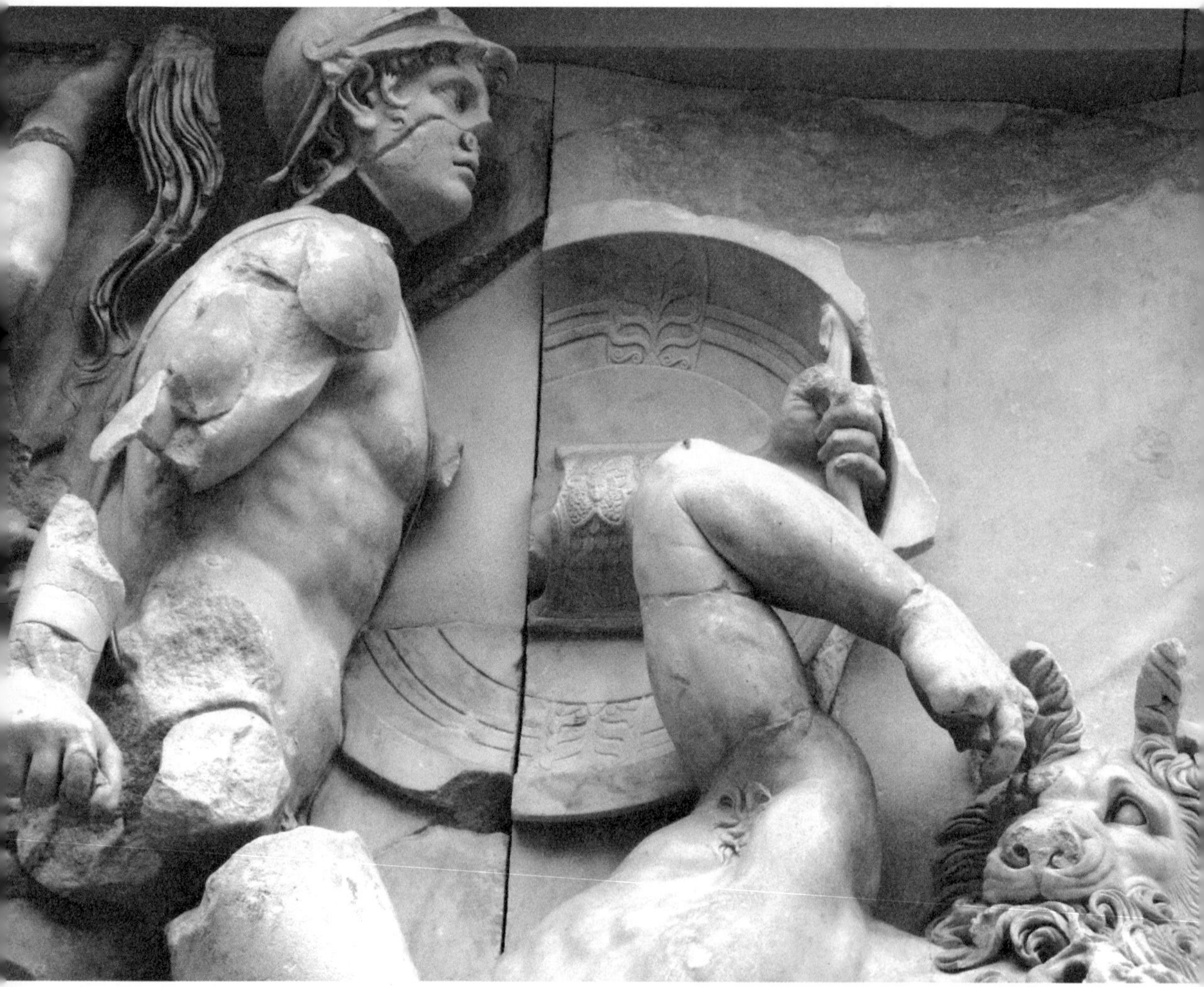

페르가몬 제단의 석조군(부분)

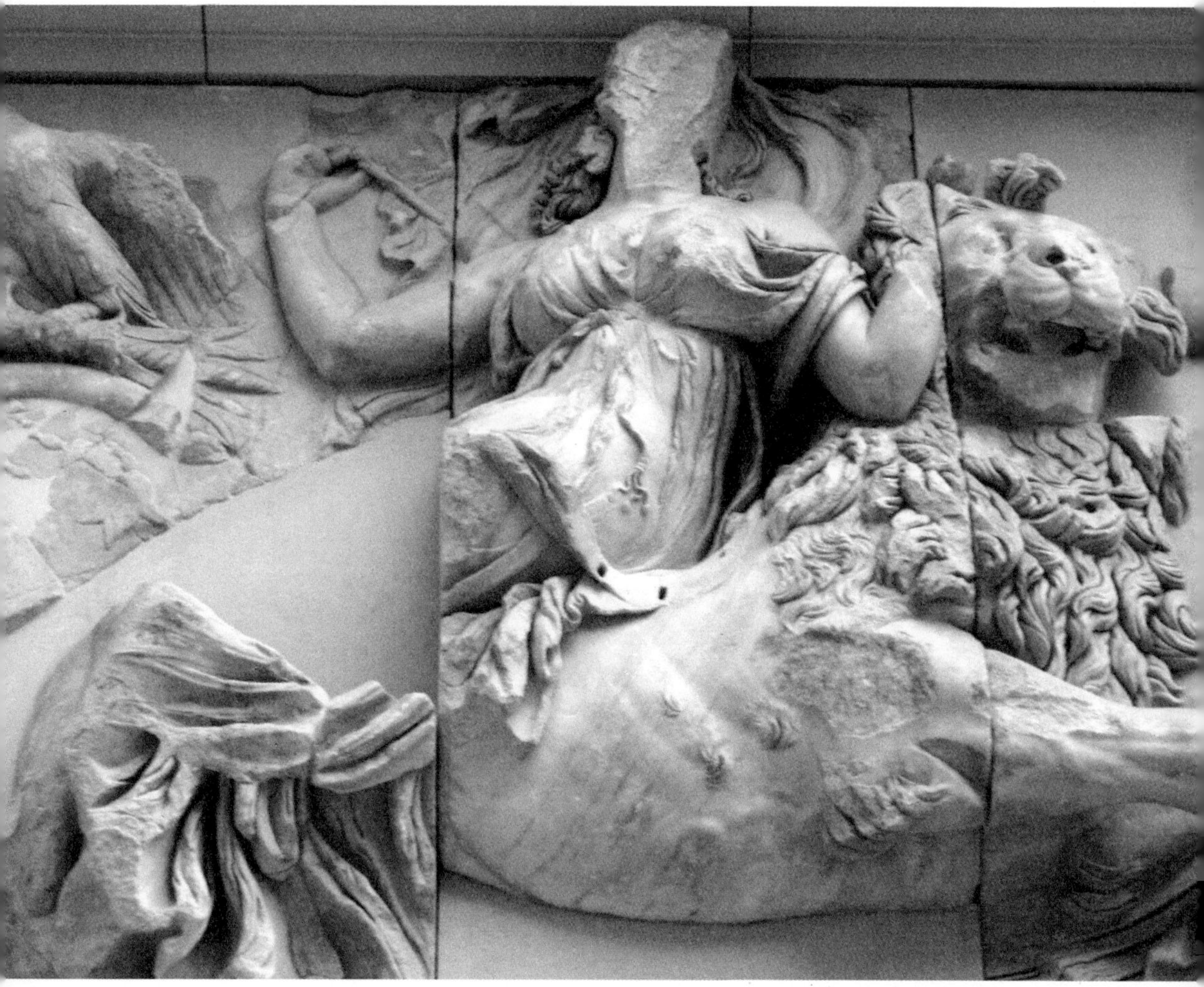

1. 1890년 독일 출판물 중 페르가몬 제단에 대한 소개
2. 페르가몬 제단의 초석, 1880년
3. 1945년, 청소부가 페르가몬 제단의 계단을 청소하고 있다.
4. 1879년, 페르가몬 유적을 발견한 독일의 철도 기술자 카를 후만(Carl Humann)이 페르가몬 제단 복원을 위해 그린 스케치
5. 1902년 이슈타르(Ishtar)의 성문 발굴 현장
6. 1908년 이전, 임시 건물 안에 페르가몬 제단을 복원했다.
7. 1958년, 소련이 페르가몬 제단의 조각을 독일에 돌려주었다.
8. 베를린 박물관 섬에 있는 페르가몬 박물관과 보데 박물관, 1951년
9. 페르가몬 성곽의 모형
10. 소아시아 지도. 짙은 색으로 표시한 부분이 페르가몬 도시다.

1

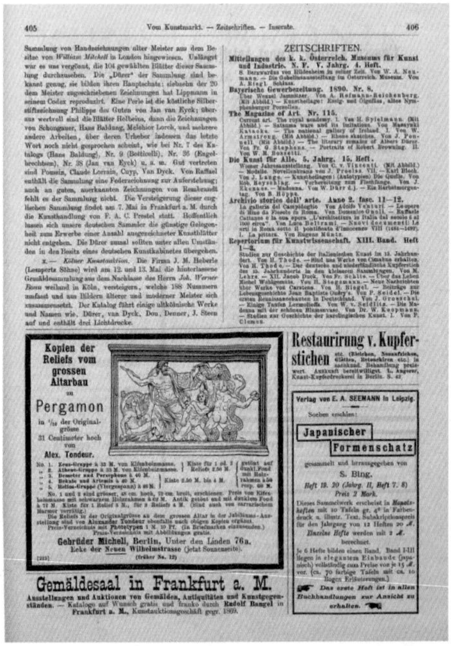

405 Vom Kunstmarkt. — Zeitschriften. — Inserate. 406

Sammlung von Handzeichnungen alter Meister aus dem Besitze von *William Mitchell* in London hingewiesen. Unlängst war es uns vergönnt, die 104 gewählten Blätter dieser Sammlung durchzusehen. Die „Dürer" der Sammlung sind bekannt genug, sie bilden ihren Hauptschatz: siebzehn der 20 dem Meister zugeschriebenen Zeichnungen hat Lippmann in seinem Codex reproduzirt. Eine Perle ist die köstliche Silberstiftzeichnung Philipps des Guten von Jan van Eyck; überaus wertvoll sind die Blätter Holbeins, dann die Zeichnungen von Schongauer, Hans Baldung, Melchior Lorch, und mehrere andere Arbeiten, über deren Urheber indessen das letzte Wort noch nicht gesprochen scheint, wie bei Nr. 7 des Katalogs (Hans Baldung), Nr. 9 (Botticelli), Nr. 26 (Engelbrechtsen), Nr. 38 (Jan van Eyck) u. a. m. Gut vertreten sind Poussin, Claude Lorrain, Cuyp, Van Dyck. Von Raffael enthält die Sammlung eine Federzeichnung zur Auferstehung; auch an guten, anerkannten Zeichnungen von Rembrandt fehlt es der Sammlung nicht. Die Versteigerung dieser englischen Sammlung findet am 7. Mai in Frankfurt a. M. durch die Kunsthandlung von F. A. C. Prestel statt. Hoffentlich lassen sich unsere deutschen Sammler die günstige Gelegenheit zum Erwerbe einer Anzahl ausgezeichneter Kunstblätter nicht entgehen. Die Dürer zumal sollten unter allen Umständen in den Besitz eines deutschen Kunstkabinetes übergehen.

x. — *Kölner Kunstauktion.* Die Firma J. M. Heberle (Lemperts Söhne) wird am 12. und 13. Mai die hinterlassene Gemäldesammlung aus dem Nachlasse des Herrn *Joh. Werner Boon* weiland in Köln, versteigern, welche 188 Nummern umfasst und aus Bildern älterer und moderner Meister sich zusammensetzt. Der Katalog führt einige altkölnische Werke und Namen wie, Dürer, van Dyck, Dou, Denner, J. Steen auf und enthält drei Lichtdrucke.

ZEITSCHRIFTEN.

Mitteilungen des k. k. Österreich. Museums für Kunst und Industrie. N. F. V. Jahrg. 4. Heft.
S. Bernwardus von Hildesheim in seiner Zeit. Von W. A. Neumann. — Die Gobelinsausstellung im Österreich. Museum. Von A. Riegl. Schluss.

Bayerische Gewerbezeitung. 1890. Nr. 8.
Über Wenzel Jamnitzer. Von A. Hofmann-Reichenberg. (Mit Abbild.) — Kunstbeilage: Essig- und Ölgefäss, altes Nymphenburger Porzellan.

The Magazine of Art. Nr. 115.
Current art. The royal academy. I. Von H. Spielmann. (Mit Abbild.) — Satsuma ware and its imitations. Von Masayuki Kataoka. — The national gallery of Ireland. I. Von W. Armstrong. (Mit Abbild.) — Rhone sketches. Von J. Pennell. (Mit Abbild.) — The literary remains of Albert Dürer. Von Fr. G. Stephens. — Portraits of Robert Browning. II. Von W. M. Rossetti.

Die Kunst für Alle. 5. Jahrg. 15. Heft.
Wiener Jahresausstellung. Von C. v. Vincenti. (Mit Abbild.) — Modelle. Novellenkranz von J. Proelss. VII. — Karl Bloch. Von J. Lange. — Kunstbeilagen: (Autotypien) Die Quelle. Von Rob. Beyschlag. — Vorbereitung zum Fischfange. Von J. Ekenaes. — Madonna. Von W. Dürr d. j. — Ein Herbstmorgen. Von B. Höppe.

Archivio storico dell' arte. Anno 2. fasc. 11—12.
La galleria del Campidoglio. Von Adolfo Venturi. — Le opere di Mino da Fiesole in Roma. Von Domenico Gnoli. — Raffaele Cattaneo e la sua opera „L'architettura in Italia dal secolo 6 al 1000 circa". Von Luca Beltrami. — Nuovi documenti: Le arti in Roma sotto il pontificato d'Innocenzo VIII (1484—1492). I. La pittura. Von Eugene Müntz.

Repertorium für Kunstwissenschaft. XIII. Band. Heft 1—3.
Studien zur Geschichte der italienischen Kunst im 15. Jahrhundert. Von H. Thode. — Sind uns Werke von Cimabue erhalten. Von H. Thode. — Der deutsche und niederländische Kupferstich des 15. Jahrhunderts in den kleineren Sammlungen. Von M. Lehrs. — XII. Jacob Duck. Von Fr. Schlie. — Über das Leben Michel Wohlgemuts. Von H. Stegmann. — Neue Nachrichten über Werke von Carstens. Von H. Riegel. — Beiträge zur Lebensgeschichte Jean Baptiste Oudry's. Von P. Seidel. — Die ersten Renaissancebauten in Deutschland. Von J. Groeschel. — Einige Tafeln Lermolieffs. Von W. v. Seidlitz. — Die Madonna mit der schönen Blumenvase. Von Dr. W. Koopmann. — Studien zur Geschichte der karolingischen Kunst. I. Von P. Clemen.

Kopien der Reliefs vom grossen Altarbau zu Pergamon
in 1/10 der Originalgrösse
31 Centimeter hoch
von
Alex. Tondeur.

Die Reliefs in der Originalgrösse an dem grossen Altar in der Jubiläums-Ausstellung sind von **Alexander Tondeur** ebenfalls nach obigen Kopien ergänzt.
Preis-Verzeichnis mit Abbildungen gratis.

Gebrüder Michell, Berlin, Unter den Linden 76a.
Ecke der Neuen Wilhelmstrasse (jetzt Sonnenseite).
(früher No. 12)
[219]

Gemäldesaal in Frankfurt a. M.
Ausstellungen und Auktionen von Gemälden, Antiquitäten und Kunstgegenständen. — Kataloge auf Wunsch gratis und franko durch **Rudolf Bangel** in **Frankfurt a. M.,** Kunstauktionsgeschäft gegr. 1869.

Restaurirung v. Kupferstichen etc. (Bleichen, Neuaufziehen, Glätten, Retouchiren etc.) in sachkund. Behandlung preiswert. Auskunft bereitwilligst. L. Angerer, Kunst-Kupferdruckerei in Berlin. S. 42.

Verlag von E. A. SEEMANN in Leipzig.
Soeben erschien:
Japanischer Formenschatz
gesammelt und herausgegeben von
S. Bing.
Heft 19. 20 (Jahrg. II, Heft 7. 8)
Preis 2 Mark.
Dieses Sammelwerk erscheint in *Monatsheften* mit 10 Tafeln gr. 4° in Farbendruck u. illustr. Text. Subskriptionspreis für den Jahrgang von 12 Heften 20 M.
Einzelne Hefte werden mit 2 M. berechnet.
Je 6 Hefte bilden einen Band. Band I-III liegen in elegantem Einbande (japanisch) vollständig zum Preise von je 15 M. vor. (ca. 70 farbige Tafeln mit ca. 10 Bogen Erläuterungen.)
Das erste Heft ist in allen Buchhandlungen zur Ansicht zu erhalten.

2

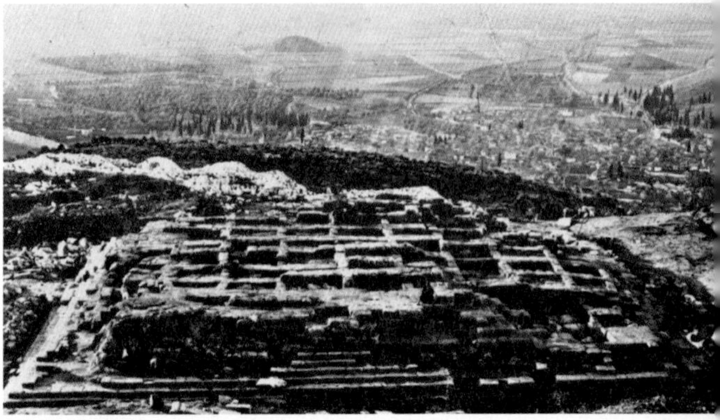

3

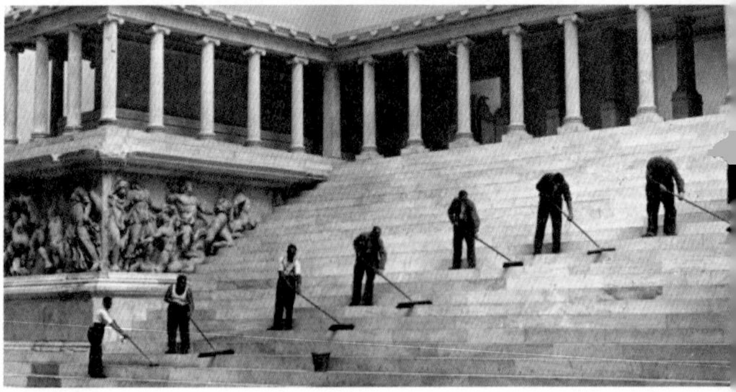

4

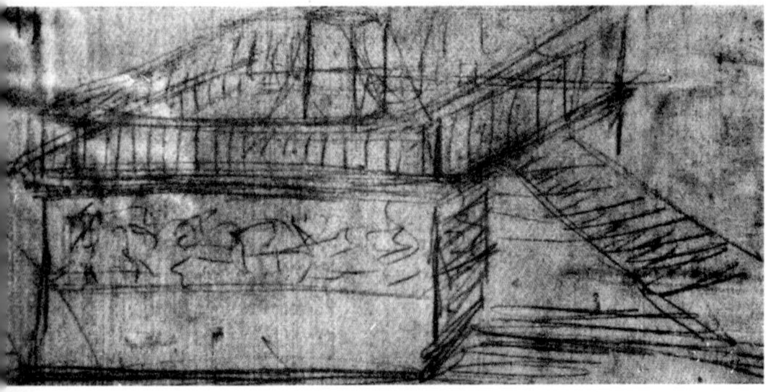

5

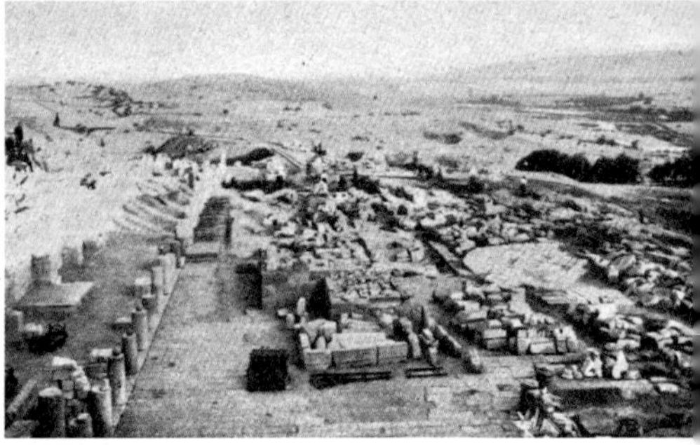

7

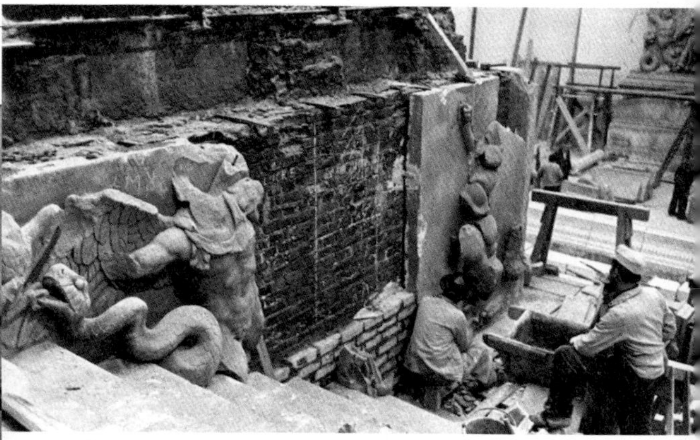

6

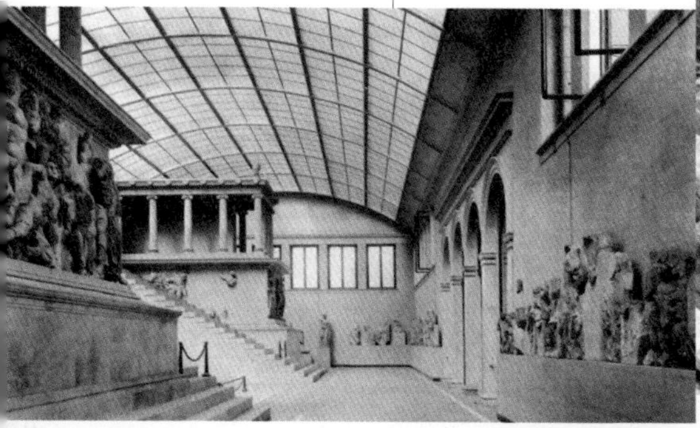

8

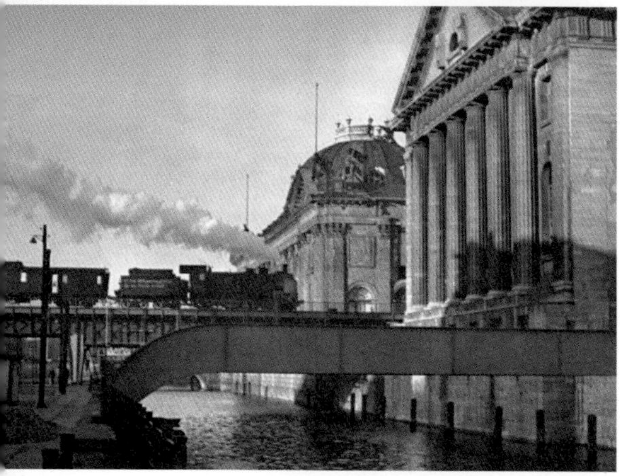

9

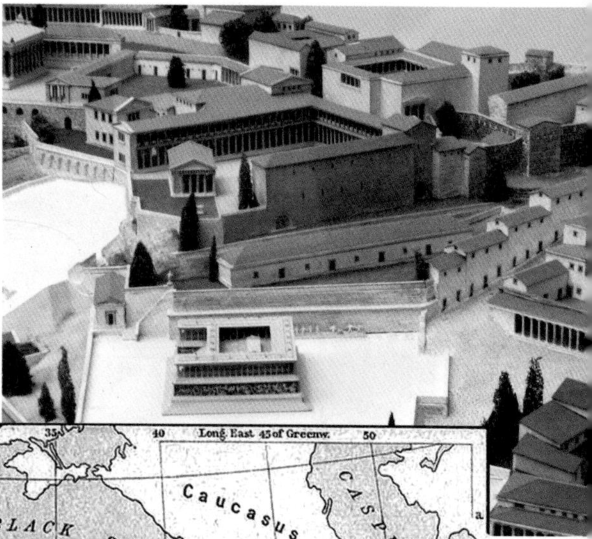

10

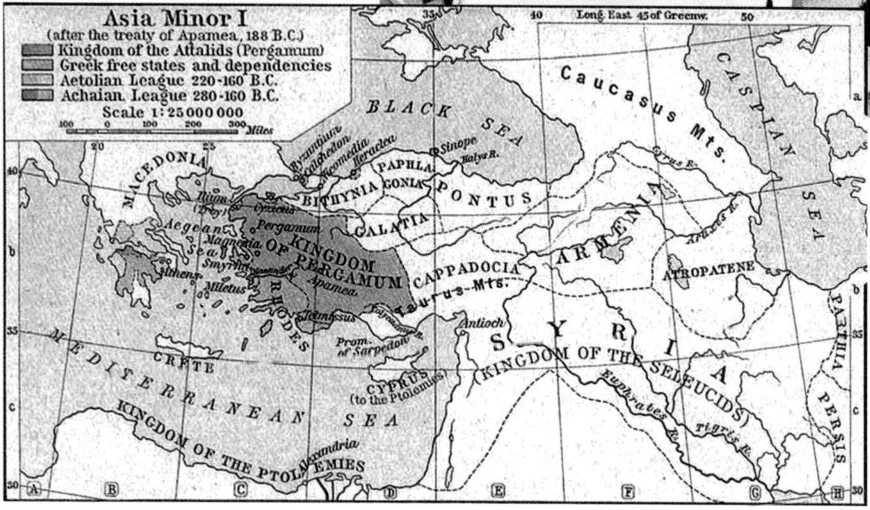
Asia Minor I
(after the treaty of Apamea, 188 B.C.)
Kingdom of the Attalids (Pergamum)
Greek free states and dependencies
Aetolian League 220-160 B.C.
Achaian League 280-160 B.C.
Scale 1: 25 000 000
Miles
Long. East 45 of Greenw.
BLACK SEA
Caucasus Mts.
CASPIAN SEA
MACEDONIA
Byzantium
Chalcedon
Nicomedia
Heraclea
Sinope
PAPHLAGONIA
PONTUS
BITHYNIA
GALATIA
Ilium (Troy)
Cyzicus
Pergamum
Aegean Sea
Magnesia
KINGDOM OF PERGAMUM
Smyrna
Athens
Miletus
Apamea
RHODES
CAPPADOCIA
ARMENIA
Araxes R.
ATROPATENE
Taurus Mts.
Antioch
SYRIA
(KINGDOM OF THE SELEUCIDS)
Euphrates R.
Tigris R.
PARTHIA
PERSIS
CRETE
MEDITERRANEAN SEA
CYPRUS (to the Ptolemies)
Prom. of Sarpedon
Alexandria
KINGDOM OF THE PTOLEMIES

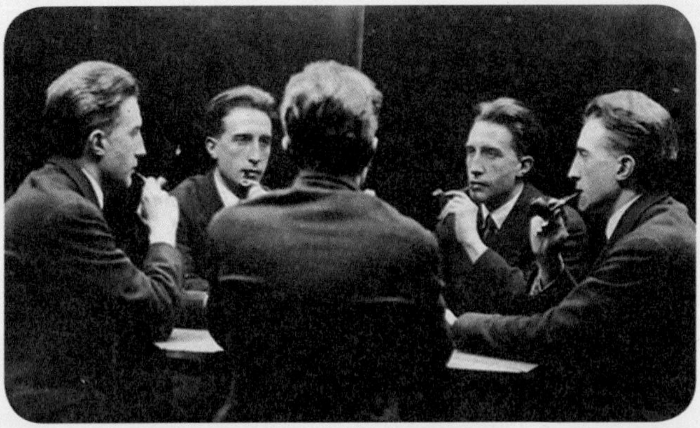

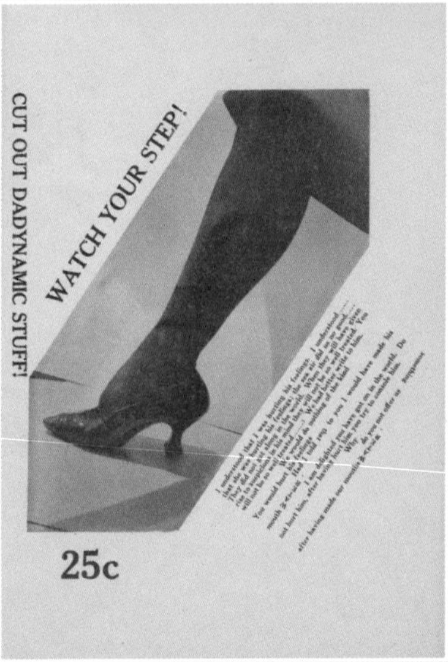

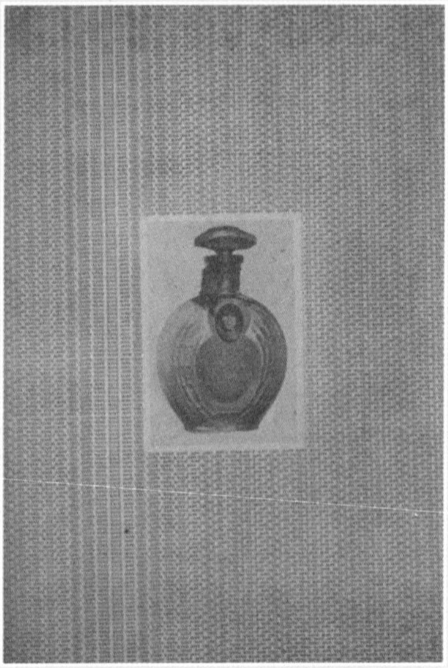

상_ 마르셀 뒤샹
하_ 뒤샹이 디자인한 《뉴욕 다다》 표지

뒤샹의 결정

이번에는 특별히 마르셀 뒤샹Marcel Duchamp, 1887~1968에 대해 살펴보려고 합니다. 왜 뒤샹이냐고요? 지금까지 계속해서 회화만 이야기했기 때문입니다. 그런데 1912년에 뒤샹은 결연하게 회화를 포기했지요.

그림을 그리지 않아도 미술인가요? 이 문제만 하더라도 한참을 이야기할 수 있지만 너무 돌아가게 되니 여기서는 자세히 말하지 않겠습니다. 다행히 요즘 중국에도 현대적인 미술관이 여러 곳 개관되었고, 베이징에는 예술가들의 작업 공간이 밀집한 예술 특화지구 '798 예술구'도 생겼으니 젊은이들은 미술의 가짓수가 얼마나 많은지 잘 알 것입니다. 단순히 그림만 그리는 것이 미술이 아니라는 것을요.

20세기의 서양 미술은 쉽게 말해 '천지개벽'이라고 표현할 수 있습니다. 돌이켜보면 뒤샹의 잠재적 영향은 피카소 같은 화가보다 훨씬 크고 오래 이어졌습니다. 이유는 천만 가지나 댈 수 있지만, 그중 하나가 특히 중요합니다. 피카소는 그림을 그렸고, 뒤샹은 그리지 않았다는 사실입니다.

회화와 조각의 역사는 수천 년에 이릅니다. 1950~1960년대에 이르러서도 '미술'이란 여전히 회화와 조각을 가리키는 말이었습니다. 기민한 뒤샹은 100여 년 전에 이미 회화와 조각 외에 다른 방식으로 미술을 바라보면서 미술이라는 단어의 정의를 바꾸었습니다.

뒤샹은 정말로 해냈습니다. 그는 1968년에 세상을 떠났는데, 그 후 서양 세계는 점차 그의 생각에 동조합니다. 구미 각국의 회화 교육은 점점 줄어들고 있고, 미술의 개념도 대폭 수정되었습니다. 회화가 아닌 다른 창작이 많아지고 다양해지면서 이제는 회화를 뒤덮을 정도가 되었습니다. 아마도 2000년의 일일 겁니다. 파리 미술대학이 마지막 남아 있던 회화 강의실을 폐쇄했습니다. 일이 이렇게까지 된 데는 뒤샹의 영향만 있는 것은 아닙니다. 그러나 그가 가장 먼저 이 일을 시작한 것은 분명합니다. 모더니즘 회화가 최고의 주가를 올리던 바로 그 순간, 그는 그리기를 멈췄습니다.

반대의 사례도 있습니다. 파리 미술대학의 마지막 회화 강의실이 문을 닫던 21세기 초, 중국은 세계 미술사에서 지금껏 보지 못한 거대 규모로 미술대학을 확장했습니다. 그 결과, 지금 중국은 인구 대비 그림을 배우는 사람의 비율이 가장 높은 나라가 되었습니다.

그러나 회화Painting와 조각Sculpture이라는 이 단어들은 일찍이 예술Art에서 분리되었습니다. 회화와 조각이 분리되면서 예술이 지칭하는 것, 지칭할 수 있는 것이 무한히 확대되었지요. 앞에서 마리나가 뉴욕 현대미술관에 앉아서 관람객 한 명 한 명과 마주보고 조용히 서로를 응시하는 행위 예술을 한 이야기를 들려드린 적이 있지요? 마리나와 헤어진 옛 남자친구 울라이가 등장해 마리나의 앞에 앉았고, 두 사람은 울고 웃으면서 손을 맞잡습니다. 이들 주변을 둘러싼 관람객들은 박수를 쳤지요. 그때 수많은 카메라가 이 모든 과정을 찍고 있었고, 그 장면은 전 세계로 방송되었습니다. 이런 '수작'을 예술이라고 할 수 있을까요? 여러분이 그것도 예술이라는 데 동의하신다면, 예술이 맞습니다. 그렇다면 마리나와 울라이가 전혀 뒤샹을 생각하지 않았다고 해도, 그들의 예술 관념과 당초 뒤샹의 예술 관념 사이에 아무런 관련이 없다고 해도, 우리 시대의 수많은 관념 예술과 행위 예술에 앞서 다다이즘dadaism 운동이 없었다면 어땠을지는 상상도 할 수 없습니다. 뒤샹이 없었다면? 더 상상할 수 없는 일이지요.

뒤샹은 1887년에 태어났으며, 피카소보다 여섯 살이 어립니다. 뒤샹의 형도 그림을 그렸고, 뒤샹도 처음에는 그림을 그렸습니다. 미국 필라델피아 미술관에 뒤샹의 초기 유화 작품이 적잖이 소장되어 있는데, 아주 잘 그린 그림들입니다. 1912년, 뒤샹은 입체파 양식으로 〈계단을 내려오는 누드 No. 2〉를 그렸는데 입체주의 화가들에게 부정적인 평가를 받았습니다. 뒤샹은 이 일로 깨달음을 얻고 다시는 그림을 그리지 않겠다고 결심합니다. 1917년, 그는 소변기를 전시하고 〈샘Fountain〉이라는 제목을 붙였습니다. 1919년에는 〈모나리자〉가 인쇄된 엽서를 사서 거기 수염을 그려 넣었습니다. 이런 일들은 그가 뉴욕에서 한 일입니다. 반세기가 흐른 뒤, 지금 말한 두 '작품'은 뒤샹의 상징이 되지요.

최근 뒤샹의 〈샘〉은 어느 여성 예술가를 모방한 것이라는 설이 제기되었습니다. 제 생각에도 모방한 게 맞는 듯합니다. 역사가 또다시 잊혔던 반역자, 그것도 여성인 반역자를 찾아내 인정해준 것이지요. 하지만 저는 뒤샹이 누군가를 모방했든 아니든 상관없습니다. 뒤샹은 평생 작품을 많이 만들지 않았습니다. 그는 커다란 유리, 작은 상자, 자전거 바퀴, 문 그리고 또 다른 재료를 활용해 자기 자신의 일을 계속했습니다. 만년에는 남몰래 대형 설치 예술 작품을 만들었는데, 뒤샹이 사망한 후 필라델피아 미술관에 소장되었습니다. 잠긴 커다란 나무 문에 조그만 구멍이 나 있고, 관람객이 그 구멍에 한쪽 눈을 갖다 대고 안쪽을 훔쳐보아야 하는 작품입니다.

전에도 말했듯이, 전위예술이란 어떤 일을 너무 일찍 하는 바람에 역사가 알아주지 않은 작품입니다. 인상파 젊은 친구들이 최전선에서 직접 살롱 화가들과 맞서 싸운 데 비해 뒤샹의 전위예술은 그런 직접적이고 격렬한 전투가 아니라 빙그레 웃으면서 피했다가 살짝 일을 벌이는 것이었습니다. 뒤샹은 열정이 있었지만 냉정한 눈으로 세상을 바라보았고, 소리 높여 주장하지 않았습니다.

뒤샹은 평생 두세 번 정도 전시를 열었을 뿐입니다. 요즘 중국의 현대 미술가와 비교하면 아주 적은 횟수입니다. 그중 정식 전시는 1966년 런던 테이트 갤러리에서 열린 것뿐이지요. 중국에서는 문화대혁명이 시작된 해입니다. 뒤샹의 작

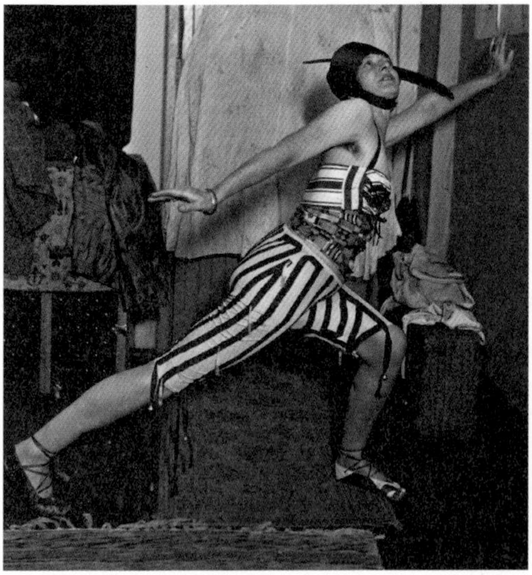

엘사 폰 프라이타크-로링호벤(Elsa von Freytag-Loringhoven)
뒤샹의 〈샘〉은 그녀의 작품을 모방한 것이라고 한다.

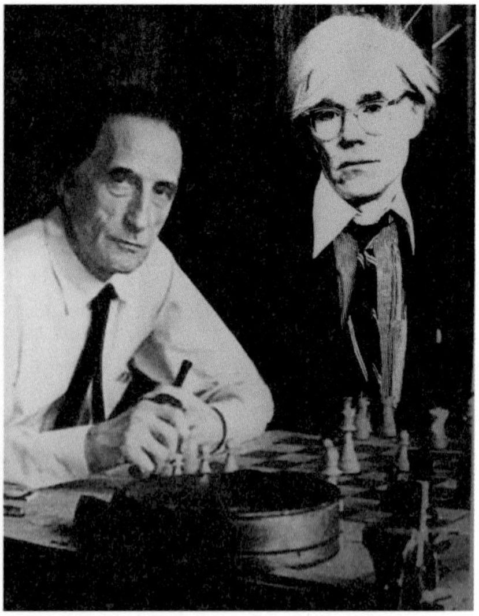

뒤샹(좌)과 앤디 워홀(우)

품은 거의 팔리지 않았고, 팔리더라도 가격이 몇백 프랑이나 몇천 프랑에 불과했습니다.

저는 뉴욕에서 그가 살던 다운타운 13번가와 14번가를 지나다니곤 했습니다. 뒤샹은 자주 자신의 집 아래층에 있는 식당에서 술을 마시거나 스파게티를 먹곤 했답니다. 뒤샹의 만년에 앤디 워홀 같은 예술가가 갑작스럽게 인기를 얻는 것을 보고 누군가 어떻게 생각하느냐고 물어본 적이 있었는데, 그때도 뒤샹은 빙그레 웃으면서 그저 가볍게 대답하고 지나갔다고 합니다. 어쨌든 그는 늘 자신을 사건의 바깥에 세워놓습니다. 혼자서 저 하고 싶은 것을 할 뿐인 독불장군이었습니다.

뒤샹과 한때 관계가 있었던 화가들은 스위스에서 시작해 베를린과 뉴욕으로 옮겨가 다다이즘 운동을 일으켰습니다. 이들은 '반反예술'을 떠들어대면서 뒤샹보다 더 극단적으로 치달으며 온갖 재료를 써서 전시회를 열었습니다. 그중에는 엄청난 소음을 내는 전쟁 경보기도 포함되어 있었지요. 뒤샹이 뉴욕에서 미국 국적을 얻은 때에도 미국의 주류 미술은 여전히 회화였습니다. 그래서 뒤샹은 늘 멀지도, 그렇다고 가깝지도 않은 거리에 서서 세상을 밀어냈습니다. 가끔 그의 울타리 안에 들어오는 친구가 있으면 그들을 위해 작은 행사나 활동을 기획하기도 하면서요. 뒤샹은 평생 인정받고 이해받는 것에는 관심이 없었습니다. 무슨 일이든 씩 웃으며 넘겼습니다. 영리한 얼굴로 아무것에도 아랑곳하지 않았지요. 강조하지 않고, 반대하지 않고, 그렇다고 찬성하지도 않고, 그다지 설명하려고도 하지 않았습니다. 그는 '호흡'을 세상의 무엇보다 중요시한다고 말하는 사람이었습니다.

2차 세계대전 이후 형형색색의 현대미술이 꽃피웁니다. 다들 나름의 맥락이 있고, 저 역시 그 모든 것이 뒤샹의 영향을 받았다고 말하려는 것은 아닙니다. 하지만 근원을 파고들면, 뒤샹이야말로 선각자先覺者요 선행자先行者입니다. 만년의 뒤샹은 체스에 몰두했습니다. 누군가 그에게 "앞으로도 그림을 그릴 거냐"고 묻자 "그럴 일은 없다"고 대답했다고 합니다.

"내가 이 사회에 그림을 빚진 것도 아니잖소."

뒤샹이 지나가듯 말한 이 한마디는 반어적 풍자이면서 거대한 진실입니다. 거시적으로 볼 때, 회화의 기능은 이미 종말을 고했다는 것입니다.

맞습니다. 세계 인구의 1억 분의 1에 해당하는 수집가, 백만장자들 외에 요즘 누가 그림을 원합니까? 화가에게 그림을 그리라고 의뢰하거나 그가 그림을 그리기를 기다리는 사람이 있습니까? 과거 수만 년간 제왕들과 백성들이 그림을 원했습니다. 중국인들은 보살을, 서양인들은 십자가를 그렸지요. 예술가가 필요하지 않은 사원과 사찰을 상상할 수 있습니까? 북송 말기 금나라 군대가 낙양을 함락시키고 송 휘종과 황실 종친들, 후궁들을 전부 오늘날 중국의 둥베이東北 지역으로 끌고 갔습니다. 수많은 포로 가운데 수백 명의 황실 소속 장인들이 끼어 있었습니다. 왕희맹은 이미 세상을 떠난 뒤였지만 〈청명상하도〉의 작가인 장택단은 그 포로 중에 있었을지도 모릅니다.

앞에서 옛날의 회화는 전부 주문 제작 상품이며 화가가 주술사이던 시대, 노예이던 시대, 직공이던 시대, 화가협회 회원이던 시대가 있었다고 이야기했습니다. 자유직업자 시대로 들어오면서 화가들은 스스로 해방되었다고 생각했습니다. 마침내 회화가 자유를 얻었다고 여겼지요. 두 차례 세계대전이 벌어지는 동안 피카소의 입체주의, 마티스의 야수주의, 파리 화파, 나비Nabis파, 초현실주의, 이탈리아 미래주의, 독일 표현주의 등이 마구 튀어나와 전 유럽을 풍미했습니다. 그와 동시에 더 이상 회화가 필요하지 않은 시대가 열리고 있었습니다. 그걸 알아챈 사람은 거의 없었지만요.

중국은 늘 예외적입니다. 1912년 뒤샹이 회화와 작별했는데, 1919년에 중국의 유명 현대 화가인 쉬베이훙, 린펑멘이 유럽에 가서 서양화를 배웠습니다. 그로부터 10년 뒤에는 옌원량顏文樑, 류하이쑤도 유학을 갔습니다. 그들은 중국에 돌아와서 서양식 미술대학을 세웠지요. 그러나 서양의 영향은 아주 약해서 끊어질 듯 말 듯한 상태였습니다. 지금으로부터 30년 전, 드디어 중국에도 100년 전 뒤샹이 회화를 포기한 시점의 예술관이 영향을 미칩니다. 미국의 화교 학자 왕루이윈王瑞芸은 오랫동안 뒤샹을 연구해 《마르셀 뒤샹 : 피에르 카반느와의 대담Dialogues with Marcel Duchamp》을 중국어로 옮기기도 했습니다. 제가 읽어본 예술가의 인터뷰집 중 이처럼 맑고 시원스러운 책은 없습니다. 저는 이 책을 읽기 시작하면 한참을 내려놓지 못합니다. 왕루이윈은 불교의 선종禪宗으로 뒤샹을 해석합니다. 저는 선종을 잘 모르지만, 왕루이윈의 이 말에는 동의합니다.

"뒤샹이 세계에 남긴 것은 작품이 아니라 태도다."

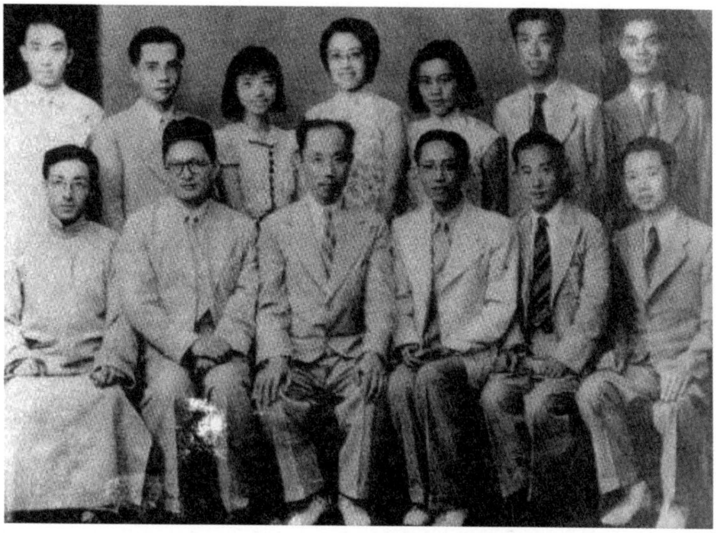

1935년 옌원량(앞줄 오른쪽에서 두 번째), 후추이중(胡粹中, 앞줄 오른쪽에서 세 번째), 황줴쓰(黃覺寺, 앞줄 오른쪽 첫 번째)와 몇몇 쑤저우 미술전문학교의 동기생들이 함께 모였다.

무슨 태도일까요? 설명하기 어렵습니다. 설명할 수도 없습니다. 이 나이가 되어서야 "예술과 예술을 하는 태도는 별개의 일이다"라는 이치를 뒤샹을 통해 이해하게 됩니다. 말하고 보니 참 이상하지요? 저는 지금 닥치는 대로 마구 그리고 있습니다. 그야말로 태도고 뭐고 없는 상태인데, 그게 사실은 뒤샹이 가르쳐 준 것입니다. 뒤샹이 한 말 가운데 제가 특히 좋아하는 말이 있습니다.

"거부하든 인정하든, 사실 둘은 한 가지 일이다."

모더니즘 예술의 정의에는 여러 가지가 있고, 그래서 모더니즘 예술의 기점에 대해서도 여러 설이 있습니다. 회화의 입장에서 볼 때 세잔이 사망한 1906년이 모더니즘의 시작일 것입니다. 세잔이 사망하기 일 년 전인 1905년은 중국의 서태후가 과거 시험을 전면 폐지한다는 칙령을 내린 해입니다. 회화가 아닌 다른 입장에서 볼 때는 뒤샹이 회화를 포기한 그해부터 모더니즘 예술이 시작되었다고 해야겠지요. 최근 10여 년간 뒤샹을 연구한 전문서들이 계속 출간되고 있습니다. 외국어라서 그 책을 읽을 수 없지만, 저는 한 번도 좋아하는 예술가를 글을 통해 알아간 적은 없으니 괜찮습니다. 무엇보다도 뒤샹은 더 그렇지요. 저는 그에 대해 한 가지 사실을 확실히 인지하고 있을 뿐입니다. 뒤샹이 회화를 포기했다는 것이지요.

많은 사람이 현대 예술을 끔찍해합니다. 그런 사람들은 대개 이렇게 말합니다. "예술이란 많은 사람이 이해하고 받아들여야 하는 것 아닌가요?" 많은 사람이라, 많다는 것은 얼마나 많은 것일까요? 문화대혁명이 지나고 한 미술대학 학생이 형태 변화를 이리저리 갖고 놀다가 높은 분에게 불려가 한소리 들은 적이 있습니다. 30년이 흐른 지금, 베이징 올림픽과 상하이 엑스포 개막식에서 화

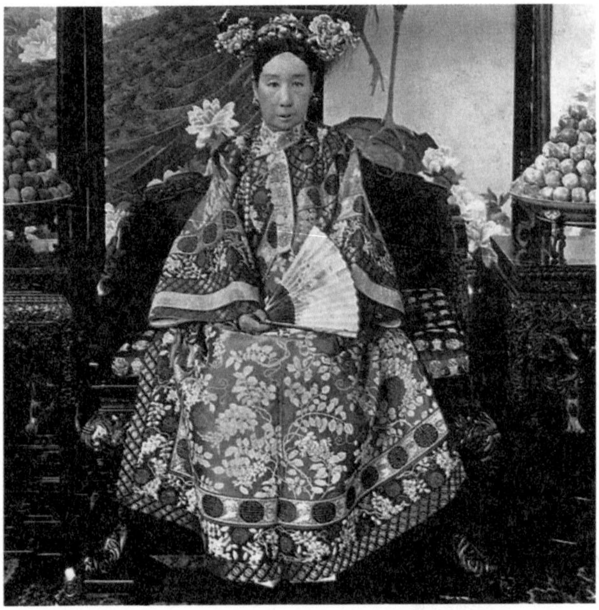

1903년의 서태후

약을 소재로 사용하는 예술가 차이궈창蔡國强의 불꽃을 보면서 아무도 그의 예술을 이해할 수 없다거나 인정할 수 없다고 말하지 않습니다. 몇 년 전, 설치 예술가 쉬빙徐冰은 버려진 지하철 한 량을 활용해 거대한 봉황을 제작했습니다. 그 작품은 저의 화실이 있는 건물 옆 광장에 한동안 매달려 있었습니다. 거기를 지나가는 행인들과 가난한 노동자들도 다들 걸음을 멈추고 한참 그 봉황을 바라보았고, 재미있어 했습니다. 세상이 정말로 변한 것입니다.

저는 지금까지 현대 예술을 이야기하지 않았습니다. 16편으로 구성된 이 책에서는 다 이야기할 수 없기 때문입니다. 현대미술은 종류가 많아서 설명하기가 어렵습니다. 그래서 한참 생각하다가 뒤샹을 마지막 편에서 이야기하기로 했지요. 혹시 재미가 없었나요? 그렇더라도 한 가지는 일러드리겠습니다. 지금은 더 이상 회화의 시대가 아닙니다. 롤랑 바르트는 《글쓰기의 영도Le Degré Zéro de l'écriture》에서 이렇게 말합니다.

"문학은 이미 보호받지 못한다. 그러니 지금은 문학으로 향할 때다."

저는 이렇게 바꿔보겠습니다.

"회화는 더 이상 영예롭지 않다. 그러니 지금은 회화를 이야기할 때다. 물론 뒤샹이 회화를 포기한 것을 포함해서."

오늘 저는 화실로 돌아가 그림을 그릴 겁니다. 뒤샹에게 제 그림을 보여주고 싶은 마음이 굴뚝같군요. 제가 상상하는 그라면 이렇게 말할 것입니다.

"이봐, 그리지 마."

뒤샹의 친구들 가운데 회화를 계속한 사람들이 있습니다. 프란시스 피카비아Francis Picabia, 조르주 데 키리코Giorgio de Chirico 같은 화가입니다. 뒤샹은 그들의 예술을 열렬히 옹호해주었지요. 제가 한 예술가를 좋아할 때는 그의 성격이 마음에 든다는 이유도 큽니다. 프라 안젤리코의 정결함, 수리코프의 고집 같은 것을 좋아하듯 말입니다. 뒤샹은 육중하고 거대한 것, 예컨대 회화를 순식간에 치워버렸습니다. 그렇지만 그는 자기 자신에게 강요하지 않는 것처럼 타인에게도 자신의 생각을 밀어붙이지 않았습니다.

자, 이제 제 이야기도 끝나갑니다. 그러니 잡담을 좀 해볼까요?

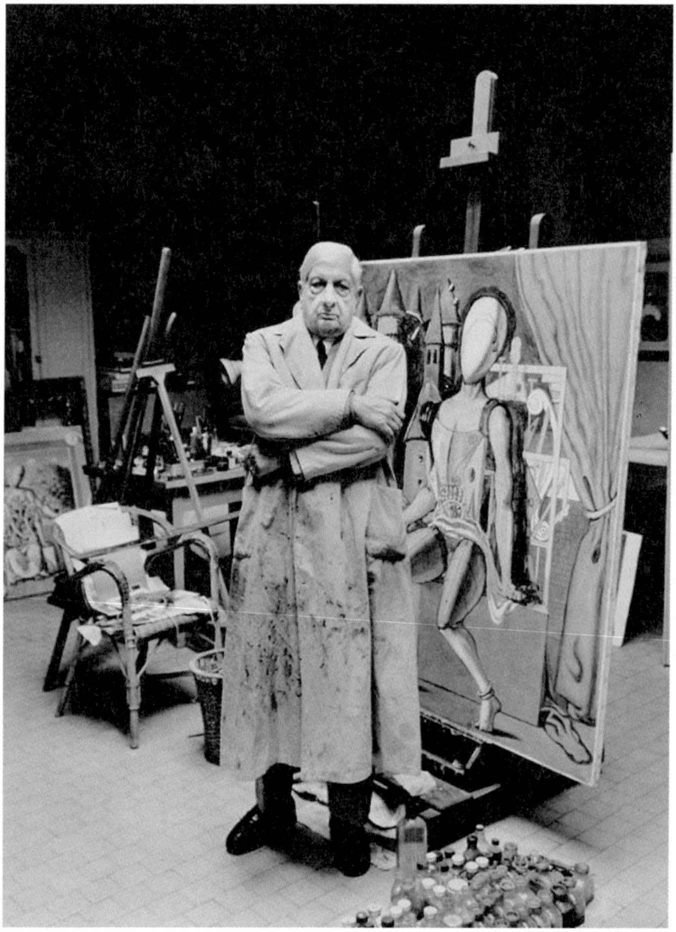

조르주 데 키리코

지금까지의 글을 돌이켜보니 문화적 쇼비니즘chauvinism이 조금은 담겨 있었던 것 같군요. 중국 회화는 유구한 역사를 가졌고, 저는 미술계에서 강력한 발언권을 가진 서양화를 배웠습니다. 그러나 중국과 유럽을 제외한 여러 나라와 문명에도 좋은 그림은 많습니다. 무슨 그림이 있는지 다 알 수 없을 정도지요. 페르시아의 세밀화는 물론이고 인도의 조각과 춤 그리고 회화도 훌륭합니다. 하지만 인도의 회화에 관심을 갖는 사람은 거의 없습니다. 화폭 가득 빽빽한 정글을 그린 그림을 기억하는데, 자세히 보면 수풀 사이에 호랑이 몇 마리가 숨어 있더군요. 중국인이나 서양인은 이런 식의 보는 방법과 묘사하는 방법은 생각해내지 못할 것입니다.

일본의 우키요에도 이야기할 만한 예술 작품입니다. 우키요에는 중국의 목판화에서 발전한 것이지만, 우키요에 원작을 봐야만 프랑스 사람들이 무엇을 배우려고 했는지, 또 배울 수 있었는지 이해하게 될 것입니다. 중국 고대인들이 쓴 원색도 아름답기는 하지만 일본인 손에 이르러 사람의 마음을 잡아끄는 매혹적인 흑백 톤이 생깁니다. 그것이 유럽 사람들의 색채감을 더욱 끌어올렸지요. 하지만 중국의 현란하고 울긋불긋한 색채감은 서양 사람들이 배우지 못했을 겁니다.

고대 이집트와 바빌로니아의 조각, 아프가니스탄과 중국의 불교 예술은 더욱 큰 주제입니다. 송나라 이후 명청 시대까지 이어지는 문인화도 독보적인 예술의 한 갈래지만 이야기하지 않았습니다. 그건 지금까지 하도 많이 떠들어댄 화제라서 깔끔하고 재미있게, 그러면서도 참신하게 이야기를 하려면 제가 다시 태어나는 수밖에 없기 때문입니다.

여기까지 하겠습니다. 읽어주신 여러분, 고맙습니다.

1. 피카소, 〈아비뇽의 여인들〉, 1907년, 뉴욕 현대미술관
2. 뒤샹
3. 뒤샹과 그의 그림 〈검은 스타킹을 신은 나체의 여인〉, 1950년대
4. 뒤샹의 초기 소묘
5. 뒤샹, 〈계단을 내려오는 누드 No. 2〉, 1912년, 필라델피아 미술관
6. 엘리엇 엘리소폰, 〈계단을 내려오는 마르셀 뒤샹〉
7. 뒤샹, 〈샘(Fountain)〉, 1917년
8. 뒤샹, 〈L.H.O.O.Q.〉, 1919년
9. 뒤샹, 〈병걸이(Bottle Rack)〉, 1914년
10. 메리 레이놀즈(Mary Reynolds)와 뒤샹, 1937년. "그것은 진정한 연정이었다. 오랫동안 지속되었고 무척 즐거웠다"(《마르셀 뒤샹 : 피에르 카반느와의 대담》 중에서).

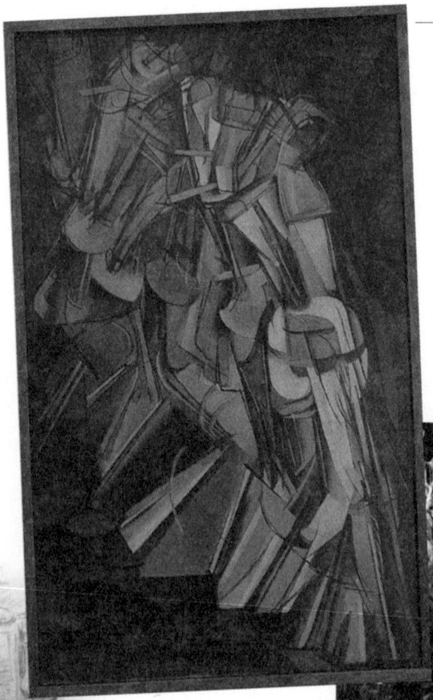
—5

—3
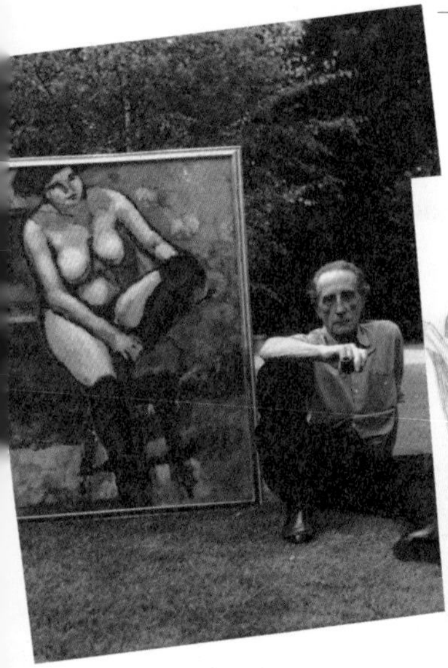

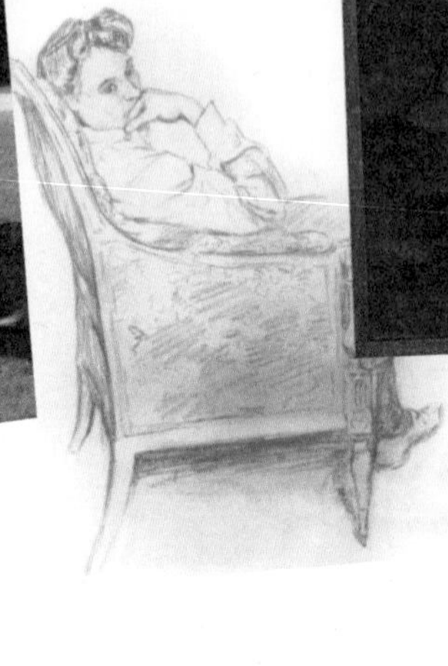
—4

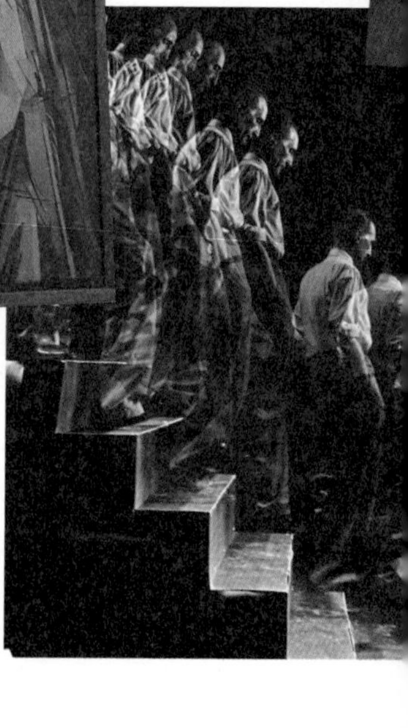
6 —

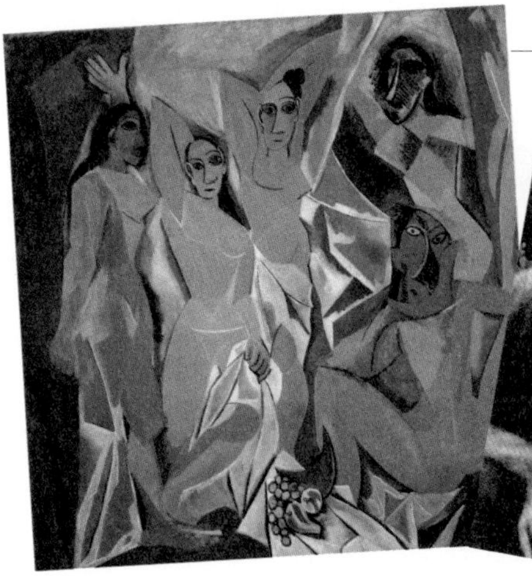

1

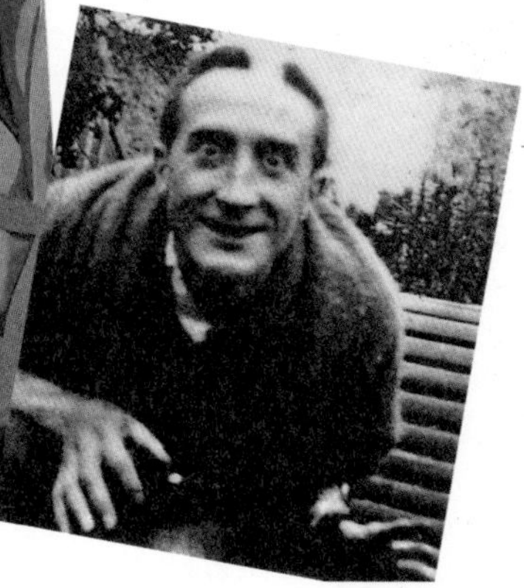

2

1968년, 피카소가 뒤샹의 별세 소식을 듣고서 이렇게 말했다. "그가 한 일은 틀렸다." 얼마나 오묘한가! 나는 피카소의 표정을 눈앞에서 본 것만 같다. 그는 21세기 현대미술 최고의 반역자지만 그보다 몇 살 어린 뒤샹은 아예 다른 세상을 열었다. 피카소는 이런 문화적 이변에 대한 걱정과 불만을 표현한 것이었다. 1968년은 앤디 워홀이 전성기를 구가할 때였으며 유럽과 미국의 관념 예술, 행위 예술이 이제 막 힘차게 발전하는 시기였다. 그때 피카소는 87세였고 5년 후에 92세의 나이로 세상을 떠났다.

나는 피카소가 남긴 말은 격렬하고도 솔직하다고 생각한다. 궁극적으로 피카소의 말과 뒤샹은 같은 차원에 있다. "그가 한 일은 틀렸다." 그 말을 내뱉는 순간 피카소는 세속적이고 무지와 편견에 사로잡힌 사람이 된다. 이전 시대의 영혼이 된 피카소는 여전히 동물적인 성실함으로 가득하다.

무엇이 옳은가? 어떻게 해야 옳은가? 뒤샹은 피카소의 말을 듣지 못했지만, 들었다 해도 씩 웃고 말았을 것이다. 《마르셀 뒤샹 : 피에르 카반느와의 대담》을 읽어도 그가 피카소를 언급한 적은 없었다.

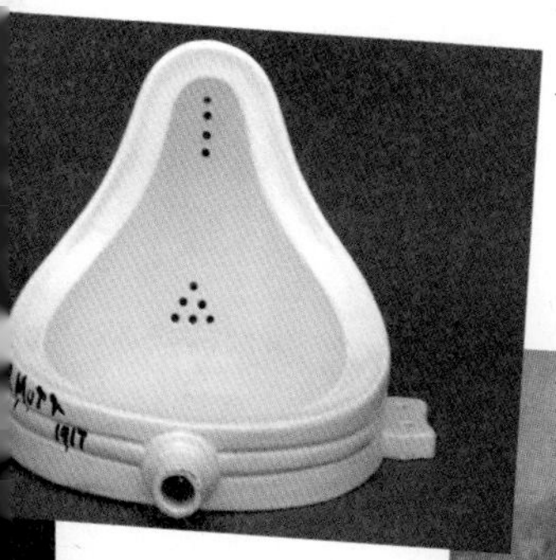

7

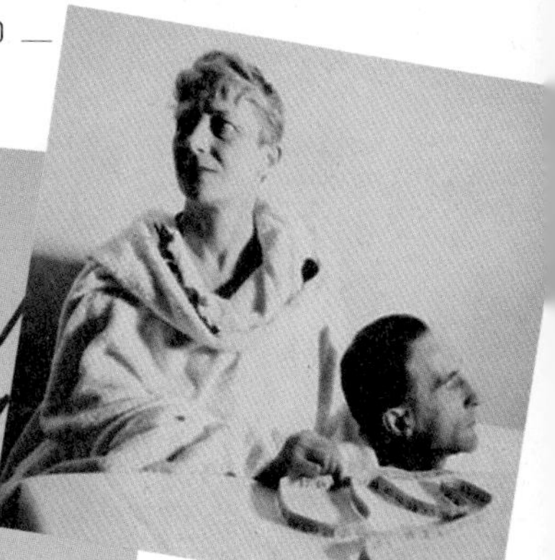

10

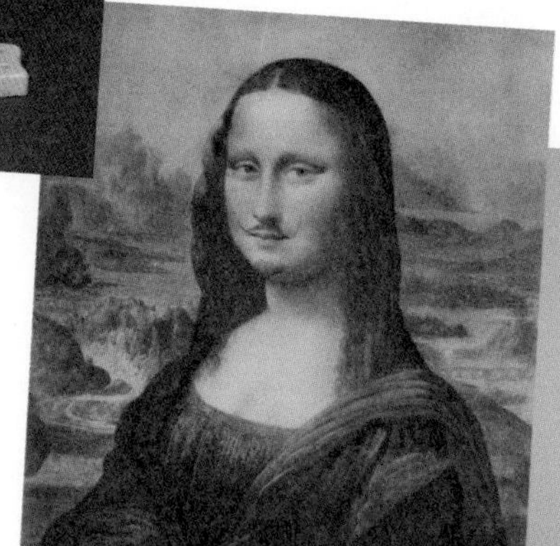

8

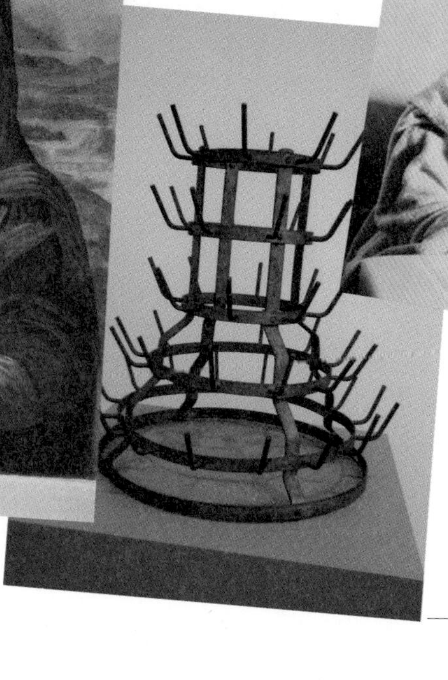

9

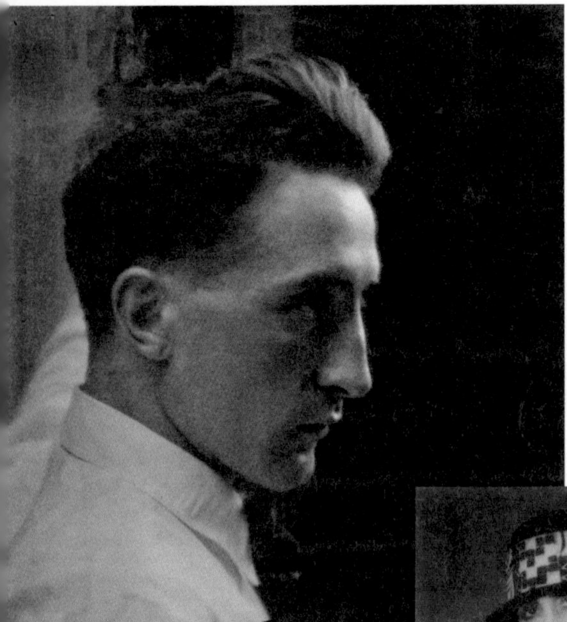

1

1. 뒤샹, 1917년
2. 3. 4. 여장한 뒤샹. 그는 자신의 여성형에 로즈 셀라비(Rrose Sélavy)라는 이름을 붙였다. 1921년 만 레이가 촬영했다.
5. 뒤샹의 상자, 1935~1941년
6. 뒤샹(뒷줄 왼쪽 두 번째)과 만 레이(뒷줄 왼쪽 네 번째) 등이 찍은 사진, 1916년
7. 뒤샹, 〈신선한 창문〉, 1920년
8. 초현실주의 화파의 핵심 인물들
9. 뒤샹의 마지막 작품 〈에탕 돈네(주어진 것) : 1. 폭포 2. 점등용 가스…〉, 1946~1966년, 필라델피아 미술관

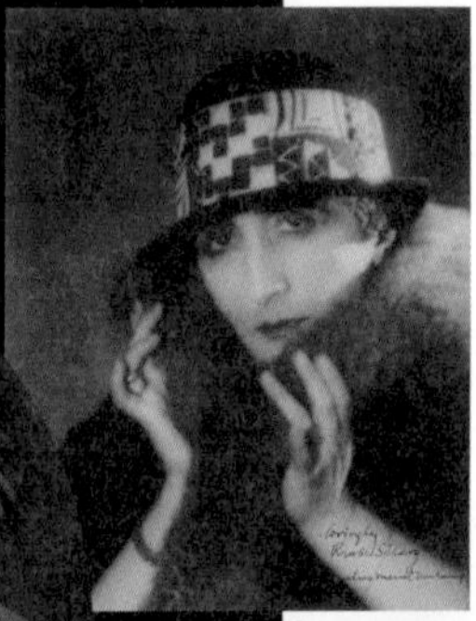

3

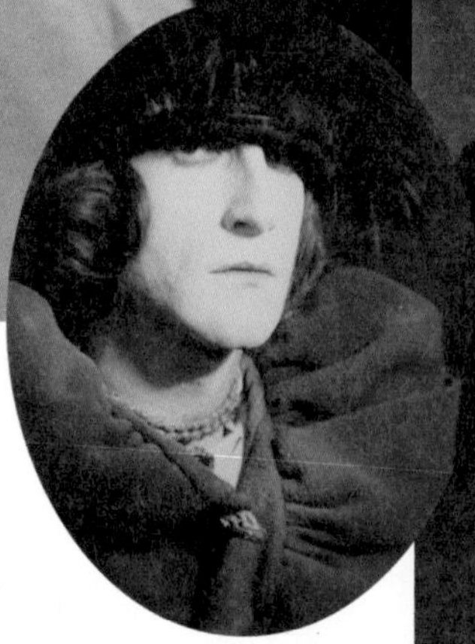

2

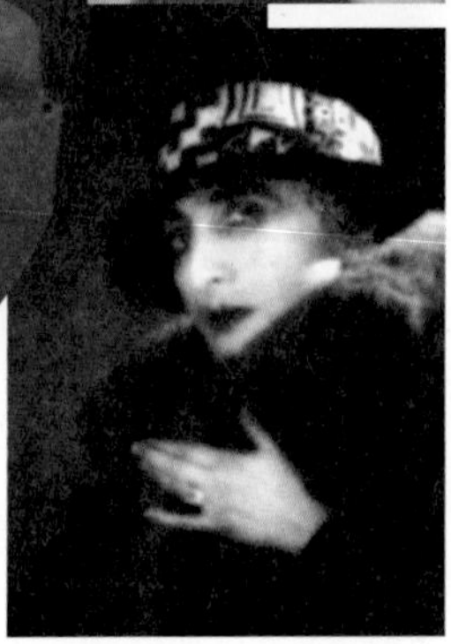

4

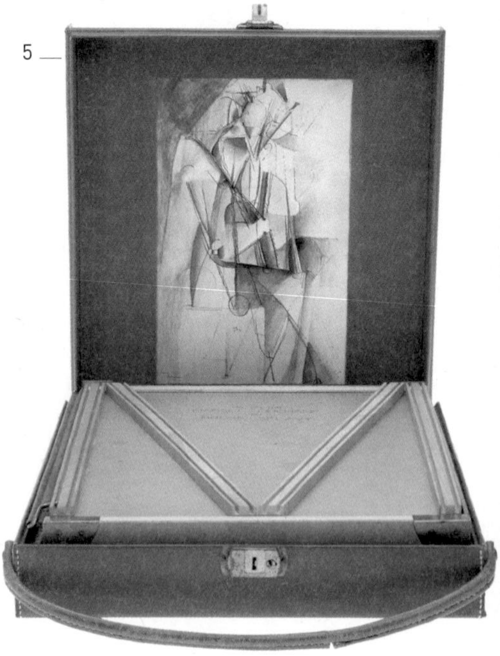

5

8

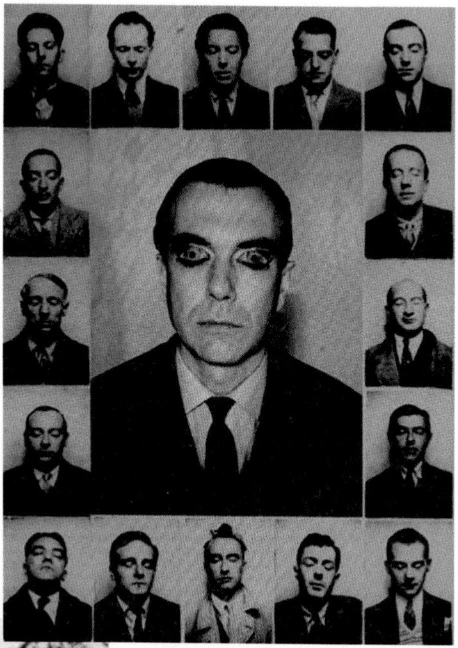

7

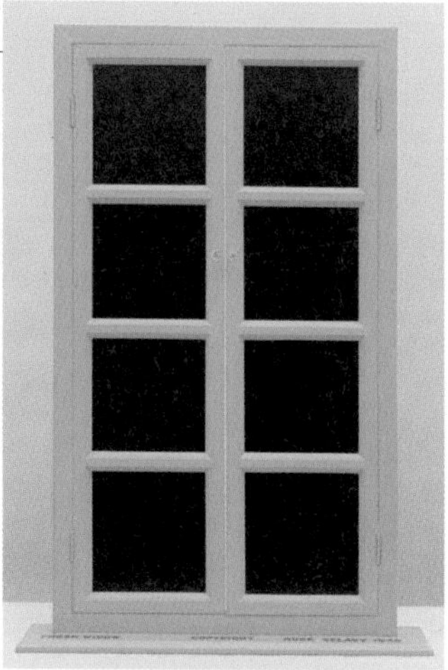

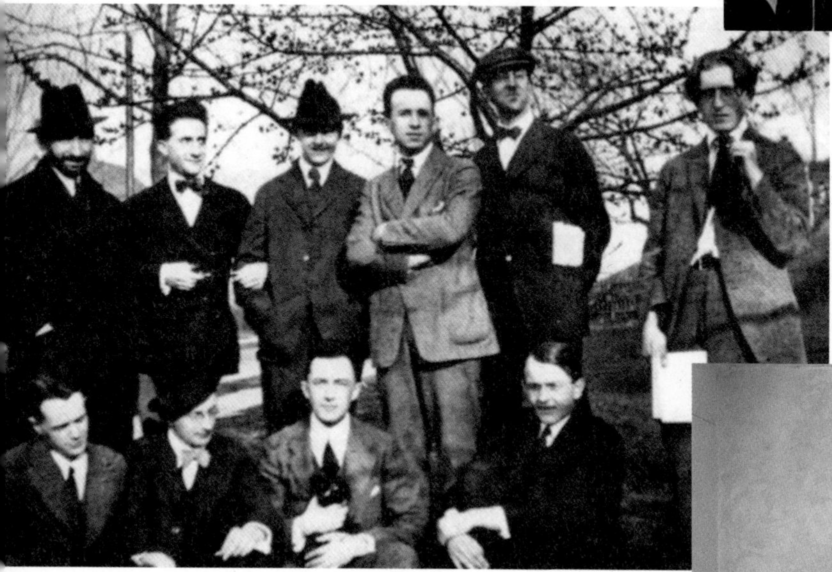

6

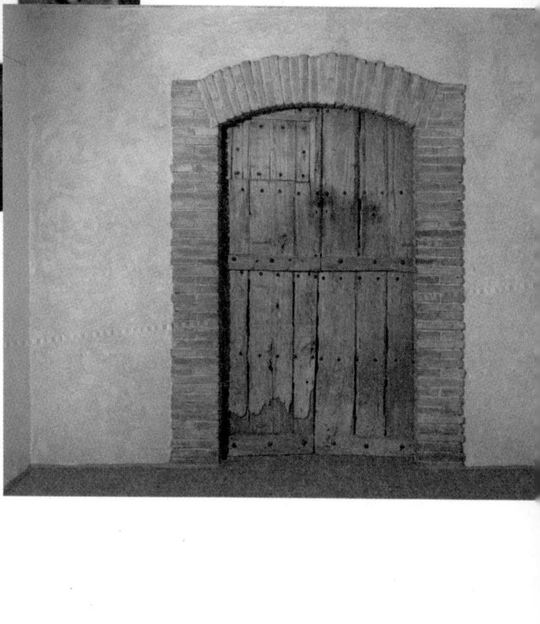

9

1

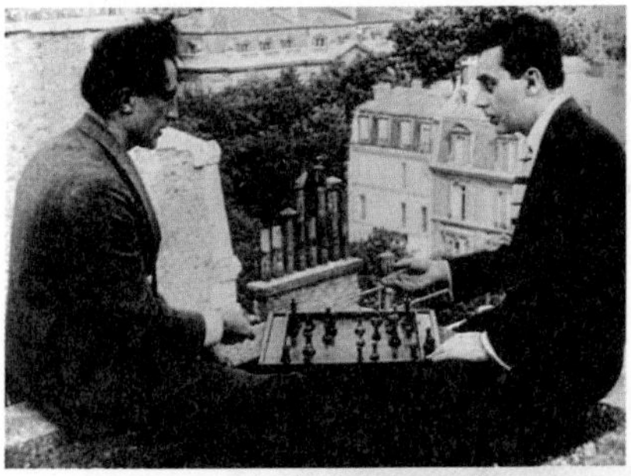

뒤샹이 50여 년 전에 한 말이 있다.
"예술계는 현재 눈앞의 성공과 이익에만 급급하다. 물질 지상주의는 교육을 통해 바뀌지지 않는다. 이를 억제할 수 있는 방법은 침묵, 더딤, 고독이다."
뒤샹이 살았던 시대의 서구 사회는 이미 그런 상태였다. 50여 년이 지난 지금 중국 예술계가 딱 그런 상태다. 지금의 겁 없는 현대 예술가들에게 뒤샹의 말이 들리기나 할까? 침묵, 더딤, 고독. 세 단어의 이면에는 무엇이 있을까?

2

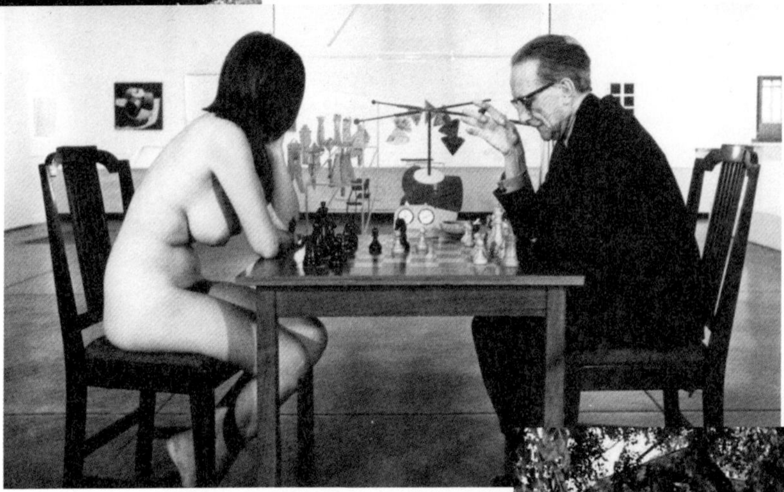

3

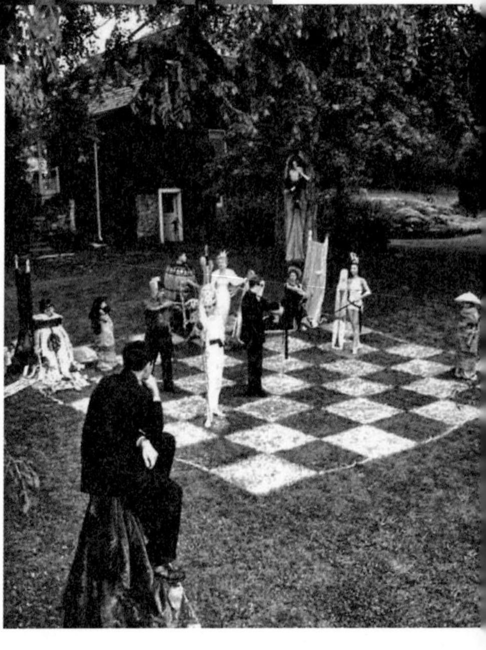

1. 만 레이와 뒤샹이 영화감독 르네 클레르(René Clair)의 영화 〈막간(Entr'acte)〉에서 체스를 두고 있다. 1924년
2. 뒤샹과 누드 모델 이브 바비츠(Eve Babitz)가 체스를 두고 있다. 1963년
3. 실제 사람 크기의 체스를 두고 있는 뒤샹. 1956년
4. 만년의 뒤샹이 살던 뉴욕의 집. 체스 판 위에 놓인 것은 독일 화가 막스 에른스트(Max Ernst)가 디자인한 장기 말이다. 1966년
5. 만 레이와 뒤샹이 기하학 형태의 장기 말로 체스를 두고 있다. 1952년
6. 만 레이와 뒤샹이 만 레이의 작업실에서 체스를 두고 있다. 1960년
7. 뒤샹과 유명 체스 기사 래리 에반스(Larry Evans)가 체스를 두고 있다. 1956년

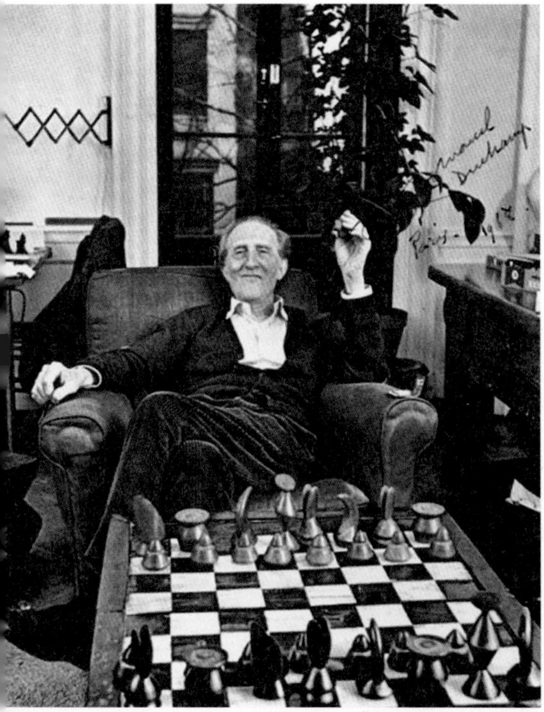

4

5

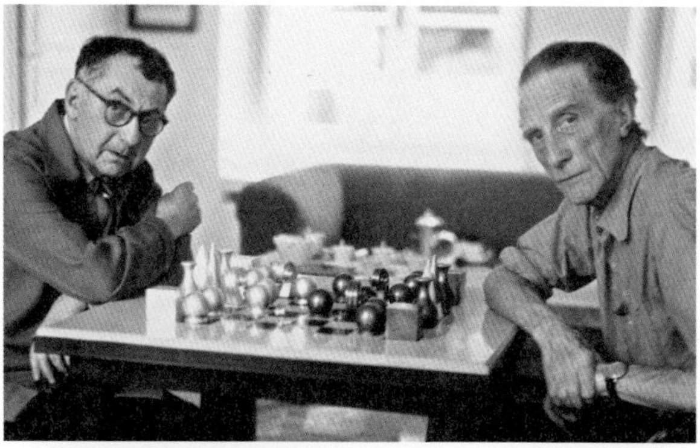

6

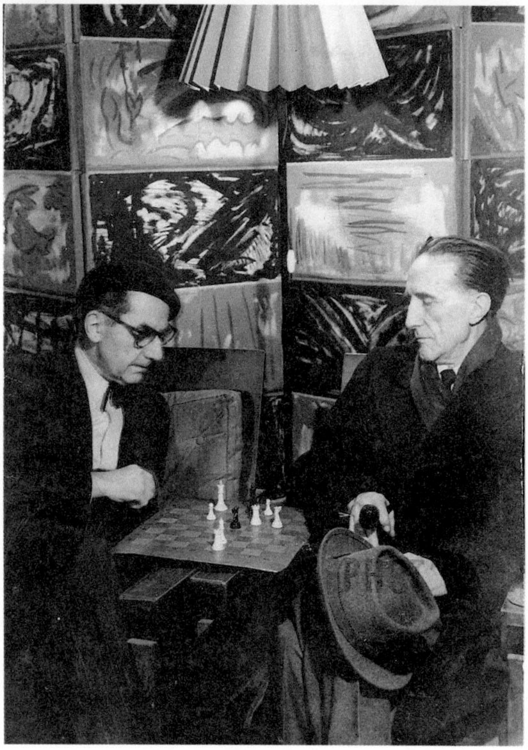

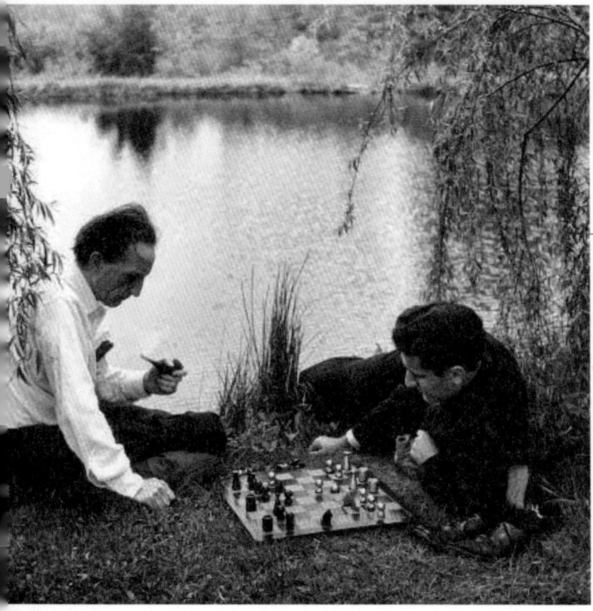

7

1

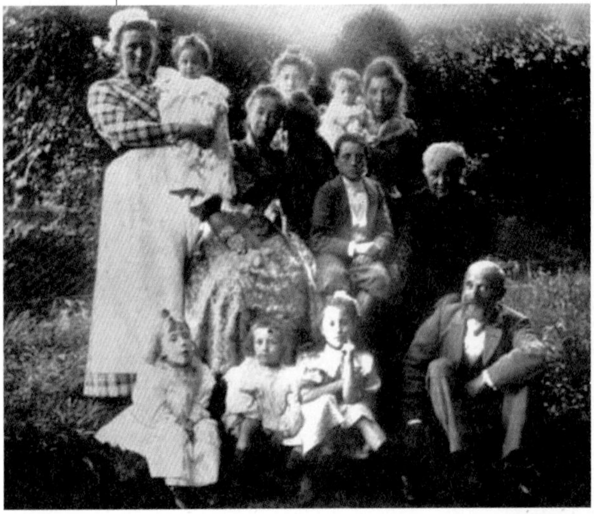

2

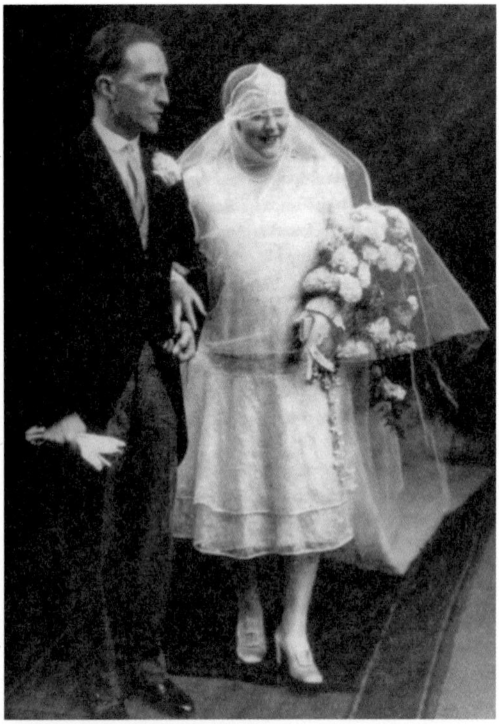

3

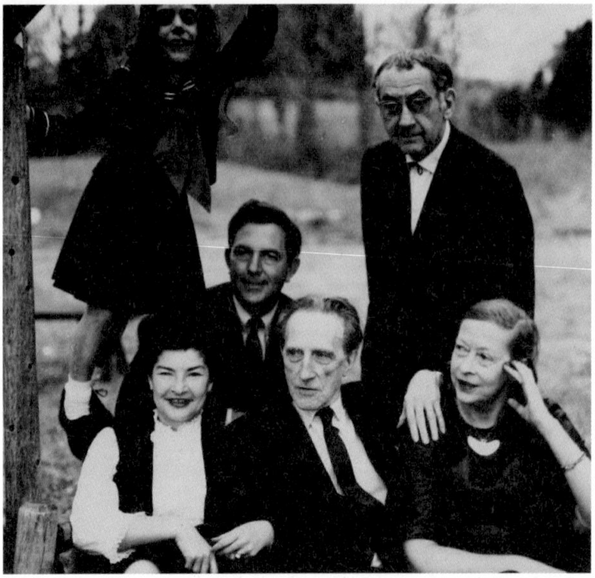

1. 뒤샹 일가족, 1899년
2. 뒤샹과 그의 첫 번째 아내 리디아 사라쟁-르바소(Lydie Sarazin-Levassor), 1927년
3. 만 레이, 뒤샹 그리고 그들의 아내, 1960년
4. 만년의 뒤샹, 1967년
5. 뒤샹의 형제들로 왼쪽부터 자크 비용(Jacques Villon), 레이몽 뒤샹 비용(Raymond Duchamp-Villon), 마르셀 뒤샹, 1913년
6. 할리우드에서 만 레이와 뒤샹, 1949년
7. 뒤샹의 두 번째 아내 알렉시나 새틀러(Alexina Sattler)
8. 워커 아트센터에서 뒤샹, 1965년

4

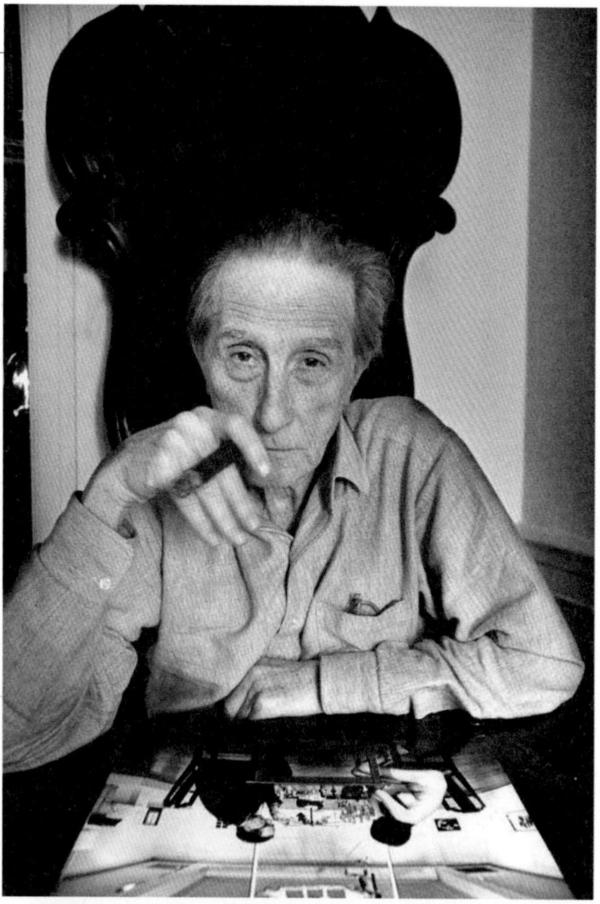

5

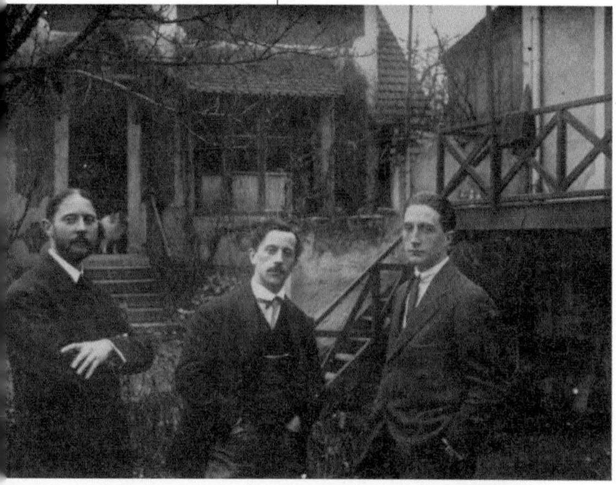

6

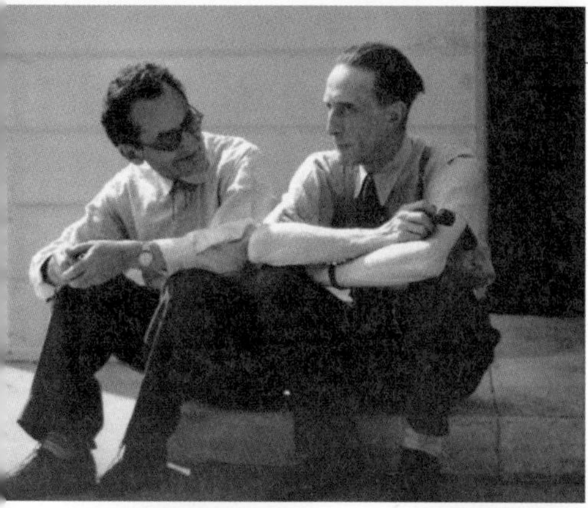

7

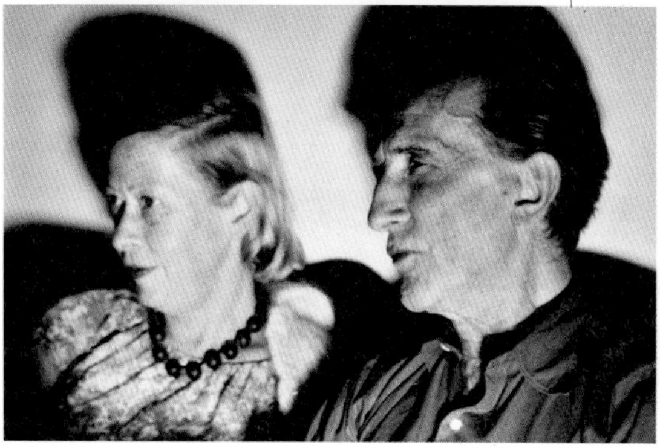

8

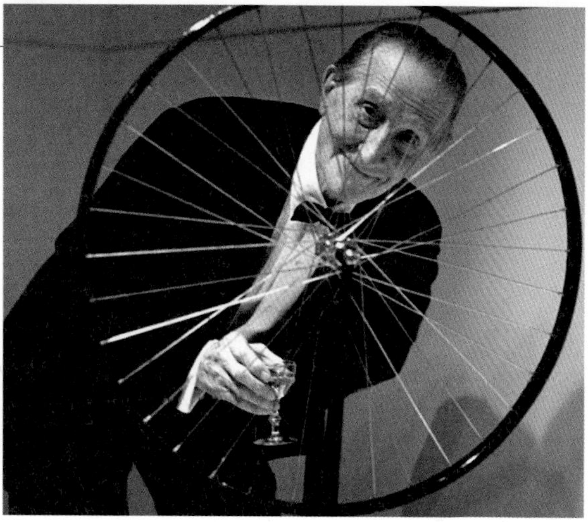

| 저자 후기 |

'낯선 경험'을 펴내며

인터넷 예술 강연 프로그램 〈부분〉이 꿈결처럼 끝났다. 나는 망설임 끝에 이 기획을 받아들였는데, 실제로 영상을 만들어보니 어렵고 성가신 일이었다.

2005년에 이상국理想國 출판사의 편집장 류루이린劉瑞琳이 대중적인 미술 관련 교양도서를 쓰라고 권한 적이 있었다. 나는 그때 중국의 미술교육에 학을 떼며 교수로 일하던 대학에 사직서를 낸 참이었다. 지금 학교와 서점에 그림을 가르치는 책이 부족한가? 오히려 넘쳐서 문제 아닌가! 그런 일이 있고 나서 10년이 훌쩍 지나 이상국 출판사가 주관하고 평론가 량원다오梁文道가 기획하는 '이상을 보다看理想' 강연 시리즈가 시작되었다. 사람들이 나를 둘러싸고 입이 닳도록 설득을 했다. 내가 진행할 프로그램의 제목도 다 정해져 있었다. 〈부분〉이라고 말이다. 결국 그 제안을 받아들이면서 '최근 편안하게 시간을 보냈는데 이젠 그것도 끝났구나' 하고 생각했다.

첫 편을 촬영하는 날, 10여 명의 촬영팀이 내 화실로 우르르 몰려왔다. 촬영 도구가 많아서 화실에 다 들이지 못하고 복도에까지 늘어놓았다. 당장 후회가 밀려왔지만 무를 수도 없었다. 처음에는 커튼을 치고 방 안의 전등은 다 끈 채 어둠 속에서 다섯 시간 이상 고생했다. 화실에 전용 조명이 세워지더니 뜨거운 백광이 쏟아지고, 바닥에는 전선이 널려 있다. 마침내 감독의 지시에 따라 조명이 쏟아지는 위치에 자리를 잡는다. 비디오 촬영을 위한 카메라 세 대가 나를 둥글게 포위하고 있다. 다들 아무 소리도 내지 않고, 한 청년이 손에 든 슬레이트를 눈앞에서 '딱' 소리가 나게 치고서는 급히 사라진다. 끝장이다. 이런 상황까지 몰렸는데 평소처럼 말을 할 수 있을까? 나는 정신을 차리려고 애쓰면서 담담한 척 입을 뗐다. 이제 막 이야기에 속도가 붙고 슬슬 본론을 시작하려는데, 녹음기사가 촬영을 중지시킨다. 건물 옆에 철길이 있는데, 열차 소리가 점점 가까워지고 있다는 것이었다.

몇 분 후 열차가 지나갔다. 나는 마치 아무 일도 없었던 듯 다시 이야기를 시작해야 했다. 7월에는 〈부분〉 촬영팀이 우전烏鎭으로 내려왔다. 이번에는 야외에서 촬영을 하기로 했다. 그러나 나무에 가득 매달린 매미 소리에 녹음기사가 또 여러 차례 촬영을 중지시켰다. 촬영 도구를 들고서 이리저리 적합한 장소를 찾아 옮겨 다녀야 했다.

이제 〈부분〉의 강연 내용을 책으로 묶는다. 조판하고 교정을 보고 표지를 만드는 일련의 과정은 내게 익숙한 일이다. 10년간 많은 책을 출간했지만, 그때마다 세상에 새로운 책을 내놓는다는 인식이 있었다. 그런데 이번에 처음으로 책을 만드는 것이 '덧붙임' 같다는 느낌이다. 책 내용은 살아 움직이는 영상이 되었다. 소리가 있고 화면이 있는 영상이 인터넷에 올라 있다. 초여름부터 가을까지, 모두 열여섯 편을 공개했다. 지금 눈앞에 놓인 책의 원고는 그 영상의 '찌꺼기'가 아닐까? 그 순간 나는 깨달았다. 지난 반년 동안 내가 정말 '낯선 경험'을 했다는 사실을.

토크쇼는 요즘 유행하는 산업이다. 그런 것을 하려면 타고난 입심이 있어야 한다. 그래서 이 프로그램을 만들 때도 처음부터 확실하게 못 박았다. 나는 원고를 '읽기만' 할 거라고 말이다. 제작진도 이에 동의해 그때부터 원고를 쓰기 시작했다. 글을 쓰는 것은 그럭저럭 잘하는 편이니까 괜찮겠거니 했다. 그런데 첫 편 '천리강산도'부터 난관에 부딪혔다. 나에게 주어진 시간은 한 편당 20분 정도였다. 글로 따지면 3, 4천 자 정도만 써야 한다. 그 분량 안에서 어떻게든 하나의 주제를 완결해야 하는 것이다. 평소 글을 쓸 때는 특정한 독자를 염두에 두고 쓴다. 그러면서 내 글은 소수 취향이라고 자기 합리화를 했다. 그런데 인터넷이라는 소용돌이에 휘말려 들어가고 보니 나는 이제 모든 사람에게 잘 보여야 하는 처지가 되었다. '모든 사람'이란 또 누구란 말인가? 나의 글쓰기는 초점을 잃었다. 그러나 초점을 잃었어도 써야 했다. 다행히 한 편 또 한 편 쓰다 보니 문득 아이디어가 떠올랐다. 화가 한 명을 정하고 거기서 이야기를 풀어가면서 그 뒤로 막막함이 점차 나아졌다. 원고 내용도 더욱 주제에 집중되었다.

요절한 왕희맹, 평생 배척당한 장자오허, 전쟁터에서 죽음을 맞은 바지유, 세상 사람들이 잘 모르는 발라동, 미술사에 이름을 남기지 못한 쑤저우 출신의 궁정화가, 세상이 망각해버린 상하이의 미인…. 알려지지 않은 천재들, 중요한 작품으로 분류되지 못한 작품들, 우리는 마땅히 이런 것들을 돌아보아야 한다. 나는 이 프로그램에서 이야기할 내용을 내가 경애하는 뛰어난 사람들로 잡았고, 그들을 이야기하면서 또다시 그들에게 감동받았다.

그렇다면 대중적인 프로그램이 되려면 어떻게 해야 할까? 사실 나는 예전부터 대중적이려면 혼자서 수많은 사람을 짝사랑해야 한다고 생각했다. 그러니 그건 제쳐두어도 좋다.

다만 이번에 새롭게 느낀 것이 하나 있는데, '글쓰기'가 책으로 출간하기 위한 것만은 아니라는 점이다. 강연을 위한 원고가 영상이 되고, 영상이 다시 책으로 바뀐다. 나는 이번에 무엇이 영상인지, 어떻게 해야 영상이 되는지를 배웠다. 사실 열여섯 편 〈부분〉의 진짜 작가는 내가 아니라 감독인 셰멍첸謝夢茜이다. 나는 내 글이 화면과 음향이 입혀져 영상이 되리라고 생각한 적이 없었다. 이번에 화면과 음향이 입혀진 '원고 읽기'가 그렇게 보기 싫지만은 않다는 것도 깨달았다. 사실 강연 영상을 만드는 일은 아주 재미있었다. 영화를 찍는 사람들은 비웃을지도 모르지만, 나는 세 감독과 일하면서 소박하나마 영화를 만드는 듯한 즐거움을 맛보았다.

영상이 한 편 끝날 때마다 제작진 이름이 엔딩 크레디트로 지나가는데, 세 감독의 이름은 맨 마지막에나 나온다. 그걸로 끝나서는 안 되지! 나는 세 감독에게 제대로 감사를 표해야 한다. 세 감독 외에도 이상국 출판사의 류루이린, 이 시리즈의 총감독 량원다오, 제작팀장 양량楊亮, 영상 배급업체 투더우土豆의 양웨이둥楊偉東 등에게도 감사를 전해야 하지만, 여기서는 더 말하지 않겠다. 참, 촬영팀 중에는 "선생님, 옷을 뒤집어 입으셨어요!", "선생님, 바지 지퍼가 내려가 있어요!"라고 알려준 영리하고 부지런한 청년도 있다.

프로그램을 다 만든 후 실제로 어땠는지 진짜 평가가 궁금했다. 그래서 아래에 인용하는 글이 참 소중하다. 고마움을 담아 여기에 전문을 수록하겠다. 아쉽게도 누가 쓴 글인지는 알지 못한다.

'이상을 보다' 시리즈의 조회 수는 편당 최고 100만 회가 넘는 정도다. 일반적인 인터넷 영상물의 조회 수로 볼 때 광고주가 기뻐할 수준은 아니다. 프로그램에 달린 댓글을 보면 몇 명이나 이 영상을 보는지, 어떤 마음으로 보는지를 알 수 있다. 소수의 문학적 예술적 소양을 갖춘 사람들, 허세 부릴 소재를 찾아 헤매는 사람들이 아니라면 이런 프로그램을 인내심 있게 끝까지 볼 젊은이는 극히 드물다. 인터넷 영상을 즐기는 연령은 대개 10대 후반에서 20대 중반이다. 제작진은 프로그램의 '시청자' 수준을 낮춰 잡지 않는다고 말하지만, 사실 1990년대 이후에 태어난 세대의 입맛을 너무 고급스럽게 해석한 감이 있다.

오늘날의 삶은 만족스럽지 않지만 해결할 수도 없다. 매일 지하철에 시달리며 지친 개처럼 헐떡거리며 산다. 그런데 이 프로그램은 우리에게 싱거운 태도로 시를 논하고 먼 곳을 이야기한다. 가벼운 마음으로 보면서 웃음을 터뜨릴 수 있는 콘셉트의 프로그램이 훨씬 인기가 많다. 사람들은 스트레스를 풀고 싶은 것이다. 프로그램의 기능적인 면에 대해서만 말하자면, 대중 수용도가 낮다는 말이다. '여자 꼬시는 법'을 가르치는 영상이었더라면 훨씬 많은 사람들이 클릭했을 터다. 똑같이 인터넷 강의 프로그램이더라도 〈샤오쑹의 기담曉松奇談〉[1]처럼 역사의 가십 위주로 수다를 떨면 많은 누리꾼에게 허세용 지식을 잔뜩 제공할 수 있다. 혹은 현 사회의 핫이슈와 연결점이 있으면 좀 더 인기 있을 것이다. 예를 들어 최근 인터넷 세상을 떠들썩하게 만든 '유니클로 사건'[2]과 예술을 연결했다면 어땠을까? 수많은 사람들이 클릭했을 것이다. 인터넷에서는 그런 걸 '쩐다'고 하니 말이다.[3]

물론 이상국 출판사는 출판업계의 양심과도 같은 회사다. 그러나 양심이 밥 먹여주지 않는다. 지식인의 잣대로 대중을 재단하지 마라. 특히 격이 낮은 속된 말을 써가며 대중을 상대로 의미 없는 마스터베이션을 하는 건 자기 수준을 떨어뜨리는 짓이다!

이 글을 쓴 친구는 또 다른 90허우90後[4] 누리꾼과 비슷한 종류의 인터넷 강의 프로그램을 이야기하다가 이와 같은 절묘한 글을 남겼다. 나는 이 글을 읽고 또 읽었다. 진실 아닌 말이 없다. 현실감 있고 방법론이 확고하며, 문화적 맥락을 제대로 파악했다. 심지어 해결 방안도 제시하고 있다. 어느 하나 놓치지 않았다. 이 날카로운 말에 나는 홀연히 오늘날의 거시 환경과 사회적 추세를 성찰하게 되었고, 한편으로는 우리 세대가 어려서부터 귀에 딱지 앉을 정도로 들어온

---

1. 흥미 위주의 역사적 사실을 재미있는 입담으로 풀어내 시즌을 거듭하면서 인기를 얻고 있는 인터넷 강의.
2. 베이징 어느 유니클로 매장 피팅룸에서 성행위를 하고 그 영상을 인터넷에 올린 사건을 말한다.
3. 천단칭은 〈부분〉 프로그램에서 종종 '쩐다' 같은 은어를 사용했는데, 그걸 비꼬는 것이다.
4. 중국에서 1990년대에 태어난 세대를 일컫는다.

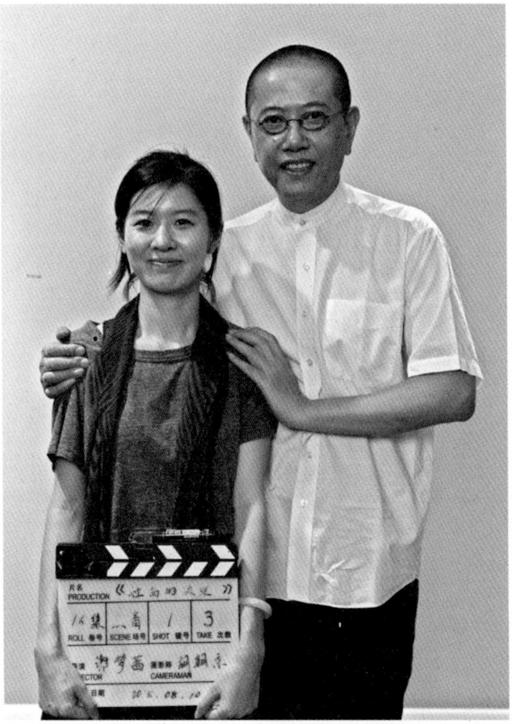

2015년 8월 10일 〈부분〉의 마지막 편 촬영을 마치고 셰 감독과 함께한 저자

'문화적 교조'를 떠올렸다. 나는 '지식인'이라고 할 수준이 못 되지만 이런 비판을 받고 보니 죄책감을 떨칠 수 없다.

그리고 유니클로 사건과 예술이라니, 이 얼마나 좋은 주제란 말인가? 왜 당시에는 거기에 생각이 미치지 못했는지! 게다가 나는 비속어도 즐겨 쓴다. 상쾌한 기분이 들기 때문이다. 〈부분〉의 조회 수에는 허세 부리기를 좋아하는 젊은이가 많든 적든 포함되어 있었다는 사실을 그때서야 알았다. 사실은 최근에서야 '격이 낮은 말'을 마스터했는데, 이런 이야기를 들으니 조금 자랑스럽기도 하다. 그래서 정중하게 〈부분〉 프로그램을 댓글로 격려해준 허세 있는 친구들에게 감사의 말을 전하고 싶다. 지난여름 이후로 여러 친구들이 나에게 〈부분〉의 몇 회 몇 회에 달린 댓글을 보았느냐며 연락을 주곤 했다. 그중 나를 가장 기쁘게 한 것은 "〈부분〉을 보면 나 자신이 조용해지는 기분"이라고 쓴 댓글이었다. 생각지 못한 의외의 반응이었고 가장 기꺼운 격려였다. 정말 그랬다면 프랑스 철학자 몽테뉴가 한 다음 같은 말에 대한 반증이 아닐까?

"인류의 모든 불안은 집에 가서도 조용해지지 못하는 데서 나온다."

마지막으로 왕희맹에서 마르셀 뒤샹까지 열몇 명의 초대 손님에게 감사를 전한다. 그들은 〈부분〉 프로그램에 가치를 부여해준 진정한 공로자다. 〈부분〉을 책으로 만들면서 페이지의 빈 곳을 채우기 위해 새로운 이야기와 느낌을 다양하게 보충했다. 하지만 계속 쓸데없는 소리만 해댔던 것 같기도 하다. 그들의 위대함, 그들의 훌륭함은 내 설명 그 이상으로 대단하다.

2015년 9월 30일 우전에서
천단칭

작품
목록

- 작품 소장처 및 저자가 제공하지 않아 확인이 불가능한 작품 관련 정보는 제외했습니다.
- '정보와 화면' 편과 '산마르코 수도원' 편의 작품 정보 중 일부는 위키백과 정보를 사용했습니다.
- 러시아, 그리스 작품의 화가와 작품명은 영어로, 그 외 국가 작품은 해당 국가 언어로 표기했습니다.

천리강산도

12, 23~33쪽

왕희맹(王希孟), 〈천리강산도(千里江山圖)〉, 두루마리, 비단에 채색, 51.5×1191.5cm, 1113년, 고궁박물원(故宮博物院), 베이징(北京)

16쪽

(좌) 벨라스케스(Velázquez), 〈달걀부침을 만드는 노파(Vieja friendo huevos)〉, 캔버스에 유채, 1618년, 스코틀랜드 국립미술관(National Galleries of Scotland), 에든버러(Edinburgh)
(우) 벨라스케스, 〈세 음악가(Tres músicos)〉, 캔버스에 유채, 1618년, 게멜데 갤러리(Gemäldegalerie), 베를린(Berlin)

죽음의 승리

34, 52~59쪽

부팔마코(Buffalmacco), 〈지옥(Giudizio Universale e Inferno)〉, 프레스코, 1336~1341년, 캄포산토(Camposanto), 피사(Pisa)

46~51쪽

부팔마코, 〈죽음의 승리(Il Trionfo della Morte)〉, 프레스코, 1355년, 캄포산토, 피사

인민의 승리

71쪽

(좌) 장자오허(蔣兆和), 〈자화상(自畫像)〉
(우) 장자오허(蔣兆和), 〈아빠는 영원히 돌아오지 못합니다(爸爸永不回來了)〉, 1945년

72~73, 78~83쪽

장자오허, 〈유민도(流民圖)〉, 종이에 수묵 채색, 200x1202cm(현존, 원래는 가로가 3000cm가 넘었다), 1943년, 중국미술관(中國美術館), 베이징[74쪽]
장자오허, 〈친한 벗이 가락을 알아주다(知音識曲)〉, 1938년

75쪽

장자오허, 〈아버지가 금을 뜯는데 어찌하겠는가(老父操琴豈奈何)〉, 1939년

76쪽

장자오허, 〈아이를 팔다(賣子圖)〉, 1939년

77쪽

장자오허, 〈떠도는 아이(流浪小子)〉, 1939년

습작품

84쪽

고흐(Gogh), 〈해변의 어부(Visser)〉, 종이 판넬에 유채, 1883년, 크뢸러 뮐러 미술관(Kröller-Müller Museum), 오터를로(Otterlo)

89쪽

(좌) 아우구스트 잔더(August Sander), 〈화가(The Painter)〉, 41.7x30cm, 1928년
(우) 아우구스트 잔더, 〈판매원(The Salesman)〉, 25.8x18.7cm, 1924~1930년

96쪽

고흐, 〈땅 파는 사람(Spitter)〉, 소묘, 1881년, 크뢸러 뮐러 미술관, 오터를로

97쪽

고흐, 〈담배 피우는 노인(Zittende oude visser), 소묘, 1883년, 크뢸러 뮐러 미술관, 오터를로

98~99쪽
고흐, 〈바느질하는 여인(Naaiende vrouw)〉, 소묘, 1881년, 크뢸러 뮐러 미술관, 오터를로
100쪽
고흐, 〈담배 피우는 남자(Kop van een man met een oogdoek)〉, 소묘, 1882년, 크뢸러 뮐러 미술관, 오터를로
101쪽
고흐, 〈커피 가는 여인(Koffiemalende vrouw)〉, 소묘, 1882년, 크뢸러 뮐러 미술관, 오터를로
102~103쪽
고흐, 〈앉아 있는 여인(Zittende vrouw)〉, 소묘, 1882년, 크뢸러 뮐러 미술관, 오터를로
104쪽
(상) 고흐, 〈길가의 가지 친 버드나무(Weg met knotwilgen)〉, 소묘, 1881년, 크뢸러 뮐러 미술관, 오터를로
(하) 고흐, 〈도르드레흐트 근처의 풍차(Molens te Dordrecht)〉, 소묘, 1881년, 크뢸러 뮐러 미술관, 오터를로
105쪽
고흐, 〈길가의 여인(Vrouw op een landweg)〉, 소묘, 1882년, 크뢸러 뮐러 미술관, 오터를로
106쪽
(상) 고흐, 〈쟁기질하는 남자(Ploeger)〉, 소묘, 1883년, 크뢸러 뮐러 미술관, 오터를로
(하) 고흐, 〈당나귀와 수레(Kar met ezel)〉, 소묘, 41.5x60.1cm, 1881년, 반 고흐 미술관(Van Gogh Museum), 암스테르담(Amsterdam)
107쪽
고흐, 〈모자를 쓰고 나막신을 신은 소년(Jongen met pet en klompen)〉, 소묘, 31.2x15.9cm, 1881년, 반 고흐 미술관, 암스테르담
108쪽
(상) 고흐, 〈물총새(De ijsvogel)〉, 소묘, 40.2x54.2cm, 1884년, 반 고흐 미술관, 암스테르담
(하) 고흐, 〈겨울 정원(Wintertuin)〉, 소묘, 40.3x54.6cm, 1884년, 반 고흐 미술관, 암스테르담
109쪽
(좌) 고흐, 〈흰 모자를 쓴 시엔(Sien in a White Bonnet)〉, 소묘, 47.6x26.3cm, 1882년~1883년, 반 고흐 미술관, 암스테르담
(우) 고흐, 〈여인의 얼굴(Kop van een vrouw)〉, 소묘, 39.5x24.7cm, 1882년~1883년, 반 고흐 미술관, 암스테르담

● 파리의 청년

123쪽
(상) 라파엘로(Raffaello), 〈여자 선지자들(The Sibyls)〉, 프레스코, 1514년, 산타마리아 델라 파체 성당(Santa Maria della Pace), 로마(Roma)
125쪽, 132~133쪽
바지유(Bazille), 〈바지유의 화실(L'atelier de Bazille)〉, 캔버스에 유채, 98x128cm, 1870년, 오르세 미술관(Musée d'Orsay), 파리(Paris)
126쪽
바지유, 〈비스콘티 가의 화실(L'Atelier de la Rue Visconti)〉, 캔버스에 유채, 1867년, 버지니아 미술관(Virginia Museum of Fine Arts), 리치몬드(Richmond)
127쪽
바지유, 〈푸르스텐베르그 가의 화실(L'Atelier de la rue de Furstenberg)〉, 캔버스에 유채, 81.2x65cm, 1865~1866년, 파브르 미술관(Musée Fabre), 몽펠리에(Montpellier)
128쪽
바지유, 〈마을 풍경(Vue de village)〉, 캔버스에 유채, 137.5x85.5cm, 1868년, 파브르 미술관, 몽펠리에
129쪽
바지유, 〈분홍색 드레스(La robe rose)〉, 캔버스에 유채, 148x110cm, 1864년, 오르세 미술관, 파리
130쪽
바지유, 〈여름 풍경(Scène d'été)〉, 캔버스에 유채, 160x160.7cm, 1869년, 하버드대학교 포그 미술관(Fogg Art Museum), 케임브리지(Cambridge)

131쪽

바지유, 〈투망을 든 어부(Le Pécheur à l'épervier)〉, 캔버스에 유채, 1868년, 제3세계를 위한 라우 재단(Foundation Rau pour le Tiers-Monde), 취리히(Zurich)

135쪽

바지유, 〈자화상(Autoportrait)〉, 캔버스에 유채, 108.9 x 71.1cm, 1865~1866년, 시카고 미술관(The Art Institute of Chicago)

- **누가 예술가를 먹여 살리는가? - 미완성 작품(상)**

145쪽

(상) 라파엘로, 〈볼세나의 미사(La Messa di Bolsena)〉, 프레스코, 1512년, 바티칸 미술관(Musei Vaticani)
(하) 라파엘로, 〈파르나소스 산(Parnaso)〉, 프레스코, 1510~1511년, 바티칸 미술관

146쪽

(좌) 벨라스케스, 〈프라가의 펠리페 4세(Felipe IV en Fraga)〉, 캔버스에 유채, 129.9x99.4cm, 1644년, 프릭 컬렉션(The Frick Collection), 뉴욕(New York)
(우) 벨라스케스, 〈무장을 갖추고 사자와 함께한 펠리페 4세(Felipe IV armado, con un león a los pies)〉, 캔버스에 유채, 234x131.5cm, 1653년, 프라도 국립미술관(Museo del Prado), 마드리드(Madrid)[147쪽]
벨라스케스, 〈말을 탄 펠리페 4세(Felipe IV, a caballo)〉, 캔버스에 유채, 303x317cm, 1635년, 프라도 국립미술관, 마드리드

148쪽

렘브란트(Rembrandt), 〈프란스 반닝코크 대위의 중대(Schutters van wijk II onder leiding van kapitein Frans Banninck Cocq)〉, 속칭 〈야간 순찰(De Nachtwacht)〉, 캔버스에 유채, 379.5x435.5cm, 1642년, 암스테르담 국립미술관(Rijksmuseum)

149쪽

고촐리(Gozzoli), 〈동방박사의 행렬(Journey of the Magi)〉, 프레스코, 1459~1462년, 메디치 리카르디 궁전(Palazzo Medici Riccardi), 피렌체(Firenze)[150~151쪽]
다비드(David), <나폴레옹의 대관식(Le Sacre de Napoléon)〉, 캔버스에 유채, 621x979cm, 1806~1807년, 루브르 박물관, 파리
원 제목은 '1804년 12월 2일 파리 노트르담 대성당의 대관식에서 황제 나폴레옹 1세가 황후 조세핀에게 왕관을 씌우는 모습(Sacre de l'empereur Napoléon Ier et couronnement de l'impératrice Joséphine dans la cathédrale Notre-Dame de Paris, le 2 décembre 1804)'이다.

152쪽

앵그르(Ingres), 〈장 프랑수아 길리베르의 초상(Portrait de Jean-François Gilibert)〉, 100x91cm, 캔버스에 유채, 1804~1805년, 앵그르 미술관(Musée Ingre), 몽토방(Montauban)

153쪽

앵그르, 〈무아테시에 부인의 초상을 위한 습작(Étude pour le Portrait de Madame Moitessier assise)〉, 캔버스에 유채, 46x38cm, 1856년, 앵그르 미술관, 몽토방

- **회화의 방임 - 미완성 작품(중)**

156쪽

(상) 세잔(Cézanne), 〈물병이 있는 정물(Nature morte à la cruche)〉, 캔버스에 유채, 53x71.1cm, 1893년, 테이트 갤러리(Tate Gallery), 런던(London)
(하) 세잔, 〈생트 빅투아르 산(La montagne Sainte-Victoire)〉, 캔버스에 유채, 54x73cm, 1904년, 바이엘러 갤러리(Galerie Beyeler), 바젤(Basel)

165쪽

마네(Manet), 〈제비꽃 장식을 단 베르트 모리조(Berthe Morisot au bouquet de violettes)〉, 캔버스에 유채, 55.5x40.5cm, 1872년, 오르세 미술관, 파리

167쪽

(상) 코로(Corot), 〈나르니 다리(Le Pont de Narni)〉, 캔버스에 유채, 34x48cm, 1826년 실외 사생, 루브르 박물관, 파리
(하) 코로, 〈나르니 다리(Le Pont de Narni)〉, 캔버스에 유채, 1827년 화실에서 완성, 캐나다 국립미술관(National Gallery of Canada), 오타와(Ottawa)

168쪽

(상) 터너(Turner), 〈우편선의 도착(The Arrival of a Packet-Boat)〉, 캔버스에 유채, 168.6x224.2cm, 1826년, 프릭 컬렉션, 뉴욕
(하) 터너, 〈디에피 항구(The Harbor of Dieppe)〉, 캔버스에 유채, 173.7x225.4 cm, 1826년, 프릭 컬렉션, 뉴욕

169쪽

모네(Monet), 〈인상, 해돋이(Impression, soleil levant)〉(부분), 캔버스에 유채, 1872년, 마르모탕 모네 미술관(Musee Marmottan Monet), 파리

170쪽

피사로(Pissarro), 〈퐁투아즈의 에르미타주(Les coteaux de l'Hermitage, Pontoise)〉, 캔버스에 유채, 151.4x200.6cm, 1867년, 구겐하임 미술관(Guggenheim Museum), 뉴욕

171쪽

피사로, 〈퐁투아즈의 잘레 언덕(La côte du Jallais, Pontoise)〉, 캔버스에 유채, 87x114.9cm, 1867년, 메트로폴리탄 미술관(The Metropolitan Museum of Art), 뉴욕

172쪽

피사로, 〈에르미타주의 코트 데 뵈프(The Côte des Boeufs at L' Hermitage)〉, 캔버스에 유채, 114.9x87.6cm, 1877년, 내셔널 갤러리(National Gallery), 런던

173쪽

세잔, 〈숲 속 풍경(Sous-Bois)〉, 캔버스에 유채, 79.8x 64.6cm, 1900~1902년, 바이엘러 재단 미술관(Beyeler Foundation Museum), 리헨(Riehen)

174쪽

(상) 고흐, 〈삼나무가 있는 밀밭(Wheat Field with Cypresses)〉, 캔버스에 유채, 72.1x90.9cm, 1889년, 내셔널 갤러리, 런던
(하) 세잔, 〈우유 주전자와 과일이 있는 정물(Nature morte: pot à lait et fruits sur une table)〉, 캔버스에 유채, 59.5x73cm, 1890년경, 오슬로 국립미술관(Nasjonalmuseet for kunst, arkitektur og design)

174~175쪽

세잔, 〈가르단 마을(Le Village de Gardanne)〉, 캔버스에 유채, 92.1x73.2cm, 1885~1886년, 브루클린 미술관(Brooklyn Museum), 뉴욕

176쪽

(좌) 세잔, 〈팔레트를 든 자화상(Self Portrait With Palette)〉, 캔버스에 유채, 1890년, 바이엘러 재단 미술관, 리헨
(우) 피카소, 〈팔레트를 든 자화상(Self Portrait With Palette)〉, 캔버스에 유채, 1906년, 필라델피아 미술관(Philadelphia Museum of Art)

177쪽

(좌) 피카소, 〈가면을 든 피에로(Pierrot with a Mask)〉, 캔버스에 유채, 1918년, 개인 소장
(우) 세잔, 〈피에로와 어릿광대(Pierrot and Harlequin)〉, 캔버스에 유채, 102x81cm, 1888년, 푸시킨 미술관(The Pushkin State Museum of Fine Arts), 모스크바(Moscow)

- **'비정식'의 매력-미완성 작품(하)**

178쪽

왕희지(王羲之), 〈상란첩(喪亂帖)〉, 4세기, 산노마루 쇼조칸 박물관(三の丸尚蔵館), 도쿄(東京)

189쪽

피카소, 〈거트루드 스타인의 초상(Portrait of Gertrude Stein)〉, 캔버스에 유채, 100x81.3cm, 1906년, 메트로폴리탄 미술관, 뉴욕

190~191쪽

프로이드(Freud), 〈잠든 보험 수당 관리인(Benefits Supervisor Sleeping)〉, 캔버스에 유채, 1995년, 개인 소장

192쪽

고흐, 〈막벨라 동굴(The Cave of Machpelah)〉, 1877년, 반 고흐 미술관, 암스테르담

193쪽

(상) 조맹부(趙孟頫), 〈작산과 화산의 가을 풍경(鵲華秋色圖)〉, 두루마리, 종이에 채색, 28.4x93.2cm, 1295년, 고궁박물원(故宮博物院), 타이베이(台北)
(하) 전선(錢選), 〈양귀비가 말에 오르다(楊貴妃上馬圖)〉, 두루마리, 종이에 채색, 29.5x117cm, 제작연도 미상(13세기), 프리어

미술관(Freer Gallery of Art), 워싱턴(Washington) D.C.

194~195쪽

황공망, 〈부춘산에 거하다(富春山居圖)〉, 종이에 수묵, 1347년경, 고궁박물원, 타이베이

● 발라동 모자(母子)

207쪽

마르케(Marquet), 〈겨울의 노트르담 대성당(Notre-Dame in Winter)〉, 캔버스에 유채, 65x81cm, 1908년, 푸시킨 미술관, 모스크바

208쪽

마르케, 〈옹플뢰르 항구(Honfleur Harbour)〉, 캔버스에 유채, 65x81cm, 1911년, 푸시킨 미술관, 모스크바

209쪽

드랭(Derain), 〈검은 옷의 소녀(Girl in Black)〉, 캔버스에 유채, 93x60.5cm, 1913년, 에르미타주 미술관(Hermitage Museumn), 상트페테르부르크(Saint Petersburg)

210~211쪽

(상) 르누아르(Renoir), 〈도시의 무도회(Danse à la ville)〉, 캔버스에 유채, 179.7x89.1cm, 1883년, 오르세 미술관, 파리
(하) 르누아르, 〈부지발의 무도회(Danse à Bougival)〉, 캔버스에 유채, 181.9x98.1cm, 1883년, 보스턴 미술관(Boston Museum of Fine Arts)

(좌) 발라동(Valadon), 〈자화상(Autoportrait)〉, 종이에 목탄과 파스텔, 43.5x30.5cm, 1883년, 파리 국립현대미술관(Musée National d'Art Moderne)
(우) 로트레크(Lautrec), 〈숙취(Gueule de Bois)〉, 캔버스에 유채, 47x55.3cm, 1887~1889년, 하버드대학교 포그 미술관, 케임브리지

236쪽

(상) 위트릴로(Utrillo), 〈코탱 골목(Le Passage Cottin)〉, 캔버스에 유채, 54x73cm, 1910년, 테이트 갤러리, 런던
(하) 위트릴로, 〈테르트르 광장(La Place du Tertre)〉, 캔버스에 유채, 50.2x73cm, 1910년, 테이트 갤러리, 런던

237쪽

위트릴로, 〈라 바르의 슈발리에 거리(Rue de Chevalier de la Barre)〉, 캔버스에 유채, 46.1x38.7cm, 1950년, 개인 소장

● 중화민국 시기의 여성 화가들

249쪽

추티(丘堤), 〈창밖(窗外)〉, 1947년

250쪽

아르테미시아 젠틸레스키(Artemisia Gentileschi), 〈홀로페르네스의 목을 자르는 유디트(Giuditta che decapita Oloferne)〉, 캔버스에 유채, 199x162cm, 1620년경, 우피치 미술관(Galleria degli Uffizi), 피렌체

254쪽

관쯔란(關紫蘭), 〈자고화(慈姑花)〉, 1941년

255쪽

(상) 관쯔란, 〈징안 공원(靜安公園)〉, 1942년
(하) 관쯔란, 〈정물(靜物)〉, 1939년

257쪽

관쯔란, 〈소녀상(少女像)〉, 1929년

258쪽

추티, 〈시후 호수의 평호추월(西湖平湖秋月)〉, 1946년

259쪽

추티, 〈커피 주전자와 술잔(咖啡壺與酒杯)〉, 1931년

260쪽

(상), (하) 추티, 〈정물(靜物)〉, 1928~1929년 추정

261쪽

(좌) 추티, 〈둥근 선인장꽃(仙人球花)〉, 1939년
(우) 추티, 〈치자꽃(梔子花)〉, 1941년

궁정화가 서양(徐揚)의 공로

264쪽, 275~291쪽

서양(徐揚) 외, 〈건륭남순도(乾隆南巡圖, 건륭제가 남쪽 지방을 돌아보다)〉, 두루마리(전12권), 총길이 154.17m, 1751년, 국가박물관, 베이징

274쪽

프라 카르네발레(Fra Carnevale), 〈이상 도시(Città ideale)〉, 판넬에 템페라, 77.4x220cm, 1480~1484년, 월터 아트 뮤지엄(The Walters Art Museum), 볼티모어(Baltimore)

292~295쪽

왕휘(王翬) 외, 〈강희남순도(康熙南巡圖, 강희제가 남쪽 지방을 돌아보다)〉, 1689년, 고궁박물원, 베이징

정보와 화면

296, 309쪽

카르파초(Carpaccio), 〈리알토 다리 십자가의 기적(Miracolo della Croce a Rialto)〉, 캔버스에 템페라, 1496년경, 아카데미아 미술관(Gallerie dell'Accademia), 베네치아(Venezia)

299쪽

젠틸레 벨리니(Gentile Bellini), 〈산 로렌초 다리 십자가의 기적(Miracolo della Croce caduta nel canale di San Lorenzo)〉, 캔버스에 템페라, 1500년, 아카데미아 미술관, 베네치아

306쪽

서양 외, 〈건륭남순도〉, 두루마리(전12권), 총길이 154.17m, 1751년, 국가박물관, 베이징

307쪽

카르파초, 〈수도원의 성 히에로니무스와 사자(San Girolamo e il leone nel convento)〉, 목판에 템페라, 1502년, 스쿠올라 디 산 조르조 델리 스키아보니(Scuola di San Giorgio degli Schiavoni), 베네치아
(Scuola di San Giorgio degli Schiavoni : '스키아보니에 있는 산조르조의 학교'라는 뜻..)

308쪽

벨리니(Bellini), 〈성 마르코의 순교(Martyrdom of San Marco)〉, 1515~1526년, 아카데미아 미술관, 베네치아

310~311쪽

카르파초, 〈브르타뉴 왕의 궁전에 도착한 영국 외교사절(Arrivo degli ambasciatori inglesi alla corte del re di Bretagna)〉, 캔버스에 유채, 1495~1500년, 아카데미아 미술관, 베네치아

312~313쪽

카르파초, 〈영국 외교사절이 돌아가다(Ritorno degli ambasciatori alla corte inglese)〉, 캔버스에 유채, 1497~1498년경, 아카데미아 미술관, 베네치아

316~317쪽

카르파초, 〈약혼자를 만나 성지순례를 위해 출발하다(Incontro dei fidanzati e partenza per il pellegrinaggio)〉, 캔버스에 유채, 1497~1498년, 아카데미아 미술관, 베네치아

318~319쪽

카르파초, 〈사절단이 떠나다(Commiato degli ambasciatori)〉, 캔버스에 유채, 1495~1500년, 아카데미아 미술관, 베네치아

억울한 러시아

332~333쪽

수리코프(Surikov), 〈근위병 처형 날 아침(Morning of Execution of Streltsy)〉, 캔버스에 유채, 1881년, 223x383.5cm, 트레차코프 국립박물관(The State Tretyakov Gallery), 모스크바(Moscow)

334~335쪽

수리코프, 〈여귀족 모로조바(Boyarynya Morozova)〉, 캔버스에 유채, 1887년, 트레차코프 국립박물관, 모스크바

338~339쪽

수리코프, <눈의 성 공격(Taking a Snow Town)>, 1891년, 러시아 국립박물관(The State Russian Museum), 캔버스에 유채,

상트페테르부르크(Saint Petersburg)

340~341쪽

레핀(Repin), 〈술탄에게 답신을 쓰는 자포로제 코사크인들(The Zaporozhye Cossacks Replying to the Sultan)〉, 캔버스에 유채, 1880~1891년, 러시아 국립박물관, 상트페테르부르크

342~343쪽

수리코프, <예르마크의 시베리아 정복(Yermak's conquest of Siberia)>, 캔버스에 유채, 1895년, 러시아 국립박물관, 상트페테르부르크

● 산마르코 수도원

344, 360~361, 363쪽

프라 안젤리코(Fra Angelico), 〈동방박사의 경배(Adorazione dei Magi)〉, 프레스코, 1440~1445년, 산마르코 수도원(Convento di San Marco), 피렌체(Firenze)

355쪽

프라 안젤리코, 〈수태고지(Annunciazione)〉, 프레스코, 1440~1445년, 산마르코 수도원, 피렌체

358쪽

(상) 프라 안젤리코, 〈십자가에 못 박힌 예수(Crocifissione)〉, 프레스코, 1440~1445년, 산마르코 수도원, 피렌체
(하) 프라 안젤리코, 〈나를 만지지 말라(Noli me tangere)〉, 프레스코, 1440~1445년, 산마르코 수도원, 피렌체

365쪽

르네 마그리트(René Magritte), 〈바우키스 풍경(Baucis Landscape)〉, 1966년, 개인 소장

● 거인들의 싸움

380쪽

(상) 〈사모트라케의 니케(Winged Victory of Samothrace)〉, 서기전 190년경, 루브르 박물관, 파리

381쪽

〈알렉산드로스의 석관(Alexander Sarcophagus)〉, 서기전 4세기, 이스탄불 고고박물관

384~389쪽

페르가몬(Pergamon) 제단의 석조군, 서기전 2세기, 페르가몬 박물관(Pergamonmuseum), 베를린

● 뒤샹의 결정

404~405쪽

1. 피카소, 〈아비뇽의 여인들(Les Demoiselles d'Avignon)〉, 캔버스에 유채, 1907년, 뉴욕 현대미술관(The Museum of Modern Art), 뉴욕
5. 뒤샹(Duchamp), 〈계단을 내려오는 누드 No. 2(Nude Descending a Staircase No.2)〉, 캔버스에 유채, 147cm×89.2cm, 1912년, 필라델피아 미술관
6. 엘리엇 엘리소폰(Eliot Elisofon, 1911~1973), 〈계단을 내려오는 마르셀 뒤샹(Marcel Duchamp Descending a Staircase)〉
7. 뒤샹, 〈샘(Fountain)〉, 1917년
8. 뒤샹, 〈L.H.O.O.Q.〉, 1919년
9. 뒤샹, 〈병걸이(Bottle Rack)〉, 1914년

332~333쪽

7. 뒤샹, 〈신선한 창문(Fresh Window)〉, 1920년
9. 뒤샹, 〈에탕 돈네(주어진 것) : 1. 폭포 2. 점등용 가스…(Given : 1. The Waterfall, 2. The Illuminating Gas...)〉, 1946~1966년, 필라델피아 미술관

국립중앙도서관 출판예정도서목록(CIP)

낯선경험 : 아직도 새로운 그림 이야기 / 천단칭 지음 ; 강초아 옮김. — [서울] : 선, 2018
p. ; cm

기타표제: 陌生的經驗
원표제: 陌生的经验 : 陈丹青艺术讲稿
원저자명: 陈丹青
중국어 원작을 한국어로 번역
ISBN 978-89-6312-574-9 03600 : ₩33000

미술 감상[美術鑑賞]
미술 평론[美術評論]

609-KDC6
709-DDC23 CIP2018008094

글 천단칭(陳丹青) | **번역** 강초아 | **발행인** 김윤태 | **발행처** 도서출판 선 | **북디자인** 디자인이즈
등록번호 제15-201 | **등록일자** 1995년 3월 27일 | **초판 1쇄 발행** 2018년 4월 20일
주소 서울시 종로구 삼일대로 30길 21 종로오피스텔 1218호 | **전화** 02-762-3335 | **전송** 02-762-3371

값 33,000원
ISBN 978-89-6312-574-9 03600